U0934111

【第二十一辑】

民事程序法研究

中国民事诉讼法学研究会会刊

ON CIVIL PROCEDURE

中国民事诉讼法学研究会 编

执行主编 任 重

2019年12月

图书在版编目(CIP)数据

民事程序法研究. 第二十一辑/中国民事诉讼法学研究会编.—厦门:厦门大学出版社,2019.12

ISBN 978-7-5615-7702-8

Ⅰ. ①民…　Ⅱ. ①中…　Ⅲ. ①民事诉讼法—中国—文集　Ⅳ. ①D925.104-53

中国版本图书馆 CIP 数据核字(2020)第 003979 号

出 版 人　郑文礼
责任编辑　甘世恒

出版发行　厦门大学出版社
社　　址　厦门市软件园二期望海路 39 号
邮政编码　361008
总 编 办　0592-2182177　0592-2181406(传真)
营销中心　0592-2184458　0592-2181365
网　　址　http://www.xmupress.com
邮　　箱　xmupress@126.com
印　　刷　广东虎彩云印刷有限公司

开本　787mm×1092mm　1/16
印张　27
插页　2
字数　558 千字
版次　2019 年 12 月第 1 版
印次　2019 年 12 月第 1 次印刷
定价　88.00 元

厦门大学出版社
微信二维码

厦门大学出版社
微博二维码

目 录

刊 首 语

告别"体感时代"

张卫平

我国民事执行制度的发展呈现出这样一种基本的脉络，即根据执行实践的演进，通过不断摸索，逐步建立起极具本土色彩的执行制度。这也是改革开放以来制度建构和发展的基本方式。这一时期民事执行制度的构建可以说是典型的经验主义"体感时代"。

在这一时期或过程中，执行实践的丰富性程度（执行实践的丰富性程度又是由当时的经济关系的复杂程度所决定的）也就决定了执行制度的成熟和完善程度。限于当时经济发展水平，经济关系的样态、社会对执行的需求程度，制度借鉴认识上的障碍，制度构建者不大可能构建一个超越经验感知的，体系化的执行制度。而是从解决实际问题，从"体感"的角度，从提高执行效率的单向观念出发，探求执行制度的建立。这样的制度是当时执行环境的反映，自然也就不可能满足现代执行制度的需要。

在社会发展的新时代，我们不能再仅仅依赖于我们对实践的"体感"来建构与时代相适应的制度。因为"体感"总是对过去社会状态的感知，"体感"因此受制于过去。依靠"体感"构建起来的制度一开始就是滞后于时代的产物。制度建构需要考虑现实和未来。在现代民事执行制度建构过程中，我们应当勇敢地告别"体感时代"。

制度的建构应当是理性的。与"体感时代"挥手再见，我们要迈进的是制度建构理性的时代。制度的理性建构需要有理论的指导。然而，我们在这方面恰恰是缺失的。应当承认，所有的理论都是源于实践。但如果能够借鉴他人在实践中形成的，并且经过不断实践检验的体系化理论来指导我们的实践，则无疑是最有效率的。这也是社会开放的最重要价值之一。

在改革开放之初，由于开放程度不高，且基于观念认识上的限制，我国民事诉讼法制的建构中不可能对国外或域外同类制度及体系有较高的借鉴度。尤其是执行制度的构建方面，因为司法制度的政治性因素，因而更强调制度的本土性，强调实践摸索和经验感知。鉴于当时人们非常有限的知识储备、研究条件和能力，人们也不大可能去研究他国的制度、经验和理论，并用于我国执行救济制度的建构，指导其实践。

正是由于我们没有借鉴国外的制度建构经验，深度研究其相应的制度理论基础，也就错过了站在知识和理论的高度检视我们制度建构的最佳时机。“体感”的方式，总是一种具体的、局部的和经验感知上的探求方式，不可能从宏观上、体系上对制度建构予以关照，因此，制度不整合、不协调、不统一的现象也就必然存在。当然，这种探求方式在改革开放的过程中也是历史的必然。如同我国的城市建设一样，早期我们也不大可能意识到城市规划的重要，也不了解现代城市规划的基本要求和理论。而且，与司法制度和司法实践联系越紧密，其制度和理论的借鉴就越被轻视。比较而言，在实体法方面，例如民法，对国外制度和理论的借鉴，就比民事程序法领域开放得多。

应当承认，由于执行制度与司法实践的联系更加紧密，因此，人们以往对执行问题的关注，更多的是从实务技术层面对待实践中出现的问题，是以解决具体的实践问题为导向。实务工作者一般不会更多地从理论层面探讨制度深层问题。与民事诉讼法的诸多被边缘化(并非完全是人们的主观选择，主要是研究大势以及法学研究的理论性本身所致)的分支学科(例如，仲裁、人民调解、公证等)同样，关注和研究执行问题的也主要是实务工作者群体——一些长期从事执行工作的，有经验的专家。基于执行的高度实践性、多学科的交叉性，价值对研究效益的顾及，一般从事民事诉讼法学的学者也不太愿意给予执行以更多的关注，使得执行理论的研究一直处于薄弱状态。

正是基于这些原因，我们能够给予现代民事执行制度的理论支持就非常有限，我们对于民事执行制度的认识依然停留在“体感时代”，也必然阻碍民事执行法的现代建构。因此，作为民事诉讼法学的理论工作者应当更多地投入到民事执行法的理论研究当中。这其中一个非常重要的方面就是民事执行法的比较法研究。虽然每一个国家的制度形成都与特定的环境有直接关系，但由于经济关系、人们心理和经济行为的共性，制度建构和运作当中也必然体现其共性，有其规律性，也就是所谓原理。对这些共性和规律的认识正是我们制度建构所需要的基本材料。这是一种理性的态度，是我国民事执行法所应当秉持的态度。

2019 年 6 月 5 日于清华荷清苑书斋

学理研析

论案件管理

[英]约翰·索拉布吉*著　袁琳**　余朝晖　余希***译

一、导语

本报告所讨论的案件管理,依据《跨国民事诉讼程序原则》(ALI/UNIDROIT)第14.1条的定义,是指法院或者法官"积极管理诉讼程序,行使裁量权以使纠纷公平、高效并以合理进度解决"所采取的手段和方法。① 在很多情况下,案件管理已经成为世界范围内民事诉讼制度的核心特征。以下几个角度都可以说明这个问题。比如,自法国1806年颁布《民事诉讼法典》以来,②英格兰和威尔士1999年颁布《民事诉讼规则》之时,以及当当事人向法院寻求帮助之时,③法院或者法官积极介入案件管理早就被认为有非常重要的意义。两大法系法官形象的经典画面均是极其消极的角色。正如Jeuland所描述的历史上的法国模式,"传统上,法兰克时期

---

* 伦敦大学法学院司法研究所高级研究员,英格兰和威尔士首席大法官、上诉法院民事审判庭首席法官的首席法律顾问。这份总报告仅阐述作者个人观点,并不也不试图代表其他任何人观点。本文任何错误,也完全由作者负责。

** 袁琳,华东师范大学法学院晨晖学者。

*** 余朝晖、余希,北京大学法学院博士生。

① ALI/UNIDROIT, *Principles of Transnational Civil Procedure* (CUP), 2006, pp.33-34, and p.123.

② C.H. van Rhee, "The development of civil procedural law in Twentieth century Europe: from party autonomy to judicial case management and efficiency", in C.H. van Rhee (ed.), *Judicial Case Management and Efficiency in Civil Litigation* (Intersentia), 2008, p.11.

③ J. Sorabji, *English Civil Justice after the Woolf and Jackson Reforms* (Cambridge), 2014, pp.18, 184.

的民事法官是中立而消极的(仍根据 1806 年法典)”。[①] 而 Pollock 和 Maitland 将历史上的英国模式描述为,“我们经常自我提醒这是一场公平的游戏。法官坐在审判席上,并非为了发现案件真相,而是为了回答问题,这是怎么回事?”随着时间的推移,他们越来越偏爱这种消极角色,而以此为基础的诉答规则也得以发展。[②]

以当事人为中心的路径并非没有例外。英格兰和威尔士在 1895 年设立商事法庭时,建立由法官积极主导审判管理的模式。[③] 从广义上讲,同年 Franz Klein 在奥地利的改革(尽管直至 1898 年才生效)也产生了类似但更加广泛的变革效果:法官积极投身于案件的管理之中。[④] 两项改革所引入的新型管理化路径致力于相近的目标:使案件得以高效、迅速、低成本地推进,并在此基础上获得对实体事项的审理和判决。

本报告并不涉及自 Klein 改革以来,以及随后在 20 世纪 60 年代传入美国、20 世纪 90 年代传入英格兰和威尔士之后案件管理的历史脉络及传播。[⑤] 本报告的关注点在于:案件管理的目标;案件管理中法院/法官与当事人之间的平衡;程序性案件轨道的使用以及旨在使程序与案件性质相匹配的类似措施;以及较小范围内的群体诉讼。本部分对于案件管理历史的简短说明旨在强调两大要点:第一,传统的案件管理制度关注两件事——促进形成实体上的正确判决,以及在实现该目标的过程中最小化费用和时间成本;第二,案件管理路径已经发生变化,即从以当事人为中心转向全面、积极的法院控制模式。本报告将清晰地展现,当下的程序制度正在经历另一个实质性变革时期,并将引发对案件管理目标的重新评估。尤其是,那种认为法院应管理案件以获得实体问题判决的理念已经逐渐为一些国家所抛弃。

---

① E. Jeuland, *Introduction to French Business Litigation*, (Joly), 2016, p.55.

② F. Pollock & F. W. Maitland, *The History of English Law*, (Vol. 2) (2nd ed.) (CUP), pp.670-671.

③ Queen's Bench Division Judges' Notice as to Commercial Causes (February 1895),也参见 Rules of the Supreme Court (1965) Ord. 72, r.2(3), “The judge shall have control of the actions in the Commercial List...” reprinted in A. Colman, *The Practice and Procedure of the Commercial Court*, 1983, pp.7-8 and p.47.

④ C.H. van Rhee, 2008, pp.12-13.

⑤ 关于后一点(案件管理传入美国、英格兰和威尔士),可以参见 J. Resnik, Managerial Judges, *Harv. L. Rev.*, Vol.96, 1982, p.374.

本报告以若干国别报告及我自己的研究成果为基础。[①] 首先要特别强调的是，我非常感激所有国别报告撰写者的协助和支持，他们慷慨地奉献了自己的宝贵时间和专业知识。

二、案件管理目标

在最为基础的层面，民事程序体系可以划分为两大要素：手段和目的。法院和法官、法庭规则、实践和程序、律师、经费安排及其他事项，都可视为手段。公法和私法权利辩护的实现，或者更广泛的纠纷解决的实现，法律的发展和澄清，以及法治认同等都可被视为程序的一元或者多元目标。因此，审视案件管理需考量两个问题：目标，即旨在达成的目的；程序，即试图实现该目标所借助的机制。这部分将讨论案件管理的目标。

在存在案件管理一般性权力的国家，有两种观察案件管理目标的路径。[②] 它们可用边沁所理解的话语体系来概括。第一种路径认为，案件管理目标是确保诉讼当事人在合理的时间和避免非必要支出的情形下获得实质性正确的裁判。就其本身而言，该路径旨在促进裁判以不拖延和低成本的方式达成。第二种路径则进一步超越该想法，认为案件管理不仅仅将实现如此裁判作为唯一的程序目标。下面将依次陈述：

(一)第一种路径

第一种路径的特征是，将更为经济和有效的审前程序作为案件管理的核心。然而，追求经济、高效不应以牺牲实质性正确裁判为代价。例如，在奥地利，案件管理通过以下方法实现：首先，通过实质性管理程序的司法权(materielle Prozesslei-

---

① 下列学者慷慨地贡献了各国的国别报告及资料：澳大利亚 David Bamford (荣誉退休教授，弗林德斯法学院，弗林德斯大学)；奥地利 Professor Walter Rechberger (维也纳大学)；巴西 Professor Teresa Arruda Alvim Wambier (圣保罗天主教大学)，Rodrigo Barioni 和 Guilherme Peres；智利 Mr Jesus Ezurmendia (智利大学)；英格兰和威尔士 Professor Masood Ahmed (莱斯特大学)；法国 Professor Emanuel Jeuland (索邦大学)；德国 Professor Michael Sturner 和 Dr Christoph Wendelstein (康斯坦茨大学)；意大利 Professor Elisabetta Silvestri(帕维亚大学)；荷兰 Professor C. H. (Remco) van Rhee (马斯特里赫特大学)；挪威 Professor Magne Strandburg (挪威卑尔根大学法学院)；波兰 Professor Kinga Flaga-Gieruszynska 和 Dr Aleksandra Klich (什切青大学)；美国 Professor Rick Marcus (黑斯廷斯大学)。各国别报告由作者存档。

② 这种案件管理一般性权力在波兰似乎并不明显。参见波兰国别报告；还可参见 B. Karolczyk, Pretrial as a part of judicial case management in Poland in comparative perspective, *Comparative Law Review*, Vol.15, 2013, p.151. 还可参见智利国别报告，该报告指出，由于立法规定了案件管理期限等限制，司法案件管理被限定在特定范围内，司法行为通常非常弱化——法官非常消极，由原告负担有效管理的责任。

tungspflicht)来依职权逐步发现事实；[1]其次，通过第二性义务监督程序时间表的有效管理(generelle Prozessleitungspflicht)。[2] 正如 Rechberger 指出的，“法院负有以合理成本和时间来推进程序的一般性义务……”。[3]

德国采纳相近的路径，《德国民事诉讼法》第 139 条明确规定了程序效率、经济与形成正确判决之间的关系：“法院应该保障当事人就一切重要的事实在合理时间内作完整说明，特别是确保当事人在对所提事实说明不够时加以补充……”[4]

案件管理旨在确保所有相关信息能够及时呈现在法庭上，而非对向法院提供案件事实施加限制或者其他限定。此外，正如 Sturner 和 Wendelstein 所指出的，更深层次的义务在于，要求法院确保口头辩论不得被无故拖延。[5] 迅速审理服务于审判的准确性；不合理的拖延是造成证明案件事实功能退化和资源损耗的原因，这将导致经济实力弱的当事人不得不搁置案件或者撤诉。

法国的情况与之相似，《法国民事诉讼法》第 2 条要求当事人遵守期限要求。第 3 条则规定法官可监督程序中的诉讼行为，他们有权确定期限并发布采取必要措施的命令。正如 Jeuland 所指出的，案件管理旨在加快程序，并奉行合理期限原则。[6] 他继续强调，案件管理权及其行使为了案件调查、查明争议的本质，从而能够对案件实体进行评价。[7]

第一种路径在中国香港特别行政区也许可以看得最为清楚。香港特别行政区在 21 世纪初提出民事程序改革时，就已提出案件管理目标的问题。根据香港《民事诉讼规则》开篇的目的性条款，案件管理目标是否即迅速、经济地获得实体性正确判决？而可供选择的另一种路径是采纳伍尔夫勋爵改革后被引入英格兰和威尔士的案件管理制度，该项改革我将在下文详述。总而言之，案件管理的首要目标是

---

① 正如 Rechberger 提出：“奥地利《民事诉讼法典》并未将法官的管理权能限于形式意义的程序任务，并将这种权力扩展至事实搜集领域诉讼的实体争议中。因此，法官更为主动地深入到对当事人和证人的审查中，甚至在理论上，法官可在一定限度内，在当事人未申请的情况下调取证据。”

② S. Nieuwendijk et al, “The Paradox Of Access To Justice-Empirical Research Into The Attitude of the Cantonal Judge Towards Unrepresented Parties In Dutch Civil Procedure”, in A. Uzelac & C.H. van Rhee, *Revisiting Procedural Human Rights* (Intersentia), 2017, p.6.

③ 奥地利国别报告；参见《奥地利民事诉讼法典》第 182 条。还可参见德国国别报告。

④ 德国国别报告。

⑤ 德国国别报告；《德国民事诉讼法典》第 279 条。

⑥ 法国国别报告；E. Jeuland ibid at 128.

⑦ 法国国别报告；E. Jeuland ibid at 128，“随着时间的推移，调查法官无论是在案件调查还是程序方面都得到了许多权力。(decrees of 28th Dec. 1998, 20th Aug. 2004, 28th Dec. 2005 and in the appeal proceedings decree of 9th Dec. 2009 and 28th Dec. 2010) 法官只在需求十分显著时才使用这些权力。法官是被动回应的，而非主动的。法官权力增长的主要原因是，法官需要查明问题的本质属性。一旦这些问题变得清晰，法官就可对案件实体进行评价”.

确保当事人纠纷以遵照其实体权利的方式得以公正解决。[①] 质言之，案件管理的目标是获得实体性正确判决。尽管有时案件管理权的行使在于确保程序效率、经济和其他目标，但这些都服务于首要目标的实现。尽管多元目标之间存在冲突，但首要目标处于优先地位。正如《香港特别行政区高等法院规则》第 2 条所陈述："(1)在下列情形中，法官应当寻求实现这些规则的既定目标：(a)行使自身任何权力(无论基于固有权限或者基于法律规则或其他而产生)；(b)解释这些规则或者实践指南时。(2)在实现这些规则的既定目标时，法院应当意识到，法官行使权限的首要目标是确保当事人纠纷以遵照其实体权利的方式得以公正解决。"[②]

美国采纳相近的路径，《美国联邦民事诉讼规则》规定，包括案件管理在内的程序的实施是为了确保经济、高效和成比例地作出实体判决。[③] 此处的目标十分清晰：案件管理旨在获得实质性准确的结果——符合规则起草者所规定的实体正义，而促进程序经济等目标服务于该首要目标。波兰采纳了类似的路径，正如 Flaga-Gieruszynska 和 Klich 所做评述："努力寻求案件快速解决的假定前提不能与案件本身相冲突。"[④]换言之，速度及其伴随而来的诉讼经济不能与获得实体性正确判决相抗衡。即使有可能存在这种竞争，这种竞争从逻辑上讲也应偏向于对于获得实质性正确判决而言必不可少的程序措施。因此，案件管理的最终目标即获得实体正义。

(二)第二种路径

与第一种路径相反，许多普通法系国家采用了案件管理目标的第二种解读。第二种路径超越那种经济、迅速对案件实体问题作出判决的认知。这种路径以两种不同方式得以实现。

首先，在英格兰和威尔士，案件管理的首要目标并非迅速、经济地获得实体性正确判决。案件管理服务于下述目标：根据《民事诉讼规则(1998)》第 1 条的规定，案件管理的实施以确保案件公正、以合理的成本得到解决为目标。[⑤] 案件管理旨

---

① Chief Justice's Working Party, *Civil Justice Reform-Final Report*, 2004, pp. E7-E8; and see, G. Meggitt & F. Aslam, Civil Justice Reform in Hong Kong-A Critical Appraisal, 28 *CJQ*, 2009, p.111.

② http://www.blis.gov.hk/blis_pdf.nsf/6799165D2FEE3FA94825755E0033E532/6001DD4CD77C2F14482575EE002ABDB6/$FILE/CAP_4A_e_b5.pdf.

③ Federal Rules of Procedure, 1938, (as amended) r.1; R. Bone, Improving Rule 1: a Master rule for the Federal rules, [2010] *Denver University Law Review*, Vol.87, p.287.

④ 波兰国别报告。

⑤ 澳大利亚也有类似的指导案件管理的目标性条款[澳大利亚国别报告，(南澳大利亚) Supreme Court Civil Rules, 2006, r.3]，新西兰(High Court Rules r.1; 以及，参见 D. Mathieson, Reforming Civil Procedure, 2012, 43 VUWLR 127)，加拿大(安大略)*Rules of Civil Procedure* [R.R.O. 1990, Reg. 194, r.1.04 (1), Quebec Rules of Civil Procedure, r.18]. 相类似的方法在挪威同样存在，参见《挪威纠纷解决法(2005)》第 1 条规定："本法应当为所有民事纠纷以公正、合理、高效、激励的方式得以解决提供基础，纠纷的解决应通过独立、中立的法院行使公开的程序而实现。"

在确保个案所利用的资源,不超过合比例的法院资源份额。当某个案件因当事人怠于遵守案件管理义务而超比例占用资源,或存在这种可能时,法官必须考虑诉讼案件是否应被驳回或者是否应施加可能导致削弱实体判决正确性的制裁措施。正如 Clarke 先生在描述案件管理时所提出:"总而言之,(《民事诉讼规则》第 1 章规定的)首要目标和积极的司法案件管理(尤其是《民事诉讼规则》第 3.1 条)致力于确保,赋予每一个案件的资源不超出合比例的司法和当事人资源份额;由法院和当事人识别和集中纠纷的实质争点;诉讼案件被迅速地解决。"①

该立场的基本原理是任何案件都不被允许使用不合比例的法院资源份额,否则,其他诉讼的当事人对获得有实体正当性、及时的、高效益的判决的期待将被侵害。对此进行巩固需要达成这样的共识,正如新西兰上诉法院在 1980 年所作注解,"正当的司法管理是一个持续的过程,并不限定于对某个特定案件的裁判"。②质言之,案件管理裁判必须基于这样的共识:该裁判在其他案件以及未来案件的有效管理中也是合理的。

这样的方法在澳大利亚同样可见,通过推进和接受这样的观念,案件管理旨在确保民事司法以将可利用的法院资源在当事人之间公平分配的方式得以实施。举例而言,参考澳大利亚维多利亚州所采纳的路径,其《民事诉讼法(2010)》第 7 条规定:"(1)该法和与民事程序相关的法院规则的首要目标是促进纠纷的实质争点公正、高效、及时和经济地得到解决。"

该目标可通过法院管理案件实现,但需借助当事人与法院在该项事务上的合作:参见《民事诉讼法(2010)》第 8 条至第 10 条。正如 Bamford 所指出:"审判实践的发展和法院规则中明确规定的目标性条款,强调法院在高效和有效地传递正义方面负有更加广泛的义务,而诉讼程序中的低效行为将对其他法院资源使用者和更广泛意义上的资助法院系统的社会公众产生系统性的消极影响。"③他进一步解释:"20 世纪 80 年代中期的澳大利亚法院,④基于特殊需要已经开始试验案件管理。但在 20 世纪 90 年代以前,案件管理只适用于民事法院系统。该项制度的引进受到强烈质疑,称由于过度强调程序效率并试图改变法官角色,案件管理削弱了普通法中对抗制的审判原理。"

该项质疑最先被保守主义者所持有。1997 年,the High Court of Australia in State of Queensland v JL Holdings Pty Ltd 一案的判决意见认为:"公正是裁判一项申请时最重要的考量因素。当事人申请补正文书或许与成本节约的主旨相悖,

① A. Clarke, The Supercase-Problems and Solutions: Reflections on BCCI and Equitable Life (29th March 2007) Annual KPMG Forensic Lecture cited in English National Report. 还可参见 J. Sorabji,2014, ibid.

② Moevao v Department of Labor [1980] 1 NZLR 464, p.481.

③ 澳大利亚国别报告;参见 Aon Risk Services Ltd v Australian National University, 2009, 239 CLR 175.

④ 澳大利亚联邦政府系统有 9 个司法管辖区——6 个州司法管辖权,2 个领地管辖和 1 个国家(联邦)司法管辖。

但此时对错误或迟延提出申请的当事人进行惩罚并不具有正当性。案件管理能够促进法院程序的效率，是诉讼中非常重要的考量因素。但它不应超越公正成为拒绝当事人提出有说服力的答辩、不对当事人之间的争议作出裁判的理由。”①

这种看法严重削弱了案件管理的有效性。在很大程度上它移除了案件管理最强有力的制裁——对案件施加限制或者彻底终结案件。因此，一方违反程序时，另一方的救济仍然是以诉讼费用作为安慰。

这种挫折被最终证明只是暂时的，2009 年，澳大利亚高等法院决定在 Aon Risk Services Ltd v Australian National University 一案中重新考虑案件管理路径。② 所有 7 名法官都认为传统的方法已经不再合适，并推翻了 State of Queensland v JL Holdings Pty Ltd 的判决意见。审判实践的发展和法院规则中明确规定的目标性条款，强调法院在高效和有效地传递正义方面负有更加广泛的义务，而诉讼程序中的低效行为将对其他法院资源使用者和更广泛意义上的资助法院系统的社会公众产生系统性的消极影响。③

Aon Risk Services Ltd v Australian National University(2009)案中实现案件管理目标的路径可以概括为以下几点：

(1)法官管理案件以确保所有当事人获得正义，而不仅仅在特定诉讼案件中实现当事人双方之间的公正。他们这样做是为了确保公众对司法系统的信心。④

(2)为实现所有案件的正义，个案判决有时在个案情境中体现为非正义，但为了实现对(a)潜在诉讼的当事人和(b)其他案件当事人的正义，不得不作出这样的判决。⑤

(3)法院不仅关心确保当事人个人的正义，虽然这仍然是法院须予以首先考虑的问题，同时也需要以合理、高效利用公共资源的方式保护公众利益。⑥

(4)尽管保障效率是案件管理的重要因素，但当事人仍然应被赋予在案件中获

---

① (1997) 189 CLR 146 p.155 per Dawson, Gaudron and McHugh JJ.

② (2009) 239 CLR 175.

③ 澳大利亚国别报告。

④ Aon Risk Services Ltd v. Australian National University，2009，p.5.“在主审法官合理行使自由裁量权的过程中，对于休庭和修改文书申请，不应只考虑 Aon 所遭受的不利益能否通过诉讼费用被补偿。无论如何裁判诉讼费用的承担，主审法官和上诉法院本应考虑到，不必要的程序拖延会导致不可弥补的不公正。此外，法院的时间是接受公众资金支持的资源。休庭所导致的低效利用法院资源，也应当被纳入考虑范畴。同样，维护司法系统的公信力也是一项重要的考量因素。”

⑤ 比如，the discussion of Sali v. SPC Ltd [1993] HCA 47; 67 ALJR 841; 116 ALR 625 in Aon p.26，以及该案中的引注，“对于非正义的考量，不能限于只有双方当事人的语境，而要在考虑其他诉讼当事人和公众利益的情况下，实现法院资源的最有效利用”，以及，“法院管理的暂时性路径在方程式中引入了新的要素，更准确地讲，是在模型中添加了新的考虑因素。诉讼的进程不仅关乎当事人自身，同时也是避免给法院带来不便，打乱法院的案件审理列表，侵害等待法院审理的其他诉讼当事人的利益”。

⑥ Aon at [23] & [24].

得正义的恰当机会。[①]

英格兰和威尔士也采纳了同样的路径。正如 Dyson 先生在 2014 年所作的解释:"司法的正当管理胜过当事人在诉讼中的直接参与。它要求法院考虑所有诉讼当事人和程序参与人的需求。案件管理的首要目标表达了这种理念。"[②]该观点被上诉法院所重申[③]——以被英国最高法院支持的方式——Mitchell v News Group Newspapers Ltd [2013]一案中,上诉法院陈述道:

"首要目标和第 3.9 条的修订——特别是第 3.9 条十分明确地对修订后的首要目标的回应——旨在表明正义和程序之间的关系已经发生变化。这种变化的产生不是因为我们为规则安装了强制适用机制,也不是我们不再将规则视为正义的附庸,而是视其为决定者。如果是这样的话,我们或许会实际上造成规则遵守的消亡,使其在任何情况下都处于正义的上位,这是绝对不允许的。发生的变化其实是,正义与首要目标并不冲突。在诉讼程序的每一阶段实现正义,是为确保程序能够公正并以合理的成本得到解决。个案中的正义目前只能通过合理适用《民事诉讼规则》并与首要目标相一致才能实现。"

"更加严苛、残酷的规则遵守和制裁救济路径旨在确保大多数案件都能够实现正义。这需要承认,实现正义的当下含义已发生变化。当事人不可能再期望不遵循程序义务而得到纵容。这些义务不仅确保当事人通过适当的诉讼行为将成本控制在合理范围内,更为重要的是,能维护更广大公众的利益并确保其他诉讼当事人获得有效、恰当地实现正义,同时使法院能够使他们获得这种正义。"[④]

一种相近似的途径在瓦努阿图被采纳,该规则从英国借鉴而来。《民事诉讼法典》的评论中针对案件管理提出以下要点,"诉讼案件管理旨在确保法院的有限司法资源在民事司法系统内可被利用,并以这种方式满足最大化需求"。[⑤] 因此,案件管理旨在促进正义分配,而不仅仅是在每一个案件中获得实体上的正义。这与起源于奥地利、从 Franz Klein 改革中产生的案件管理方法和强调合作的性质形成鲜明反差。该种方法旨在促进发现事实,从而能针对个案及时、迅速地作出正确判决。它的关注点并不在于法官所面对的个案,而是将案件置于更宽广的语境中,并

① Aon at [98] "当然,一个公正的诉讼程序依然是首要目标;但什么是公正的解决需要结合目标与目的来进行理解。速度和效率,最低限度的延迟和费用,都被视为是公正的诉讼程序的本质。但其不能剥夺当事人陈述案件的机会,而是意味着,当考虑到迟延和成本等问题时,应当对再次陈述进行限制。《规则》致力于最小化诉讼费用,这表明,诉讼费用命令并不总是能够提供充足的补偿并因此实现公正的结果。因此,我们不能说,只要支付诉讼费,公正的程序就保障当事人可以在任何阶段提出任何事实。"

② Lord Dyson MR, The application of the amendments to the Civil Procedure Rules, 2014, 33 *C.J.Q.* 124, 2014, ibid at 128.

③ Prince Abdulaziz v. Apex Global Management Ltd & Anor (Rev 2) [v2014] UKSC 64, [2014] WLR 4495.

④ Mitchell v News Group Newspapers Ltd [2013] EWCA Civ 1537, 2014, 1 WLR 795, pp.[38]-[39].

⑤ A. Jensel, Jensel's Civil Court's Practice (AusAID, 2010), p.28.

要求作出案件管理裁判时，考虑该裁判对其他案件中恰当行使案件管理的影响。

最后，作为总结，尽管在实现方法上采取不同路径，可以认为二者拥有共同的特征。诉讼案件被当作一项公共服务予以管理，正如其他公共服务一样，只有有限的国家资源可以利用。正如 Klein 已经清楚地意识到，个案的当事人因此被要求与法院合作来共同管理诉讼案件，以确保他们所利用的资源不超过合理数量的法院时间和资源，而该数量对诉讼案件而言应当是合适的。正如英格兰和威尔士《民事诉讼规则》所规定（如前文所述），他们这样做是为确保其他诉讼当事人可被分配到合适比例的法院资源。① 挪威同样如此，如 Strandberg 提出将《纠纷解决法》的目标定位为鼓励"资源的合理使用"。② 同样地，智利也采用这种路径，智利的立法机关在《民事诉讼法典》中新增了对资源的有效利用进行控制的法律规范。③ 第一种路径和第二种路径的区别在于，就后者而言，其认为基于公共利益考量，应对法院和当事人管理特定诉讼请求直至判决作出的能力予以限制。而就前者而言，则要求在任何时候都将法院实现个案正义作为首要目标；在后者，英国和澳大利亚的路径更注重个案的案件管理裁判的系统性后果。而前者则是在香港特别行政区体现得最为充分，更注重确保每一个案件获得正义。

第二种案件管理目标的第二种实现路径与民事诉讼应以审理和判决为导向的观念相背离。其有两种表现形式。首先，许多国家正在创设案件管理义务或者法院权力来促进或鼓励多元化纠纷解决机制的使用。在波兰，审前阶段纠纷解决的可能性已经成为现实。正如 Karolczyk 所提出，"审前阶段的目的在于讨论和暂时建立纠纷的事实和法律框架，同时，在考虑和解方案的基础上形成基本解决框架"。④ 挪威也存在类似方法。正如 Strandberg 所解释道，"例如《挪威纠纷解决法（2005）》第 9(4)(a)条规定，法院基于与当事人的讨论所设定的案件管理计划，包括当事人是否参加审前调解或者法院审理阶段的调解"。⑤ 美国类似的促进纠纷解决的方法也是其众所周知的特色，正如 Marcus 所指出，这也是加利福尼亚案件积极管理制度的一部分。⑥ 此外正如 Ahmed 就英格兰和威尔士部分所指出：

"案件管理中越来越重要的方面是需要鼓励和推进多元化纠纷解决程序。因此，法院可以鼓励当事人利用多元化纠纷解决程序，并为使用该类程序提供便利，以帮助当事人部分或彻底解决案件。"⑦

---

① Civil Procedure Rules, 1998, r.1.1(2)(e).

② 挪威国别报告。

③ 智利国别报告。

④ B. Karolczyk, 2013, p.159.

⑤ 挪威国别报告；Lov 17 juni 2005 nr. 90 om mekling og rettergang i sivile tvister (tvisteloven).

⑥ 美国国别报告；Standing Order for all Judges of the Northern District of California, para. 12. 例如，M. Galanter, The Vanishing trial... in Federal and State Courts, J Empirical Legal Studies 1, 2004, p.451.

⑦ 英国国别报告；CPR 1.4(2) (e) and (f).

德国也适用类似的方法。通过和解辩论程序,促进和解成为德国审前案件管理中的重要部分。正如 Sturner 和 Wendelstein 解释:"作为一般性规则,法院在言词辩论之前应首先召开和解辩论,除非当事人已经通过 ADR 机制达成和解,或和解辩论明显没有任何成功希望。在和解辩论中,法院以恰当的方式就案件事实与法律争议状态与当事人进行讨论[《德国民事诉讼法》第 278 条第(2)款]。一方当事人未出席和解辩论或和解辩论未能实现和解的,立即展开言词辩论。"

尽管法国并未采取相同路径,但 Jeuland 仍然表示,在程序的案件管理阶段可以推动纠纷的解决。根据《法国民事诉讼法典》,这种发展趋势已经被完美地规定于法律之中。①

其次,与案件管理应以既保障当事人获得判决的私人利益,又保障高效、公平地分配法院资源的方式进行的观点相一致,英格兰和威尔士已经逐渐超越案件管理应关注判决的观点。然而正如 Ahmed 所指出的,当前已经采取通过案件管理方法促进 ADR 使用的路径,并开始转向案件管理不应只以审理和判决为导向的观念。2014 年 Briggs 针对英格兰和威尔士高等法院大法官法庭的评述中所作的结论:不再将实体审理作为案件管理唯一目标的时机已经成熟,应将争议解决程序作为一个整体,即将替代性纠纷解决机制的引导也作为法院积极管理案件的正式组成部分。② 这样的案件管理将关注点重新调整至广义上的纠纷解决方法,而非仅仅或者主要强调对实体权利进行审理和作出判决。下面我就关于案件管理的未来发展方向作简要讨论。

综上所述,实现案件管理目标有两种路径:

第一种路径是,将案件管理视作通过合比例地利用法院资源,经济、高效地使每一个案件获得实质性正确判决的手段。在实现此目标的过程中,案件管理侧重引导每一个案件的实体审理。

第二种路径是,在与第一种路径基本相同的基础上,更为显著地通过案件管理来保障法院资源在所有诉讼当事人之间的公平分配,并确保每一个案件实现纠纷解决。因此,第二种路径认为,案件管理是为每一个案件配给程序,从而最大限度地保证民事司法制度能够为大多数诉讼提供正义。在这种情形中,案件管理目标是这样一种理念:诉讼的引导是为了解决纠纷,而不必然以实体审理和判决为终点。

三、案件管理——实践和程序

概述完毕案件管理旨在寻求的各项目标之后,有必要对实现这些目标的方式予以讨论。在案件管理实践和程序领域,我将考察以下几个方面:

---

① E. Jeuland ibid at 187,"在案件管理结束时会举行新的口头辩论,为主辩论进行准备。这种新型的口头辩论为法官促进和解提供了良好的时机"。

② M. Briggs, Chancery Modernisation Review: Final Report (Judicial Office) (December 2013), pp.68 ff.

(1)法院和当事人的不同角色;

(2)特殊的案件管理机制,包括程序性案件轨道的使用;

(3)涉及案件管理的程序性革新;

(4)群体诉讼的管理。

(一)法院和当事人的不同角色

民事程序中有两种众所周知的类型划分:消极法官和积极法官。前者通常与普通法系相联系,对于消极法官的理解是,他只需确保当事人按诉讼规则行事即可。诉讼的时间成本以及当事人为此支付多少费用,都由当事人负责,与法官无关。后一种类型通常与更偏向职权探查主义的大陆法系制度相联系。这种刻板印象固然有其道理,但也有一定程度的神化。如 Marcus 所指出的,通过衡平法院,普通法也能熟练积极地开展调查程序。[①] 时至今日,这些场景已然不再真实,即使在实践中并不总是如此,但至少在理论上,法院与当事人的合作是一件很正常的事情。本节的讨论旨在澄清以下问题:

(1)法院和当事人的角色;

(2)法院的案件管理权;

(3)将替代性纠纷解决机制(ADR)纳入案件管理体系;

(4)促进遵守的权力。

1.法院和当事人的角色

总体而言,法院和当事人各自在程序中所扮演的角色,可以沿谱系图确定标识。谱系图的一端是英国模式下传统的刻板印象:被动的法官和积极的当事人;另一端是大陆法系的传统模式:积极的、审问式的法官和消极的、应答式的当事人。在两端之中,也许就是 Franz Klein 所说的类型:一个积极的法官,把控程序的节奏,对使请求实质化的重要内容作出认定;一个积极的当事人,明确请求的性质,负责在保全、提出证据的基础上证明事实。这种方式体现了诉讼进行的合作性。显然,处于谱系图两端位置的程序制度极少。相反,尽管法官和法院在应然和实然层面体现积极性的方式不同,但合作模式在很大程度上依然占据主导地位。[②]

当然也有一些国家的程序制度,比如智利,更加靠近消极法官/积极当事人一端。正如 Ezumendia 所描述的那样,在智利,法官和当事人的角色是这样的:

"当事人负责启动和推动诉讼程序,而法官应处于消极的位置,法官的职责就是根据法律,用命令和判决来解决和回答当事人的诸项申请。这种消极姿态只有根据民事诉讼法典和其他法律的规定,在特殊和例外案件中才能被打破。"[③]

法官的作用就是对当事人行为作出回应,并通过确保当事人遵守法律的方式

---

① A. Kessler, Our Inquisitorial Inheritance, 90 Cornell L. Rev. 1181,2004-2005.(转引自美国国别报告)

② 此处须注意的是,当谈及案件管理和法官与当事人各自的角色时,须考虑到诉讼制度结构中具体的程序形式,也即,有正式的审前程序、审理阶段相对集中的普通法程序,与以荷兰、德国为代表的更为连续化、重复化的言词辩论程序之间的分别。

③ 智利国别报告。

来贯彻诉讼法的规则。

"……典型的大陆法国家体制下的司法制度结构形成了对法律条文的严格恪守态度。也就是说，惯于用法律规定来解决管理问题，即立法机构/议会不是授权法官寻找合适的解决方法，而是通过立法（民事诉讼法）来解决这一问题。因此，法官并不能自主裁量救济和解决问题，也不能自主决定程序时间表或期限。只能由法律来预见可能的问题并规定原则性的解决方式。法官只能审查适用某项特定的法律规则的条件是否满足，如果满足，就适用民事诉讼法中的规则。另言之，是议会整合了法律规范，以保障可用资源的高效利用。"

"……法官的作用在于把控诉讼、主导程序并回应当事人的请求。因此在一个典型的民事案件中，原告负责推动程序，被告只需遵守那些可能对其有不利影响的要求（例如，被告在答辩中按要求向法院提交支持自己胜诉的证据等），但这并不能增加效率，实际上在某些案件中，什么也不做就足以。推动程序积极进行的责任显然在于原告……"

"法官应保持绝对消极的立场，除非法律明确规定，法官无权依职权行事，也不能过多询问。这种基于许可的依职权模式，包括对无管辖权（无权限），合同彻底无效（违反公共政策）以及和证据相关的其他一些问题作出裁判。"①

这种被动型的法官堪称孟德斯鸠所说的"法律的喉舌"。智利正在考虑适用一种新的诉讼规则，这种范式可能没有什么未来了。据报道，智利的民事诉讼法典将采用一种更快捷、口头优先的——区别于目前书面化的——程序，这种程序将实现全面数字化，程序规则也更为灵活。这预示着，民事程序会引入更大程度的司法裁量权，法官也将发挥更积极的作用。②

如上文所述，在奥地利和德国，法官/法院和当事人之间的角色泾渭分明，引导这种角色分离的必要前提是，二者以适当的方式合作完成程序管理。尽管普通法系与大陆法系诉讼制度本质上都是对抗性质，但对抗属性本身并不是毫无规则限制的。Rechberger 对奥地利法院和当事人的关系，作出如下概述：

"为实现在实质真实的基础上快速、低成本地解决争议的目标，Klein 缓和了对抗原则，赋予法官较大的权力来控制诉讼的标的。奥地利《民事诉讼法典》并未将法官的管理权能限于形式意义的程序任务，③并将这种权力扩展至事实搜集领域诉讼的实体争议中。因此，法官更为主动地深入到对当事人和证人的审查中，甚至在理论上，法官可在一定限度内，在当事人未申请的情况下调取证据。"

"另一方面，当事人有义务尽可能详尽地提交事实陈述，并在规定环节提交证据。有一系列措施保障这些义务的履行。④ 因此，事实发现程序（构成诉讼程序的核心部分）的根本主旨在于寻求当事人（以及各自的律师）和拥有自由裁量权的法

① 智利国别报告。

② 智利国别报告。

③ 比如送达文书、确定开庭期、传唤当事人和证人等。

④ 比如规定，明显为拖延诉讼而提出反驳陈述的，会遭到诉讼费用上的不利后果。

官之间高效且积极的合作[①]。”[②]

他接着写道，自2002年以来，奥地利民事诉讼法已经明确要求当事人以迅速和完整的方式来进行诉讼。[③] 在阐述奥地利模式下法院和法官如何参与诉讼时，Rechberger提出了一个重要观点：可以学习普通法国家的做法，事实上，正如下文所指出的那样，这种借鉴可能是在无意识中进行的。他着重强调了如何既让法院发挥管理正式程序的职能，又让法院实现帮助“不懂法”的当事人的本质属性。[④] 他指出，在识别法律争点以及与这些争点相关的证据类型和形式方面，如果缺失法院协助，当事人会“处于非常不利的地位”[⑤]。因此，在对抗式程序中，证据搜集应当以偏向职权审问的方式进行。

如Sturner和Wendelstein所述，德国也明显采纳了相同路径。他们这样写道：

在德国诉讼法中，案件管理并不是一个技术性术语，也没有对应的德语翻译。最接近的表述应当是“指导程序进程的司法权力”(richterliche Prozessleitung)，尽管由当事人启动程序、决定程序范围并陈述重要事实，法院才是推动程序的最终负责人。

(a) 当事人的作用

尽管很多论著与之相反，但德国民事程序本质上是——并且一直以来都是——对抗性质的。根据“当事人提出原则”，应该由原告启动程序[德国民事诉讼法第253条第(1)款]并撤回诉讼(德国民事诉讼法第269条，一般需要被告同意)。除了一些特定类型的家事诉讼，法院无权依职权主动行为。更具体地说，当事人通过诉答决定程序的范围(处分权原则)。只要提出的请求足够准确，原告可以选择只就赔偿的某一特定部分提起诉讼[第253条第(2)款]。

在诉答文书中，当事人必须及时提出所有与案件实质关联的事实(第282条)。履行此义务时，当事人应真实地说明事实情况[第138条第(1)款]。法院可能不会主动提出当事人之前没有主张的新事实。因此，裁判只会基于当事人以口头或书面形式提出的事实而作出。但是，如果案件的某一方面被明显忽视或被认为是不重要的，在其不仅仅涉及一项附随债权时，法院有责任进行提醒[第139条第(2)

---

① 关于合作模式，参见Frodl, The heritage of the Franz Klein Reform of Austrian Civil Procedure, Sweet and Maxwell, *Civil Justice Quarterly*, Issue 1, 2012, p.43 (55 et seq).

② W. Rechberger, Round Table, Maastricht, 10 February 2015.

③ W. Rechberger，“在这个背景下，2002年修订的奥地利民事诉讼法中核心的革新措施，即法律明确规定了当事人在推进程序中所负的支持义务：根据奥地利民事诉讼法第178条，为了尽快完成程序，各方当事人必须及时、完整地阐述主张”。

④ W. Rechberger指出，证据收集仍是当事人和法院的合作：“奥地利民事诉讼法没有在标准诉讼程序中贯彻严格的审问制原则，法官认定事实的出发点是基本的举证原则，当事人有义务提出所有的事实主张，并提交必要的证据(澳大利亚民事诉讼法第226条、第239条，‘主张和举证责任’)。但是法官有义务通过询问或其他任何方式确保事实情况的真实性，这与基本原则有些许背离(奥地利民事诉讼法第182条)。此外，为了推动程序，法官可以依职权调取所有证据来查明实体事实(奥地利民事诉讼法第183条)。”

⑤ Ibid citing Frodl, The heritage of the Franz Klein Reform of Austrian civil procedure in 1895—1896, *CJQ*, 2012, p.43 (54).

款]。同样地，所举证据必须与诉争事实有关。除非一方当事人明确表达了争执意愿，否则没有明显争议的事实被视为已经承认[第 138 条第(2)款]。人证通过指明证人以及注明应向证人讯问的事实而提出(第 373 条)。

(b) 法院的角色

法院的职责是指导诉讼过程(Prozessleitung)。这种指挥权延伸至程序的形式内容，即启动言词辩论、指挥进程的权力[第 136 条第(1)款]以及结束言词辩论、宣示法院裁判的权力[第 136 条第(4)款]。诸如起诉书等文书的送达，通常由法院依职权[第 166 条第(2)款]及时[第 271 条第(1)款]完成。之后，法院将准备口头辩论，并对是否组织首次口头辩论[第 272 条第(2)款和第 275 条]或是书面准备程序[第 272 条第(2)款和 276 条]给予指示。后者一般用在更为复杂的案件中。

至于诉讼的实质内容，法院会在必要的范围内与当事人就案件的背景、事实，以及纠纷双方之间的关系进行讨论。这种讨论包括事实问题以及法律后果。法院也会问问题(法官的实质诉讼指挥 materielle Prozessleitung)。法院会努力确保纠纷双方在规定时间内尽可能完整地对所有重要事实作出陈述。特别是，法院要确保当事人主张事实不完整时加以补充，确保当事人指明证据并提交相关的申请书[第 139 条第(1)款]。此外，主审法官应确保案件得到充分的讨论且辩论在不经打断的情况下持续至结束。必要时，为继续言词辩论，他应即时决定下次开庭时间。[136 条第(3)款]

在巴西，举证过程中庭审管理的重要性也同样被高度重视。他们是这样写的：

巴西适用审问制民事程序模式，法院有很大权力处理呈庭证据。一项有意思的规定是，巴西法官有权下令调取那些当事人没有提出的证据。巴西民事诉讼法第 370 条规定，只要法院认为对审理实体问题是必需的，其有权决定调取任何证据。巴西民事诉讼法修订之后，巴西学者们仍然认为这个问题非常复杂，且一直未达成共识。一些学者主张，这项权力应该被限定在非常窄的范围内，比如涉及不可让与的权利的案件。他们认为，如果决定调取的证据对一方当事人有利，那么法院就可能会丧失中立地位。但是法院和大多学者并不认可这种观点，仍旧如常地对这项规则进行扩大解释。他们认为，由于证据在呈庭之前，并不确定对哪方当事人有利，所以不会产生法院依职权调取证据后对其中一方的偏私。

法院的特权之一是可以指定一名专家就案件的科学或技术问题作出书面报告。虽然当事人也可以提交自己一方的技术性证据，法院也会认为足以支持事实认定(第 472 条)，但法院通常还是更倾向于自己指定一名可靠且中立的专家(第 464 条)。申请专家证据一方的当事人需支付专家费用，如果两方都申请了，由双方分摊费用(第 95 条)。在不复杂的案件中，法院在专家证据方面会采用简易程序，比如不再需要书面陈述，只采口头辩论程序即可。(第 464 条第 3 款至第 4 款)

如果双方当事人一致同意指定某位专家进行审查并提交报告，他们可以告知法院该专家的姓名，而法院必须任命此名专家。(第 471 条)

在证人证言方面，当事人最多可以要求传唤十名证人，并且相同的事实争点最多只能传唤三名证人(第 357 条第 6 款)。法院有权基于案件的复杂性和个案性原因,消减允许出庭作证的人数(第 357 条第 7 款)。问题在于,如果案件特别复杂,法院能否增加证人数量,这个问题在学界仍未有定论。

在言词辩论中,法院有权干预律师向证人提出的问题,如拒绝回答诱导性问题、禁止与案件事实无关的问题或者证人已经回应过的重复性问题(第 459 条)。律师询问证人之前或之后,法官也可以询问证人(第 459 条第 1 款)。[①]

人们早就注意到,在历史上,英国法官可能和前述的智利法官一样处于被动位置。那时候,如果有人提出让英格兰和威尔士的民事诉讼程序像奥地利—德国那样的合作模式,是非常惊世骇俗、难以被认可的。1999 年的沃尔夫勋爵改革(Woolf Reforms)引入了积极的案件管理制度,彻底革除了旧有观念。这种改革主要受美国司法案件管理制度的影响,美国适用非常有力的案件管理制度,会给每个法官制定备审案件时间表和目录表(尽管后者并未在英格兰和威尔士适用)。正如 Marcus 所述,为了"做足准备、更好地向陪审员展示案件",自 20 世纪 60 年代开始,美国形成了一套有力的审前案件管理制度。[②]

无论美国还是英格兰与威尔士,促成这种诉讼文化改变的原因在于,人们认为导致民事诉讼成本过高和过于拖沓的根源就是消极法官/积极当事人的案件管理模式。这种改革(美国、英格兰与威尔士都进行了程度不同的类似改革)的结果就是,降低了程序进程方面的当事人自治限度,取而代之的是,由法院来控制诉讼节奏。[③] 以前曾尝试引入诸如此类的改革,但却失败了,比如,未被采用的指令传票制度,虽然赋予法院诉讼指挥权,却将控制权留给当事人。后沃尔夫勋爵时代的政策是:(1)赋予法院主动进行诉讼管理的义务;(2)与 Klein 合作模式相协调(没有任何权力和职责去促进重要事实和实质真相的发掘[④]),要求当事人协助法院行使管理职责,比如,配合法院和对方当事人实现高效的案件管理。[⑤] 正如 Ahmed 所述:

英国和威尔士民事诉讼规则第 1.4 条第(2)款详细阐述了法院如何在更高更远的诉讼目标上进行积极的案件管理。《民事诉讼规则》第 1.4 条第(2)款详细规定了,法院如何为实现诉讼首要目标进行积极的案件管理。它列举了该规则所强调的法院在进行管理指导时所必须考虑的各项宗旨。值得注意的是,第 1.4 条第(2)款列举的清单并不周延,当法院行使案件管理权时,必须牢记首要目标以及效率、快捷的重要性。

以积极的案件管理实现首要目标,要求法院完成一系列的工作,其中一个最重要的任务就是确定时间表,以及,更常做的是控制案件的进度。[⑥] 在这过程中,法

---

① 巴西国别报告。

② 美国国别报告。

③ 英国国别报告;美国国别报告。

④ 英格兰和威尔士的观点仍是,法院不负责发现真相,而是裁判通过当事人举证证明的诉讼请求:Air Canada v Secretary of State for Trade [1983] 2 AC 394.

⑤ CPR r.1.3,"当事人有义务协助法院实现本规则的首要目标"。比如,不遵守程序义务可能导致诉讼费用制裁。

⑥ CPR 1.4(2)(g).

院会给予各项指示，以使审判快速有效地开展。[1][2]

这样看来，法院和当事人的角色都是主动的。法院积极参与的体现不仅在掌控诉讼节奏——案件进程——上，还同样体现在，通过管理专家证据（和上文提到的巴西制度相似）和决定书证披露的性质和范围，由法院来决定当事人庭审时提交的证据的性质和范围。[3] 此外，案件管理的外延进一步扩大，在 2013 年，控制诉讼成本也成为案件管理的一部分，法院被赋予更多的权力来控制诉讼成本，即成本管理。[4] 同样，当事人也被要求配合法院和对方，来完成这方面的案件管理。其目的是确保当事人能有效地规划诉讼，这样，从一开始就能高效地、合比例地提起诉讼。[5] 美国近年来进一步强化了这种协作模式，《联邦民事诉讼规则》最近进行了修订，本着经济、快速、合比例地实现实质正义的目的，进一步强化了对法院和当事人相互合作的要求。[6]

波兰和挪威也显然适用了这种法官主导下积极的、协作式的案件管理模式。波兰的做法是基于这样一种假设："立法者认为，法院和当事人都负有管理案件的责任，这样诉讼才能尽快终结。"[7]这个观点很让人质疑，被告很可能并不想尽快结束诉讼，除非结果对他们有利。相反，被告基于自身利益考虑，可能会拖延诉讼以增加不必要的费用成本和程序迟滞，这样可以迫使原告和解或撤诉。

挪威的制度进一步展现了纸面上的法律和实践中的法律的差别。Strandberg 指出，自 1915 年以来，至少在理论上，挪威采用了基于 Klein 理念的协作模式，也即积极的法官拥有一系列"权力和职责来'指导程序进程'"[8]。然而，实践中却更接近于传统的英国模式，即"大部分案件……由积极的当事人和消极的法官推动"。[9] 他认为，这样的后果就是，"程序过于冗长，文书修正经常在特别靠后的阶段才能达成，争点的内容往往太模糊或者太不确定[10]"。[11] 2005 年改革引入英国模式的案件管理方式，目前仍然沿袭"法官指挥诉讼"范式进行操作。因此，这是一种基于奥地利和英国版本的法官主导下的法院和当事人合作模式。正如 Strandberg

---

① CPR 1.4(2)(I).

② 英国国别报告。

③ CPR Pt 35 ⟨http://www.justice.gov.uk/courts/procedure-rules/civil/rules/part35⟩ and Pt 31 ⟨http://www.justice.gov.uk/courts/procedure-rules/civil/rules/part31⟩.

④ CPR r.3.12 ⟨http://www.justice.gov.uk/courts/procedure-rules/civil/rules/part03#II⟩.

⑤ CPR r.3.12-3.18. 参见 R. Jackson, The Reform of Civil Justice, (Thomson Reuters), 2016, chapter 14.

⑥ 美国国别报告。正如 Marcus 所提到的，"一个良好的希望是，通过律师就可以实现合比例原则。因此，修订后的《规则》第 1 条清楚地规定了，律师和当事人负有促进公正、快速、低成本地裁判案件的责任"。

⑦ 波兰国别报告。

⑧ 挪威国别报告。

⑨ 挪威国别报告。

⑩ NOU 2001: 32 Rett på sak p.111-117.

⑪ 挪威国别报告。

所述：

“案件管理方面的新规则是实现更加结构优化和合比例的程序最重要的方式之一。2005 年改革使案件管理成为法官的基本职责。这些受英国影响的规则与源于德国的‘法官指挥诉讼’条文都写入了《挪威纠纷解决法(NDA)》的第 11-5 条。案件管理职能和‘指挥诉讼’职能在程序性事项上有某种程度的重合，但它们的核心仍然是不同的。典型的指挥诉讼是法官对当事人已经作出的诉讼行为进行回应，更确切地说，是在当事人犯错的时候，法官对其进行指导或是某种程度上给予当事人建议。案件管理职责并不只是对当事人行为的反馈，其宗旨还是在于节约成本，而非避免程序错误。因此，案件管理制度本质上更偏向于由法官自己发起的、以为解决案件建构程序性框架为导向的活动。”①

这种新的制度有以下特征：

（首先），案件管理是法官在庭前准备阶段最首先和最重要的工作，NDA 在关于主要听审的准备一章中，第 9-4 条第 1 款规定了案件管理的一般性义务：

“法院应该积极地、系统地做好案件准备工作，以确保庭审能以快速、高效、合理的方式开展。”

……（其次），广泛的、一般性的（法院）积极管理案件义务由 NDA 第 11 章的基本原则规定，参见第 11-6 条第 1 款：

“法院应为处理案件准备计划，并按计划执行，以便案件能以高效、恰当的方式审结。”②

尽管法院和法官担负着首要责任，Strandberg 也强调了当事人在诉讼协作模式中的重要作用：

虽然案件管理的权力基本在法官一边，但当事人也在管理过程中发挥重要作用。我们鼓励当事人在与法官的第一次交流中就提出自己的意见。这就是所谓的“传讯”，③涉及“原告对案件后续程序的意见，包括可能达成的任何共识等”（参见第 9-2 条第 2 款）。书面答辩应当陈述“被告对案件后续程序的意见”（参见第 9-3 条）。此外，当事人有在案件管理决定作出之前获得言词辩论的一般性权利（参见第 9-6 条第 1 款）：

“当事人应有机会对程序性裁决中的重要问题表达意见。”

在准备阶段，通常会就主言词辩论的筹备组织法院听证程序，但是听证可能会以远程会议的形式举行，法院也可能仅要求当事人以书面或者其他可用的方式提交他们的意见（参见第 9-4 条第 3 款）。

通常情况下，法院会设法作出一个当事人双方都接受的合作式的案件管理决定。然而，法官有最终话语权。即使当事人就案件管理中的事项达成合意，这种合意通常对法官没有约束力。但是另一方面，在一种情况下，法院只能在当事人都同

① 挪威国别报告。

② 挪威国别报告。

③ 我注意到，这是英国过去的说法，但是挪威纠纷解决法的唯一翻译版本采用了该术语。

意时才能作出决定,即双方当事人都同意的情况下,法院才能采用全面书面审或者部分书面审的方式审理案件(参见第9-9条第2款)。①

最后,Strandberg强调了挪威诉讼制度的一个重要特征:高效的案件管理依赖于处理诉讼的法官高效地实施程序。让法官在这方面处于主要地位,就存在管理失效的风险,而这种风险在由当事人控制程序节奏的时期,常常由当事人引发。挪威为当事人提供了监督司法案件管理的途径,即问责机制。如Strandberg所写:

负责具体案件的法官负有案件管理义务,通常是准备法官或多个法官参与时的主审法官。NDA第11-7条规定了应对糟糕的案件管理的多种救济途径:

(1)法院院长应当确保法官遵照第11-6条的规定履行积极管理案件的义务,并应当在必要时作出相应的命令,来纠正因疏忽或迟延的案件管理行为而导致的错误。当事人可以要求法院院长进行干预。

(2) 如果出现第11-6条中的重大失职行为,院长应该把案件转给其他法官;为了妥善处理余下的诉讼程序,在必要的时候,院长也可亲自承接此案。

(3)不服院长作出的决定,可以上诉。上诉法院同样享有第(1)、(2)款中的院长权限,可对案件管理作出裁决,也可以将案件移送至其他法院。

(4)如果院长就是准备法官,或者院长出于其他的原因缺乏权限,对第(1)款中的申请,应直接由上级法院进行裁判。如果一方当事人按照第(1)款的规定,院长在提出申请一个月内没有作出裁判,也可以适用前述规则。第(3)款规定的对院长决定的上诉规则,也同样适用本款前述情形。②

其他国家的制度仅仅提供了上诉渠道,尽管在这些案件中存在上诉法院一定程度上遵从案件管理法官所做的决定的风险。因此,挪威的制度比上诉法院独立审查模式更为有效。

2.法院的案件管理权

有很多不同的路径来考察各个法院的案件管理权。第一种路径是在诉讼法中明确列举各项权力:比如,确定案件时间表、查明证据、指派或许可专家证人,以及确定提交材料给法院或对方当事人的时间、设定期限等。第二种路径是不对这些权力明确列举。

第一种路径的典型代表是普通法系国家和挪威。如上所述,挪威2005年的纠纷解决法就受到20世纪90年代普通法变革,特别是英格兰和威尔士的沃尔夫改革的影响。③ 除了在审前阶段确定时间表等规定在2005年纠纷解决法第11(6)条中的一般性权力以外,④第9(4)条还明确列举了若干权力,来引导法院和当事人知晓,法院为适当地促进诉讼效率和经济可以作出何种管理命令:

---

① 挪威国别报告。

② 挪威国别报告。

③ 挪威国别报告。

④ 纠纷解决法(2005),第11.6条:"法院应为处理案件准备计划,并按计划执行,以便案件能以高效、恰当的方式审结。法院可以根据《法院法》第140条和第8章的规定为程序阶段设定期限,或者在案件审理必要时作出相应裁判。"

根据第9-3条的规定提交答辩状之后，法院应该在与当事人双方商讨后，立即拟定一个包括确定期限和作出必要事项的决定在内的下一步程序计划。这些决定包括：

(a)是否促进司法调解或法院审理中的调解；

(b)案件是否需要根据特别规则来审理；

(c)准备阶段是否需要举行言词辩论，以及辩论后即裁判案件是否适宜；

(d)是否应提交书面意见，并将其作为案件裁判的依据；

(e)案件中的诸项诉讼程序应否分开进行；

(f)审查证据的提交，包括是否要求现场勘验、是否要求获取或者提交证据，证据是否可靠、是否需要任命专家；

(g) 当事人是否需要提交书面的结辩陈述；

(h) 确定主辩论期日，在特殊的必要情形下，这个日期只能在提交诉状的六个月以后；

(i)是否应由法官和专家或常规的外行法官共同审理；

(j) 案件准备阶段的其他重要问题。

值得注意的是，最后的子规则(j)说明，上述列表并不周延。这些具体已列出来的决定事项只是举例说明。英格兰与威尔士[①]、澳大利亚[②]、中国香港[③]、加拿

① CPR r.3.1(2)规定，法院享有以下权力：(a)延长或者缩短履行任何规则、诉讼指引或法院命令的期间；(b)延期或者提前举行审理程序；(c)责令当事人或者当事人的诉讼代理人出庭参加诉讼；(d)通过电话或其他任何直接言词方式举行开庭审理和接受证据；(e)指令任何诉讼程序的一部分(如反诉)，按独立的诉讼程序审理；(f)概括性中止任何诉讼程序的进行或判决的执行，或中止程序至某一特定日期或事件的发生；(g)合并诉讼程序；(h)在同一场合审理两个或两个以上的诉讼请求；(i)责令对任何争点进行单独审理；(j)确定争点的审理顺序；(k)排除争点，不予考虑；(l)对初步争议事项裁决后驳回诉讼请求或作出判决；(ll)命令当事人提交或交换诉讼费用预算；(m)为管理案件和推进本规则的首要目标，采取其他任何程序步骤或作出其他任何命令，包括为促进当事人达成和解，组织早期中立评估程序。

② 比如，2010年维多利亚民事诉讼法第49条的规定，法院发布命令、指挥审理程序和言词辩论进程：(1)除了法院可能享有的其他权力，如果法院认为有助于在诉讼程序的言词辩论中实现首要目标，那么法院可以作出任何指示或者命令。(2)上述第(1)款中所说的指示或命令可以在任何时间作出，包括：(a)言词辩论之前；或者(b)言词辩论中。(3)在不对第(1)款构成限制的前提下，法院可以就以下问题作出指示或命令：(a)证据提交的顺序；(b)事实问题的审理顺序；(c)审理程序的时间限制，包括当事人一方陈述的时间；(d)证人，包括：(i)限定询问、交叉询问或再询问证人的时间；(ii)不允许对特殊证人进行交叉询问；(iii)限制证人人数，包括当事人可能申请的专家证人的数量；(e)确定可能被询问或者交叉询问的争点或事项；(f)限定书面和口头材料的长度和提交期限；(g)限定当事人需要准备和可能用作证据的文件数量；(h)当事人需要准备的用于诉讼中的合同文本、业务记录总览表或其他文件等；(i)庭审的时间、地点和方式；(j)证据，包括但不限于：主要证据是否应当以宣誓书或证人陈述的口头形式提出；(k)诉讼费用，包括当事人按什么比例负担诉讼费用……

③ Rules of Court (Hong Kong) Ord. 1B, which is written in the same terms as CPR r.3.1(2) 〈https://www.elegislation.gov.hk/hk/cap4A? xpid=ID_1438403274968_001〉.

大[①]也采用类似的案件管理明确列举模式，并且同样说明权力范围不局限于已列出的各项。法院应在可适用的案件类型、必要的程度范围上使用这些权力。在英格兰和威尔士，案件管理的普通规则一般不适用于小额诉讼，但是标准化的案件管理指令是适用的。[②] 在加拿大(安大略省)，法院仅在认为必要时才行使案件管理权，参见法院规则(安大略)第 77.1 条：

"第 77.1(1)条规定旨在建立这样一种案件管理制度：仅在确实需要法院介入的诉讼程序中使用案件管理，并且仅限于适当的程度，而程度合适与否，由本规则确定的标准来衡量。(O. Reg. 438/08，s. 64.)"

这似乎反映了在适用一般案件管理制度时一个普遍关注的问题，这在 Subrin 的文章中也提到过，[③]即在许多数额不大的案件中，案件管理既没必要，也不经济，反而增加了不必要的诉讼成本并造成诉讼拖延。就如 Ahmed 指出的那样，英格兰和威尔士也有同样问题，旨在提高案件管理效率的案件排期表制度(将个案分配给负责整个审前程序的特定法官)，只适用于那些能够从这种由一名指定法官组织的紧凑而连续的管理中"受益"的案件。[④]

第二种路径更加抽象，并且缺乏指导性。这种路径的典型代表是法国。法国民事诉讼法非常简单地规定：

"第三条：法官保障诉讼的正常推进，有规定期限和命令各项必要措施的权力。"[⑤]

虽然是以一般性语言——而非专门语言——的方式，普通法法典也基本上规定了相同的权力。Jeuland 在一定程度上对一般性案件管理权的用途保持怀疑。他写到，尽管人们都认为法国法官在案件管理方面有很大权力，但法国法官实际上"在整个案件管理过程中并不怎么使用(他们的)权力，他们并不积极，而是被动回

---

① Rules of Court (Ontario) Ord. 77.

② CPR rr.27.2 and 27.4.

③ S. Subrin, The case for presumptive procedural limits, *Alabama Law Review*, 1997, p.79.

④ D. Neuberger Docketing: Completing Case Management's Unfinished Revolution, available www.judicairy.gov.uk/resoruces/JCO/Documents/Speeches/mor-speech-solicitors-cost-conference-lecture-feb2012.pdf.(转引自英国国别报告)

⑤ 新加坡和加拿大的安大略省也采用了同样的通行做法，这就说明普通法制度也是基于这种通用的架构，而不并总是适用英国模式的特殊做法。从伍尔夫勋爵的《走向公正的报告》一文中可以看出，他认为维多利亚时期《最高法院规则》的起草者的立法风格明显优于那种过于技术化、细节化的英式立法风格。由此推导，新加坡和加拿大的做法应该就属于这种更优越的模式。Rules of Court (Singapore) Order 34A Pre-Trial Conferences ——"为公正、迅速和经济地处理诉讼而发布命令、给予指示的权力 (O. 34A，r.1) 1.—(1)尽管规则中已有规定，法院仍然可以在任何程序开始后的任何时间，依职权指挥程序中的任何一方或双方当事人出庭，这样法院才能在认为适当的时候作出命令和指示，才能公正、快速、经济地处理诉讼或其他问题……"以及 Rules of Court (Ontario，Canada)，"Ord. 77.01 (1)本规则的目标是建立这样一种案件管理制度：仅仅只在确实需要法院介入时使用案件管理，并且仅限于适当的程度，而程度合适与否，由本规则确定的标准来衡量。O. Reg. 438/08，s. 64."

应型的"。[①] 权力的配备与其使用并不匹配，这就是纸面上的法律和实践中的法律有所差异的例证。

德国有一种更为抽象化的特殊案件管理方式。在两种案件轨道中，法院都有独立的权力来管理诉讼程序的各个方面，同时也享有一般性的管理权。正如 Sturner 和 Wendelstein 对德国制度的描述：

"法院负责指导诉讼进程(Prozessleitung)。在形式方面表现为，组织言词辩论及指挥进程的权力[民事诉讼法第 136 条第(1)款]、结束言词辩论以及作出裁判的权力[第 136 条第(4)款]。诸如启动程序的诉状等文书的送达通常是法院的职责[第 166 条第(2)款]，且应立即送达[第 271 条第(1)款]。之后，法院将准备口头言词辩论，并指示是否举行首次的口头辩论程序[第 272 (2) 条和第 275 条]，或进行书面准备程序[第 272(2)条和第 276 条]。后者一般适用于更加复杂的诉讼案件。"[②]

此外，案件管理权使法院能够对诉讼的本质属性进行管理，即诉讼的内容。[③] 奥地利就适用了与此类似的路径，Rechberger 这样阐述：

"奥地利民事诉讼法并没有将法官的管理权限定在形式意义上的程序事务中，而是扩展至程序的实体问题——事实收集领域。如此，法官积极介入到对当事人和证人的审查中，甚至在双方当事人都没有申请的情况下，法官理论上有权在一定限度内自行调取证据。"[④]

普通法系与大陆法系之间存在清晰的界限。虽然两者——在不同的程度上——都赋予法院在保障程序阶段、程序要求被及时遵守方面享有案件管理权，但

---

① E. Jeuland, ibid at 116.

② 德国国别报告，German Code of Civil Procedure "Section 136-主审法官的诉讼指挥权。(1)主审法官命令开始言词辩论并指挥其进行。(2)主审法官可以准许发言，也可以禁止不服从命令的人发言。在合议庭成员要求下，也可准许合议庭成员提问。(3)主审法官应该使案件得到充分的讨论并使辩论能持续进行，直到终结；必要时，为继续言词辩论，应即时决定下次开庭时间。(4)法院认为案件已得到充分讨论时，主审法官可结束言词辩论，并宣布法院的判决和裁定。"

③ German Code of Civil Procedure。"Section 139-法官对诉讼实体的释明义务：(1) 在必要时，法院应与当事人从事实上和法律上两方面对于事实关系和法律关系进行释明并且提问。法院应使当事人就一切重要的事实作出及时、完整的说明，特别在对所提事实说明不够时，要让当事人加以补充，表明证据方法，提出相关申请。(2)如果当事人一方对某一法律观点明知而忽略，或认为是无关紧要的，在该观点不是仅关系到附属请求时，法院应就该事实进行提示，并提供机会让当事人就此发表意见，否则不得以该法律观点为基础作出裁判。法院与双方当事人对观点有不同认识的，适用上述规定。(3)法院应提示当事人注意法院依职权调查的事项中的疑点。(4)本条规定的法院释明应尽早作出，并书面记录。法院是否已作出释明，只能由记录的内容证明。能够证明记录是伪造时，方可否定记录中关于法院释明的内容。(5)如果当事人不能立即就法院的释明作出说明，法院应依当事人申请设定期限，当事人可在该期限内于书面形式补充说明。"

④ 奥地利国别报告。

与大陆法国家不同的是，普通法国家并没有赋予法院指挥或引导当事人证明实体请求的权力。普通法国家将提交证据的选择权留给当事人，用消极的权力来掌控举证的范围。大陆法国家则赋予法院用以指导当事人确定对纠纷解决必要的事实和证据的手段。然而，值得注意的是，在英格兰和威尔士，由于自己诉讼——没有代理人的当事人——数量的增加，法院被明确赋予(以前都是默示性权力，是法院固有权限的一部分)协助当事人表达诉讼请求、确定相关争点的权力。① 奥地利也有类似的这种强调为自己诉讼当事人给予帮助的制度，尽管这是对其已经建立的从程序和实体两方面进行管理的一种改变。②

Flaga-Gieruszynska 和 Klich 描述了第三种案件管理权的设定路径，这种路径规定了各项案件管理权，但尚未达到普通法路径的程度，也不同于法国路径下的概括性程度。③ 他们这样介绍波兰的相关情况：

案件管理是主导法官的重要职能……

(1)被告可以在为准备言词辩论而进行的第一次会面之前提交答辩状，但为了诉讼程序的有效进行，主导法官可命令其在不少于两周的规定时限内提交答辩状。法院院长也可以在为准备言词辩论而进行的第一次辩论前，要求当事人提交进一步的准备性信函，并向当事人说明文书提交的顺序和时间，以及需要明确的情况。在案件审理过程中，只有在法院要求时才能提交准备性文书，除非这些信函仅涉及证据要求。法院可以不公开的方式作出裁判，但必须组织当事人参加言词辩论。主导法官或者法院如果已经决定须提交准备性信函，那么在作出提交诉状、答辩状

---

① CPR r.3.1(1A)，"案件管理—无代理的当事人-3.1A(1)本规则适用于至少有一方当事人无代理人的任何程序。(2)当法院行使案件管理权时，必须考虑到至少一方当事人无代理人。(3)当事人和法院在多轨程序和快捷轨道程序中拟定案件管理指示时，必须首先考虑可在线获取的标准化指示：www.justice.gov.uk/courts/procedure-rules/civil，并根据案件的具体情形进行适用。(4)如果法院认为有利于促进实现首要目标，应当在任何言词辩论程序中采用该程序。(5)言词辩论中的证据问题可能包括：(a)向无代理人的一方当事人确认证人可能予以举证的事项以及证人应当接受交叉询问的事项；(b)告知证人，或请证人告知可能出现在言词辩论中的适当问题"。

② S. Nieuwendijk et al，ibid，at 6-7，"在德国民事诉讼法典评注中专门提到，ÖZPO 第432条表明，法院对于有代理人的当事人和无代理人的当事人的职责是不同的。法官有特别的职责，就是手把手地引导当事人(Manuduktionspflicht)，用通俗易懂的方式将诉讼权利义务告知无代理人的当事人，帮助他们起草案情陈述状，保护其免受不利因素的侵扰。这项职责专门服务于无代理的当事人，也就是说，根据奥地利法律，当事人如果有经许可的法定代理人，法官就不再承担上述义务。法官需要弥补无代理当事人欠缺的法律知识，但是，尽管他有权主动采取一些必要的措施，他并不能自作主张地处理相关问题。因此，法官应避免命令当事人提交证据或者陈述某一具体事实。法官不能成为无代理人的半个律师"。

③ 荷兰也有类似的做法，法院可以要求各方当事人出席言词辩论，以便与他们一起讨论某些事项，比如和解、是否需要更多更完善的证据、是否应提交进一步的资料以及证明责任的分配。A. Jongbloed，Judicial Case Management and Efficiency in the Netherlands，C. H. van Rhee，*Judicial Case Management and Efficiency in Civil Litigation*，(Intersentia)，2008，pp. 97-98.

或进一步的准备性信函命令时,必须给予适当的指示。该指示包括,法院将不再考虑迟交的诉讼请求和证据,除非不是出于过失导致没能在诉状、答辩状或进一步的准备性信函中提出请求和证据,否则法院将不予考虑这些迟交的事实主张和证据。

不符合下述规定提交的答辩意见和预审说明都将被退回:(波兰民事诉讼法第207条)

(2)院长应该根据申请和为准备言词辩论的其他诉答文书,在言词辩论前视情况发布指令。具体指:

(a)传唤当事人亲自出庭或代理人出庭;(b)如果证据属于国家机构或者地方政府机构,且当事人无法获取的,要求上述机构参加言词辩论;(c)要求证人出庭陈述;(d)要求当事人委托的专家出庭;(e)命令提交文件、审查的物品、书籍、计划等等。院长也可以在必要的情况下,在言词辩论前要求进行审查。(第208条)

(3)言词辩论应以下述方式进行:在案件提请当事人注意后,先由原告,再由被告口头阐述诉请和结论,再提交支持其主张的理由和证据。当事人还可以阐述支持其诉请的法律依据。各方当事人都必须对另一方的主张发表意见。法院会引导当事人通过友好协商,特别是通过调解来解决纠纷。此外,根据具体情况,言词辩论也可能包括举证和认证。(第210条)

(4)言词辩论中时,法院通过提问,让当事人提交或补充事实主张和支持性证据,并让当事人对主张的权利或请求的事实依据进行必要的说明。同样,法院会努力查清争议问题的有关情况。必要时,院长可能会给当事人必要的指示,并根据情况提醒当事人最好任命全权代理人。(第212条)

①言词辩论开始前,当事人可以根据自己的请求或对方的请求提交事实和证据。法院将不再采纳迟交的主张和证据,除非当事人对于迟延提交没有过错,否则迟延提交的主张和证据在调查或其他特殊情形中将不予考虑。只有在延迟提交或者争议事实已经得到充分证明的情况下,法院才不再继续审查后续提出的主张和证据。

②法院也可以根据民事案件的特殊性和复杂性,作出下述命令:

(a) 为了查明案件事实,要求当事人双方或者一方亲自出庭,或者其代理人出庭。(第216条)

(b) 可以命令对主要请求和关联请求分别进行言词辩论,也可以对一项申请中的某一项请求单独进行言词辩论,无论其是主请求还是关联请求,或是单方提交的请求。(第218条)

(c) 如果几个正在审理中的案件基于一个事实或者可以在一项申请中处理,法院可以决定将其合并审理,以实现共同审查和纠纷解决。(第219条)

(d) 将辩论范围限定在某项主张或者准备性问题内(第220条)。[①]

这里说的权力是指,法院能够借以指导言词辩论,从而确保提出证据、证人出庭等事项的一系列权力。这些权力的行使应以确保程序效率为一般出发点,波兰

① 波兰国别报告。

民事诉讼法第 6.1 条规定：诉讼程序应该快速进行。然而，正如 Flaga-Gieruszynska 和 Klich 所言，这不能与达成实体性正确裁判的要求相悖。与 Jeuland 关于法国案件管理权的观点相呼应，Karolczyk 认为，这些权力没有如预期一般地合理使用：案件管理的行使倾向于被动回应，而非主动。[①] 因此，有种观点认为，程序速度并不能主导管理权的行使，或者，就目前而言，它更多的是例外，而非规则。

上述案件管理权的所有路径都有一个共同主线：无论是列举式规定还是抽象式规定，案件管理权是一种自由裁量。法院可以基于不同的程度行使权力。智利的规定有所不同。正如 Ezumendia 所述，《智利诉讼法典》规定了很多案件管理机制，他们本质上都是法定的。法官没有自由的管理权，相反只能按照法典的规定来做。他这样写道：

“……典型的大陆法国家体制下的司法制度结构形成了对法律条文的严格恪守态度。也就是说，惯于用法律规定来解决管理问题，即立法机构/议会不是授权法官寻找合适的解决方法，而是通过立法（民事诉讼法）来解决这一问题。因此，法官并不能自主裁量救济和解决问题，也不能自主决定程序时间表或期限。只能由法律来预见可能的问题并规定原则性的解决方式。法官只能审查适用某项特定的法律规则的条件是否满足，如果满足，就适用民事诉讼法中的规则。另言之，是议会整合了法律规范，以保障可用资源的高效利用。”[②]

概而言之，我们可以对案件管理权的不同路径作如下总结：

（1）以列举式和概括式的方式为法院提供的，旨在管理程序的、能够作为司法裁量权行使的权力；

（2）以概括式的方式为法院提供的，旨在管理程序的、能够作为司法裁量权行使的权力；

（3）以在诉讼法典中列举的方式赋予案件管理权，法院在监督案件管理遵守方面没有自由裁量权；

（4）只享有程序方面的案件管理权，还有那种同时享有程序和实体请求两方面的案件管理权；

（5）一方或双方诉讼当事人没有律师代理时，引入修正一般性案件管理权的特殊权力。

然而，在这些路径之外，意大利采用了一种明显例外的不同路径。这种路径中没有任何实质性的法院积极主导的司法管理。正如 Silvestri 所作解释：

“对于意大利民事诉讼制度中案件管理的探寻，只能是无功而返。案件管理是民事诉讼领域学者探讨最为热烈的话题之一。大多数法官和政客喜欢故作姿态地援引英语词汇，似乎只要说出这些概念就能魔幻般地将长时间以来所追寻的效率和快捷目标注入裁判机制中。然而，事实上意大利并不存在真正的案件管理。当

---

① B Karolczyk ibid.

② 智利国别报告。

然，确实有一些法院致力于更好地管理已经非常巨大的，且不断膨胀的案件量，但是程序规则本身，或者说，在它们能被接受的解释范围内，不允许（至少原则上）案件的管理。”①

Silvestri 进一步指出，西班牙设立了正式的程序启动或准备阶段，以推进有效的案件管理，而意大利与此不同，意大利的民事诉讼中并没有这种正式的准备程序。尽管如此，近年来意大利许多不同的程序改革均旨在促进程序效率和经济。她强调，意大利目前仍然是这样一种诉讼状态：“碎片化的、无穷无尽的言词辩论充斥其中，审理期限通常难以预测，所以客观来讲，实质性的准备程序只是一个美好的愿望，并没有任何实践中的应用。就此而言，如果说司法案件管理就像是尚未发现的大陆，也没什么好惊讶的。”②这是极具讽刺意味的，尽管法院拥有“快速、公正地推进民事程序的所有必要权力”，包括“设定完成程序阶段的期限”和制裁不予遵守的行为。③ 由此可见，实践中的法律与理论上的法律完全不同。管理案件的程序性权力显然是存在的，但对于权力的行使却是非常弱化的，换言之，实践中的案件管理权处于休眠状态。

Silvestri 提到，关键管理权无法在实践中运用有两方面的原因：法院沉重的工作负担和主导性的诉讼文化。正如她所解释道：

“现实的状况是案件负担过于沉重，并且法庭人员的配备严重不足。意大利司法系统无力消除这二者结合所带来的困境，法官也无法充分调查每个案件，因此案件管理权的合理运用显得尤为必要。目前已有一些旨在改善这种困境的尝试，例如建立所谓的 *ufficio per il processo*［可以粗略地译为‘程序协调办公室，(office for the proceeding)’］，通过增加法律助理（通常是年轻的法学毕业生）、外行法官和其他工作人员来扩充司法队伍，他们要帮助法官处理书证、诉状和其他补充案件登记表的文件材料，还要消解来自在线司法的问题（这是近期意大利民事司法的特征）。就其本身而言，让一堆人去处理事务，并不能与由一名法官来履行职责很好地联系起来，因此这并非一个很好的想法。实践中，太多问题遗留给每个法院依靠‘有组织的创造力’去解决，并由法院去创设良好的实践，④这很难保证全国范围内的实务工作是令人满意和统一化的。”

在实务现实之外，还存在着观念上的实质障碍，阻碍在民事诉讼法典修订中建立结构化的、完整的案件管理，也阻却了法院根据比例性标准调整程序的可能性。普遍观点认为，赋予法官广泛的案件管理权，意味着在民事诉讼中加入专制主义的注释。为了理解这种新奇的想法，我们应该重新考察现行《民事诉讼法典》的历史。

---

① 意大利国别报告。

② 意大利国别报告。

③ 意大利国别报告；《意大利民事诉讼法典》第 175 条第 1 款和第 2 款、第 88 条。

④ “有组织的创造力”和“良好的实践”两个词语均出现在创立程序协调办公室的正式公文中，该公文由司法高级委员会颁布。(Consiglio Superiore della Magistratura, a.k.a. CSM，意大利司法部的自治机构)。http://www.csm.it/web/csm-internet/ufficio-per-il-processo/esperienze#Tra_prassi_positive_e_previsioni_normative.

该法典制定于1940年,法官被赋予积极推动程序发展的权力,这在后来被视作"法西斯主义"的标志——专制主义的诉讼路径。这也解释了为何法官被赋予更大权力的观点总是遭受——即使不是公开的反对——大量质疑。然而情况往往如此,错误的观念源于无知,对于《民事诉讼法典》以及赋予法院的管理权能,阅读补充《民事诉讼法典》的报告就会有很大的启发意义。这份报告显示出,立法者是如何预见到那些日后甚为普遍的观点的。他们对于动态的民事司法的理解是,审问制的裁判模式与法官根据个案需求来塑造程序的模式之间有清晰的分野。报告显示,将单一化、刻板的程序适用于每一个案件,既无法满足准确发现事实的需求(对绝大多数复杂案件而言是必要的),也无法快速解决案件(简单的,或需紧急处理的案件尤其需要)。因此,依据适应性和灵活性原则协调裁判的进程,是非常必要的:当事人配合下的法院应当促进程序适应个案的特殊性质,从而最大限度地实现程序经济。①

3.将替代性纠纷解决机制(ADR)纳入案件管理体系

众所周知,正式的民事诉讼程序和非正式、可选择的纠纷解决方式之间存在竞争关系。毋庸置疑的是,很多国家已将ADR的一些特质纳入案件管理程序中。②

这在英格兰和威尔士尤其显著,通过法院要求促进ADR的使用,以及近来,案件管理规范赋予法院一项明确的权力,即法院可以指导当事人参与早期的中立性评估,该评估或是由法官进行——如果在审理结束之后案件没有得到解决,法官将在后期程序中被排除在外;或是由中立的第三方进行。③ 正如Ahmed所阐释的基本观点:

"鼓励和促进通过ADR解决纠纷的需求已经成为案件管理愈加重要的一个方面。因此,法庭可以鼓励当事人使用ADR程序并推进这类程序的使用,从而帮助

① 意大利国别报告。

② 美国国别报告指出,对于和解促进机制的使用并非没有顾虑。Marcus认为,"这种不满的一个特殊关注点是,跨地区程序目前已经影响联邦法院系统中大约45%的民事案件。举例来说,佐治亚大学的Burch教授对该问题表示严重关切,即对于接收和管理大量案件的法官,他们是否会强制性迫使当事人达成和解"。法国的立场则恰恰相反,启动或参与和解程序的决定权在当事人,而非法官,参见《法国民事诉讼法》,"*Article* 1450 (*Decree n*° 81-500 *of* 12 *May* 1981, *Official Journal of* 14 *May* 1981, *amendment JORF of* 21 *May* 1981)。当事人有权将其纠纷于庭外进行解决,甚至当事人已经在另一法院启动了诉讼程序"。《法国商法典》, article L 611-4 - L 611-15 建构的法国和解机制。

③ CPR r.3.1(2)(m)规定,"鼓励和促进通过ADR解决纠纷的需求已经成为案件管理愈加重要的一个方面。因此,法庭可以鼓励当事人使用ADR程序并推进这类程序的使用,从而帮助当事人全部或者部分地解决争议"。

当事人全部或者部分地解决争议。”①

例如，德国采用了更整合化的途径，Sturner 和 Wendelstein 注意到，法院有权组织“和解辩论”，即：

“作为一般性规则，法院在言词辩论之前应首先召开和解辩论，除非当事人已经通过 ADR 机制达成和解，或和解辩论明显没有任何成功希望。在和解辩论中，法院以恰当的方式就案件事实和法律争议状态与当事人进行讨论[《德国民事诉讼法》第 278 条第(2)款]。一方当事人未出席和解辩论或和解辩论未能实现和解的，立即展开言词辩论。”②

Ezumendia 注意到智利存在相类似条款，并发现其不同于法官通常的消极被动角色。

“……和解阶段是法官在众多相关程序中必须介入的一个方面，该阶段在证据阶段之前，由法官启动一项旨在为当事人提议合作式解纷方案的审理程序，《民事诉讼法》明确授予法官这项权力，试图为当事人达成和解提供正当性基础。”

由于经费削减而产生的改革司法制度、提高行政效率方面的需求，和促进法院信息技术现代化的需求，使得德国和智利采取的这种整合化的路径在英国也有了长足的发展。持续进行的法院改革正朝着践行新示范程序而努力，新示范程序通过一种新的民事在线法院，明确地将促进 ADR 以及案件的实质性管理(参见上文中对德国和奥地利的介绍)纳入其中。③ 英格兰和威尔士从以审判为导向的案件管理转向以纠纷解决为导向的案件管理，是该新程序特征的最好解释。该程序在案件管理上采用三阶段式的路径，其中前两阶段不是由法官来执行，而是由经过法

---

① 英国国别报告；CPR 1.4(2) (e) and (f)。挪威采用了相同的途径，参见挪威国别报告，“《挪威纠纷解决法》第 9-4 条第 2 款包括最重要的具体的案件管理权力和职责：‘根据第 9-3 条的规定提交答辩状之后，与当事人讨论后，法院应当立即准备包括确定期限和作出必要决定在内的下一步程序计划。这些决定包括：a)是否应推动司法调解或在法院的言词辩论中进行调解。’还参见 Rules of Court (Hong Kong) Ord. 1.A r.1(e)，该规则与英格兰和威尔士的规则类似。还参见 Rules of Court (Singapore) O. 34A, r.2(2)，‘法院引导审前会议时，可以考虑对任一或全部争点进行和解的可能性，并要求当事人向法院提供当事人认为适当的信息，还可以为确保公正、快捷和经济的处理诉讼作出必要的指示’”。

② 德国国别报告。在荷兰，答辩状提交后，在言词辩论中即可促进和解，参见 F. Hoogers et al, Witness testimony in Dutch civil procedure: facts, figures and statistical relations, in A.C. H. van Rhee & A. Uzelac, *Evidence in Contemporary Civil Procedure*: *Fundamental Issues in a Comparative Perspective*, Intersentia, 2015, p.3.“言词辩论中会组织由一名法官和当事人参与的、旨在认定案件事实并探索达成和解可能性的公开讨论。调查显示，达成和解的成功率从 32%至 50%不等。如果案件未能和解，将确定判决日期。该判决可以是终局判决，但是通常会命令进一步补充证人证言。一项诸如此类的中间裁判还可用以任命一位或多位专家，或是宣布由法院进行现场勘查。”

③ J. Sorabji, The Online Solutions Court-A multi-door courthouse for the 21st Century (2017) *CJQ* (36) 86.

律训练的行使司法职权的司法官来实施。[①] 与在线多门户法院的发展相类似，三阶段路径的具体内容是：

第一层级：在线评估。与多家外部法律支持和咨询机构建立工作伙伴关系的训练有素的司法官会为当事人提供帮助，从而使当事人更加合理地了解他们之间的纠纷，评估并理解为解决纠纷所应采取的后续步骤；根据 Sander 的说法，这同样起到了促进法律教育、防范法律纠纷的作用。

第二层级：在线促进。当案件经过第一阶段后，司法官会采取在线促进纠纷解决的机制。这包括审查当事人的文书和证据，进行或促进当事人在线或电话协商，或建议和采取其他形式的 ADR 机制，包括与早期中立性评估类似的早期评估规定，其作为一项促进和解的手段，对请求的实体问题进行评估。通过审查证据，司法官在自己调查案件的基础上进行评估。这一层次的核心关注点在于，司法官通过案件调查，为当事人提供一种在线纠纷解决形式。

第三层级：在线裁判。如果在线促进机制不能使争议依据民事解纷审判庭所提供的机制予以解决，那么争议将由一位私人裁判官进行裁判。该第三层级采用了相同的路径，唯一的一点关键性差异在于：该判决不是以合意为基础的私下的、有约束力的裁判形式。第三层级认为应当由法官根据在线提交的材料决定案件的实体问题。该判决的作出可以不经过言词辩论，也可以通过在线或电话言词审理，法院可以通过电子化交流渠道告知判决内容。[②]

4.促进遵守的效力

案件管理规则或案件管理权无法自发产生效力。案件管理指令和命令须在当事人配合的情况下发生作用。为促进当事人遵守案件管理，民事司法制度应具备以下两项相互关联的特征：首先，须有旨在遏制不遵守案件管理行为的制裁权力；其次，通过建立协调、统一、公正的制裁权适用和实施路径以及制裁救济机制，营造鼓励遵守案件管理的司法文化。然而，过分关注制裁救济将侵损案件管理遵守文化的有效发展与维护。过于狭隘的救济，加之过分严苛的制裁手段，又会削弱法院获得实质性准确裁判的能力。总而言之，实现平衡是重中之重。

规定并行使对不遵守案件管理行为的制裁权，是各国的普遍做法。正如 Rechberger 对于奥地利情况的介绍：

---

① The Pilot schemes trialling aspects of the proposed new court process：CPR PD 51R (Online Court Pilot)〈http://www.justice.gov.uk/courts/procedure-rules/civil/rules/practice-direction-51r-online-court-pilot〉；CPR PD 51S (The County Court Online Pilot)〈http://www.justice.gov.uk/courts/procedure-rules/civil/rules/practice-direction-51s-the-county-court-online-pilot〉.

② J. Sorabji，Taking Justice Online：Developments in England and Wales and their Potential Influence on European Procedural Harmonisation，in B. Hess and X. E. Kramer (eds.)，From common rules to best practices in European Civil Procedure (Nomos/Hart Publishing 2017) (Studies of the Max Planck Institute Luxembourg for International，European and Regulatory Procedural Law，no. 8).

“根据奥地利民事诉讼法第2章第178条，各方当事人须及时、完整地提出主张，以使程序得以迅速推进。该项诉讼义务通过民事诉讼法规定的诉讼成本制裁规则(第40条)和内部程序排除条款(internal procedural preclusion)(第179条)保障实现，修正案对于后者的适用予以轻微扩大；各方当事人的主张(包括事实主张和证据申请)可能不仅基于防止诉讼拖延的目的被排除，也可能是，由于重大过失而未能及时提出的主张，如果嗣后被采纳将对程序终结产生严重的拖延影响，此时也应予以排除。①”②

在波兰，如果当事人未在规定时间内提出请求、提交证据，且无合理理由，那么法院在审理时可以拒绝考虑这些证据。③ 类似的，在荷兰：

“一方当事人不遵守与事实调查相关的程序性命令时，法院有权施以制裁。拒绝提交书证，或是拒绝回答问题，或是拒绝配合鉴定人，都可能构成不遵守程序性命令。在这种情况下，法院可以认为，这些程序性命令旨在查明的事实与拒绝遵守一方当事人的主张相悖。”④

在法国，考虑是否施以制裁时要考量合理理由要素。对于不遵守送达规定，Jeuland指出，当法律明确规定了送达义务且不送达将导致侵权行为时，可以施以制裁。⑤ 类似地，很多国家规定了起诉缺失(或放弃索赔)制度，比如，在智利，原告在六个月之内怠于起诉的，将丧失权利。与法官的消极角色相一致，制裁机制通常会予以自动适用。⑥ 新加坡虽然坚定地适用积极的司法案件管理，但当原告在十二个月内怠于起诉时，同样会丧失权利。⑦

近年来，为了营造遵守案件管理的文化氛围，以更加高效和合乎比例地推进程序进程，英格兰与威尔士、澳大利亚都采取了更为苛刻的对不遵守案件管理的制裁模式，以及更为克制的制裁救济模式，这也成为它们确保每一诉讼程序都只利用全部法院资源的合理份额的一个重要方面。类似地，出于提升案件管理效率和资源

---

① sec 179 CCP old version (before and after the WGN 1997); s also Pimmer, Zur Befugnis des Richters zur Zurückweisung verspäteten Vorbringens und Beweisanbietens nach § 179 Abs 1 Satz 2 ZPO, JBl 1983, 129; Fucik, Möglichkeiten und Grenzen der Verfahrensbeschleunigung, RZ 1993, 218 (221); Fucik in Rechberger, Kommentar, § 179 ZPO Rz 2.

② W. Rechberger, source on file with the author.

③ 但是，波兰国别报告中对制裁权行使的实际状况和案件管理的一般效力持怀疑态度。

④ S. S. Nieuwendijk et al, ibid, at 3.

⑤ E. Jeuland, ibid, at 121.还可参见French Code of Civil Procedure article, 116，不遵守关于诉答的程序性形式要求的制裁。

⑥ 智利国别报告。类似的案件剔除权以及其他一些特殊权力，同样存在于新加坡、中国香港特区、英格兰与威尔士。举例来说，Ahmed在英国国别报告中提到，“法院享有很多可供支配的、用以惩罚不遵守程序要求的当事人的制裁权。主要的制裁手段是诉讼费用命令、签发命令中止，或是剔除请求或答辩的一部或全部”。CPR rr.3.1(2)(f), 3.3, 3.4(2), 3.8(2).

⑦ Rules of Court (Singapore) Ord.21 r.2(6)，“对于一个诉讼或一项诉因，如果当事人在一年之内(或是根据法院的允许在延长的期限内)，根据法院的记录，未采取任何行动，那么该诉讼或诉因被视为终止”。

利用比例性的考虑,新加坡也适用这种严格模式。[1]

(二)具体的案件管理机制

过去,所有民事案件统一适用一种程序。无论案件在标的额、复杂程度和(对当事人和社会公众的)重要性方面有何差异,都适用相同的规则和惯例。甚至最为近便、日常的"程序旅途"也要搭乘劳斯莱斯,而不考虑判决和执行在成本和金钱上的耗费。当然,这并不意味着各国没有进行根据案件性质匹配程序的尝试。例如小额诉讼法院和地方法院的发展,都是这方面的例证。英格兰和威尔士的郡法院、新加坡初级法院(过去称为民事地区法院)以及巴西的民事和刑事专门法院(the Juizados Especiais Cíveis e Criminai),都是地方法院的示例。这些可被视作程序性合比例原则的早期探索。然而,在根据案件匹配程序方面,还有更为先进的路径,其中两项较为显著的主要路径是:程序性案件轨道和程序专业化。

1.程序性案件轨道(Procedural Case Tracks)

将案件标的额作为分配程序性案件轨道的核心依据,是各国的共识性做法。波兰或许是个例外。

(1)智利

智利有三种案件轨道。案件轨道的分配标准是请求的标的额,而非案件的复杂程度。正如 Ezumendia 所言:

"案件分配的首要标准是标的额,该标准产生三种程序的分别:标的额高于25000英镑的诉讼,适用大额标的程序;标的额低于25000英镑但高于500英镑的诉讼,适用小额标的程序;标的额低于500英镑的非常小额诉讼,适用最小标的程序。大额标的程序是通常程序,因为对于大额标的程序的规定最为全面,其不仅可以适用于大额标的案件,还可适用于非金钱或不可估值的诉讼,比如合同无效之诉。大额标的程序规则是其他所有特殊诉讼程序的补充规范。三种程序性轨道之间最为显著的差异在于期限的延长,以及对程序特定的非必要环节的抑制。比如,三种程序轨道所规定的被告答辩期分别为15日、10日和5日,并且,适用小额标的

---

① 英国国别报告;澳大利亚国别报告。正如 Ahmed 所说,"怠于遵守程序要求将导致(如正文所述的)制裁,除非未遵守一方申请制裁救济。根据 CPR 3.9,法院有提供制裁救济的一般性权力。权衡是否提供救济时,法院必须考虑案件的所有情况,特别是诉讼能否被有效率地、合比例地成本推进的需求,以及应促进当事人遵守民事诉讼规则、实务指南和法院命令的需求。上诉法院在 Denton v TH White Limited 一案中澄清了早前在 Mitchell v News Group Newspapers Limited 中的裁判,并确立了适用 CPR 3.9 的三阶段规则。首先,法院须判定违反程序的行为是否是严重而显著的。如果不是,那么可以允许给予制裁救济。其次,法院会考虑违反程序行为发生的原因。再次,法院会综合考虑全案情况,包括 CPR 3.9 特别规定的情形,以确保法院在处理制裁救济申请时的公正性"。关于 Australia, 参见 Aon 案,见前文,以及 A. Lyons, Recasting the landscape of interlocutory applications: Aon Risk Services Australia Ltd v Australian National University, [2010] Sydney Law Review 549; Mijac Investments Pty Ltd v Graham [2010] FCA 87; Kowalski v MMAL Staff Superannuation Fund Pty Ltd, 2009, p.178 FCR 401. 关于 Singapore, 参见 L. Leo, Case Management-Drawing from the Singapore Experience,, 2011, *CJQ* Vol.30, 143.

程序和最小标的程序作出的判决，通常不允许上诉。”①

(2)英格兰和威尔士

自20世纪90年代沃尔夫勋爵改革以来，英格兰和威尔士有三种案件轨道：小额诉讼(small claims)、快捷轨道(fast track)和多轨程序(multi-track)。近年来，已有建言称应增加第四种轨道——中级轨道(intermediate track)，适用范围是标的额高于25000英镑，但不超过100000英镑的诉讼。同小额诉讼和快捷轨道一样，这项新的轨道也以定制化、流程化的程序模式展现，对胜诉当事人采取确定数额的成本补偿机制。② Ahmed这样描述程序性轨道的分配路径：③

法院体系的任务之一就是以积极的案件管理推动和保障其重要目标的实现，因此，法院将每一个案件分配至对应的案件管理轨道：小额诉讼、快捷轨道或多轨程序。④ 答辩状提交至法院后，程序法官会暂时性地将案件分配至可能最为恰当的轨道，并对各方当事人送达拟分配决定的通知。该通知包含：(a)详细列明在通知载明的日期前必须完成的事项；(b)要求各方当事人提交完整填写的指导问卷(directions questionnaire)，并向其他当事人送达副本；(c)载明指导问卷必须交回的法院地址；(d)告知当事人如何获取指导问卷；以及(e)要求当事人提交可能适宜由快捷轨道或多轨程序调整的拟获得指示的事项。⑤ 除指导问卷之外，法院可以同时要求当事人提交其他材料(比如成本预算)。

各方当事人都提交指导问卷或依据第26.3条第(8)项的规定给予指导后，法院即可将案件正式分配至某一程序轨道。通常，法院处理轨道分配和指导问卷时无须组织听证，但是，当法院认为有必要时，可组织案件分配听证。⑥ 一些案件，比如第8章规定的诉讼和其他专门性程序，⑦将自动分配至多轨程序。⑧ 在决定将某一特定案件分配至何种程序轨道时，法院会考量第26.8条中列举的下述各项因素：(a)金钱诉讼的标的额；(b)所寻求救济的性质；(c)对于事实、法律、证据复杂程度的预估；(d)当事人以及潜在当事人的数量；(e)反诉或其他第20章所规定的诉的标的额，以及与此相关的任何事项的复杂程度；(f)可能要求提交的口头证据数

---

① 智利国别报告。

② Lord Justice Jackson, Review of Civil Litigation Costs: Supplemental Report Fixed Recoverable Costs (Judicial Office) (July 2017) at 99-113 〈https://www.judiciary.gov.uk/wp-content/uploads/2017/07/fixed-recoverable-costs-supplemental-report-online-2-1.pdf〉. 程序流程可能包括：书面陈述长度的限制、当事人希望借助的证据材料的披露限制和由法院组织的特殊证据的披露限制、庭审时使用证人和专家证据的限制以及审查的时间。案件管理听证通常以书面材料的审查为依据，不举行口头听证。

③ 英国国别报告。

④ CPR 26.1(2).

⑤ CPR 26.3(1).

⑥ CPR 26.5(4).

⑦ 比如，商事列表中的程序，以及技术和建筑法院适用的程序(CPR 58.13, CPR 59.11, CPR 60.6 and CPR 63.1)。

⑧ CPR 8.9 (c).

量;(g)该诉讼对诉讼外第三人的重要性;(h)当事人表达的观点;以及(i)当事人的情形。通常,诉讼会依据金钱标的额进行分配。所谓的金钱标的额,即不考虑任何与此争议无关的数额,不考虑利息或成本数额,以及不考虑关于与有过失的主张。[①] 然而,如果程序法官根据对第26.8条中所列各项因素的综合判断,认为将案件分配至另一轨道更为公正,则某一案件也可能被分配至不同于依照其标的额通常应当被分配至的轨道。一旦法院作出正式的案件分配决定,将向各方当事人发送分配通知。[②]

①小额诉讼轨道

小额诉讼轨道旨在为最简单的案件(比如,消费者纠纷)提供相称的程序轨道,通常适用于标的额不超过10000英镑的诉讼。[③] 然而,以下这些案件通常不会分配至小额诉讼轨道:人身损害赔偿案件中,对于疼痛、痛苦和丧失安乐生活的赔偿请求超过1000英镑;[④]承租人请求维修租赁房屋,维修费用预计超过1000英镑的案件;[⑤]承租人起诉出租人因骚扰或非法驱逐行为导致损害赔偿的案件;[⑥]以及涉及不诚信行为的案件。[⑦]

案件分配通知通常还附有格式化的说明和载明确定日期的听证通知。[⑧] 但是,分配案件的地区法官有权依不同情形给予附加指示,[⑨]比如举行关于案件准备的听证,[⑩]或举行旨在剔除或快速处理案件的听证。[⑪] 尽管法院有权命令行为不规范的一方当事人负担诉讼费用,但第27.14条对于诉讼费用施加了严格限制。[⑫]

②快捷轨道

在决定是否将某一案件分配至快捷轨道程序时,须考虑两项因素。首先是诉讼的金钱标的额,其次是案件审理是否可能在一日之内终结。[⑬] 快捷轨道是所有不适宜小额诉讼轨道且金钱标的额不超过25000英镑的案件的通常轨道。[⑭] 然而,即使某一案件满足快捷轨道在金钱标的额方面的准入门槛,但只有当法院认为案件审理可能会在一日之内终结,并且审理过程中,对于口头专家证据,各方当事人在每一专家领域只能申请一名专家证人,且至多在两个专家领域内使用专家证

① CPR 26.8(2).

② CPR 26.9.

③ CPR 26.6(3).

④ CPR 26.6(1)(a) and (2).

⑤ CPR 26.6 (1)(b).

⑥ CPR 26.7(4).

⑦ PD 26, para 8.1(1)(d).

⑧ CPR 27.4(1).

⑨ 根据 Rule 27.4(1) (b) or (c)的特殊指示。

⑩ CPR 27.4(1)(d).

⑪ CPR 27.6(1)(c).

⑫ CPR 27.14(2) (g).

⑬ CPR 26.6(4)-(5).

⑭ 或是2009年4月6日之前不超过15000英镑的案件(参见 Rule 26.6(4)).

据(比如,每方当事人至多申请两名专家证人)时,法院才会将案件分配至快捷轨道。[①] 以下案件通常会被分配至快捷轨道:(a)人身损害赔偿的金钱标的额在10000英镑和25000英镑之间的案件;(b)人身损害赔偿的总标的额在10000英镑以下,但其中请求疼痛、痛苦和丧失安乐生活的赔偿数额可能超过1000英镑的案件;(c)承租人请求法院作出命令,要求出租人维修房屋,维修费用预计在1000英镑与25000英镑之间的案件;(d)承租人起诉出租人因骚扰或非法驱逐行为导致的标的额不超过25000英镑的损害赔偿案件;以及(e)其他标的额在10000英镑与25000英镑之间的案件。

快捷轨道中,法院在两个阶段作出指示:案件分配阶段和审前清单提交阶段。案件分配阶段的指示涉及书证的披露(自分配通知送达之日起4周内);证人陈述的交换(10周之内);专家证据(14周之内);法院发送审前清单(20周之内);提交清单问卷(22周之内)。案件分配通知还会指明听审日期,该日期应在分配通知送达之日起30周之内。

③多轨程序

多轨程序是不适用小额诉讼轨道或快捷轨道的通常程序轨道。[②] 这些诉讼通常涉及标的额超过25000英镑的案件。如上所述,第8章涉及的诉讼和专门性程序(比如商事列表中的程序)通常会分配至多轨程序。

法院在分配阶段可能已掌握全部的必要信息,以在不举行听证的情况下作出案件管理指示。如果法院掌握的信息有缺失,则法院可以在不举行案件管理会议的情况下依职权给予指示。[③] 在其他案件中,法院有必要组织案件管理会议,与当事人讨论案件争点并给予适宜的指导。

多轨程序中标的额低于1000万英镑[④]的案件应遵守成本管理规则,并且,作为案件管理的功能之一,法院可以要求当事人提交和交换诉讼费用预算。[⑤] 实质上,当事人(除LiPs之外)[⑥]必须准备、交换和提交诉讼费用预算(提供诉讼程序每一阶段投入的时间、费用和支出的信息)。既而法院会对预算予以考虑并明确对预算的批准范围。法院会尽可能地使程序在批准的预算范围内推进。在诉讼过程中,当事人可以在法院批准的情况下提交修订后的诉讼费用预算。诉讼终结后,胜诉一方当事人可获得的成本补偿应根据批准后的预算进行评定。

(3)法国

需要接受审前案件管理的、适用"民事高等法院程序的案件,标的额通常高于

---

① CPR 26.6(5).

② CPR 26.6(6).

③ PD 29 para 4.10.

④ PD 3E-Costs Management para 1.

⑤ 2013年4月1日的Jackson改革确立民事诉讼费用管理制度,这项改革于2014年4月22日修订并生效。诉讼费用预算应遵循Precedent H annexed to PD 3E (PD 3E para 6)的形式要求。

⑥ CPR 3.13.

10000 欧元"。[①] 这些案件会被分配至这些程序性轨道:短期轨道、中间轨道和长期轨道。[②] Jeuland 这样阐释三种轨道之间的差异:

①短期轨道

对于十分简单的案件,民事高等法院院长会立即就案件实体问题举行听证。这就是短期轨道或称非常短期轨道("circuit court ou ultracourt")。如果院长认为可对案件实体进行评价,则可适用短期轨道。如果原告在他的第一份文书中已经陈述了他的理由,那么他有四个月的时间登记该份文书。在这四个月中,被告必须针对原告的诉讼理由提交书面答辩文书。在院长收到这些文件时,各方当事人将在案件分配之前将各自的诉讼文书提交至与案件性质相符的特定审判庭。

如果被告在第一次言词辩论时缺席,那么也可以适用短期轨道。在任何情况下,院长可以签发特别命令,中止审前调查,并确定言词辩论日期,辩论可在当天举行。如果律师放弃辩论,那么可以不举行口头辩论程序,案件将直接进入裁判审议阶段。根据民事诉讼法第 760 条,"根据律师的阐述、法院对交换的诉答文书和书证的审查,院长可以对实体上已经适宜审判的事项进行裁判。被告缺席时,也可以对实体上已经适宜审判的事项进行裁判,除非院长签发命令传唤被告"。事实上,实践中短期轨道并不怎么被适用。只有中间轨道和长期轨道被适用。[③]

②中间轨道

当民事高等法院院长认为,如果有必要进行最后一次文书交换,他/她会确定第二次会议日期,并允许当事人在限定时间内交换书证或书面诉答文书。这被称为中间轨道。中间轨道的称谓可能产生与如前所述的短期轨道的混淆("circuit moyen ou court")。在第二次会议中,院长会考虑对案件作出裁判。民事诉讼法第 761 条规定,"如果院长认为:(a)最后再一次诉答文书或书证交换足以确保诉讼进程向前推进;或(b)当事人诉答文书将以第 753 条规定的方式有序提出,院长可以公平地裁量,律师会在院长确定的日期重新出庭,以便对案件做最后一次辩论。在后一种情况下,院长会给予各方当事人充足的时间交换诉讼文书,并在必要时,允许传送书证"。[④]

③长期轨道

长期轨道适用于被分配至某一办公室的复杂案件。在每一办公室,由一名调查法官(或一名审前法官)主导程序并负责监督案件的准备工作。

长期轨道中有两种程序推进路径:或是渐进式推进,或是根据日程表推进。审前法官可以为当事人递交诉答文书和证据设定渐进的时间期限。如果一方当事人未能在规定时间内递交诉答文书和证据,审前法官有权终结审查阶段,但该终结效力只针对未遵守一方当事人。如果双方当事人都没有提交各自的证据,审前法官

---

① E. Jeuland, ibid at 128.

② E. Jeuland, ibid at 128.

③ E. Jeuland, Ibid at 128-129.

④ E. Jeuland, Ibid at 129.

可以在终结审查后，立即将案件提交至审判庭，甚至可以撤销案件(Art. 781 CCP)。这仅适用于多数当事人程序。在只有双方当事人的程序中，仅导致审查阶段的终结。

根据民事诉讼法第764.1条第2款和第764.6条，“审前法官会根据案件的性质、紧急性和复杂程度，在听取律师的意见后，为待审查的事项设定渐进的时间期限。法官可能会暂时性地延长期限。他也可以中止审查，并在支持争议解决时再次启动审查”。实务中以及后来颁布的法令强调了在每个诉讼启动之时提前列举出所有事项。甚至可以提前确定案件的审议和判决日期(decree 28th Dec. 2005, Art. 764.3-5，但是实践中这种情况并不常见)。该法令创设了案件管理日程表机制(calendrier de la mise en état)。实践中，中间和长期案件管理的操作通过法官和律师都可以使用的内部网络进行。该软件叫作WinCi TGI，会对所有事项进行标记，而所谓的程序性言词辩论实际上也是通过邮件往来完成。对于特定的审判庭，如果当事人提出要求，法官可以按照提前设立的时间长度会见当事人。调查法官在案件的日程表方面有很大权限。民事诉讼法第3条规定了法官的一般性权力，并指出法官有权决定时间表。第764条特别规定了审前法官的权力(Art. 764. 1-2 and Art. 764.6)：“审前法官可以在听取律师意见后，根据案件性质、紧急性和复杂程度，对调查事项设定渐进式的必要的时间期限。他可能会暂时性地延长期限。他也可以中止审查，并在支持争议解决时再次启动审查。”奇怪的是，上述规定并不怎么在实践中真正适用(我访问的审判庭都是直至程序终结之日才给出时间表)。

就上诉而言，2009年12月9日颁布的法令已经规定了确定的时间表要求：上诉一方当事人须在三个月内提交上诉理由，被上诉人须在两个月内提交答辩状。如果当事人未能遵守这些程序性要求，审前法官可以裁判不予接受这些诉答文书(Art. 902 CCP)。

最后，特定的民事高等法院或上诉法院可以与律师协会达成协议。这些协议旨在为诉答程序建立格式化的框架。由此，一份诉答文书应该包含重要的程序性问题和任何与案件实体相关的理由陈述。所有的请求也应当在文书中予以集中和概括陈述。协议书应在适当的时间内提交(比如，2011年12月13日巴黎上诉法院与巴黎律师协会之间的协议书)。协议书建构了标准化的、正式的审前阶段。他们不是强制性的，但的确是实践中最好的机制。他们同样可以适用于口头程序中。①

(4)德国

德国采用二元路径的程序性案件轨道。荷兰和奥地利也适用类似路径。② 正如Sturner和Wendelstein的论述：

“就德国民事程序而言，唯一需要关注的核心差异在于，诉讼标的额是否超过

① E. Jeuland, Ibid at 129-131.

② 关于与德国法院类似的，并为小额诉讼建立简易程序的荷兰市级法院和奥地利法院的讨论，可以参见S. Nieuwendijk et al (2017).

5000欧元。标的额不超过5000欧元的诉讼由地方法院管辖(Amtsgerichte, sec. 1 ZPO and sec. 23 No. 1 GVG),而标的额超过5000欧元的诉讼由区域法院管辖(Landgerichte, sec. 1 ZPO and sec. 71 (1) GVG)。"①

二元路径不仅适用于第一审程序。案件轨道分配也要求在二审程序层面建立针对不同轨道的差异性二审形式。

"这种差异导致不同轨道中的不同上诉机制。尽管区域法院有权管辖对地方法院一审裁判的上诉,但对区域法院一审裁判的上诉应由高等区域法院管辖。(Oberlandesgerichte, sec. 119 GVG)"②

这种分配路径可被概括为:

原则上,案件分配遵循如上所述的一般性路径,区域法院是所有其他级别法院和审判庭的角色范本(地方法院程序明确规定于sec. 495 ZPO)。

地方法院程序采用法官独任制。同样地,绝大部分由区域法院审理的案件也是一名法官负责[Einzelrichter, sec. 348 (1) ZPO]。对于标的额不超过600欧元的小额案件,地方法院可在公平行使裁量权的基础上自主决定如何引导程序(sec. 495a ZPO)。相反,大额商事案件由区域法院的商事审判庭审理,由三位法官组成的合议庭[sec. 348 (2) lit. f ZPO]。为了准备口头辩论程序,通常会举行相当漫长的书面准备程序。

案件管理指导(Hinweise and Verfu gungen)通常由主审法官作出,而非由法院登记员(基于快捷原则)作出。法院的内部职工可以负责处理诉讼文书送达和其他手续性事项,但不能触及案件本身。然而,很多法院职责被授予作为高级司法官的登记员履行(Rechtspfleger, sec. 1 RPflG4),比如地方法院中裁判无争议案件(sec. 3 RPflG)。为了不使应由登记员履行的行政事务工作与应由法官行使的案件裁判权交错混杂,当分配至登记员的任务与法官负责实施的事项显著关联而不宜由他们分别独自处理时,登记员应及时向法官汇报[sec. 5 (1) No. 2 RPflG]。③

(5)挪威

如Strandberg所说,挪威也采取二元制程序轨道,即要么被分配至小额诉讼轨道,要么被分配至通常诉讼轨道。

就案件管理而言,尽管挪威有一些一般规则,但细节问题仍取决于一案所适用的程序轨道。挪威的民事程序采取双轨制——小额诉讼程序和通常审理程序。NDA第10-2条规定了应适用小额诉讼程序的案件类型:

(a)争议标的少于125000挪威克朗;

(b)争议标的虽然超过125000挪威克朗,但双方当事人同意适用小额诉讼程序审理该案,且法院同意的;

(c)争议不是财产权益纠纷,但法院认为适用小额诉讼程序审理更为恰当,且

---

① 德国国别报告。

② 德国国别报告。

③ 德国国别报告。

双方当事人同意适用该程序。

如果案件属于NDA第10-2条第3款规定的例外情形，那么即使符合上述三项标准之一，也不能适用小额诉讼程序。其中，最重要的例外情形是：

“如果对于一方当事人而言，该案具有超越特定争议的重要意义，或是案件的合理推进要求适用通常诉讼程序审理时，应适用通常诉讼程序。”

实质上，一案应适用小额诉讼程序还是通常诉讼程序，是由法官按照案件管理要求有权决定的事项。但是，法官也有义务在程序轨道内积极推进案件管理。首先，NDA第11-6条规定的一般标准和原则在两种程序轨道内都适用。但是，无论形式上还是实质上，小额诉讼程序与通常诉讼程序的案件管理都存在显著且重要的差别。

根据NDA第11-6条，在通常诉讼程序中，法官有义务在程序各个阶段积极地推进案件管理。但是，案件管理首先是法官在程序准备阶段应遵守的义务，NDA第9-4条第1款规定了通常诉讼程序准备阶段的一般性案件管理义务：

“法院应当积极地、体系性地引导案件准备工作，以确保案件审理能够以较为快捷、低成本的合理方式进行。”

挪威纠纷解决法第9-4条第2款规定了最为重要的具体的案件管理权限和义务：

根据第9-3条的规定提交答辩状之后，法院应该在与当事人双方商讨后，立即拟定一个包括确定期限和作出必要事项的决定在内的下一步程序计划。这些决定包括：

(a)是否促进司法调解或法院审理中的调解；

(b)案件是否需要根据特别规则来审理；

(c)准备阶段是否需要举行言词辩论，以及辩论后即裁判案件是否适宜；

(d)是否应提交书面意见，并将其作为案件裁判的依据；

(e)案件中的诸项诉讼程序应否分开进行；

(f)审查证据的提交，包括是否要求现场勘验、是否要求获取或者提交证据，证据是否可靠、是否需要任命专家；

(g)当事人是否需要提交书面的结辩陈述；

(h)确定主辩论期日，在特殊的必要情形下，这个日期只能提交诉状的六个月以后。

(i)是否应由法官和专家或常规的外行法官共同审理；

(j) 案件准备阶段的其他重要问题。

根据NDA第9-6条第3款的规定，法官通常应尽早在准备阶段对程序性事项作出裁判。然而，如果一项程序性问题由于与待裁判的实体请求或其他事项关联紧密，而被认为在正式审理中裁判是正当的，则也可以在正式审理时再裁判该事项。如果裁判是在准备阶段作出的，NDA第9-6条第4款规定：

“该裁判必须根据书面审理作出。为实现NDA关于公正、合理程序的目标，也可以组织口头程序。口头程序仅适用于特殊问题。”

小额诉讼程序轨道建立在准备程序与正式的口头审理之间的分野之上。由于建立单独的小额诉讼程序的目标之一在于为每个案件配备合比例的时间和资源，准备阶段的时间不能过长，也不能涉及过多的案件管理细节。整体而言，小额诉讼程序是非正式程序，不设置过多的期限要求，致力于实现快捷和低廉的目标。小额诉讼的设立还旨在服务于那些自己诉讼的当事人，不过事实上绝大多数当事人由律师代理。法律规定了不同于通常诉讼程序的小额诉讼程序专属性案件管理规则，以适应小额诉讼程序的自身特征。NDA 第 11-6 条规定的案件管理一般性义务也适用于小额诉讼程序，但 NDA 第 9-4 条列举的特别规定不适用小额诉讼程序。第 9-4 条所规定的一些具体义务和权限被视为第 11-6 条一般原则的具体要素，这意味着，实践中两项程序轨道的核心差异在于，小额诉讼程序更为非正式和灵活化。此外，由于当事人有时自己诉讼，因此对于法官的指导有更为迫切的需求。①

2.程序专业化

第二种路径是程序专业化的发展，即为解决特殊争议而设置的独立的流程化程序机制。比如，波兰就采取了这种路径模式。波兰已经在家事领域、竞争法领域、雇佣和社会保障领域、公共事业管理、债务或支付令程序以及简易程序中建立专门化程序。如 Flaga-Gieruszyńska 和 Klich 在波兰国别报告中提到的，建构与通常诉讼程序并行的专门化程序类型的原理在于，他们能够"量体裁衣"地应对各种类型的争议在实体和程序上的特殊需求。此外，同样重要的是，他们能够实现"快速和非正式"意义上的正义。② 比如，小额案件、事实和法律上简单的合同以及租赁纠纷应适用简易程序，其程序特征是：

在已经考量案件所有因素的基础上，如果法院认为无法证明请求的准确数额，或证明准确数额有显著的难度，法院可以根据自己的评估，判定一个公正的赔偿数额［Art. 505(6) of the CCP］。

如果法院认为案件特别复杂，或需要特殊信息来解决该案，法院也可以在不适用简易程序规则的基础上继续审理该案［Art. 505(7) of the CCP］。作为简易程序的规则之一，不予采纳专家意见作为证据。

如果二审法院没有开展证据程序，那么对于判决公正性的评判，应只根据法律的规定考量判决对法律依据的解释［Art. 505(13) § 2 of the CCP］。③

由此可见，专门化程序与通常适用的证据制度不同，包括证明标准方面的差异，例如：证明有难度时，法院可以根据公平正义评估损失；证据规则和专家证据规则方面的差异；以及作出说理充分的判决方面的差异。此外，家事程序适用具备理论知识的常设调解员，尤其是有心理学、教育学、法学学位和在家事诉讼调解领域

① 挪威国别报告。

② 波兰国别报告。

③ 波兰国别报告。

有实践经验的调解人员(Art. 436 of the CCP)。[①] 不同于家事程序,民事诉讼制度中的程序专业化与其他国家通过程序性案件轨道路径实现的程序专业化形态和程序改良相类似。

智利的大额案件采取了类似路径。在智利,除了程序性案件轨道,简易程序是程序专业化的第二种路径。如 Ezumendia 所说,这种程序类型旨在为大额诉讼提供一种快捷机制。尽管简易程序主要还是以书面形式开展,但与标准程序不同的是,它加入了更多的言词辩论,淡化书面程序阶段。言词辩论阶段旨在提升争议解决的效率。[②] 2009 年,意大利也建立了一种新型的简易程序(procedimento sommario di cognizione),可由原告选择适用,其目标在于改善案件管理。[③] 如 Silvestri 所说:

"就司法案件管理而言,简易程序非常有趣,因为法院在参考了最初的诉答材料、让当事人展开辩论之后,就可以在忽略那些对保障当事人正当程序权利无关的形式问题的基础上决定案件的走向(Article 702 ter, sec. 5 of the Code)。由此,程序能够灵活地适应案件需求,这种路径与普通一审程序框架下的典型刻板的程序模式完全相反。然而,出于各方面的原因,实践中简易程序的运行并不理想。"[④]

尽管实践状况不甚理想,目前意大利正在采取改革措施,将简易程序转变为一审法院的基本程序模式。[⑤] 这项改革能否被纳入立法,以及简易程序能否促进有效的法院案件管理,有待进一步的观察。

3.结语

作为案件管理程序的一部分,各国认为建构差异化的程序性案件轨道取决于以下要素:(a)案件的标的额;(b)案件的复杂程度。尽管对于两项要素的权衡,有些国家将案件标的额作为首要考量标准,有些国家作为唯一考量标准,还有些国家会平衡考量标的额和复杂程度。案件轨道之间的差异化程度也有所分别:最简单的模式是采取二元化路径,案件可在简单/复杂或是小额/大额之间予以划分。而另一端——最复杂的模式——则是采取三条案件轨道,甚至四条案件轨道。案件分配的标准是考虑程序所耗费的成本和时间与案件标的额之间的匹配度,以确保程序适用的合比例性。然而,所有路径模式的主旨都在于保障经济、快速地解决争议。同时不应忽略的是,过分强调小额程序、中间程序和法院路径中所体现的减少接近程序理念,是否会牺牲判决质量?应在质量、经济和效率之间寻求良好的平衡,并保证最低限度的公正。

(三)关于案件管理的程序性革新

英格兰和威尔士,还有巴西,特别强调案件管理方面特殊的程序性措施。尽管

① 波兰国别报告。

② 智利国别报告。

③ 意大利国别报告。

④ 意大利国别报告。

⑤ 意大利国别报告。

存在程度上的分别,两个国家和地区都确立了形式灵活的案件管理程序。程序的灵活程度由当事人决定。

在英格兰和威尔士,程序性措施更多侧重大额诉讼、专业化的商事和金钱诉讼。具体由以下几项要素构成:

(1)更简短的审理程序;

(2)灵活的审理程序。

具体来说:

“a.更简短的审理程序要求至多不超过四天的确定长度的审理期限,程序启动后十个月之内必须组织正式庭审。诉讼将被登记至案件摘要表,并要遵守履行程序义务的时限要求和证据开示方面的限制。

b.灵活的审理程序使标准化程序更能适应当事人的需求。其旨在促进当事人在证据披露、专家和其他证据材料的修改和限制方面形成一致意见。

这两项要素都旨在让双方当事人和律师以最好的适应他们需要的程序来获得最终的判决。基于更广泛的视角,这些程序要素在正式的法院环境内为当事人提供了替代性纠纷解决机制才有的灵活度。基于此,这些要素能够使当事人保证这些已经符合他们需求的程序性规则甚至能够在更大范围内流程化地适用。”①

实质上,当事人可以一致选择放弃适用标准程序,以使他们的请求能够更加快速和经济地解决。因此,法院积极管理案件的程度也应受到当事人合意变更程序的约束。此外,更简短和灵活的程序能够促进程序的合比例性和法院资源的有效配给,从而为其他诉讼创造更多可利用资源。

除了这两项以当事人合意为基础的程序变更形式,英格兰和威尔士还设立了更有力的市场测评案件程序(Market Test Case Procedure),用以解决当事人提起的没有实质诉因的请求。②

“市场测评程序设立的目的,是为那些暂时没有权威性英国法指导,但又迫切需要指导的市场纠纷提供一种简明的法院程序。还没有现实诉因的当事人可以借助该程序寻求宣誓性救济,因此,其更多的是一种事先预防性机制,而非事后解决性程序,从而有助于当事人克服和避免市场的不确定性在未来可能引发实质性损失。尽管当事人可能尚未陷入实质性争议,法院可以就所有可能形成合意事实的内容组织辩论。作为这项程序性措施的重要部分,也为了实现和巩固司法确信力,当涉及特别紧急和重要的情形时,可由两名法官共同审理,其中一名法官来自金融名单(Financial List),另一名法官来自上诉法院,借此法院可以凭借绝对且透明的权威为商事和金融领域提供法律规则。”③

---

① CPR PD51N; Lord Thomas C J, Commercial Justice In The Global Village: The Role Of Commercial Courts, at [35] 〈https://www.judiciary.gov.uk/wp-content/uploads/2016/02/LCJ-commerical-justice-in-the-global-village-DIFC-Academy-of-Law-Lecture-February-2016.pdf〉.

② CPR PD51M.

③ Lord Thomas CJ, (2016) ibid at [45].

巴西近年来的改革推进得更加深远。尽管作为大陆法系国家，巴西是审问制模式的适用者之一，但巴西已经制定了高度革新的新民事诉讼法典。[①] 这部新的诉讼法典规定了专门的案件管理权，使法院第一次能够灵活适用举证程序，并在当事人同意的情况下，灵活地决定程序期限、设定程序时间表。[②] 如 Alvim Wambier，Barioni 和 Peres 所说，这部新法典的作用在于：

时间表设定后，延长期限对要求当事人履行诉讼义务的时间而言就至关重要。当然，较之简单诉讼，复杂诉讼需要更长的时间。因此，法院可以根据个案的特殊性决定期限的延长，从而保障这是正当的程序。比如，作为一般规则，被告的答辩期为 15 个工作日。有时，原告会提出复杂而具体的事实细节，并附加大量材料，此时只有给予被告更长的时间，被告才能组织充分的答辩材料并收集能够反驳原告主张的证据。在诸如此类的案件中，法院可以为被告设定更长的期限。但是，法院只能在期限尚未截止前对其延长（CPC，art. 139，p. único）。

巴西没有证据开示阶段。因此，所有证据都在程序的发展过程中提出。民事诉讼法典规定了当事人提出证据的顺序。首先，应提交原告和被告的诉答文书。接着，专家——通常由法院指定——提交书面报告。最后是正式审理阶段提出的证人证言和个人陈述。

法院可以变更证据程序的常规模式。The CPC article 139，VI 规定，法院有权决定证据提出的顺序，以使证据调查更符合个案的特殊性质，从而提供更有效的解决路径。事实上，专家证据显然成本高昂，也会拖延案件终结的时间。有时，证人作证使得专家证据不再必要。因此法院有权决定证据提出的顺序，以提高诉讼效率。

当事人诉答程序结束后，法院的作用开始突显。首先，法院会分析是否存在损害实体判决作出的不遵守程序规则的严重行为。如果存在，法院必须命令当事人改正错误。如果改正错误也无法弥补对获得实体裁判的侵害，可以行使剔除诉讼的权力（CPC，art. 317）。如果已经可以对案件作出实体判决，也没有再提供证据的需求，法院可以在不要求提交专家证据以及不举行言词辩论的情况下立即作出裁判（CPC，art. 354）。

如果诉讼没有立即终结，法院会对以下事项作出重要裁判：(1)解决程序性争议；(2)确定当事人必须证明的事实争点以及可采纳的证据类型；(3)确定证明责任分配；(4)确定与实体判决相关的法律争点；(5)确定正式审理的日期（CPC，art. 357）。

尽管上述问题非常重要，对这些争议性问题的解决也是非常灵活的。法院必须首先审查所有请求和答辩，在此基础上决定需要证明的事实争点和最终裁判需

---

① 巴西国别报告；Brazil，Code of Civil Procedure（March 16，2015，via Act No. 13，105/2015）。

② Brazilian Code of Civil Procedure，art. 139，art. 191；巴西国别报告，“时间表设定后，当事人和法院必须受到约束，也即不能再就此展开讨论（CPC，art. 191，§2）”.

要解决的法律争点(CPC, art. 357, n. II and IV)。当事人也可以合意解决这些争议,并告知法院 (CPC, art. 357, §2°)。在一些复杂案件中,法院应该组织言词辩论,让当事人讨论所有案件争点 (CPC, art. 357, §3°)。

这些法律规定与本报告提及的其他国家法律制度有相似性。

然而,巴西新民事诉讼法真正的变革意义在于建立了"契约程序"(contract procedure)。① 该程序借鉴了仲裁程序的模式,即仲裁当事人可以合意的方式决定仲裁的形式和程序。巴西的改革路径比英格兰和威尔士更为彻底。如 Alvim Wambier,Barioni 和 Peres 所说,契约程序允许当事人更改他们的程序"负担、权限、能力和义务"。对于当事人是否能够通过这项程序更改与公共利益相关的程序义务,在巴西仍然是一个争议问题。相反,在英格兰和威尔士,当事人不能合意放弃与公共利益相关的权利,例如,当事人不能合意放弃司法公开。② 巴西报告人提到,如果一项程序契约有损公共利益,或者一项法律规范明确规定该权利不可被放弃——比如消费者保护法,那么法院目前不会允许这种程序契约。③ 同样地,关于一项程序契约能否放弃宪法权利或放弃重要的法院特权,也是一个争议问题。巴西的程序契约措施,以及英格兰与威尔士的类似措施,充分表明案件管理的新兴趋势,即越来越强调程序的灵活性,将更多权力赋予当事人,由他们来决定法院负责引导的程序的性质。这也同样表明,案件管理开始背离以法院为主导的模式,这里的灵活性更加强调由当事人来限制法院的管理行为,并减少通过遵守司法管理规范和规则所带来的工作强度,以降低诉讼成本,提高诉讼效率。灵活性和契约程序可能成为案件管理的下一步举措,特别是在大额诉讼中,由此可以更好地实现程序的合比例性和效率。

(四)群体诉讼管理

群体诉讼管理应当自成体系,或者更适合作为集团诉讼制度拓展研究的一个方面。单纯从案件管理的角度来看,尽管很多国家和地区设立了群体诉讼解决机制——比如,英格兰和威尔士的群体诉讼命令(the Group Litigation Order)、代表人诉讼(均规定于 CPR r.19)以及 1998 年集团诉讼竞争法案(the Competition Act 1998 collective action),德国关于资本市场投资者示范案件程序法案 (Kapitalanleger-Musterverfahrensgesetz, KapMuG),挪威的集团诉讼 (Dispute Act 2005, chapter 35),波兰的集团诉讼(Class Action Act 2009),澳大利亚辖区内的多种集

---

① Brazilian Code of Civil Proceduce, arts. 190 and 191.

② JIH v News Group Newspapers [2011] EWCA Civ 42 at [21].

③ 巴西国别报告。他们还指出,程序契约只能在"争议焦点的性质能够被谈判时适用。如果诉讼关涉不可协商的权利,那么当事人不能合意变更程序。当事人需要有完全行为能力,并且他们不能对程序契约的格式条款进行变更。此外,当一方当事人的实力显著弱于另一方时,法院可以拒绝执行达成的程序契约"。

团诉讼,[①]意大利的消费者集团诉讼,[②]和一些潜在的改革,比如,荷兰集团诉讼法案,[③]美国联邦集团诉讼等[④]——但群体诉讼管理似乎与普通的管理路径没有显著差别。[⑤] 就案件管理制度总体而言,群体诉讼适用与普通诉讼基本相同的案件管理路径,尽管考虑到群体诉讼所包含的个案数量,应更加重视程序经济和效益问题。

正如 Strandberg 在解释挪威集团诉讼的角色时所谈到的,除了可能考虑到集团诉讼的性质和成员——比如强调这是集团诉讼,以及诉讼代表人,"在案件管理方面并没有特殊规则"。[⑥] 这些特殊规定更多情况下是在如何更为合理地定义和认可集团方面发挥作用,而不是在其已经被登记和确认成为集团诉讼之后的案件管理中发挥作用。澳大利亚也采用了类似路径。[⑦] 德国也明显采用了相同的途径,其规定"案件管理原则上适用于普通诉讼"。[⑧] 波兰也采相同路径。[⑨]

四、总结性评论

无论一国的程序制度发端于普通法系还是大陆法系,也无论案件管理的介绍是否起源于 Franz Klein 对奥地利民事程序的改革,如今案件管理已经成为一国民事程序的必要组成部分,也是对超负荷案件量下运转机能提升需求的回应(美国),还是试图克服昂贵、拖延和繁复的程序弊端的最后一种努力(英格兰和威尔士、中国香港、澳大利亚、加拿大)。

就未来发展而言,可能会涉及以下几点问题:

首先,持续发展的电子化案件管理,比如在很多国家和地区,案件管理程序的数字化和自动化程度都在不断增长,其中,英格兰和威尔士建立了网上提交诉讼文

① 澳大利亚国别报告;R Mulheron, The Class Action in Common Law Jurisdictions, Hart, 2003, p.6.

② Consumer Code (2005) article 140-bis, esp. para.11,规定了法院是如何通过命令裁判程序进程问题的。

③ https://www.rijksoverheid.nl/ministeries/ministerie-van-veiligheid-en-justitie/nieuws/2016/11/16/wetsvoorstel-collectieve-schadevergoedingsactie-naar-tweede-kamer.

④ 尽管《美国联邦民事诉讼规则》第 23(d)(1)条规定了控制集团诉讼以避免"举证或辩论时不恰当的重复和复杂"方面的案件管理权限,这些权力仍然属于一般性案件管理权限的范围,或是属于法院固有的控制程序的权力。

⑤ 对智利的详细讨论,参见 A. Barroilhet, Class Actions in Chile, January 30, 2012. 18 Law & Bus. Rev. Am. 275 2012.

⑥ 挪威国别报告;Dispute Act 2005, chapter 35.

⑦ 澳大利亚国别报告。

⑧ 德国国别报告。

⑨ 波兰国别报告;M. Tulibacka, Class Actions in Poland-2015 UPDATE, at [5] 'general civil procedure rules contained in the Code of Civil Procedure of 1964 apply.' 〈http://globalclassactions.stanford.edu/sites/default/files/documents/POLAND.pdf〉.

书制度，[1]智利也通过其正在制定的新程序法典实现案件管理电子化。[2] 至少在一些特定区域，案件管理电子化还可能扩展至裁判生成的数字化，比如通过使用预测编码提升披露和开示程序的效率，以及通过人工智能使自动生成常规化的案件管理裁判成为可能（尽管复审申请还是要向现实的，而非虚拟的法官作出）。

其次，不断推进各种形式的替代性纠纷解决机制的适用，将成为案件管理必不可少的组成部分。

再次，根据上文所述，在线多门户法院的发展，能够使在线案件管理为特殊诉讼提供适当的纠纷解决机制，还能够实现纠纷解决机制之间的转换。此外，针对系统性难题进行恰当的数据挖掘，能够使调查员（Ombudsman），或是其他类似机构，更好地审查和提出改良方案，以助益于防范未来纠纷的发生。

这些都是对于未来问题的探讨。目前，我们所面对的问题是，积极的以法院为主导的案件管理已经很好地建立起来，并在持续地发展之中。

---

① https://www.gov.uk/guidance/ce-file-system-information-and-support-advice.

② 比如 Electronic Court Files in the Federal Court of Australia 〈http://www.fedcourt.gov.au/about/electronic-court-file〉; unattributed note, Inventory Of Caseflow Management Practices In European Civil Proceedings 〈https://www.lut.fi/documents/27578/419707/Inventory+of+practices_Use+of+ICT.pdf/25ef61ca-e13c-4424-8222-7eddae9ad1b5〉; Greenwood & Brockweg, Insights to Building a Successful E-Filing Case Management Service: U.S. Federal Court Experience, International Journal for Court Administration [July 2012] 1 〈http://www.iaca.ws/files/journal-eighth_edition/greenwood_bockweg-efilingsystems.pdf〉; US Courts Electronic Case Filing 〈http://www.uscourts.gov/courtrecords/electronic-filing-cmecf〉.

迈向新的法院管理

[法]伊曼纽尔·朱兰*著　卢佩**译

一、引言

从"控制和指导一个团队达成目标"的角度而言，管理始终存在。管理的艺术在许多文明中都可见其踪迹，尤其是在埃及文明(如金字塔的建造)或中华文明中的孙子兵法中(公元6世纪)。

乍一看，"法院管理"(court management)可能被界定为"法院之内、案件之外的行政管理"。然而我发现，我所研究的这些相关国家也没有将此概念界定清楚。"法院之内"，则法院管理并不涉及司法的一般行政管理(比如司法部、国立学校、司法委员会等等)。"案件之外"，则法院管理并不涉及案件的管理(case management)。但是这三个领域同属于"司法管理"(judicial management)或"司法行政"(judicial administration)的范畴，且在国家司法管理、法院管理和案件管理之间存在一些交叉甚至混淆的领域(比如在智利，案件管理就在很大程度上被理解为法院管理的一个部分①；在印度学术论文中法院管理就视为是司法行政的同义词)。

从描述性的角度来看，可以这样说，法院管理涉及一个法院内部的领导、法官和法院职员之间的关系、案件分配、法官和法院职员的考评、法院预算、不动产、法院建筑的维护和安保、新技术、人力资源与司法送达、通讯。法院管理涉及不同的委员会、集会以及具体的规划。内部视角与外部视角之间的分界线可能可以划出来，但在我看来似乎并不是很清楚。法院与媒体、其他利益相关人的关系属于外部视角，但如果法院没有自主权，且依赖于司法部，那预算又是内部视角还是外部视角呢？另一种界定方法则是通过否定来达成，即所有没有纳入真正意义上的司法职能(即案件审理)的，都属于法院管理。② 有时候法院管理与程序性规则之间的界限也并不清晰。③

这份总报告主要基于中国之外的15个国家的报告，以及其他有关国家的不同

* 巴黎第一大学索邦。

** 对外经济贸易大学副教授，法学博士。由于在会议临近召开时朱兰教授又提交了更新稿、没有时间再调整中文译稿，因此中英文稿可能存在不对应的地方，敬请读者明察(编者注)。

① 智利的报告。

② 智利的报告。

③ 智利的报告。

具体信息、论文和书籍而作出。其中包括两个亚洲国家，一个大国和一个小国（印度和新加坡）。一份国家报告，这个国家同属于亚洲和欧洲（俄罗斯）。除此之外还有来自非洲的两份报告（阿尔及利亚和贝宁），三份来自美洲的报告（阿根廷、智利和美国）。最后有7份国家报告来自欧盟国家，三个位于欧洲的西北部（荷兰、德国、英格兰和威尔士），两个位于西南（法国——虽然法国也不只在欧洲南部，和西班牙），以及两个位于欧洲中东部（匈牙利、波兰）。有四份国家报告来自普通法系国家（英格兰和威尔士，印度——虽然在印度自有成文宪法、法典以来对于能否把整个司法系统纳入普通法系仍存有质疑，而许多专门法院也独立于最高法院之外，新加坡和美国）。在这里强调这些差异是很重要的，因为法院管理的方法可能因所研究国家的组织、传统和地理位置而有所不同。① 例如，公诉人的角色和体制将因一个国家属于大陆法系还是普通法系而发生变化。甚至一些表述也很难翻译，例如，司法公共服务在法国以外的国家很少使用（在法国，司法作为一种司法公共服务，也只是在2016年11月18日法案生效之后才产生，而在此之前，它只是一种司法服务）。一个国家是否采用联邦制结构也是导致这些差异的重要原因。当国家结构采用联邦制或以地区为基础时，法院管理方式可能会因不同的地区或州而有所不同（美国，阿根廷，西班牙，德国等）。

此外我还将使用澳大利亚、比利时、巴西②、挪威③以及瑞士的论文和书籍。澳大利亚是发达国家里在这块最接近美国模式的国家之一。比利时试图在法国模式和荷兰模式之间找到自己的方式。④

国家报告由包含11个问题的调查问卷的答案组成，这些问题都很平铺直叙，

① 国家报告的题目、邮箱列表如下：德国报告 Christoph Kern 教授，海德堡大学，christoph.kern@ipr.uni-heidelberg.de；西班牙报告 Marco de Benito 教授，MARCO.DEBENITO@ie.edu，马德里 IE 大学法学教授；印度报告 Yashomati Gosh 教授，位于班加罗尔德的国家法律学院，yashomati@nls.ac.in；智利报告 Pablo Bravo-Hurtado，荷兰马斯特里赫特大学，pablo.bravohurtado@maastrichtuniversity.nl 以及 Ramón García Odgers；智利天主教大学；贝宁报告，Joseph Akuesson，博士，巴黎第一大学和阿波美卡拉维大学（贝宁），akuessont@yahoo.fr；阿尔及利亚报告 Mostapha Maouene 教授，Djilali Liabès —Sidi bel abbès 大学，maouene_mostefa@yahoo.fr；美国报告 Etienne Nedellec（美国研究结束后，巴黎第一大学博士生），etiennenedellec@gmail.com；荷兰报告 Chantal Mahe，讲师，阿姆斯特丹大学，c.b.p.mahe@vu.nl；阿根廷报告 Leandro Gianini 教授，布宜诺斯艾利斯普拉塔大学，lgiannini@gmail.com；英格兰和威尔士报告 Gar Yein Ng，（乌得勒支大学博士，英国专家），G.Ng@law.uu.nl；新加坡报告 Yap Cai Ping（女士）司法部法律政策司助理司长，YAP_Cai_Ping@Mlaw.gov.sg；俄罗斯报告 Svetlana K. Zagaynova 教授，乌拉尔国立法律大学，usla.mediator@gmail.com；法国报告 Emmanuel Jeuland；波兰报告 Bartosz Karolczyk，Varsaw 律师，bkarolczyk@law.gwu.edu 以及 Kinga Flaga-Gieruszyńska，kingaflaga@gmail.com，民事诉讼法庭庭长，波兰 Szczecin 大学法律与行政学院。

② 我要感谢 Antonio Cabral 对巴西制度的有趣见解。

③ 我要感谢 Magnus Stranberg 对挪威制度的有趣见解。在挪威，审判庭组织非常灵活，而且可能发生变化。在案件积压的情况下可能会雇佣临时性的法官（这就产生了潜在的利益冲突的问题，因为这些被雇佣6至12个月的法官可能之前已经为私人公司工作，而在此之后仍会回到私人公司）。

④ 我要感谢 Florian Roger 提供的关于比利时制度的信息。

对新式公共管理或老式法院行政管理并没有倾向。①

这份总报告的一般性结论是，为避免案件积压、过度拖延和昂贵的诉讼，法院管理正在成为世界各地普遍关注的问题。领导的职能仍然掌握在法院院长手中，而管理的职能似乎越来越多地交给专门的书记员（书记员主管）负责。这里的管理被认为是一种新的管理，建立在源自新公共管理的指标、目标和考评的基础之上，其本身源自私人商业公司（美国，日本，比利时）或者类似于计划经济的共产主义管理方式（俄罗斯，贝宁在一定程度上为此种方法）。并不是每个国家都关心新的法院管理与法官独立性之间的关系。然而这两者之间似乎存在冲突。所以我想问的问题是：可以把法院当作一个企业那样来管理吗？如果可以，那法官和法院职员就可以把他们所有的活动当作商业案例处理，并精确核算出每个案件的成本。而当事人将成为客户，而法院也应该以客户需求为导向。似乎在英语中说"当事人是客户"要比其他语言更加中立。这里存在的问题是：是否对法治和正当程序原则存在一定的风险？

答案是，法院管理必须是对法院而言有针对性的，否则需要调整新的公共管理的方式以适应这种情况。因此，法院管理不是像往常那样，将新的管理实施在另一个组织当中。司法的特殊性会对管理的类型产生影响。各国的国家报告证实，法院属于一种非常特殊的组织，涉及三类群体：公民、法官和职员。医院和大学也属于这类组织，同样也涉及医生、病人和行政管理组织，或学生、学者和行政管理组织。据说，这种组织具有松散耦合的组织结构，带有某些特殊性：代理人的知识水平高、不清晰的指挥链、有讨论和协商的需求、法官和职员之间等级关系的灰色地带、不可预知的同盟和公众期望的变化。这是一种在不确定状况下的管理。这种

① 这11个问题分别是：(1)你们国家法院管理的概念是什么？法院管理和审判庭行政管理(administration tribunal)之间有区别吗？(2)法院职员（法官、检察官、助理、书记员、司法人员、调解员等）在法院管理中的角色是什么？(3)法院职员之间（法官、检察官、助理、书记员、司法人员、调解员等）在法院管理中的关系如何（权力竞争、法官和公诉人之间的"两头政治"、法院管理人员与首席法官）？(4)法院职员之间在管理上的日常互动形式是什么样的？比如会频繁召开会议吗？(5)职员管理与司法独立：由谁来进行管理，法官的辖区负责人、法院书记处主管还是公共检察官？由谁来管理什么？审判庭建筑的不动产、建筑物维护、新技术、建筑物的安保、人力资源还是通讯？这种组织结构还能让法官保持独立吗（比如工作量上的目标、各项指标）？(6)案件分配和法官任命（职业法官、非职业法官等）。是由审判庭庭长单方面分配案件还是由一个委员会专门负责将案件分配给法官和不同的审判分庭？是否存在分配案件的客观标准（当事方姓名，案件数量，诉讼标的等）？(7)法官和法院的评价、问责程度和责任追究：如果未能达到目标，在奖金、考评、统计、纪律处分上的后果是什么？(8)法院和司法体系的财政预算：司法体系的国家预算是什么样的？一个中、小法院或较大法院的预算是多少？预算中分配给监狱、法院、国立学校等的部分是多少？(9)是否担心法院职员的情绪问题（威胁，安全等）？如果担心，这个问题该如何解决（成立一个由医生、心理学家和其他人组成的专门小组，还是成立一个卫生和安全委员会）？(10)是否设置有一个全体大会，一个管理委员会（由工作人员和在法院的利益相关人组成，如律师代表，媒体代表，市政厅代表）？(11)法庭是否需要进行强制性或自愿性的规划？如果需要，谁负责发起和执行？

组织缺点之一是，一旦遇见困难，它就会变成堡垒，将自己封闭起来，保护自己不受政治或媒体的影响。

在公诉人在法院管理中发挥作用或被视为外部专业人士的情况下，该组织的情况尤为不同。对司法产生的特殊之处在于，这项“产品”涉及独立性，而不仅仅是法官的自治。虽然学者不需要像法官那样必须保持公正和独立于权力，但是他有言论自由的权利，而法官因为保密因素在某些特定案件中并不享有此权利。医生在作出决定的时候具有独立性和责任，但是他们不必独立于权力。此外，司法需要一定的程序才能作出判决，这就意味着一些基本原则必须得到尊重，如公正审判、合作原则和听审的权利。

法院管理必须将所有这些特殊性考虑在内。因此，法院似乎很少是完全自治。存在一些中央机构介入法院的管理。在这种情况下，行政权力可能会妨碍司法公正，尤其是司法部，有时候是经济部。另一个问题是信息技术在法院管理中的角色问题。这一领域的管理决策可能对案件管理产生影响。因此，我想说的是，在不同的国家法院管理的意义和对于语词的选择存在着模糊的情况。

从历史上看，司法行为就像司法一样古老。司法行为在天主教司法中受到严肃对待，因为人们看重将教会以及修道院都作为一个整体(as a body)来管理。这个组织方式被视为工业和纪律组织的起源，像福柯(Foucault)或穆索(Musso)尤其持有这种观点。在普通法中有一种“反常现象”(anomaly)，法院(court)这个词用于反映司法机构与君主制之间的“密切联系”，因为司法法院(the court of justice)和皇家法院(the royal court)都是用同一个词“法院”。法院管理是由行政机关来完成，尤其是在英属殖民地(加拿大、澳洲、新加坡和印度)。① 我们可以将其称为是一种“执行模式”(the executive model)。似乎正在发生一个从执行模式向管理模式的重要转变，以获得更多的独立。泰勒(Taylor)和一位名叫法约尔(Fayol)的法国工程师在19世纪末20世纪初同时提出了科学管理的说法。在三十年代，美国进行了一场重要的辩论，导致创设了一个独立的权力的第三分支，成立了行政办公室来处理联邦法院的行政事务。各州法院的独立性取决于各州。然而，法院向管理模式的转变，并不仅仅是在美国寻求独立的过程中引发的，而且是由反对大企业和工会兴起的在社会各领域的一种被称为进步主义的政治利益聚集所引发。② 甚至质量控制管理是由美国的大师彼得·德鲁克(Peter Drucker)发明的，目的在于使企业独立于国家政权。

大陆法系国家的法院管理的历史似乎是恰恰相反。新的管理工具主要由国家权力部门使用。荷兰法院管理专家菲利普·朗布鲁克(Philipp Langbroek)认为，

---

① 首席法官 Wayne Martin, Court Administrators and the Judiciary, *IJCA*, 2014, esp. p. 5. 在法国，同样的词“cour”仍被用于上诉法院和最高法院。

② C：Blease Graham, Reshaping the courts：Traditions, Management Theories and Political Realities, in *Handbook of Court Administration and Management*, 1993, pp.3-25.

大陆法系国家的法官被认为是公务员，这是拿破仑的政治遗产。[①] 在我看来，大陆法系的法官作为公务员的地位可以追溯至天主教的审判庭(roman-canonical tribunals)。在这些法院，法官们在大部分时间里都是当事人的神父。这些法官曾是天主教教会等级制度的一个组成部分。很可能是在拿破仑时代出于法国的影响使法院系统得以世俗化，但法院系统并不是这个时候才被创造出来的。事实上，大陆法系国家的法官仍然是一种等级制度的组成部分。因此，法院并不是自治的。法院预算或多或少是由中央决定。管理规则也由中央机构确定。在这种情况下，尽量多结案件的压力可能会阻碍法官有足够的空间去审阅判例法、进行研讨或是挤出时间处理棘手的案件。虽然执行模式仍然存在，但以管理模式的形式出现在新的公共管理中。这种管理模式不是一种让司法机构变得更加独立的方法，而是中央机构在法院获得更多权力的一种方式。因此，存在有给予法院经理提供更多不受法官控制的权力的诱惑。这种趋势可以在西班牙、智利和荷兰看到。这种在普通法系和大陆法系进行区分的方法可以在由达玛什卡(Damaska)提出的著名的“等级司法和协作司法”(hierarchical and coordinate justice)区分中看到。[②] 法院管理在等级司法系统和在协作司法系统中是不同的，前者更为集中，而后者更为分散和灵活。[③] 然而在法院管理这一主题上，达玛什卡的区分也不是完全有帮助，因为它可能具有误导性。似乎这一制度在大陆法系国家中是纵向的，而在普通法系国家是横向的。在大陆法系国家，法官之间并不存在真正的等级，因为他们都是独立的。然而，上诉法院是一个对事实问题和法律问题进行第二次审理的更高级别的法院。相反，在普通法系国家，协作涉及的是在当事人和职员之上更高级别的法官——像上帝一样[④]——而在大陆法系的法官则是公务员，本质上地位并不高于当事人和职员。此外，普通法国家的司法系统并不一定是分权的。[⑤] 至少可以这样说，在大陆法系国家存在一种离心力，而在普通法国家存在一种向心力。前者趋于等级和统一，且自上而下，而后者倾向于分权和自治，且自下而上(特别是在美国)。

因此，问题很可能是：我们要朝新的法院管理的方向，也就是管理模式迈进吗？答案并不明显，因为问题在于，大陆法国家和普通法国家是不同的。我将试图证明，大陆法系法院管理模式和普通法系法院管理模式有所区别。普通法系法院管

---

① Court Administration in Europe, Management in Different Context, *IJCA*, 2017.

② *The Faces of Justice and State Authority: A Comparative Approach to the Legal Process*, 1986。

③ 达玛什卡也对实施公共政策的系统和纠纷解决的系统进行区分，我不确定这种区分是否也可以用在法院行政这一事项上。

④ Jacob, La grace des juges, PUF 2014.

⑤ 在英格兰和威尔士，司法系统不是分权的。而在美国各州之间存在差异，取决于各州系统偏向集权还是分权。有时候在统一后，即使是联邦一级，也会出现一段时期的分权。See J. A. Gazell, A Current Status of State Reform: a National Perspective, in *Handbook of Court Administration and Management*, 1993, pp.79-97.

理模式对大陆法系法院管理模式产生的影响可能导致法院出现紧张关系。此外也有很多国家处于大陆法系和普通法系之间。例如，挪威的制度属于大陆法系，但传统又接近于普通法系。法院组织很灵活且可能会发生变化。法院独立于位于奥斯陆而不是特隆赫姆的法院中央行政管理机构。首席法官可能会聘请副手(deputy judge)，甚至是法官，尽管最终是由司法部长正式作出决定。必须指出的是，在挪威，一个人在他/她快四十岁时成为法官，几乎和普通法系国家一样。

无论如何，法院管理和程序法之间存在龃龉。有一种假设认为，管理会干预法律和程序。例如，各部门之间的案件分配可能对一个案件的结果产生决定性影响。法院中一个部分人可能赞成这种保守的解决办法，而另一部分人则更为激进。而另一个完全不同的假设是，管理和程序是互补的。在某种程度上，法院管理是程序法的一部分，因此有救济手段对此提出异议。法院管理对法院来说是一种内部法律，但无论如何也是一种法律。一位澳大利亚法官，韦恩·马丁(Wayne Martin)已经证明，几乎法院管理的所有方面都会产生程序上的影响：案件分配、信息技术、建筑结构、数据收集和统计、安保。事实上，要在司法活动与法院管理之间划出清晰的界限是不可能的。[①] 他只将购买文具、办公用品如钢笔和文件夹之类视为纯粹的行政行为。我在法国发现一个例子，在这里，文件夹具有程序上的意义。在巴黎上诉法院，法官们习惯于使用透明的文件夹，这样就可以很容易地看到写在顶部的案件名称以及文档的不同部分。在英文中，准确地称其为可视文件夹。然而，预算是如此之低，以至于不可能再购买这种类型的文件夹。透明文件夹消失了，法官们抱怨但没有取得成效。程序上的效果是，很难在一堆文件中找到一个案件，因为你必须打开所有的文件夹。

另一个来自挪威的一个小例子是，一位首席法官想要强制在他的法院应该从9点开始庭审，而不是从九点半开始，这样一天就可以审理更多的案件。可是一名法官抱怨说，这侵犯了以他想要的方式处理自己案件的宪法性权利。我认为并不存在对司法活动不产生潜在影响的行政性决定。因此，即使有法院经理，法院的领导也必须是法官。然后，每当一个行政决定直接影响一方的利益时，应当提供该方对该行政决定提出异议的救济路径。加拿大最高法院决定，只有与审判程序直接相关的职能，如法官分配、庭审安排和审判室的分配，应在司法机构的控制之下。[②] 我更倾向于一个建立于行政对各方利益的影响基础之上的更为抽象的标准。在法国，可基于权力滥用的理由向最高法院针对司法行政行为(acted administration judiciaire)提起追诉。国家委员会认为它没有管辖权，因为在民刑事法院与行政法院之间存在着权力分立原则。但是行政法院针对一个法院的纯粹行政上的决定拥有管辖权。例如，在一个政府法令创设法官奖金时，法官联盟在国家委员会提起了诉讼。

然后还存在不同的管理风格。建立在客观指标和考评基础之上的新式管理与

---

① Wayne Martin, Court Administrators and the Judiciary, *IJCA*, 2014, esp. p.17.

② Valente v the Queen, 1985, 2, SCR 673.

法律之间的关系,与老式法律行政相比,并不相同。因此,也许老式法律行政不会干预程序法,但新的公共管理却可能危及程序。例如,如果法官必须作出一定数量的判决,他就会受到压力,可能会更加快速地裁判,而对每个案件投入较少的注意力。更引人注目的是,他可能会基于程序上的理由试图搁置或驳回一些案件,以获得一个更好的结果。澳大利亚、法国或波兰的一些法官似乎有时会因为统计原因而拒绝合并两个案件。我们可以将这种趋势称之为司法的管理化(the managerialization of justice)。

然而,报告的主要部分强调指出,法院管理并不妨碍对程序原则的尊重。它甚至应该发展出具有更高质量和合理时间的程序性原则。司法管理化的危险似乎可以在法国、德国、甚至是在荷兰感觉到,但不是在美国或澳大利亚。那是不是新的管理方法在普通法国家实行起来比在大陆法国家更加容易呢?因为在普通法国家,法官在一定年龄之后才予以任命,通常为 45 岁以上,而有时其合法性由选任赋予。在主要法院和法院管理之间以及主要法院与程序法之间没有竞争的风险性。相反,在大陆法系国家中,法官的选任年龄更早,大概在 23 岁左右并且没有通过选任来赋予合法性。因此在法院书记员和法官之间存在竞争的风险,例如在法国、西班牙或智利,随着书记员主管重要性程度逐渐增加,他/她获得了管理权力。他/她可能具有与法官相同的学历,有时可能没有通过国家法官考试。①

也许老式的法院管理与秘密的书面程序是一致的:在某种程度上,我很激进,大陆法系的法官已经是一种管理人员。因此,要在书记员办公室和法官之间建立良好的关系是比较困难的。有可能还会存在一种紧张关系。程序随着案件管理变得越来越管理化,而书记员办公室主管则成为了管理者。而在某种程度的两头政治中,他们之间似乎也存在着冲突的风险。我们可以轻易地得出结论,在象征意义上而言,管理与组织相关,而行政与制度相关。

必须指出的是,还有一些重要的管理研究,比如内容管理系统(CMS,Content Management System)。长期考评、统计和指标可以由专门从事管理的学者讨论。新的管理和程序可能会存在对立,因为新的管理有时会受到批判,因为新管理的某些部分对程序并不适合。例如,是否有可能基于经济上的原因限制法院的法官人数而同时让政府有责任在合理时间内审理案件?这个取决于你对程序概念的界定。如果一个人赞成诸如效率、速度、甚至质量的管理原则,那么他就可能会支持建立于客观指标基准以及类似因素基础之上的新的公共管理。我注意到,每份报告都有关注到传统程序原则,比如独立、公正、随机分配审理案件的法官。新的公共管理受到那些研究分析建立于理性人基础之上的自由经济学家们的青睐,尽管现在人们认为,经济主体并不总是理性的。在我看来,法院管理的第三种模式是可能的。在执行模型之后,我将根据国家报告提出一个关系型模型。这种关系型管理模式是以程序上关系处理法而获得实施的。

---

① 在法国,也可能存在着相比案件审判更喜欢行政管理的书记员主管,但是这是一种新的趋势。

我们可以在一个非常广泛意义上设定一个程序上的关系处理法，在其中，在法官的支持下，在当事人之间建立了一种法律纽带，程序性的纽带。这种纽带建立以改进改变现有的基于争诉性而建立的法律关系。为了达到这一目标，有效的公正审判是必要的，每一方当事人(在庭审中)都应被聆听足够长的时间。法院管理是一种关系性管理，与对程序的关系处理方法相一致，这并不意味着它是一个良好的和尽善尽美的管理。这意味着职员和法官在法院层面必须进行合作。这种合作的原则超出了案件管理的范围。这种关系管理并不依赖于一个必须与他人竞争才能有效的纯粹理性行为者，而是依赖于一个同时具备理性与情感的行为者，这个行为者必须与他人互动才能获得实现。在北美近十五年以来，人们越来越倾向于在参与案件的审理过程中将职员和法官的情感因素考虑在内的。① 这可能导致法院委员会的产生和定期会议的召开。其中一项不在问卷中的问题是，职员的薪酬问题。② 有许多事项还需要研究。最后我认为法院管理是处理法院中与公民、法律职业人员、职员和其他法官的法律关系的方法：这是一项非诉讼的任务，对程序有很强的影响力，并要求具备各种法律之上或者法律之外的能力。

导致许多国家选择新的法院管理的原因似乎是相同的，但目标并不总是相同，大陆法系国家与普通法系国家之间可能存在区别(第 1 章)。并不一定只存在一种新的法院管理的模式，也可能存在多种新的法院管理模式。在被研究的国家中，从某种意义上讲，对这一概念存在不同的理解。甚至可以说这其中存在着一些误解，尤其是将“管理”这一单词适用于普通法领域之外时(第 2 章)。此外，在管理方法上，不同国家的研究水平存在很大差异，有非常发达的国家，如果我依照管理模式的不同，以非常中立的方式使用“发达”这个字眼，也有很不发达的国家。对法院管理的理解也可能不同，同样在大陆法系国家与普通法系国家之间存在差异。(第 3 章)。负责法院管理的专业人员并不总是相同的，并且，越来越多的法院管理人员甚至几乎所有的法院院长同时也是法官(可能被讨论的例子是荷兰，第 4 章)。涉及法院管理的委员会和大会的角色可能会有很大的不同(第 5 章)。工作人员与首席法官(head judges)之间的日常关系可能是正式的，也可能是非正式的(第 6 章)。被研究的国家的关注点并不完全相同。我会展示这其中的不同风格与困境。我也会强调独立性与新的法院管理之间的潜在冲突。我们来看看诸如法院行政管理、程序法和司法组织这类传统工具之间是否存在冲突(第 7 章)。案件的分配和法官的任命(专业法官、非专业法官等)需要符合案件应随机分配给法官的原则(the

① 法律与情感互动(movement Law and Emotion)，关于法律情感主题越来越重要的观点见 R. Grossi：Understanding Law and Emotion，Emotion Review，Vol.，2015 年 1 月 7 日，第 55～60 页；以及关于法院职员的情绪，如 Terra Nova T. Maroney：Law and Emotion，Terra Nova：30，Quinnipiac Review，481(2012)，“如果我们观察一下法律决策制定者，他们的情绪最重要，而且善变。我们还应当观察一下法官，书记员，检察官，辩护律师，民事诉讼人，调解员，警察，缓刑官，法庭代表，专家证人，立法者等等。”

② 法官和职员之间的工资差距非常重要。这一差距可能会导致法官和职员之间的紧张关系。

principle of natural judge)，但也要尝试将法官专门化的必要性考虑在内(第 8 章)。法官和法院的评价、问责程度和责任承担正在不断增加(第 9 章)。与司法体系相比，确定法院的财政预算相当困难，似乎法院在这方面并没有多大的自主性(第 10 章)。心理风险与安保问题或多或少地被考虑在内(第 11 章)。法院规划并非普遍存在(第 12 章)。总之，我们可以这样说，新的公共管理并非无处不在，也并非针对所有问题都有公共管理，法院管理的构想虽然可能各不相同，但通常说来，许多国家在法院管理方式方面都具有利益，也出现了很多新的特征：法院管理者，或者专攻判决认证的书记员的减少。管理模式将适用于每一个司法管辖区的趋势并不明显。某些国家似乎很谨慎。最后我建议，关系模式比管理模式更适应法院的需要。

二、对新的法院管理的普遍需求

所有的国家报告均表明，对新的法院管理的普遍需求源于司法制度的失灵。我将举例说明这一惊人趋势。

在西方国家，如英格兰和威尔士、荷兰、美国、澳大利亚、加拿大、挪威、瑞士，管理模式一直是解决案件积压和司法费用的办法。与此同时，似乎在普通法系国家，管理模式是超越执行模式的一种方式。①

当我们转向观察非西方国家时，会有趣的发现，这主要是一个案件积压问题。

在阿尔及利亚，在由 1966 年新宪法所引领的长期司法改革进程中，司法机关逐渐转变为真正的权力机关，而在此之前司法机关只是最高权力下的一个职能分支。根据阿尔及利亚的报告，处理积压案件，应采用定性的分析方法，尊重程序的基本规则与公共服务使用者之间的公平，而改革的进程与此关注点是相吻合的。用于实现上述目标的方法建立于法院和法官的管辖权、法官的专业化以及采纳新技术和人力资源的法院管理基础之上。

在智利，由于法院的拥挤，管理问题已成为讨论和改革的一个重要部分。2000 年刑事诉讼改革引入了一个全新的系统，司法管理随之成为智利程序法中的特殊议题。这次改革设立了一个新的检察机关(Ministerio Público)，具有调查和起诉职能，并建立了新的公共辩护制度。即通过立法修改调整低层级刑事法院的整体结构，将法官从这些组织的管理人员中分离出来，对专业行政人员进行合并。预算问题也会冲击新模式的创建。因此，一旦有案件诉诸法院，新的刑事法院组织就将所有的程序管理工作交由管理领域的专业人员。法院经理(管理人员)将负责法院行政事项、法官的时间安排以及案件安排。也就是说，这位经理是所有行政人员的负责人。所有的工作人员和经理本人均为管理和行政领域的专业人士。这种由法院行政人员负责的行政管理结构通过主审法官(Presiding Judge)和法官委员会(Committee of Judges)与法官发生关联。在这一背景下，改革将司法工作从管理工作中分离出来。此外，改革剥夺了法官对他们工作时间的控制。而以前主导诉讼进程的双方律师也失去了他们的影响力。法院应放弃他们旧有的专制和形式主

① Wayne Martin, Court Administrators and the Judiciary, *Supra* note 16.

义做法，而司法与管理两种职能的分离也因这种文化转型而获得正当化基础。在经过论证后，随着时间的推移，这个制度得到了良好的评价，最成功的实践做法也被复制到其他法院的改革中，比如家事(2004、2009)和劳资纠纷。最高法院颁布了一系列名为“绩效法案”(Actas de Gestión)的规则，旨在将“对进入系统的不同案例进行分离和归类来安排庭审”的实践经验标准化。有限的经验证据表明，这些技术或案件管理工具的采纳，在减轻法院的拥挤程度和减少案件处理的时间方面已经取得了积极的成果。

在印度，其宪法通过序言确保公民在经济、政治和社会方面实现正义。但即便在独立65年后，印度仍未让绝大多数公民实现实质正义。在司法系统的某些具体领域，人们面临着大量案件积压和案件未决的困境。目前，全国各地有超过2200万件案件正在审理。一个案件，从提交案件到最后判决的平均年限跨越了一个人的寿命。通常认为，在印度，诉讼也作为遗产的一部分从一代人传给下一代人。在分权原则下，司法权是国家权力不可分割的一部分。同时，纠纷解决也是国家核心职能之一。司法的独立性、公正性和能效性成为印度法律制度的基石。但是，大量未决案件阻碍了司法系统的运行，对正义的及时实现产生了不利影响。有权获得及时审判是公正审判的组成部分，也是国际人权理论的基础。积压案件导致获得及时公正审判的权利被削弱、法治价值观遭到侵蚀，这使得普通人对司法制度的信仰产生了不利影响。

如果我们将目光投向未决案件这一问题，就会发现导致案件被拖延处理的原因有很多：法官、人力资源以及足够便利的现代化设备上的不足、诉讼爆炸、立法活动的增加、首次上诉的累积、审判力量的不足、高等法院空缺填补上的拖延、基础设施上的不足、对准司法命令无法提供适当形式的上诉、无法优先处理旧案件、未能利用案件和裁决所涉及事项的分组、给予不必要的休庭、多重上诉和不同审判庭的庭审、人口爆炸。[①] 这也就是为什么在当下的印度，人们对法院管理的兴趣越来越大。目前，人们正努力寻求司法系统的改革。改革的根本要旨是要实现以下3个目标：(1)审限超5年以上的案件缩减26%，从而使司法制度“消除五加”(即消除五年以上未审结的案件)；(2)缩减全部案件的平均审判年限；(3)实质性更新法院管理系统。愿景声明侧重于两项主要的司法改革：(1)通过减少在体系中的未决和拖延案件来增加入口渠道；(2)通过结构变革、制定绩效和能力标准来加强问责制。愿景声明中规定的行动计划将以下几个方面确定为改革的主要领域：建立国家积压网络/查明积压事实；确认严重地区的瓶颈问题；解决该地区的瓶颈问题；采取创新措施迅速处理案件；集中于对司法人员和法院行政管理人员的选拔、培训和绩效考核；通过有效配置、规划和及时管理，高效利用司法制度和现有基础设施，增加技术和管理手段的使用，使整个系统更加整洁；清除死杂草，防止它们再生，变更程序、管理和行政。但是，解决方案主要是案件的管理和调度问题，它并不是严格意义上的法院管理。

---

① 拖延委员会(Arrears Committee)1990。

在非洲的贝宁一例也很有意思,因为它显示了在发展中国家的优先考虑事项。一审的平均审理期限为 2 至 3 年,上诉法院的审理期限为 2 年,在最高法院(Porto Novo)的审理期限为 2 年。在 2002 年,贝宁约有 700 万居民,而现在这里有 1100 万人。目前并没有直接和明确的意愿要使得法院审判畅通起来。但是,这一目标是在改革司法地图的意愿中实现的。在 2002 年之前,贝宁有 8 个一审法院和 1 个上诉法院。而在 2002 年新的司法组织法实施之后,贝宁设有 28 个一审法院和 3 个上诉法院(但 28 个法院实际只设立了 18 个)。此外自 2016 年以来,在一审法院和上诉法院中也都设置了行政部门。越来越多的法官被录用(今年有 80 名)。离婚程序不得超过 6 个月。在简易程序中,裁决应在一个月内作出,即便简易判决作出的平均审判期限长达 1 年。同时也有设立商事法院的计划。总的来,解决问题的办法不是以法院管理为基础,而是建立新的法院。

在巴西,大概有 10 年的时间里,法官和法院工作人员都愿意获取管理学上的知识来管理法院。在某些法院上,仍有一些管理人员同时也是公务员。法院的首席法官同时也是法院的行政长官和文员办公室的主管。

管理模式似乎获得了影响力,但并不是到处都能达到同样的目标。尽管大家普遍都对法院管理有兴趣,但人们对词语的理解仍存在误解。

三、对词汇的误解

诚然,管理的概念本身即源于西方文化和语言,在全球范围内被运用于商业公司,同时也越来越多地被运用于公共行政领域。“法院管理”这个词看上去相当简单明了,即使在非英语国家(如比利时)似乎也是一个清晰的概念,但其实它并不是一个明确的概念。

词语的问题在于,不同国家对该词的理解可能有所不同。“管理”是起源于拉语、意大利语和法语的英语单词。现在这个词以英文拼写的形式出现在法语、西班牙语和其他世界各地语言中(有时这个词语在法国也或多或少地带着英语的口音),但并不总是与英语的意思完全相同。其中一个原因即是在印欧语系中找不到和这个词语具有完全相同含义的单词。

在英语中,有两个关键词需考虑,其一是行政(administration),其二是管理(management)。前者用于比后者更高的语境。前者能够决定要做什么,而不是如后者般在长期范围内执行。而在法语、意大利语和西班牙语中,有三个词:行政、管理和治理(gestion)。法国工程师 Fayol,现代管理学的创始人之一,他写了一本书《工业管理与一般管理》(Administration Industrielle et Générale)。十分有趣的是,这本书两次被翻译成英文,第一次是在 1930 年,被翻译成 Industrial and General Administration,第二次则是在 1949 年,被翻译成 General and Industrial Management。在 Fayol 所述的五大功能——规划、组织、人员配备、控制和指导下,“management”一词在法语中逐渐取代“administration”。同样“management”一词也在逐渐取代“gestion”,这一特定的斜体字有着与英语中“运行”相近的含义。因此,现在在法国,管理一词在英语中按照日常或实际操作中的理解,意味着引领、支配和控制。用法语念“management”一词时若带有英式口音,那样就会显得更加摩登了。于我而言,若要在不同国家间进行比较研究,语言问题非常重要,因为虽然我们使用的都是同一个词,并且我们自己也以为在讨论同一件事情,但事实是我们可能说着完全不同的事情。

该问题十分重要,因为在世界各地“法院管理”的发展中我们将看到一种普遍趋势。但是,我们目前讨论的,是法院中的领导关系?还是法院的日常运转而非法院的司法审判呢?

“management”为英语单词,但其源于法文中的“ménage”或“manège”。这个词本身就有歧义。我们需要来讨论一下这一词的词源。“ménage”一词意味着家务管理,同时也用来表示处理一家的经济状况(“ménage”在法语中至今还有着夫妻的意思)。然而,牛津英语词典中认为,“management”来源于法语“manège”一词,而后者又是从意大利语“maneggiare”一词引申出来,并且该词起源于拉丁文中的“Manus”,即“手”。这是指赛马场,或者有时在英语中也被称为“manege”(即驯马场)或是儿童的旋转木马。但是,同样是在这本词典中,其又认为法语中的“Ménasgement”一词在17到18世纪延伸出了英语中的“management”一词。该词的第一个词源表明,法院将被视为是一个家庭或一个公司。这主要是经济上的问题。该词的第二个可能的词源则表明,管理一词内在地涵盖了领导力、甚至有训练或培训的含义,因为在“manège”一词中,即有着训练赛马和让马表演盛装舞步①的含义。无论怎样,管理一词在语源上没有“人类”一词的含义,因此其将仅涉及人力资源的问题。

“administration”一词源于拉丁文中的“administrare ad”和“ministare”——即提供服务的人——在宗教意义上指“给予帮助”。15世纪的法国即使用了“Administration of justice”(司法)这一说法。现今法国还在使用这一说法用来表示取证。现代意义上的公共行政则是从法国大革命中而来。

“gestione”一词也被用在西班牙语和意大利语中,但其与management(管理)一词并不等同。被理解为“指引”的management仅涉及Gestione一词含义的一个侧面,而administration(行政)则仅限于处理信息,以此来建构组织的存储记忆。而信息为管理决策提供了数据支持。②

在西班牙语中,Dirección、Gestión、Administración和Gerencia,这几个词都可以翻译成management。但是每一个单词都指向不同的主体:经理作出指示(directs),而管理人员(administeor)在公司中的级别比经理更高。

在德语中,Verwaltung是指运营一项或多项资产,Betriebswirt是指管理一个企业,Betriebswirtschaft则是指管理学,但质量管理则是由Qualitätsmanagement翻译而来。除此以外,还有die Leitung(指挥)和die Führung(领导)。由此可见,有一连串的词具有“管理”的意思,而这些词彼此之间的关系在每一种语言中又不

① 对于这些不同词源,可以参见Rupin(参考书目)。

② 阿根廷的报告。

尽相同。这是一个由来已久的现象。在德语中,Verwaltung 一词非常重要,有管理和行政的双重含义,一个用来表示 management 和 administration 的独一无二的词。故 Verwalten 一词同时也可以翻译成:行政(administration)、管理(management)、控制(governance)、和运行(running)。[①]

再者,各国的管理文化也有所不同。在德语中,管理并不是一门独立的工程学科。德国的管理风格是建立在协商一致、共同掌权、以质量为导向、致力于长期发展和对公司忠诚的基础之上。而在美国,管理则以结果为导向,更积极进取,变化迅速。

在巴西的葡萄牙语中,人们经常使用"案件管理"这一表述方式,但"gestão do procedimento"(即程序运行)同样适用于司法措施。其中"管理"(administração)一词用于描述行政决策(administração judiciária)。[②]

但即使是在美国,法院管理的含义也不那么明确,其概念也不尽相同。[③] 法院管理有时是法院行政的同义词(如在法院管理机构 Institute for Court management),涉及法院的日常运作,与法院行政的一般政策相对。这一术语很重要的,因为在法国、意大利和西班牙,我们认为管理与法院的领导和治理有关,而在美国,尽管存在分歧,管理也只限于法院的日常运作。

三、法院管理的概念

即使法院管理一词仍在使用中,但其概念并不是在每一处都十分明确(在贝宁、阿尔及利亚,甚至在新加坡并未适用)。管理一词也经常在国家层面(阿根廷和俄罗斯)与司法管理这一整体发生混淆,也经常在区域层面(阿根廷和德国)与案件管理(智利、挪威[④])产生混淆。其概念(在英格兰和威尔士、德国、法国和印度)似乎并没有完全得到明确。[⑤] 即便是在"法院管理"(court management)这一表述中,"法院"(court)一词的含义可能仍需留待讨论。例如,在西班牙,在将案件分配给每一个法院法官之前,将由一个不同法庭组成的公共办公室(没有法官)来负责案件的管理。

(一)普通法系下的法院管理概念

在美国,更为恰当的表述是司法行政,而管理一词则用于形容不是院长的法院管理人员的日常活动。

在英格兰和威尔士,法院管理的概念处于不断演进的过程中。目前(自 2015 年以来),其正在进行一项改革。其目标有三:"提供更高效和更高水平的法院行政

---

① 德国的报告。

② 在挪威,"管理"这个词并没有在法庭上使用,"ledelse"这个词更接近于领导或者靠近方向盘的地方,在实践中经常与"admistrasjon"这个词一起使用,指法庭的日常运作。

③ 在州法院的国家中心(National Center for States Court, NCSC)接受采访。

④ 例如,首席法官可以从一个不够勤勉的法官哪里撤回一个案件,这是案件管理的一部分还是法院管理的一部分呢?

⑤ 德国、智利和阿根廷的报告。

管理;满足公众需求;以及为纳税人和法律职业人提供大量福利。"[①]有趣的是,在这一官方话语中,并未对法院管理(court management)和审判庭的行政管理(administration of the tribunal)进行区分。

在新加坡,宪法确立了政府的三个分支,即司法、立法和行政。司法部门由最高法院、州法院和家事法院构成。这些法院的管理在首席法官的主持下,独立于政府的其他分支。尽管法律部(Ministry of Law)在考虑法律改革建议时会与法院进行密切合作,但法律部并不影响法院管理。

在美国,法院的行政(court administration)更倾向于法院管理(court management)。在联邦一级的主要行政机关是行政管理办公室(Administrative Office),再度偏爱"行政"(administration)。然而,国家计算机安全中心(NCSC)设有州法院管理研究中心(Management Institute for state court)。管理(management)一词更多与日常组织相关,而行政(administration)则是一个更概括更通用的词。因此,在"管理"一词中不涉及"领导"问题。因此通常由法院经理(court managers)处理法院的人力和物资资源事宜,这些人不是法官,也不是法院的领导(他们通常与法院订有合同,若有必要,合同可以被终止)。

法庭管理在这么多不同的环境中发展出这么多不同的路径,因此确定一些理想的模式不太可能。但在一个法院行政管理系统中确定各个构成因素则是可能的:终审法院,为司法部门制定行政管理政策,通常将这种政策反映在法院的规则、指令或命令中;首席法官(chief justice)通常担任执行监督员,监督法院政策的执行情况;州法院的行政管理人员办公室,为首席法官和法院在执行政策和服务其他行政或法律职能方面提供行政支持;中级上诉法院和初级法院的首席法官,负责管理各自法院的运作,使其符合最高法院和本院制定的政策;初级法院的行政管理人员和行政管理办公室,在首席法官执行其行政管理职责时提供主要的、但并非唯一的帮助。在联邦法院,司法行政管理的日常职责留给各个法院承担。依照成文法和行政惯例,每个法院任命辅助工作人员,监督支出和管理法庭记录。各法院的首席法官监督法院的日常行政管理,遇有重大政策时,法院法官与其一起作出决策。法院的书记员是由法院法官聘用的行政人员,承担着法院的行政管理职能。书记员根据法院制定的政策承担法院的非司法职能,并通过首席法官直接向法院汇报。书记员的各项职能有:维护法院记录和诉讼名册;管理法院信息技术系统;将所有费用、罚款、支出和其他款项支付给美国国库;管理法院的陪审团系统;提供翻译和法院记者;提供审判室的各项支持服务;寄出官方的法院通知和传票。最后一项职责十分有趣,因为这是一项程序性职能,而非行政管理工作。

在这些例子中,法院管理并非涉及的是全新的内容,因此法院行政与法院管理上的区别并不多。

---

① https://www.gov.uk/government/uploads/system/uploads/attachment_data/file/386415/hmcts-business-plan-2014-15.pdf,最后访问时间:2017 年 3 月 14 日。

(二)大陆法系下的法院管理概念

在阿尔及利亚"法院管理"一词并没有被使用,而用的是"Gestion administrative judiciaire",其含义为司法行政管理(严格意义上的日常活动)。在阿根廷,"法院管理"的概念可能会与"司法行政"发生混淆。一般来说,"法院管理"这一概念可适用于不同情形,这些情形大致可以被分为2个相关的组别①:第一个与司法系统的战略计划相关,一般物资和为其实际运作所需服务的使用,司法预算的设置与管理。这一范围包含一系列不同的问题,包括基础设施、技术、人力资源(比如法院工作人员的任命、纪律管制等)、目标的设定和评估等。这一"法院管理"的第一个变种可以被称之为"司法的行政管理"或"司法系统的行政管理"。第二个与各个司法组织的管理相关。这第二个表述涉及的是每个法院的运作、组织和人员分工等的多方面问题。但其并不将司法系统的行政管理视为一个整体,而是将其视为角色界定的问题,且这一问题应该展现出第一审法院、上诉法院或最高法院的每一个工作人员的角色。第二个组别的问题将在本篇报告的"严格意义上的法院管理"部分进行阐述。总的来说,这一任务是由每个第一审法院法官下达的,或者在某些案件中,由复数组成审判庭庭长下达(例如,上诉法院的院长)。

在贝宁,法院预算自治,但是法院预算是司法部的预算中的一部分。审判庭主管负责行政和财务管理。这并非一项新的法院管理,其在以前即已存在。在访问过贝宁的上诉法院后,我认为正义的实现依然主要建立在口头辩论之上。可能会有一些迟延,但这一延迟是可接受的。

在智利,司法绩效和法院管理并不是智利法学家们进行主要研究的对象。②这样做产生的一个问题就是,在智利的法律语言中,没有共同的术语或统一的概念来指代法院运作的相关方面。这种文献匮乏的一个显著例外是Vargas。对Vargas来说,法院管理包括法院运转的各个层面,这对于有效率有质量地作出判决来说是十分必要的。这些层面包括:法院结构、工作流程、人员分工、任务分配和能力资格等其他。其目标在于对管理的各方面进行配置,以提高质量和速度,并有效利用可获得的法院资源。③ Vargas的概念十分广泛的,涉及对冲突作出司法回应所必需的所有方面。

总体来看,智利学者在案件管理(court management)和法院管理(case management)之间并未发展出明确的概念区分。相反,任何与法院绩效相关的话题都被贴上"行政管理问题"的标签。这里我们将对法院管理和案件管理作出区分。"法院管理"指适用于法院这一整体的一般性管理事项,如法官任职、培训和晋升规定、人力和物力资源的可获得性以及绩效考核等。相反,"案件管理"是指那些法官拥有的管理手边争议的各种工具。但是目前在智利,并不经常区分这两个概念。

---

① 阿根廷的报告。

② 智利的报告。

③ Vargas Viancos/Juan Enrique, La reforma a la justicia civil desde la perspectiva de las políticas públicas, en Revista Sistemas Judiciales, N°11, Buenos Aires, 2006, p.79.

恰恰相反，与作出判决并不严格相联系的各个方面都往往与法院的一般管理或法院行政混淆在一起。换句话说，特定的案件管理问题在更为宽泛的法院管理概念下变得模糊。

在法国，用词选择经过了一个有趣的转变。从19世纪至今(2000年前)，一般的表述一直是司法行政管理(judicial administration)。这个主要是指司法部领导的司法行政管理，过去包括各个法院的管理(事实上直到20世纪60年代，书记员都是一个私人机构，法院大楼属于城镇组织，所以除对案件进行分配外，法院院长没有其他管理权)。存在有对案件的管理，但被认为是法官准备案件卷宗的司法和程序性权力的组成部分("mise en état"即预审)。在2001年，一项税收法律给司法提出了一项目标(就司法的审限和质量而言)。自那时起，新兴工业管理被应用到司法中，并且"司法管理"的表述渐渐取代了"司法行政管理"。其与"案件管理"有明显不同，"案件管理"年代更久远且有着另外一个名字("mise en état")，但与"国家司法管理"并无不同。"管理"一词(management)在广义上被理解为法院的领导和法院的行政管理。然而，书记员主管似乎也越来越多地享有管理的权力。因此，就出现了书记员主管与法庭负责人之间的潜在冲突。但是，这主要是语词问题，因为在法语中"管理"(依然是带有英语口音的发音)一词本身含义即十分广泛，其中就包含了领导关系。有时，人们使用"中间管理层"(intermediary management)这一表述来描述部门或服务的主管。"法院管理"这个词也被使用，但并不能完全与作为整体的"司法管理"区分开来。在魁北克，management一词并未被视为是法语单词，也并未得到魁北克法语语言办公室的认可(尤其是作为"cadre"的同义词，即管理者)。

在德国，"法院管理"被理解为"员工管理"(指人力资源，如招募员工、监督、纪律程序)、基础设施管理(如法院建筑的建设和维护、资源获取如家具、文具—不可移动设备—以及IT设备)，预算规划是法官除了司法审判之外的辅助性职责。然而，这类内部工作与内容更为广泛的"Justizverwaltung"之间并未有所区别，更不用说区别获得承认了。"Justizverwaltung"一词包含着包括联邦州的司法部对法院享有的权限，这个词还特别包括发布指令的权力，从而使"Gerichtsverwaltung"的某些内容成为外部管理的手段。① 法官委员会履行对审判庭的行政管理，被认为是由分配计划之上的新发展。因此，审判庭的行政管理特别保留给特定法官的专属权能。由此可知，在德国，并不存在"法院管理"这一综合性概念。

在俄罗斯，以一种纯粹的司法等级方式，法院管理被认为是组织、个人、财政、后勤或其他性质措施所构成的一个系统的实现，目的是为完整和独立的司法审判创造条件。法院制度的独立性原则是俄罗斯法院的管理理念。这意味着只有法官团体才能管理所有对其负责的机构。而司法部门则应是尽可能自治。涉及自治的基本法律条文如下：根据2002年"联邦司法共同体法"(Federal Law on Organs of

① *F. Wittrek*, *Die Verwaltung der Dritten Gewalt*, Tübingen, Mohr Siebeck, 2006, S. 16-18.

the Judicial Community,这是司法机关进行自治的法律依据),全俄法官大会(All-Russian Congress of Judges)是司法最高机构。俄罗斯联邦最高法院(RF Supreme Court)的司法部是联邦司法机关的一个机构,为法院和其他司法机构提供帮助,其还协调为治安法官的拨款。俄罗斯最高法院的司法部负责法院的管理工作,如法官候选人的选拔和培训、与法律机构合作以及法官和其他法院工作人员的资格评定。人们期待这能增强司法部门的独立性。它还为法官委员会和最高资格执行委员会(Supreme Qualifying Collegium)提供支持。俄罗斯联邦最高法院的法院部(Court Department)可直接或通过分散在俄罗斯各个区域的地区分部开展活动。每一联邦法院都设有司法办公室(judiciary office),由法院院长设立,并经过俄罗斯联邦最高法院的法院部同意。俄罗斯并没有种种做法把审判庭弄成一个特殊目的的法院。因此,俄罗斯没有法院管理与审判庭行政管理之分。

在西班牙,严格来说并没有法院管理这一概念。毫无疑问,法院依照独立原则行使司法管辖权(potestad jurisdiccional)。话虽如此,但一些现实中的问题,如人力和物资资源的分配、法院的地理位置和工作组织等,都需要一些"行政性"的活动,有时泛指"司法活动的管理"(administración de la administración de justicia)。传统的一审法院模式是集体团结一致(unipersonal)的:一个法官主导并主持法院办公室(Juzgado),并在相关工作人员的协助下开展工作,这些工作人员有:法院秘书(Secretario Judicial),大致等同于法国的书记员(greffier)和其他协助人员。这些法院依照它们的管辖类别(民事、刑事、行政和劳动的)进行专业的区分,然后再按照需要(破产、家庭等等)进行次级分类,是否分类由这些法院中的一个作为省级协调机关(Juez Decano or Decanato)来决定。各个上诉法院(直至最高法院和宪法法院)是唯一真正的"集体性"实体。

2003、2009 和 2015 年组织改革深深地改变了这一模式,并设计了一个全新的组织,这项改革仍在实施当中。新的模式区分出三个不同类型的活动:(1)程序性活动:处理除判决和其他重要决定之外的一切诉讼;(2)司法活动:作出判决和其他重要裁决的权力;以及(3)行政性活动:人力资源、计算机媒体和其他物质手段的管理。

这一新模式的重心在于第一项,即程序性活动。一个集中的省级办公机构(Servicio Común Procesal)目前负责处理诉讼案件,但这个新的办公室并不包括法官。事实上,这个办公室与所在的法院在物理空间上就是分开的。Servicio Común 配备了一个新的国家公务员队伍,以取代旧的法院秘书团队:Letrados de la Administración de Justicia。除了听证和重大裁决外,Servicio Común 直接与当事人的律师自主安排整个程序活动,(除了对 Letrados 作出的决定可能提起的上诉外)无需任何司法监督。这一新的团遵循严格的等级制度,由所有有管理职责的成员依其裁量权任命。而 Letrados 则由下级公务员进行协助。

一旦程序处理完毕,卷宗就会送至法官处,法官将会举行庭审或作出裁判,并由一小群公务员从旁协助(Unidad Procesal de Apoyo Directo)。这种严格意义上的决策权,构成了新的狭义内容上的司法活动。

除了这两个基本单元外，第三个部门(Unidad Administrativa)负责管理人力资源、计算机媒体和物质措施；总之这一部门执行“行政管理”活动。

因此，“法院”的理念在过去的十五年间发生着剧烈的变化。随着新模式的不断施行，不同区域速度有所不同，旧的集体团结一致的法院模式彻底消失只是一个时间问题。

西班牙的例子令人着迷，因为它表明了等级制度如何导致了不同职业之间的分离。由于“法院管理”这一表述的模糊性和理解上的差异，导致负责管理法院的人员职责也不尽相同。

五、负责法院管理的专业人员

在世界各地，法院的院长同时也是法官。就法院管理而言，检察官的作用可能有所不同。在任何地方，都有一个职工主管越来越多地扮演着法院经理的角色。但是首席法官在英美法系国家中要比在大陆法系国家中享有更多的自治权和权力。

(一)由法院院长领导还是由一个委员会领导?

在所有地方(法国、德国、挪威、美国除外)，法院院长同时也是法官，在普通法系国家这种情况更为明显。在新加坡，首席大法官领导司法。州法院和家事法院均由他们的首席法官来领导。首席法官办公室的行政主管负责监督法院的有效运作，并为法院受众提供有效服务。在一些大陆法系国家存在“两头政治”，执行委员会(executive board)的重要性也在逐渐增长(比利时，荷兰)。在德国，法院院长、他的职员(被分配行政权力)和由法官组成的委员会(Präsidium，被分配司法权力)，以及主席团(presidential council)和司法委员会(judicial councils)执行法院管理的主要工作。[①] 院长在法院管理中拥有最重要的地位。他有权监督司法和非司法工作人员，并执行所有法院管理的一般事务。这方面没有法律规定，然而院长有任命非专业法官、委任辅助性人事任用等权限，这些构成了他在法院管理中的权力。委员会主要负责案件的分配和法官纪律审判庭(judges' disciplinary tribunal)成员的任命。

在荷兰，自2002年以来，除最高法院以外的所有法院，在其顶层都设有一个中央机构：Raad voor de rechtspraak(RvdR)。由两名法官和一名非法官组成法院委员会，任期6年(可再连任3年)。他们由司法部提名并经判例法委员会(RvdR)和法院大会推荐之后，由皇家法令(royal decree)任命。这些成员可以由皇家命令予以免职，由此Bovend'Eert认为这侵犯了权力分立原则。法院委员会负责预算和大楼运行(安保)。他们必须同时考虑法官独立性的例外(onafhankelijkheidsexceptie)和对诉讼的不干预原则。法院委员会监督着司法质量和法律的统一执行。有几个法院(格罗宁根Groningen和鹿特丹Rotterdam的法院)实施了如家事法官或家事调解等试点项目，以提高司法质量。法院委员会负责法院的结构(各部门及

① 德国的报告。

其组成部分)。委员会的决定可能被录入法院的程序规则①和工作指令中。这个委员会是法院等级制度中的权威。

依据荷兰模式,在比利时,每个法院都有一个由法院院长、书记员办公室主任以及法院各部门负责人组成的执行委员会(另外一个委员会由公诉人组成)。

(二)公诉人的角色

在法院分层组织体系中,最关键的一点是公诉人是否被视为法院的一部分。这个问题与普通法国家和大陆法系国家之间的区别无关。但不得不说,公诉人只是在大陆法系国家的法院管理中起到一定作用。在这种情况下,公诉人机构是等级森严的。

在许多国家,例如英格兰和威尔士、巴西、新加坡或者挪威,检察官并不属于职员,也不是司法部门的组成部分。在英格兰和威尔士,检察官是出庭大律师,他们是"法院的工作人员",并且被要求遵守行为规范。检察官作为刑事司法系统的一部分,将归入"更好的案件管理"系统,在此政策下受到这样的程序和管理系统的约束。在新加坡,公诉人不属于法院职员。尽管如此,在刑事诉讼过程中,公诉人通过收集必要的信息,并向法院提起公诉案件以供其决议,以此协助法院进行司法活动。

在波兰的法律体系中,检察官、司法官员(法警)和调解员都处于法院结构之外。在德国,检察官隶属于司法部。一方面,其听从部长的指示;另一方面,他们的地位接近法官。检察官处于特殊地位,在涉及法院管理的主要领域并不承担职责。

在阿尔及利亚、比利时、贝宁和法国,检察机关代表社会提起刑事诉讼。在法国,存在所谓的"两头政治",尤其是在决定庭审议程时。在法国,法院管理的理念为具有"两头政治"性质的分层体制,几乎是一种"三头政治"。检察长参与听审的准备工作:日期、时间、案件数量等,并管理其他公诉人。法院院长和检察长之间可能会存在紧张关系,因为通常后者比法官更希望获得较多的案件。书记员办公室主管(负责人力资源、楼房安保、经费等)协助首席法官。在大型的审判庭中,审判庭庭长可能会配有一名秘书长,通常是一名法官,以协助其管理审判庭。在贝宁,法院的负责人必须与检察官保持联系,以创造良好的工作氛围。法院书记员所预计的资金数额将提交给经济部(ministry of economy),并由其编入总预算。

(三)职员的角色

解释差异的另一个关键点是职员角色与本质。虽然尚不完全清楚,但在大陆法系国家中法官和职员之间似乎存在明确的等级,而在普通法系国家中法官与职员之间具有一定的职能分工。

在阿根廷,该组织通常以垂直结构为基础。几乎只有法官才能对必须执行的不同任务进行分配,决定司法部门内部的各个角色。依照法院组织的一般传统,法官在分配任务时应考虑在办公室工作的法律行政人员和其他工作人员的等级。这类人员在一审法院人数平均为 10 至 15 人,其中包括 3—4 名律师。较为复杂的工

① 注意这是一个同形异义词,因为在本文中没有民事诉讼规则。

作应分配给等级较高的法律行政人员和工作人员：首席执行官（Jefe de Despacho）、高级官员（Oficial Mayor）和第一官员（Oficial Primero）。其他工作则交由剩余的工作人员处理。原则上，书记员和/或辅助律师控制核实这些工作的合规性，但他们经常把某些监督权委托给首席官员或高级官员行使。

在匈牙利，一般法院、上诉法院和地区元老院（Curia）的院长即是所在法院的法官和执法雇员（law enforcement employees）的雇主。法官和执法雇员均隶属于法院行政人员，故院长可对法官和执法雇员适用纪律处分和其他制裁手段（取消在家工作和其他福利、要求提交活动报告、提供官方文书证据，以证明其不具备任何将被取消资格的因素、命令进行专业和纪律审查）。只有法官能成为法院行政人员（法院院长）。

在法国，法官可能配有助理以协助其进行法律检索。这些人被称为“司法助理”（assistant of justice）。雇佣年限为 2 年（劳动合同可以续签两次），兼职工作，每月工资约为 450—500 欧元（通常为 4 年级、5 年级学生或博士生）。他们没有管理权力。法院还有书记员和公务员。法院院长对职员有管理权，但法官不一定是书记员的上级。他们只是不同的职业。因此在书记员和法官之间可能存在紧张关系。

在英格兰和威尔士，书记员负责协助法官和管理法庭，确保法庭顺利运作，且每人都于合适的时间处于合适的地方。书记员负责一切更新事宜并通知法官，为法官准备所有案件文件，使得法官为法庭做好充分准备。传达员通常是第一个联系人，并负责准备审判室，确认证人、被告人和律师均已到场，传唤被告和证人到庭并组织其进行宣誓。“宣誓传达员”（sworn ushers）还负责护送陪审员到审判室，在陪审团议事室外值勤，并在陪审团和法官之间传送信息。法院的执行办公室（Court Enforcement Officers）①负责执行治安法院（Magistrates Court）的命令，它可能被要求没收或出售违法者的货物，以偿付未偿还的债务。

安保办公室负责控制通道门和闸门，以确保只有经授权的人员和车辆才能进入法院，对通过公共入口进入法院大楼的所有人员进行搜查，同时还负责防止和处理安全事故。

在德国，司法人员（Rechtspfleger）依照联邦法律（Rechtspflegergesetz）进行分工，并有着广泛的工作任务，除此以外，还需要履行行政管理事宜。

在新加坡，法院职员也是各类委员会的成员，一起执行各种项目，以进一步实现“更方便接近司法和有效管理案件”的目标。例如，各州法院委员会定期开会，规划和实施各相关项目：企业社会责任委员会（Corporate Social Responsibility Committee）；分区规划组织和分区知识管理（Divisional Planning Units and Divisional Knowledge Management），图书馆和培训（Library and Training）；生态委员会（Eco Committee）；员工津贴委员会（Staff Benefits Committee）；员工福利委员会（Staff Welfare Committee）；和工作场所安全与健康委员会（Workplace Safety and

① 不同级别有不同安排，例如执行吏，但外包。

Health Committee)。

在新加坡,基础设施和法院服务理事会(the Infrastructure and Court Services Directorate)负责对听证程序提供有力支持的资源和服务的使用进行规划,主要包括数据转录服务科、口译科和办公室管理科(Digital Transcription Services Section, Interpreters Section and the Office Management section)。这一理事会主要负责监督建筑的维护。社团服务理事会(The Corporate Services Directorate)负责人力资源,行政事务,安保事务,采购事务和图书馆的管理。公共事务办公室(The Office of Public Affairs)负责规划和执行公共安排和交流事项,以便使最高法院定位为一个能够提供有效公共服务的前瞻性和开放性的组织。财政理事会(The Finance Directorate)负责促进最高法院资源的适当管理。战略与政策规划理事会(The Strategic and Planning Policy Directorate)负责制定长期和可持续的目标,并进行相关研究,以确定地区和国际上的新趋势。内部审计理事会(The Internal Audit Directorate)致力于风险意识的培养,并确保内部控制和合规的适当性。计算机和信息服务理事会(The Computer and Information Services Directorate)致力于走在信息技术趋势和发展的最前沿,并为法院提供预测和 IT 解决方案。法律理事会(The Legal Directorate)向最高法院书记官报告工作,负责监督所有法院文件和记录的处理和维护,并让法院使用者能获取这些文件和记录,他们还向书记官提供行政协助,以确保所有案件得到迅速有效率的处置。

在荷兰,每个法院都有一个行政部门来负责法院的辅助性功能和行政事务。该部门不是由法官领导的,而是由另一种类型的公务员来负责。例如,阿姆斯特丹法院就有一个这样的职能部门,它由 10 个行政办公室重组而成。一些国家理事会也具备此类辅助性功能①。

(四)是否属于法院管理人员

在澳大利亚、英格兰和威尔士以及美国,法院管理人员负责法院的日常运作,例如确保优质的客户服务,以及法院管理的高效运转。他们也负责建立和维持与司法机关和外部机构,促进与当地团体的交流。在美国的州法院,法院的监督性领导,也是法院的事务性领导。首席法官通常充当行政的监督者,监督政策是否得到执行。我们也能找到州法院的行政管理人员,他们的职责是通过执行政策来为首席法官提供行政支持。大多数州通过法令或宪法规定,将法院的首席大法官最终指定为法院系统的首席执行官。一些首席法官也会参与到法院大部分的行政决策中;有些首席法官会作出许多单方面的决定,向全院通知传达事项,偶尔还会在有争议的问题上寻求支持。首席法官的权力和权威根据他们被选任的方法、他们的任期以及法院系统内部的统一程度而有所不同。或许首席法官的权力中最重要的影响因素是法院的统一程度。通过对初审法庭预算的控制,来支持法院权威从最高法院到初审法院系统的严格垂直线分布,可以极大地增强首席法官和最高法院的权威。首席法官没有时间参与到法院系统的日常管理中,他们通过法院的行政

① 荷兰的报告。

办公室和各种委员会进行管理。首席法官的首席管理副手是州法院的行政管理官。理想状态下,首席法官和州法院的行政管理人员作为一个行政团队运作。而在实际操作中,一些州法院的行政管理人员并没有被授予很多权力。法院的程序规则有重要的行政和财务方面的影响,但它们不具体处理超越出个案范围外的行政事务。因此,法院颁布行政性规则,如制定一套规则,来规范人事管理或确立在特定时间内处理案件的标准。

一些州为了提高州法院行政管理者的权威和声望,把这个职位交由法官。但是一般来说,通常是法官之外的人入选。起初,法院倾向于从法官熟悉的法律文化圈中选择律师作为管理人员。随着时间的推移,法院更愿意选择职业经理人作为行政管理者。

所有的法院行政管理者在一定程度上参与计划、组织工作以实现目标、配备行政部门职员、指导和管理在职人员。然而,行政办公室的实际功能却不尽相同,尤其在涉及初审法院活动时。在一个统一的预算和垂直管理的系统中,法院的行政部门可以为初审法院提供许多服务;在其他州,行政部门与初审法院的联系是相当有限的。此外,一些州法院的行政部门故意保持较小的规模,使得法院行政管理的许多方面停留在地方层级上。法院行政部门的典型职能包括:人事管理、财务管理和预算管理、整个系统的案件流程管理、部门管理的自动化、陪审团管理、公共教育、信息管理和传播、档案管理、研究和咨询服务、政府间关系以及向司法委员会提供秘书处(secretariat services)服务。在联邦系统中,行政办公室主管由首席大法官与司法会议协商任命,担任首席行政长官(the chief administrative officer)。国会将赋予了行政主管许多司法行政职责。然而,在认识到法院可以根据当地的需要作出更好的决策这一事实后,行政主管将许多行政事务的职责又委托给了各个法院。这一概念被称为"权力下放",它允许各个法院根据地区和国家制定的政策和指导方针,实施高度自治。

大陆法系国家的法院院长具有双重职能。在德国,法院院长,作为法院的管理人员,从本质上来看,同时也是法官首脑。就法院管理来看,他具有一种混合身份。法官通过委员会和法官理事会履行联邦和州法律所分配的法院管理职能。在荷兰,法院院长在其任期内并不是真正的法官。他/她具有司法和行政管理的双重职能。在俄罗斯,一些法官同样也担任法院院长,负责法院的组织管理工作。在这种情况下,法院院长将两项职能结合起来:作为法院管理人员和作为法官。

在法国,书记办公室的主管负责日常法院事务。他不具备传统书记员的职能(核实身份,记录听审),他俨然已经成为了法院的管理者,但身份依然是一名法院书记员。他还处理人力资源事务(书记员和公务员的人事事务,而不处理法官和公诉人的)。这里并没有真正的"两头政治",但在法院院长和书记员办公室主管之间(最近才将名称变更为主管)之间,或多或少存在着一定的等级关系。

在波兰,实行的是一种"两头政治":法院的管理基本上在两个人之间分配,即法院的院长和法院的主管(Director),主管处理那些并未分配给院长的事务。关于院长任命的具体规则取决于不同的法院,但一般来说,院长由司法部长在法院的所有法官中选择一个任命，同时获得该法院法官大会的认可。法院主管由司法部长任命和免职（因此，这是一个政治任命，这是法律上的最新变化）。院长通常处理与法院管理有关的所有事项；特别是与审判有关的所有事项（司法行政）。主管通常负责处理法院所有的财务、财政和财产事务，诸如此类严格意义上的行政管理。所以，如果院长需要钱，他就要去找主管。在波兰的法律体系中，执行行政职能的法官（院长、副院长、部门主管等）影响了法院的管理。目前，法院院长的职责主要包括：法院管理和对外代表法院（除了在法院院长的权限以内的事项之外），尤其是，他要在条例规定的范围内指导法院的行政管理活动；确定法院的必需品，以确保法院职责的正常运行和有效运作；委托法官、陪审员和咨询官相应的职责以及免除相应职责；从统一司法的角度分析法院的司法判决，告知法官和陪审员分析结果，并在发现司法判决中的重大差异时，告知最高法院的首席院长。反过来，法院主管的职责包括：在条例规定的范围内指导法院的行政活动；对财务、经济、财政、国库财产管理和内部审计等领域的单位主管履行各不同的条例所分配的任务；与法院院长协商决定法院各个部门的职位的设置和数量，包括法官、陪审员、审查官、专业管理人、助理法官。法院的院长管理法院的所有法官，在实践中可以决定其他法官的生活的好坏。特别地，院长会任命法官担任某一特定审判庭的首席法官。一般来说，所有拥有这些职能的法官一般比普通（平行的）法官做的裁决要少，但却赚更多的钱。因此，有这些职能的法官会招致一定程度的不满。法院院长和法院主管之间的关系并未明确界定，它取决于具体法院在实践中的发展情况。然而，法院主管明显独立于法院院长，因为法院主管的监督者是司法部长。并不是所有的地区法院（处于司法部门的最低层级）都有被任命的法院主管。

在英格兰和威尔士，法院管理人员和法院的首席法官之间的关系是关键（法院管理人员通常被指派到一个地区内的几个法院进行管理）。如 CEPEJ（欧盟司法效率委员会）的一项名为“欧洲委员会的八个成员国的法院和司法机构的质量管理”的研究中的英格兰和威尔士的报告所强调的，在运作良好的法院里，其管理人员和首席法官之间有良好的互动。

法院管理者在各自国家处理一切行政事务。在西班牙，在新模式下，行政事务被委托给“行政单位”（Unidades Administrativas）。这些单位由新的“律师”（Letrados，之前的法院秘书处）管理，并且不包括法官。这些行政单位或由地区的司法秘书处（Regional Secretaries of Justice）在他们有司法权限的辖区内设计、创建和组织，在各种秘书处都不具备司法权限的地区，则由司法部设计、创建和组织。集体法院，例如所有的上诉法院，包括省级上诉法院、地方高等法院和最高法院，保持他们之前的行政自治。

在俄罗斯，法官只能通过审理案件来进行司法活动。因此，他们不能参与法院行政管理。书记员和法官助理只在司法活动期间履行辅助职能。在某一个法院内，所有的司法人员都是隶属于院长，负责处理所有的组织和后勤问题。因此，法官和其他法院工作人员之间没有权力的竞争或是“两头政治”。法官也不解决法院管理问题。

在智利，改革法院与未改革法院之间存在区别。最高法院通过一个特别的管理办公室，命名为“司法行政自治体”(Corporación Administrativa del Poder Judicial缩写为“CAPJ”)，将智利法院系统的人事、财政、技术和物质资源统一进行管理。在实行改革的法院中，有四个不同的机构进行管理，如法官委员会(Comité de Jueces)、法院的首席法官(Juez Presidente)、法院管理人员(Administrador de Tribunal)和各部门的负责人(Jefes de las Unidades)。这些机构应该根据立法规定、最高法院的实践指导(autoacordados)和该管理机构自己发布的准则(这些准则存在于年度计划或特定的决议中)来协调它们的管理职能。例如，地方一级的每个法院管理人员(Aministrador del Tribunal)都应该遵循最高法院的社团司法行政办公室所发布的一般性政策。这些一般性政策规定了如人员任命、评估、人事管理、物质资源管理、绩效统计等方面的问题。未改革法院至少有一名法院管理者，一名审判庭的负责人和行政人员。目前在民事法院中还没有进行改革，司法职能和管理职能之间还没有进行明确的界分。法院的工作人员并不是专门从事不同的部门。该组织是金字塔形的，其中法官位于金字塔顶，监督着法院工作人员的整体运作。

(五)地区层面的法院管理人员

在司法行政领域与法院行政领域之间，在地区层面存在有司法管理存在的空间。在这一问题上，西班牙的情况很有趣。那些被赋予对司法活动进行管理的权限的地区，他们的权力在新模式中获得显著提高，他们负责对“集中的程序性办公室”(centralized procedural offices, Servicios Comunes Procesales)和“行政单位”(Unidades Administrativas)这两个单位的设计、创建和组织，以及服务于这些部门的员工的工作时间、组织、管理、检查和管理。这些改革明显增加了行政部门在司法部门(包括中央和地区)的参与度。尽管一些学者对新模式的合宪性表示怀疑，但在国家和地区层面上所有与之最相关政党的共识下，该程序的实施将继续进行。历史上，在以往的集体团结一致法院中，法官和法庭秘书的关系通常很和谐。其中一名(法官)具有无可争议的权威，而另一个(法院秘书)居于次要从属地位，但依然保留对文档核验或认证的自治权，以及最重要的通过从当事人获得的预先确定的税收来管理法院预算的职能上的自治权。法官的固定国家工资通常低于法庭秘书从法院收费中获得的提成收入。这种平衡随着“法庭秘书工资固定由国家决定”的历史进程而被逐渐打破，最终随着1985年法院收费的废除而最终消失。曾经挣得比法官多的法庭秘书突然挣得少了。并且他们的自然从属地位依然存在，由此陷入了严重的身份危机。相比较下所产生的不满成为了常态。很快，他们开始要求与法官享有一定程度上的平等参与权，并要求不受司法监督。解决这种紧张关系是推动新的司法管理模式产生的背后驱动力之一。在新模式中，法官和法院管理者之间没有“两头政治”或权力竞争的可能性，因为通过将旧式的法院秘书团队转换为新等级体系下依其裁量权任命的“法律委员会”(Letrados de la Administración de Justicia)，法院管理已经被移除出法官的影响范围，而放置于中央和地方行政权力机关之下。

在法国，由地方行政办公室（SAR，Regional administrative office）来处理人力资源、房地产事务，并向法院提出建议。

在美国州法院，终审法院来决定下级法院必须遵守的政策。首席法官在州法院行政管理者的帮助下执行这些政策。但是，即使最高法院经常为州法院系统制定行政政策，他们也很少挤出时间来考虑行政问题（因为最高法院主要关注案件审理）。最高法院通常在高等法院的要求下，决定批准或否决下级法院提出的政策建议。

六、委员会和全体大会在法院管理中的角色

当今有许多不同种类的大会和委员会。大会和委员会在管理模式中（特别是将利益相关人考虑在内）似乎发挥着越来越重要的作用。有一些国家并没有法院大会（general assembly 如俄罗斯、智利），有些国家设有法院委员会（Court council），由法院工作人员和利益相关人出席（如英格兰、法国、荷兰）。可能有些国家还设有仅有由法官组成的委员会（committee 如德国、波兰）。经常有些国家会设有具备管理权的国家法官委员会（national committee of judges 如比利时、荷兰）或者一个独立的机构（挪威，瑞典，爱尔兰等）。

似乎在大陆法系国家的传统做法中，几乎都不设置全体大会，即便有，也主要是由法官构成。法院行政归属于司法部负责。继美国模式之后，最近在一些国家（瑞典、挪威）建立了独立的机构，以改进法院管理和增进司法独立。

（一）未设置全体大会

在俄罗斯，没有法院大会或管理委员会。法官只对联邦最高法院负责。其他机构的代表无权干涉司法或法院管理。在需要的情况下，主席可以与其他代表人举行会议、简报或新闻发布会。所有会议的召开都由司法官员组织，目的是为了交换或提供信息。

在智利，并没有与西班牙、意大利或法国的司法委员会相类似的机构，在这类司法委员会中，司法系统的各种利益相关人都有代表出席。可以说，智利司法的“内部行政组织”通过其特别管理办公室（CAPJ，即上文中提到的“司法行政自治体”）来管理最高法院的工作。最高法院有专属任命该特别管理办公室成员的权力。因此，其他利益相关人—例如检察官、下级法官、政府或立法机构—都无权在这些司法内部机构发表意见或投票。当然，这种其他利益相关人利益代表缺位的情况在智利造成了政治上的紧张，尤其是在上下级法官之间。

在新加坡也没有法院大会。但在司法、律师协会（以新加坡法律协会为代表）和总检察长办公室之间仍然存在着一种强有力的工作关系。

（二）由法院职工和利益相关人组成的委员会

将利益相关人考虑在内，属于一种新的管理模式。然而，在许多国家，“利益相关人”在司法行政管理中都没有相关代表（西班牙、贝宁、德国等）。在这个问题上，我看不出大陆法系国家和普通法系国家之间存在分歧。在英格兰和威尔士，有女王法院和裁判所服务局（Her Majesty’s Courts and Tribunals Service，HMCTS）

委员会，由执行成员、非执行成员、司法成员和司法部代表成员组成。在法院里没有媒体代表和市政厅代表。然而，过去的研究表明，通过使用“服务水平协议”，在与公众联系方面已有一些创新，该协议将到律师、警察和检察官的具体绩效评估引入其中。在2016年的首席大法官报告中，也有一些与更广泛的社会接触和交流的倡议；倡议司法交流办公室每年举行一次新闻发布会；倡议裁判公开（尽管不是全部公开）、电视广播形式；还倡导建立司法网站和内联网。①

在法国有法官大会，但只有建议权。法院大会包括法官大会、公诉人大会、书记员大会和公务员大会（C级公务员，没有审判权）。有一个常设委员会，由法院大会的代表组成。最近（art.R212-64 COJ，2016年4月26日），法院委员会成立，开始接纳利益相关人（律师协会、城镇、社团、监狱管理代表等）。在贝宁，某些决定是由法官和书记员组成的全院大会作出的。

在荷兰，有三个大会：有咨询权的法院大会（court assembly，由法院法官组成），代表全体员工的法院委员会（court committee，Ondermingsraad，始于2002年）和由法院之外的利益相关人组成的委员会，例如，海尔德兰法院（Gueldre court）有一个委员会（De Raad van Advies，顾问委员会），由一名莱顿的法学教授、一名产品创新方面的顾问、一名医生和一名阿姆斯特丹的管理教授组成。

（三）由法官构成的委员会

在德国，法院没有由非司法的利益相关人组成的管理委员会，而是由法院院长（“Gerichtspräsident”）、他的职员和由法官组成的委员会（“Präsidium”）来管理法院。此外，还有员工委员会和法官委员会。根据巴登—符腾堡州法官和检察官法（LRiStAG）第23a条规定，法官委员会在诸如预防性健康管理、疗养假长度、假期时间表以及各种“软”管理问题上有话语权。由法官和员工共同组成的委员会通常是为诸如组织内部节日庆祝或类似活动等非正式工作而成立的。

在波兰的法律体系中，普通法院在组织上是分离的，所以他们在组织结构里没有来自其他职业团体和公共管理等的代表。法官们形成了一个司法自治组织，包括上诉法官联合大会，地区法官联合大会和特别法院法官联合大会。此外，法院理事会是在法庭结构之中的。该理事会只包括特定法院的法官（上诉法院的5人，地方法院的8人，其中4人是在相关地区法院工作的地区法院法官）。团体（colleges，包括上诉法院和地方法院）的任务尤其包括：就承担培训负责人和法院发言人职位的候选人发表意见，并对这些职位负责人的免职发表意见；对法院的视察和管理工作的总结予以审查；对法官的个人问题发表意见，并对法官违反职业道德的情形进行评议。

（四）国家法官委员会（national committee of judges）

这一事项属于司法管理而非法院管理。不过，了解法院管理的风格很重要。传统上，在大陆法系国家，司法部负责司法管理（法国，德国），这可能引发独立性问

① 2016年首席法官报告第30～31页，https://www.judiciary.gov.uk/wp-content/uploads/2016/11/lcj-report-2016-final-web.pdf，最后访问时间：2017年3月14日。

题。奇怪的是，英格兰和威尔士最近成立一个司法部(2005)。由越来越多的独立的国家机构负责司法管理(爱尔兰，挪威，瑞典，美国和匈牙利等)。在某些国家，司法管理由法官委员会(荷兰)或最高法院(智利，在法国是由国家委员会 Council of State 负责司法行政)负责。

在匈牙利，国家司法委员会(OBT，Országos Bírói Tanács)的职能是法院中央行政管理的监管机构，(除了监督任务之外，它也参与法院的管理—译者)。国家司法委员会每月召开一次会议，批准其议程，并有自己的预算。每一位法官都可以出席其公开会议，但司法人员(书记员、法庭秘书、法院行政人员、体力劳动者)并无代表出席，甚至不得作为观众在场。

在美国州法院，首席法官会议(Conference of Chief Justices，CCJ)成立于 1949 年，为美国的最高司法人员会面、并为改善司法管理、程序规则和方法、州法院和司法系统的组织和运行等重要问题提供讨论的机会，提出建议并为这些议题提供改进措施。首席大法官会议的成员包括 50 个州和哥伦比亚特区、波多黎各联邦、北马里亚纳群岛联邦、美属萨摩亚群岛、关岛和维尔京群岛的最高司法官员。首席法官会议由主管理事会(Board of Directors)管理，并有若干个常设、临时和特别委员会来协助它实现其目标。1983 年，主管理事会投票采纳了一种非营利的企业组织形式。除此之外还有州法院管理者会议(Conference of State Courts Administrators，COSCA)。州法院管理者会议(COSCA)成立于 1955 年，致力于改善州法院系统。其成员包括州法院的行政管理者，或 50 个州的同等职位工作人员。

美国司法会议负责为联邦法院制定国家政策的机构。法规规定，司法会议将：对美国法院的商业状况进行全面调查；在必要的情况下，对向上诉法院或者地方法院指派或从其抽调法官的行为进行规划；向各法院提出建议，促进统一的管理程序和法院事务的迅速执行；对实践和程序的一般规则在联邦法院中的运行和效果进行不断地研究。司法会议还对美国法院行政办公室主管履行美国法院行政官员职责的行为进行审查。此外，一些法规还授权司法会议可以在涉及法院管理的各种具体领域内处理法院行政事务。在区域层面也有巡回司法委员会。它负责监督位于其巡回区内的法院的管理。首席巡回法官担任主席职位，同等数量的其他巡回法官和地区法官组成司法委员会。每个司法委员会任命一位与首席巡回法官密切合作的巡回执行官，以协调巡回法院的一系列行政事务。这个细节显示，英美法系的目标在于协调，而非像在大陆法系中的控制那样。

七、法院工作人员之间的日常互动

在某些国家，会议不具有法律上的强制性，也无须提前组织。但在所有的国家都有可能开临时和非正式会议，且作用很大。事实上，很难说普通法系国家就比大陆法系国家更倾向于有组织地举行会议。但是，会议更适合于合作型体系，而在大陆法系国家中，法官与法院职员之间的会议传统上并不多。建立在量化指标和考评基础之上的管理模式不一定需要召开会议，而关系型或合作型模式则需要会议。

(一)非正式互动

在很多国家，互动通常是临时的且非正式的。在阿根廷，日常工作中，法院雇员与办公室管理人员之间的沟通很随意，或者是由外部需求推动的。一般来说，没有进行持续监控的中期或长期内部规划的需要。围绕这一主题的工作会议并不常见，因为管理文化仍处于初期。因此，内部沟通渠道并不十分发达。其结果是，评估、矫正和法院办公管理的几个方面总体上没有系统地发展，这往往会导致不同层次的矛盾或混乱。在阿根廷，法院职员之间的职能关系不存在固定或严格的模式。这取决于每个法官采用的管理标准。在某些情况下，法官承担很强的管理职能，接收来自书记员、法律助理(Law Assistants)或法院其他雇员的日常报告。在其他情形下，法官将其自己与办公室的管理事务隔离开来，此时则由书记员或法律助理接收定期报告。取决于委托的级别，这类信息也能被传达至首席官员或高级官员。

在匈牙利，国家法院行政办公室(National court Administration Office，OBH)主任负责监督他们的活动，并对各院长(地区元老院的院长除外)行使雇主的权利。法官们倾向于与他们的院长保持一定的距离。只有院长的性格特质和同事内部行为才能化解这种情况：如果他/她没有主动与雇员建立密切的关系，只作为一个真正的检验机构而存在，那么雇员们与他保持距离就是有充分理由的，因为他们的前途就取决于此。法院的行政人员不得干涉法官的专业性工作；他们只能掌控法官工作的数量和效率。那些不是法官的执法雇员的存在则几乎完全取决于法院院长。专业的行政主管[团体的主管(head of college)和审判分庭的审判长]也是法院的行政人员，他们引导、帮助和监督专业性工作。法官们基本上处于同一地位，与他们的主管们相互之间具有恰当的、同事关系。

在波兰，这方面在国家层面上没有制定标准，但在个别法院，这是由历任法院院长和与他们在职能有交叉领域共同工作的法院主管共同制定的程序。

在俄罗斯，司法官员根据主席的命令履行法院管理事务上日常互动工作。在俄罗斯最高法院法院部(Court Department)的同意下，主席也可以对司法官员委派任务。根据他们的专业分工，司法官员负责相应的不同方面的法院管理事务。如果需要，主席会组织与司法官员的会议。每一位主席自己决定这些会议的召开频率。如果只是某个法官遇到的小问题(例如缺纸、电脑的问题)，他/她可以直接向负责的司法官员申请。

在美国的州法院：大多数法院会定期安排几个小时来处理行政事务。他们提出各种各样将提交最高法院批准的政策。

(二)正式互动

在英格兰和威尔士有极大可能召开频繁的会议。运行较好的法院有积极的和富有建设性的互动。

在法国，法院员工间的会议数量取决于法庭庭长。有些人喜欢每周与书记处主管、公诉人会面，但不一定是在一起。有些人并不组织太多的会议，也许一个月一次。在这一问题上没有严格的规定。然而，在上诉法院和司法部之间存在一种管理上对话来编制预算。一审法院院长和上诉法院院长之间举行会议，为与司法部进行管理上的对话作准备。这个系统是等级森严的。

在西班牙，正如上文所述，在新模式中，司法部和地区的司法秘书处在司法活动中的作用得到了有力的强化。涉及人力资源、电子资源和物质资源的决定现在基本上是在政治层面上作出的。在最重要的问题上，由司法部和地区的司法秘书处之间达成共识后，由相应等级的、自由的指定的“律师”(Letrados)来实施决定；或者涉及日常管理的事务，由行政单位(Unidades Administrativas)自己实施，这些行政单位是由司法部或地区的司法秘书处在各自的影响区域范围内创设的，并由一个 Letrado 来主持。

在德国，在较小的法院，法院工作人员与法官/检察官之间的非正式互动通常发生在喝咖啡的休息期间。另一种形式的交流方式是每周一次的会议(jours fixes)，包括院长、副院长、管理负责人、法律培训负责人和其他办公室人员。

在匈牙利，有两种互动的形式：正式互动(专业会议、对话)、团体负责人之间的专业对话(每年必须四次)、全体法官会议(每年一次)、小组负责人会议(一般是一周一次或两周一次)；非正式互动(开放式)，各小组负责人—审判庭庭长—团体副职对任何日常问题都持开放态度(包括专业问题或个人问题)，并且他们能向法院行政人员汇报，这在保密基础上用来预防出现问题的首选互动形式，它有助于避免问题立即被书面记录下来(如时限届满，专业问题，个人冲突，技术上的困难等)。法官更喜欢这种方式，因为它保密性更强、更快更有效。它产生更少的不愉快，还能预防当面的对抗性。

在荷兰，根据程序规则，法院委员会依据法院院长提出的议程，每年至少要召开 12 次会议。同时也有临时会议。

八、员工管理与司法独立

似乎有一些国家认为管理和独立性可能会重叠，所以他们选择保护法官(如匈牙利)。其他一些国家认为，法院管理与司法独立之间不存在任何相互干涉的风险(如德国)。在某些情况下，负责司法管理的地方法官委员会(Magistrate's Council)和司法部之间会存在冲突(阿根廷)。

(一)对司法独立没有威胁

在贝宁，由审判庭支付运营开支。由司法部支付投资支出。这种区别并不妨碍其法官和法院在考虑到司法事务的妥善执行时在脑海中必须秉持的独立性。

在德国，就联邦法院而言，司法部即是法院行政的负责人。法院院长是法院员工的主管，隶属于司法部。诸如对建筑物维修、家具、技术设备、文具、文献等的物质需求，都是“法院管理”(Gerichtsverwaltung)的组成部分。这些任务通常不会视为对司法独立的威胁。不用说，法官在这方面的任务纯粹是组织性的；(州一级司法系统的部分)行政长官(“Ministerialverwaltung”)将预算分配给法院。法院院长行使了“所有权”(Hausrecht，这是一个有点特殊的术语，意思是户主有权决定谁被允许或拒绝进入)。这一权利还包括各种不同程度的安保措施，这些措施的可采性是单方面达成的。司法独立仅在狭义层面的“司法”上获得保障。而作为行政任务的法院行政和管理不包括在内。值得注意的是，公共检察官在这些“法院管理”的领域没有利害关系。

在俄罗斯，由主席进行员工管理。这不被认为是对司法独立的干涉。

建筑物维护(建设、维修)、设备、设施提供、车辆、计算机软件、信息支持等，由俄罗斯最高法院通过其区域部门进行。

联邦法警服务机构(the Federal Bailiff Service)负责法院大楼的安保和执行审判室的庭审命令，它是联邦级别的行政权力机构。一般情况下，法警并不遵从法官，法官也不管理这个机构。然而，在审判过程中，作为主要管理者的法官很可能会向法警下达“要求参与者遵守纪律”的强制性命令。

法官通常由俄罗斯最高法院的院长任命他们的职位。治安官员、地区宪法法院和宪章法院(charter courts)的法官或经任命或经选举产生的(这取决于地区立法)。司法官员根据主席的命令被任命或调离职务。这些官员被视为主席的雇员。在涉及这些事务时主席是代表他们的雇主。司法官员在主席的监督下履行内部(在法庭系统内)和外部(与大众媒体)交流的职责。这些规则被认为确保法官的独立性免受任何干涉。此外，为了保证法官独立性，他们的沟通也受到一些的限制。

在新加坡，首席大法官、上诉法院法官和高级法院的法官由总统根据总理的建议任命。新加坡宪法规定，法官职位具有任期保障，法律规定法官退休后他们的薪酬以及其他形式的职位(包括退休养老金以及除此以外的退休补贴)都不会比在职时候水平低。最高法院的司法委员，可以在特定时期内被任命，任命后行使高级法院法官的职权并发挥作用。他们具有独立地位，公正地维护法治。

(二)对司法独立造成一些威胁

在阿根廷，地方司法委员会(Consejo de la Magistratura)是通过 1994 年的宪法改革建立的。相较于 1853 年“美国风格”的原宪法，1994 年宪法修正案是“受欧洲影响”的主要表现之一。地方司法委员会和其他权力机构管理司法资源，执行法律分配给司法机关的预算。最高法院屡次对司法委员会的职权加以限制，在某些情况下产生了两种机构之间的公开冲突。在多项行政决议中(acordadas)，最高法院表示，尽管 1994 年的修正案赋予地方司法委员会一般性的行政管理和执行预算的职权，但它并没有修改法院作为“司法首脑”的角色，对其“行政”负有责任。根据这种最高法院的自我定义的理解，该责任包括：比如，在功能重组和法官、司法人员和司法机关员工的薪酬方面作出最终决定的排他性权力。这意味着，最高法院仍然在司法部门人力资源领域的承担主要责任。因此，可以清楚地说，在阿根廷，联邦一级的司法管理有两个主要的参照对象：地方司法委员会(负责一般的行政管理)和最高法院(司法部门首脑和自身行政的主管)。这种紧张关系导致了他们之间的一些冲突，最高法院几乎每次都会自己做决定，从而在某些情况下，使地方司法委员会的行政决定处于暂定或撤销状态。

在西班牙，由于最后往往由西班牙政府在协商后决定某一地区每年的预算，且政府作出决定的依据是政治情况而不是具体的参数，因此政治家们一般都基于现实的考虑而寻求一定程度的共识。新的组织形式加强了中央和区域行政权力的作用以及新组建的法院秘书(现在称为“西班牙法律委员会”Letrados de la Administración de Justicia)的作用。相对而言，该制度客观上缩减了法官的权限范围，因为法官们现在被排除在案件的日常程序处理和大多数行政决定之外，由于法官们失去了在这些领域的权威，法官的独立性也受到了间接的影响。

在英格兰和威尔士，女王法院和裁判所服务局的工作人员负责管理地产、经费发放、新科技（这部分将集中起来外包给私营部门）、安保、人力资源以及通讯。在组织内部司法仍然保持独立。御前大臣，首席大法官和法庭高级法官不会干涉（无论直接或间接）女王法院和裁判所服务局的日常工作，并且把监督该局的领导和指示的职责赋予该局的委员会。该局的首席执行官负责日常事务的处理和对该局的管理。不仅如此，独立的司法体系和女王法院和裁判所服务局之间的框架协议规定，不论在女王法院和裁判所服务局还是司法部的活动中，保持司法独立都是至关重要的。

在匈牙利，司法的专业方向与行政管理机构的职责存在本质区别，两者之间并没有重叠，这样就很好地保护了司法独立。法官（甚至也包括法院管理师，他们在任职前和卸任后从事裁判活动）强烈要求并保持法院的独立体制，这是大家有目共睹的。

在波兰，司法组织存在问题。法院的行政管理任务包括：确保法院运作所需的技术、组织和财产条件，以履行职责并执行法院任务；确保法院内部管理活动的正常进行，这与法院职责的实施直接相关。这些都是法院主管及其下属办事员的职责。反过来，对法院活动的行政监督可以分为外部监督和内部监督，外部监督是由司法部长通过监督服务局（由司法部委任的法官组成）来实施，内部监督是由法院院长实施。如今，作为行政主体的司法部长的权力占据主导地位，这是因为普通法院的大部分行政管理职能都授予给法院院长，也就是授予给由司法部长任命并下属于司法部长的人员。同时，法院院长对法院财务的影响受到引入的法院财务经理或财务总监的限制（当涉及法院预算安排的任务和权力时，财务经理或财务总监直接隶属于司法部长）。但是，某些行政职能交由合议机构负责，该机构成员由法官自己经由全体机构（全体大会）或部分机构（委员会）选举产生。必须牢记的是，行政监督活动不能侵入法官和陪审员的独立活动领域。

（三）法官问责

在某些国家，例如法国、西班牙、和波兰，法官可以获得奖金。这取决于他们对法官的控制。而某些国家（法国，荷兰和阿根廷）则存在管理上的控制。这涉及大陆法系国家中的等级制度。在阿根廷，在一些管辖范围内，具体的管理经验主要来源于高层，并且集中于对司法延迟的监督。在其他一些情况下，司法管理办公机构有更为全面的任务（例如：程序和司法服务的现代化，就像前面所提到的国家司法管理委员会那样），或者通过规划相关领域来加以补充。①

在匈牙利，普通民众可以获得法官的个人统计数据，也可以知悉他们的工作量。而公众对于法院工作质量（高级法院的决定）数据的获取则取决于地区级别，但一般情况下都可以获取到。为了对统计数据之外的司法工作质量进行衡量和评

① 阿根廷的报告。

估，对法官要进行一项详细、合乎法律规定的检查。预先确定的标准在近些年进行了更新、统一以及进一步细化（法院旁听、卷宗检查、随机抽取50例案件进行合法性审查、个别法官统计资料审查）。在地方上这些活动都由法官同事来实施，并且不是匿名的。这些审查员有比较宽容的也有非常严格的，这些标准并不总是非常均等，但这些都决定了法官的职业发展。所以，这就使得二审人员更加符合其职业立场，并且使法官乐意与审查人员保持良好的关系。

对于建筑物的维护，普通法院（20个区域性地方法院）的院长、上诉法院院长（5个）、和库里亚法院院长（1）都负有责任。在预算高的项目上（重新修整，购买新的建筑物），他们需首先取得国家法院行政办公室负责人的批准，这样这些费用就能被纳入司法预算。整个体系是中央集权的。建筑物的管理属于国家层面上的事务，任何有意义的区域性发展或现代化都要取得国家法院行政办公室的批准（否则就没有资金支持）。

在西班牙，在法官的客观工作量方面，他们保留高度的自治权。2003年的一部法律规定了法官的薪酬制度。同年，司法的总理事会发布计算法官工作量的规则进一步发展了这部法律。然而，这部法律在2006年被最高院废止，至今没有出台替代性法律。目前使用的计算系统（法官协会和总理事会所认可的一项临时性安排）仅仅是依据每个法官作出的决议数量进行。但无论如何，此计算办法所反映出来的法官奖金或薪金的变动部分都是极其有限的（不会超过工资总额的2%）。

在法国，法院组织许可法官对某个具体问题保持独立。审判庭庭长会分配给每位法官一定的指标和工作量（迫于一年内完成大量案件的目标所造成的压力）。虽然这不会在短时间内给法官的独立性带来影响，然而在案件数量的压力下，法官审理案件的速度可能会快于正常速度，也可能会把积压下来的复杂案件留给接任他们的人（访谈）。每两年对法官进行个人考评，以此决定个人的职业生涯。所存在的奖金被视为对司法独立的一种威胁，因为法官的部分薪酬取决于法院院长。一项反对奖金的提案被提交至国家委员会（council of States），但该委员会认定奖金是可接受的。因此，所有的法官获得数额几乎相同的奖金。

在巴西，法院和国家司法委员会建立“改革”计划，这项计划有不同的目标：可能会涉及省纸省电的问题，有些时候是采取某些特定的行动（比如受贿行为和环境问题）。该项目在2012年发起，在2015年评估。这项新的准则涉及效率原则（第八条），且第69条的规定允许基于效率对案件进行合并审理。

九、案件分配和法官任用（职业法官，非职业法官等）

就法官部署和案件分配而言，可分为两类国家。其中一类国家适用将案件随机分配给法官的原则，而另一类国家则不适用这一原则。那个时候主要由上诉法院（当时称为“议会”——Parlements）适用，以阻止国王处理案件。但是第一类国家在案件复杂的情况下尝试适用例外规则，而第二类国家也正在使用一些客观的标准，尽管根据宪法此做法并不是强制性的。这样的发展趋势，在使得整个体系更加客观的同时，也考虑到了案件的复杂性。传统上，普通法系国家和接近于普通法系的国家并不存在将案件随机分配给法官的原则(如挪威和法国)。案件分配的问题将法官配置与案件的分配本身区分开来。具有讽刺意味的是,根据意大利学者的看法,这个原则似乎起源于法国的古代政权时期,尽管在法国也确实存在。①

(一)法官配置

法官的任命是一个与司法管理有关的问题。法院中的法官配置与法院管理有关。法官配置可由法院院长(法国),全体大会(贝宁)或委员会(德国)决定,具体取决于哪个机构有权决定(见第4章)。普通法系与大陆法系之间的分歧在这个问题上没有影响。

在贝宁,由全体大会(general assembly)决定法官职位。在法国,审判庭负责人每年根据全体大会的意见,将法官分配到不同的部门。在英格兰和威尔士,采取类似的方式。审判长(Presiding Judges)负责法官的总部署和所在巡回区的案件分配。规定有关驻地法院和接受委派的民事、家事法官的责任的规章明确指出,根据指南对审判长的规定,驻地法官对其法庭管辖中心范围内刑事司法工作的分配负责,以确保本法院或法院小组事务的公正有效进行。事务包括监督法院或法院小组的法官任命,也包括对该法院所有法官之间的工作分配。② 在波兰,关于部门法官的分配、职责范围这块,应该指出它们都属于法院院长的职权范围(如在上诉法院上诉时属于上诉法院院长,在区域和地区法院起诉时,属于区域法院院长)。除其他事项外,法院院长决定法官、法院陪审员和法官助理在部门间的分配以及法官、法院陪审员和法官助理他们各自的职责范围,以及他们参与分配的方式。同时院长还会综合考虑到法官(以及法院的陪审员和助理法官)在辨别不同类型案件时的特长,在法院不同部门之间对这些人员妥善安置的需求,甚至还会考虑到他们的职责分配以及法院工作高效进行的需求,来进行以上的职能划分和人事安排。

在德国,根据联邦法律,无论是职业法官,还是非职业法官,都按照分配计划表被分配到各自所属的法庭。在这点上,职业和非专业法官之间没有差异。但是,联邦宪法法院是按照分配计划表自动分配实践的一个例外。

在联邦法院体系下,每一个联邦法官都被委派至某个特定法院,除非受到正式委任,法官并无审理其他法院的案件的权力。因为在某些地区案件工作量非常大,其他地区法院的法官经常被要求审理这些地区的案件。

(二)审判庭之间的案件分配

在美国州法院,对法官进行案件分配是基于他们各自的庭来进行,民事庭负责民事案件;刑事庭负责刑事案件;社区法庭(Community Justice and Tribunal Division)负责社区司法问题,比如社区问题,骚扰滋事问题,以及小额诉讼;州法院纠纷解决中心(State Courts Centre for Dispute Resolution)融合巩固了以法院为基础的替代性纠纷解决机制。

---

① *Paolo Alavazi del Frate*, Il giudice natuale. Prassi e dottrina in Francia dall'ancien regime alla Restaurazione, Viella 1999.

② 英格兰和威尔士的报告。

在某些时候,案件分配更类似于一项管辖权规则。在阿根廷,关于案件分配的一般规则是,在对案件可能有管辖权的审判庭中抽签决定。该规则被认为能有效阻止案件的武断分配,从而侵犯随机获得法官的权利。一般来说,每个司法管辖区域都设有一个办事处(文件接收总办公室)(General File Reception offices),负责集中受理案件并自动抽取出审理该案件的法庭。

为了防止"法院挑选"(forum shopping)现象,系统进行抽签,将案件分到同一个法庭审理。如果法官认为新的案件与之前审理的案件并没有联系,他必须将案件发回以便重新抽签。

该制度是为了达成以下几个主要目的:第一,正如预期的那样,可以加强随机获得法官的权利(国家宪法第 18 条),同时阻止案件的武断分配和法院挑选。第二,可以使法官的工作量更加合理化。最后,该系统最终使得分发给各个有管辖权的法院的案件数量相等。

(三)法院内部的案件分配

当主要的大陆法系国家适用"案件应随机分配给法官"这一原则时,普通法法系国家并不了解这一原则。处于两大法系之间的国家没有这一可以引发国内讨论的原则(挪威)。存在于普通法中的自然正义理念与公正审判、公正原则密切相关,但并不等同于获得客观分配的法官的权利。这一原则要求法庭在庭审开始之前即已组成。这正是德国的"合法性原则",这一原则可以追溯至十九世纪。①

1.适用"案件应随机分配给法官"原则的国家

在阿根廷,当审判组织被分为分庭或合议庭时(比如上诉法院),由选出审理案件的分庭的法院来抽取案件。上诉法院还有通过轮班来实现的分配机制,也就是说,每一个案件都会被送达给正在值班的审判庭。最高法院按照它们的结构和组织形式的不同,有不同的案件分配机制。在有些省份,他们的最高法院基于专业性的不同分为不同的审判庭,所以案件具体由哪个审判庭审理取决于每个具体案件涉及的问题。其他一些最高法院是一个整体的机构,不设分庭或合议庭,比如联邦最高法院或布宜诺斯艾利斯省最高法院。在这个前提之下,作为一般规则的随机抽签分配方式,能够满足确定案件研究的顺序并递交各书面表决的目的。

在德国,主要由每个法院的委员会("Präsidium")进行案件的分配。这些委员会的组成、委员们的任命、作出决策的方式都由联邦法律进行规制。作为委员会的主要职责,联邦法律以分配计划表的形式管理案件的分配。委员会必须规定案件在分庭的划分和在分庭之间进行业务分配的标准。这项规定必须确保每个案件都是根据事先确定的客观标准进行分配,从而排除任何的人为操纵。对于业务分配和案件分配,可能的标准有:到达时间、主题范围、当事人姓名的首字母、先后顺序等等。

在智利,改革法院根据一般准则(general guidelines)将案件分配至每个审判

---

① S. Shetreet, C. Forsyth, "The culture of Judicial Independence",(司法独立的文化), 2011, Nijhoff, pp.496-497.

庭。该一般准则由审判长提议，并每年经过法官委员会的批准而产生。尤其是法院管理者根据这些一般准则执行案件的分配。在这些法院里，有一个主日程系统，而不是一个单一的日历。换句话说，并不是由一个单独的法官从开始到结束处理整个案件。相反，不同的法官根据他们专业性的不同可能介入案件审理的不同阶段。从这个意义上说，改革后的法院并没有把"案件"分配给特定的法官，而只是将"任务"分配给了他们。此外，由案件管理部门（Case Management Department，Unidad de administracióN de Causas）负责每个案件的截止日期、听审日程安排等剩余任务。这种分配管理系统的效率取决于将案件按照共同因素（例如相同的当事人，相似的法律问题或复杂程度）的案例进行分组。因此，在其他的程序决策中，法院管理人员运用某种案件类型学来指导案件的分配、预估听审的长度和处理其他程序性决定。

在荷兰，自 2013 年改革以来，法院内部组织不再根据法律组建。法院从这种高度自治权中获益。改革的重点是司法提供者的集中和区分，法院的每一个单位都可以负责若干种案件。执行委员会（executive board）制定案件分配的标准，各单位负责人可根据当地情况调整该标准。总体目标是允许法院来满足民众的案件性质和数量方面的要求。分配顺序表明每一类案件的听审地点、主管部门和具体规划。通常法院内部设有一个民事法律部门、一个刑事法律部门和一个行政法律部门。法院会将分配顺序公布出来。当出现法官数量不足或者存在其他特殊情况时，执行委员会可能背离指令的要求，一个或一个类型的案件可能临时分配被给另一个部门。执行委员会也可能将自己的权力委托给单位的负责人，由各部门进行规划。根据案件的复杂性或特殊专业知识的需要，该部门的负责人可以选择其他的案件分配方式。这是一种混合解决方案，该方案既考虑到"案件应随机分配给法官"的原则，也考虑到管理模式中的一些例外，尤其是在特殊专业知识的情况下。

在西班牙，具有事务管辖权、地域管辖权和职能管辖权的法院之间的案件分配（reparto）由预先确定的规则来约束，因为这一分配活动被视为是一种"司法"活动。由"法官团聚"（Juntas de Jueces）提议，经相关的地区高等法院（Regional High Court）的内部管理部门（Sala de Gobierno）认可并发布此分配规则。在确有需要时，政府部可以建议对规则进行修改。案件分配的主要标准有：(a)标的物，因为有些法院专门审理此类案件；(b)识别编号，例如给第一项程序性活动所涉文档加的编号等。实际的案件分配在首席法官（Juez Decano）（在为此项目的而任命的法院秘书的协助下）监督下进行。"公共服务办公室"（servicio Común），一个处理所有案件的集中的省级办公机构范围内的活动，分配规则尚不明确，因为这些活动被视为是"程序"性的活动。在很大程度上，似乎是公务员主管（Letrado Director）（一个经自由决定任命的公务员）根据个人技能和能力，自由选择负责每个案件的 Letrado 团队和其他级别较低的公务员。有趣的是，管理模式的转变似乎违背了"案件应随机分配给法官"的原则。

2.不受"案件应随机分配给法官"原则严格约束的国家

在法国，审判庭负责人决定每年将法官分配到不同的部门，案件也被指派至有管辖权的部门。如果有两个部门都具有相同的管辖权(在大的法院),则案件分配的规则是客观的(通常是某部门负责两个新案件中的一个,另一个部门负责另一个新案件)。“案件应随机分配给法官”的原则(或法律原则)在法国并不存在,至少宪法中没有规定。审判庭负责人可以依照自己的意愿分配法官和案件,而且很少情况需要讨论。该制度的优点是,法院院长可以把一个非常复杂的案件分配给一个经验很丰富的法官或有专业技能的法官。法院院长的年度案件分配计划既不是判决也不是行政文件,因此其并不具有可诉性(除对于滥用权力的救济外,但该权利也从未被使用过)。该文件已提交全体大会征求建议,但法院院长有最终决定权。

在匈牙利,每个法院都要制定案件分配规则,并将其向社会公布。虽然公众期待该机制能自动向社会公布,但不能保证在任何地区都如此。该规则可能被操纵的,切无法进行事后追查。该规则有积极的一方面,即分配案件的执行官员了解每个法官的长处和短处,比如,在媒体前的表现,高负荷工作下的抗压能力,涉及某一特定案件类型的知识,个人问题如疾病或家庭状况。它同时也有坏的一方面,比如难易程度不同的案件分配不均,故意偏向或刁难一方。该体制可能被人为操控,某些案件或与案件相关的某些人可能被分配给特定的法官,以控制“运气因素”。

在英格兰和威尔士,案件分配由程序法规制,包括民事程序法和刑事程序法,是一种司法职能。该文件并没有给予将案件划分给法官的特殊标准。在民法中,案件被分到特定的审判方式,在刑法中,根据犯罪的严重程度将案件分到特定的法庭。

在波兰,对案件的分配是单方面的,并且没有相关规定的管制,他们正在商讨关于改变这一局面的相关问题。关于案件分配,没有客观的标准。根据波兰司法部计划作出的调整,案件的分配基于普通法院运行规定中确定的详细规则进行,由司法部长与国家司法委员会(National Council of the Judiciary)协商后确定。该规定对案件分配规则进行了详细规定,其中包括:如何对案件进行抽签,如何将案件分成不同的种类以便随机分配案件,如何基于功能、正当缺席以及暂停案件分配的种种事由来减少案件分配,以及只分配部门认可的某些种类案件的条件。从技术角度来看,这一过程将由一个特殊的电子系统提供支持(根据它的发明者—模仿德国),该电子系统据说可以正确地测评特殊事项,并且理论上来说,该系统可以使得任何一个法官都不会承担比同部门其他法官更重的任务。这个解决方案是否有效仍是未知,因为其尚未实施(法律规定的调整仍在出版当中)。它还旨在强化“审判合议庭构成持续性”的原则(principle of constancy of the composition of the adjudicating panel),除非遇有特殊的偶然性事件,比如法官的慢性病。

在俄罗斯,法官之间的案件分配规则取决于不同的法院部门。在商事法院有计算机分配系统,该系统自 2005 年以来一直在运行当中。普通管辖权的法院具有不同的传统,法院分庭的主席或负责人(chairpersons or heads of the college)(主要有三个分庭:民事、行政、刑事分庭)在法官的监督下将案件分配给各法官。案件分配的标准有:由某特定法官负责的区域和标的物。非职业法官(陪审员)从选举名册中选出。

在新加坡，为了更加高效地管理案件工作量，最高法院实施了一个改良版的诉讼登记系统。这使法官具有了一定程度的专业化分工，提高了法院应对日益复杂法律问题的能力，特别是在诸如知识产权、建筑、银行和金融等专业和存在技术性困难的领域。它还确保在案件审理的早期就可预估争点，从而在实际的审理过程中更加集中于处理实质性争点。

在美国州法院、联邦系统中将案件分配给法官的方法很多，但所有的法院都运用案件随机分配程序，并对案件数量进行管理，使得法院的每个法官分到数量大致相等的案件。

十、法官和法院的评价、问责程度和责任承担

对管理任务所承担的责任与法官的考评、奖金之间可能还是存在区别。

(一)对管理任务所承担的责任

“对管理任务所承担的责任”(responsibility for management tasks)这一表述可能被理解为负责管理工作的人员、以及对法官和职员在管理失误时受到的纪律处分。法官负有不限于管理工作上的一般责任，通常受到宪法的保护。

1.法官的一般责任

在阿尔及利亚，法官要接受评估，如果他们犯了错误，可能会受到制裁。在刑事案件中，处理案件的替代性措施已开始实施，判决质量似乎有所提高，法官的积极性也更高。同时也引进了 IT 技术(自 2015 年起，每一个法院都引入了视频会议、数字化文档、网络平台)。法院的工作方法由此得到精简。

在阿根廷，为了加强司法独立，宪法规定了任期持续性原则(principle of stability of tenure)，只要品行端正，法官即可持续担任其职务。当治安法官违反该行为标准(犯罪或渎职)时，可根据不同管辖区域提出不同形式的弹劾或惩戒机制。①

在法国，如果法官犯了严重错误，则可能要接受司法委员会(judiciary council)的惩戒程序(虽然每年都会收到很多指控，但很少使用极其严重的惩罚措施，最严重的可能就是撤掉法官职务或提前退休)。因法官的过错而造成损害的公民，可以提起一个针对法国政府的责任诉讼(每年都会有一些这样的案件，尤其是在审理期限不合理的情况下)。

2.对管理任务所承担的特殊责任

如果法院达不成目标会导致不同的后果：减少法院资源分配(英格兰和威尔士)，增加资源分配(法国，如果这是合理的话)，对首席法官进行教育(俄罗斯)，只对达到目标的法院采取积极的激励措施(荷兰，比利时正在讨论)，对法官或工作人员适用惩罚措施(阿根廷，波兰)。在这个问题上，很难在大陆法系国家和普通法国家之间划定界线。普通法国家可能更多地依赖于案件管理而不是法院管理。法官的职业生涯，尤其是大陆法系的法官，在“等级森严”的制度中面临着风险。而普通法系统中的法官因其享有的权威而没有太多的惩戒。

---

① 阿根廷的报告。

(1)大陆法系下对管理任务所承担的特殊责任

在大陆法系国家中，由于法官是公务员，因此法院管理不善的后果似乎主要是对法官的职业生涯产生影响（德国，法国）。在“案件应随机分配给法官”原则与工作量核算之间存在普遍争议（法国，波兰，瑞士，德国）。[①] 在等级制度中，对法官的惩罚可能是纪律处分。有时候法官也可能有义务接受教育课程（俄罗斯）。

在德国，审理案件数量的比较是评价法官的一个关键因素。因此，这是一种评价员工报告的可行方法。然而，由于一些案件的法律复杂程度不同，所以这种数量上的比较的前提是案件具有可比性。这些理想化的前提是否能到真正得以满足，似乎是值得怀疑的，即使他们能够得到满足，仍然具有相当成都的主观性。尽管存在着一系列有碍公平竞争的情况，但在学术讨论中毫无疑问的是，至少有一种客观变量以进行对法官评估的过程中，并且这些方法如果正确谨慎的运用不会给司法独立造成威胁。根据联邦法律，法官如果认为员工报告妨碍了他独特的职业独立性，则可以对他个人档案的修订提出异议。当然绝大多数情况下，法官的勤奋程度只对升迁决定产生部分影响，因为这些都是基于员工报告制定的。因此，除去最后阶段的评估，评估只会产生间接后果。[②]

在法国，每年的税收法案都对司法在时间和质量上提出新的目标，包括 6 个指标（新增案例数量，审理案件数量，审理期限，案件数量，犯罪司法记录中的认罪率，第二次上诉率）。在与上诉法院的管理会谈中，部长每年根据这些指标来确定目标的实现情况。每个上诉法院也与每个与之对应类别的审判庭进行非正式的管理会谈（民事高等法院、小额诉讼法院、劳工法院、商事法院）。每一个法院院长根据诉讼标的、案件的类型给每个法官指定每年要完成的案件数量。为确定每一个案件所占权重的计算方法，已经设立了一个工作组。这个主要由法官组成的工作组，由于其成员之间存在分歧而未能给出解决方案。对法官的后果主要体现在他们的职业发展上。

如果一个法院没有达到目标，那么在与上诉法院的会谈中可能会导致资源分配的增加。一位法院的负责人解释说，一年到头，他宁愿不报告自己法院的好业绩，也不愿意冒着削减自己的资源的风险。在法国，像在阿根廷或意大利一样，在将案件提交法庭之前就要强制进行调解。惩罚即驳回案件，相当严重。再次指出，是否应严格适用惩罚取决于法院政策。有时一个细节就会缓解问题的严重程度：在法国的许多司法管辖区内，外部调解人位于法院系统之外，直到法院院长意识到法院所具有的象征意味的氛围会更好地发挥作用时才让他介入进来。

在预算方面，对法院本身可能会产生某些后果，这可能会导致一种矛盾的局面（法国，比利时）。调解政策可能属于一种法庭管理上的事项。

在阿根廷，每个法官都为他所在法院的办公管理负责。在集体制结构中（例如

① 瑞士“案件应随机分配给法官”原则与案件工作量核算之间的争论请参见 *A. Lienhard and D. Kettiger*, La justice entre le management et l'Etat de droit, 2016, p.62-79.

② 德国的报告。

上诉法院),由院长负主要责任。法官对他所在法院结构所承担的某些行政管理责任是相当大的,但实际上,对效率目标上的监督却是非常有限的。这些目标一般局限在,根据程序法典中所规定的截止期限,确保不同类型的裁决时限得以遵守。在阿根廷,几乎每一个司法管辖区都实行一种扩展的诉前强制调解模式,尽管不同地区之间会有所差异。这一模式要求原告在提起诉讼之前,须在私人或公共调解员前先行调解,而在大多数司法管辖区,这些调解人并不属于司法人员。在联邦一级和一些省份比如布宜诺斯艾利斯省,民商事调解系统由他们的司法部进行监督。在其他一些司法辖区主要依靠最高法院来管理他们的调解机制。对于其他司法官员和工作人员,存在不同的纪律制度处理他们的不当行为。在联邦一级,最高法院、上诉法院和初审法院的法官对官员和雇员具有一般的纪律处分权。为此目的,有专门人员负责调查,有时在治安委员会内部进行。①

在挪威,法官可以将案件交给调解人,但除了在一个特定的法院外,他/她更愿意由他或她自己来进行调解。可以这样说,法院调解的一般政策属于法院管理的事项。特别是因为调解可以减少案件数量,由此对预算产生积极的影响。

在比利时,正在对没有达成目标的法院实施制裁的制度进行反思。削减资源分配可能会适得其反。另一个想法可能是给那些达成目标的法院提供奖励,比如增加资源分配。

在智利,最高法院的首席法官每年都发表公开讲话,报告前一时期法院系统的运作情况,包括司法审判和管理两方面内容。另一种控制机制是上级法官到下级法院的处所进行个人巡视(visitas)。最后,法官和法院工作人员会因为不履行法定职责而负法律责任,也就是纪律处分。

在荷兰,执行委员会每年举行一到两次会议,以评估法院的运作情况。在法院执行委员会和负责监督法院的国家机关(RvdR)之间存在一种权力上的关系。一位学者认为这种关系违反权力分立的宪法性原则。如果法院完成了年度目标,它就能够保持原来的数量。②

在波兰,法官负有纪律责任。过失行为或与法官的诉讼程序过长、行政职能的不当履行和法院的财务管理失职相关的疏忽也可能构成犯罪。此外,法院主管和其他书记员也要为自己的行为负责。核查管理工作执行情况的主要手段是定期资格评估,同时也对雇员在实现与法院管理有关的目标方面的有效性和有用性进行评估。评估上的不利结果可能会导致劳工法条文规定的后果,其中包括失业。

在俄罗斯,法院没有评价,问责程度和责任承担。只有最高法院有权决定一个法院的存在与否。根据法院的等级,所有法院都得到资金支持,并平等地获得所有必需的东西。统计报告是非常重要的,但在责任承担中并没有那么重要。法官的问责程度和责任承担可能导致各种各样的纪律处分,甚至是对他/她开除。如果法官有不良记录和未能达到目标,可能不得不接受教育课程。奖金、评估和统计对法

① 阿根廷的报告。

② 荷兰的报告。

官的影响主要是道德方面的。

(2)普通法系国家中对管理任务所承担的特殊责任

普通法系国家管理不善的后果是否完全不同,目前尚不清楚。预算有可能被削减(英格兰和威尔士),但在普通法体系下法官自身由于其所具有的权威而不会受到制裁(英格兰和威尔士,美国)。某些普通法系国家强调案件管理比法院管理更重要(印度)。当进行法官选举时,管理不善可能会成为竞选时的一个不利论点(美国)。

在英格兰和威尔士,这种影响似乎体现在对法院的资源分配上。不存在对未达成目标的法官而实施的纪律处分。由于预算严重削减,该系统目前正在进行根本性的结构性改革——减少使用传统庭审方式,转向建立于IT基础之上的模式。

在印度,案件积压和案件未决是印度司法制度中的非常严重的问题。据国家司法数据网的最新估计,印度各法院共计仍有24247103起案件待审理,其中民事案件占7815594起,刑事案件占16431509起。据估计,其中超过16%的案件被搁置的时长超过5年,而其中几乎9.85%的案件被搁置10年以上。近年来,政府为减少法院待审理的案件付出了诸多努力。该愿景陈述(the Vision Statement)在2009年由中央政府在通过加强司法制度以减少未决和拖延案件的国家咨询报告中获得通过。愿景声明侧重于两项主要的司法改革:(1)通过减少在体系中的未决和拖延案件来增加入口渠道;(2)通过结构变革、制定绩效和能力标准来加强问责制。愿景声明中规定的行动计划将以下几个方面确定为改革的主要领域:建立国家积压网络/查明积压事实;确认严重地区的瓶颈问题;解决该地区的瓶颈问题;采取创新措施迅速处理案件;集中于对司法人员和法院行政管理人员的选拔、培训和绩效考核;通过有效配置、规划和及时管理,高效利用司法制度和现有基础设施,增加技术和管理手段的使用,使整个系统更加整洁;清除死杂草,防止它们再生,变更程序、管理和行政。该指导原则建议将民事案件划分为三或四个审理模式。另外还建议,应当任命一名专职法官以监督从案件分配到案件进入不同的审理模式的整个过程,并作出适当的决定,以确保案件在每一个审理模式的固定期限内得到处理。该规则草案还赋予法官灵活性,以便根据案件复杂程度的不同来确定不同个案的时间期限。将近21州的司法机构采纳了“案件流程管理”(Case Flow Management)的概念,并制定了他们自己的规则以确保及时的正义。看来,“案件流程管理”更倾向于案件管理而非法院管理。①

在新加坡,最高法院为各种法院程序中的等待期设定目标,作为其提供优质公共服务的承诺的一部分。每年对这些指标进行审查,以确保这些指标切合实际,符合国际标准。最高法院努力实现至少90%设定的目标,在过去的几年中,设定的目标都已达到。

在美国联邦巡回法院:联邦司法监督机制阻止和防止欺诈、浪费和滥用现象的出现,并应对错误发生。监督机制也促进了对于道德,法律,法规标准的遵守。根

① 印度的报告。

据相关法律,管理第三个分支机构的责任留给美国司法会议、区域巡回司法委员会、法院本身、以及在特定区域内的美国法院行政办公室主管(AO)负责。在地方、区域和国家各级都有能够防止浪费和不法行为的内部保障措施,并能够进行详细的绩效评估。在州法院,如果法官是通过选举产生,则针对管理不善的法官,惩罚便是不能再次参选。美国制度的一个缺陷是,法官的选举越来越多地依靠法官所在的政党。法院经理一般由首席法官以合同方式招聘,以便在法院经理管理不善的情况下轻易将其解雇。

(二)法官考评和奖金

在有限的几个国家里(法国、贝宁、智利、匈牙利、西班牙),主要是将法官是为公务员的大陆法系国家,法官经过考核可以被授予奖金。

在德国似乎没有奖金。[①] 在贝宁,法官经常要求获得奖金,他们的工资在10年内翻了一番。

在智利,自1998以来,所有法院人员都被纳入经济激励的法律框架之下,被称为"绩效奖金"(bonos de gestión),这个奖金是基于机构效率和集体目标而授予的(Metas de Eficiencia Institucional and Metas de Desempeño Colectivo)。授予绩效奖金的标准包括,例如,诉讼拖延和公共服务等待时间的减少、培训等等。法官和法院工作人员每年都会就这些目标提出提议。由司法和公共财政部(Ministerio de Hacienda)成员组成的一个特别委员会(Comision Resolutiva Institucional)来批准他们的提议。检查这些绩效目标实现情况的方式有好几种,然而,如果法院没有达到目标,法官和法院工作人员都不会受到任何适当的制裁,只是失去他们的年度奖金。

在法国,每两年就要对法官进行一次评估。每个法官的奖金应视法院的评估而定。事实上,奖金数额大约占每个法官工资的10%(法院负责人并不喜欢利用这个工具来设定目标),该比例不会因为法官个人而改变(比如给最年轻的法官低于10%以及负责特殊大案子的法官高于10%)。然而,该测评将被用来是否晋升这一法官上。对法官进行评估的标准有管理能力(特别是中层管理人员)。有时法院院长要求法官提供给他两个案件的判决,以便院长能评估判决的质量。法官联盟(Union of judges)向国家委员会(Council of state)提出动议反对奖金机制,声称这违反了独立原则。国家委员会认为奖金是可以被接受的,因为它并不涉及法官的司法工作。

在匈牙利,对于奖金有一个最低的标准,而且只存在于例如在用的法院系统程序这样的更宽泛的程序中,这意味着法官能获得高于平均结案率的预定奖金。司法职位的晋升伴随带来更多的奖励:被任命为不同终身级别的分庭庭长会导致工资显著增加25—35—45%;在每个级别都有大于20%的收入增加;被任命小组领导或者联合会主管会导致工资增加20%~40%,但这只持续6年。

在西班牙,法官薪资的法律框架仍在制定当中。目前,对于表现突出的法官的

---

① 瑞士的学者们没有谈及奖金。

奖金十分有限,然而在实践中对表现不佳的法官除了不发奖金外没有任何制裁措施。

在波兰,法官的工作效力、在工作方法中所展现出来的法官职业能力、办公室文化、识别特殊类型案件所需具备的专业化水平、特定职责的实现能力等,都是考评的对象(即法官工作考评)。对法官工作进行考评需要考虑以下因素:所承担工作的效率与有效性、认定案件或完成其他任务职责时的组织工作、包括个人文化、工作组织文化在内的办公室文化、在认定案件或完成其他任务职责的程序过程中对当事人和其他参与人权利的尊重程度、发布并论证其判决时陈述的表述方式、职业发展过程。在对法官工作进行评估时,需要考虑交付给他们的任务或工作的种类和复杂程度以及考评整个期间内的工作量和工作条件。法官工作考评的范围不得侵入法官享有独立的领域,这是尤为重要的。这意味着对于法官作出的判决,只能对被他们的上级法院所撤销部分的统计数据进行分析。院长向法官陈述他的工作考评结果,应包括他或她的履职情况、总结、并制定一份法官一定期间内(不少于四年)的个人职业发展计划。书记员、法院其他雇员及检察官也要定期进行资格考核。由法院主管和检察官作出的评价,必须将直属上级和由院长检察官任命的资格委员会的意见考虑在内。

十一、法院和司法系统的财政预算

单纯就预算来看,司法系统的国家预算很容易了解,但是了解某个特定法院的具体预算却很困难。因此,系统之间的比较很不容易,且有时还会出现异常现象。今后应该特定进行一个对于司法预算的总体性研究。这种总体性报告的框架往往比较宽泛,无法深入探讨司法预算的细节。根据欧盟委员会 2016 年作出的涉及司法效率的报告(以 2014 年统计数据为基础),平均每个居民的司法成本 64 欧元,芬兰为 71 欧元,西班牙为 88 欧元,瑞士为 219 欧元。在这份报告中,就预算而言,最重要的不在于金额有多少,而是法官对预算拥有多大的自治权。似乎在大陆法系中,法院院长对法院预算的影响不大,也无法控制如何花费这笔预算。而在普通法系国家中,法院通常将高额费用作为其收入来源。

(一)大陆法系下的预算自治

自 2014 年以来,阿尔及利亚的司法改革不断增长预算分配。越来越多的人获得法律援助、律师和其他专家的无偿援助。2015 年的刑事改革,通过诉前协商,提供可替代性纠纷解决措施,增加通往正义的路径。司法调解自制度明晰化之后使用的越来越多。遭受恐怖袭击的受害者可以获得国家基金的帮助。司法改革的多年度计划增加预算,用以改善司法系统的物力、人力资源。在法官、法院工作人员职业生涯的初始阶段乃至整个职业生涯,由国立学校对其进行培训教育。阿尔及利亚已经与欧洲国家特别是法国达成协议,以此获得司法机构改革的经验,尤其是司法行政领域的改革经验。①

① 具体细节参见阿尔及利亚的报告。

在比利时，由法院联合会(the College of the courts)与司法部共同讨论预算问题。每一个法院和审判庭(court and tribunal)有由院长、书记员办公室主任、庭长组成的执行委员会(另一个委员会由检察官组成)。预算是每年6.75亿欧元。管理合同有三种(分别与上诉法院、检察官、法院和法庭达成的合同)。联合会通过管理项目将预算分配给不同的法院和法庭(共49个组织)，平均每个组织获得(675/49)1300万。合同的订立是有目的的，尤其涉及欠款事宜(arrears)。总体上这是对49个组织进行授权(自治)的过程。然而，作为一个整体，这不是一个行政管理合同，因为这是一个不同权力之间的契约关系。他们都由德耳塔咨询服务公司提供建议，在普通法系国家中，这是一种商业管理模式。

在法国，法院院长被告知他们(译者注：负责分配法院预算的人)可以自动分配他们的预算。现在分配到的金额被用来做各种开支。结果，在法国出现这样的故事：出现了无法粉刷走廊(在Poitiers)的法院院长，无法修理洗手间(巴黎郊区)的法院院长，无法为法院购入比利时附近的法国北部深炸锅的法院院长(炸薯条是该地基本食物)(这需要8a部长决议才能进行)

在贝宁，法院预算非常低[只占国家预算1%。例如2017年国家预算为20100非法郎(CFA)，折合30.6亿欧元，1%就是大概3000万欧元。但是，通常情况下国家预算为15000亿CFA，折合22.9亿欧元，1%为2200万欧元]。

在智利，2017年司法机构总预算约为8亿美元。法官培训学校(司法学院Academia Judicial)的预算为530万美元。监狱，无论是公共管理或是私人特许经营，预算为7.7亿美元。不幸的是，司法预算法并没有为每一类型法院分配数额。

在法国，司法预算在欧洲理事会成员中排名第37(一共48个)。此外，预算的增加主要用于监狱。民、刑事司法预算大约为30亿(行政司法预算直接依赖于财政部，一项最新研究表明一个民事案件比一件行政案件少花费600欧元)。作为一个整体，民事司法预算大约为10亿。在法国本土有10个项目运作预算(perational Budget of program, BOP)，但项目之间的规模差别较大，设置的法院数量也不同。例如在里昂，那里有几个上诉法院，很多一审民事高等法院。这个预算不能覆盖工作人员及法官的工资，也不能涵盖法院的房地产。区域法庭运作的预算大概是1.5亿(后勤、维修、新技术、法官和员工的差旅费用)。

在41个项目运作预算中，只有10个大到可以覆盖全法国(大约10个涉及法国本土之外的领域，一个涉及法国最高法院，预算约为5000万)。所以每一个大的项目运作预算大概为1000万欧元。资金被储存起来(例如，资金以不能再被使用的储蓄券的形式储存起来，预计将到2017年将储存200万欧元)。在采访中有几个办事处主管表示，很难为一些必要的和新的东西找到预算(例如：一面必须重新粉刷的墙)。作为一个整体，很难指出每个法庭的预算。因为它的预算在一个项目运作预算(跨越一个以上的上诉法院)中只是整体预算的一个部分。有4亿预算用来投资建新的大楼。例如，在BOP中心东部(在2012年)有4个上诉法院(里昂、格勒诺贝尔、尚贝里、里永)，21个民事高级法院，33个小额诉讼法院，27个劳工法院，770个法官(统计于2012年)，2182个书记员和公务员(统计于2012年)，1.9亿欧元工资，4600 万欧元司法费用，2730 万欧元当前运行费用。

每个法院的预算根据全职法官的数量进行等量分配。

此外还有一个区域行政服务中心，负责协调每个上诉法院的人力资源、员工培训、会计软件（Chorus）和电脑设备。民事司法预算在 2007 和 2015 年间增长了 20%（案件数量增长 3.2%），同时行政司法预算增长了 42%（案件数目增长了 8%）。总体而言，法院院长在预算方面的自主权可以说非常少。

在德国，联邦司法系统（包括五个最高法院、联邦宪法法院、司法部、联邦检察院）的预算在 2016 年是 745.492.000 欧元。由于德国是联邦体系，每个州都有自己的财政预算。例如，在巴登符腾堡州，2016 年司法系统的预算是 1.651.161.900 欧元。其中 791.408.200 欧元花费在法院和检察院。巴登符腾堡州共有 21 个检察机关，大概 153 个法院，其中包括地方、地区和地区高等法院以及各种专门法院（劳工、财政、行政、社会/福利）。其中有些法院在其他城市的其他法院大楼里面设有“前哨”（outposts），而检察机关常常并入法院，一些地方法院常与地区法院共用几栋大楼。然而，建筑物本身是州的财产，州级财政部提供预算来对法院建筑进行购买、重大整修。一个法院的预算很大程度上取决于雇员的数量。鉴于这点，即使是地方法院，其大小也可从人员相当于一个家庭那么大，到大城市的数百个员工（例如汉堡），数目根据具体情况发生变化。然而，相当多的证据（大部分来自法官）表明，仍迫切需要更多司法职位。总体而言，在预算方面，德国地方的自主权似乎比法院自己的自主权要更高。

在匈牙利，法院的内部预算的基础是 89%至 91%的人员成本。雇佣员工的预定数额以法院审理案件数为基础进行确定。其他经费成本（间接费用、强制保险费用等）和小规模信息系统开发基金仅占预算的 8 至 9%。这意味着只有 1%至 2%预算可用于地方发展、活动、代表选举、奖励。实际上，并没有用于个人发展规划的预算空间，每个项目都需要寻求国家法院行政办公室的资金支持（例如会议、运动比赛、新服务器的购置、空调安装）。对技术和其他类型的设备也是如此。因此在地方层面上，经费紧张，而在国家层面上，该办公室的预算却显示出相反情形，10%的人力成本和 90%的投资。同样，法院的预算自主权受到限制。

在荷兰，2016 年新增案件达 1600 万件。预算部提供的预算大概有 10 亿欧元，员工数是 9622（2360 个法官，10 万居民里有 14 个法官，法国 100 万居民中有 7 个是法官）。法院的执行委员会草拟临时性预算，最终预算要获得一个国家批准（RvdR）。如果法院超额完成他们的目标，可能可以获得预算自主权。他们可以保留现金储备。在 2008 年的金融危机之前，人们认为这是一个好主意，现在看来就不那么有趣了，因为没有证据表明法院的储备是充足的。

在波兰，2017 年，与普通法院有关的国家预算，涵盖了 11 个上诉法院、45 个区域法院和 319 个地区法院。司法部的预算是 5.43 亿欧元。[①] 在华沙，法院的花销是 1.96 亿欧元（收入为 8300 万）。特别上诉基金分配给上诉法院及该上诉法院所

① 波兰的报告。

辖的区域、地方法院。

在俄罗斯，所有联邦法院都由联邦预算提供资金，专门法院(治安法官、区域宪法法院、宪章法院)根据其地理位置由专门预算提供资金。所有法官地位相同，工资由联邦预算支付。确切数额并不知晓。法院预算的衡量标准包括：法院地理位置、法院层级、法官人数、法官审理的案件数等。监狱、法院、国立学校的预算各不相同，且彼此相互独立的。

在西班牙，令人印象深刻的是，司法系统中组织结构的复杂程度阻碍了收支的核算。西班牙的公共司法预算由中央行政预算(包括司法部和司法总理事会 General Council of the Judiciary)具有司法权限的区域预算两部分构成。然而，没有一个覆盖所有司法行政部门的统一的国家初步预算。没有一个组织负责协调司法预算信息。甚至没有一个统一标准确定哪些花费应被视为司法开支。区域司法预算经常和非司法活动项目结合在一起。因此很难了解西班牙实际发生在司法事务上的公共支出到底有多少，也很难与其他国家进行比较。西班牙的司法预算从2004 年的 22 亿欧元增加到 2010 年的 38 亿欧元。同样的，代表司法总预算在整个国家支出与区域性支出的百分比从 2004 年的 0.67%增加到 2010 年的 0.79%。类似于国民生产总值与居民的百分比，司法预算总值与居民的百分比从 2004 年的 0.26%上升到 2013 年的 0.34%。这两个数值都预示着司法比重的重要增长。但涉及法院的具体预算数据难以获得。在这方面没有直接可利用的信息，此类信息应该统一计算不同项目支出，包括司法人员薪金、不同行政管理人员工资、具有所有权的房地产的估价、租赁、物质手段等，这些信息应在特定法院进行汇总。

(二)普通法系下的预算自治

英格兰和威尔士司法机构在这一预算年度内总体上将获得 69 亿英镑，但是 2020 年将会减少至 60 亿英镑。这把刑事司法系统(包括监狱、青少年司法、检察事务等)和女王法院和裁判所服务局两者分离开来。此外还有其他服务。目前，法院的预算正投资于房地产和技术中。然而，法院以回收全部成本为由，通过收取费用产生收入，即是使用收费收入来收回法院成本，扣除减免费用的成本(减免)。费用减免是为了让负担不起费用的人可以得到司法救济。①

2017 年新加坡拟分配给司法系统(由最高法院、区域法院、家庭法院构成)的预算总数为 376.743.700 美元(大约是 2.27 亿欧元)。新加坡的监狱系统属于内政部(Ministry of Home Affairs)的职权范围，2017 拟分配预算为 547.262.300 美元。

在美国的州法院：近三分之二的州，司法机构直接向立法机关提出预算请求。近四分之三的州，司法机构有权在没有详细的预算项目限制的情况下酌情管理和执行专用基金。国家的一般基金是大约三分之二州的法院资金的主要来源。在这些州，提供给初审法院的基金的标准由州立法机关决定：各州为初审法庭法官，司法辅助人员，书记员，技术和运行费用提供资金。在其中一些州，缓刑假释部门列入司法机构的预算。郡县通常负责提供法院大楼，他们的维护也包括在内。

---

① 英格兰和威尔士的报告。

在其他一些州，各州和地方的混合基金为初审法庭提供资金。除了少数几个州之外，由州基金支付初审法庭法官的薪金。在大多数州，州资助发展和加强技术的费用。在四分之三的州，由州基金为初审法院书记员和司法辅助人员提供资金。在三分之二的州，由县或市的基金为的法院提供大楼和维护费用。

在联邦制度中，国会授权司法部门编制和执行自己的预算。行政管理办公室与法院和各司法会议委员会(Judicial Conference committees)协商，为司法机构拟定每个财政年度的预算。该提案经司法会议审查通过，并附有一套详细的理由说明。根据法律，总统每年必须向国会提交统一的联邦预算(司法机构拟定的预算作为其中一个部分)。总统可能对司法机构的预算请求发表评论，但是提案必须原封不动地传送给国会。国会拨款委员会(The congressional appropriations committees)举办法官和行政办公室主任经常会出席的听证会，论证司法项目开支的合法性。在国会通过司法机关预算后，由司法会议批准开支计划，行政管理办公室将资金直接拨给每个法院、运营部门和司法项目。个别法院有很大的权力和灵活性来进行他们的工作、制定预算优先事项，作出合理的业务决策、雇用员工，进行与司法会议政策相符的采购。2016 年度财政预算：在 2015 年 12 月 18 日，总统签署“2016 年度综合拨款法案”(Consolidated Appropriations Act of 2016，公法 114-113)。该法案为司法机构提供了 67.8 亿美元可自由支配的拨款，比上一财政年度增加了 1.2%。

十二、心理和安全风险

一般来说，心理风险没有被明确考虑进去过，但它是人力资源功能的一部分。安全是另一个问题。我有证据显示，大陆法系国家法官和职员所承担的心理风险比普通法系国家更高。然而，在这个领域，这更像是一个印象，而非科学事实。

(一)心理风险

在智利，在法院工作人员的培训方案中，某些课程致力于压力管理以及涉及团队合作的情绪层面、公共服务和劳动争议解决。然而，法院没有专门的医务人员或心理学家团队来解决法庭工作人员的情绪问题。特别是在威胁和安全方面，许多法院通常都有金属探测器和司法警察(宪兵)守卫法院入口、安全和各路人员依秩序进入审判庭。

在法国，国家司法学院的一名年轻法官了解到，他/她(60%以上的情况下是“她”)必须保持他/她的情绪稳定。最近法官们收到一个绿色的数字，这是一个在遇到困难时可以拨打的一名心理学家的电话号码。目前并没有心理风险上的统计数据。卫生和安全的礼仪主要处理可能给工作人员带来的风险，但不是对法官和检察官的。自从玛莎·努斯鲍姆(Martha Nussbaum)的一本书“诗性正义”(justice poetic)被翻译后，法官和情绪这一主题现在在法国变得有些流行。她说，对法官的更好的训练是阅读小说，以便她/他能够了解到情感的复杂性。情绪不能被抑制而只能在理解事实情况下合理使用情绪。有时候，法官必须管理她/他的情绪，但不清楚的是，情绪是否属于法院领导人的管理事项。这会产生影响法官独立性的风险。

在阿根廷，法院工作人员身体、精神和情绪健康方面的问题由一个特殊的卫生部门进行分析，这个卫生部门附属于司法行政管理总部(General Administration of the Judiciary)或最高法院本身，例如这存在于在联邦一级或在布宜诺斯艾利斯省。该部门促进日常控制并为健康恢复或保健提供建议。他还在医疗、疾病或意外事故中起着重要作用，同时提供与工作有关的卫生保健、戒烟和久坐生活方式有关的讲座和课程。

在贝宁，法院里没有医生，而只有处理个人档案的"社会"职员("social" agent)。治疗工作人员和法官必须以和平的方式进行。

在英格兰和威尔士，无法轻易地从报告中获得信息。一方面，英格兰和威尔士非常严格的公共卫生和安全规则，并将这些规则纳入所有组织(例如，大学有针对消防演习和阻止学生进行恐怖主义、极端主义的培训)。法院的安全措施包括金属探测器和包袋检查。但最高法院没有这些安全措施。现有文件的关注点是员工在培训和晋升方面的发展。

在匈牙利，没有一个人的任务是监督法院员工的心理和情绪状况。但是有一名可以转诊到某一专家的职业医生。也有当地组织的娱乐活动，例如，打乒乓球，娱乐室，职业医师、获得运动器材商店的特别折扣卡的机会、体育比赛(包括国家和地方的)。

在俄罗斯，司法行政管理的执行通常带有一定程度的情绪因素。法官被认为是可以从法律层面上免受这些问题的干扰。也有一些关于他们的安全保障方面的建议。如果法官因其安全问题受到威胁，警方会解决这些问题。法院里没有特殊的工作人员(物理学家、心理学家或其他医生)。如果有人遇到情绪方面问题需要个人私下解决。

在新加坡，法庭的工作人员受到重视，全年有各种各样的职工活动，让员工有机会更好地了解他们的同事。职工福利委员会和职工津贴委员会监督法院工作人员的福祉。新加坡司法联合会(Singapore Judicial College)还开设了各种培训课程，以培养法庭工作人员的技能和知识。

在西班牙，一项针对司法职业人员的劳动风险预防计划于 2015 年获得通过。该计划旨在确定司法活动的特征，如缺乏办公时间表，分配给每位法官无限制的案件数量，潜在的攻击和骚扰等引起的压力等以及与办公室工作有关的一般风险、计算机设备的使用等。目前正在商定一个新的计划。2016 年还发布了一项反对歧视、性骚扰以及司法职业中的一切形式的骚扰和暴力行为的议定书。在实施指南中，建议任命相关人员执行"秘密顾问"(confidential advisers)的职位，并且预先采取行动，为遭受这些行为的人提供建议和支持。

(二)安全

在德国，许多法院里都有保安人员和普通的警察。然而，州之间有很大的差异。例如，在北莱茵—威斯特法伦州，法院出入的安检非常严格。而其他州，比如巴登—符腾堡州仍然采取相当自由的立场。但是，作为预防性措施，受过专门训练的警察团队可以被下令派到任何一个法院，而且可以根据具体情况对安全措施进行单独调整。在很多地方，已经为法官们在他们的办公桌下配备了安全按钮。

在波兰，没有组织机构来处理法官和其他法院雇员的情绪，安全感等问题。唯一显著的特点是，能够向法官提供不超过 6 个月的医疗卫生带薪休假进行被推荐的治疗措施，只要这项治疗需要避免工作服务。法官和法院的安全是司法警察的职责，尤其是维护法院和检察机关办公室的公共安全和秩序，以及保护履行司法职责的法官、检察官和其他人员的生命和健康。在这一任务范围内，司法警察与法庭的雇员和检察机关以及监狱管理局等进行合作。

十三、法院规划

虽然经常有国家规划（匈牙利，新加坡），并不是所有法院都有规划（德国）。但是似乎这种规划在增加，可能是强制性的（如英国，俄罗斯，荷兰），也可能是非强制性的（法国，美国）。可以这么说，在等级制度体系中规划是强制性的，但是大陆法系国家与英美法系国家在这一问题上的区别并不明显。法国在这方面的做法很有意思。在法国，自从 2016 年后，行政法院需进行强制性计划，而民事和刑事法院可自愿规划（管辖权草案）（projet de juridiction）。现在行政法院系统要比民事和刑事法院系统等级森严的多。法院院长与所有法官和工作人员进行协商后提出行动计划，作为建议提交全体大会审议，其确定了在考虑法官独立性的情况下，在数年内改善提供给公民的服务的目标。在美国，这取决于委员会与他们所分配的任务是在州法院系统还是联邦法院系统。通常是三年的非强制性计划。最初，美国的做法是制定 20 年的战略计划，现在通常是制定含具体目标的三到四年的计划（一座新的建筑，信息技术，通信等）。

但在英格兰和威尔士中的女王法院和裁判所服务局则存在强制规划。他们必须每年制定一个业务计划。根据财政大臣（Chancellor of the Exchequer）（财政部门）提供一年上下半年的预算，法院需要制定出一个计划，以及几个出自法院体系的一般性报告。这个例子表明英国法院系统等级相当森严。

在比利时，联合会根据管理计划（三年）向法院和法庭（49 个机构）下发预算金额。合同订立的目的涉及拖欠款项方面。这并不是一个行政合同，因为它是权力之间的契约。当适用于大陆法系国家时，管理计划是强制性的，且属于新的管理模式。

在智利，随着新的司法和管理角色方案的实施，以及管理手段更密集的使用（和了解），明确的规划始于 2009 年。最重要的经验有两个：最高法院为整个法院系统确定的长期规划—“五年计划”（2011—2015）。该计划的文件以灵活的方式界定了法院系统的使命，愿景和价值观。这个计划要求每个法院确定每一年的具体目的、目标和指标。尽管如此，中长期的战略仍然停留在初期，监督和控制都相当有限。在智利，与刑事司法相类似，由审判长根据法院经理（Court Manager 的建议批准年度工作计划（Plan Anual de Trabajo），该计划对系统工作流程进行标准化界定。年度工作计划的目标是，利用法院工作人员的特殊技能来分配工作量，以此增加庭审的数量。年度工作计划最终由法官委员会批准。管理机构负责监督年度计划在各法院内部的执行情况，这些机构也为绩效目标的实现而负责。此外，来自地方上诉法院的“访问”法官（visiting judge）也可以根据这些计划检查下级法院的执行情况。

许多国家（贝宁、匈牙利）都有国家计划：在贝宁，由司法部规划部门（也许是从共产主义时期开始）制定国家方案。

在匈牙利，司法系统有义务按照法律规定制定年度财政计划。该计划包括非财务的主题（教育，会议，国外专业培训，语言课程，任务，图书采购，杂志订阅等）。国家法院行政办公室主席准备这个计划，由议会根据财政部长的建议投票通过提案。财政部长没有义务根据国家法院行政办公室主席的准备来提出建议。①

在荷兰，执行委员会根据临时性预算制定一项年度计划和一项多年度的活动计划。

在俄罗斯，每一个法院对即将到来的一年都要进行强制性规划。但是未来几年的计划则是自愿制定。主席负责执行这两种类型的计划。他们任命负责执行的人员：合议庭庭长，高级书记员和司法人员。如果没有达到目标，他们需要向主席负责。

在新加坡，州法院的战略规划和技术部（State Courts' Strategic Planning and Technology Division）与分区规划部（Divisional Planning Units）共同制定长期计划，为法院用户改善法庭程序和服务。还将进行情景规划活动，以确定和准备未来可能出现的可能情景。这些演习使现有战略中的差距得以明确和改进。

在德国，在单一下级法院的层面上，没有这样的规划。预算计划通常设计为两年期。如果有任何的长期规划，则出现在上诉法院和司法部的层面上。

在西班牙，目前司法行政管理的重点是实行两项深刻的系统性改革：(a)从传统的“集体团结一致”法庭模式转向以“省级集中处理案件的官僚机构”为基础的新模式；和(b)从纸质转向电子无纸化诉讼。这可以在司法部的网站上看到。这些系统性改革由各种区域势力和团体势力所领导和实施。有些地区有对“司法活动进行管理”的权限，而有些则没有；同样的，司法部和司法总理事会有时也有重叠的职能等。这些实体会制定一些年度、三年、五年总体规划，以及许多执行计划、现状报告、部门计划和改革某一具体方面的计划。②

十四、结论

综上所述，人们对法院管理越来越感兴趣，也出现了越来越多的法院管理上的专业人员。似乎有必要在许多国家减少积压的案件和缩短审理的期限。法院管理的内容（人力资源、信息技术、房地产、通讯、目标和指标）是相当广泛的，但有时法院管理被理解为涉及法院的领导或案件管理方面的东西。至少在大陆法系国家这

① 匈牙利的报告。

② 西班牙的报告。

并不意味着法院是自治的。通常很难知道他们的具体预算。他们都受到一个更高机构的管理、且越来越多地受到一个全国性的专门从事司法活动的独立机构的管理。尽管如此，各国之间还是有很大的不同。一些国家没有在涉及目标、指标、评估、奖金和预算（贝宁、德国、俄罗斯、印度）方面发展出新的法院公共管理。其他国家在这方面相当先进（如荷兰、比利时、智利、法国、英格兰和威尔士、新加坡、西班牙、美国）。最后，一些国家正在发展法院管理工具，但可能处于初级阶段（如阿尔及利亚、阿根廷、巴西、波兰）。不同国家在法院管理与法官独立性之间的冲突上存在一些问题，但不能说存在重大问题。看起来似乎普通法系国家的法官是独立的，并且享有权力，而在大陆法系国家，法官则更接近于公务员。矛盾之处在于，在普通法系国家，司法机关已经建立起了管理模式，以获得更多的独立于行政机关的地位；而在大陆法系国家，管理模式却可以增强行政的、集中的权力，由此威胁到了法官作为公务员所享有的独立性。由此看出存在两种管理模式：大陆法系管理模式和普通法系管理模式。然而，这种区别对管理模式未受英美商业管理影响的德国体系却并不适用。它也不适用于事实上权力集中和等级森严的英国体系。我可以大胆地说，荷兰的制度正在变得越来越普及，而英国的制度正变得更为接近大陆法系。他们之间有如此多的交叉影响，以至于很难划清界限。

最终，推理的最后一步就是结论了。我认为，自治权是支撑法官独立的重要价值。除了在意图上（法国，比利时或荷兰），管理模式似乎并没有促进更多的自治权。行政部门似乎比法官更钟情于管理模式。法官和法院的自治权并不意味着法官应该单独工作。在许多国家我们都需要改善法官与法院职员以及利益相关人之间的关系。我更赞成促进法官和法院职员更多自主权的管理模式。

我将展示两个具体例子。例如，在智利，法院行政管理的专业化是不同改革实施进程中的一个中心目标。在这背景下，与口头诉讼程序相关的一些实践需求，例如安排庭审、法官不间断地出席庭审、使用审判室、登记系统和人员的运作、以及应当出席口头听证的各方当事人、律师、证人和专家，产生了使用以往所研究的管理工具的必要性（和机会）。由此，凭借刑事诉讼改革我们的系统引入了“法院管理”的概念和运作。而专业的法院管理人员是司法改革的关键和更好地进行案件处理和法院管理的工具。从现在起，法院管理由专业管理人员负责，他们进行有意思的创新，并理解案件流程管理是法院的核心业务。然而，这些改革以及司法权和管理职能之间的根本分离，使得法官的古老文化被推翻，从而产生了一种新的观念，即管理是仅与一般法院管理有关的东西。在这种情况下，法官由于缺乏管理培训而不能发挥重要作用。如果我们的司法制度尝试推进更复杂的案件管理，而且是法官必须参与案件进展的这样一种案件管理，那么这个想法现在可能成为一个问题。

将新的法院管理制度和案件管理适用于任一司法制度所具有的复杂性和深远影响，似乎引发司法改革在制度上承认它，并且界定和阐明应受“法律规则”调整和应该由司法系统自行规范的不同空间。这是一个揭示了在很大程度上对我们来说没有得到解决和答复的政策、原则和理论性关键问题的主题，特别存在于那些需要优先考虑或权衡竞争原则、权利、利益或价值的领域。同样，该管理系统必须使得司法判决的准确性与期间长度、费用,包括系统的工作量保持平衡。

对于特定类型的诉讼,如复杂诉讼或个人诉讼中的诉讼人方面,并没有任何特定的看法。具有这些特征的管理制度在我们即将进行的民事程序改革的复杂诉讼领域中似乎特别具有合理性,而这些复杂领域中,这类型的问题比家事或劳动争议更频繁出现。

实际上,观察对使用这些方法的理解和经验不足而带来的问题是可能的,这一切结合起来成为一种见解与对管理行为的理解和形式主义的应用,促使案件特殊要件还未齐备的裁决的作出,这最终冲击到这些措施质量和当事人的程序性权利。此外,这些法案的规则已经如同法律规则一般被应用,而不是作为一般的绩效标准。下级法院的激励机制导致这一局面的产生。该激励机制主要基于案件数量。最后,组织标准并不总是为人所知,在某些情况下,同一法院内部也存在不同标准。

这种发展引发了批判和抵制。相当数量的法官,特别是下级法院的法官批判了这些管理法案所确立的方式。如上所述,即使最高法院颁布的法案并不是国会立法,但对法官也具有强制效力,因此,他们认为这违反了司法独立。律师也对这一制度对他们在自己案件中享有的自由裁量权所施加的限制表示异议。最后,部分法律学者从正当程序和司法独立的角度批判了这一点。

最近智利的一项关于电子程序的法律,自去年十二月以来在民事法院的实践情况也表明,在程序与裁决中引入效率、司法人员职能的多重性、快速与机会等原则后,这种趋势增加了对诉讼程序的司法控制。

但是,民事诉讼改革也正面临着重大挑战。一方面,法律从业者的文化和实践仍然固定在一种书面的、分散程序的思维定式之中。在这一程序中法官仍保持消极被动,并且把职权下放给法院工作人员。另一方面,"比尔法案"也没有对司法工作和管理工作进行明确区分。

在印度,"案例流程管理规则"的重要性在很长时间已经成为学术讨论的一个重要部分。自第一个"案例流程管理规则"由喜马偕尔邦高等法院(High Court of Himachal Pradesh)起草和公布以来,已经有十多年了,其他法院纷纷效仿。但是,有效执行案件管理的实践做法,在确保及时处理案件方面未能奏效。悬而未决案件和拖延案件的比例居高不下,揭示了案件流程管理规则的适用性和适当性在确保及时处理案件方面存在关键问题。在这背景下,重要的是强调司法救济体系中不同利益相关人需要作出承诺,以确保案件从提交到最终处理在一定时间内得以完成。州政府和高等法院需要以和谐的方式确保足够的资源用于建设必要的法院基础设施和任命合格的管理人员,以协助法官监测案件的进展情况和审查期限。除了创建跟踪系统和跟踪案件的时间周期外,现有的案件流程管理并未创建任何特殊的机制监控系统。所有的监督和审查责任都由现有的法院管理制度负责,给本来就已经超负荷的法官带来了额外的负担。目前,法院行政的责任,包括数据收集和管理,是由可能无法胜任此项任务的法官负责的。如果没有任命具体和专门的“法院管理者”(court managers),恰当执行案件流程规则将是虚幻的。[①]

在荷兰,法院在组织上的自治权可能掩盖法院在财政上的依赖。

最终真正的问题似乎是新的公共管理和信息技术对法官和法庭工作人员的动机的影响。存在心理上的风险,有时也存在司法效率导致的违反人权的风险。法院管理不能是纯技术性和量化性的。但是,定性方法并不总是很容易实现。哪些指标是最有用的(上诉率?第二次上诉率?)。在某些国家,案件积压包含了一种减少拖延和案件持续时间的量化方法(印度,也许意大利也是如此)。案件管理可能比法院管理更为迫切。在最为发达的国家中,在新的公共管理方面,需要采取定性的方法(荷兰,法国,美国,比利时),但难以掌握此方法(在美国提出了60项质量方面的指标,但只有少数指标被谨慎使用)。

笔者个人主张法庭管理的“关系型方法”(a relational approach of court management)。[②] 这意味着,重要的是改善法官与法院员工、法官和市民、法官和律师之间等的关系网,而不采用定量的方法,利益相关人的访谈可能有助于评估法院内部关系的质量。效率本身并不是目标,如果仅仅是经济问题,它甚至可能是危险的。解决办法就是通过调解尽可能避免司法途径。然而,诉讼不是一种疾病,而是一个转折点,它对社会和法律都是有益的,尤其是对法律的完善。由法院院长或经常由专门从事法院管理的国家机构行使运用信息技术(电子邮件,远程处理,双屏幕,开放数据等)的单方面权力可能会对法庭的良好氛围构成威胁。即使安全问题也可能导致违反人权的现象(例如,在德国的一个新的法院大楼里,必须为受害者设一个入口,一个是公众的入口,一个是法官的,一个是检察官的,一个是犯罪者的,让建筑师设计一个没有自然光的审判室,这对于创造一个良好的氛围是非常重要的)。关系型权力(Robert Meste)涉及关系会影响到行使权力的人这一事实,该影响力并不弱于对接受指令的人的影响。这一点更为复杂。这需要时间来做讨论,但是总之,如果司法的质量更高的话,那关系型权力可能比单系权力更有效率。

---

① 印度的报告。

② 见参考文献组织和法律的关系型方法。

方法与概述:法院组织结构和案件管理

[智]阿尔瓦罗·佩雷斯·罗根*著　毕潇潇**译

一、引言和导论①

司法系统对于案件管理的关注由来已久,目前更是以前所未有的热情在积极推进。司法机构案件管理技术的完善可以有效减少诉讼拖延和降低诉讼成本,相关司法举措亦受此直接影响。需要注意的是,实施案件管理改革的法院培训,历来是以司法管辖权为单位开展,并且是以案件管理的知识而不是技术为基础的。②因而,法院案件管理的技术,更确切地说是基于知识的技术。与此同时也不难理解,由于地域法律文化体系的不同,造成了案件管理司法实践的巨大差异。

1.效率是探讨权利的司法保护有效性的重要切入点,因此研究司法体系的效

---

* Álvaro Pérez Ragone, Universidad Católica del Norte (Chile).

** 烟台大学法学院副教授,法学博士。

① 本报告为天津国际诉讼法学会(IAPL)2017 年世界大会的会议报告之一。在编写本报告时,我得到了一批非常杰出的同事的协助。这一集体工作,首先要感谢的是那些为总报告(正文和脚注)的直接改编作出贡献的同事们,没有他们的帮助,这个报告是无法完成的。我倾向于选择直接"复制粘贴"国别报告中某部分来总结每个报告的主要内容。我要感谢各位国别报告人,他们是这份总报告真正的合作作者:来自智利的 Ramón García 教授(U. Santísima Concepción)和 Claudio Fuentes 教授(U. Diego Portales);来自秘鲁的 Giovanni PRIORI 教授(Pontificia U. Catolica delPerú);来自哥伦比亚的 Jairo Parra Quijano 教授(U. del Externado);来自巴西的 Fernando DA FONSECA GAJARDONI 教授(Universidad de Sao Paulo);来自西班牙的 Guillermo ORMAZÁBAL 教授(Universidad de Girona)(西班牙);来自法国的 Soraya Anrani-Mekki 教授(*Université* de Paris Ouest);来自波兰的 Kinga Flaga-Gieruszynska 教授和 Klich, Aleksandra 教授 (University of Szczecin);来自美国的 Richard Marcus 教授(UC Hastings);来自德国的 Michael Stürner 教授 (Universität Koblenz);来自英格兰的 Neil Andrews 教授(U. of Cambridge)。同时还要感谢 Remo Caponi 报告对本文的评论。最后,因为英语不是我的母语,我要感谢 Richard Marcus 教授审查和更正这份文稿。当然,我仍然对本文所有的格式和内容不当之处负责。

② Benvenuti, S., The European Judicial Training Network and its Role in the Strategy for the Europeanization of National Judges, in *International Journal for Court Administration*, 2015, 7(1), pp.59-67.

率问题是十分必要的。[①] 尽管仅从市场主义的角度，以利润的最大化和成本的最小化，来考虑权利的司法保护问题不无争议，但也不能完全忽略效率问题，毕竟公民个体仅在成为诉讼程序中的当事人时，才会关心权利的司法保护问题。[②] 效率不同于有效性，前者与整个民事司法系统的目的和构造相关联，而有效性体现的是与单个程序的目的有着密切联系的最具成本效益的程序性经济。[③]民事程序的效率是链接单个民事程序的规则和设计与整个民事程序的体系化管理的桥梁。如此微观与宏观相结合的角度，有助于优化司法管理。[④] 基于对制度构建和基本经济运行过程的研究兴趣，关于法治和经济增长的论述一直是政治学、经济学和法学等学科的理论和实证研究的重要内容。[⑤] 法律应该如何有效地在公平的程序中进行司法干预并实现对权利的有效保护呢？首先应考虑分配给某一案件的司法资源的适当份额，以便将其余资源分配给其他案件。[⑥]

关键问题和挑战在于，与其他商品和服务的价值相比较，人们对权利的司法保护的价值判断。或者，与投入到其他公共管理机构的资源相比较，人们愿意投入到

---

① Tronson, B., Towards Proportionality—The "Quick, Cheap and Just" Balance in Civil Litigation," in Picker, C., Seidman, G., *The Dynamisme of Civil Procedure-Global Trends and Developments*, Springer, 2016, pp.183-202; Uzelac, A., Goals of Civil Justice and Civil Procedure in the Contemporary World, in Uzelac, A. (ed.), *Goals of Civil Justice and Civil Procedure in the Contemporary Judicial Systems*, Cham, 2014, Springer, pp.21-23.

② Uzelac, A.—van Rhee, C. H., Revisiting Procedural Human Rights. Fundamentals of Civil Procedure and the Changeing Face of Civil Justice, in Uzelac-Van Rhee (ed.), *Revisiting Procedural Human Rights*, Cambridge, Intersentia, 2017, pp.3-13.

③ 参见 for the Difference between Efficiency and "procedural economy" in Brändli, B., *Prozessökonomie im schweizrischen Recht*, Bern, 2013, Stämpfli, pp.46-62.

④ Alt E.—Le Theule, M. A., *La justice aux prises avec l'éthique et la performance*, Pyramide 2011, 22, p.137-159; La Porta, R.—Lopez-de-Silanes, F.— Pop-Eleches, C.—Shleifer, A., *Judicial checks and balances*, J. Polit. Econ., 2004, Vol.112, pp.445-70.

⑤ Brändli, B., *Prozessökonomie im schweizrischen Recht*, Bern, 2013, Stämpfli, pp.62-70; Calabresi, G., *The future of Law and Economics. Essays in Reform and Recoltection*, (Yale: University Press, 2016); Stürner, R., *Die Rolle des dogmatischen Denkens im Zmlprozessrecht*, in Zeitschrift für Zivilprozess, 127 (2014). p.271 ff.

⑥ Caponi, R., "*II principio di proporzionalitá nella giustizia civile: prime note sistematiche*, "in Rivista trimestrale di diritto e procedura civile, 2010, p.389. 正如 Caponi 教授所说"追求效率不得损害起诉的权利和对权利的有效保护"(in Caponi, R., *European Minimum Standards for Courts. Independence, Specialization, Efficiency. A Glance from Italy*, Festschrift Professor Nikolaos K. Klamaris, 2016, p.151.

司法系统的资源有多少。这些问题往往又是政治角力的领域。[①] 因此,对司法正义的管理难以回避市场逻辑和人权逻辑之间的矛盾。换言之,在必要时审判管理会牺牲个案公正。[②] 由法院而不是当事人来控制诉讼的进程,是案件管理的一项基本原则。现代争端解决的方法寻求的是,尽量避免曾经激烈的对抗性的冲突,鼓励在各利害关系之间实现司法层面的合作。[③]

2. 司法救济已成为稀缺资源,这体现在:(1)基层法院、上诉法院、最高法院中每个法官的办案量都在剧增;(2)学者和法官们提出各种建议以减轻不断增加的工作量,比如减少文件的数量,增加法官人数,以及通过提高案件管理的方式提高法院的效率;(3)通过多种结构化的设计来确保司法干预并实现有效的权利保护;(4)对司法救济的需求仍将持续性的超过司法时间的供给,以致司法救济成为稀缺资源。[④] 对法院组织结构和诉讼程序的设计,应优先考虑本地实际情况和某一时期的实际需要。[⑤]

司法的"管理性"理论应当以个案实际情况为基础,依据宪法性标准,通过权衡当事人遭受的损害与司法管理的获益,确定恰当的分配比例。该研究可以视为宪法和程序法相交叉的部分内容。[⑥] 宪法理论将宪法性权利,划分为积极性的宪法权利和消极的宪法性权利,并围绕最根本的问题对法律的合宪性进行更广泛的司

---

① Alt E.—Le Theule, M. A., *La justice aux prises avec l'éthique et la performance*, Pyramide 2011, 22, pp.137-159; Carrington, Paul D., *Politics and Civil Procedure Rulemaking: Reflections on Experience*, 60 DUKE L.J., 2010, pp.597, 617-18; Klöpfer, Matthias, *Missbrauch im Europäischen Zivilverfahrensrecht*, Tübingen, Mohr, 2016, pp.13-20; Dondi, A.—Ansanelli, V.—Comoglio, P., *Processsi Civili in Evoluzione. Una Prospettiva Comparata*, Giuffre, Milano, 2015, pp.27-38.

② Amrani Mekki, Soraya, *La conduite active des proces civils*, *National Report France*; Stürner, R., *Markt und Wettbewerb über alles?*, München, 2007, pp.128, 140.

③ Master Turner, *Some thoughts on the multi-track Inside Track*, in Law Society Civil Litigation Newsletter Issue 2 (December 1997).

④ Andrews 教授指出了英国民事司法存在的问题:案件受理中的缺乏效益;上诉中的诉讼拖延;判决执行中的效率低下;法院系统内信息技术形式优化的进程缓慢;伦敦的司法服务更好,其余各地区的司法规定与伦敦相比仍有差距。(Andrews, N., *English Case Management Report*). 对比 Lord Justice Briggs, *Civil Courts Structure Review: Final Report* ,2016, available at https://www.judiciary.gov.uk/wp-content/uploads/2016/07/civil-courts-structure-review-final-report-jul-16-final-1.pdf.

⑤ da Fonseca Gajardoni, Fernando, *Procedimentos, déficit procedimental e condução ativa dos procedimentos civis pelo juiz no brasil*, *National Report Brazil*.

⑥ Petersen, N., *Proportionality and Judicial Activism*, Cambridge, 2017, pp.38-63; Schwab, K-H/Gottwald, P., Verfassung und Zivilprozess, in Rechtsschutz und verfassungsmässige Ordnung Habscheid (ed.), Bielefeld: Gieseking, 1983, p.1 e seq.

法审查,即确定宪法权利的范围和局限性。[①] 成文法或者普通法当然也要受到此种合宪性的限制。[②] 有关执行的程序也对基本权利产生限制,而如果此种限制主要集中在比例问题上,限制的程度有可能被要求作出调整。[③] 我们可以在法治的框架下,从限制基本权利的角度,考察整个案件和法院管理理论的合宪性。与合宪性理论相关联的是,强有力的案件管理理论在部分国家也遭遇抵制,尤其是在美国学术界。比如 Resnik 教授在 35 年前就曾对该理论的有效性提出质疑。[④] 除此之外,也有人担心负责管理的法官所拥有的权限过大。[⑤] 总之,如 Wolff 教授所说,过去三十年来对法官职能的深入发掘,加深了对司法系统的机构化责任和限制的研

---

① Ferreres Comella, V., *Constitutional Courts and Democratic Values: a European Perspective*, New Haven: Yale U. Press, 2009, pp. 10-25; Zucca, L., Conflicts of Fundamental Rights as Constitutional Dilemmas, in *Conflicts Between Fundamental Rights*, Brems, Eva (ed.), Antwerp, Intersentia, 2008, pp.19-37; Baer, S., *Dignity, Liberty, Equality: A Fundamental Rights Triangle of Constitutionalism*, The University of Toronto Law Journal, Vol. 59, No. 4, Fall 2009, pp.417-468.

② Petersen, N., *Proportionality and Judicial Activism*, Cambridge, 2017, pp. 38-63.; On the relationship of proportionality and constitutional rights as necessity or contingent conexion;参见 Alexy, R., *Constitutional Rights and Proportionality*, Revus —Journal for Constitutional Theory and Philosophy of Law, 2014, 2, pp.51-65; 参见 Terhechte, Jörg Philipp, *Konstitutionalisierung und Normativität der europäischen Grundrechte*, Tübingen: Mohr Siebeck, 2011, pp 54-59, (limitation and proportionality), pp.1-9.

③ 参见 in general Caponi, R., *Il principio di proporzionalità nella giustizia civile: prime note sistematiche*, Riv. Trim. Dir. e Proc. Civile, 2011, pp.389-403; Conf. in general constitutional theory with Emiliou, N., *The Principle of Proportionality in European Law: A comparative Study*, London: Kluwer, 1998, pp.25-50; Webber, G., *The Negotiable Constitution: on the Limitations of Rights*, Cambridge: Cambridge U. Press, 2009, pp.15-35; Barak, A., *Proportionality. Constitutional Rights and their Limitations*, Cambridge: Cambridge U. Press, 2012, pp.1-12; Klatt, Matthias /Meiste, Moritz, *The Constitutional Structure of Proportionality*, Oxford: Oxford U. Press, 2012, pp. 45-68; Tronson, B., "Towards Proportionality —The 'Quick, Cheap and Just' Balance in Civil Litigation," in Picker, C., Seidman, G., *The Dynamisme of Civil Procedure-Global Trends and Developments*, Springer, 2016, pp.183-202.

④ Resnik, Judith, *Managerial Judges*, HARV. L. REV., Vol.96, 1982, p.374; 对比参见 other view as replay Flanders, S., *Blind Umpires—A Response to Professor Resnik*, HASTINGS L.J., Vol.35, 1984, pp.505, 519-520.

⑤ Marcus, Richard, *Controlling the cowboy lawyers: how american judges are managing american cases*, *National Report USA*.

究,亦产生了许多宝贵的见解。[①]

Marcus 教授认为,美国文化转型的一个重要部分就是法官加强了对司法的管理。或许其中最重要的内容是修改证据开示规则时所强调的比例性。“事实上,比例的观念早在 1983 年的法律中就有所体现,只是在 2015 年修改法律时更为明确并引起关注。通常认为,当事人会根据风险程度而投入相应的诉讼成本。因此寄希望于代理律师他们自己就能够实现恰当比例。然而司法实践的现实是,法官不得不在实现恰当比例中发挥重要作用。”[②]最近,在 2015 年修改《美国联邦民事诉讼规则》第 26(b)(1)条时强调根据比例原则限制证据开示的重要性,从而凸显了法院在确保诉讼成本效益上的责任。尽管口头辩论的规定不在 26 条的范畴内,但也体现了同样的考虑。[③]

确保司法效率的重要环节就在于法院案件管理。这要从横向和纵向两个角度,来安排法院内部和法院之间的结构和设置。司法系统的结构设计取决于多方面因素,其中文化方面可能是最主要的因素。[④] 正如 Cappelletti 教授和 Garth 教授在 30 多年前所讲的,法院和民事司法系统的形象主要来自民事诉讼第一审的特征。[⑤] 这些特征既包括位于金字塔同层级的法院之间的横向安排,也包括上下级法院之间的纵向的和充分的相互作用。本文将对上述有关法院和案件管理的问题展开讨论。[⑥]

本报告分为七个部分:在引言和绪论之后,在第二部分讨论案件管理和司法运行要求影响下的效率、有效性规则和司法独立之间的复杂关系;第三部分探讨案件和法院管理的关键点;第四部分阐释案件管理中的程序性的、文化性的和结构性的安排之间的关系;接下来的两部分是从横向和纵向的角度来讨论法院案件管理中

---

① Wolff, Tobias Barrington, *Managerial Judging and Substantive Law*, Wash. U. L. Rev., Vol.90, 2013, p.1027;对比参见 Turner, R., The Proactive Judge and the Provision of a Single Transnational Case Management System and its Associated Procedures, in Andenas, M.-Andrews, N., Nazzini, R. (eds.), *The future of Transnational Civil Litigation*, The British Institutute of International and Comparative Law, London, 2004, pp.73-88.

② Marcus, Richard, *Controlling the cowboy lawyers: how american judges are managing american cases*, *Supra note* 19.

③ Marcus, Richard, *Controlling the cowboy lawyers: how american judges are managing american cases*, *Supra note* 19.

④ 对比参见 Dondi, A.-Ansanelli, V.—Comoglio, P., *Processsi Civili in Evoluzione. Una Prospettiva Comparata*, *Supra* note 9, pp.1-23.

⑤ Cappelletti, M.—Garth, B., "A Comparative Conclusion," in Cappelletti (ed.) *Ordinary Proceedings in First Instance-International Encyclopedia of Comparative Law*, Tübingen, Mohr, 1984, p.250.

⑥ 对比参见 Damaška, M., *The Faces of Justice and State Authority*, Yale University Press, 1986 and after Damaška, M., "*The Common Law/Civil Law Divide: Residual Truth of a Misleading Distinction, in Common law Civil Law and the Future of Categories*," Lexis Nexis, 2010, p.3.

具体安排;最后一部分提出本文的结论和思考。

二、效率、有效性规则与司法独立

1.效率与司法独立间的相互关系。本部分主要集中讨论两个问题,一个确保司法独立的制度性的和程序性的构造,一个是司法独立与运用工具以提高司法绩效之间的关系和冲突。① Bovend 教授谈到了司法系统中负责管理法院的机构建设和在司法独立与权力分置中可能触及的核心领域,并且反对"必须有足够的保障措施以防止行政当局施加外部压力,才能保持司法机构的独立性和尊重权力分立"的观点。② 对权利进行有效的司法保护,一方面要防止由于当事人缺少可行的司法救济选择而导致其在不平等的谈判中达成不公正的和解;另一方面也要处理好上下级法院之间关于上诉率高低和诉讼效率两者的冲突。正确认识司法系统的关键特征(比如司法独立和法院专门化以及整体绩效指标),有助于理解调解机构在司法系统中的真正作用和意义。③ 例如,在波兰,司法部在"战略和欧洲基金部"下设立专门的"数据管理信息司",按照法律部门、审级管辖、部门结构和国家行政区划等分类标准,来统计普通法庭和军事法庭的司法活动数据。④ 在智利,也是由司法部负责统计官方的司法数据。⑤ 值得注意的是秘鲁的规定:"在 2002 年,秘鲁成立了国家竞争力和正规化理事会,这是经济和财政部下设的机构,目的是推出更多项目用以改善全球市场商业竞争氛围。然而,围绕该目的,只有与经济国际化发展相关的司法制度才会被重视。这也是司法体系现代化改革中与商业公平相关的改革最容易被推进的原因。由于较好的商业司法环境,秘鲁在世界宜商国家排名中的位次不错。但除了与该排名相关的司法部门指标被公开外,其他指标内容均不得而知。"⑥

Caponi 教授认为,学者的一项重要任务是应该意识到每一个技术性的选择在更广阔的语境中都是有价值的,只有如此程序法的研究才是有意义的。这一看法

---

① Caponi, R., "*Just Settlement*" or "*Just About Settlement*"? *Mediated Agreements: a Comparative Overview of the Basics*, Rabels Zeitschrift für ausländisches und internationales Privalrecht, 2015, p.117 ff.; 对比参见 Shany, Y., "*Judicial Independence As An Indicator of International Court Effectiveness: A Goal-Based approach*," in Shetreet S.—Forsyth, Ch. (ed.), *The Culture of Judicial Independence*, Leiden-Boston, 2012, Nijhoff, pp.251-267.

② Bovend'Eert, P., "Judicial Independence and Separation of Powers: A Case Study in Modern Court Management," *European Public Law*, 2016, Vol.22, Issue 2, pp.333-353.

③ Guinchard, S., "Les garanties institutionelles du droit à un bon judge," in *Droit Processuel-Droit fondamentaux du procès*, 8th. (ed.), Paris, 2015, pp.843-852.

④ Flaga-Gieruszynska, K.—Klich, A., 波兰国别报告。"司法系统的统计事实书(SFBJS)的数据库中,包含普通法法院和军事法院的有关案例记录和判例法活动的统计数据,这些数据是通过统计报告、统计卡和问卷调查等获得的。详见 https://isws.ms.gov.pl/pl/baza-statystyczna/。"

⑤ García Odgers, R.—Fuentes Maureira, C., *National Report Chile*.

⑥ Priori, G., *National Report Peru*.

主要是针对否认指标体系价值的观点。[①]找到正确的路径以掌握精准的信息,从而促进而不是妨碍司法独立,这本身就是相当复杂的工作。某些国家的民事诉讼效率低下已经成为老生常谈,主要原因是大量案件积压以及普通民事诉讼程序的拖延。[②] 了解一国司法效率现状的主要指标通常是程序流程、结案率(clearance rate)、审理时间、法官数量、律师数量、起诉率等等。[③] 运用统计指标予以分析司法效率是很重要的方法,与此同时也是很危险的方法,除非在使用数据时能够考虑到收集各项指标时所依据的不同方法论。[④]

2.世界范围来看,司法独立是民事诉讼法的核心原则。[⑤] 正如美国法学会和国际私法统一学会所指出的:"法院和法官在认定事实和适用法律解决争议时应享有司法独立,包括不受来自内部或者外部的任何干涉的自由。"作为一项原则,司法独立既有体制上的要求,也有程序上的要求,即在机构和程序两个层面,确保其实现并对任何机构和个人的干涉予以纠正。此种独立性有赖于若干实质性要件的相互作用:[⑥]招聘、任职、薪金、纪律、免责、人身安全、行政自主权和培训。[⑦] 这就出现了一个重要的悖论:法院必须对程序予以管理以避免权利滥用,但也会因此增加大量

---

① Caponi, Remo, "*Doing Business*" *come scopo della giustizia civile*, Il Foro Italiano, 2015, V, 3.

② 对比参见 Shany, Y., Judicial Independence As An Indicator of International Court Effectiveness: A Goal-Based approach, in Shetreet S.—Forsyth, Ch. (ed.), *The Culture of Judicial Independence*, Leiden-Boston, 2012, Nijhoff, pp.251-267.

③ 对比参见 Shany, Y., Judicial Independence As An Indicator of International Court Effectiveness: A Goal-Based approach, in Shetreet S.—Forsyth, Ch. (ed.), *The Culture of Judicial Independence*, Leiden-Boston, 2012, Nijhoff, pp.251-267.

④ 对比参见 Kern, C., Justice Between Simplification and Formalism, Tübingen, Siebeck, 2007, passim; Davis, K. —Fisher A. —Kingsbury B., Governance by Indicators. Global Power through Classification and Rankings, Oxford, 2012, passim; Lindquist, S.—Cross, F., Meassuring Judicial Activism, Oxford, 2009, p.9. (On results-oriented judging); Rottenburg R., The World of Indicators. The Makingof Governmental Knowledge through Quantification, Cambridge Univ. Press, 2015, passim. 值得一提的是,欧洲委员会年度出版的"欧盟司法记分牌"(EU Justice Scoreboard):"欧盟司法记分牌作为一个信息工具,旨在通过提供有关所有成员国司法独立质量和司法体系效率的客观的、可靠的和对比性的数据,来 协助欧盟和成员国提高司法效率。"

⑤ Seibert-Fohr, A.—Müller L. F. (eds.), Judicial Independence in Transition, Springer, 2012, pp.5-20; Burbank, S. B.—Friedman B. (eds.), Judicial Independence at the Crossroads, An Interdisciplinary Approach, Sage Publications, 2002, passim.

⑥ 对比参见 Shetreet, S.—Turenne, S., Judges On Trial. The Independence and Accountability of the English Judiciay, Cambridge, 2nd.(ed.), 2013, pp.4-20.

⑦ Guinchard, S., Les garanties institutionelles du droit à un bon judge, *Supra* note 28, pp.843-852; Jackson V. C., Judicial Independence: Structure, Context, Attitude, in Seibert-Fohr-Müller, 2012, pp.19-25.

的额外工作，而鉴于目前的司法需求，极易使得司法系统陷入瘫痪。① 如何既能够实现不受社会干预的目标，又能减少实现这一目标的成本和时间？这就要求法院系统的横向管理和纵向管理间的衔接和协调，以实现时间合理、成本低廉、程序公正和实体正义的目标。② 所有的发达社会都应尊重法治的基本原则，确保独立的司法系统、公正的法院体系和一定程度上独立的有效率的司法行政管理。③

3. 2011 年，欧洲司法委员会（ENCJ）采纳了《维尔纽斯宣言》对欧洲司法机构提出的建议。这些建议要求"推进制定包括司法改革在内的长期政策。法院应提高效率，促进替代性纠纷解决机制的发展，司法活动应与市民社会建立更加密切的联系，以增强公众信心并获得必要的改革支持。司法委员会应带头参与法官和法院的改革进程"。司法改革的目标一方面在于提升司法质量，提高司法效率和有效性，同时加强和保护司法独立性，并采取措施更有效地履行其职责。④ 另一个方面则是使公民追求的公平公正更易实现，这也包括在跨国司法诉讼中寻求司法救济的便利性。⑤

4. 司法公正是法治的基石，所以司法独立在民主社会中至关重要。这当中包含三个主要问题：司法任命、外部司法独立和内部司法独立。许多正在进行中的司法改革，都在致力于提高司法机构的有效运作，发挥司法的功能。也有些改革是由影响欧洲大部分国家的经济危机带来的。⑥ 在许多欧洲国家，经济危机对司法的影响十分显著：案件数量增加但是预算减少。而有些国家，由于司法机构的表现不

---

① Lienhard, A.—Kettiger, D., Between Management and the Rule of Law: on the move towards a management model for the judiciary-Results from the project "Basic research into Court Management in Switzerland". International Journal for Court Administration., 2017, 8 (2), pp.7-19:"法院是所有法治国家的宝贵财富。即便法院采用现代化的手段加强组织和管理，也是为了保障可持续管辖权。但问题是司法系统内部的管理本身又有多少可持续性?"

② 对比参见 Resnik, J., Managerial Judges, Harv. L. Rev., Vol.96 1982, pp.374, 380; Conf. Zuckerman, A., "Compliance with Process Oligations and Fair Trial," in Andenas, M.—Andrews, N., Nazzini, R. (eds.), The future of Transnational Civil Litigation, The British Institutute of International and Comparative Law, London, 2004, pp.127-149.

③ Albers, P., Improvements of Judicial Systems: European Experiences. International Journal for Court Administration, 2008, 1 (1), pp.45-57; 对比参见 Van Rhee, C. H., Civil Justice in Pursuit of Efficiency, in Uzelac, A. (ed.) Goals of Civil Justice and Civil Procedure in the Contemporary Judicial Systems, Cham, 2014, Springer, pp.61-77.

④ 对比参见 Fleck, Z., A Comparative Analysis of Judicial Power, Organisational Issues in Judicial in Judicature and the Administration of Courts, in Badó (ed.) Fair Trial and Judicial Independece, Dordrecht, Springer, 2014, pp.3-25.

⑤ ENCJ 2012, Vilnius Recommendation https://www.encj.eu/images/stories/pdf/GA/Dublin/encj_report_judicial_reform_def.pdf. "新的愿景需要借机采取措施来提高法院的效率，适时的反思规划司法版图，改革法院的程序和内部组织机构，将其于创新性的信息和通信技术予以整合。"

⑥ 对比参见 DONDI, A.—ANSANELLI, V.—COMOGLIO, P., Processsi Civili in Evoluzione. Una Prospettiva Comparata, *Supra* note 9, pp.23-26.

佳,也妨碍了经济发展,例如司法救济的及时性不足等。认识到司法机构的有效运作的重要性不仅为司法改革提供了机会,也为应对经济危机提供了机遇。① 司法系统的结构组织应平衡不同利益间的相互影响:上下级法院间的权力分配、一审判决的效力及上级法院对判决结果的认可、尊重法官在裁判活动中的内部独立性、明确限制影响法官的惩戒措施等。正如García教授和Fuentes教授所说,智利的内部司法独立存在重大的问题:"智利宪法只有对外部司法独立的规范,而对内部司法独立毫无涉及,相反,智利宪法赋予最高法院的权力会严重危及法官的独立性。"②而波兰对内部司法独立的规定是明确的,根据《波兰共和国宪法》第178条的规定,法官在行使职权时是独立的,只服从宪法和法律。法官的工作条件和薪酬与其地位及职责范围相对应。然而,目前波兰的普通法法院制度和法官地位正在发生变化,关于《波兰共和国宪法》施行问题的疑问也越来越多,这有可能导致出于政治目的而限制法官的独立性。③

三、法院和案件管理概述

司法行政管理有两种形式:案件管理和法院管理。二者是相互关联和相互作用的。二者也是程序法和司法实践的所有问题中,与"法律文化"关系最为密切的问题。法律所规定的法官职能是对法官角色的"初步设计"。然而,这一法律规定的"初步设计"或许在司法实践中无法被法院有效实现。其中一个重要原因就在于,传统的法官职能在从(受司法传统影响的)旧的程序体系中转化到新的体系中,会演化出新的法官职能。这种变化是立法时始料未及的,因为单凭立法无法将文化形态强加于法官,更何况任何规则总是留有解释的空间。④

案件管理是旨在及时高效的解决纠纷,为案件提供有效、高效和有针对性的解决机制的司法过程。案件管理的步骤主要是,首先初步界定纠纷中的事实和法律问题,然后确定案件的程序性事件表,最后探究除开庭审理外的其他纠纷解决方式

---

① Guinchard, S., Les garanties institutionelles du droit à un bon judge, *Supra* note 28, pp.843-852.

② GarcÍA Odgers, R. —Fuentes Maureira, C. National Report Chile. "首先,前述提到的金字塔形结构中,最高法院的位阶高于所有其他法院。实际上,宪法第82条赋予了最高法院对司法机构内所有裁决的矫正监督权,这是对所有其他法庭进行监督和约束的权力。最高法院通过对上诉法院的监督,实施这一权力,而上诉法院对一审判决也实施同样的权力。但问题是,最高法院尊重法律并作出终局性裁判的角色,有时会和作为司法机构其他成员的'上司'的角色相冲突,从而导致了一些法官不愿以某种方式解决问题的风险,因为最高法院层级更高,并且可以最终审查他们的判决。"

③ Flaga-Gieruszynska, K.—Klich, A., National Report Poland.

④ Ervo, L., Should Fair Trial Rights be Redefined?, in Uzelac-Van Rhee (ed.) Revisiting Procedural Human Rights, Cambridge, Intersentia, 2017, pp.77-89; 对比参见 for the a comparative contribution about the interreception between Civil and Common Law Tradition in MARCUS, R., Misgivings about American Exceptionalism, in Uzelac-Van Rhee (ed.) Revisiting Procedural Human Rights, Cambridge, Intersentia, 2017, pp.55 et seq.

的可能性。[①] 案件一旦分配给某位法官，该法官便即刻享有对该案件全程的司法掌控和对案件各个阶段的充分跟进。法官适用司法程序以确保当事人双方和律师的积极参与和相互交流。[②] 法院协助各方当事人和律师查明争议焦点，敦促一方当事人对另一方当事人提出的事实和法律问题的尽早作出回应，尽量减少争议事项或者缩小争议的范围。同时根据具体情况，决定是否将案件转入适用替代性纠纷解决机制。[③]

然而，对转变司法职能的必要性和通过横向及纵向管理以实现有效的案件与法院管理的正当性，都需要进行充分论证。这些基于公共利益的考量依据，不仅是立法机关关切的，对同一法律文化语境下的司法机关而言，也是至关重要的。立法者是意图通过构建规范体系来实现理想社会目标的，也因之成为公共政策的"巨大发生器"。对程序进行司法管理回应了一个传统观念，即正义的实现，要求法院面对纠纷时不能被动，至于因司法资源稀缺而致制度停摆的风险，并不是需要法院及时考虑的事情。鉴于此，有必要通过开展"指导""管理""控制"等工作，才能合理化配置和最优化利用稀缺的司法资源。这些具有浓厚"管理学色彩"的功能，与自由派法官应发挥的传统作用并不相同。尽管如此，现代趋势是向法院提供上述工具用以指导程序的开展。[④]

1. 简要回顾：自十九世纪末以来，欧洲法深入探讨了法官在民事诉讼中作用。相关的欧洲学说传播到拉丁美洲，也已经历了几十年的发展。一般而言，在法国大革命后，尤其进入本世纪以后，通过法典确立的司法制度，呈现出对程序目的的"私权至上"和"个人主义"的解读。也有人将此种解读称之为"待启动的机制原理"（device principle），强调诉讼当事人承担启动、推动（也包括妨碍）以及最后终止民事诉讼进程的主要能力。毕竟，民事法律传统追求的是对私权利和个体权利的保护。[⑤]

2.各方当事人尤其是原告，可以通过"处分"其权利直接控制民事诉讼程序的目标、性质和进展速度。基于"待启动的机制原理"，原告被赋予指导程序的主导

---

① 对比参见 Zuckerman, A., Litigation Management Under the CPR: A Poorly-Used Management Infrastructure, in The Civil Procedure Rules Ten Years On, London, Deirdre Dwyer ed., 2009, p.105.

② 对比参见 Salas, D., Le tiers pouvoir, Hachette, Paris, 1998, p.119.

③ 对比参见 Dondi, A.—Ansanelli, V.—Comoglio, P., Processsi Civili in Evoluzione. Una Prospettiva Comparata, *Supra* note 9, pp.77-82.

④ Posner, Richard A. The Role of the Judge in the Twenty-First Century, B.U. L. REV., Vol.86, 2006, pp.1049, 1050.

⑤ 对比参见 Langbroek, P. M., From the Managing Editor: Court Administration in Europe-Management in a Different Context, International Journal For Court Administration (July 2017), 8(3), pp.1-2."受拿破仑时代的遗留影响，欧洲法院行政和欧洲司法机构仍定位于公务员的角色，包括在全国范围内对法官进行等级纪律监督。地方法院组织并不是十分自治的，其多数管理受制于相当详细的国家规定，尤其是在预算与账目、安全保障、人事政策等方面。鉴于此，全国法院管理机构是受司法部还是司法行政委员会指导，并没有太大的区别。"

权。正如民事法律传统认为请求权人(原告)应是诉讼程序的主人(the dominus litis),而被告仅是根据程序进展作出回应(有时甚至是激烈反对)。“待启动的机制原理”也因上述特点而备受指责,因为其对于民事诉讼的一般性解决方案的延伸,远远超出了社会、政治和经济可接受的范围。① 后来的新理论的主要贡献在于推动民事诉讼程序的“公法化”。虽然过去在诉讼程序中讨论和界定私权利和个人权利是必要的,但不可否认的是,寻求及时解决、平等、真实、公正的民事裁判,也是全社会的公共利益。② 实现这一共同诉求的核心方法之一,就是要防止诉讼当事人控制民事诉讼程序,明确由法院掌控程序的进展。③ 因此,民事诉讼规则(包括其原则和具体规则)被重新视为公法规则,尽管这一自 20 世纪以来的转变过程充满波折、跌宕起伏。同样,对法官职能的认知也在逐渐转变,不再被认为是当事人活动的消极旁观者,而是寻求直接实现司法程序公共利益的积极行动者。④ 而公共利益一方面体现为确保当事人双方平等参与诉讼,即法院应控制其中一方的社会或经济方面的优越性,避免使其转化为程序上的优越性;另一方面体现为法院通过对程序的控制,来避免当事人拖延或阻碍程序进行。⑤ Andrews 教授谈道:“正如 CPR 第一部分(2013 年重新制定,以强调对案件公正处理和以适当成本处理的必要性)中的‘首要目标’的要求,案件管理有三个主要功能:一是鼓励各方在切实可行的情况下进行调解;二是防止案件进展缓慢和低效;三是确保司法资源的按比例分配”。⑥

3.1930 年以后,英美法国家在“案件管理”理念的基础上,逐步发展形成“程序

---

① Andrews, N., A Fresch Start: The Four Pillars of Civil JusticeJudicial Independence, in Shetreet S.—Forsyth, Ch. (ed.), The Culture of Judicial Independence, Leiden-Boston, 2012, Nijhoff, pp.97-109; 对比参见 DONDI, A.—Ansanelli, V.—Comoglio, P., Processsi Civili in Evoluzione. Una Prospettiva Comparata, *Supra* note 9, pp.97-102.

② 对比参见 Bettinger, N., Prozessmodelle im Zivilverfahrensrecht: Erfolg des Hauptverhandlungsmodells, Tübingen, Siebeck, 2016, pp.3-8.

③ Tronson, B., Towards Proportionality—The “Quick, Cheap and Just” Balance in Civil Litigation, in Picker, C., Seidman, G., The Dynamisme of Civil Procedure-Global Trends and Developments, Springer, 2016, pp.183-202.

④ Turner, R., The Proactive Judge and the Provision of a Single Transnational Case Management System and its Associated Procedures, in Andenas, M.—Andrews, N., Nazzini, R. (eds.), The future of Transnational Civil Litigation, The British Institute of International and Comparative Law, London, 2004, pp.73-88.

⑤ Langbroek, P. M., *From the Managing Editor*: *Court Administration in Europe-Management in a Different Context*, in *International Journal For Court Administration* ,2017, 8(3), pp.1-2.

⑥ Andrews, N., English Case management System (Report England), quoting the CPR 1.1(1): 这些规则作为新的程序法典内容,其首要目标是使法庭能够以适度的成本、公正的处理案件。

管理"理论[①]("conduction of proceedings" doctrine)。此处需要强调大陆法传统与普通法传统间极为显著的相似性和差异性。其中贯穿本文的且容易被误解的一个共同点便是:构成当代程序管理的各项程序合理化对策,无论在欧洲还是美国,都是在民事诉讼程序中发展起来的。例如欧洲的"程序指导"(process direction)概念是在大陆法民事诉讼程序中获得根本性的发展;而美国的管理式审判也是诞生于美国民事诉讼程序中。当然,除民事诉讼外,劳动和行政争议的中产生的程序合理化和优化技巧也作出重要贡献。德语中的"Prozessleitung des Richters",西班牙语中的"direcciónjudicial del proceso"和意大利语中的"direzione del proceso",法语中的"direction(or maîtrise) duprocès",葡萄牙语中的"Gerenciamiento,conducao,direccao",都是程序管理的意思。现代的民事程序司法管理更倾向于使用"案件管理"或"管理式审判"这样的表达。Marcus 教授指出,大陆法系的某些概念往往夸大了其对案件进展予以常规司法控制的程度。[②] Van Rhee 教授[③]强调,1806 年的法国法典相当支持由诉讼当事人或律师(而非法官)控制案件内容和进展的自由放任的诉讼方式。19 世纪末的奥地利 Franz Klein 法典则更类似于二十世纪末美国的以案件管理为特色的司法能动主义。[④]

4. 在美国,诉讼的司法管理的发展趋势是日益被重视和扩展。例如,美国旧金山联邦法院于 2017 年 1 月颁布了适用于所有民事案件的《共同案件管理陈述委托书》。[⑤] 在德国,Stürner 与 Wendelstein 认为"案件管理并不是德国程序法中的法律术语,甚至没有相应的德语词汇。最贴切的表达是指导诉讼进程的司法权。尽管由当事人启动诉讼程序、确定诉讼请求的范围和陈述案件事实,诉讼进程的最终

---

① 对比参见 Chayes, A., The Role of the Judge in Public Law Litigation, Harv. L. Rev., Vol.89, 1976, pp.1281. 此外,Baldwin 教授还描述了美国早期的司法能动做法:"第 16 条正式认可了审前司法会议,并在多个司法管辖区得到推广。这些听证会原本严格限制适用于民事纠纷,但在一些州已经谨慎地扩大适用于刑事纠纷。"(Baldwin, John, Pre-Trial Justice, Blackwell, London, 1985, p.6). 同样的,Máximo Langer 在询问美国的民事诉讼程序和对前南斯拉夫问题国际刑事法庭的程序地位的改革有什么共同点时,认为此种共同点应该是"案件管理"的技术。参见,Langer, Maximo, The Rise of Managerial Judging in International Criminal Law. Research Paper 05-16, University of California, Los Angeles, 2005. Checkable at http://ssrn.com/abstract=765744.

② Marcus, Richard, Controlling the cowboy lawyers: how american judges are managing american cases.

③ Van Rhee, C. H. Introduction, European Traditions in Civil Procedure, Intersentia, 2005, pp.3-13.

④ Cappelletti, M.—Garth, B., A Comparative Conclusion, *Supra* note 24, p.252; 对比参见 Ormazabal Sánchez, G., Las facultades judiciales de dirección material de los procesos civiles en la legislación y experiencia españolas, 2017.

⑤ Marcus, Richard, Controlling the cowboy lawyers: how american judges are managing american cases.

责任是由法庭来承担”。[①] 该论述适用于大部分大陆法系国家的民事诉讼制度。法院负责指导诉讼进程。该权力延伸至诉讼进程的各个正式节点,即法院启动和控制庭审进程[sec. 136 (1) ZPO],一直到结束听审并且作出裁决[sec. 136 (4) ZPO]。[②] 法院也会与当事人就案件事实和具体情况、双方在争议案件的实质和程序问题的关系等进行商议。[③] 在智利,“案件管理尚属自然发展状态,这一点将在下文详述。准确地说,目前还处于刚刚起步阶段,缺乏关于该问题的论述,也没有横向的和纵向的案件管理方法”。[④] 智利的家事和劳动法院为案件管理的初期发展奠定了基石。比如近期取消听证中书面程序的改革,以及活跃诉讼中口头表达形式等。鉴于过高的办案负荷,智利最高法院不得不颁布如下管理规定:“各法院根据办案计划自行设立更为具体的程序规则,该职能由法官委员会、首席法官、法院行政管理三部分具有管理和控制职责的机构来行使。”[⑤]

5. 欧洲国家所探讨的“程序的司法裁量权”,在美国被称为“案件管理”。与改良式的诉讼对抗制相适应,案件管理是指法院自始至终控制诉讼过程中的意外状况、进展和裁决。[⑥] 正如欧洲学者批判过分适用“待启动的机制原理”会使民事程序背离纠问式诉讼的过程,美国学者也在探究对抗式诉讼的局限性。[⑦]即美国人自己也认识到,由于“对抗性”有时也会被过度适用。尽管案件的审理过程仍然应当是将“当事人的争端”呈现在中立的裁判者面前,然而,过于中立的裁判角色,会让法官无法避免过分对抗带来的问题。[⑧] 正如 Marcus 教授所阐释的案件管理的运作方式在很大程度上取决于法院系统的结构和定位。当然,美国法是属于普通法,而中美洲国家主要适用的是欧洲大陆法的民事法律体系,即通常法官在控制案件进程和律师方面能够发挥更积极的作用。[⑨]

6. 案件管理的内容还包含法院之间的协调与合作机制以及法院系统内最低限度的组织标准。然而,法官对诉讼过程的指导需要对案件程序的细致控制,包括听

---

① Stürner, M.—Wendelstein, Ch., Case Management in Civil Proceedings in Germany.

② Stürner, M.—Wendelstein, Ch., Case Management in Civil Proceedings in Germany.

③ Stürner, M.—Wendelstein, Ch., Case Management in Civil Proceedings in Germany.

④ García Odgers, R. —Fuentes Maureira, C. National Report Chile.

⑤ García Odgers, R. —Fuentes Maureira, C. National Report Chile. “在该司法管理法案中,通过确认某些案例追踪和个案司法干预的余地,来简化司法程序,及时终止案件审理。”

⑥ Ormazabal Sánchez, G., Las facultades judiciales de dirección material de los procesos civiles en la legislación y experiencia españolas, 2017.

⑦ Marcus, R., Controlling the cowboy lawyers: how american judges are managing american cases.

⑧ Jolowicz, JA, The Woolf Report and the Adversary System, 1996, 15 CJQ, 198; 对比参见 Dondi, A.—Ansanelli, V.—Comoglio, P., Processsi Civili in Evoluzione. Una Prospettiva Comparata, Supra note 9, pp.157-177.

⑨ Marcus, R., Controlling the cowboy lawyers: how american judges are managing american cases.

审及记录，也包括法官“指导”和“控制”当事人活动的政治勇气。[①] 指导的实施需要通过说服性的方法和技巧，同时以自愿和当事人的协商为补充。[②] 各国法上有多种概念名称来定义此种指导过程，例如“过程管理”(process management)、“诉讼管理”(litigation management)，或者直接称为“程序性控制”(procedural control)。同时，“程序管理”也需要“法院管理”和“司法人员管理”相配合。例如，司法辅助人员的管理问题。“尽管幕后工作的状态大部分不为公众所知，司法助理、法律秘书在审判过程中经常发挥着重要作用。然而，除美国之外，这类人员在司法裁判过程中的角色和职责并不明确。”[③]波兰国别报告中，提到了将法院审判工作与实现最佳的案件管理的行政要求相结合的方案，主要从三个方面提升法官的工作，这对全球案件管理水平的提高是有积极意义的。具体而言，第一是增加法官助理的数量和充实法院人员编制；第二是缩小法院的受案范围，通过设置相应的法律规则，减少虚假诉讼，防止诉讼滥用；最后，通过强化社会力量在司法管理中的参与，以及支持替代性纠纷解决方法的适用，加强对弱势群体(例如犯罪受害人、未成年人、少数族裔、很难获得法律和社会帮助的人等)的司法救济力度。[④]

现在美国法官在处理案件时，对律师的控制越来越积极。Marcus 教授认为："长久以来，美国律师的形象在世界上是独树一帜的，甚至像是无往不胜的正义牛仔。"[⑤]美国法官对案件的控制，并不是控制其结果，而是控制律师们准备案件参与审理的方式，具体主要是指其独特的证据开示过程。[⑥] 最后，法官不得不控制类似

---

① Turner, R., The Proactive Judge and the Provision of a Single Transnational Case Management System and its Associated Procedures, in Andenas, M.—Andrews, N., Nazzini, R. (eds.), *The future of Transnational Civil Litigation*, The British Institutute of International and Comparative Law, London, 2004, pp.73-88.

② Cappelletti, Mauro, Libertad individual y justicia social en el proceso civil italiano, en *Proceso*, *Ideología*, *sociedad*, Ediciones Legales Europa-America, Buenos Aires, 1974, p.104. 这里要强调的是基于抽象原则的立法中的蕴含的矛盾，此种矛盾时而看起来更像是虚构的，并且司法实践又进一步加剧了此种矛盾。意大利的诉讼程序甚至超越“当事方的私人行为”的理念，开始(或仍然)对当事人的律师保密，因为律师们常常只根据自己的利益和任务来控制程序的进程(并不完全是为了客户的利益)。他们唯一做到的就是不停地交换大量的书面辩护书，而这占据了听证的绝大部分时间，让听证除了作为程序进程中的一环之外，变得毫无意义。面对意大利民事诉讼的这种退化，法官变得更加被动和无可奈何。自然，这种结果是灾难性的[...]。(该部分内容由笔者转译为英文)

③ Holvast, N., The Power Of The Judicial Assistant/Law Clerk: Looking Behind The Scenes At Courts In The United States, England And Wales, And The Netherlands. *International Journal for Court Administration.*, 2016, 7(2), pp.10-28.

④ Flaga-Gieruszynska, K.—Klich, A., National Report Poland.

⑤ Marcus, R., Reining in the American Litigator: The New Role of American Judges, 27 *Hast. Int'l & Compar. L. Rev.* Vol.27, 2003, p.3.

⑥ Marcus, R., Controlling the cowboy lawyers: how american judges are managing american cases.

“机构改革”诉讼,否则一切难以进行。[①] 这是美国案件管理的最初形态。[②] 联邦法院也用这样的方法取代自由放任主义,并减少宽泛的诉讼请求和证据开示规则所带来的诉讼成本负担。[③] 后来,在 20 世纪末,美国法院管理中最引人瞩目的程序改革是对积极案件管理的强烈支持。[④] 新的审判方式[⑤]备受争议,反对者将其视为危险的“司法能动主义”(judicial activism),[⑥]甚至有人用政治术语解读司法行为,将其视为“向右转”(a shift to the right)。[⑦] 法官认为反对意见其实是在“竭力维护对抗式诉讼的自由主义特征”,而这些特征在法官们看来是一种“失控”。[⑧] 直至今日,关于这一问题的争论还在进行。

7. 案件管理和法院管理的发展中很重要的一项内容就是替代性纠纷解决方式(ADR)。它可以作为对整个司法运行质量进行评价的重要指标,但在检验这些指标时要倍加谨慎,至少应该要确保当事人自由文明地选择争端解决方式。[⑨]这里要

---

① Chayes, A., The Role of the Judge in Public Law Litigation, *Harv. L. Rev.*, Vol.89, 1976, p.1281 and p.13 specially.

② Chayes, A., The Role of the Judge in Public Law Litigation, *Harv. L. Rev.*, Vol.89, 1976, p.1281 and p.13 specially.

③ Elliott, E., Managerial Judging and the Evolution of Procedure, *U. CHI. L. REV.*, Vol.53, 1986, pp.306, 308-309. (For historical backgrounds in American litigation)

④ Marcus, R., Controlling the cowboy lawyers: how american judges are managing american cases.

⑤ Marcus, R., Controlling the cowboy lawyers: how american judges are managing american cases.

⑥ Resnik, J. Managerial Judges, op.cit. (文章认为“由于管理式审判的不公开性、不能复审性,它给予一审法庭更多权力的同时也削弱了对诉讼当事人的程序保护,不利于保护他们不受司法权力滥用的侵犯”); Resnik, J., Trial as Error, Jurisdiction as Injury: Transforming the Meaning of Article III, *Harv. L. Rev.*, Vol.113, 2000, pp.924, 938-40 (探讨案件管理的内容); A contrary opinion in Zuckerman, A., Compliance with Process Oligations and Fair Trial, in Andenas, M.—Andrews, N., Nazzini, R. (eds.), *The future of Transnational Civil Litigation*, The British Institutute of International and Comparative Law, London, 2004, pp.127-149; 对比参见 Andrews, N., A Fresch Start: The Four Pillars of Civil JusticeJudicial Independence, in Shetreet S.—Forsyth, Ch. (ed.), *The Culture of Judicial Independence*, Leiden-Boston, 2012, Nijhoff, pp.97-109.

⑦ Gavin, Managerial Justice in a PostDaubert World, *F.R.D.*, Vol.234, 2006,196;Gensler, S. S., Judicial Case Management: Caught in the Crossfire, *Duke Law Journal* Vol.60, 2010, pp.669-744 (结论是,对如何最好地利用案件管理的选择,最终取决于我们是否始终坚信基于案件管理而为司法制度带来的好处要大于其损失)。

⑧ Peckham, A Judicial Response to the Cost of Litigation: TwoStage Discovery and Alternative Dispute Resolution, *Rutgers L. Rev.*, Vol.37, 1985, pp.253, 265.

⑨ Fiss, O, Against Settlement, *YALE L.J.* Vol.93, 1984, p.1073; Resnik, J., Many Doors? Closing Doors? Alternative Resolution and Adjudication, *O. S. J. Dispute Res.*, Vol.10, 1995, p.211; 对比参见 Symposium, Against Settlement: Twenty-Five Years Later, *Fordham L. Rev.*, Vol.78, 2009, p.1117.

谈到的案例是欧盟法院(CJEU)审判的 *ivio Menini v. Banco Popolare Società Cooperativa* 案,该案中法院将强制调解程序作为双方进入诉讼阶段的前置程序,这一做法是符合有效司法保护原则的(消费者纠纷也是如此)。但是,需要注意的是,引入该强制调解程序,不应导致明显诉讼拖延,不应要求消费者一方需由律师代理,不应要求消费者撤诉的正当条件。一般而言,消费者参与此类强制程序应当是免费的或者花费很低的。此种方法可以减少法院案件受理量,可以有效缩减开支,降低对财政的依赖,也有助于减少法院的诉讼拖延。①

这些方法的主要缺陷在于它减小了诉诸司法裁判的可能性:收费的增加,侵害了公民从独立公正依法设立的法院那里获得救济的基本权利(《欧洲人权公约》第六条)。增加使用 ADR 可能有助于减少案件负担,但不能保证当事人的状况更好。研究法官对民事程序的积极管理,像棱镜一样折射出法官在市民社会中的地位演变和各种程序性政策的选择价值。无论是民事诉讼规则,还是更基础的却并不明显的司法管理规则,都体现着重要的政治性选择。他们共同定义了公民社会的司法职能,以及法律、正义和 ADR 之间的关系。②

"在德国,一般性规则是口头听证前要先进行调解听证,除非在 ADR 之前已尽力试图促成一致协议而未果,或者看不到调解听证的任何成功前景。在调解听证会上,法院将与当事人就案件目前的基本情况、事实以及争端的现状等问题进行全面的讨论(sec. 278(2)ZPO)。"如若当事人一方未出席或调解听证会未取得一致意见时,法院可立即进入正式庭审听证程序。③ 德国的 2012 改革中提出,法院可以作出"庭内调解"(Internal-Court Mediation)的裁决 (sec. 278 a ZPO)。法庭内部调解被视为一项法庭程序(court proceedings),而调解作出的裁决属于法院裁决的一种特殊形式。如果作出此种裁决,传统的诉讼程序将被终止,否则程序将继续进行。④ 通常调解法官主持的调解会议持续半天或者最长不超过一天。德国有些地区法院不指示律师参与调解过程。也有个别意见认为,从法律角度分析,律师没有必要参加调解。然而,必须承认的是在大多数情况下,律师参与复杂的诉讼过程是十分必要的。⑤ 在法国,最近的一次改革也支持和鼓励运用 ADR。这其实是在倡导一种温和地解决争端、友好地实现正义的方式,法官也因此种争议解决方式而扮演了新的角色。目前,法官亟需将 ADR 纳入程序过程并创设与之相关的各种工

---

① 对比参见 Cadiet, L., La reforma de la justicia y el proceso civil en Francia: la cuestión del acceso a la justicia, in Priori, G. (ed.) *Derecho material y proceso*, Lima, Palestra, 2017, pp.83-95.

② Amrani Mekki, Soraya, La conduite active des proces civils, Report France.

③ Stürner, M.—Wendelstein, Ch., Case Management in Civil Proceedings in Germany.

④ 支持改革的观点详见 Von Malte, J., Gerichtsinterne Mediation, Tübingen, Mohr, 2008, passim.

⑤ 对比参见 Thole, Ch., Das neue Mediationsgesetz —Mediation im und an der Schnittstelle zum Zivilprozessrecht—, ZZP 127, 2014, 339-370; 对比参见 Roth, H., *Die Zukunft der Ziviljustiz*, ZZP 129, 2016, pp.3-21.

具。司法并不排斥契约,现代司法程序需要其展现友好温和的一面。[①]

在英国,是否选择ADR完全遵循当事人自愿的原则,但是法院鼓励当事人考虑庭外调解。目前庭外调解在英国是很受欢迎的。[②] 在波兰,依据其民事诉讼法第10条,如果有可行的解决方案,法院会在诉讼的各个阶段敦促当事人就此解决方案进行调解。[③] 而智利法律制度将民事诉讼中的司法调解阶段作为诉讼的基本阶段。[④] “除了民事诉讼法中的调解程序,智利立法机构直到近期才开始对ADR纠纷解决机制予以关注。”[⑤]目前还没有关于律师和当事人对ADR认可程度的数据反馈。[⑥] 2011年11月的《欧洲法律》(The Law in Europe)支持在消费者纠纷中适用ADR,为该领域提供解决纠纷的选择性方案。[⑦]

8. 通过比较观察,我们可以得出以下结论:纠问式诉讼模式中的“检察官法官”,无法成为有效率的程序管理者。与此同时,纯粹对抗式诉讼模式中的“中立裁判者”,也无法实现良好的程序指导。英国和美国多年来的经验表明,尽管仍奉行“当事人中心主义”,但许多程序机制都在慢慢调整,并为法官发挥更主动的作用提供机会。法官的角色也展现出新的形象,即应当是“指导者”、“裁判者”、“审查者”

---

① Amrani Mekki, S., La conduite active des proces civils, Report France.

② Andrews, N., England National Report.

③ Flaga-Gieruszynska, K.-Klich, A., National Report Poland:“调解是自愿的,是以调解协议或法院引导当事人的调解令为基础。或者由一方当事人提出调解请求,另一方当事人同意而达成调解协议。调解是在诉讼程序启动前进行,或者在诉讼过程中经由各方当事人同意而进行调解。法院可以在诉讼的任何阶段建议当事人进行调解。调解不适用于确定适用支付令程序或付款令状程序的案件,除非提出了有效的指控(此种情形下,原本缺少对抗性的简易程序,已转为普通诉讼程序)。主审法官可以让各方当事人参加信息会议,以友好的解决争议,特别是以调解的方式。法官、法院审判员、法院工作人员、司法辅助人员、法官助理或终身调解员都可以召集信息会议。”

④ García Odgers, R.—Fuentes Maureira, C. National Report Chile:“事实上,正是由于智利自2000年以来的程序性改革,立法机关已将ADR视为争端解决的重要且有效的机制。如今,ADR已广泛适用于家庭、劳务和卫生相关的诉讼中。根据家庭法,诉讼当事人必须首先参加由专业调解员负责的调解,此阶段法官并不参与,只有当调解失败的时候,该诉讼才可以继续。从此种意义上说,调解已经成为诉讼中的必要环节。”

⑤ García Odgers, R.—Fuentes Maureira, C. National Report Chile.

⑥ García Odgers, R.—Fuentes Maureira, C. National Report Chile.

⑦ Stürner, M.—Gascón Inchausti, F. —Caponi, R., *The Role of Consumer ADR in the Administration of Justice*, Sellier. European Law Publishers, 2014, *passim*; Stürner, M., *Wahrung oder Durchsetzung von Verbraucherrechten? Zur Rolle der Verbraucherstreitbeilegung im europäischen Justizraum*, in Hörnle/Möllers/Wagner (Hrsg.), *Courts and Their Equivalents*, Nomos-Verlag, Baden-Baden, 2017. 此处还要提及一个“消费者在线ADR”(an On-Line ADR for costumers)的草案11. 29.2011 COM.,2011, p.794; 对比参见Cortés, P (ed.), *The New Regulatory Framework for Consumer Dispute Resolution*, Oxford, Oxford U. Press, 2017, *passim*.

三者的结合和互补。① 每一种角色都对应着特定的法院组织结构,包括横向的和纵向的管理设计。正如 Amrani 教授②所认为的,当今司法面临着财政压力,但却不能盲目屈从之。与其迫于财政压力而构建新的民事审判模式,不如立足于司法权的财政独立性,发挥司法机构谋求发展的能力。③

四、程序性、文化性和结构性安排

罗马法系国家的民事诉讼法(如法国、南美国家,而西班牙 2000 年颁布的民事诉讼法也可划归此类)基本都是源自意大利标准程序,主要包括三个诉讼阶段:起始阶段提交诉讼文书(包括原告诉状、被告答辩状和双方当事人之间的互相交换的争议要点等文本);第二阶段是事实调查(包括法庭制作的证据记录);第三阶段是最终裁判,在当事人阐明最后意见之后,法官(或者合议庭)作出判决。在事实调查阶段,在提交完证据之后,往往需要几轮听证或者提交书面文书。此种模式中听证的环节是分散的,而德国和英国采用的是集中听证模式。④

1. 不同的程序内部结构对于法院组织结构的横向和纵向安排至关重要,而且也与案件管理相关联。尽管法院案件管理实践中提出的一些建议颇受支持,但这些做法也有改进空间。进一步的完善,来自相应的培训和法官的经验积累,而这可以通过法官专业化或延长任期来实现。在大陆法系国家,"一审法官有很多是刚入职的,上诉复审程序有助于让更有经验的上诉法官来纠正一审错误,指导一审法官进行更为专业化的审判"。⑤ 在美国,"陪审制度得到宪法和法律的有力维护,通过让公众参与联邦法院的事实调查程序来制衡司法权;⑥而且一审法院的法官也不是年轻的'初学者',他们通常是经验丰富的出庭律师,往往比一些年轻的上诉法官有更多的法律经验。"⑦

为了公正有效地解决案件纠纷,应当由法院而不是律师或诉讼当事人来控制诉讼的节奏。保持更新待决案件的诉讼事件表,不仅有助于减少诉讼拖延,更利于增强对司法体系的信心和尊重。在过去的 30 年中,法院已经作出了改变:面民事

① 对比参见 Salas, D., *Le tiers pouvoir*, Hachette, Paris, 1998, pp.287-296.

② Amrani Mekki, Soraya, La conduite active des proces civils, Report France.

③ 对比参见 Roth, H.的方法, *Die Zukunft der Ziviljustiz*, ZZP 129, 2016, pp.3-21.

④ 参见 a comparative approach in Bettinger, N., *Prozessmodelle im Zivilverfahrensrecht: Erfolg des Hauptverhandlungsmodells*, Tübingen, Siebeck, 2016, pp.41-49, 69-71; 对比参见 Andrews, N., A Fresch Start: The Four Pillars of Civil JusticeJudicial Independence, in Shetreet S.—Forsyth, Ch. (ed.), *The Culture of Judicial Independence*, Leiden-Boston, 2012, Nijhoff, pp.97-109.

⑤ Marcus, R., Controlling the cowboy lawyers: how american judges are managing american cases.

⑥ Peterson, Restoring Structural Checks on Judicial Power in the Era of Managerial Judging, *U.C. Davis L. Rev.*, Vol.29, 1995, pp.41, 59.

⑦ Marcus, R., Controlling the cowboy lawyers: how american judges are managing american cases.

诉讼的增加,法院以新的角色采用多元化的纠纷解决方式,以至于在一些诉讼(特别是小额诉讼)中,自成诉讼当事人的人数急剧增加。现在法院系统已达成共识的是,案件审判流程管理(caseflow management)是指从立案到裁决(不管裁决的形式如何),法院对整个案件进展过程中的时间和事件进行管理和监督。① 积极的案件管理的目标是及时掌握案件审理中各个事件的顺序和时机。而管理工作应围绕这些事件本身开展,如进度讨论会议、完成证据开示等等,其中重点是做好时间管理。事件之间的间隔管理直接影响到整个案件处理时间。值得注意的是,公正结果的达成也需要准备充分的律师来实现,因而有效的案件审判流程管理必须鼓励和帮助律师进行充分的准备。② 案件管理是高效率法院的核心工作。一方面,需要按照"区分案件管理"的原则,在案件管理的过程中进行个案关注和分配比例;同时,高效率的法院也应注重案件审判流程管理中的正当程序和权利的平等保护。在整个过程中,法官要确保明确的听证和庭审日期,既要确保计划的日期是现实可行的,又要确保各方同意遵守该日期。③

2.正如 Fleck 教授所言,权力划分(division of authority)和权力分立(separation of powers)的透明度,是事关整个司法管理运作的决定性因素。④ 横向管理设计重要组成部分:一方面是法院的专门化;⑤另一方面,根据案件的重要性或复杂性而采取不同措施(单一法官、合议庭等)的灵活性。针对第一点专门化的问题,首先要区分普通法院和专门法院,例如专门处理家事的、劳动的和社会福利纠纷的不同法院。而行政法院是一个复杂的问题,不同国家有不同的情况。比如,有的国家是根据宪法设立一个国家委员会和其他具有管辖权的行政司法机构,来保护个体权利不受公共行政管理的侵害。行政法院并没有统一的存在形式。有些国家的行政案件是由民事法院来受理,没有设立专业的行政法院。涉及行政纠纷案件范围非常广泛:公民与公共行政部门之间关于行政措施的修改或者废止的纠纷、公民获取行政文件的权利、行政机关违反行政透明义务、准予使用公共物品、公共服务、采购、城市规划建设政策、政府专门机构的裁决异议等。行政法官的选任条件主要是考虑其业绩、专业水平、司法经验、司法组织内部或外部的资格准入条

---

① Guinchard, S., Les garanties institutionelles du droit à un bon judge, *Supra* note 28, pp.789-800, 843-848.

② 关于法律职业的含义和解读,对比参见 Uzelac, A.—Van Rhee, C.H. (ed.), *The Landscape of the Legal Professions in Europe and the USA: Continuity and Change*, Antwerp, Intersentia, 2011, *passim*.

③ Steelman, David C., *Caseflow Management: The Heart of Court Management in the New Millennium*, National Center for State Courts, 2004.

④ 对比参见 FLECK, Z., A Comparative Analysis of Judicial Power, Organisational Issues in Judicial in Judicature and the Administration of Courts, in Badó (ed.) Fair Trial and Judicial Independece, Dordrecht, Springer, 2014, p.11.

⑤ COMOGLIO, P., II giudice specializzato in materia di impresa, Torino, Giappichelli, 2014, p.16.

件等。这些因素事关法官任命的公正合法性以及公众对司法制度的信心。①

3.除了考虑横向管理设计之外，纵向的管理设计也很重要，即上下级法院之间的相互作用。上级法院在上诉审的作用和目的、受理案件的筛选、待处理案件的数量和复审的范围以及法官人数（基于上级法院法官人数应少于下级法官人数的组织性考虑）等方面，与下级法院都不相同，自然两者的案件管理和法院管理也应有所不同。Stürner 教授谈到德国改革时说：

“2001 年的改革或许不应该完全归功于比较借鉴。尽管改革草案的解释性备忘录中，以英国、奥地利、瑞士、法国和意大利等国家为例，说明改革所涉及的新变化其实已经在其他司法管辖区域内得到良好的实施。但其实，2001 年改革的主要进步是废除了过去二审中对上诉案件的事实和法律问题的完整听证和全面审理。奥地利和英国法律认为，全面审理的重点应该在一审程序而不是二审程序。”②

4. 司法行政危机要细分为若干方面，探究不同成因，才能获得有针对性的解决。案件管理中应该考虑到司法的替代方式，因而在满足尊重当事人自由选择以及不违反公共政策的前提下，ADR 也可以作为一种选择。毕竟当工作量超负荷且不断增加时，法院也不太可能独领风骚。这也是有关程序的司法管理中包含非司法化（dejudicialization）内容的原因。③ 这里主要谈五点：（1）法院和检察机关的机构合理化和组织调整；（2）减少法院案件数量；（3）简化司法程序，改进案件管理和引进新技术；（4）司法系统（法院和公共机构）的经费筹措；（5）法院（一审法院和上级法院）管理和案件管理、在法院内部和法院之间以及在关联机构内部和之间的案件分配、综合运用判决和其他形式提供多元化的司法救济。④

五、横向管理设计

1.法院的数量和地域分布对司法质量和管理方式有着重要影响。有多种因素会影响不同选择：（1）互联网技术的引入为法院创造了一个新的空间，这一虚拟空间弥补了“真实”的法院。⑤ （2）除了组织机构调整之外，还可以通过设置专门法院降低司法成本。（3）降低成本的其他方法，包括关闭未充分利用或破旧的法庭，以

---

① BADÓ, A., “Fair” Selection of Judges in a Modern Democracy, in Badó (ed.) Fair Trial and Judicial Independece, Dordrecht, Springer, 2014, pp.27-58.

② STÜRNER, M., Sharing Responsibility: The German Federal Court of Justice and the Civil Appellate System to be published in: Bravo Hurtado (ed.), Overburdened Supreme Courts: Transplanting Solutions?, Springer, 2017.

③ 对比参见 Amrani Mekki, Soraya, La conduite active des proces civils, Report France.

④ 参见 StÜRner, M., Sharing Responsibility: The German Federal Court of Justice and the Civil Appellate System, *Supra* note 114, p.118.

⑤ 对民事诉讼中 IT 技术的局限性的批评意见，参见 Zeleznikow, J., Can Artificial Intelligence and Online Dispute Resolution enhance efficiency and effectiveness in Courts. International Journal for Court Administration., 2017, 8(2), pp.30-45. “自成代表的诉讼当事人数目不断增加，对法院制度和获得司法救济的机会产生了消极影响。人工智能和万维网的不断扩展使得线上争议解决机制得以发展和运用。”

将其管辖的案件移送到附近法院等。(4)将若干小型法院整合至主要的大型法院,降低管理成本和一般性费用。①

法院组织机构调整有时会给当事人带来路途奔波的不便,从而破坏了司法救济的地域便利。但是鉴于现在的诉讼模式中当事人和证人必须到场的必要性在减弱,似乎许多司法机构不再特别关注这个问题。例如,在一些大国,视频会议已经普及,参与远距离听证会并不存在严重的障碍。但也有的国家将当事人亲自到场参与地方社区司法机构(邻居法院、社区法院、临近法院)的审理作为重要的程序条件,尤其是地方性案件的审理,当然这并不是决定性的条件。如何将新的虚拟法院与基于临近或公民身份而管辖的法院以及专门法院和普通法院结合起来,是同级法院组织机制的核心。②

总而言之,目的是运用一种或多种方法,例如集中或分散,来实现合理时间内确保公平审理的总体目标(第 6 条《欧洲人权公约》)。其中需要考虑的因素主要有:人口分布、地理距离及公共交通的便利性、支持性服务的提供或基础设施的建设情况及其(数字化)可利用度、充足的案件量以确保法院及援助服务机构可以被高效利用、足够数量的法官和专门机构等。同时,正如法谚所说:"正义必须在众人面前得到彰显。"要注重借助信息技术提高司法的透明度、清晰度、公信力和参与度。③

2.优化法院和法官工作量是大多数响应司法改革的国家的优先考虑事项。这一问题的关键是按比例分配(proportionality)。如果某些法院的法官没有足够的案件,司法资源就被浪费了,尤其在其他法院的法官超负荷时更是如此。一个好的做法是,可以根据某些客观标准以及法官的专业化程度,通过计算机对案件量进行自动分配。客观标准是重要的,但也应该在跨法院分配案件方面具有一定的灵活性,以平衡各个法院的工作量。跨法院分配时常需要当事人去更远一些的法院。有的国家是让当事人自己来选择:要么等待有管辖权法院审理他们的案件,要么被分配到较远的法院可以被立即审理。④ 另一个好的做法是,临时性调用其他法院

① StÜRner, M., Sharing Responsibility: The German Federal Court of Justice and the Civil Appellate System, *Supra* note 114.

② 对比参见 AMRANI MEKKI, Soraya, La conduite active des proces civils, Report France.

③ ERVO, L., Should Fair Trial Rights be Redefined?, in Uzelac-Van Rhee (ed.) Revisiting Procedural Human Rights, Cambridge, Intersentia, 2017, pp.77-89.

④ 对比参见近期的法国改革 Cadiet, L., La reforma de la justicia y el proceso civil en Francia: la cuestión del acceso a la justicia, in Priori, G. (ed.) Derecho material y proceso, Lima, Palestra, 2017, pp.83-95.

的法官到案件过多的法院工作一段时间。[①] 确保法官之间案件分配平衡的随机分配机制,对于司法的独立和公开也很重要。例如,最近发生在波兰的一项改革,波兰于2017年8月12日开始采用向法官随机分配案件的系统。该项改革的推动者认为,案件的随机分配是为了防止欺诈并确保案件没有被故意分配给刻意选择该案的法官,尤其是在第二审程序中。[②]

3. 上述管理路径可以进一步转化为根据纠纷类型的专门化设置,此时案件分配将更趋于公平和高效。[③] 为实现法院和法官的最优化部署而在他们之间灵活分配案件,明显有助于提高法院的效率。[④] 一个潜在的弊端是可能会出现司法辅助人员对法官不当干涉的风险。但对于专业法官来说,这种风险很小。通常而言,法院专门化是由上下级法院共同组成的。以波兰和德国为例,在波兰,地方法院(the district court)大致可以分给两大部门:民事部门分管涉及民法、家庭和保障法、有关青少年堕落与违法的案件,处理依赖酒精、麻醉药品和精神药物等瘾君子的案件和单行法规下属于监护法院处理的案件;刑事部门则是处理各类刑事案件。而其内部又细分为:家庭和青少年、劳动、社会保障、土地和抵押登记等法律部门。区域法院(the regional court)也是大致被划分为两大部门:民事部门和刑事部门,民事部门主要处理民事法律、家庭和保障法相关案件。而其内部又细分为:劳动纠纷、社会保障纠纷、经济纠纷、电信管制、邮政和互联网数据控制等。上诉法院分为以下三个部门:民事、刑事、劳动和社会保障部门。[⑤] 在德国,审理民事案件的普通法院"一共有四个审级:第一个审级,地方法院(Amtsgerichte)或区域法院(Landgerichte)根据案件标的额决定是否受理:区域法院的受案标的额要达到5000欧元以上,其余案件由地方法院受理;同时区域法院也受理对地方法院裁判的上诉;高级区域法院(Oberlandesgerichte)对区域法院的裁决有上诉管辖权。最后,第四个审级即最高法院(Bundesgerichtshof)是德国民事和刑事案件的终审法院"。[⑥]

法院的专门化可以被认为是一种优势,但从另外一个角度看,专门化实践中法官解读和适用法律的多元化观点,又可能导致相互对立的判决。应对这一问题,大

---

① 案件分配是体现司法独立和公正的信心和透明度的重要因素,参见 BadÓ, A.—Szarvas, K., "As Luck would have it... ": Fairness in the Distribution of Cases and Judicial Independece, in Badó (ed.) Fair Trial and Judicial Independece, Dordrecht, Springer, 2014, pp.59-73;对比参见 GUINCHARD, S., Les garanties institutionelles du droit à un bon judge, *Supra* note 28, pp.843-852.

② Flaga-Gieruszynska, K.—Klich, A., National Report Poland.

③ Badó, A.—Szarvas, K., "As Luck would have it...": Fairness in the Distribution of Cases and Judicial Independece, in Badó (Ed.) *Fair Trial and Judicial Independece*, Dordrecht, Springer, 2014, pp.59-73.

④ Guinchard, S., Les garanties institutionelles du droit à un bon judge, *Supra* note 28, pp.779-807.

⑤ Flaga-Gieruszynska, K.—Klich, A., National Report Poland.

⑥ Stürner, M., Sharing Responsibility: The German Federal Court of Justice and the Civil Appellate System, Supra note 114.

概需要最高法院对适用法律规则的统一性作出指导。

4. Woolf 教授建议,民事案件管理应由法官小组进行,而在审理过程中,程序法官应该始终对案件负责。Woolf 教授在他最后的报告中建议,绝大多数案件管理中都应有程序法官的介入。[①] 司法控制之外的诸多因素影响了案件管理创制的成功。有效的案件管理有赖于当事人听证准备的质量,以及他们遵守法院命令和时间表的意愿。计划安排办公室(the listing office)与法官之间的关系,也是案件进展的一个重要方面。如果一方面法官对案件进展时间表负责,但另一方面却对执行该计划的工作人员没有管理控制权,这其实是很奇怪的现象。法院的运作依赖于法院和工作人员之间的合作。在采用英国民事司法改革模式之前,曾有法官将法院、工作人员和司法行政机关之间的合作形容为“像在刀刃上一样”。预算削减导致法院工作人员短缺,在职人员的薪资水平也非常低。[②]

5. 工作量的分配和再分配取决于法院的机构设置和布局。将工作在法庭(合议庭和法官)和辅助人员之间再次分配的目的是让法官将精力集中于裁判这一核心任务。例如波兰和西班牙等较为多元化的国家,法官已开始将部分工作转移给行政管理人员和法律助理。[③] 在许多国家,法官往往也得履行相对简单、其实可以由司法辅助人员完成的行政任务,显然这是需要改进的。此外,根据不同的法律制度,司法辅助人员其实可以在准备案件、起草案件的判决以及初步的案件筛选方面发挥作用。任何一个成功的管理体系,包括法院管理体系在内,都必须首先确定利益相关者(stakeholders)。司法体系中只有四个角色,分别是(并不是以重要性来排序):法官、律师、诉讼当事人、司法辅助人员及司法政务官(the Court staff and the Registry)。每个利益相关者的具体作用都对确保案件管理和法院管理的成功产生影响。[④]

司法辅助人员可以履行简单的司法职能。按照司法独立的原则,只有经过任命的法官(包括非职业法官)才有权作出司法判决。但是,通过明确特定内容的工作任务,将简单的司法裁判权授权给司法工作人员当然也是可行的。比如德国和奥地利的法院中的司法辅助员(Rechtspfleger)就享有此种权限。经验表明此类授权会带来更高的诉讼效率,但前提是法官信任他们的司法工作人员,并且不需要被迫密切监视或重做他们的工作。[⑤] 这样做可能会有额外的成本,但是有一支高素质的司法工作人员队伍是必要的,同时这也需要法官们适应团队工作而不再是独自工作。发挥司法工作人员的顾问作用,有可能会给法官带来不当影响或者说危

---

① *Final Report* (July 1996). Woolf emphasises that ëprocedural judgeí is a function, not a title for a new type of judge.

② 对比参见 Salas, D., *Le tiers pouvoir*, Hachette, Paris, 1998, p.122.

③ Flaga-Gieruszynska, K.—Klich, A., *National Report Poland*.

④ Guinchard, S., Les garanties institutionelles du droit à un bon judge, *Supra* note 28, pp.807-810.

⑤ Kappl, T., *Guest editorial*: *Strong Justice for a Strong Europe*: *A European Rechtspfleger*. International Journal for Court Administration, 2016, 8(1), p.1.

及他们的司法独立性，但就目前德国和奥地利的实践来看，这并不是一个严重问题，至少职业法官们并没有表示反对。

法院组织调整的另一个方面是管理保障工作的集中化。法院需要司法工作人员收集和分析数据。信息技术和科技创新的应用，也要求司法工作人员在处理案件的主要程序之外承担一些责任。将信息技术用于司法行政管理，使其从过去的人员管理，转变为人员与信息相互状态下的管理。① 首席法官如何通过监测审判事件来制定待判决的诉讼事件表？法官们已经夜以继日办案，首席法官还不得不在没有经验或培训的情况下作出法庭管理的决定。其中的主要问题包括缺乏培训、资金问题、人事问题以及有关为首席法官配备助手一系列问题。最理想的状况是成立法院管理的合作团队，既能有效管理，又能保证正当程序和公正裁判。② 为了有效地管理案件，法院必须具备有效的案件审判流程管理的基本要素。只有如此，社会公众才能信任法院能够为寻求争端解决的个人和组织实现正义。③

在德国，Stürner 教授谈到"区域法院是其他所有法院和部门的典范"（详见《德国民事诉讼法典》ZPO 第 495 条地方法院诉讼程序的注释）。独任法官应负责地方法院的审理程序。同样，区域法院的案件也大多数是由独任法官审判[Einzelrichter, sec. 348 (1) ZPO]。就标的额 600 欧元以下的小额案件而言，地方法院可以行使自由裁量权来决定如何实施程序（sec. 495a ZPO）。与此不同，大额商事案件则应由区域法院商事法庭的三个法官组成合议庭审理[sec. 348 (2) lit. f ZPO]。④ 在英国一般情况是独任法官审判，例外情形是劳动特别法庭，由三个法官组成的合议庭审判。上诉法院多数情况下由三个法官共同审理上诉案件，而最高法院多数情况下由五位法官共同审理。司法实践中，如果上诉案件较为简单，则由一位上诉法官独任审理，如果是复杂的上诉案件，则由三个上诉法官组成合议庭审理。⑤ 另一个例子是波兰，一审法庭是独任法官，除非法律有其他特别规定。⑥ 二审时是由三个职业法官共同审理。有关证据程序的裁定是由独任法官在不公开审理（a closed session）中作出。⑦ 最高法院中，撤销上诉的裁定要由三位法官组成

---

① 欧洲法院使用信息技术（CEPEJ，2016）的内容参见 https://www.coe.int/t/dghl/cooperation/cepej/evaluation/2016/publication/REV1/2016_2-CEPEJ Study 24-IT Report-EN.pdf.

② 对比参见 Baum, L., *Judges and Their Audiences*, Princeton U., Princeton-Oxford, 2008, pp.73-81.

③ Parkin, J., *Adaptable Due Process*, U. PA. L. REV., Vol.160, 2012, pp.1309, 1362.

④ Stürner, M.—Wendelstein, Ch., *Case Management in Civil Proceedings in Germany*.

⑤ Andrews, N., *National Report England*.

⑥ Flaga-Gieruszynska, K.—Klich, A., *National Report Poland*. "一审是由一名首席法官和两名非职业法官共同审理劳动法领域、家庭关系领域的案件。听证裁定和法庭命令之外的裁决由首席法官作出。法院的院长可以根据案件的复杂性或遵循先例，将案件交由三名职业法官组成的合议庭审理。"

⑦ Flaga-Gieruszynska, K.—Klich, A., *National Report Poland*.

的合议庭作出,其他情形皆为独任法官审判。[①]

在秘鲁,每个司法区域对应的设有一个高等法院。每个高等法院由高级法院、专门法官和司法律师组成。专门法院通常都是独任法官。这些法官所在辖区人口较少,非常贴近市民。近年来的程序性改革也在不断提高这些法官的司法管辖权。[②] 在智利,刑事、劳工和家庭法院的一审法官是整合在一起的,案件分配给相应的法官后,由该法官独任审理,例外情形是刑事审判法庭中需要由三位法官组成合议庭。[③] "每个尚未改革的民事法庭,都由一名法官、一名秘书和一组负责处理案件卷宗的法院工作人员组成。按照 2016 年 12 月颁布的电子存储法,所有诉讼和其他书面文档都必须以数字文档的形式提交。""上诉法院的案件可以分为合议庭审理或全庭审理。合议庭由三位法官组成,代表整个法庭作出裁决。"[④]上诉法院中还有一系列工作人员负责众多的行政管理工作。上诉法院并不是专门化设置的,每三位法官组成一个合议庭,对所有类型的纠纷都有一般管辖权。最高法院中的各个合议庭是专门化设置的。"然而,这种专门化设置并不是依据法官的专门知识或训练经验,只是一种法院内部的工作分配方式。"[⑤]

6.程序上的简化和数字化是为了实现更好的案件管理。正如 Gajardoni 教授[⑥]对巴西的评论,一般而言,程序简化可以分为三种方式,三种程序的灵活性(适用)体制。第一种是鉴于法律规定的灵活性,即法官根据法律条文的授权而采用适当的诉讼程序。第二种是司法衡量的灵活性。虽然法律条文中没有规定,但是法官可以基于具体案件中(主观和客观)的变量,依据其对程序合宪性的控制去塑造程序并决定一系列具体的程序性行为、形式和模式。第三种是程序规则本身的灵活性。比如,根据程序公约,特殊情形下,当事人可以自由选择特定程序或者程序行为。

另外,增加程序的类型,有助于简化程序本身和简化辅助信息技术系统。这对于提高司法质量和降低成本是很有效的。对于程序本身,采用简单快速的程序,允许法官严格限制文件的反复交换,以及为避免冗长的书面决定而增加口头审理以

---

① Flaga-Gieruszynska, K.—Klich, A., *National Report Poland*:"如果在撤销原判的上诉中,涉案法律问题严重存疑,最高法院可以推迟判决,将案件转呈至扩大审委会。扩大审委会的意见对最高法院有约束力,最高法院可以将该意见确认为该案的最终判决。"

② Priori, G., *National Report Peru*.

③ García Odgers, R.—Fuentes Maureira, C. *National Report Chile*."这些改革后的法院有更现代化的内部管理结构,由专业的法院行政人员负责管理,带领内部人员作出合理的工作行程安排,提高服务质量等等。"

④ García Odgers, R.—Fuentes Maureira, C. *National Report Chile*.

⑤ García Odgers, R.—Fuentes Maureira, C. *National Report Chile*. "关于法院日常的工作安排,最高法院主要分为三个庭:第一个分庭即民事庭,第二个分庭即刑事庭,第三个分庭即宪法和行政庭。当最高法院按照特别的安排进行工作时,法院就会分为四个分庭,第四分庭是解决劳动和工作福利问题而设立的。"

⑥ da Fonseca Gajardoni, Fernando, *Procedimentos, déficit procedimental e condução ativa dos procedimentos civis pelo juiz no brasil*, National Report Brazil.

拖延案件。只有在案件非常复杂的情况下,才允许多次听证。现在,当事人和解的案件数量越来越多。有几个国家的小额诉讼中已适用简化程序。这些程序内容简单、格式严格和成本低廉,也容易实现数字化。①

电子立案和有数字签名的数字文件交换,正在迅速普及并降低了司法成本。在很多国家,书面记录已经被音频和视频记录所取代。虽然用途不一,但许多国家都采用了视频会议的方式。在世界各国,如果当事人或者证人等诉讼参与人在国外,或者需要特别保护和匿名,都会采用视频听证会议的方式。尤其是在疆域跨度较大的国家,视频会议运用得更加频繁,使得诉讼当事人更为方便参加诉讼。在过去的十年间,许多国家都在改进技术,以提升法官和法院工作人员的工作。电子立案平台的建立,以及新的电子案件和档案管理系统,已经给多国法院的程序管理带来了彻底的改变。②

7. 司法裁判和法官的管理需要。有了适当的方法,新的技术可以协助法官履行职责,也可以提高法庭的运作效率和司法系统对当事人的服务质量。③ 鉴于指标的可视化,司法工具可以灵活获取对当前和历史案例等至关重要的资源。对法官的工作进行管理,并按轻重缓急进行排序是十分重要的。日积月累的经验,使得法官们在堆积如山的文档中管理大量案件和复杂事务的技能越来越娴熟。这也令一些法官在将过去习惯的工作流程和决策过程转化为电子文件时颇为费力。法庭和法官也需要通过优化工作流程和审判环境里来提高判决的质量。④

"案件管理"一词在传统意义上包括从立案到判决的整个过程,并且还要确保当事人获得正当程序和实体正义的保障。⑤ 在电子案例记录系统中,行政管理过程应由法官、书记员、法院管理者等的协同参与十分重要。除了"案件管理"之外,还有"司法案件流程管理"(JCFM)的概念,它是指具体与法官职能相关的更独立的管理过程。通过管理未经组织的正式和非正式事件,满足合理时限内作出有效判

---

① Wallace, A., *The Impact of Technology on Courts*. International Journal for Court Administration. 2017,8(2), p.1.

② Zeleznikow, J., *Can Artificial Intelligence and Online Dispute Resolution enhance efficiency and effectiveness in Courts*. International Journal for Court Administration., 2017, 8(2), pp.30-45.

③ No. (2011)14 of the CCJE, *Justice and information technologies* (*IT*) 的意见认为,可以咨询欧盟国家有关适用于司法体系管理的法律框架的要点中的信息技术的发展指数。参见 pp.13-14; 对比参见 Alwidian, S.—Amyot, D.—Babin, G., Evaluating the Potential of Technology in Justice Systems Using Goal Modeling, in *E-Technologies: Embracing the Internet of Things*, 2017, Springer, pp.185-202.

④ Langbroek, Ph., *Quality management in courts and in judicial organisations in Council of Europe Member States*, étude CEPEJ, 2010.

⑤ Ng, G., Case Management: Procedural Law vs. Best Practices, in Uzelac, A.—Van Rhee, C.H., *Judicial Case Management and Efficiency in Civil Litigation*, Antwerp, 2008, Intersentia, pp.111-133.

决的需要。[①] 采用JCFM,人们开始关注法官通过案件记录来提供更好的司法服务的能力。这并不仅仅与法院的正式指标有关,而是取决于可配置的司法工具的发展,这些工具为法官提供了更有效的技术手段来获取案件记录、裁定当事人提起的动议、电子签署文件、标记案件事件,以及安排和主持听证和审判。[②]

这些措施结合起来,节省了诉讼程序的时间,提高了工作效率。数字化司法服务是十分必要的。随着社会服务已经很大程度被重新定义为数字化服务,司法制度必须跟上社会的这一趋势。经过初步的评估,简化的和数字化的司法程序是完全符合公正审判的要求的。但是司法质量的衡量指标和对法官的监督可能会导致其他问题。如果法官必须向管理层解释处理某个案件的时间比正常情况要长,或者要解释某个案件的具体情况,那么司法独立就会受到损害。因此,在内部行政纪律管理中使用这些数据来考评法官的绩效时,必须要非常谨慎。[③]

六、纵向管理设计

从传统的上诉(中级和最高法院)审理向现代案件管理转变的过程中,也迸发出许多困扰,研究司法管理的学者们也对某些案件管理的方法表示担忧。现代"上诉"一词在广义上,是指当事人寻求上级法院就下级法院对事实认定或适用法律的各种形式的裁决进行复核,以校正或撤销其司法裁定的诉讼行为。传统上,民法法系国家为当事人提供了多种反对司法裁决的救济选择。[④] 就下级法院的司法裁决向上级法院提出抗议的方式,决定了上诉法院实现高效和高质量工作的管理安排。Jolowicz教授[⑤]将欧盟国家划分为三个类别:(1)一审后的所有诉讼程序都被称为上诉,比如英国和瑞典等国家;(2)将上诉区分为二审(上诉审)和三审(复审)国家,如德国、奥地利;(3)将上诉区分为二审(上诉审)和三审(撤销原判)的国家,如西班

---

① 刑事案件管理发展的重建是基于 Scott, R., Caseflow Management in the Trial Court. In Zuckerman A. A. S.—Cranston R. (ed.), *Reform of Civil Procedure*. Whitened Press, Oxford, 1995; Baldwin, J., *Pre-Trial Justice. A Study of Case Settlement in Magistrates' Courts*. Blackwell, Oxford, 1985.

② 参见 Caseflow Management Handbook, *Guide for Enhanced Court Administration in Civil Proceedings*, Counsil EU, 2016, pp.13-20, 18-34.

③ Bovend'Eert, P., *Judicial Independence and Separation of Powers: A Case Study in Modern Court Management*, 2016, European Public Law, Vol.22, Issue 2, pp.333-353.

④ 对比参见 Dondi, A.—Ansanelli, V.—Comoglio, P., *Processsi Civili in Evoluzione. Una Prospettiva Comparata*, *Supra* note 9, pp.291.

⑤ Jolowicz, A.—van Rhee, R., *Recourse Against Judgement in the european Union*, The Hague, Kluwer Law International, 1999, pp.2-3.

牙、意大利、波兰等。上诉法院和最高法院的诉讼程序和行政管理都与下级法院不同。[①] 对高级法院衡量司法判决的过程而言，其关键在于建立选择标准正确的上诉案件过滤机制，对IT系统的运用，对部分案件和诉讼采取口头或书面陈述形式以及高级法院的管理技能。

评估上诉阶段的第一个难点是确定应着重考察哪些变量。第二个难点在于明确主要因素后如何测量。可以理解的是，法官对于不需要复审的案件倾注的精力要小一些，因为这些案件的正确性往往不需要经过上诉的检验。[②] 问题继而变成，哪些案件最有可能在不经复审的情况下也容易获得正确的裁决。在下级法院和上诉法院之间的垂直管理的情形下，依据经验，至少有两类不需要复审的案件：(1)非争议性复审程序(full judicial treatment)可以有效复核的案件；(2)通常不会认为一审裁判错误的案件。减少上级法院的案件数量也是一个很重要的问题。许多国家的上诉法院或最高法院面临巨大案件量，同时又缺少相应的财政支持来缩短待审理案件的等待时间。有很多普通案件在利用上诉作为拖延战略，与此同时，却有一些重大的或者事关公益的案件亟待解决。[③]

上诉法院的管理应致力于作出公正的、更好的判决。法院是复查程序中的积极参与者，确保每个诉讼请求得到适当并及时的审理。上诉案件的管理需要额外的能力。纵向管理当中，首先需要明确上诉法院和最高法院所发挥的主要作用。最高法院的职能也额外需要为整个司法体系日后的判决提供指导。因为上诉法院和最高法院有不同的职能，其案件管理的选择标准也应有所不同。[④] 上级法院通过上诉行使司法制度的多种重要职能，以实现纠正错误、统一法律适用、指导法律发展以及通过前瞻性法律解释、法律实施与法律统一[⑤]来提升法治的公信力。除

---

① For a detailed examination between "cassation" (in this case in France) and "revisión" (in Germany). 参见 Ferrand, F. *Cassation franc,aise et révision allemande : essai sur le contrôle exercé en matière civile par la Cour de cassation franc,aise et par la Cour fédérale de justice de la République fédérale d'Allemagne*, PUF, 1993, *passim.*; 对比参见 Bierschenk, L., *Die zweite Instanz im Detuschen und französischen Zivilverfahren*, Tübingen, 2015, Siebeck, pp. 11-15.

② Reinhardt, S., *A Plea to Save the Federal Courts: Too Few Judges, Too Many Cases*, 79 A.B.A. J., Jan., 1993, pp.52, 53. ("人们往往认为，不管被分配的案件数量多少，法官都可以达到同样质量的工作，这是不正确的。大多数法官都在满负荷工作。因此，当案件量增加时，法官不可避免地会减少对个别案例的关注。所以那些相信法官在任何情况下都可以完成同样质量的工作的人只是在欺骗自己。")

③ 对比参见 Kodek, G., Apellate Proceedings in Civil Cases. Traditional Remedies in Light of Contemporary Problems, in *Nobody's Perfect: Comparative Essays on Appeals and Other Means of Recourse*, in A. Uzelac & C.H. van Rhee (eds.), Intersentia 2014, pp.35-52.

④ 对比参见 Fiss, O. *The Bureaucratization of the Judiciary*, YALE L.J., Vol.92, 1983, pp.1442, 1446.

⑤ Conf. Frost, A., *Overvaluing Uniformity*, VA. L. REV. Vol.93, 2008, p.1567.(主张认为实现司法统一性将耗费巨大成本，因而有时也会倾向于容忍差异性的存在。)

了实现上诉的基本功能和调和当事人寻求裁判终局性和准确性的竞争欲望,上诉案件也构成了人们对法律制度认知的基础。[①] 尽管上诉审理很重要,但如果上诉裁决不当,也易于扭曲人们对法律制度的看法。[②]

法院如何最大限度地合理化地推进司法纠错和法律发展?如果可以很容易地对司法纠错和法律发展进行测量并量化,那么便可以使两者最大限度地结合起来。然而不幸的是,司法纠错和法律发展都无法被精确测量。类似测算上诉案件的撤销率,即上诉法院推翻下级法院和机构裁决,或许还是有希望的。然而,即使没有精确的测算方法,仍可以探讨法院最大化合理化实现这些目标的理论依据。[③] 有两个观点一直在争论,一个观点认为上诉案件越少,诉讼效率越高;另一个观点认为上诉案件越多,诉讼效率越低。为了简化任务,可以分解这两个目标,并依次考虑使其最大化。[④]首先看司法纠错,如果上诉法院只是将司法资源尽可能地用于控制下级法院的判决不犯实质性错误,将意味着什么?换言之,法院尽力在有限的资源下减少错误率意味着什么?一个重要的解决机制是制定适当的司法复审案件的选择标准:将正式的限制标准与法官控制诉讼事件表的自由裁量权相结合。[⑤]

(一)上诉权比较研究

Marcus 教授认为,对于许多法律体系——尤其是大陆法系而言,为一审判决的当事人提供多次复审机会是正常的。在这样的体系中,不可避免地会限制法官管理诉讼事件的能力,因为很多裁决都要接受高级法院的法官的频繁复审。[⑥] 美国的体制则非常不同。[⑦] “在美国的法学院,没有司法课程。初审法院(第一审)法官并不是一些年轻的初学者,他们通常是经验丰富的出庭律师,通常比一些年轻的

---

① Robertson, C. B., *The Right To An Appeal*. North Carolina Law Review 91, 2013, pp.1219.

② 对比参见 Eisenberg, T., *Appeal Rates and Outcomes in Tried and Nontried Cases: Further Exploration of Anti-Plaintiff Appellate Outcomes*. Journal of Empirical Legal Studies, 2004,1, pp.659-688.

③ Levy, Marin K., "Judicial Attention as a Scarce Resource: A Preliminary Defense of How Judges Allocate Time Across Cases in the Federal Courts of Appeals," *The George Washington Law Review*, Vol.81, 2013, p.401.

④ 对比参见 Rehnquist, William, *Seen in a Glass Darkly: The Future of the Federal Courts*, WIS. L. REV, 1993, pp.1,3. (“简单地说,国家一再指望由联邦法院来处理越来越多的社会问题……而当人们也都指望联邦法院时,法院就会因不堪重负而陷入僵局。”)

⑤ Herzog, P.—Karlen, D., Attacks on Judicial Decisions, in Cappelletti (ed.) *Ordinary Proceedings in First Instance-International Encyclopedia of Comparative Law*, Tübingen, Mohr, 1982, p.54.

⑥ Marcus, Richard, *Controlling the cowboy lawyers: how american judges are managing american cases*.

⑦ Marcus, R., Appellate Review in the Reactive Model: The Example of the American Federal Courts, in *Nobody's Perfect: Comparative Essays on Appeals and Other Means of Recourse*, in A. Uzelac & C.H. van Rhee (eds.), Intersentia, 2014, p.105.

上诉法官有更多的法律经验。上诉复审并不是让初审法官学习经验的。"[①]所以在实践中,美国的大多数案件都不会上诉,即便可以申请上诉。依据"最后判决"(final judgment)规则,除非所有相关当事人的所有诉讼请求都经过司法裁判,否则一般不可以上诉。[②] 实践中绝大多数情况因不符合要求而一审结案,比如大部分一审案件的当事人都会达成和解,而和解是不可以上诉的。[③]

相反的观点是,支持上诉权作为公平审判的一部分,提升制度的合法性价值,而尊重个人尊严可以通过其他方式体现。[④] 随意地使用审查标准是滥用自由裁量权。在美国,法官可以自主明确时限规则和审查标准。但这并不意味着美国法官经常滥用权力。赋予裁判者就一个案件作出明智判决的权力,要比让多位裁判者就同一个案件作出不同判决更好。[⑤] 比如美国的加利福尼亚州,尽管州宪法确立了上诉法院,但它并没有明确地规定民事或刑事案件中的上诉权利。在所有的案件都有法律明确规定的上诉权,但并不是所有案件都有必要上诉至上诉法院。[⑥] 案件是否上诉到高级法院的上诉部门或上诉法院,以联邦法院为例,通常只能是获得"最后判决"(即所有当事人之间的争议都已得到司法判决)的一审案件才可以提起上诉。[⑦] 加利福尼亚最高法院将"最后判决规则"作为上诉审的基本原则。其依据的是两个诉讼理论,一个是对同一个案件进行零散的裁判和多次的上诉会增加办案压力和诉讼成本,另一个是,对中间裁决的审查要等待案件的最终判决。[⑧] 在英国,法律也没有规定上诉权,上诉人必须获得上级法院或一审法官的许可,最高法院每年也只审理法院选定的案件。[⑨]

---

① Marcus, Richard, *Controlling the cowboy lawyers: how american judges are managing american cases*.

② 28 U.S.C.N 1291.

③ 28 U.S.C.N 1291.

④ Robertson, Cassandra B., The Right To An Appeal. *North Carolina Law Review*, Vol.91, 2013, pp.1219."因此,如果上诉救济从程序框架中移除,整个系统就不能提供充分的正当程序保护。最后,承认对上诉权的宪法性保护,也是以规范性的政策来促进制度合法性和尊重个人尊严的价值。"

⑤ Robertson, Cassandra B., The Right To An Appeal. *North Carolina Law Review*, Vol.91, 2013, pp.1219.

⑥ Saltzman, A., Appellate review in California: limits on the right to recourse, in Uzelac A.—van Rhee, R. (eds.), *Nobody's Perfect: Comparative Essays on Appeals and Other Means of Recourse*, Cambridge, Intersentia, 2014, pp.95-104; 对比参见 Eisenberg, T.—Heise, M., *Plaintiphobia in State Courts Redux? An Empirical Study of State Court Trials on Appeal*, Cornell Law School research paper No. 14-02.

⑦ *In re Baycol Cases I and II*, 51 Cal.4th 751, 756, 122 Cal.Rptr.3d 153, 248 P.3d 681 (2011).

⑧ *Morehart v. County of Santa Barbara*, 7 Cal.4th 725, 872 P.2d 143 (1994).

⑨ Andrews, N., England National report; 对比参见 Andrews, N., Restriction On Appeal in English Law, in Uzelac A.—van Rhee, R. (eds.) *Nobody's Perfect: Comparative Essays on Appeals and Other Means of Recourse*, Cambridge, Intersentia, 2014, pp.73-94.

在意大利,Lupoi 教授将上诉法院描述为针对下级法院判决的二审法院。上诉法院对其辖区内(在一个地区或多省的范围内)的下级法院都具该复审权。[①]"意大利宪法没有规定对一审判决提起上诉的宪法性权利。换句话说,意大利宪法体系不承认所谓的二审终审制,仅是意大利的民事诉讼法(第 339 条)规定了二审制。"[②]

正如 Stürner 教授所言,德国宪法并不保证上诉权。[③] 支持这一立场的依据是宪法中并没有一个明确条款赋予上诉权,暂且不论宪法中对反抗公权力的一般性司法保护(法院是公权力的一部分)。有人基于这种推理认为,原则上,任何法院所作出的判决都可以被上诉。[④] "然而,依此观点会导致无限上诉,因此立法者必须设立限制,可以依据宪法的其他价值加以限制,例如司法终局原则(the principle of finality)。另外,对进入上诉法院的案件的准入限制也必须遵循比例原则。"[⑤]

在智利,宪法层面的规范中没有"上诉权"。除此之外,智利宪法法院的一些判决将上诉权作为正当程序条款的一部分,但仅限于刑事案件。[⑥] 然而,形式上并没有任何过滤审查机制,如对"有待上诉"的请求或者调卷令的审查,仅有对形式要求的审查。[⑦]

根据《波兰共和国宪法》第 46 条的规定,每个人都有权受到公正和公开的审判,适格、独立且公正的法院不应作出不当延迟的审判。根据宪法第 176 条规定,法院审理程序采取两审终审制。[⑧] 法院的制度和特色以及审理程序都是由立法者规定。当事人针对一审法院的判决有权向二审法院提出上诉,没有任何限制。[⑨]

(二)上级法院案件管理和案件选择

上诉法院的案件管理往往未得重视。上诉法院的判决其实需要以下几种特殊

---

① Andrews, N., England National report.

② Andrews, N., England National report.

③ Stürner, M., Sharing Responsibility: The German Federal Court of Justice and the Civil Appellate System, *Supra* note 114, 参见 e.g. the German Constitutional Court decision *BVerfGE* 1, pp.433, 437.

④ Stürner, M., Sharing Responsibility: The German Federal Court of Justice and the Civil Appellate System, *Supra* note 114, 参见 e.g. the German Constitutional Court decision *BVerfGE* 1, pp.433, 437.

⑤ Stürner, M., Sharing Responsibility: The German Federal Court of Justice and the Civil Appellate System, *Supra* note 114, 参见 e.g. the German Constitutional Court decision *BVerfGE* 1, pp.433, 437;对比参见 Stürner, M. *Die Anfechtung von Zivilurteilen*, München: C.H. Beck, 2002, p.79 et seq.

⑥ Garcia, R.—Fuentes, C., National Report Chile:"尽管如此,智利学说的某些部分辩称,《美洲人权公约》确立了适用于所有实体问题的上诉权。然而,尽管《美洲公约》在其第 8 条 h 款中确立了上诉权,但这种权利只赋予给了刑事犯罪语境下的刑事被告。"

⑦ Garcia, R.—Fuentes, C., National Report Chile.

⑧ Flaga-Gieruszynska, K.—Klich, A., National Report Poland.

⑨ Flaga-Gieruszynska, K.—Klich, A., National Report Poland.

的“案件管理”:(1)案件是否需要口头辩论或者是仅依辩护书等文卷作出裁决;[①](2)裁决意见是由法官,还是书记员,或者司法工作人员起草;(3)判决意见是否公开;[②](4)法官在案件优先性与待决案件诉讼事件表之间的动态调整。若待决案件量较小,法院就不需要作出何者优先的艰难抉择,因为时间充分待决案件之间没有太多竞争关系。另外,对上诉法院和最高法院案件管理的深入探讨,不仅仅需要描述清楚相关做法,还需要解释清楚法院为什么这样做,以及标准化操作的正当性解释。[③] 另外值得注意的一点是上诉法院对调解的运用,尽管学者们对此很少关注。一审调解一直是热门话题,争议主要集中在调解是否减损了司法判决的社会作用。其实二审调解也存在相同的问题。[④]

法院裁判支持某一方当事人的依据,实际上是诸多价值的结合,包括实际公平性、合法性、效率、公共利益等等。法院往往根据本案中他们认为最重要的价值,并本着最大化这些价值的目标来裁判。[⑤] 自然,上诉逆转率会因为案件的质量、类型和相关性而有所不同。影响上诉率的主要因素有:起诉与和解的动力,诉讼当事人的不同及上诉成功率的差异预测。[⑥] 合理的过滤机制,应具有定性和定量的作用和目的。一方面,定性的方法,需要法院选择那些真正相关的和有价值的案件,从而避免无价值的审判。另一方面,定量的方法是指在审查过程中,法院结合预测的案件数量、人力资源和时间的有限性,运用比例原则来选择案件。合理的过滤机制能够帮助法院作出更高质量的司法判决。[⑦]

---

① Tidmarsh, J., *The Future of Oral Argument*, *Loyola University Chicago Law Journal*, 2016, Vol.48, pp.475-486.

② Wallace, J. Clifford *Improving the Appellate Process Worldwide Through Maximizing Judicial Resources*, Vand. J. Transnat'l L., Vol. 38, 2005, pp. 187, 192; Haworth, Ch. R. *Screening and Summary Procedures in the United States Courts of Appeals*, 1973, Wash. U. L.Q., p.257; 对比参见 Martineu, R. J. *The Value of Appellate Oral Argument: A Challenge to the Conventional Wisdom*, IOWA L. REV., Vol.72, 1986, p.1; Schiavoni, J. S. *Who's Afraid of Precedent? The Debate Over the Precedential Value of Unpublished Opinions*, Ucla L. Rev., Vol.49, 2002, p.1859.

③ Cooper, Jeffrey O.—Berman, Douglas A. *Passive Virtues in the Federal Courts of Appeals*, Brook. L. Rev., Vol.66, 2000, p.685; Richman William M.—Reynolds, William L. *Elitism, Expediency, and the New Certiorari: Requiem for the Learned Hand Tradition*, CORNELL L. REV., Vol.81, 1996, p.273.

④ Jordan, Samuel P., *Early Panel Announcement, Settlement and Adjudication*, B.Y. U. L. Rev., Vol.2007, 2007, p.55.

⑤ Levy, Marin K., *The Mechanics of Federal Appeals: Uniformity and Case Management in the Circuit Courts*, Duke Law Journal, Vol.61, 2011, p.315.

⑥ Eisenberg, Theodore-Farber, Henry S., *Why Do Plaintiffs Lose Appeals? Biased Trial Courts, Litigious Losers, or Low Trial Win Rates?*, American Law and Economic Review, 2013, 15:73-109.

⑦ Drago, G.—B., Fauvarque Cosson-Goré M. (eds.), *L'accès au juge de cassation*, Société de législation comparée, 2015, pp.1-20.

确定高级法院案件受理范围的方法。案件积压问题可以通过一系列措施来缓解,比如,提高上诉费用或者根据上诉审的功能对案件进行准入审查。通常情况下,应由议会而不是司法机构来作出采取此类措施的决定,因为它事关公共政策的执行。增加诉讼费用通常旨在减少无价值的案件或申诉的数量,这些案件上诉的主要目的在于拖延甚至搁置诉讼程序。① 如果采纳该措施,民事案件的上诉费用将高于实际的诉讼成本,带来的负面作用是可能会阻碍司法正义的实现,以及对经济产生负面效果。然而,在许多国家,这并不是一个大问题,因为即使在诉讼费用大幅增加之后,这些费用仍然只是案件实际成本的一小部分。②

减少案件积压的另一种方法是适用上诉法律进行案件限制,比如可以像德国那样设立民事案件的最低诉讼标的额。这种方法主要目的是减少上诉案件的数量,同时也简化了上诉程序,从而减少了上诉听证的数量。对于这一问题,欧洲的司法体系更倾向于多种形式的授权许可,即由法官自行决定哪些案件值得上诉,而不是机械地适用法条。有很多案件的一审判决明显是毫无问题的,是否准予上诉取决于案件是否具有二审的价值。③

Stürner 教授提到,在德国的一些司法管辖区,有不同的案件管理的方式方法,主要取决于案件的价值、复杂性或一些其他因素。一个基本的区分标准是诉讼标的额是否达到 5000 欧元。5000 欧元以下的案件由地方法院(Local Courts)处理(对类似租赁合同和非诉事项的案件也有专属管辖权),5000 欧元以上的案件由区域法院(Regional Courts)管辖。④ 尽管区域法院有能力审理针对地方法院的判决的上诉案件,但针对区域法院作出的一审判决的上诉,由高级区域法院(Higher Regional Courts)来审理。所有这些案件的程序上一般遵循上述方法,区域法院是所有其他法院及分支机构的示范样板。基层法院的审理程序由独任法官负责。⑤ 通常,几乎所有的案件都可以进行上诉审。唯一的上诉审的条件是,诉讼争议标的额要超过 600 欧元。"但是,有些案件即使在此标准线以下,一审法院也可以准予

---

① Frydman, B., L'évolution des critères et des modes de contrôle de la qualité des décisions de justice, in Mbongo, p.(ed.) *La qualité de la decision de justice*, Paris, 2008, Ed. Conseil del'Europe, pp.18-29.

② 关于法院内部的诉讼拖延和机构及行政管理问题,参见 Bóka, J., "*To Delay Justice is Injustice*": *A Comparative Analysis of* (*Un*) *Reasonable Delay*, in Badó (Ed.) *Fair Trial and Judicial Independece*, Dordrecht, Springer, 2014, p.141-161.

③ Bóka, J., "*To Delay Justice is Injustice*": *A Comparative Analysis of* (*Un*) *Reasonable Delay*, in Badó (Ed.) *Fair Trial and Judicial Independece*, Dordrecht, Springer, 2014, p. 141-161.

④ Stürner, Michael, *Sharing Responsibility*: *The German Federal Court of Justice and the Civil Appellate System*, *Supra* note 114.

⑤ *Ibid*."同样的,绝大多数情况下,在区域法院审理的案件由独任法官判决。对于诉讼标的额不超过 600 欧元的小额案件,基层法院可公平行使自由裁量权来决定如何实施诉讼程序。而大型商业案件则由区域法院商业庭的三名法官组成的合议庭审理。通常在口头听证之前,会有一个相当漫长的临时程序,主要是案件相关的书面文书。"

其上诉,只要案件涉及的法律问题具有十分重大的意义(of fundamental significance),或者事关法律的未来发展或涉及统一裁判标准等需要交由上诉法院来裁决。"①尽管是否许可上诉,需要依据法律规定,并不是自由裁量的事项,但仍有相当多的"判例用以阐明何种法律问题可被视为具有十分重要的意义"。② 有观点认为,上述审的主要内容应该既包括适用法律的错误,也包括事实认定的错误,但应限制事实认定的复审范围。③ 自2001年司法改革以来,对上诉案件的筛选审查机制可以被评为相当高效的过滤器。④

Stürner教授谈到了上诉法院案件管理的三个要点:(1)"分阶段剔除无价值的案件。"下级法院或许是最了解案件的,因而可以由其来决定案件获准上诉的可能性。"考虑到法律发展和裁判标准的统一性,这些说法似乎很有道理,但若从是否具有十分重要的意义角度看却未必如此,因为上诉法院本身也可能会适用法律错误。"⑤(2)低级法官或法官助理。形式上不存在低级法官。但像所有其他的法院一样,德国联邦法院也需要法庭登记处(a court registry)的支持。每个审判庭(senate)有自己的登记处,一般有两至三名职员。此外,联邦最高法院大约有50名学术研究人员。⑥ (3)判决。在上诉案件中,审判庭的庭长会把一个案件材料指派给本庭的一名法官,由其作为法官报告人(rapporteur)负责本案。无论判决是否是在口头听证后作出,每一分判决都需要采用书面形式。如果是不需要口头听证即可作出的判决,法官报告人可以口头说明判决理由,其他情况下均需要作出书面

---

① Bóka, J., "*To Delay Justice is Injustice*": *A Comparative Analysis of* (*Un*) *Reasonable Delay*, in Badó (Ed.) *Fair Trial and Judicial Independece*, Dordrecht, Springer, 2014, p. 141-161.

② Bóka, J., "*To Delay Justice is Injustice*": *A Comparative Analysis of* (*Un*) *Reasonable Delay*, in Badó (Ed.) *Fair Trial and Judicial Independece*, Dordrecht, Springer, 2014, p. 141-161; Bierschenk, L., *Die zweite Instanz im Detuschen und französischen Zivilverfahren*, Tübingen, 2015, Siebeck, pp. 111-115; Dondi, A.—Ansanelli, V.—Comoglio, P., *Processsi Civili in Evoluzione. Una Prospettiva Comparata*, *Supra* note 9, pp.297.

③ Bóka, J., "*To Delay Justice is Injustice*": *A Comparative Analysis of* (*Un*) *Reasonable Delay*, in Badó (Ed.) *Fair Trial and Judicial Independece*, Dordrecht, Springer, 2014, p. 141-161.

④ Bierschenk, L., *Die zweite Instanz im Detuschen und französischen Zivilverfahren*, Tübingen, 2015, Siebeck, pp.1-5.

⑤ Bóka, J., "*To Delay Justice is Injustice*": *A Comparative Analysis of* (*Un*) *Reasonable Delay*, in Badó (Ed.) *Fair Trial and Judicial Independece*, Dordrecht, Springer, 2014, p. 141-161.

⑥ Bóka, J., "*To Delay Justice is Injustice*": *A Comparative Analysis of* (*Un*) *Reasonable Delay*, in Badó (Ed.) *Fair Trial and Judicial Independece*, Dordrecht, Springer, 2014, p. 141-161.

报告。①

除了上文提及的美国民事诉讼法中对上诉的限制外,Saltzman 还谈到加利福尼亚州的州法院的上诉审查限制的三种基本方式:②第一,像美国联邦法院系统中的审查一样,加州法院的审查只限于审查初审法院的裁决是否错误。"简言之,初审法院的负责认定事实并作出裁决,当事人只有根据新的证据或理论依据才能获得上诉法院的复审。"③第二,初审法院的判决是上诉法院审查和裁判的基础。"上诉法院以初审判决为审查起点,通常会假设初审裁判是正确的,尤其是陪审团作出的裁决。"基于此种假设,民事案件的审查有三个基本的标准:证据是否确实、是否滥用自由裁量权或是否符合重审标准(de novo review)。④ 第三,除了对初审法院尊重外,一审裁决"不可能只因为初审法院有错而被推翻;这个错误可能会被认为是'无害的',无害的错误不是推翻初审法院裁决的理据"。⑤

在意大利,"普通的上诉并不需要符合特定条件,只要败诉方认为自己遭受不公正的一审判决即可。除了少数例外情况,一审判决都可以通过上诉移交至高级法院的法官复审。然而,在 2012 年,通过采用所谓的'过滤机制',上诉的权利受到了限制"。⑥ 上诉审查包括两个阶段(过滤器):首先,申请必须包含针对裁判的哪一部分进行上诉、是否提出变更、指明违反法律规定的事项;第二,根据对上诉申请的审查,应当有上诉成功的合理可能性。⑦ "此外,上诉书必须陈述违法的具体事由以及与要初审判决的关联。上诉法官应该通过阅读上诉书(以及对方的答辩状)来裁判案件,不需要阅读任何其他材料。这一规定被认为是立法者在贯彻上诉书

---

① Bóka, J., "*To Delay Justice is Injustice*": *A Comparative Analysis of (Un) Reasonable Delay*, in Badó (Ed.) *Fair Trial and Judicial Independece*, Dordrecht, Springer, 2014, p. 141-161.

② Levy, Marin K., The Mechanics of Federal Appeals: Uniformity and Case Management in the Circuit Courts, *DUKE L.J.*, Vol.61, 2011, 315 (描述和分析五个联邦上诉法院的案件管理的做法)。

③ Saltzman, Andrea, Appellate review in California: limits on the right to recourse, in Uzelac A.—van Rhee, R. (ed.), *Nobody's Perfect*: *Comparative Essays on Appeals and Other Means of Recourse*, Cambridge, Intersentia, 2014, pp.95-104.

④ Saltzman, Andrea, Appellate review in California: limits on the right to recourse, in Uzelac A.—van Rhee, R. (ed.), *Nobody's Perfect*: *Comparative Essays on Appeals and Other Means of Recourse*, Cambridge, Intersentia, 2014, pp.95-104.

⑤ Saltzman, Andrea, Appellate review in California: limits on the right to recourse, in Uzelac A.—van Rhee, R. (ed.), *Nobody's Perfect*: *Comparative Essays on Appeals and Other Means of Recourse*, Cambridge, Intersentia, 2014, pp.95-104.

⑥ Lupoi, Michele Angelo, *Appellate procedures in Italy*; 对比参见 Ferrari, F., The Recent amendments to the Italian Appeal System, in in Uzelac A.—van Rhee, R. (ed.), *Nobody's Perfect*: *Comparative Essays on Appeals and Other Means of Recourse*, Cambridge, Intersentia, 2014, pp.259-272.

⑦ Ferrari, F., The Recent amendments to the Italian Appeal System, *Ibid.*, pp.264-265.

自证充分性原则。①

(三)最高法院的困境

几十年来,最高法院的超负荷工作量一直是严重问题。上诉权的行使,使得最高法院的案件数量激增。② 过去十年来,最高法院采用了一些程序机制以减少法院的工作负担,并取得了一定的效果。③ 通过设置上诉"过滤器"来减少最高法院审理的案件,即只有那些有"重大意义"的案件才可以上诉至最高法院,而何为"重大意义"属于最高法院的自由裁量事项。④ 正如 Stürner 教授对德国情况的描述,这样的自由裁量明显存在进退两难的"困境"。最高法院筛选案件时,从一个角度看,应重视当事人的利益,从另一个角度看,应有助于促进法律体系的价值,比如公信力、司法统一性、裁判终局确定性对于指导未来裁判的意义等。也许并不存在困境,只是需要让这些目的互补。⑤

下文将以德国联邦法院为例,探究法院的主要目标、架构及相互关系。在 Stürner 教授看来,德国的司法系统(笔者将此推及一般意义上的最高法院)中,"在评价德国联邦法院的职能时会发现,面临的主要问题是要在实现个案公正的目标与每个最高法院需要承担的阐明和发展法律的首要职责之间寻求平衡"。从司法改革的历史中可以发现此种挑战一直存在,而联邦法院的立案管理改革便是要试

---

① Lupoi, Michele Angelo, *Appellate procedures in Italy*; for a critical view; 参见 Caponi, R., *La riforma dei mezzi di impugnazione*, *Rivista trimestrale di diritto e procedura civile*, Vol.66, No.4, 2012, pp.1153-1178.

② 对比参见 Dondi, A.—Ansanelli, V.—Comoglio, P., *Processsi Civili in Evoluzione. Una Prospettiva Comparata*, *Supra* note 9, pp.307-318; 参见 Cepej, *Report on European Judicial Systems* —Edition 2014 (2012 Data): Efficiency and Quality of justice, www.coe.int, p. 190:"100%的结案率表明法院或者司法体系在给定的时间内有能力解决正在受理的和即将受理的全部案件。结案率超过在 100%,表明系统有能力解决已受理案件之外的更多案件,也将减少潜在的积压。最后,如果即将要受理的案件数量多于已经受理的案件数量,结案就会降至 100%以下。当结案率低于 100%时,报告期结束时未解决的案件数量将增加,即案件积压。"

③ Stevens, J.P., Deciding What to Decide: The Docket and the Rule of Four, in O'Brian (ed.), Judges on Judging: Views from the Bench, (ed.), California, Sagge, 2017, pp.113-121.

④ Hathaway, O. A. *Path Dependence in the Law*: *The Course and Pattern of Legal Change in a Common Law System*, 86 IOWA L. REV., Vol.86, 2001, pp.601,605; Perry, Stephen R. *Judicial Obligation*, *Precedent and the Common Law*, OXFORD J. LEGAL STUD., Vol.7, 1987, pp.215, 244. ("这个国家不应该允许诉讼当事人或其他诉讼参与人在不同的法庭受到不一样的对待。")

⑤ 对比参见 van Rhee, C. H. —Fu, Yulin, *Supreme Courts in transition in China and the West*: *Adjudication at the Service of Public Goals*, Cham, 2017, Springer International Publishing, pp.1-11; Genn, H., *Judging Civil Justice*, Cambridge University, 2010, pp.10-23; Kornhauser, L., Appeal and Supreme Courts, in Sanchirico, Chris William (ed.), *Procedural Law and Economics*, Massachusets, 2012, pp.19-41; Taruffo, M., Le funzioni delle corte supremi. Cenni generali, in Mitidiero, D.; Rizzo, G. (eds.), Processo Civil, São Paulo, 2012, Atlas, p.341.

图寻求一种平衡点。“在德国,传统上法院更重视追求个案正义。但在过去的几十年中,越来越重视上诉的整体制度性价值。2001 年司法改革中,联邦法院不仅采用了立案的限制机制,而且也重塑了整个诉讼程序体制,把更多的司法权下放给一审法院。这明显地减少了联邦法院的案件负担。”[①]德国联邦法院的职能并未因此成为争论焦点,因为实践证明上诉案件过滤机制的采用是相当有效的。与此同时,在 2001 年的司法改革中,德国联邦法院把上诉的优先权赋予了涉案法律问题对未来大部分案件有影响的那些案件,而不是那些仅关涉个体利益的案件(这种选择与案件的数量无关)。[②] 德国联邦法院的组织结构有助于达成上述的优先性目标,它由 129 名法官构成(分布在民事和刑事法庭),其中民事法庭有 84 名法官。民事法庭分为 12 个审判庭,每个审判庭都是由 5 名法官组成的合议庭,且每个审判庭都有预先确定好的业务范围和专业领域。[③] Stürner 教授指出,专业化程度也“有助于提升裁判的质量,另外,为确保 12 个审判庭内裁判的统一性,可以召集大审判庭会议(Grand Chamber),对某个审判庭想要偏离其他审判庭法理的请求作出裁决”。审判庭由法官助理协助,他们从事基础性的司法工作,不参与案件管理或裁决。[④] 值得一提的是法院内有大约 50 名研究助理,他们是未来有前途的青年法官,负责日常法律准备工作。还有一点需要重点提及,双方当事人必须由在上述法院有出庭资格的律师代理。目前只有 43 名律师有如此高的声望和资历。[⑤] 总之,以德国最高法院为例,从上诉案件的筛选、确保法院裁判的统一性以及恰当的法庭

① Stürner, M., *Sharing Responsibility*: *The German Federal Court of Justice and the Civil Appellate System Supra* note 114; 参见 also Kern, C., El rol de la corte suprema, en Taruffo, M. —Marinoni, L. —Mitidiero, D., *La misio n de los tribunales supremos*, Madrid, 2016, Marcial Pons, p.76.

② Stürner, M., *Sharing Responsibility*: *The German Federal Court of Justice and the Civil Appellate System Supra* note 114; 参见 also Kern, C., El rol de la corte suprema, en Taruffo, M. —Marinoni, L. —Mitidiero, D., *La misión de los tribunales supremos*, Madrid, 2016, Marcial Pons, p.76.

③ Stürner, M., *Sharing Responsibility*: *The German Federal Court of Justice and the Civil Appellate System Supra* note 114; 参见 also Kern, C., El rol de la corte suprema, en Taruffo, M. —Marinoni, L. —Mitidiero, D., *La misión de los tribunales supremos*, Madrid, 2016, Marcial Pons, p.76.

④ Stürner, M., *Sharing Responsibility*: *The German Federal Court of Justice and the Civil Appellate System Supra* note 114; 参见 also Kern, C., El rol de la corte suprema, en Taruffo, M. —Marinoni, L. —Mitidiero, D., *La misión de los tribunales supremos*, Madrid, 2016, Marcial Pons, p.76.

⑤ Stürner, M., *Sharing Responsibility*: *The German Federal Court of Justice and the Civil Appellate System Supra* note 114; 参见 also Kern, C., El rol de la corte suprema, en Taruffo, M. —Marinoni, L. —Mitidiero, D., *La misión de los tribunales supremos*, Madrid, 2016, Marcial Pons, p.76.

人员构成及相互关系中，体现出一个最高法院的多重公共目标。①德国联邦法院的上诉程序的目标是“改判”，而不是“撤销原判”。“这意味着，即便上诉成功，下级法院的判决也不是被撤销。”上诉法院会作出新的判决，理由是“下级法院的判决只有在对认定事实适用法律有误时才可以被更改，一旦符合此种情况，可以改判”。②

智利的最高法院有 21 名法官，负责处理“撤销原判”的上诉案件，1995 年以来法院一直秉持专门化审判庭的理念而运作。“就其日常的工作安排而言，最高法院分为三个主要的审判庭：第一审判庭或民事审判庭，第二审判庭或刑事审判庭，第三审判庭或宪法和行政法审判庭。如果就其特别的工作安排而言，最高法院可分四个审判庭，第四审判庭是涉及劳动与工作利益问题的审判庭。但是，并非根据最高法院的法官的专业知识或训练而进行的专门化分工，而是基于法院内部的工作安排。”③除了形式性的上诉许可要求外，这里没有一种基于公共目标或类似目标的“准予上诉”的过滤机制。诉讼当事人的个人利益成为形式审查的重点④。“根据纸面的法律规定，只要满足法律规定的要求，任何个人都有权上诉至最高法院。但是司法实践中体现出一些不成体系化的规则，即在立案阶段，最高法院也会过滤掉一些当事人提出的申诉，以减轻他们的工作负荷。”⑤

在波兰，在某些涉及产权、劳动法和社会保障、家庭法的案件中，向最高法院提出的“撤销原判”的上诉请求是不予采纳的。撤销原判的上诉可以基于下列理由：因误解或误用而违反实体法；可能对案件的结果产生重大影响的严重程序违法。最高法院受理的上诉案件包括：案件中涉及相关法律问题（的适用）；因（下级）法院判决中适用的法律条文存有重大争议和分歧而需要解释；无效诉讼或者上诉理由显然成立的。最高法院对上诉案件受理与否的决定程序无需开庭，该决定不需要书面理由。⑥

在意大利，宪法性规则（宪法第 111 条）明确了撤销原判的上诉权，因此这个规

① 对比参见 Schafft, *Selektion von Rechtsmittelverfahren durch gesetzliche Zugangsbeschrankungen*, Tubingen, 2005, *passim*.

② Stürner, M., *Sharing Responsibility: The German Federal Court of Justice and the Civil Appellate System Supra* note 114.

③ García Odgers, R. —Fuentes Maureira, C. *National Report Chile*.

④ 参见 the critics and description of the “Cassation” and the Chilean Supreme Court role in Bravo-Hurtado, P., The End of Cassation in Chile? Recourse to the Chilean Supreme Court in Civil Matters, in van Rhee, C. H.—Fu, Y. (eds.), *Supreme Courts in transition in China and the West: Adjudication at the service of public goals*, Cham, 2017, Springer International Publishing, pp.149-173；对照另外一种观点 Tavolari, R., Reflexiones sobre la Corte Suprema Chilena, in Berizonce-Hitters-Oteiza (eds.) *El papel de los tribunales superiores*, Buenos Aires, 2006 Rubinzal, pp.471-500.

⑤ García Odgers, R. —Fuentes Maureira, C. *National Report Chile*.

⑥ Flaga-Gieruszynska, K.—Klich, A., *National Report Poland*.

则似乎被认为是过时的。[①] 在最近的一项改革中,最高法院采用了德国模式,为上诉提供筛选机制。[②] 即规定在涉及普遍关注的重大问题,或者与法庭的一贯先例相矛盾时,法庭应评估其违法性以决定是否接受上诉。此种上诉案件受理是基于是否符合一般性条款,法院在解释该一般性条款时要排除自由裁量权的适用。[③]

在秘鲁,最高法院既负责"撤销原判"的上诉,也负责区域高级法院提出的普通上诉。根据《司法组织法》,最高法院分为三个厅:一个民事厅(a civil hall),一个刑事厅(a criminal hall),一个宪法和社会厅(a constitutional and social hall)。虽然根据组织法只有三个厅,因为随着时间的推移,案件数量日益增加,额外的大厅被暂时创建,但在实践中的工作运转并不是临时的。司法实践中,秘鲁最高法院目前有两个民事大厅(一个永久和一个暂时的),两个刑事厅(一个永久和一个暂时的)和四个宪法社会厅(一个永久和三个暂时的)。秘鲁最高法院在坚持权力自决问题上并不连续,也没有通过诸如司法统一性、促进法律发展和维护个体正义等清晰的目标来发挥其作为司法救济终局权威的功能。而且只规定了形式上的上诉要求,并没有特别的案件过滤机制。[④]

法国上诉法院由六个审判庭组成。七位首席法官,主持他们组建的听证会。法庭的审判委员法官共计 120 位,另外还有 35 位是上诉法院首席法官和巴黎初审法院院长候选人。审判委员通常由首席庭长指定或任命出席不同的委员会和机构。法律顾问共 70 位,通常是在从事该领域不超过 10 年的地方法官中选出。上诉往往会使上诉法院纠正那些不符合法律规则的判决,上诉法院也因此起到控制法律在实体和程序上正确适用的作用。2016 年 11 月 18 日关于 21 世纪司法现代化的 2016-1547 法令中的第 38 条至第 43 条提出了针对上诉法院的程序问题的建议。但是一项更细致的改革仍在讨论中,比如上诉案件筛选过滤的问题。[⑤] 上诉法院必须着重解决那些存在严重法律问题或是有新的法律问题出现的上诉案件。[⑥]西方的民主思想促使它们的最高法院重新审查这些应当监督的案件。为了

① 对比参见 Caponi, R., *La riforma dei mezzi di impugnazione*, Rivista trimestrale di diritto e procedura civile, *Supra* note 211, pp.1153-1178;对比参见 Proto Pisani, *Sulla garanzia costituzionale del ricorso per cassazione sistematicamente interpretata*, in *Foro it.*, 2009, parte V, c. 380.

② Dondi, A.—Ansanelli, V.—Comoglio, P., *Processsi Civili in Evoluzione. Una Prospettiva Comparata*, *Supra* note 9, pp.312-314.

③ Caponi, R. *La riforma dei mezzi di impugnazione*, Rivista trimestrale di diritto e procedura civile, *Supra* note 211, pp.1153-1178.

④ Priori, G., *National Report Peru*.

⑤ Guillaume M.—Bechillon D. (eds.), *La régulation des contentieux devant les cours suprêmes*, Paris, Le Club des juristes, 2014.

⑥ 对比参见 Guinchard, S.—Ferrand, F.—Moussa, T., *Une chance pour la France et le droit continental: la technique de cassation, vecteur particulièrement approprié au contrôle de conventionnalité*, D. 2015, chron. 278;对比参见 Dondi, A.—Ansanelli, V.—Comoglio, P., *Processsi Civili in Evoluzione. Una Prospettiva Comparata*, *Supra* note 9, p.315.

实现同样的要求,上诉法院必须加强它的"筛选"系统来提高效率。当案件被证实出现违反基本原则的情况,以及对法律发展过程和法律适用的统一性没有益处时,就应被拒绝。[①] 诉讼的理性化和上诉受理的减少一定伴随着对判决更有效的推动和宣传。筛选的目标是能够选出最重要的案件,通过上诉法庭实现宣扬法律、统一法律体系、控制上诉法院出现失误的传统功能。[②] 因此,根据重要性的不同,应当过滤和区分这些诉讼。[③]

七、结论

1. 探讨司法系统的效率是非常有必要的,因为司法效率是实现权利的司法保护的有效性的一个重要方面。当然,司法效率是否只为迎合市场意识形态、对权利的司法保护路径是否只取决于利润最大化和成本最小化等问题,仍备受争议。

2. 案件管理的原则是由法院而不是诉讼人控制诉讼的进程。现代争端解决的方法寻求的是,尽量避免曾经激烈的对抗性的冲突,鼓励在各利害关系之间实现司法层面的合作。

3. 司法救济已成为稀缺资源,这体现在:(1)基层法院、上诉法院、最高法院中每个法官的办案量都在剧增;(2)学者和法官们提出各种建议以减轻不断增加的工作量,比如减少文件的数量,增加法官人数,以及通过提高案件管理的方式提高法院的效率;(3)通过多种结构化的设计来确保司法干预并实现有效的权利保护;(4)对司法救济的需求仍将持续性的超过司法时间的供给,以致司法救济成为稀缺资源。

4. 高效司法体制的关键组成部分是法院和案件管理。这取决于法院内部和法院之间的结构和安排,既包括横向同级法院之间的,也包括纵向上下级法院之间的。司法体系的结构设计有赖于多种因素,文化因素可能是其中最主要的因素。司法改革的目标应该是提高司法质量、司法机构的效率和效力,同时加强和保护司法独立性。案件管理是一个司法过程,为案件提供有效、高效和有针对性的管理,以及时地和优质地解决争端。

5. 然而,对转变司法职能的必要性和通过横向及纵向管理以实现有效的案件与法院管理的正当性,都需要进行充分论证。这些基于公共利益的考量依据,不仅是立法机关关切的,对同一法律文化语境下的司法机关而言,也是至关重要的。立

---

① 对比参见 Jean, J.—P. *Filtrage des recours en cassation : adapter à chaque système judiciaire les principes directeurs communs d'une "bonne justice"*, in Le filtrage des recours devant les cours suprêmes, Actes du colloque V, 2016, (Publ. 2017), pp.42-43.

② Rapport de la Comission de Réflexion sur la Réforme de la court de Cassation (April 2017), avaliable athttps://www.courdecassation.fr/IMG///Rapport sur la réforme de la Cour de cassation.pdf.

③ Rapport de la Comission de Réflexion sur la Réforme de la court de Cassation (April 2017), avaliable athttps://www.courdecassation.fr/IMG///Rapport sur la réforme de la Cour de cassation.pdf.

法者是意图通过构建规范体系来实现理想社会目标的,也因之成为公共政策的“巨大发生器”。

6. 横向安排有两个重要组成部分:(1)法院的专门化;(2)法院内的分配案件的灵活性,即根据案件的重要性或者案件的复杂性(独任法官、合议庭等)。第一点可以区分普通法院和专门法院,无论专门法院是否正式分化。也就是说,在工作量过大且日益增加的情况下,法院不可能进行过多控制,这也是司法程序管理出现反司法化(dejudicialization)的原因所在。任务的分配和再分配取决于法院的机构设置。法庭(独任法官或合议庭)工作任务的再分配以及和安排辅助人员的目的,是让法官集中精力审理和裁判。在横向安排之外,也应探讨纵向安排,即上级和下级法院之间的相互关系。鉴于上诉法院的职能、受理案件的筛选、上诉法院的工作量和复审范围、上级法院法官的数量不同于下级法院等因素,上级法院和下级法院的案件和法院管理应该有所不同。司法管理危机的处理和应对,必须多管齐下、因时因地制宜。

7. 案件管理还应考虑其他争端解决方案,包括 ADR 机制,当然必须在尊重各方当事人自由选择权和不违反公共政策的前提下。

8. 一般而言,上诉阶段首先要确定哪些变量应该最大化,其次,解决潜在变量难以测量的难题。法院如何在合理地、最大限度地纠正错误的同时,兼顾法律的发展?如果错误纠正和法律发展两个变量可被衡量和量化,或许可以创建一个寻求将二者最大限度融合的功能。

9. 几十年来,最高法院的超负荷工作量一直是严重问题。上诉权的行使,使得最高法院的案件数量激增。最高法院筛选案件时,从一个角度看,应重视当事人的利益,从另一个角度看,应有助于促进法律体系的价值,比如公信力、司法统一性、裁判终局确定性对于指导未来裁判的意义等。也许并不存在两难的困境,只是需要让这些目的互补。

综上所述,司法系统的内部改革应当以提高司法保护的质量为原则,实现如下系列目标:提高诉诸司法实现正义的质量;提高公众对于司法制度的信心;提升司法机构的形象;建立既高效又不至牺牲司法公正和救济机会的有效制度。

澳大利亚个人破产制度与未来改革方向：应对债务人的不幸与不端行为

[澳] Rosalind Mason* 著　金春　张效锁** 译

译者前言　2019 年 7 月 16 日，国家发改委、最高人民法院等 13 部委联合发布的《加快完善市场主体退出制度改革方案》首次从国家层面提出“分步推进建立自然人破产制度”，为我国建立个人破产制度明确了改革方向。在此之前，深圳中院基于司法实践经验向立法机关提出个人破产立法建议，浙江台州、温州等地区法院参照个人破产制度所做的司法尝试，也为我国启动个人破产立法提供了不同的样本。我国个人破产立法的脚步渐行渐近，域外个人破产制度立法经验迅速成为业界踊跃学习的必修课。本文作者通过阐述澳大利亚的个人破产制度的现状和改革动向，深度剖析澳大利亚政府为应对个人债务人的不幸与不端行为所作出的努力和不断的探索，也为我国个人破产制度的未来立法提供了可供参考的价值。澳大利亚将债务人分为个人债务人和公司债务人两类，用个人破产法与公司法分别进行规定。澳大利亚个人破产制度的特点在于，将实践中占绝大多数比例的债务人自愿申请破产案件委诸于联邦司法部长的执行机构—金融保护局管辖和全权处理。金融保护局的个人破产处理在提高效率和降低成本方面均取得了卓有成效的成就。近几年来，为降低破产制度给破产人带来的不良影响，创造良好的商业环境以促进创业，澳大利亚多次尝试通过立法的方式缩短破产程序的周期，实施早期的破产免责。其中，2017 年的《澳大利亚联邦议会(个人)破产法改革(创业激励)法案》尤为重要，该法案强调了对不幸个人债务人的早期救济，将 3 年破产程序周期缩短为 1 年。尽管该法案最终未获通过，但使得如何设计早期免责和对债务人“滥用”程序行为的遏制措施，如何同时应对债务人的不幸和不端行为的问题，再次成为澳大利亚破产法的关注焦点。

---

* Rosalind Mason，澳大利亚昆士兰科技大学法学院教授(Professor, Faculty of Law, Queensland University of Technology, Australia)、国际破产协会学术委员会主席(Former Chair, INSOL International Academics' Group)。本文在作者于 2018 年 6 月 15 日在中国北京举办的“个人破产立法与营商环境”国际研讨会上的主题报告的基础上改编和撰写。

** 金春，日本同志社大学教授(京都大学法学博士)，澳大利亚墨尔本大学访问学者；张效锁，澳大利亚墨尔本大学法学院硕士研究生(LL.M.)。

一、引 言

宽松的信贷不仅是企业成功开展经济活动的基础,而且对普通消费者也非常重要。一般而言,普通消费者申请贷款主要是为了改善生活方式、提高生活质量。然而,有些消费者申请贷款却是为了满足基本生活的需求。2017 年 12 月,澳大利亚一家银行对在本国随机抽取的 1500 户家庭(排除公务员等特定行业)进行了一次关于家庭财务舒适度的调查。通过调查发现:许多家庭的财务状况变得越来越差,并且其罪魁祸首正是基本生活费用的支出,其中,大约 40%的受访家庭认为这是他们财务状况恶化的主要原因;大约 46%的受访家庭表示,“燃料、水电和食品等生活必需品的成本”影响了财务舒适度。此外,在过去的一年里,16%的家庭“并不总是能够按时支付水电费”,19%的家庭曾经“向家人或朋友寻求经济帮助”,13%的家庭曾经“典当或出售物品以购买生活必需品”——这清楚地说明了基本生活费用的支出给许多家庭带来的巨大负担和压力,这种负担和压力对低收入的家庭而言尤为显著。①

个人破产指个人无力偿还债务而导致的集体管理,有时通过破产清算方式(扣押变卖债务人财产)来解决,有时通过与债权人达成债务重组框架(formal arrangement)来解决。②

个人破产法和个人破产实务必须处理与沉重债务相关的人文因素,因为在个人破产中,要特别考虑破产后债务人的持续生活问题,而这些问题在企业破产的情况下并不存在。具体而言,个人破产中,债务人被解除和终止破产程序后需要被免除剩余的债务。其次,人文因素也反映在将部分财产从清偿财产中排除的自由财产制度安排中。比如,债务人及其家属必要的生活必需品不被列入清偿财产的范围;在破产程序期间,债务人用可支配收入来偿付债务时,应当基于债务人家属人数及基本生活需求而保留一定份额的收入。③

2013 年 1 月初,世界银行发布了一份《关于自然人破产处理的报告》(Report on the Treatment of the Insolvency of Natural Persons)。④ 该报告认为个人破产

① 引自澳大利亚 2018 年度的《家庭财务舒适度报告》[ME 2018, *Household Financial Comfort Report* (13th edition), p2: https://www.mebank.com.au/getmedia/ce8faccb-4301-4cf7-afd7-871f9c45305e/13th-ME-Household-Financial-Comfort-Report_Feb-2018-FINAL.pdf]。

② Rosalind Mason and Stephen O. Mahony, Perspectives on Australian Bankruptcy Law through the Prism of the World Bank Report on the Treatment of the Insolvency of Natural Persons, 3 *QLR* 3, (2014).

③ Christopher Symes and Mark Wellard, After-acquired Income and Contributions by Australian Bankrupts: Can Pay, Should Pay, Making Them Pay, 14 *QUT Law Review* 53, (2014).

④ Insolvency and Creditor/Debtor Regimes Task Force, Working Group on the Treatment of the Insolvency of Natural Persons, *Report on the Treatment of the Insolvency of Natural Persons* The World Bank(“World Bank Report”) [8] (http://siteresources.worldbank.org/INTGILD/Resources/WBInsolvencyOfNaturalPersonsReport_01_11_13.pdf).

既会导致破产人面临严重的财政困境,也会牵连人文因素,即带来很多身心的困扰。[①] 报告特别指出,尤其当企业经营失败时,个人将背负沉重的债务,此类债务主要有两类来源:(1)以自身名义经营公司所产生的债务;[②]以及(2)作为有限责任公司的关联方而承担的债务。[③]

个人破产制度对债权人、债务人及其家属以及对社会均带来利益。[④] 对债权人的利益,主要体现在破产制度是一种概括性债务清偿程序,并且选任一个独立的管理人(administrator),由管理人承担使财产价值最大化并在所有债权人中公平地分配财产的义务。在债务人的利益层面,破产制度提供了救济,例如,暂停债权人的强制执行,或者通过提供一种方案解决巨大的债务等。[⑤] 正如世界银行《关于自然人破产处理的报告》所强调的,过度的债务往往会导致债务人在身体和精神层面面临严峻的损害,其根源是在于无力偿还债务而产生的恐惧和焦虑,债权人的骚扰以及对失败的不安情绪,而个人破产制度正是为解决这些问题提供了救济。[⑥] 在社会的利益层面,个人破产制度可以减少浪费性的支出和降低不良资产出售中的价值损害;鼓励负责任的借贷;促进经济活动和激励企业家精神;以及增强金融体系和经济活动的稳定性和可预测性。[⑦]

二、澳大利亚的个人破产制度

(一)立法及管辖

澳大利亚的法律制度主要源自英格兰和威尔士。[⑧] 澳大利亚是一个联邦制国家,联邦议会和州议会共同享有立法权。[⑨] 根据宪法授权,制定个人破产法的权力由联邦议会统一行使,[⑩]制定公司法(包括公司破产法)的权力由联邦和州议会共

---

① 世界银行《关于自然人破产处理的报告》,第 50 页。

② 指独立的交易者。

③ 例如,董事为公司债务承担保证责任的情形,或者董事因违反澳大利亚《2001 年公司法》588G 条下的禁止破产交易而承担赔偿责任的情形。

④ 世界银行《关于自然人破产处理的报告》,第 76～111 页。

⑤ 参见世界银行《关于自然人破产处理的报告》,第 73 页所言"破产机制可以提供非常直接而有效的方案,以缓解因无力偿还债务而带来的压力、焦虑和其他负面情绪等问题。"

⑥ 世界银行《关于自然人破产处理的报告》,第 71～72 页。

⑦ 世界银行《关于自然人破产处理的报告》,第 76～111 页。

⑧ 作为一个普通法系国家,澳大利亚的法律渊源一般包括判例法和制定法。

⑨ 《澳大利亚联邦宪法》(The Australian Constitution)规定联邦和州议会共同享有立法权。这六个州是:新南威尔士(New South Wales)、维多利亚(Victoria)、昆士兰(Queensland)、西澳大利亚(Western Australia)、南澳大利亚(South Australia)、塔斯马尼亚(Tasmania)。

⑩ 《澳大利亚联邦宪法》第 51 条第 17 项规定,联邦议会有权制定有关"个人破产和无力偿债"(bankruptcy and insolvency)的法律,相关的第一部联邦法律已于 1924 年通过。

同享有。[①] 由于各州将其公司相关的立法权移交给联邦，[②]为联邦公司法和联邦企业破产制度的统一适用奠定了坚实的宪法基础，目前联邦《2001 年公司法》[*Corporations Act* 2001 (Cth)]适用于整个澳大利亚。[③]

总体而言，澳大利亚当前有两种不同的破产法律，一种适用于个人，另一种适用于公司实体。有关个人破产的基本法规是联邦《1966 年（个人）破产法》(Bankruptcy Act 1966)(Cth)[④]，此外还有《(个人)破产实务附则》(Insolvency Practice Schedule)(*Bankruptcy*)、《2016 年(个人)破产实务规则》(Insolvency Practice Rules 2016)(*Bankruptcy*)以及《1997 年(个人)破产(财产收费)法》[Bankruptcy (Estate Charges) Act 1997]。

将债务人分为个人债务人和公司债务人两类的体制，使澳大利亚的破产法和破产实践变得有些复杂，其复杂性主要体现于如下四个方面：

1.不同的政府部门分别负责个人破产和公司破产的政策和立法。在个人破产方面，联邦司法部长(federal Attorney-General)负责实施相关的政策、立法事宜并监督监管机构。[⑤] 公司破产的立法事宜及其监管机构则由联邦财政部长(federal Treasurer)负责实施和监督。[⑥]

2.针对个人破产和公司破产的管理有各自的监管机构。个人破产管理的监管机构是澳大利亚金融保护局(Australian Financial Security Authority。简称 AFSA)。澳大利亚金融保护局是作为联邦司法部长职责范围内的执行机构而设立的，也是国际破产监管协会(International Association of Insolvency Regulators)的成员。[⑦] 公司破产管理则由澳大利亚证券和投资委员会(Australian Securities and Investments Commission。简称 ASIC)进行监管。

3.破产管理中"托管人"(office holders)的头衔和来源各不相同。个人破产程序是由官方或私人"破产托管人"(trustees in bankruptcy)负责管理的，绝大多数个人破产由官方托管人(Official Trustee)管理，具体由澳大利亚金融保护局的公职

---

① 《澳大利亚宪法》第 51 条第 20 项授予联邦与各州就"在联邦范围内成立的外国公司、贸易或金融公司"同时享有立法权。这对公司破产法具有宪法性的影响。与 19 世纪从英国继承的立法方式相同，澳大利亚一直以来在公司法中规定公司破产。

② 《澳大利亚联邦宪法》第 51 条第 37 款。每次立法权的移交都有一个五年期的"日落条款"(sunset clause)，以确保在每五年期限结束时，联邦和州就立法权的移交事项进行对话并落实联邦政府的责任。

③ 关于联邦法律法规数据库(Federal Register of Legislation)，https://www.legislation.gov.au/Details/C2018C00131.自 2016 年起，还可以参见《(公司)破产实务附则》[the *Insolvency Practice Schedule* (*Corporations*)]和《2016 年(公司)破产实务规则》[the *Insolvency Practice Rules* (*Corporations*) 2016].

④ https://www.legislation.gov.au/Details/C2017C00197.带有注释的联邦、州和地区立法和判例法的免费数据库也可以通过以下网址获得：http://www.austlii.edu.au/。

⑤ https://www.ag.gov.au/LegalSystem/Bankruptcy/Pages/default.aspx.

⑥ https://treasury.gov.au/.

⑦ https://www.insolvencyreg.org/.

人员—法定接管人(Official Receiver)负责行事。[①] 私人破产托管人也必须向澳大利亚金融保护局进行注册,以便于在个人破产事宜发生时或者与债权人的债务重组安排中被指定为托管人。公司破产的托管人则仅由私营部门的外部管理人(external administrators)[②]来担任,只有向澳大利亚证券和投资委员会提出申请并注册为“清算师”[③](‘liquidators’)的人才能担任公司破产的外部管理人。[④]

《2016 年(个人)破产实务规则》列举了私人注册托管人的特定行为标准。[⑤] 其中包括托管人应诚实和公正地行事,遵守有关联络的规定;避免利益冲突;在每一次破产管理开始时进行初期尽职调查;变现只会给债权人带来有效回报的资产或有助于支付破产管理费用的资产;只承担那些必要和合理的费用,并在决定是否应当承担合理的费用之前,将可能产生的成本与管理的效用及复杂性进行比较。

4.立法权的分配自然也影响到哪些法院享有管辖权。《1966 年(个人)破产法》赋予联邦法院(Federal Court)[⑥]、联邦巡回法院(Federal Circuit Court)[⑦]享有个人破产案件的管辖权。同时,也赋予联邦家事法院(federal Family Court)在某些特定情况下享有管辖权。[⑧] 值得注意的是,债权人对个人债务人提起(非自愿)破产申请时,应当向这些管辖法院提出并由法院来裁定。但是对于个人债务人自己申请的自愿破产,债务人的申请书应当网上提交给澳大利亚金融保护局,由金融保护

---

① 官方托管人具有法律赋予的永久存续的独立法人人格[《1966 年(个人)破产法》第 18 条],在未指定私人注册托管人(private registered trustee)的所有案件中担任托管人。在实践中,官方托管人通过法定接管人(Official Receiver)行事,澳大利亚金融保护局代表其运作“具有遵从性和强制性权力的公共破产登记服务,以协助破产托管人履行其职责”。https://www.afsa.gov.au/about-us/agency-overview/our-roles.

② 他们的职业名称是清算师(liquidator),但具体可能被任命为公司外部管理程序中的清算人(liquidators)、管理人(administrators)或接管人(receivers),这主要取决于公司外部管理程序的种类。

③ 一个罕见的例外情况就是,成为自愿(有偿付能力)清算程序中的清算人。

④ 此外,由澳大利亚证券投资委员会管理的政府资助的无资产破产管理基金,负责为清算人对资产很少或没有资产的公司破产实施初步调查和报告提供资金,例如,有可能存在欺诈性的资产出售行为(phoenix activity)之情形,需要实施这些调查和报告。http://asic.gov.au/for-finance-professionals/registered-liquidators/your-ongoing-obligations-as-a-registered-liquidator/assetless-administration-fund/.

⑤ 根据《2016 年(个人)破产实务附则》第 40—40(4)条的授权,《2016 年(个人)破产实务规则》第 42 条第 1 款对私人注册托管人的特定行为标准作出了规定。

⑥ http://www.fedcourt.gov.au/law-and-practice/national-practice-areas/commercial/general-insolvency.

⑦ http://www.federalcircuitcourt.gov.au/wps/wcm/connect/fccweb/gfl/bankruptcy/.

⑧ 《1966 年(个人)破产法》第 35 条赋予家庭法院关于某些破产案件的管辖权,这些案件主要涉及因(法律或事实)婚姻关系的当事人一方破产或配偶赡养程序相关当事人破产而选任托管人的情形。

局全权管辖和处理案件。① 澳大利亚金融保护局越来越多地将服务转移到网上。②对于公司破产,按照联邦与州就公司的合作框架(the cooperative federal-states corporations' scheme)和《2001 年公司法》的规定,由联邦法院③及州和地区最高法院行使管辖权。④

澳大利亚金融保护局的个人破产和托管项目(Personal Insolvency and Trustee Programme)目前主要是通过联邦预算的年度拨款⑤和资本置换来支付运营成本。澳大利亚金融保护局接受的拨款金额与它从案件管理费用和收费⑥中获得的收入相关联,此类收入主要包括:

(1)查阅全国个人破产信息索引(National Personal Insolvency Index)的破产登记(the Bankruptcy Register)等行为时收取的服务费(15 澳元);债权人申请发出破产通知(Bankruptcy Notice)时收取的费用(470 澳元);对债务重组协议(Debt agreements)草案备案的费用(200 澳元);个人破产重组协议(Personal insolvency agreements)中的文书处理费用(240 澳元)。

(2)托管人和管理人在个人破产、债务重组协议和个人破产重组协议中的破产财产变现额的 7%。⑦

(3)因管理破产财产而产生的一系列管理费用,包括用来终结破产程序与债权人之间订立的和解所产生的费用;因签订债务重组协议和个人破产重组协议等产生的费用。当然,这些管理费用只是一些常见的收费项目。⑧

(二)制度类型和适用条件

1.制度类型

《1966 年(个人)破产法》针对个人破产的集体管理程序作出的规定主要包含,

---

① https://www.afsa.gov.au/insolvency/how-we-can-help/forms/forms-apply-bankruptcy.

② 包括,搜索破产登记(Bankruptcy Register),申请债权人的破产通知书(Creditor's Bankruptcy Notice),提交债务重组协议模板(Debt Agreement forms),申请法定接管人通知书(Official Receiver notices)以及提交年度财产申报表(Annual Estate returns)等服务事项,https://www.afsa.gov.au/online-services.

③ 联邦法院公司和公司破产的分领域 http://www.fedcourt.gov.au/law-and-practice/national-practice-areas/commercial/corporate-insolvency,以及联邦巡回法院和商事委员会的相关网站信息 http://www. federalcircuitcourt. gov. au/wps/wcm/connect/fccweb/rules-and-legislation/information-notices/specialist-panels/. 联邦巡回法院的公司司法管辖权受到一定限制,例如,不能审理根据联邦《2008 年跨境破产法》提出的申请。

④ 新南威尔士最高法院 http://www.supremecourt.justice.nsw.gov.au/.

⑤ 澳大利亚证券投资委员会最近引进了一种产业融资模式,https://asic.gov.au/about-asic/what-we-do/how-we-operate/asic-industry-funding/.

⑥ https://www.afsa.gov.au/insolvency/how-we-can-help/fees-and-charges-0.几乎所有的费用和收费都提交给英联邦的统一税收基金。

⑦ 《1997 年破产(财产收费)法》[*Bankruptcy (Estate Charges) Act* 1997],相关网站信息 https://www.legislation.gov.au/Details/C2017C00075.

⑧ https://www.afsa.gov.au/insolvency/how-we-can-help/fees-and-charges-0.

第四章规定的自愿或非自愿申请的个人破产[①](此外,第十一章规定了关于遗产破产的程序[②])、第九章规定的《债务重组协议》("Debt agreements")、[③]第十章规定的《个人破产重组协议》("Personal insolvency agreements")、[④]以及第73条至第75B条规定的和解(Composition)。[⑤]

适用个人破产的情形,个人债务人的可供清偿财产被扣押和变现,并按照法定制度分配给债权人后,可证明的债务将被免除。

当个人无力偿还到期清偿的债务时,[⑥]个人可以自愿破产或者由债权人申请破产(即非自愿破产)。如图1所示,到目前为止,由债务人自愿申请的破产占个人破产程序案件的绝大多数。[⑦]

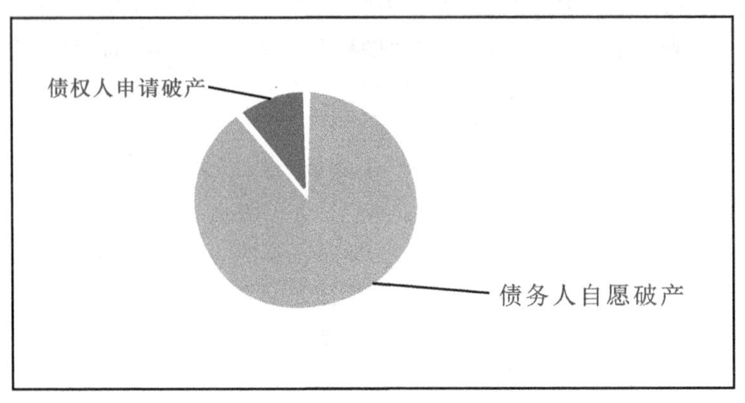

图1　2014—2015期间:债务人自愿破产与债权人申请破产比例图

债务人也可以与债权人订立正式的有约束力的重组协议(arrangement)。订立重组协议对债务人的好处包括避免破产的污名、避免(自愿破产所需)诉讼费用、不公开以和避免对破产人的各种限制。这种安排也可能会降低对债务人的事务进行审查的程度,因此债务人或关联方受到刑事起诉的风险可能更小。这种安排对债权人的好处包括,由独立的管理人在程序开始时接管债务人的资产,并获得比破产时更多的清偿。

《1966年(个人)破产法》规定了两种重组协议制度。第九章《债务重组协议》是第十章《个人破产重组协议》的特别和简易程序,主要适用于收入特别低、资产少、债务总额低的个人债务人。[⑧] 实践中,适用债务重组协议的大多是个人消费者

① 《1966年(个人)破产法》的第四章,由第40条至第76B条组成。

② 第十一章包括第244条至第252C条。

③ 第九章包括第185条至第186Q条。

④ 第十章包括第187条至第232条。

⑤ 《1966年(个人)破产法》第73条至第76B条。

⑥ 《1966年(个人)破产法》第5章第2条。

⑦ 澳大利亚金融保护局的统计数据,https://www.afsa.gov.au/about-us/statistics.

⑧ 目前关于债务人收入、资产、债务总额的限制规定,https://www.afsa.gov.au/insolvency/how-we-can-help/indexed-amounts.

或小规模商自然人。第十章《个人破产重组协议》则更正式、更昂贵,适用于有足够资产、能够提供比破产更有吸引力的清偿方案的企业经营者或其他商自然人。此外,《1966年(个人)破产法》第73条以下还规定破产人为终结破产程序可以向债权人提出和解。

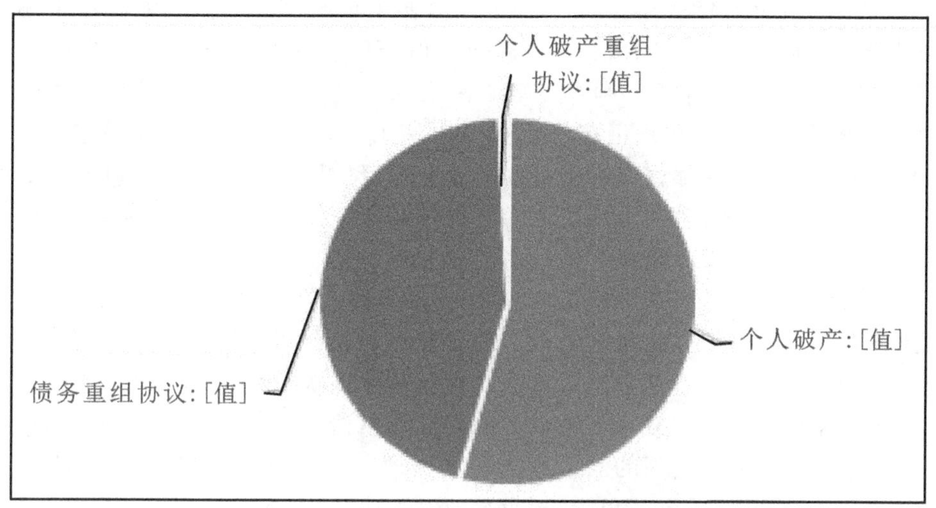

图2　2018—2019年度个人债务人进入管理程序的类型对比

根据统计,在澳大利亚,2018—2019年度个人债务人进入管理程序的案件总数为27,058件,其中适用个人破产的案件数为15,329件,债务重组协议为1,547件,个人破产重组协议为180件。[①] (如图2)

此外,尽管澳大利亚的个人破产法并没有将消费者破产与其他个人破产予以区别规定,澳大利亚金融保护局的统计数字区分了与商业有关的个人破产,即商自然人破产,以及消费者破产。根据2016—2017年度的统计,个人破产案件包括大约25%的商自然人破产和75%的消费者破产。[②] 商自然人或消费者破产的分类是基于"个人债务人对陷入破产是否与商业活动有关"。[③] 2018年10月至12月期间,澳大利亚与商业有关的个人破产案件占与商业相关所有破产案件总数的18%。[④]

---

① Provisional annual personal insolvency statistics 2018-2019(https://www.afsa.gov.au/statistics/annual-statistics).

② 这是根据每一季度的统计数字得出的结论,https://www.afsa.gov.au/statistics/time-series-0.

③ 澳大利亚金融保护局的"商业和非商业个人破产统计指南"(Guide to business and non-business personal insolvency statistics),https://www.afsa.gov.au/statistics/business-and-non-business-statistics.如果债务人不说明其个人破产是否与商业有关,则将其归类为与商业无关的个人破产。

④ https://www.afsa.gov.au/statistics/business-and-non-business-statistics.

2.适用条件

澳大利亚金融保护局提供了大量的在线信息,包括关于个人自愿破产的过程,[①]也包括适用和订立债务重组协议等程序的条件等。[②] 以下逐一说明。

(1)自愿破产

《1966年(个人)破产法》规定,债务人自愿申请破产应当向澳大利亚金融保护局的官方接管人(Official Receiver)提交一份声明[③],同时需要提交一份财务状况说明书(Statement of Affairs)[④]。实践中,债务人应当阅读申请破产所提供的必要信息[⑤],然后完成填写在线可获得的指定申请书。在申请书签署后28天内,债务人必须以电子邮件或邮寄方式向澳大利亚金融保护局提交申请书和财务状况说明书。提交申请书无需缴纳法定费用。澳大利亚金融保护局指出,一般情况下,申请书将会在24至48小时内被处理。

有资格提出破产申请的债务人必须具备与澳大利亚相关的联系,[⑥]但没有设定债务人欠债权人债务的最低限额。除非澳大利亚金融保护局的法定接管人驳回申请(例如,由于申请不符合正式规定或它呈现了对破产制度的滥用),[⑦]否则澳大利亚金融保护局的法定接管人原则上必须受理申请。

债务人的申请被受理的当天意味着其破产,即日起持续三年的破产程序周期(如果有人反对三年后自动免责,周期将变为五年或八年)。澳大利亚金融保护局的法定接管人自动成为托管人,除非债务人提名私人注册的托管人,且该托管人此前已签字并同意成为该案托管人。

---

① https://www.afsa.gov.au/insolvency/how-we-can-help/forms/forms-apply-bankruptcy. 如果债务人的自愿申请被驳回,主要是因为申请本身或者提交的财务状况说明书不符合法定形式,如驳回,会在提交之日起28天后被显示。被驳回具体是因为没有充分填写相关内容或者其意思模糊不清,驳回后,一项关于驳回债务人申请及理由的管理纪录将会被创建。《法定接管人实践声明》(Official Receiver Practice Statement), https://www. afsa. gov. au/sites/g/files/net1601/f/orps2.pdf.

② https://www.afsa.gov.au/insolvency/i-cant-pay-my-debts/compare-formal-options.

③ 提起自愿破产的人一般包括个人、合伙企业或者共同债务人。关于申请书,参见https://www.afsa.gov.au/sites/g/files/net1601/f/forms/6-dp-p-112015_re-1_1.pdf. 相关具体说明,还可以参见https://www.afsa.gov.au/sites/g/files/net1601/f/forms/debtorspetitioncolour-7_0.pdf.澳大利亚金融保护局能够提供的债务人信息可以参见https://www.afsa.gov.au/sites/g/files/net1601/f/forms/debtorpack-1115-re-8.pdf.

④ 财务状况说明书包括资产、负债和收入的详细信息及个人详细信息,详见https://www.afsa.gov.au/sites/g/files/net1601/f/3_form-3-statement-of-affairs24re.pdf.

⑤ 澳大利亚金融保护局的债务人个人破产信息(Personal Insolvency Information for Debtors), https://www.afsa.gov.au/sites/g/files/net1601/f/forms/prescribed_information.pdf.

⑥ 例如,债务人必须是澳洲居民或在澳大利亚经营业务。

⑦ 在*BWK Elders (Australia) Pty Ltd v White* [2004] FCA 1611第7段,Finkelstein法官指出:"本案中债务人提出破产申请是对程序的滥用,因为其目的是将自己的财产置于债权人无法追及的境地。破产法的目的是确保债务人资产在所有债权人中得到公平分配。本案申诉人的目的是仅阻止或推翻即将获得的判决的效力,破产法不能适用于这种目的。"

(2)非自愿破产

债权人申请债务人破产的先决条件是,在过去六个月内债务人实施了"破产行为"(act of bankruptcy)[①],与澳大利亚存在特定的司法联系,以及债务人欠该申请债权人不低于5,000澳元。最常见的破产行为是未在收到破产通知(Bankruptcy Notice)(一种督促令)后的21天内履行债务。最初,所有债权人的申请都由法院的登记员(court Registrar)受理。然而,法院有完全的自由裁量权来决定是否发布禁制令(sequestration order)。

(3)破产的替代方案:债务重组协议(Debt Agreements)

《1966年(个人)破产法》第九章债务重组协议创设于1996年,目的是"为那些低收入债务人所提供可行且底成本低的破产替代方案。因为,此类债务人几乎没有什么财产,且拥有很少的债权人及较小的债务,,这些债务人不可能适用成本高的第十章个人破产重组协议。"[②]

债务重组协议是由债务人向澳大利亚金融保护局的法定接管人提交一份申请书和一份财务情况说明书而开始的,如果是合格的申请,接管人将处理该申请,包括通知债权人,但并不需要接管债务人财产。通常,债务重组协议包含分期付款、一次性付款或者将资产转移给债权人,也或许是这些方案的组合。

2018年9月27日,澳大利亚通过了《(个人)破产法—债务重组协议改革法(2018)》[*Bankruptcy Amendment* (*Debt Agreement Reform*) *Act* 2018](2019年6月27日起实施),实现了十年以来对债务重组协议制度最重要的改革。改革内容主要包括:应当前的经济发展,将适用该制度的个人债务人的债务总额从113,350澳元提高到226,700美元;债务清偿期间原则上限定为3年;法定接管人有权拒绝给债务人带来过度的经济负担的重组协议;加强对重组协议托管人(debt agreement administrators)[③]的监管(例如,托管人为获得赞成票对债权人提供了金钱利益,将处于六个月的监禁期)和完善其注册制度。[④] 通过改革,使得债务重组协议的适用更加灵活,程序的公正性也得到了完善。[⑤]

(4)破产的替代方案:个人破产重组协议(Personal Insolvency Agreements)

---

① 破产行为要件来源于英国的法律传统,不过,英国个人破产中已不再要求具备改要件。

② Australia, House of Representatives 1996, *Bankruptcy Legislation Amendment Bill* 1996: *Explanatory Memorandum*, AGPS, Canberra, para 135.16 (classic.austlii.edu.au/au/legis/cth/bill_em/Bankruptcy Legislation Amendment Bill 1996: Explanatory Memorandum, AGPS, blab1996344/memo_2.html).

③ 这些管理人与私人注册托管人不同,由澳大利亚金融保护局单独监管。

④ https://www.afsa.gov.au/about-us/agency-overview/law-reforms/bankruptcy-amendment-debt-agreement-reform-bill-2018.

⑤ 关于《债务重组协议》的研究,参见 Vivien Chen, Lucinda O'Brien and Ian Ramsay, An Evaluation of Debt Agreements in Australia, 1 *Monash University Law Review* 44(2018). See also Mary Wyburn, Debt Agreements for Consumers under Bankruptcy Law in Australia and Developing International Principles and Standards for Personal Insolvency, 23 *International Insolvency Review* 101(2014).

根据《1966(个人)年破产法》第十章规定的个人破产重组协议,破产的个人债务人签署一项授权以同意私人注册托管人[①]接管债务人财产,并由该托管人召开债权人会议,审议债务人提出的提议,此时停止债权人的个别性权利行使行为。被提名托管人(proposed trustee)必须向债务人提供法定信息(prescribed information)后,才能担任该案的实际托管人(controlling trustee)。被提名托管人在同意担任实际托管人之前,债务人必须提供一份财务状况说明书以及一份处理财产和债务的提议书,提议书必须包括一份个人破产重组协议草案。

合法订立的个人破产重组协议将约束所有债权人,但担保债权人将仍有权行使其权利,基于抚养协议被赡养人所享有的法定执行权利同样不受协议的约束。个人破产重组协议不会自动免除债务人的所有可证明债务,除非协议中明确约定。

三、个人破产程序的管理

1.可供清偿财产与自由财产

一旦进入破产程序,个人债务人将立即得到保护,停止债权人个别性地行使权利。[②] 除去例外情况,破产人在破产程序中不再负有继续清偿债务的责任,债权人必须申报其债权并依照破产程序获得清偿。破产程序终止后,债务人的债务将获得免除。[③]

进入破产程序之日起,破产人的可供清偿财产(即除去下文自由财产)[④]归属于托管人管理。[⑤] 托管人应当作为破产人的当事人实施相关的法庭诉讼,例如,向法院请求回收破产人的债权。破产人作为财产共同所有人持有的共有财产(通常是婚姻家庭共有财产)归托管人与其他共同所有人共有。

可供清偿财产不限于债务人的自愿申请被受理之时或因债权人申请后法院发布禁令之时已经持有的财产,还包括之后获得的财产(after-acquired property)(即在该日期至终止破产程序之间获得的财产)。破产人也可能被要求在终止破产程序之前的三年期间获得的收入中进行支付。例如,托管人确定破产人的收入超过

---

① 担任私人注册托管人的一般是会计师,很少有律师,澳大利亚金融保护局的法定托管人更无法担任。

② 《1966 年(个人)破产法》第 58 条第 3 款规定,不过,担保债权人的权利受第 58 条第 5 款的保护。

③ 有关现代政策对英国早期免责制度的影响,参见 Michael Quilter, Bankruptcy Discharge: Origins and Liberalisation, 25 *Insolvency Law Journal* 107(2017).关于对在澳大利亚破产带来的影响的实证研究,参见 Paul Ali, Lucinda O'Brien and Ian Ramsay, Bankruptcy and Debtor Rehabilitation: An Australian Empirical Study, 40 *Melbourne University Law Review* 688 (2017).

④ 《1966 年(个人)破产法》第五章将"破产人的财产"定义为"债权人因债务人破产可获得分配的财产,以及与该财产有关的权利"。

⑤ 财产转让通过法律的运作实现。例如,接管人可以在所有权登记簿上提出注明和警告,以防止他人出售不动产。

了法定的数额时，[①]应当要求破产人从其收入中扣除出指定款项。[②]

可供清偿财产的范围也可以延伸至因托管人撤销先前交易等而追回的财产。托管人有权在债务人低价转让财产的情况下，撤销先前的交易行为，[③]也有权撤销损害所有债权人的转移财产行为[④]或对特定债权人优先清偿的偏颇性行为。[⑤] 在有关低价转让财产或转移财产的条款中，还引入了一种可以推翻的破产推定条款。即如果商债务人在交易或转移之时未保留适当的“账簿、账户和记录”，[⑥]则推定交易或转移之时其已经达到破产状态。在某些情况下，托管人也可以向破产人控制的关联实体追回财产。[⑦] 此外，为了在破产程序期间维持破产人的生活等，某些财产不作为可供清偿财产（下称自由财产），具体包括：

（1）破产人作为信托关系的受托人持有的财产（破产人虽然合法持有财产，但不是信托受益人）；

（2）家庭财产，或因属于《1996 年（个人）破产条例》（Bankruptcy Regulation）第 6.03 条规定所列举的生活必需品等财产，或债权人同意并指明一些未变现的家庭财产为自由财产；

（3）根据《1996 年（个人）破产条例》第 6.03B 条规定，用来赚取不超过最高规定数额的收入（目前为 3700 澳元）所必须使用的财产（如工具）；[⑧]

（4）根据《1996 年（个人）破产条例》第 6.03B 条规定，主要用作交通工具，且最高数额不超过 7800 澳元的财产（如汽车）；

（5）一定限额的人寿保险、退休金和退休储蓄账户的财产。

除此之外，注册托管人按规定进行成本效益分析时，可能认为某些财产不值得

---

① 这并不一定与破产人的应纳税收入相同，因为基于破产法的目的，某些数额特定地包含在收入中，或排除在收入之外。在计算是否具备缴纳收入所需的额度时，也要考虑破产人家庭成员的人数。《法定接管人实务声明 1》中的收入缴纳（Income Contributions），https://www.afsa.gov.au/sites/g/files/net1601/f/otps1.pdf.

② 澳大利亚金融保护局发布的《破产如何影响我的收入和就业》（*How does bankruptcy affect my income and employment*?）（https://www.afsa.gov.au/insolvency/i-cant-pay-my-debts/how-does-bankruptcy-affect-my-income-and-employment）.

③ 《1966 年（个人）破产法》第 120 条适用于在破产开始前两年内转让财产，并且受让人未支付对价或支付了低于市场价值的对价的情形。

④ 《1966 年（个人）破产法》第 121 条适用于转移了可能会成为可供清偿财产的情形，让与的目的是阻止债权人之间财产的公平划分，阻碍或者延迟债权人之间对该财产的有效使用。

⑤ 《1966 年（个人）破产法》第 122 条适用于在破产之前的约 6 个月以内，债务人对特定债权人转移财产的行为，转移的效果在于赋予特定债权人相比于其他债权人的优先权或者利益，目的在于债务人出现债务不能清偿的情形下保护特定债权人的利益。

⑥ 或者，虽然当时保留了账簿、账户和记录，但是让与人未能合理保存它们。该账簿、账户和记录是指“普遍，且与破产人所进行的业务有关，并能够充分披露（破产人的）业务交易和财务状况的材料”。

⑦ 在实践中，由于这些规定涉及一些法律要件以及证明其存在有相当的难度，并不经常适用。

⑧ 有关金额，参见 https://www.afsa.gov.au/insolvency/how-we-can-help/indexed-amounts-0.

变现,例如,对一辆汽车进行估价时,认为其价值仅仅略高于上文 3 中自由财产的价格,此时,这辆汽车可以视为不值得变现以清偿债务。

2.免责

终止破产程序一般使破产者免除所有可证明的债务,包括共同债务和个人债务。除非提出有效的异议,并将其破产程序周期延长至五年或八年,否则在提交财务状况说明书起三年后将会自动终止破产。此外,复杂案件的破产管理可持续至三年以上,此时元破产人应当次继续协助托管人履行义务。

免责也有许多例外,包括不免除高等教育资助相关债务(Higher Education debts)①、超额收入缴纳义务、因欺诈而产生的债务或负债、或根据金钱罚款令而产生的责任。

免责制度来源于帮助债务人重新出发的理念,以使债务人重新进入信用共同体,②以及重新参与交易和恢复正常的生活。③ 1992 年,澳大利亚出台了一项制度,允许债务人早期获得免责。具体而言,一些破产人在提交财产状况说明书之日起(即开始破产程序之日起)六个月后,可以以书面形式向托管人申请提前终止破产程序以获得免责,而不是等待三年后自动终止破产程序。托管人必须确信破产人有资格提前终止破产程序并应当获得早期免责④,而且不存在不许免责事由。⑤然而,对债务人滥用早期免责制度的各种担忧,导致了 2003 年修正案废除了该早期免责制度。⑥ 这些担忧主要包括:早期免责制度无法实现个人破产法的初衷,即,保护"不幸"(misfortune)的债务人而不是保护"不端行为"(misdeed)。还有些人担忧,早期免责制度会使债务人不愿与债权人达成正式或非正式的重组协议以

---

① 澳大利亚《1988 年高等教育资助法》[Section 106YA *Higher Education Funding Act* 1988 (Cth)].

② Nicola Howell, The Fresh Start Goal of the Bankruptcy Act: Giving a Temporary Reprieve or Facilitating Debtor Rehabilitation, 14 *QUT Law Review*, 29(2014).

③ John Tribe, Discharge in Bankruptcy: An Historical and Comparative Examination of Personal Insolvency Relief in England and Australia, 20 *Insolvency Law Journal*, 240-245 (2012).

④ 托管人确信破产人应当早期免责,需要满足以下条件:破产人没有足够的资金支付托管人的报酬和费用或向债权人分配股息;不存在应当被撤消的交易等行为;在申请后的一年内,收入未达到应当缴纳超额收入的额度。

⑤ 这些事由包括,破产人在破产前一年内负担的无担保债务超过其收入的 150%;曾于过去 10 年内破产或订立第十章债务重组协议;提供过有关其资产、负债或收入的虚假或误导性信息。关于不许免责事由,参见 John King, Moving beyond the "Hard"—"Easy" Tug of War: A Historical, Empirical and Theoretical Assessment of Bankruptcy Discharge, 28 *Melbourne University Law Review*, 654-665(2004).

⑥ 2003 年修正案还加强了免责异议的规定,使托管人更容易对破产人的免责提出异议,而破产人更难对异议提出反驳。

清偿债务,也不能提供教育债务人更好地管理其财务的时间。①

然而,如何在防止"滥用"破产和有效地监管并救济无力偿债的个人债务人之间实现平衡,如何同时应对债务人的不幸和不端行为,再次成为当前澳大利亚破产法的改革焦点。

四、重点改革议题:破产程序从现行的三年缩短至一年

2014 年,澳大利亚财政部长要求其独立的研究和咨询机构—生产力强化委员会②(Productivity Commission)对营商活动入市和退市的障碍进行调查,在必要时减少这些障碍,以提高澳大利亚的经济效率和推动经济增长。生产力强化委员会于 2015 年 12 月发布了《最终调查报告书》("Final Report"),③并于 2016 年,将该报告书作为《国家创新和科学计划》("National Innovation and Science Agenda")的一部分,为完善个人和公司破产制度,进行了公众咨询。④

根据《最终调查报告书》,"个体经营户、合伙企业成员、对企业债务作出担保的个人以及无限责任公司的股东,都可能因营商活动的失败而导致个人破产。在澳大利亚,与商业活动有关的个人破产大约占个人破产总数的 20%。"⑤此次个人破产法和实务改革的主要方针是:"要减少破产带来的耻辱,鼓励企业家创业,同时保持监管并防止破产程序被滥用。"⑥为此,《最终调查报告书》建议,现行法规定破产人在破产程序期间不能担任公司董事,并且在信贷、就业机会和海外旅行方面都会受到限制,这一限制期间应当从三年缩短至一年,不过,托管人和法院仍保留将期限延长至八年的权力。此外,破产人的超额收入缴纳义务应维持在现行法的三年周期,如果破产程序周期延长至五年到八年,破产人的超额收入缴纳义务期限也可能延长至三年以上。

为落实《最终调查报告书》的改革建议,澳大利亚联邦议会于 2017 年起草了一项《(个人)破产法改革(创业激励)法案》[Bankruptcy Amendment (Enterprise In-

---

① Bankruptcy Legislation Amendment Bill 2002 Explanatory Memorandum (https://www.aph.gov.au/Parliamentary_Business/Bills_Legislation/Bills_Search_Results/Result? bId=r1525), paragraphs 42-43.

② 生产力强化委员会是根据《1998 年生产力强化委员会法案》[the Productivity Commission Act 1998 (Cth)]成立的,http://www.pc.gov.au/.

③ https://www.pc.gov.au/inquiries/completed/business/report.

④ https://treasury.gov.au/consultation/national-innovation-and-science-agenda-improving-bankruptcy-and-insolvency-laws/; https://treasury.gov.au/publication/backing-australian-fintech/the-national-innovation-and-science-agenda/.

⑤ 生产力强化委员会发布的《最终调查报告书》,第 319 页。

⑥ 生产力强化委员会发布的《最终调查报告书》,第 29 页。

centives) Bill 2017],提出破产程序将从三年缩短到一年。[①] 与破产程序有关的其他周期也将缩短到一年,例如,在申请信贷时披露破产状态信息、申请海外旅行许可、申请取得某些执照和进入某些行业等时的限制周期。[②] 不过,改革法案认为破产者的未来超额收入缴纳义务可以延长至免责后的两年以内,或在破产程序期间违反法定义务的情形,可延长至五至八年。[③]

在将《(个人)破产法改革(创业激励)法案》提交参议院时,政府助理部长(government Assistant Minister)指出:"这项改革旨在减少过于苛刻的破产法对营商活动带来的负面影响,以激励创业。此外,缩短破产程序可以强调'重新出发'的重要性和意义,改变破产即污点的印象,从而激励企业家早日恢复商业活动,并鼓励那些此前被惩罚性破产法震慑住的个人勇敢地从事商业活动。"[④]

改革法案被提交给参议院法律和宪法事务立法委员会(Senate's Legal and Constitutional Affairs Legislation Committee)并进行公众咨询后,委员会在 2018 年 3 月 21 日发布了关于改革法案的报告,并表示支持法案的通过。[⑤] 不过,公众咨询提交的意见体现出对改革法案不无担忧,具体涉及,改革法案希望实现的意图与实务不无脱节;缩短 3 年破产程序周期的正当性;防止滥用条款的缺乏;超额收入缴纳义务的有效运作;对债务重组制度的影响;与要求财务报告的其他相关法律制度之间的不一致。[⑥] 对此,该委员会认为,"这次的法案中设置的一些措施足以防止破产滥用,例如,托管人有权对免责提出异议;虽然破产程序缩短为一年,但超额收入缴纳义务仍维持为三年。"[⑦]

此外,破产程序的缩短不能改变其他立法和行业规定中要求披露破产信息的

---

① 相应地,托管人应当在较短的时间内进行调查和收回资产。改革法案的内容与日本破产法进行的比较,Stacey Steele and Chun Jin, Some Suggestions from Japan for Reforming Australia's Personal Bankruptcy Law, 17 *QUT Law Review*, 74(2017): DOI: 10.5204/qutlr.v17i1.711.

② House of Representatives, *Bankruptcy Amendment (Enterprise Incentives) Bill Explanatory Memorandum*, 2 (https://www.aph.gov.au/Parliamentary_Business/Bills_Legislation/Bills_Search_Results/Result?bId=s1097).关于破产对未来就业的影响,参见 Nicola Howell and Rosalind Mason, Reinforcing Stigma or Delivering a Fresh Start: Bankruptcy and Future Engagement in the Workforce, 38(4) *UNSW Law Journal*, 1529(2015).关于破产的耻辱,参见 Paul Ali, Lucinda O'Brien and Ian Ramsay, 'Short a Few Quid': Bankruptcy Stigma in Contemporary Australia, 38(4)*UNSW Law Review*, 1575(2015).

③ House of Representatives, *Bankruptcy Amendment (Enterprise Incentives) Bill Explanatory Memorandum*, 2 (https://www.aph.gov.au/Parliamentary_Business/Bills_Legislation/bd/bd1819a/19bd001)。

④ 2017 年 10 月 19 日的澳大利亚国会会议记录。

⑤ 不过,参议院法律和宪法事务立法委员会同时建议政府积极考虑澳大利亚证券投资委员会关于修订《2001 年公司法》的建议,以防止那些不应当或不适当的破产人(例如,有欺诈性资产出售的可能性的情形)适用一年的短期破产程序期间。

⑥ Senate Report at [2.1].

⑦ Senate Report at [4.7].

体制。参议院法律和宪法立法委员会指出，特别是当获得新融资的时候，这一体制将对企业家可能产生重大影响。委员会进一步指出，为充分实现改革法案指向的目标，不排除在将来有进一步改革的可能性。①

事实上，澳洲个人破产法的此次改革尝试与其他一些国家的个人破产制度相吻合。② 例如，在英格兰和威尔士，破产程序在十二个月后终结并自动免责；③在加拿大，自动免责周期是九个月，对于需要缴纳超额收入的情形，免责周期是二十一个月；④在新西兰，免责周期是三年，但是可以申请早期免责；⑤在美国的破产实践中，《美国破产法典》第7章规定通常会在三个月后获得免责。⑥

笔者在写这篇文章的时候，该改革法案非常有望通过。不幸的是，由于澳大利亚总理和联邦政府官员的更换等政治波动⑦，最终导致了该法案未能在期限内通过，现已处于失效状态。在未来的短期时间内，关于一年破产期限的提议将不太可能再次被提交议会。然而，此次改革的尝试再次证明了如何在早期地救济不幸的个人债务人与防止“滥用”之间实现平衡，如何同时应对债务人的不幸和不端行为，是个人破产制度理论与实践的痛点和难点。对澳洲的未来改革而言，分歧仍然可能主要在于破产程序周期的缩短和早期免责、免责要件、超额收入缴纳，以及如何有效地实施财产调查等问题。至于此次改革提出的目标和方向，以什么样的方式和内容重新展现在今后的政策和改革，让我们拭目以待。

五、结语

是让个人债务人永远履行其债务，还是通过个人破产制度（或与债权人达成债务重组协议）来最终免除其债务，这是一个非常重要的公共政策问题。当然，破产

---

① Senate Report at [4.9].

② W Morgan, Personal Insolvency Regimes Changes in the United Kingdom and Australia, 11 *Insolvency Law Journal*, 221-231(2003) cited in Nicola Howell and Rosalind Mason, Reinforcing Stigma or Delivering a Fresh Start: Bankruptcy and Future Engagement in the Workforce, 38(4) *UNSW Law Journal*, (2015).

③ 《1896年英国破产法》[*Insolvency Act* 1986 (UK)]第279条。但是，破产人获得免责后仍然受破产限制令(Bankruptcy Restriction Orders)或破产限制承诺(Bankruptcy Restriction Undertakings)的约束，参见 https://www.insolvencydirect.bis.gov.uk/casehelpmanual/D/DischargeFromBankruptcy.htm.

④ *Bankruptcy and Insolvency Act* RSC 1985, c B-3, s 169. See also Bankruptcy Canada, *Your Bankruptcy Discharge* (2015): http://bankruptcy-canada.com/how-to-file-bankruptcy-canada/bankruptcy-discharge/.

⑤ 新西兰《2006年破产法》[*Insolvency Act* 2006 (NZ)]第290条。第294条规定准许向法院申请提前免责。

⑥ Federal Rules of Bankruptcy Procedure 4004(c). United States Courts, Chapter 7 — Bankruptcy Basics http://www.uscourts.gov/FederalCourts/Bankruptcy/BankruptcyBasics/Chapter7.aspx.

⑦ https://www.djra.com.au/single-post/2019/07/02/No-1-Year-Bankruptcies-For-Now.

法不是一个孤立的法律部门。在破产领域,经济效益与法律解决方案之间的密切关系是十分显著的,[①]因为当企业或个人债务人面临财务困难时,破产法将协调各方分担其损失。并且,破产法不仅对社会共同体的经济具有重要意义,[②]还与国家的商业、金融和社会结构等存在密切联系,[③]是推动国家商业发展的重要因素,是一国商事法律的重要组成部分。[④] 因此,设计破产法制度时应当遵守合同法和担保法等重要的信贷相关法律。[⑤]

在此意义上,尽管使个人债务人尽早获得免责并脱离不幸的改革方向是必要的,但防止不端行为的配套措施也十分重要。

目前,澳大利亚个人破产法中防止"滥用"的具体措施有以下几个方面。首先,托管人对破产人的先前交易等行为具有调查的权力。对于财产明显不足以清偿债务的个人,托管人可以先申请政府资金援助,[⑥]以实施调查破产人、债务重组协议和个人债务重组协议的对象债务人以及被继承人。[⑦] 其次,如果有证据证明可能发生了违反《1966 年(个人)破产法》的行为,托管人有义务向监察部长(Inspector-

---

① Burman HS, Harmonization of International Bankruptcy Law: A United States Perspective, 64 *Fordham Law Review*, 2543-2548(1996).

② Warren E, Bankruptcy Policy, 54 *University of Chicago Law Review*, 775(1987); Gross K, *Failure and Forgiveness: Rebalancing the Bankruptcy System*, Yale University Press, New Haven, 1997.在其论文第 218 页,Gross 讨论了 *In re Abacus Broadcasting Corp* 154 *BR* 682 (Bankr WD Texas 1993)。该案中,法官就《美国破产法典》第 11 章重整程序的场所,在债务人的住址和债务人实际营业场地、主要担保债权人、债权人及雇员所在地场所之间进行选择时,考虑和衡量了破产对于一个小社区经济的重要影响。

③ See Fletcher IF, Cross-Border Cooperation in Cases of International Insolvency: Some Recent Trends Compared, 6/7 *Tulane Civil Law Forum*, 171-175(1991-1992).

④ See the guiding principles adopted in the Australian Law Reform Commission, General Insolvency Inquiry, Report No 45, vol 1, *Australian Government Publishing Service*, Canberra, 1988 at para 33. See also World Bank, Principles and Guidelines for Effective Insolvency and Creditors' Rights Systems, 2001 at Principle 6.

⑤ 相关举例,Iain Ramsay, Comparative Consumer Bankruptcy, *Illinois Law Review*, 241-254(2007),该文章讨论了欧盟委员会的"负责任的贷款条款",该条款的目的是防止消费者过度负债以及由此助长的经济排斥行为(economic exclusion),同时降低成员国社会服务的成本。关于负责任的信贷实践,还可以参见 Nicola Howell, "Making payday loans safer: The Australian approach to regulating small and medium sized loans" in Karen Fairweather, Paul O'Shea and Ross Grantham, (eds) Credit, Consumers and the Law: After the Global Storm, *Routledge*, 2017.

⑥ 《1966 年(个人)破产法》第 305 条。

⑦ 澳大利亚金融保护局在《1966 年(个人)破产法》第 305 条有关为托管人提供资金的指引:https://www.afsa.gov.au/sites/g/files/net1601/f/guidelines_relating_to_the_provision_of_funding_for_trustees_section_305.pdf.

General)报告相关事项。[①] 破产违法行为主要包括未能及时披露财产,不配合相关调查,破产人未能妥善保管账簿,过去两年内存在赌博行并为对债务人陷入破产产生了实质性影响。再次,托管人可以基于一定理由对破产人三年内的自动免责提出异议。异议事由包括:破产人未能应托管人要求提供相关资料;未把超额收入缴纳到破产程序;不参加会谈或调查且未向托管人作出合理解释。

降低个人破产制度运行的成本也是同时应对债务人不幸和不端行为的关键所在。澳大利亚已经通过一些措施合理地解决了这一问题,这对于没有或几乎没有资产,而且几乎不可能从他们的未来收入中清偿债务的消费者债务人而言具有重要意义。这些具体措施包括:通过征收手续费来补充联邦预算并以支付无财产破产案件费用,提供各种网上和线上服务,以及创建高效的流程。[②]

在最近一篇关于破产免责的起源和发展的论文中,澳大利亚学者迈克尔·奎尔(Michael Quilter)对如何平衡过度负债和个人破产免责制度提供了一个有价值的观点,也为本文结尾提供了富有启迪的视角:[③]当前,失业和消费者债务不断增加,个人破产人数上升,创业和创新成为政府的政策目标,恐惧风险行为限制了商业活动。在这种背景下,免责成为了破产法改革的一项议题。一个国家围绕个人破产和免责制度的立法和改革方向将取决于如何理解债务人和债权人的关系、各方利害关系人之利益调整、破产污名之影响、鼓励创业的必要性、风险预测性、惩罚的必要性,重新融入社会及重新出发的保障等。

---

① Inspector-General Practice Statement 14:关于将违反《1966 年(个人)破产法》的行为提交给监察部长,https://www.afsa.gov.au/about-us/practices/inspector-general-practice-statements/inspector-general-practice-statement-14.

② Jacob Ziegel 教授在 2003 年出版的一项报告中指出:根据来自澳大利亚金融保护局官员的信息,2000 年度澳大利亚金融保护局处理无资产的个人破产案件的员工只有 26 名(澳大利亚金融保护局共有 240 名员工),这些案件的平均成本大约为 80 澳元,其中还包括澳大利亚金融保护局的监管费。Jacob S Ziegel, Comparative Consumer Insolvency Regimes, *Hart Publishing*, 2003, p.99.

③ Michael Quilter, Bankruptcy Discharge: Origins and liberalization, 25(3) *Insolvency law Journal*, 107-126(2017).

法国司法裁判的数据开放及其制度框架

■吴沣桦*

摘　要　法国司法裁判的数据开放开始于2016年颁布的"数字共和国"法,它是指免费向公众提供全部的司法裁判,并允许重复利用裁判中的公共数据。2019年颁布的法国"司法改革"法修改了"数字共和国"法的相关规定,通过明确司法裁判数据开放的原则性规定、对裁判所涉及自然人的保护,以及对重复利用法官、书记室成员身份信息的限制,重新搭建了司法裁判数据开放的制度框架。司法裁判的数据开放制度将司法裁判的传播置于更普遍的公共数据开放的框架之中,它是在大数据发展的背景下,以大幅丰富公共数据的方式回应不断增长的、以开放形式获取数据的需求。我国同样处于大数据发展这一全球性的浪潮之中,法国法在司法公开上的这些创新举措,对于我国的司法制度如何应对智能化、信息化所带来的机遇和挑战,具有十分重要的参考和借鉴意义。

关键字:司法裁判　数据开放　司法公开

法国司法裁判的数据开放(*open data*)开始于2016年10月8日颁布的有关数字共和国(*une République numérique*)的第2016-1321号法律(下文简称"数字共和国"法)。① 根据这一法律(*loi*)②的第21条,法国司法组织法典新增设了第L111-13条,该新增条文规定了,在不妨碍有关于法院裁判的获取及公开的特殊规定的情况下,以尊重相关人员的私人生活为前提,普通司法法院作出的裁判应当免费向公众提供。③ 为了确定这一制度的适用条件,法国司法部委任洛伊克·卡迪耶(*Loïc · Cadiet*)教授④负责领导关于向公众开放司法裁判的预先塑造与研究任务(*Mission d'étude et de préfiguration sur l'ouverture au public des décisions de justice*),任务组于2017年11月末送交了包含有20项建议的任务报告(下文简称

---

* 清华大学法学院2016级博士研究生。

① Voir. J.—B. Thierry, La loi n° 2019-222 du 23 mars 2019, loi de réforme pour la justice numérique ?, La Semaine Juridique Édition Générale, n° 19, 13 mai 2019, doctr. 524.

② 法律(loi)是指出自于立法权(le pouvoir législatif),即由法国议会(le Parlement)通过的规范。Voir. J. Ghestin, G. Goubeaux, Traité de droit civil. Introduction générale, LGDJ, 4e édition, 1994, n° 255.

③ "数字共和国"法第20条对法国行政诉讼法典第L-10条进行了补充,增设了与司法组织法典第L111-13条类似的规定。

④ 法国巴黎第一大学法学院教授,国际程序法协会主席。

“卡迪耶报告”)。① 而在“数字共和国”法律颁布尚不满三年之际,法国于 2019 年 3 月 24 日颁布的关于“2018—2022 年计划与司法改革”的第 2019-222 号法律(下文简称“司法改革”法)便重塑了司法裁判的数据开放制度,其第 33 条对司法组织法典第 L111-13 条进行了修改,规定了除有关于法院裁判的获取及公开的特殊规定以外,司法裁判以电子形式免费向公众提供,并增加了对隐去裁判所涉及的自然人姓名的要求和对某些情况下重复利用法官身份信息的禁止。② 对司法裁判进行数据开放将引起司法文化的动荡,③任何人都不会否认,司法裁判的数据开放是法国法当下的重要议题之一。④ 因此,本文将以其立法沿革为线索,对法国司法裁判的数据开放制度展开初步的论述。

一、司法裁判数据开放的原因

想要了解法国司法裁判的数据开放制度,首先必然要考察制定这一制度的原因。“数字共和国”法创设这一制度的目的在于将司法裁判的传播(*diffusion*)置于开放公共数据(*ouverture des données publiques*)这一更普遍的框架之内。⑤ 因此,考察法国对司法裁判进行数据开放的原因应首先厘清公共数据开放和司法裁判传播的内涵,继而分析为何将这二者进行结合。

(一)公共数据的开放

严格来说,*open data* 是指“开放数据”,即来源于公共或私人的、可自由获取和使用的数据。⑥ 不过,这一表述也指代对数据的开放和共享(*ouverture et partage des données publiques*),它是任何类型的组织(*organisation*)都可以实施的一种策

① Voir. L. Cadiet (ss dir.), L'open data des décisions de justice, accessible en ligne sur http://www.justice.gouv.fr/publication/open_data_rapport.pdf, au 9 juillet 2019.

② “司法改革”法第 33 条同样对法国行政司法法典第 L-10 条作出了类似的修改。

③ Voir. Allocution du Premier président Bertrand Louvel, lors du colloque La jurisprudence dans le mouvement de l'open data organisé à la Cour de cassation le 14 octobre 2016, La Semaine Juridique Édition Générale, suppl. au n° 9, 27 février. 2017, p.5.

④ Voir. Pascale Deumier, L'open data des magistrats: une petite histoire législative, Revue trimestrielle de droit civil, 2019, p.72.

⑤ Voir. L. Cadiet, Retour sur l'open data des décisions de justice —À propos d'un signal faible des relations entre la justice et les mathématiques, in Études en l'honneur du professeur Marie-Laure Mathieu, Bruxelles: Bruylant, 2019, n° 2, p.141.

⑥ Voir. L. Cadiet (ss dir.), L'open data des décisions de justice, n° 3, accessible en ligne sur http://www.justice.gouv.fr/publication/open_data_rapport.pdf, au 9 juillet 2019.

略,[①]但却逐渐与公共数据的开放联结在一起。[②]

公共数据是指公共部门的机构(*organismes du secteur public*)为履行其公共服务的职责,收集、制作、复制和传播的文档。[③] 不过,在"数字共和国"法颁布前的法国,公共数据的开放主要指的是对行政部门制作和收集的数据进行开放。1978年,法国颁布了第78-753号法律,该法第一编便规定了关于自由获取行政文档(*la liberté d'accès aux documents administratifs*)的条款。根据这一法律的第1条和第2条,关于自由获取行政文档的规定,确立并保障了任何人获得信息的权利,除了存在特殊规定之外,行政部门必须依照规定的条件将其所持有的行政文档转交于提出请求的人。法国政府于1997年又决定在线免费提供基本的公共数据(*données publiques essentielles*)。[④] 此后,自由获取行政文档的权利也被法国最高行政法院(*Conseil d'État*)认定为是一项对公民行使公共自由(*des libertés publiques*)的基本保障。[⑤] 此时,对公共数据的开放仅是指公众有权自由获取行政文档。

2005年,依据欧洲议会与欧盟理事会发布的关于重复利用公共部门信息的2003/98/CE指令(*directive*),[⑥]法国颁布了第2005-650号法令(*ordonnance*)。[⑦] 这一法令的第2条至第10条对第78-753号法律进行了增改,修改了其中有关于自由获取行政文档的规定,增设了有关于重复利用公共信息(*la réutilisation des informations publiques*)和有关于负责确保自由获取行政文档和公共档案的独立行政机关"获取行政文档委员会(*Commission d'accès aux documents administratifs*)"的规定。根据修改后的第78-753号法律第10条的规定,载于由行政机关制作和收集的文档中的信息,无论其载体如何,均可供希望将信息用于制作和收集文档以履行公共服务职责之外的其他用途的任何人利用。至此,开放公共数据的内涵发生了变化,不再仅是指对行政文档的自由获取,还增加了允许重复利用文档中

---

① Voir. L. Lucchesi, L'open data et la jurisprudence, lors du colloque La jurisprudence dans le mouvement de l'open data organisé à la Cour de cassation le 14 octobre 2016, La Semaine Juridique Édition Générale, suppl. au n° 9, 27 février. 2017, n° 1, p.18.

② Voir. L. Cadiet (ss dir.), L'open data des décisions de justice, n° 3, accessible en ligne sur http://www.justice.gouv.fr/publication/open_data_rapport.pdf, au 9 juillet 2019.

③ Voir. Directive 2003/98/CE du Parlement Européen et du Conseil, considérant n° 8.

④ Voir. L. Lucchesi, L'open data et la jurisprudence, lors du colloque La jurisprudence dans le mouvement de l'open data organisé à la Cour de cassation le 14 octobre 2016, La Semaine Juridique Édition Générale, suppl. au n° 9, 27 février. 2017, n° 4, p.18.

⑤ Conseil d'État, du 29 avril 2002, n° 228830, publié au recueil Lebon.

⑥ 指令(directive)是欧盟条约所派生出的规范,其只规定所要达到的结果,而实现该结果的形式和方法方面则由各成员国进行选择,因此理论上指令在法国法中没有直接效力,必须通过法国法中的规范进行转化。Voir. J. Ghestin, G. Goubeaux, Traité de droit civil. Introduction générale, LGDJ, 4e édition, 1994, n° 304 et n° 308.

⑦ 根据法国宪法第38条第一款的规定,政府为执行其施政纲领,可以请求议会授权其在一定期限内以法令(ordonnance)的形式采取通常隶属于法律调整范围的措施。

的公共信息这层含义。

2011 年，法国颁布了关于创建 *Etalab* 任务的第 2011-194 号政府命令(*décret*)，①根据该政府命令的第 2 条，*Etalab* 任务负责建立一个唯一的跨政府部门的门户网站(*un portail unique interministériel*)，用于收集和无限制地提供国家及其公共行政机构的所有公共信息，还可以根据地方行政机关以及负担公共服务职责的公法人或私法人的意愿，提供来源于这些主体的公共信息。2011 年 12 月 5 日，*data.gouv.fr* 网站作为 *Etalab* 任务创设的收集所有可用公共数据的门户网站开始投入使用。② 基于此，开放公共数据的内涵再次被丰富，向公众提供行政文档或者公共信息不再是一种单一的或者是个别的提供，而是一种依托于数字化手段的整体性提供。2015 年颁布的第 2015-1779 号法律再次修改了第 78-753 号法律，修改后的该法第 15 条规定了，对公共信息的重复利用是免费的。第 78-753 号法律中的大部分规定目前已被废止，原本由其进行调整的关于自由获取行政文档和重复利用公共信息的规范已被编纂入法国公众与行政机关关系法典。

综上所述，主要体现为对公共数据进行开放的数据开放，是指免费向公众整体性地提供数据，并允许对数据进行重复利用。

(二)司法裁判的传播

司法裁判的传播与司法公开这一司法运作的基本原则之间存在着密切的联系。法国法关于司法公开的规定最早可以追溯到关于司法组织的 1790 年 8 月 16 日和 24 日法律。③ 在当代，司法公开原则被 1953 年生效的欧洲人权公约所认可，根据这一条约第 6 条第一款的规定，任何人都有权在合理的时间内，由法律设立的独立且公正的法庭进行公平且公开的审理，以决定有关其民事权利义务的争议，或决定对其确定任何刑事罪名，判决应当公开宣布。司法公开原则也被写入了法国的程序性规范中，不仅是在民事程序和刑事程序中，行政诉讼中也存在辩论的公开和裁判的公开这两项要求。法国行政司法法典第 L6 条规定了，辩论在公开审理下进行，同时该法典第 L10 条第一款也规定了，判决是公开的，判决中提及作出该判决的法官的姓氏。而对司法裁判公开的保障不仅有裁判的公开宣告，还包括任何

---

① 政府命令(décret)是一种行政条例(les règlements)，包括经内阁会议商议的总统令、一般的总统令和总理令。有些政府命令是确定法律实施方式的实施条例(règlements d'application)，有些政府命令则以新的形式来调整某一不属于立法权限的领域，属于自主性条例(règlements autonomes)。Voir. J. Ghestin, G. Goubeaux, Traité de droit civil. Introduction générale, LGDJ, 4e édition, 1994, n° 276.

② Voir. Allocution du Premier président Bertrand Louvel, lors du colloque La jurisprudence dans le mouvement de l'open data organisé à la Cour de cassation le 14 octobre 2016, La Semaine Juridique Édition Générale, suppl. au n° 9, 27 février. 2017, p.5.

③ 这一法律的第 14 条规定了，在所有民事或刑事案件中，辩护词(plaidoyers)、报告(rapports)和判决应公开。

人均有权获取司法裁判。[①] 例如在民事案件中,根据法国第 72-626 号法律第 11-3 条的规定,案外人有权获取公开宣告的裁判文书的副本。

为了公民能够接近法律并确保法律制度在整体上能够被更好地理解,以构建对安全和平等的保障,司法裁判应当在最大的范围内进行公开,这便不再是传统意义上的公开司法裁判,而是向最广泛的公众传播司法裁判。[②] 司法裁判的传播是一种主动向公众提供司法裁判的行为。法国的司法裁判主要可以分为两大类,一是普通司法法院针对民事案件和刑事案件作出的裁判,一是行政司法法院针对行政案件作出的裁判。[③] 在普通司法的范畴内,法国最高法院于法国大革命时期以撤销法庭(*Tribunal de cassation*)的名义设立,自此最高法院便通过出版公报(*bulletins*)的方式传播其作出的判决。[④] 而对于行政司法的范畴,最高行政法院和最高法院的出庭律师(*les avocats au Conseil d'état et à la Cour de cassation*)[⑤]从 19 世纪初开始,主要以汇编(*recueil*)的方式定期传播行政裁判,最高行政法院直到第二次世界大战之后出版"对争议作出决定的最高行政法院裁判汇编(*Recueil des décisions du Conseil d'état, statuant au contentieux*)"后才开始承担传播行政裁判的职责。[⑥]

随着信息与通信技术的发展,对司法判决的传播便逐渐开始使用数字化的手段。自 1989 年起,法国最高法院开始在线提供其所有未经出版的,即未在其公报上发表的判决。[⑦] 2002 年颁布的第 2002-1064 号政府命令创设了通过互联网传播

---

① Voir. C. Chainais, F. Ferrand, S Guinchard, Procédure civile: Droit interne et européen du procès civil, Dalloz, 33e édition, 2016, n° 1103.

② Voir. S. Guinchard, F. Ferrand et alii, Droit et pratique de la procédure civile, 9e édition, 2016, n° 212.113.

③ 鉴于司法权(pouvoirs judiciaires)与行政权(pouvoirs exécutifs)相分离的原则,法国存在两种司法秩序,即由最高法院(Cour de cassation)领导的普通司法秩序和由最高行政法院领导的行政司法秩序,设有专门裁决行政争议并与普通法院相分离的行政法院是法国司法体系的基本特征之一。Voir. J. Waline, Droit administratif, Dalloz, 27e édition, 2018, p.629.

④ Voir. R. Guerlot, La diffusion de la jurisprudence par la Cour de cassation et le développement de l'open data, lors du colloque La jurisprudence dans le mouvement de l'open data organisé à la Cour de cassation le 14 octobre 2016, La Semaine Juridique Édition Générale, suppl. au n° 9, 27 février. 2017, p.68.

⑤ 最高行政法院和最高法院的出庭律师是唯一有权在这两个司法机构中代理当事人诉讼的人,享有提出代理意见和代表当事人出庭的专属性权利。参见[法]洛伊克·卡迪耶:《法国民事司法法》,杨艺宁译,中国政法大学出版社 2010 年版,第 157 页。

⑥ Voir. L. D. de Lamothe, avec le concours de P.—Y. Martinie, La diffusion de la jurisprudence administrative, lors du colloque La jurisprudence dans le mouvement de l'open data organisé à la Cour de cassation le 14 octobre 2016, La Semaine Juridique Édition Générale, suppl. au n° 9, 27 février. 2017, p.64.

⑦ Voir. P. Petitcollot, Propos introductifs, lors du colloque La jurisprudence dans le mouvement de l'open data organisé à la Cour de cassation le 14 octobre 2016, La Semaine Juridique Édition Générale, suppl. au n° 9, 27 février. 2017, p.8.

法律的公共服务,这项公共服务是为了方便公众获取现行有效的规范文本和获取判例。根据该政府命令的第一条和第二条,这项公共服务通过 *legifrance.gouv.fr* 网站免费提供多种法律数据,其中便包括了法国最高法院和最高行政法院作出的裁判,以及经过选择的由其他普通司法法院和行政司法法院作出的裁判。而根据这一政府命令第四条第一款的规定,对于希望在其活动过程中使用法律数据的主体,无论其活动是否属于商业性质,都可以获得重复利用这些数据的许可。在第2002-1064号政府命令颁布之后,法国法在向公众传播司法裁判这方面便再没有新的进展。

(三)以数据开放的方式对司法裁判进行传播

2016年,法国政府就司法裁判的传播,对"数字共和国"法的立法草案提出了两件修正案(*amendement*),其意愿是保证向公众提供司法裁判的详尽性和自由且免费的重复利用。① 法国参议院的法律委员会(*commission des lois du Sénat*)又对这两件修正案分别提出了再修正案(*sous-amendement*),这些修正案都针对同一个极其重要的目标:保障司法裁判的开放、共享和重复利用,换言之就是司法裁判的数据开放。②最终,上述修正案均被通过。③ 如前所述,这一系列的修正案是将司法裁判的传播置于公共数据开放的框架中,即以数据开放的方式对司法裁判进行传播,这种结合应当说具有其正当性和有益性。

从正当性的角度来看,从前述可知,通过 *Légifrance* 网站对司法裁判的传播已经具备了免费提供和允许重复利用这些公共数据开放的要素,其与公共数据开放的差别就在于没有实现对司法裁判详尽的整体性提供。首先,司法裁判均以法国国民的名义作出且是公开的,因此提供所有的司法裁判才是适当的。④ 其次,如前所述,司法裁判的传播是在最大的范围内公开司法裁判。如何做到在最大范围内公开与所处时代的技术条件有关,而 *data.gouv.fr* 网站的成功运营说明了免费提供详尽数据的技术条件已经具备。利用搜索引擎也能够在相当多的信息之间进

---

① Voir. Compte rendu intégral —Séance du mercredi 27 avril 2016, Journal officiel de la République française. Sénat., 28 avril 2016, pp.5914-5916, accessible en ligne sur https://www.senat.fr/seances/s201604/s20160427/s20160427.pdf, au 29 juillet 2019.

② Voir. Compte rendu intégral —Séance du mercredi 27 avril 2016, Journal officiel de la République française. Sénat., 28 avril 2016, pp.5915-5917, accessible en ligne sur https://www.senat.fr/seances/s201604/s20160427/s20160427.pdf, au 29 juillet 2019.

③ Voir. Compte rendu intégral - Séance du mercredi 27 avril 2016, Journal officiel de la République française. Sénat., 28 avril 2016, p.5919, accessible en ligne sur https://www.senat.fr/seances/s201604/s20160427/s20160427.pdf, au 29 juillet 2019.

④ Voir. Compte rendu intégral - Séance du mercredi 27 avril 2016, parole de M. Christophe-André Frassa, le rapporteur, Journal officiel de la République française. Sénat., 28 avril 2016, p. 5916, accessible en ligne sur https://www.senat.fr/seances/s201604/s20160427/s20160427.pdf, au 29 juillet 2019.

行拣选。① 因此,免费提供全部的司法裁判便是促进司法裁判传播的必然结果。此外,司法是国家主权的象征,是一项国家职能,因此司法具有公共服务的属性。②而前述提及的 2003/98/CE 指令认为,该法令所指的公共部门包含有司法部门。③那么,司法裁判作为司法机关为行使司法这一公共服务职能而制作的文档,也应当属于公共数据。法国获取行政文档委员会也认为司法判决中包含了允许重复利用的公共信息,原因在于获取司法判决是任何人都享有的权利。④ 故而,对司法裁判也应该通过公共数据开放的形式向公众提供,并允许重复利用其中的公共信息。

从有益性的角度来看,如前所述,传播司法裁判是为了公民能够接近法律且更好地理解法律制度,以构建对安全和平等的保障。通过数据开放扩大对司法裁判的传播无疑能够更好地发挥这一作用。同时,司法裁判的数据开放将带来数量可观的法律数据,存储和开发法律数据给法律市场的参与者带来了新的经济前景。⑤例如,在可用数据激增的情况下,存在用户难以在大量数据中找到其寻求的相关信息的风险。⑥ 因此,司法裁判的数据开放将会带来对新型服务的开发,这种新型服务通过算法(*algorithmes*)进行操作且可以利用所有的数据。⑦ 此外,司法裁判数据的重复利用也可能给司法活动的运行带来惠益。对于法官来说,对司法裁判的数据开放将使所有法官都能够获得其他法官作出的裁判,这会减少因为忽视他人工作成果而导致的裁判差异。⑧ 例如,对于人身损害的评估,司法裁判的数据开放会让法官能够了解每一类损害通常被给予的补偿。⑨ 而对于当事人来说,司法裁判的数据开放使得司法变得更加可预见(*prévisible*),有助于为当事人提供更好的支持,例如当事人能够更好地了解争议获得解决的可能性,更准确地评估进行诉讼

---

① Voir. G. Hannotin, L'encadrement de l'open data des décisions de justice par le Conseil constitutionnel, La Semaine Juridique Edition Générale, n° 13, 1er avril 2019, 330.

② Voir. L. Cadiet, E. Jeuland, Droit judiciaire privé, LexisNexis, 10e édition, 2017, n° 37.

③ Voir. Directive 2003/98/CE du Parlement Européen et du Conseil, considérant n° 16.

④ CADA, Conseil n° 20103040, du 27 juillet 2010, accessible en ligne sur http://cada.data.gouv.fr/20103040/, au 9 juillet 2019.

⑤ Voir. N. Fricero, Collecte, diffusion et exploitation des décisions de justice: quelles limites, quels contrôles ? À propos du rapport sur l'open data des décisions de justice, La Semaine Juridique Edition Générale, n° 7, 12 février 2018, 168.

⑥ Voir. L. Cadiet (ss dir.), L'open data des décisions de justice, n° 14, accessible en ligne sur http://www.justice.gouv.fr/publication/open_data_rapport.pdf, au 9 juillet 2019.

⑦ Voir. Th. Douville, L. Raschel, Numérique et diffusion de la décision L'open data des décisions de justice, in C. Bléry, L. Raschel (ss dir.), Vers une procédure civile 2.0, Dalloz, 2018, p.52.

⑧ Voir. Allocution du Premier président Bertrand Louvel, lors du colloque La jurisprudence dans le mouvement de l'open data organisé à la Cour de cassation le 14 octobre 2016, La Semaine Juridique Édition Générale, suppl. au n° 9, 27 février. 2017, p.6.

⑨ Voir. Th. Douville, L. Raschel, Numérique et diffusion de la décision L'open data des décisions de justice, in C. Bléry, L. Raschel (ss dir.), Vers une procédure civile 2.0, Dalloz, 2018, p.53.

的风险。[①] 如果预见到诉讼成功的机会减少，会促使当事人友好地解决纠纷而不是选择诉诸法院。[②]

但如前所述，公共数据主要指的是行政数据，司法裁判因而不能被直接纳入由法国公众与行政机关关系法典调整的公共数据开放的框架内。这是因为法国最高行政法院在其判决中认定了法院所持有的、与行使其被赋予的裁判职能相关的文档，无论其性质如何，都不属于适用第 78-753 号法律规定的行政文档。[③] 获取行政文档委员会也与最高行政法院的观点一致，认为直接来源于法院或者由司法机关作出的文件在原则上不被视为行政文档，不属于第 78-753 号法律规制的范围，尤其是普通司法法院和行政司法法院作出的裁判。[④] 因此，上述四件修正案是在法国司法组织法典和法国行政司法法典中增加了关于司法裁判数据开放的规定。最终颁布的"数字共和国"法在其第 21 条规定了，司法组织法典第一卷第一章的唯一章节补充如下规定的第 L 111-13 条：

"在不妨碍有关于法院裁判的获取及公开的特殊规定的情况下，以尊重相关人员的私人生活（*la vie privée*）为前提，普通司法法院作出的裁判应当免费向公众提供。

在向公众提供裁判之前，应先分析重新识别（*ré-identification*）个人身份的风险。

公众与行政机关关系法典第 L321-1 条至第 L326-1 条同样适用于对载于这些裁判中的公共信息的重复利用。

对于初审法院、上诉法院或者最高法院的裁判，由制定须咨询最高行政法院意见的政府命令（*un décret en Conseil d'état*）确定其适用本条的条件。"[⑤]

二、司法裁判数据开放的制度框架

"数字共和国"法虽然创设了司法裁判的数据开放制度，但这一制度却具有一定的不确定性。例如，法国司法组织法典第 L111-13 条第一款虽然规定了司法裁判的提供以尊重相关人员的私人生活为前提，但是却没有明确应当如何实现对相

---

① Voir. « Face à l'innovation, je ne crois pas en la résistance au changement, mais en son accompagnement éclairé », Entretien par Axelle Lemaire, Revue pratique de la prospective et de l'innovation, n° 2, Octobre 2017, entretien 4.

② Voir. N. Fricero, Collecte, diffusion et exploitation des décisions de justice: quelles limites, quels contrôles ? À propos du rapport sur l'open data des décisions de justice, La Semaine Juridique Edition Générale, n° 7, 12 février 2018, 168.

③ Conseil d'État, du 7 mai 2010, n° 303168, publié au recueil Lebon.

④ CADA, Conseil n° 20053620, du 3 novembre 2005, accessible en ligne sur http://cada.data.gouv.fr/20053620/, au 9 juillet 2019.

⑤ "数字共和国"法第 20 条对法国行政司法法典第 L-10 条在原有的基础上补充了四款规定，这四款规定在表述上与司法组织法典第 L111-13 条的内容相似。

关人员私人生活的尊重。又如,该条第二款规定了在向公众提供裁判之前应先分析重新识别个人身份的风险,却没有明确指出这种分析得出的结果所产生的法律或技术后果。① 再加之司法组织法典第 L 111-13 条(行政司法法典第 L10 条)最后一款规定的具体适用这一制度的政府命令始终没有出台,尽管有"卡迪耶报告"的建议,司法裁判的数据开放仍然是一纸空文。② 而 2019 年法国"司法改革"法的颁布终结了"数字共和国"法带来的不确定性。③ "司法改革"法的第 33 条不仅涉及了对司法裁判数据开放的重塑,它以"协调司法裁判的公开与私人生活受尊重权"为标题,还修改了关于司法裁判的公开和获取的规则。通过这些修订,"司法改革"法的第 33 条明确了司法裁判数据开放的原则性规定、对相关自然人的保护和对重复利用法官、书记室成员身份信息的限制,并且确立了提供司法裁判的双重模式,从而重新搭建了司法裁判数据开放的制度框架。

(一)司法裁判数据开放的原则性规定

经"司法改革"法修改后的法国行政司法法典第 L10 条第二款和法国司法组织法典第 L111-13 条第一款均规定了,在保留有关于法院裁判的获取及公开的特殊规定的前提下,司法裁判以电子形式免费向公众提供。这是司法裁判数据开放制度的原则性规定,也是对司法裁判数据开放制度与司法裁判公开制度进行协调。这种协调在"数字共和国"法中就已经存在,对于行政裁判的数据开放,"数字共和国"法的第 20 条将相关的规定补充在法国行政司法法典第 L10 条("判决是公开的,判决中提及作出该判决的法官的姓氏")之中。原法国司法组织法典第 L111-13 条第一款也规定了免费向公众提供普通司法法院作出的裁判不能妨碍有关于法院裁判的获取及公开的特殊规定。协调司法裁判数据开放制度与司法裁判公开制度具有其必要性。由前述可得,司法裁判的传播是在最大范围内公开司法裁判,而司法裁判的数据开放是技术手段更新后传播司法裁判的新形式。故而,司法裁判的数据开放必须遵循有关司法裁判公开的规则。司法裁判公开是对司法公开原则的实施,而司法公开原则必须与同样来源于条约或者宪法的其他要求相协调,例如保护公共秩序、私人生活受尊重的权利和保护个人数据,④因而对司法裁判的公开存在一些例外性规定。所以,虽然司法裁判数据开放的基本含义是向公众免费提供全部的司法裁判,但是这种数据开放也要受到公开司法裁判的例外规定的

---

① Voir. L. Cadiet (ss dir.), L'open data des décisions de justice, n° 45, accessible en ligne sur http://www.justice.gouv.fr/publication/open_data_rapport.pdf, au 9 juillet 2019.

② Voir. J.—B. Thierry, La loi n° 2019-222 du 23 mars 2019, loi de réforme pour la justice numérique ?, La Semaine Juridique Édition Générale, n° 19, 13 mai 2019, doctr. 524.

③ Voir. L. Cadiet, Concilier la publicité des décisions de justice et le droit au respect de la vie privée, Procédures, n° 6, Juin 2019, étude 21.

④ Voir. Note du 19 décembre 2018 relative à la communication de décisions judiciaires civiles et pénales aux tiers à l'instance de Ministère de la Justice, publiée au Bulletin officiel, n°2018-12, du 31 décembre 2018, p.3, accessible en ligne sur http://www.justice.gouv.fr/bo/2018/20181231/JUSB1833465N.pdf, au 11 août 2019.

限制。

可以说，司法裁判公开的例外规定界定了可进行数据开放的司法裁判的范围。例如在民事程序中，辩论公开和裁判公开的立法性规范依据是分别第 72-626 号法律的第 11-1 条和第 11-2 条。根据这两个条文的规定，对非讼案件以及由政府命令确定的有关法律主体的状况（*état*）和能力（*capacité*）的案件不进行公开审理和裁判的公开宣告。因此，针对这两类案件而作出的裁判便不能以电子形式免费向公众提供。同时，考虑到法律法规已经将不公开审理的范围扩大至非讼案件和有关主体状况和能力的案件之外，①法国"司法改革"法第 33 条第五项对上述两条进行了补充。根据修改后的第 72-626 号法律第 11-1 条和第 11-2 条的规定，在原则上，辩论是公开的，裁判也应当公开宣告。但在不妨碍适用其他立法性条文且案件不是由最高法院进行审理时，下列案件的审理不公开，作出的裁判也不进行公开宣告：非讼案件；由政府命令确定的有关法律主体的状况和能力的案件；由政府命令确定的与私人生活有利害关系的案件；在法国商法典第 L153-1 条第 3 项规定的条件下，涉及商业秘密的案件。此外，当公开辩论导致私人生活的隐私（*l'intimité de la vie privée*）受到侵害时，或者当所有当事人均提出此请求时，或者突发扰乱司法的公正性（*la sérénité de la justice*）的混乱时，法官也可以决定辩论的进行或继续进行不公开。

（二）司法裁判数据开放对相关自然人的保护

司法裁判虽然属于公共数据，但其中也包含有自然人（例如当事人、证人、法官等）的姓名、地址等信息。司法裁判的数据开放也相当于传播了大量的个人数据（*données à caractère personnel*），因此要求相应地加强对裁判所涉及的自然人的保护。② 从立法沿革来看，"数字共和国"法规定了司法裁判的提供以尊重相关人员的私人生活为前提，在向公众提供裁判之前应先分析重新识别个人身份的风险，而"司法改革"法第 33 条也以"协调司法裁判的公开与私人生活受尊重的权利"作为标题，这说明立法者意图通过保护私人生活受尊重的权利来实现司法裁判数据开放制度对裁判所涉之自然人的保护。如前所述，"数字共和国"法中关于尊重私人生活和分析重新识别风险的规定均具有一定的不确定性，并没有明确指出相应的途径和后果。为了明确对裁判所涉人员私人生活受尊重权的保护，"司法改革"法第 33 条对行政司法法典第 L10 条和司法组织法典第 L111-13 条中的相关规定作出了修改。

1.基本保护

经"司法改革"法第 33 条修改后的司法组织法典第 L111-13 条第二款和行政

---

① Voir. Exposé des motifs de la loi du n° 2019-222 du 23 mars 2019 de programmation 2018-2022 et de réforme pour la justice, Article 19, accessible en ligne sur https://www.senat.fr/leg/pjl17-463.html, au 10 août 2019.

② Voir. L. Cadiet (ss dir.), L'open data des décisions de justice, n° 40, accessible en ligne sur http://www.justice.gouv.fr/publication/open_data_rapport.pdf, au 9 juillet 2019.

司法法典第 L10 条第三款均在其第一句规定了，在向公众提供前，隐去司法裁判中提及的当事人或案外人(*tiers*)的姓氏与名字。虽然该规定没有明确表示其目的是为了保护当事人或案外人的私人生活受尊重权，但其是从"司法改革"法立法草案作出的"若披露会使裁判中提及的自然人及其周遭的他人的安全或私生活受尊重的权利受到侵害，隐去能够识别这些人身份的要素"这一规定中分解出来的，因此其是司法裁判数据开放制度对裁判所涉之自然人的私人生活受尊重权的基本保护。

如前所述，司法裁判的数据开放也涉及传播大量的个人数据。关于个人数据，法国宪法委员会(*Conseil constitutionnel*)的观点是 1789 年人权和公民权宣言的第 2 条①包含了私人生活受尊重的权利，因而需要保护个人数据。② 不过，虽然保护个人数据是尊重私人生活的一个要素，但由于某些个人数据可能无法纳入保护私人生活的范围，保护个人数据也是一个独立的权利。③ 欧盟基本权利宪章也将二者视为不同的基本权利，并分别规定在其第 7 条和第 8 条之中。④ 因此，对私人生活受尊重权的保护并不能完全覆盖对个人数据的保护。故而，司法裁判所涉及的自然人有可能受到来自有关保护个人数据的一般性规范，即欧洲议会与欧盟理事会颁布的具有直接适用效力的 UE 2016/679 条例(以下简称 *RGPD* 条例)⑤和法国颁布的第 78-17 号法律的保障。

RGPD 条例适用于保护与已识别或可识别的自然人相关的任何信息，而已被假名化(*pseudonymisation*)且可通过借助补充信息而指向某一自然人的个人数据也应当被视为是有关于可识别的自然人的信息。⑥ 根据 *RGPD* 条例第 4 条第五项的规定，假名化指的是一种处理个人数据的方式，它使个人数据在不借助补充信息的情况下不再能够指向特定的数据主体。可见，实施假名化并没有完全阻断对自然人的识别，只是使之复杂化，自然人仍是可识别的。⑦ 而与假名化相关的一个重

---

① 1789 年人权和公民权宣言(la Déclaration des droits de l'homme et du citoyen de 1789)第二条规定，任何政治结合的目的都在于维护人的自然的和不可动摇的权利。这些权利就是自由、财产、安全和反抗压迫。

② Conseil constitutionnel, Décision n° 2012-652 DC du 22 mars 2012, n° 8.

③ Voir. L. Cadiet (ss dir.), L'open data des décisions de justice, n° 44, accessible en ligne sur http://www.justice.gouv.fr/publication/open_data_rapport.pdf, au 9 juillet 2019.

④ 欧盟基本权利宪章(Charte des droits fondamentaux de l'Union européenne)第 7 条规定了，任何人均有权使自己的私人和家庭生活、住所以及通信受到尊重。该宪章第 8 条第一款规定了，任何人均都有权保护与其相关的个人数据。

⑤ UE 2016/679 条例也称为关于数据保护的一般条例(règlement général sur la protection des données)。欧洲议会与欧盟理事会颁布的条例(règlement)无须欧盟成员国国内法的接受即可直接适用于所有的成员国。Voir. J. Ghestin, G. Goubeaux, Traité de droit civil. Introduction générale, LGDJ, 4e édition, 1994, n° 305.

⑥ Voir. Règlement (UE) 2016/679 du Parlement Européen et du Conseil, considérant n° 26.

⑦ Voir. L. Cadiet (ss dir.), L'open data des décisions de justice, n° 47, accessible en ligne sur http://www.justice.gouv.fr/publication/open_data_rapport.pdf, au 9 juillet 2019.

要概念是匿名化(*anonymisation*),指的是为了完全且不可逆地阻断对自然人的识别而处理个人数据的过程,其意味着相关信息与其所涉及的自然人之间不再存在任何可能的联系,对自然人的识别变得完全不可能。① 但是 *RGPD* 条例并不能适用于保护匿名信息,即与已识别或可识别的自然人无关的信息,或经匿名处理过的相关数据主体不可识别或不可再识别的个人数据。② 综上,只有仍具有识别自然人身份可能性的个人数据才能适用 *RGPD* 条例进行保护,这一点对第 78-17 号法律来说亦然。③

根据 *RGPD* 条例第四条第一项对于"可识别的自然人"的定义,对于自然人,可以通过参照某一身份标识(*identifiant*),例如姓氏、身份证号码、位置数据、在线用户名,或者参照有关其人身的、生理的、遗传的、心理的、经济的、文化的或社会的同一性的特定要素,直接或间接地进行识别。而司法组织法典第 L111-13 条和行政司法法典第 L10 条仅要求在通过数据开放提供裁判前,隐去其中身为当事人和案外人的自然人的姓名。可见,"司法改革"法第 33 条确立的基本保护规则并没有要求隐去所有可以直接或间接识别自然人身份的要素,它是一种假名化的处理,司法判决中仍然存在可能识别自然人身份的个人数据。因此,司法裁判的数据开放也属于规范个人数据保护的 *RGPD* 条例和第 78-17 号法律的适用范围。

2.补充保护

除了对裁判所涉自然人私人生活受尊重权的基本保护,修改后的司法组织法典第 L111-13 条第二款和行政司法法典第 L10 条第三款均在其第二句规定了一项补充性的保护措施,当披露会使当事人、案外人、法官和书记室成员及其周遭的他人(*leur entourage*)的安全(*la sécurité*)或私生活受尊重的权利(*le respect de la vie privée*)受到侵害时,也同时隐去能够识别这些人身份的所有要素。这一规定是对司法裁判所涉及自然人的强化保护,不仅将自然人的范围扩展到法官和书记室的成员,需要去除的内容也扩及到了所有能够识别自然人身份的要素。不过,相较于对私人生活受尊重权的基本保护,这一补充保护存在诸多含混和争议之处。

首先,这一规定中的许多表述需要明晰,例如"周遭的他人"的范围是什么?哪些情况属于对安全和私生活受到尊重的权利的侵害?"司法改革"法第 33 条保留了司法组织法典第 L111-13 条最后一款和行政司法法典第 L10 条最后一款关于由制定须咨询最高行政法院意见的政府命令确定适用司法裁判数据开放的具体条件的规定,因此上述问题都需要等待相关的政府命令来予以解决。其次,关于隐去可

---

① Voir. L. Cadiet (ss dir.), L'open data des décisions de justice, Glossaire, p.14, accessible en ligne sur http://www.justice.gouv.fr/publication/open_data_rapport.pdf, au 9 juillet 2019.

② Voir. Règlement (UE) 2016/679 du Parlement Européen et du Conseil, considérant n° 26.

③ 2018 年法国颁布的第 2018-493 号法律和第 2018-1125 号法令修改了第 78-17 号法律,以使之与 RGPD 条例相适应,而且由于欧盟法的优先性,在第 78-17 号法律的规定与 RGPD 条例的规定不一致时,优先适用 RGPD 条例的规定。关于欧盟法的优先性,Voir. J. Ghestin, G. Goubeaux, Traité de droit civil. Introduction générale, LGDJ, 4e édition, 1994, n° 312-316.

识别法官和书记室成员身份的要素引起了很大的争议，鉴于逻辑上的高度关联性，这部分内容将与对重复利用法官和书记室成员身份数据的限制一并进行论述。最后，这一补充保护究竟是一种假名化处理还是一种匿名化处理？从文字表述来看，"隐去能够识别身份的所有要素"可以理解为以杜绝识别自然人身份的可能性为目的。法国行政司法法典第 L10 条第二款规定了在保留有关于法院裁判的获取及公开的特殊规定的前提下，司法裁判以电子形式免费向公众提供。而法国行政司法法典第 R751-7 条规定了在必要时对向案外人交付的裁判的简易副本进行匿名化(*anonymisation*)处理。那么最起码对于行政法院的裁判来说，这种补充保护应当是一种匿名化处理。而且，司法判决中含有非常大量的可重新识别身份的数据，尤其是在包含了众多背景因素的裁判理由中，这些数据均可以导致对自然人的重新识别，特别是通过与其他数据库的交叉引用。[①] 在大数据发展的环境下，匿名化处理的确能够更好地应对这种交叉引用所带来的重新识别身份的风险，因为匿名化使得对自然人的识别变得完全不可能。

但将这一补充保护定位为是一种匿名化处理，将所有的身份识别要素都作为去除的对象，有可能会损害司法裁判的可利用性和可理解性。随着储存和开发数据的技术不断革新，数据库的种类会越来越多样化，数据间的交叉引用必然会越来越频繁，那么可识别身份要素的范围也会越来越广泛。对司法裁判进行数据开放，不仅是为了方便向公众提供司法裁判，促进对司法裁判中的公共信息的重复利用也是这一制度的要义。"司法改革"法第 33 条也维持了"数字共和国"法所规定的对载于司法裁判中的公共信息的重复利用准用法国公众与行政机关关系法典第 L321-1 条至第 L326-1 条。[②] 若将所有能够识别自然人身份的数据全部删除，必然会对重复利用裁判中的公共信息造成极大的障碍。同时，如前所述，许多可识别自然人身份的数据都包含在裁判理由之中，若将这些数据全部隐匿，则无法了解法官作出裁判的动机，这与传播司法裁判以使公民能够接近法律且更好地理解法律制度的目的背道而驰。可以说，对于司法裁判的公开与私人生活受尊重权的协调，匿名化的处理是完全不成比例的。此外，若将这一规定理解为匿名化处理，则这些被隐去所有身份识别要素的司法裁判无法适用 *RGPD* 条例和第 78-17 号法律关于个人数据保护的一般性规则。在司法裁判数据开放的框架内，一部分裁判可以适用关于个人数据保护的一般性规则，另一部分则不可以，这将给司法裁判数据开放的实施造成混乱。因此，笔者认为这种补充保护也应当是一种假名化处理，但这需要前述提及的政府命令对"所有要素"这一表述作出限缩解释。[③]

综上所述，笔者认为，在司法裁判数据开放的框架下，对司法裁判所涉及的自

---

① Voir. L. Cadiet (ss dir.), L'open data des décisions de justice, n° 51, accessible en ligne sur http://www.justice.gouv.fr/publication/open_data_rapport.pdf, au 9 juillet 2019.

② 经"司法改革"法修改后的法国司法组织法典第 L111-13 条第四款和行政司法法典第 L10 条第五款。

③ 因此，对于法国行政司法法典第 R751-7 条中所指的"匿名化"，也不应理解为是使识别自然人的身份变得完全不可能的处理方式。

然人存在"特殊＋一般"的双重保障。特殊保障是司法裁判数据开放制度对于私人生活受尊重权的保护，一般保障则为 *RGPD* 条例和第 78-17 号法律关于个人数据保护的一般性规则。当然，这种一般性保障能否及于适用司法组织法典第 L111-13 条第二款第二句和行政司法法典第 L10 条第三款第二句规定的司法裁判，有待法国法的进一步解释和确认。

(三)对重复利用法官和书记室成员身份数据的限制

根据修改后的司法组织法典第 L111-13 条第三款和行政司法法典第 L10 条第四款的规定，不得以评估、分析、比较或预测法官和书记室成员实际的(*réelles*)或假定的(*supposées*)职业实践(*pratiques professionnelles*)为目的或效果，重复利用法官和书记室成员的身份数据(*les données d'identité*)，对此禁止的违反将受到法国刑法典第 226-18 条、第 226-24 条和第 226-31 条规定的处罚，①且不妨碍适用第 78-17 号法律所规定的措施和处罚。不过从立法沿革的角度来讲，制定这一限制的起因却是能否隐藏司法裁判中提及的法官和书记室成员的姓氏。这一问题非常具有争议性，是"卡迪耶报告"中唯一未能达成共识的问题，②也导致了立法上的曲折。

在公开的司法裁判中不出现法官的姓氏，这是法官们的强烈主张。③ 至于书记室成员，他们协助法官行使裁判权并对司法行为进行认证，虽然没有作出裁判，但是有关他们的安全问题与法官相同。④ 在司法裁判数据开放的框架下，司法裁判提及法官的姓氏会有很多不利之处，例如有可能给法官招致恶意的、不正当的、歧视性的个人批评，甚至是对其人身安全的攻击，⑤还可能导致当事人通过对法官

---

① 对于自然人处以 5 年监禁并处 300,000 欧元的罚金，且不妨碍适用法国刑法典第 226-31 条规定的补充性处罚；除处以五倍于自然人的罚金外，对于法人处以法国刑法典第 131-39 条第一款第 2 项至第 5 项以及第 7 项至第 9 项所规定的处罚，例如永久或最长期限为五年，禁止直接或间接从事一项或多项专业性或社会性活动。

② Voir. L. Cadiet, Concilier la publicité des décisions de justice et le droit au respect de la vie privée, Procédures, n° 6, Juin 2019, étude 21.

③ Voir.《 Face à l'innovation, je ne crois pas en la résistance au changement, mais en son accompagnement éclairé 》, Entretien par Axelle Lemaire, Revue pratique de la prospective et de l'innovation, n° 2, Octobre 2017, entretien 4.

④ Voir. L. Cadiet (ss dir.), L'open data des décisions de justice, n° 79, accessible en ligne sur http://www.justice.gouv.fr/publication/open_data_rapport.pdf, au 9 juillet 2019.

⑤ Voir. L. Cadiet (ss dir.), L'open data des décisions de justice, n° 74, accessible en ligne sur http://www.justice.gouv.fr/publication/open_data_rapport.pdf, au 9 juillet 2019.

的侧写(*profilage*)[①]来选择提起诉讼的法院。[②] 然而,司法裁判的公开原则要求裁判中提及作出裁判的法官的姓氏,[③]例如前述提及的法国行政司法法典第 L10 条的规定。而且根据法国司法组织法典第 L111-1 和行政司法法典第 L2 条的规定,司法裁判是以法国国民的名义作出的。因此,在向公众提供司法裁判时,法官的身份不能向法国国民保密。[④] 此外,在法国目前的司法体制下,借助分配管辖权的命令和分派法官到审判庭的决定,对于既定的案件和既定的法院,确定已作出的裁判是如何形成的并不复杂,因此阻止对法官和书记室成员的身份识别将是困难的。[⑤]

这一问题的争议性也导致了立法上的曲折。2018 年,法国司法部长向法国参议院(*Sénat*)提交了"司法改革"法的立法草案(*Projet de loi*),该草案在第 19 条中规定了"若披露会使裁判中提及的自然人及其周遭的他人的安全或私生活受尊重的权利受到侵害,隐去能够识别这些人身份的要素"。[⑥] 根据"司法改革"法的立法理由说明(*Exposé des motifs*),草案中的这一规定既针对司法裁判中提及的当事人和案外人,也针对提及的司法职业人员。[⑦] 在参议院对草案进行第一次审阅(*première lecture*)后,这一规定被修改为"这种提供的方式要保障对裁判所提及的自然人私人生活的尊重,并防止所有重新识别法官、书记室职员、当事人及其周遭他人和任何裁判中提及的自然人身份的风险,以及所有直接或间接侵害法官的自由裁量权和法院的公正性的风险",[⑧]明确了要对法官和书记员进行保护。经参议院修改的文本转送国民议会(*Assemblée nationale*)后,交由其下设的法律委员会

---

① 根据 RGPD 条例第四条第四项,侧写是指构成使用个人数据来评估与某一自然人相关的某些个人特征的对个人数据进行自动处理的任何形式,特别是分析或预测关于其工作收益、经济状况、健康、个人偏好、兴趣、可靠性、行为、位置或行动的因素。

② Voir. N. Fricero, Collecte, diffusion et exploitation des décisions de justice: quelles limites, quels contrôles ? À propos du rapport sur l'open data des décisions de justice, La Semaine Juridique Edition Générale, n° 7, 12 février 2018, 168.

③ Voir. N. Fricero, Collecte, diffusion et exploitation des décisions de justice: quelles limites, quels contrôles ? À propos du rapport sur l'open data des décisions de justice, La Semaine Juridique Edition Générale, n° 7, 12 février 2018, 168.

④ Voir. L. Cadiet (ss dir.), L'open data des décisions de justice, n° 70, accessible en ligne sur http://www.justice.gouv.fr/publication/open_data_rapport.pdf, au 9 juillet 2019.

⑤ Voir. G. Hannotin, L'encadrement de l'open data des décisions de justice par le Conseil constitutionnel, La Semaine Juridique Edition Générale, n° 13, 1er avril 2019, 330.

⑥ Voir. Article 19 du Projet de loi de programmation 2018-2022 et de réforme pour la justice, accessible en ligne sur https://www.senat.fr/leg/pjl17-463.html, au 10 août 2019.

⑦ Voir. Exposé des motifs de la loi du n° 2019-222 du 23 mars 2019 de programmation 2018-2022 et de réforme pour la justice, Article 19, accessible en ligne sur https://www.senat.fr/leg/pjl17-463.html, au 10 août 2019.

⑧ Voir. Article 19 du Projet de loi de programmation 2018-2022 et de réforme pour la justice, le Sénat a adopté, en première lecture après engagement de la procédure accélérée, accessible en ligne sur https://www.senat.fr/leg/tas18-007.html, au 10 août 2019.

(*commission des lois de l'Assemblée nationale*)进行审查。国民议会法律委员会在对草案的条文进行辩论时,针对参议院的上述规定提出了修正案,原因在于提案的委员会成员认为这种意图赋予极强保护性的规定是无效的,预防所有重新识别的风险将导致删除裁判中包含的对理解裁判至关重要的事实,而且"侵害法官的自由裁量权和法院的公正性的风险"这一概念也带来困难,[①]其他委员会成员也指出应当区分法官的职业活动和个人活动。[②] 最终,国民议会的法律委员会摒弃了众议院规定的这种防止风险的一般性义务,恢复了法国政府在立法草案中设置的对预先去除可识别要素的要求,并将其分解为系统性去除当事人、证人姓名的基本保护,以及在私人生活和安全存在风险时,扩及法官和书记室成员的补充保护。[③]

也就是在这次辩论中,当事人通过对法官的侧写来选择诉讼法院的风险第一次在立法过程中被指出。国民议会法律委员会的成员提出一项修正案,建议充分公开法官的姓氏,但要禁止在数据的自动处理中重复利用法官的姓氏,该提议的理由在于法官们对司法裁判中提及其姓氏的担忧并不是来自对姓氏的公开,而是来自可以对其姓氏重复利用,例如根据法官作出的裁判的典型性对法官进行侧写或分类,这伴随着"选购法院(*forum shopping*)"的风险。[④] 但为了能够对这一问题进行重新研究并予以明确,提案人依据其他委员会成员的请求撤回了这一修正案。[⑤] 而后,在国民议会对"司法改革"法草案进行第一次审阅的会议过程中,关于这一问题的第 1425 号修正案被通过,最终确定了不得以评估、分析、比较或预测其实际的或假定的职业实践为目的或效果,重复利用法官和书记室成员的身份数据。[⑥]

---

① Voir. L. Avia, D. Paris, Rapport n° 1396, tome 2: comptes rendus des travaux de la commission, parole de Mme L. Avia, rapporteure, p.218, accessible en ligne sur http://www.assemblee-nationale.fr/15/pdf/rapports/r1396-t2.pdf, au 10 août 2019.

② Voir. L. Avia, D. Paris, Rapport n° 1396, tome 2: comptes rendus des travaux de la commission, parole de Mme Paula Forteza, p.219, accessible en ligne sur http://www.assemblee-nationale.fr/15/pdf/rapports/r1396-t2.pdf, au 10 août 2019.

③ Voir. L. Avia, D. Paris, Rapport n° 1396, tome 1: synthèse et commentaires d'articles, pp.204-205, accessible en ligne sur http://www.assemblee-nationale.fr/15/pdf/rapports/r1396-t1.pdf, au 10 août 2019.

④ Voir. L. Avia, D. Paris, Rapport n° 1396, tome 2: comptes rendus des travaux de la commission, parole de Mme Paula Forteza, p.219, accessible en ligne sur http://www.assemblee-nationale.fr/15/pdf/rapports/r1396-t2.pdf, au 10 août 2019.

⑤ Voir. L. Avia, D. Paris, Rapport n° 1396, tome 2: comptes rendus des travaux de la commission, parole de Mme L. Avia, rapporteure, et parole de Mme Paula Forteza, pp.223-224, accessible en ligne sur http://www.assemblee-nationale.fr/15/pdf/rapports/r1396-t2.pdf, au 10 août 2019.

⑥ Voir. Compte rendu intégral - 2e Séance du 22 novembre 2018, Journal officiel de la République française. Assemblée Nationale., 23 novembre 2018, p.12541, accessible en ligne sur http://www.assemblee-nationale.fr/15/pdf/cri/2018-2019/20190076.pdf, au 10 août 2019.

对这一禁止的规定需要注意以下两点。第一，应当如何理解"身份数据"这一概念？是将其理解为法官和书记室成员的姓氏或者姓名，还是理解为可以识别法官和书记室成员身份的数据？如果将身份数据理解为可识别身份的数据，那么就会出现与前述提及的对自然人的补充保护一样的问题。在大数据迅猛发展的当下，可识别身份数据的范围会越来越广，那么这一规定便不仅仅是禁止重复利用法官和书记室成员的身份数据，而是司法裁判中的大部分数据，甚至是绝大部分数据都被禁止重复利用，这种理解显然与司法裁判数据开放的制度目的相悖。因此，笔者认为前一种理解更为妥当，但需要由司法组织法典第 L111-13 条(或行政司法法典第 L10 条)最后一款规定的政府命令进行限制。

第二，"以评估、分析、比较或预测法官和书记室成员实际的或假定的职业实践为目的或效果"的范围非常宽泛，对这一表述的理解需要结合立法者的意图。从本文对这一规定的立法梳理来看，立法者设置此规定的目的是为了规避通过利用法官的个人数据，选择于己有利的法院进行诉讼，对他方造成不利的风险。法国宪法委员会确认这一规定符合宪法规范时也确认了立法者的意图：想要避免一种通过处理个人数据、依据已作出的裁判对司法职业人员进行侧写的重复利用，这种重复利用可能导致管辖权选择的压力或策略，这种压力和策略具有扭曲司法功能的性质。① 因此，除了"选购法院"的目的被排除以外，出于例如教学、研究等其他目的时，应当允许重复利用法官和书记室成员的身份数据。但是由于违反这一禁止会导致刑事处罚和第 78-17 号法律所规定的行政处罚，为避免引起不必要的担忧，阻碍对司法裁判数据的是重复利用，应当前述提及的政府命令对这一具有宽泛性的表述予以明确限制。

(四)提供司法裁判的双重模式

如前所述，司法裁判的传播或者说是司法裁判的数据开放虽然来源于对公开司法裁判的需求，但已经不是传统意义上的司法裁判公开，除了裁判的公开宣告，对传统意义上的司法裁判公开的保障还包括任何人均有权获取司法裁判。关于获取司法裁判的权利，在民事案件中，前述曾提及案外人有权获取公开宣告的裁判文书的副本(第 72-626 号法律第 11-3 条)。在刑事案件中，根据法国刑事诉讼法典第 R156 条，确定的刑事裁判可以交付于案外人。法国行政司法法典第 R751-7 条也规定了可以向案外人交付裁判的简易副本。而向案外人提供裁判文书副本的职责则由法院的书记室完成。以民事程序为例，法国新民事诉讼法典第 1440 条规定了，法院书记员(*greffiers*)与公共登记簿(*registres*)或公共目录(*répertoires*)的保管人(*dépositaires*)必须向任何申请人提交文书的副本(*copie*)或摘录(*extrait*)，但申请人应当支付税款(*droits*)。而根据该法典第 1441 条的规定，在书记员拒绝

---

① Conseil constitutionnel, Décision n° 2019-778 DC du 21 mars 2019, n° 93.

提交副本或对申请不予答复时,由该书记员行使职责的法院的院长,依申请(*requête*)[①]作出裁判,但应听取申请人、书记员或保管人的说明,或者对其进行传唤;上诉的提出、审理与裁判按非讼案件处理。

但自从"数字共和国"法规定免费向公众提供司法裁判后,法国的法律技术企业(*legaltech*)成倍增加了向法院书记室提出的申请,以便获得裁判的副本,从而免费丰富其文档资源,从申请数量的角度来看,这给法院书记室的服务造成了阻碍。[②] 这种做法也可能规避司法裁判数据开放制度为尊重私人生活和保护个人数据而制定的规则,即在为在线提供而对司法裁判进行假名化处理之前便取得了身份数据。[③] 这是因为对于普通司法法院的裁判,法国法并没有规定向案外人交付裁判副本前对裁判进行假名化处理。"卡迪耶报告"也建议在法院书记室向案外人提供司法裁判时,允许法院在请求被滥用时,或在请求以交付大量的裁判为目的或效果时,拒绝交付裁判文书副本的请求。[④] 而"司法改革"法第 33 条通过增设关于获取司法裁判的程序规则,回应了上述问题。

"司法改革"法第 33 条对法国司法组织法典增设了第 L111-14 条,[⑤]根据这该条第一款的规定,案外人得请求适用民事或刑事案件的规则的法院的书记室交付司法裁判的副本,但请求被滥用时除外,特别是出于请求的数量或者请求的反复或系统的特征。根据"司法改革"法的立法理由说明,设置这一规定主要是因为大部分司法裁判今后都必须在线传播,法院书记室不再需要向案外人交付大量的司法裁判或者回应被滥用的请求。[⑥] 通过这一规定,司法裁判的数据开放与司法裁判的获取之间的界限得以明晰。司法裁判的获取是一种具有选择性的方式,它允许向案外人转交一个或数个司法裁判,而司法裁判的数据开放则是详尽无遗的,它是

---

① 申请(requête)是指当事人直接向法官提出的书面请求,在存在紧急状况或不需要进行辩论时,可以不传唤对方当事人而直接依申请作出属于临时性裁决的命令(ordonnance)。Voir. S. Guinchard et T. Debard (eds.), Lexique des termes juridiques, V° Requête, Dalloz, 25e édition, 2017.

② Voir. S. Smatt Pinelli, Open date et open access, Revue pratique de la prospective et de l'innovation n° 1, Mai 2019, 3.

③ Voir. L. Cadiet, Concilier la publicité des décisions de justice et le droit au respect de la vie privée, Procédures, n° 6, Juin 2019, étude 21.

④ Voir. L. Cadiet (ss dir.), L'open data des décisions de justice, recommandation n° 9, p. 12, accessible en ligne sur http://www.justice.gouv.fr/publication/open_data_rapport.pdf, au 9 juillet 2019.

⑤ "司法改革"法第 33 条也规定了法国行政司法法典增设与法国司法组织法典第 L111-14 条内容相似的第 L10-1 条。

⑥ Voir. Exposé des motifs de la loi du n° 2019-222 du 23 mars 2019 de programmation 2018-2022 et de réforme pour la justice, Article 19, accessible en ligne sur https://www.senat.fr/leg/pjl17-463.html, au 10 août 2019.

向公众提供全部的司法裁判。①

同时,司法组织法典新增的第 L111-14 条的第二款规定了,当自然人是当事人或案外人时,若披露会对当事人、案外人及其周遭的他人的安全或私生活受到尊重的权利造成损害时,隐去能够识别裁判中提及的自然人的身份信息的要素。这一规定显然是出于对裁判所涉之自然人私人生活受尊重权的保护,但由于通过获取司法判决而传播的个人数据无论在总量上还在传播范围上都不能与司法裁判的数据开放相提并论,因此这一保护措施在力度上明显低于司法裁判的数据开放对自然人的保护,并且全部交由法院书记室自由裁量。但是这一规定却面临着与司法裁判的数据开放对自然人的补充保护一样的问题,许多概念需要明晰,这种保护措施是假名化处理还是匿名化处理也需要澄清。司法组织法典第 L111-14 条最后一款也规定了,对于初审法院、上诉法院或者最高法院的裁判,由制定须咨询最高行政法院意见的政府命令确定适用本条的条件。因此,上述问题便需要等待这一政府命令予以解决。

综上所述,笔者认为,“司法改革”法第 33 条通过增设获取司法裁判的程序规则,确立了向公众提供司法裁判的双重模式,司法裁判的数据开放是主动向公众提供司法裁判的非实质性途径,而司法裁判的获取则是法院依申请被动地向公众提供司法裁判的实质性途径。

三、结语

创设司法裁判的数据开放制度,是“数字共和国”法以大幅丰富公共数据的方式,回应近年来不断增加的以开放形式获取数据的需求,这种需求的主要目的便是基于大数据和人工智能工具来发展各种类型的商业机会。② “司法改革”法延续了“数字共和国”法的脚步,并在其基础上进行了细化,规定了司法裁判数据开放的原则、对裁判所涉及自然人的保护,以及在特定条件下对重复利用法官、书记室成员身份信息的禁止,并确立了向公众提供司法裁判的双重模式。但是,“司法改革”法第 33 条仍然只是搭建了司法裁判数据开放的制度框架,具体制度的完善尚待确定这一制度适用条件的政府命令来实现。可以说,法国司法裁判的数据开放是一个仍在不断变化发展的命题。此外,大数据发展是一股全球性的浪潮,我国自然也身处其中。法国法在司法公开上所作出的大胆和创新的举措,无论其结果如何,对于我国的司法制度如何应对智能化、信息化所带来的机遇和挑战,都具有十分重要的参考和借鉴意义。因此,对于法国司法裁判的数据开放,需要持续关注,也值得持续关注。

---

① Voir. J. Jourdan-Marques, La publicité des décisions, une garantie émoussée ?, La Semaine Juridique Édition Générale, supplément au n° 14, 8 avril 2019, n° 5.

② Voir. B. Deffains, R. Ramondou, Y. Meneceur, Open data des décisions de justice: mythes et malentendus, 22 février. 2019, accessible en ligne sur https://www.lesechos.fr/tech-medias/intelligence-artificielle/open-data-des-decisions-de-justice-mythes-et-malentendus-992690, au 8 août 2019.

制度探究

理念转变与制度发展:我国民事证据调查的制度与实践*

蒲一苇**

摘　要　证据调查是法院进行事实认定的基础,在诉讼证明以及案件裁判中具有重要的地位。我国尚未确立专门的证据调查制度,相关规定散见于民事诉讼法及有关司法解释中。尽管存在的证明理念冲突、独立程序缺失、庭审程序构造不合理等诸多局限,但随着民事审判方式改革的推进和当事人主义诉讼模式的确立,我国的证据调查在理念、制度以及程序规则上都取得了较大的发展,并逐步趋于完善。

关键词　证据调查　诉讼证明　诉讼模式　法庭审理

在民事案件审理中,法官需要通过对证据的审查核实,判断证据的证据能力及证明力,并最终认定案件的事实。因此,证据调查在诉讼证明以及案件裁判中具有重要的地位。大陆法系各国和地区均将证据调查作为法官认定事实的基础,并确立了完备的证据调查制度和程序。尽管我国尚未确立专门的证据调查制度,但经过二十年来的民事司法改革和民事诉讼模式的转型,相关的理念、制度和实践得以不断的发展和完善。本文从比较法的视角,对我国的民事证据调查制度作概略式的介绍和考察,呈现我国证据调查制度发展中的理念转变和制度变革,剖析目前存在的局限性,以展望未来制度改革和完善的方向。

一、证据调查概念和含义的厘清

证据调查是一个大陆法系的诉讼概念,我国民事诉讼在制度源流上主要移植

*　本文为司法部国家法治与法学理论研究项目“电子签名证据的认定路径与证据体系(15SFB2021)”研究成果之一。

**　宁波大学法学院教授。

苏联的体系框架，并没有专门的证据调查制度，因而在制度上和语境上均很难与大陆法系的证据调查进行对接。尽管在我国的立法以及相关司法解释等规范性文件、司法实务中经常会出现“证据调查”一词，但并不具有大陆法系民事诉讼法领域中的特殊内涵。学理和实务中对于证据调查这一概念的理解和使用也比较模糊和混乱，欠缺一致性。因而在进行制度考察和介绍前，有必要在概念上予以厘清。

在大陆法系国家和地区，学者对证据调查内涵的界定表述不一。在法国，证据调查是指“法官根据一方当事人的请求或依职权，对有关案件争议事实的论点所进行的调查，其目的是巩固和形成法官对事实判断的心证。”①广义上的证据调查包括审前程序和法庭辩论程序中的证据收集和调查。② 德国学者认为证据调查是“以释明和确认事实为目的接受证据材料”，③或者说“证据调查在于接收证据手段所促成或传递的感知。”④而在日本，证据调查的含义为“法院对证据方法进行调查，以把握其内容，形成心证。”⑤即是指“法院以发现证据方法之内容为目的之诉讼行为。”⑥尽管学者的表述和研究视角不尽一致，不过归结起来在内涵上却大同小异，证据调查是法院进行事实认定的基础，即法院所实施的收集证据和审查证据，以获取形成法官心证所必要的证据资料的行为。

在我国，关于证据调查的含义存在分歧，大致上存在三种理解：

其一，认为证据调查仅基本等同于证据收集。这种理解立足于我国民事诉讼法的现行制度规范和传统理论，认为在我国民事诉讼法语境之下，证据调查应该界定为法官和律师按照法律规定的范围和程序，收集证据材料以及法院根据当事人的申请或者依职权采取证据保全措施的各种活动。⑦

其二，认为证据调查即证据的审查核实，是法官认定案件事实的基础。⑧ 持这种见解的学者显然受到大陆法系证据调查制度的影响，将证据调查界定为法官对证据的审查和认定，比如陈界融在《民事证据法：法典化研究》一书中指出：“法院事实审理的重中之重即是证据调查”，“证据调查，既是言词辩论的基础，又是证据评价的前提……”⑨。

---

① 张卫平、陈刚编著：《法国民事诉讼法导论》，中国政法大学出版社 1997 年版，第 92 页。

② 《法国新民事诉讼法典》，罗杰珍译，法律出版社 2008 年版，第 255 页。

③ [德]奥特马·尧厄希尼：《德意志联邦共和国民事诉讼法》，周翠译，法律出版社 2003 年版，第 261 页。

④ [德]罗森贝克：《德国民事诉讼法》，李大雪译，中国法制出版社 2007 年版，第 821 页。

⑤ [日]藤木英雄主编：《法律学小辞典》，有斐阁 1979 年版，第 469 页。转引自周成泓：《证据法基本问题的新探索》，法律出版社 2015 年版，第 11 页。

⑥ [日]松冈义正：《民事证据论》，中国政法大学出版社 2004 年版，第 87 页。

⑦ 类似的界定参见齐树洁：《论民事诉讼中的证据调查》，载《河南省政法管理干部学院学报》2002 年第 4 期；程春华：《民事证据法专论》，厦门大学出版社 2002 年版，第 108～111 页；江伟：《证据法学》，法律出版社 1999 年版，第 243 页等。

⑧ 钱颖萍：《论大陆法系证据调查及其对我国的启示——以当事人的权利保障为中心》，载《河北法学》2012 年第 5 期。

⑨ 陈界融：《民事证据法：法典化研究》，中国人民大学出版社 2003 年版，第 80 页。

其三,认为证据调查是与证据收集、审查、运用有关的各种调查活动的总称。持这种广义的证据调查概念的学者认为,证据调查是法官和当事人为了完成法庭审理中的事实认定,按照法律规定的调查程序和法律允许的调查方法而进行的程序活动,其外在表现是当事人取证、举证、质证和法官的认证。[①] 或者认为证据调查是司法人员、行政执法人员及其他法律工作者为查明和证明案件事实而进行的专门调查活动。[②] 按照这种理解,证据调查的内涵非常宽泛,基本涵盖了诉讼证明活动的全过程,而证据调查的主体也就包括了所有诉讼证明的主体。

上述界定中,第一种见解是我国的主流观点。长期以来,我国立法上和实务中所谓的“证据调查”通常是指证据方法的发现、提取和固定,往往表述为“证据的调查收集”或者“调查取证”。比如,《民事诉讼法》第 67 条规定:“人民法院有权向有关单位和个人调查取证,有关单位和个人不得拒绝。”此外,2002 年《最高人民法院关于民事诉讼证据的若干规定》(以下简称《证据规定》)第二部分关于“人民法院调查收集证据”的规定,2015 年的《最高人民法院关于适用〈民事诉讼法〉的解释》(以下简称《民诉法解释》)第 94 条—第 97 条有关法院依申请或者依职权调查收集证据的规定等,均将“调查”与“收集”合在一起使用,且着重强调的是证据的收集。至于证据的证据能力和证明力的确定,则一般使用“审查核实证据”、“审查判断证据”或者“认证”等概念。

综上可知,我国立法上和实务对证据调查这一概念的理解和使用与大陆法系截然有异,并非同一概念。[③] 根据前述大陆法系学者的概念描述和研究内容,“证据调查”的概念涵盖了我国立法上的证据收集、质证、认证等一系列诉讼证明活动,大致具有以下的内涵和特点:

其一,证据调查的目的在于案件事实的认定,即通过当事人提出证据、质证、辩论等活动,使得法官形成心证,完成事实认定。因而关于证据调查的程序形成了一系列保障案件事实发现的基本规则和制度设计,比如自由心证、公开原则、直接原则等等。

其二,证据调查的核心内容是证据评价和证据判断,即对证据进行审查以获得有关案件事实的心证,但亦包括必要时的证据收集行为,比如法院依职权询问当事人、委托鉴定等。

其三,证据调查性质上系法院的职权行为,属于法院诉讼指挥权的范畴。在大陆法系的审理和事实认定模式中,由法官进行事实审理并依法进行证据调查,尽管在证据的提出(举证)、证据的调查过程和方法(质证)等环节均涉及当事人的行为,但证据调查程序是由法官来主导的,即法院是证据调查的主体。

---

① 张斌:《论民事证据调查程序的基本理论问题》,载《四川大学学报(哲学社会科学版)》2006 年第 6 期。

② 何家弘:《证据调查》,法律出版社 1997 年版,第 1 页。

③ 为与大陆法系的制度和理论进行考察和比较,形成共同的话语体系,本文均采用大陆法系证据调查概念。

其四，证据调查包括审前程序和法庭审理程序中的证据收集和审查活动。证据调查一般是在庭审程序中（辩论期日）进行，但也可以在审前（辩论期日前）进行，①并不仅仅局限于法庭调查阶段。

二、我国证据调查的相关制度和程序规范

如前所述，我国现行的《民事诉讼法》及有关司法解释中并无专门的证据调查制度，相关内容表现在"调查收集证据""质证""审查核实证据""法庭调查"等概念和程序规范中。在《民事诉讼法》中，有关证据调查的规定主要在两个部分，即第一编总则中的第六章"证据"和第十二章有关第一审普通程序的"法庭调查"中。前者对证据调查作了一般性规定，而后者主要对证据调查的程序和过程进行了规范。而有关的司法解释，尤其是《证据规定》和《民诉法解释》则对证据调查基本规则和程序作了进一步的具体规定。

(一)证据调查的程序原则

证据调查的程序原则主要包括以下两项：

(1)直接原则，又称为直接审理原则，是指裁判法官必须亲自参加法庭审理、证据调查以及听取当事人之间有关案件事实的辩论的原则。《日本民事诉讼法》第185、186条及《德国民事诉讼法》第355条对证据调查的直接性作出了规定，如果违反了证据调查的直接性原则，则这一程序瑕疵将导致以这种方式获得的证据结果不允许被利用，并且以此为基础作出的裁判必须被撤销。② 我国虽然没有规定违反直接原则的法律后果，但案件的证据调查由受诉法院的同一审判组织完成是当然之义。案件受理后，法院在合议庭组成人员确定后应当在三日内告知当事人。无论是在审前程序中的证据整理和证据交换，还是庭审中的法庭调查，均由案件的承办法官或者合议庭主持进行。

2.当事人公开原则。证据调查的当事人公开原则是审判公开的重要内容，主要表现为在证据调查中保障当事人到场，并通过程序参与陈述意见、进行抗辩。为保障当事人到场，大陆法系国家和地区的立法均规定法院在进行证据调查时应以合法的方式对当事人进行传唤。在德国，证据调查的当事人公开原则是从法定听审请求权中派生的，当事人有权参加证据调查，法院须及时通知证据期日。只有在例外情形下才允许限制这项权利，比如为保护对方当事人或者第三人的商业秘密、在当事人一方在场时证人不能作出真实证言等情形。③ 我国《民事诉讼法》第10条、第134条明确规定了公开审判制度，并规定除了涉及国家秘密、商业秘密和个人隐私的证据外，证

① 德国和日本的证据调查主要在法庭审理中进行，而法国民事诉讼由于十分重视书证，其证据调查则基本上是在审前程序中进行。周成泓：《证据法基本问题的新探索》，法律出版社2015年版，第11页。从我国的有关规定来看，证据调查主要在开庭审理的法庭调查程序中进行，但在审前程序中也有相关的规定。

② [德]穆泽拉克：《德国民事诉讼法基础教程》，周翠译，中国政法大学出版社2005年版，第252页。

③ [德]罗森贝克：《德国民事诉讼法》，李大雪译，中国法制出版社2007年版，第868页。

据应在开庭时出示并进行质证。除了法院对证据交换期日、开庭期日的通知外,还赋予当事人查阅法院案卷、进行质证、参与言词辩论等一系列权利。

(二)证据审核判断的原则

自由心证是大陆法系各国普遍采用的证据审核认定规则。我国的《民事诉讼法》并未确立自由心证原则,①但《证据规定》第 64 条在立法的基础上,借鉴现代自由心证原则的基本内容对审查判断证据的原则进行了规定:"审判人员应当依照法定程序,全面客观地审核证据,依据法律的规定,遵循法官职业道德,根据逻辑推理和日常生活经验,对证据有无证明力和证明力大小独立进行判断,并公开判断的理由和结果。"②从而初步确立了具有中国特色的自由心证原则,这一规定为 2015 年的《民诉法解释》所承继。根据上述两个司法解释的规定,我国的自由心证原则包括以下三个方面的内涵和要求:(1)法官应依照法律程序和法律规定对证据进行判断;(2)对证据的审核要全面、客观;(3)强调法官应运用逻辑推理和经验法则进行理性认证;(4)须公开判断的理由和结果。值得注意的是,司法解释在规定自由心证原则的同时,又根据各种证据形式的特征、证据的不同分类标准等规定了较为具体的证明力判断规则,使得我国的证据制度又带有一定的法定证据的特征。

(三)证据调查的程序

我国民事诉讼的一审普通程序大致分为起诉和受理、审理前的准备、开庭审理、评议和判决几个阶段。根据诉讼进程的划分,证据调查主要在审前程序和开庭审理的法庭调查程序中进行。根据现行法律规定,在审前准备前阶段,审判人员必须认真审核诉讼材料,调查收集必要的证据,确定举证期限、组织庭前会议,通过证据交换等方式明确争议焦点;在庭审阶段的法庭调查中,法院组织当事人进行质证,通过直接审理审查核实证据、查明案件事实。具体而言,证据调查程序(诉讼证明的过程)沿着"举证—质证—认证"进行,大致包括三个步骤(如图 1):

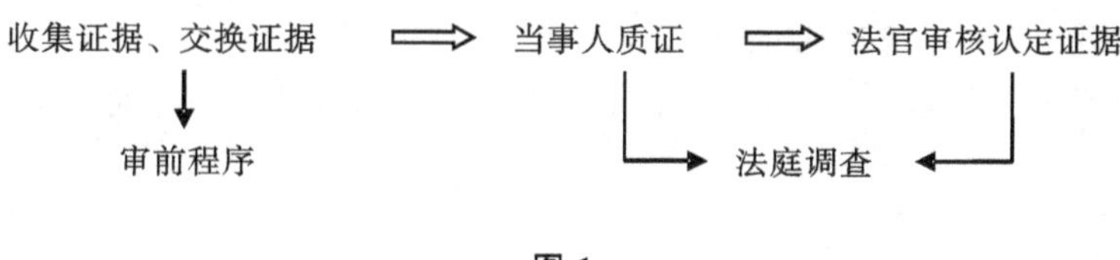

图 1

1.审前程序中的证据调查

审前程序的主要任务是为开庭的集中审理作准备,这一阶段的证据调查活动主要是尽可能完成当事人收集和提出证据、鉴定、勘验及证据保全,并通过证据交

---

① 自由心证制度在我国曾长期被作为唯心主义制度而遭到批判,学界对自由心证能否成为我国法官判断证据的原则也曾经颇存争议,直至 2002 年的《证据规定》才对自由心证进行了规定。

② 虽然最高人民法院在对《证据规定》的起草说明中并未将该条规定称为自由心证,而是称为"法官依法独立审查判断证据的原则",但其在解释时使用了"良知""理性""自由"等词语,涵盖了现代自由心证的主要内容和基本精神,实际上是采纳了自由心证原则。

换进行争点和证据整理，确定无争议的事实，排除没有证明力的证据。

(1)取证和举证。在民事诉讼中，当事人对自己的主张负有举证责任，当事人在起诉时即应附有相应的证据材料，并在起诉状中记明证据及证据来源，法院在受理案件后会确定当事人的举证期限。根据我国《民事诉讼法》及相关司法解释，当事人及其代理人、法院均有权调查收集证据，但在证据的提出上以当事人举证为主，法院调查收集证据为辅。① 法院通常仅在当事人及其诉讼代理人因客观原因不能自行收集的证据，以及认为审理案件需要时才会依申请或者依职权补充完成证据的调查收集。②

(2)证据交换。证据交换是上世纪九十年代后期以来，我国司法实务中适用普通程序审理案件所采取的整理争点和固定证据的通常做法，对于实现审理集中化、促进诉讼的公平和秩序有十分明显的积极作用。③《证据规定》对证据交换的具体规则和程序进行了规定。我国的证据交换采取法官主导的模式，在审判人员或者书记员的主持下进行。在证据交换过程中，对当事人无异议的事实、证据应当记录在卷，这类证据在庭审中一般不必再组织质证。对有异议的证据，则按照需要证明的事实分类记录在卷，并记载异议的理由。

(3)庭前会议。庭前会议是审前整备的一个重要形式，也是法院在审前进行证据调查的重要方式。根据《民诉法解释》的规定，庭前会议由主审法官主持，由双方当事人及其代理人、证人参加，会议的主要内容包括组织当事人交换证据，根据当事人的申请决定调查收集证据，委托鉴定，进行勘验，进行证据保全；归纳争议焦点并征求当事人的意见，明确法庭开庭调查的事项及重点。

2.庭审程序中的证据调查

在我国的开庭审理的程序中设置了两个独立的阶段，即法庭调查与法庭辩论。法庭调查是进行证据调查的主要阶段，主要内容是听取当事人的陈述，由当事人举证并互相质证，由法官对证据进行审查核实，以查清案件事实。这一阶段的证据调查规则和程序主要包括质证和认证两个环节。

(1)当事人质证。当事人质证是证明程序的中心环节，也是法院审核认定证据

---

① 关于当事人举证与人民法院调查收集证据的关系学理上曾有争议，主要存在三种观点：一是结合说，认为二者并重，目的在于调动两方面积极性，以全面客观调查收集证据；二是职责说，认为全面客观调查收集证据是法院职责所在；三是补充说，即是本文此处的观点。胡冰夏、冯仁强编著：《公正司法与司法改革研究综述》，清华大学出版社 2001 年版，第 118 页；沈德咏编：《最高人民法院民事诉讼法司法解释理解与适用》，人民法院出版社 2015 年版，第 322～333 页。

② 我国早期的民事诉讼法及相关司法解释在法院调查收集证据方面限定较少，由此反映了我国早期职权干预性的诉讼体制的特征，但经过法律与司法解释的修改及调整，人民法院依职权收集证据的权力被限缩，当事人申请法院调查收集证据的程序、条件也被进一步规范，由此可见我国民事诉讼体制向当事人主义转型的趋势。

③ 沈德咏编：《最高人民法院民事诉讼法司法解释理解与适用》，人民法院出版社 2015 年版，第 584 页。

的唯一途径。当事人质证主要是在庭审中进行,是法庭调查的最主要形式。立法规定了质证的程序规则,并按照不同的证据种类设置了质证方式。(见表1)

表1

质证主体	当事人及其诉讼代理人、第三人
质证客体	双方当事人出示的、相互质辩的证据材料(包括法院依职权调查收集的证据)①
质证内容	围绕证据的真实性、合法性以及与待证事实的关联性进行质证,并针对证据有无证明力、证明力大小进行说明和辩论
质证方式	言词证据:当事人可以对证人、鉴定人、勘验人、具有专门知识的人质询或发问,审判人员可以询问②
	实物证据:原则上出示原物
质证顺序	(1)原告出示证据,被告、第三人与原告进行质证; (2)被告出示证据,原告、第三人与被告进行质证; (3)第三人出示证据,原告、被告与第三人进行质证。
	证据出示顺序: (1)证人作证; (2)出示书证、物证、视听资料和电子数据; (3)宣读鉴定意见; (4)宣读勘验笔录。

(2)法院审核认定证据。法院审核认定证据在我国实务中常常被简称为"认证",是审判人员进行自由心证的过程。在法庭调查中,审判人员应当依照法定程序全面、客观地审核证据,对证据有无证明力和证明力大小独立进行判断。(见表2)

表2

认证主体	审判人员
认证要求	依照法定程序,全面客观地审核认定证据
认证依据	(1)法律规定; (2)逻辑推理; (3)日常生活经验法则。
认证方法	单一证据:关联性、真实性、合法性
	全部证据:证据与待证事实的关联程度、各个证据之间的联系

① 当事人在法庭上是否需要出示所有收集的证据取决于是否经过证据交换。如没有经过证据交换,当事人收集的所有证据都需要出示,接受质证。如果经过了证据交换,对于双方已经认可的证据无需再出示,只需出示双方有意见的证据即可。

② 虽然审判人员可以向当事人、证人、鉴定人等发问,但是这并不代表审判人员即法官是质证主体,站在程序保障的角度来看,质证意味着给当事人同对方展开攻击防御的一种机会,所以审判人员当然被剔除在外。王亚新:《民事诉讼法与法律服务》,法律出版社2015年版,第166页。

三、我国证据调查的理念转变与制度发展

自上世纪八十年代末以来，我国的民事诉讼制度一直处于变革和转型之中。经过二十多年的民事审判方式改革和民事司法改革，民事诉讼的理念、模式和制度都发生了极大的转变，逐步脱离苏联民事诉讼法的影响，而向大陆法系的制度和理论靠拢。这些理念转变直接投射于证据调查制度，并产生了深刻的影响。

(一)诉讼模式的转型：从职权主义到当事人主义

我国传统的民事诉讼体制承袭自苏联，是一种超职权主义的模式，在这种模式下，法院在诉讼活动的各个环节都可以以一定的方式主动介入。在民事司法改革中，最突出的发展趋势之一就是诉讼模式从职权主义转向了当事人主义，不断弱化法院职权，增强当事人的主体性和主导性，并从法官包揽事实和证据转向由当事人主张并举证，形成目前当事人主义与职权主义兼容的模式，有关辩论主义的基本内涵已经透过证据调查的相关制度予以体现，突出表现为以下几个方面：

其一，举证责任及其分配规则确立。在大陆法系的民事诉讼中，作为裁判基础的事实与证据由当事人提出的程序法理被称为“辩论主义”。按照辩论主义的解释，民事诉讼法中的立证活动属于当事人的责任，证据调查原则上仅限于当事人所提出的证据方法，这就意味着在民事诉讼中，提供证据的责任主要由当事人承担。我国民事审判方式的改革是以举证责任制度的建立和举证责任体系的完善作为突破口而展开的，通过强化当事人的举证责任，弱化了法院在证据提出方面的职权，强调法院只能依当事人提出的证据进行审查。《民事诉讼法》第 64 条规定：“当事人对自己提出的主张，有责任提供证据。”这一规定只体现了当事人对其事实主张的证明义务，并未明确举证责任的后果(即结果意义上的举证责任)及分配规则，为弥补立法的不足，2002 年的《证据规定》①以及 2015 年的《民诉法解释》都对举证责任作出了明确规定，并以大陆法系民事诉讼理论中的“规范说”为依据，确立了举证责任的一般分配规则。② 不仅为案件事实真伪不明情形确立了裁判规则，也使得当事人的证据提出责任得以落实。

其二，法院调查取证权的不断弱化。与确立当事人的举证责任相对应，法院在民事诉讼中的调查取证权在立法和司法解释中呈现不断缩限的趋势。《民事诉讼法》第 64 条将法院调查收集证据限定在两种情形，即当事人及其诉讼代理人因客观原因不能自行收集的证据，以及法院认为审理案件需要的证据。司法实务中对法院依职权调查收集证据逐渐采取谨慎态度，为明确和限定“客观原因”和“人民法院认为审理案件需要的证据”，最高法院通过《民诉法适用意见》《证据规定》《民诉法解释》等一系列司法解释对法院调查收集证据的种类和范围不断予以具体化和

---

① 《证据规定》第 2 条规定：“当事人对自己提出的诉讼请求所依据的事实或者反驳对方诉讼请求所依据的事实有责任提供证据加以证明。没有证据或者证据不足以证明当事人的事实主张的，由负有举证责任的当事人承担不利后果。”

② 参见《民诉法解释》第 91 条、第 92 条。

完善从而确立了以当事人为主、法院为辅的证据收集模式。根据《民诉法解释》的规定,法院职权调查的范围主要包括以下情形:(1)依职权委托鉴定、勘验。① (2)依职权采取有关审前准备措施,比如依职权通知证人出庭作证;②对单位提出的证明材料,可以要求制作证明材料的人员出庭作证。③ (3)依职权询问当事人。

其三,自认制度的引入。自认制度源自辩论主义原则,其基本内涵是对当事人无争议的事实,法院应当将其作为裁判的依据而无须调查。自认制度与证据调查具有密切的关系,自认的后果是免除了当事人对自认事实的举证责任,也免除了法院的调查认定。我国传统的民事诉讼法中并无自认制度,2002 年的《证据规定》首次引入了该制度,并对自认的适用范围、自认的形式、自认的主体、自认的效力以及自认的撤回等进行了规定,形成了较为系统的自认制度。《民诉法解释》基本继承了《证据规定》关于自认的规定。

(二)诉讼证明理念的转变:从绝对探知到相对探知

我国的司法实务中,长期以来存在着案件事实探知绝对化的倾向,奉行"实事求是"的证明理念,要求法院在证据调查时需查明案件的客观真相。"客观真实"成为证据制度和诉讼证明的基本特征,证据和客观事实是同质的概念,不仅将客观性、合法性、关联性视为证据的基本属性,而且确立了"客观真实"的证明标准,要求法院运用证据所认定的案件事实必须符合案件发生时的客观真实情况,达到"事实清楚,证据确实充分"的程度。所谓"确实充分"既包括对案件证据质的要求,也包括对案件证据量的要求,其标志是:(1)据以定案的证据均已查证属实;(2)案件事实均有必要的证据加以证明;(3)证据之间、证据与案件事实之间的矛盾得到合理排除;(4)得出的结论是唯一的,排除了其他的可能性。④ 由于这一证明标准被适用于民事、刑事、行政诉讼,因此也称为"一元制证明标准"。然而,将客观真实作为诉讼证明的任务,提高了证明要求,脱离了诉讼实际,为民事诉讼中的超职权主义行为提供了理论依据。随着诉讼理论的发展,"客观真实说"不断受到质疑和批判,民事诉讼中的事实探知和证据调查也由绝对探知转向相对探知,并逐渐确立了"高度盖然性"的证明标准。

高度盖然性是大陆法系民事诉讼证明标准。按照自由心证原则,当事人的证明只要达到使法官能对待证事实的认定形成"内心确信"时,证明就是成功的。在日本,凡是作为判决基础的有关案件实体的事实都必须达到"接近真实的高度盖然性"或者"由充分的证据所支持的法官内心确信"。⑤ 我国《民事诉讼法》并无"高度盖然性"证明标准的规定,其第 7 条仍然规定"人民法院审理民事案件,必须以事实

---

① 《民诉法解释》第 121 条第 3 款规定:"符合依职权调查收集证据条件的,人民法院应当依职权委托鉴定,在询问当事人的意见后,指定具备相应资格的鉴定人。"第 124 条规定:"人民法院认为有必要的,可以根据当事人的申请或者依职权对物证或者现场进行勘验。"

② 《民诉法解释》第 117 条。

③ 《民诉法解释》第 115 条。

④ 王圣扬:《论诉讼证明标准的二元制》,载《中国法学》1999 年第 3 期。

⑤ 王亚新:《对抗与判定》,清华大学出版社 2002 年版,第 214 页。

为根据，以法律为准绳”。《证据规定》第73条规定法院在比较证据证明力的基础上进行作出认定，明确体现了相对探知的证明标准。[①] 2015年的《民诉法解释》第108条规定：“对负有举证证明责任的当事人提供的证据，人民法院经审查并结合相关事实，确信待证事实的存在具有高度可能性的，应当认定该事实存在。”首次明确确立了“高度盖然性”的证明标准。不仅如此，《民诉法解释》还借鉴大陆法系的立法例，针对不同的待证事实分别规定了较高和较低的证明标准，以满足不同程度的盖然性要求，从而形成了具有层次性的多元化证明标准。

（三）诉讼效益的价值追求：从随时提出主义到适时提出主义

诉讼经济是世界各国民事司法改革的主题和基本目标。为了实现集中审理、提高诉讼效率，德、日等大陆法系国家和地区拓展了审前准备阶段的内容，确立争点及证据整理程序。比如，德国1976年《德国民事诉讼法》的修改就强调了审前的书面准备程序以实现言词辩论的加快和集中，为便于当事人在诉前实施更广泛的证据调查，尽早地明确引起法律纠纷的事实关系，促进当事人在诉前或审前达成和解，设置了独立证据调查程序（即审前证据调查程序），[②]该程序具有证据保全、证据开示、早期整理争点和促成当事人在审前通过和解方式解决纠纷的作用。经独立证据调查程序调查的事实与诉中法院经证据调查的事实具有同等效力。[③] 与此相应，鉴于随时提出主义容易成为当事人采取拖延战术的工具，为便于进行证据和争点整理，对攻击防御手段的提出由随时提出主义转向适时提出主义，对当事人提出证据的时间进行了限制。比如，日本修改后的民事诉讼法即明确规定当事人必须根据诉讼的进展情况，在适当时期提出攻击防御方法。

在我国，由于案件数量激增使得司法负担沉重，“案多人少”的问题十分突出，因而民事司法改革的动因就在于为法院减负，对简化程序、提高庭审效率的要求更为迫切。一方面，为促进集中审理和提高庭审效率，立法和司法解释不断拓展审前准备阶段的内容，构造出具有证据开示、证据和争点整理、促进调解等多元化功能的相对独立的审前程序，调查取证、委托鉴定、勘验、证据保全等也被前置于这一阶段，从而改变了过去仅在庭审中进行证据调查的局限，在审前程序中也可以进行证据调查。

另一方面，作为审前准备的重要内容，举证时限和证据交换制度也应运而生。我国1991《民事诉讼法》没有规定举证时限，而是实行“随时提出主义”，当事人不仅在辩论终结前均可提出新的事实和证据，而且还可以在二审甚至再审程序中提

---

① 《证据规定》第73条规定：“双方当事人对同一事实分别举出相反的证据，但都没有足够的依据否定对方证据的，人民法院应当结合案件情况，判断一方提供证据的证明力是否明显大于另一方提供证据的证明力，并对证明力较大的证据予以确认”。由于该规定未采取高度盖然性表述，而是要求法院在比较证据的证明力的基础上作出判断，所以理论界对该规定是否属于高度盖然性的证明标准存在争议。

② 陈刚：《德国审前证据调查程序——兼谈对我国民事诉讼制度改革的启示》，载《人大法律评论》2000卷第二辑。

③ 《德国民事诉讼法》第357条第2款、第493条第1款。

出。2002 年的《证据规定》规定了举证时限,标志着我国从"随时提出主义"向"适时提出主义"的转变。尽管因缺乏相关配套制度、不能与现行审理方式兼容、失权后果过于严苛等原因,举证时限制度在我国一直备受争议,但基于该制度在防止诉讼突袭和诉讼拖延、提高诉讼效率方面的价值功能和优势,经过十几年的实践后,2012 年修改的民事诉讼法在缓和举证时限后果的基础上,正式确立了这一制度。当事人必须在法律规定或法院指定的期限内向法院提交证据,否则就需要承担不利法律后果。

(四)诚实信用原则的确立:真实义务的强化

诚实信用原则最早属于私法上的概念。对于该原则能否适用公法领域,尽管仍争议不断,但越来越多的国家将诚实信用原则作为民事诉讼法的基本原则。诚实信用原则在民事诉讼领域的适用,源于民事诉讼法目的、传统诉讼观念的转变。随着社会的发展,人们认识到当事人双方在诉讼中并非仅仅是一种"斗争"关系,而是一种协作关系或者协动关系,民事诉讼已经从一种完全的当事人主义、辩论主义转向修正的当事人主义、辩论主义,以实现民事诉讼关于公正、迅速解决纠纷的价值追求。[①] 基于此,诚实信用原则在大陆法系国家和地区的民事诉讼法中得到承认。韩国 1990 年修订的《民事诉讼法》、日本 1996 修订的《民事诉讼法》以及我国台湾地区 2003 年修订的"民事诉讼法"均增加了诚实信用原则的规定。我国 2012 年修订的《民事诉讼法》的一个重要变化就是将诚实信用原则明文化,于第 13 条明确规定"民事诉讼应当遵循诚实信用原则"。

诚实信用原则要求要求当事人及其他诉讼参与人应当持有诚实、善意、不损害他人利益的心理,合理地实施诉讼行为。从大陆法系国家诚实信用原则的适用来看,其内涵主要包括真实义务、诉讼促进义务、禁止诉讼诈欺、禁反言、禁止滥用诉讼权能以及诉讼权能丧失等方面。以诚实信用原则的确立为基础,真实义务、禁反言在我国证据调查中均得以强化。

其一,确立当事人和证人具结制度。具结制度是对当事人、证人真实陈述义务的保障。真实义务通常被认为是诚实信用原则的主要内容和体现,1895 年奥地利民事诉讼法、1911 年匈牙利民事诉讼法、1939 年德国民事诉讼法、1942 年意大利民事诉讼法均相继规定当事人在民事诉讼中有真实陈述义务。在我国 2012 年的《民事诉讼法》确立诚实信用原则后,2015 年的《民诉法解释》进一步规定了当事人和证人具结制度。在我国,当事人陈述是法定的证据形式之一,《民诉法解释》第 110 条规定法院在询问当事人时,可以要求当事人签署保证书,促使当事人如实进行陈述。当事人拒绝具结的,在待证事实欠缺其他证据证明时,法院对其主张的事实不予认定。

为保证证人陈述的真实性,世界各国的诉讼程序中几乎都有关于证人宣誓或具结的法律规定。在我国民事诉讼中,随着对证人出庭作证义务的强化,证人虚假陈述的情况、证人证言不被信任的问题也比较突出,故此,《民诉法解释》第 119 条

① 张卫平:《民事诉讼法》,法律出版社 2016 年版,第 50 页。

规定了证人具结制度,要求法院在证人作证前应告知其如实作证的义务以及作伪证的法律后果,并责令其签署保证书,证人不得拒绝。

其二,审前程序中的禁反言。禁反言是民事诉讼诚实信用原则的要求,要求当事人的诉讼行为必须前后一致,不得自相矛盾。为确保审前准备的功能,结合民事诉讼中诚实信用原则的确立,《民诉法解释》认可了当事人在审前程序中无异议的事实和证据的证明力,在庭审中不再质证。并进一步规定,如果当事人在庭审中对其在审前程序中认可的事实和证据提出不同意见,法院应当责令其说明理由,并可责令其提供相应的证据。

四、我国证据调查制度的局限及展望

经过三十年的民事诉讼改革,我国的诉讼证明制度和证据调查制无疑有了长足的发展和进步,但毋庸讳言,我国的证据调查制度整体而言还存在着较大的局限性,一方面,现行的制度和程序还比较简单和粗疏,很多制度和规则是依靠司法解释来规范的,并未在立法上形成完善的制度体系;另一方面,我国现行的民事诉讼制度和证据制度尚处于巨大的变革和转型中,不可避免地伴随着新旧制度、新旧理念的冲突。

(一)证据调查制度中的理念冲突与局限

随着我国的民事司法改革的推进和诉讼理论的发展,传统的诉讼观念不断发生改变,新的诉讼理念和制度不断确立。但制度的更替不可能一蹴而就,观念的改变更需要时间的融合,在证据制度的发展中也一直伴随着理念的冲突,制约着相关制度的实践运用和发展。

1.自由心证与实事求是证据制度的冲突

自由心证是大陆法系各国证据调查和事实判断的基本原则。在我国,虽然《证据规定》和《民诉法解释》对证据审查判断实际上采纳了自由心证原则,但由于我国长期以来奉行实事求是证据制度,由此形成的绝对探知的诉讼观念与自由心证原则存在着紧张甚至悖逆关系。一方面,由于现行立法有关证据的规定比较粗疏,证据判断的规则及内外制约体系不完备,法官在审查判断证据时往往拥有极大的自由裁量权,实质上形成一种"超级自由心证",[①]导致实践中认证比较混乱,证据的法律效果不稳定;另一方面,由于"以事实为依据"的指导思想以及"客观真实"的理念深入人心,程序公正的价值和法律真实的证明要求难以确立,使得自由心证缺乏存在的基本前提。尤其是在实事求是、有错必究的理念下,有的法官为避免司法风险,对证据和案件事实的评断又往往表现出过于依赖证据形式、僵化适用法律的一面,未能进行自由评断并依据内心确信来予以裁判,致使原自由心证则往往难以发挥作用。

此外,自由心证的基石是法官对案件事实的内心确信,因而这一原则在职业素养、逻辑判断分析经验以及判决中的严谨论证说理等方面都对法官提出了很高的

① 叶自强:《民事证据研究》,法律出版社1999年版,第6页。

要求,法官具备良好素质,是公正、准确评判证据的前提,也是其正当行使自由裁量权的保证。而我国当前法官的素质良莠不齐,司法的公信力和权威性不足,司法制度的现代化还有待较大程度的改革和完善,因此,某种形式的证据法定化还难以避免,①因而在司法解释中有关证据认定的规定中就存在不少关于法定证据方法和证据证明力的限制性规定。

2.辩论主义与职权探知主义的冲突

辩论主义与职权探知主义这组范畴虽然是相对立的,但在证据调查中却并行不悖,辩论主义适用于判断内容仅取决于当事人意思的诉讼(或事项),而对此以外的诉讼或事项则适用职权探知主义。② 证据调查制度依据辩论主义与职权探知主义这一对民事诉讼的理论基础来划分当事人和法院的诉讼权限与责任。③ 大陆法系国家均把辩论主义作为民事诉讼的基本原则,但仅仅依靠"辩论主义"不足以实现发现真实的审理目的,因而在事实主张与证据提出两个阶段,都有与"辩论主义"相对的职权主义程序法理作为补充。在德、日等国,法官依职权调查证据在民事诉讼中仍广泛地存在,④比如:《德国民事诉讼法》第 144 条规定:"法院可以命令进行勘验,并可命令鉴定人进行鉴定。"

我国民事司法改革的趋向是从职权主义模式转向当事人主义模式,但在模式转换中如何合理界定二者的关系却存在模糊不清之处。一方面,由于民事审判方式改革的基本出发点就是强调证据提出层面的当事人主义原则,弱化法官依职权调查收集证据,因而强化当事人举证得到了极端的强调,⑤忽略了证据调查中法官的职权主导作用;另一方面,虽然经过多年来的民事审判方式改革,理论上和实务中逐渐认可了处分权主义和辩论主义,但当前诉讼模式中的职权主义色彩仍然比较浓厚,法官庭外调查取证行为还在延续,当事人的辩论结果尚不能对法官的裁判形成实质性的约束,一些法院在审理案件时仍存在直接收集并审查当事人未提交的证据,甚至超越当事人的主张、对当事人争议焦点以外的事实和证据进行审查的倾向。⑥

(二)独立证据调查程序的缺失

在大陆法系,证据调查是一个相对独立的诉讼程序阶段,一般是在第一审程序

---

① 张卫平:《民事诉讼法》,法律出版社 2016 年版,第 253 页。

② [日]新堂幸司:《新民事诉讼法》,林剑锋译,法律出版社 2008 年版,第 305 页。

③ 李晓丽:《法院证据调查制度研究》,中国政法大学出版社 2014 年版,第 38 页。

④ 在大陆法系,职权调查证据一般包含以下几方面的内容:(1)根据当事人申请采取有关证据调查措施,比如申请鉴定、勘验,以及根据申请命令当事人提交文件等。(2)依职权采取有关调查证据措施,比如依职权命令勘验、鉴定、命令当事人提交文件或其他物件。(3)依职权询问当事人或证人。(4)在不能获得心证时,为发现真实依职权调查证据。熊跃敏:《法官职权调查证据的比较研究》,载《比较法研究》2006 年第 6 期。

⑤ 熊跃敏:《法官职权调查证据的比较研究》,载《比较法研究》2006 年第 6 期。

⑥ 沈德咏编:《最高人民法院民事诉讼法司法解释理解与适用》,人民法院出版社 2015 年版,第 596 页。

中(辩论期日)进行,但也可以在审前(辩论期日前)进行。由于奉行自由心证的证据制度,对证据证明力的判断以及证据的取舍均委诸法官的理性和良知,由其根据内心确信来认定事实。只有将法官的事实认定活动局限于法庭的证据调查,才有评判法官认识活动的可能性。因而,在大陆法系,证据调查必须遵守严格的程序规范,各国都对证据调查的程序进行了详尽的规定,具体包括证据调查的申请、证据调查的决定、证据调查的实施、证据调查的方法、证据调查的结束等等。

反观我国,立法上至今没有确立专门的证据调查制度,有关证据调查的程序规则散见于立法和有关的司法解释中,不仅未能形成完整的、独立的程序体系,而且缺失了一些重要的程序。比如,证据调查的申请和审查程序。在大陆法系民事诉讼中,证据调查原则上以当事人申请而开始,①当事人应当在口头辩论期日前或者准备程序结束前提出证据申请,并在申请中具体阐明该证据应证明的事实及其与证据的关系等事项。当事人提出申请后,法官应对证据调查的必要性和合法性进行审查。德国、日本以及我国的台湾地区的立法均规定,对于当事人的证据申请,法院如果认为不必要,则可以不进行证据调查,并对不必进行证据调查的事由进行了具体规定。比如,日本《民事诉讼法》第180、181条规定了证据申请及证据申请的驳回,对与待证事实无关的证据、对该证据实施调查存在时间不定的障碍时,法院不对当事人申请的证据进行调查,并作出驳回申请的证据决定。②

(三)庭审程序构造的不合理性

由于历史原因,我国民事诉讼的庭审结构移植自苏联,没有如大陆法系国家那样设置主辩论期日,开庭审理的程序设计和阶段划分不当,导致证据调查过程也有悖法理。

大陆法系的民事诉讼在辩论主义指导下采用主张先行原则,即承担主张责任的当事人应当在诉讼中主张具体的要件事实,如果对方对此加以否认,被否认的具体的要件事实就成为待证事实,法院只有在待证事实被确定之后,才可对该事实的真实性实施证据调查。从德国、日本的民事庭审程序来看,均将当事人主张和辩论阶段置于证据调查之前,证据调查阶段被置于言词辩论期日中的对席辩论之后。以德国为例,言词辩论的外在进程被分为五个阶段,依次为启动阶段、介绍阶段、辩论阶段、证据阶段、裁判阶段。启动言词辩论之后,如果对诉的合法性不存在疑问,双方会进行真正对席的辩论;审判长领导言词辩论,使案件之探讨穷尽以后,如果有需要,则紧接着实施证据调查。证据调查中,应当与双方当事人一起对实体状况和争讼状况,以及证据调查的结果进行探讨。③

而我国庭审程序构造的主要特点是:设置了两个相对独立的庭审阶段,即法庭调查与法庭辩论,且一般情况下开庭审理必须按照从法庭调查到法庭辩论的顺序

---

① 所谓证据申请,是指当事人要求法院对特定的证据方法进行调查的申请。

② [日]新堂幸司:《新民事诉讼法》,林剑锋译,法律出版社2008年版,第427～431页。

③ [德]穆泽拉克:《德国民事诉讼法基础教程》,周翠译,中国政法大学出版社2005年版,第58～60页。

进行。作出这样程序安排的理论依据是:案件事实是客观的,关于案件事实的认识以及与该事实相关法律问题的认识是主观的。既然两者是可以分开的,且人们对案件事实的认识和法律适用的认识都是在案件事实被揭示之后,将审理程序区分为调查和辩论两个彼此不能重合的阶段是裁判方法的程序性体现。[①] 然而,事实认定和法律适用之间的界限并非泾渭分明,这种刻板的阶段化构造不符合大陆法系规范出发型诉讼模式和审判逻辑,割裂了事实与法律问题的关系,导致许多案件在争点模糊的情况下审查了许多没有必要审查的证据,[②]不仅使得证据调查缺乏效率,而且引发了法庭调查与法庭辩论认知上的混乱,许多法官认为法庭调查不是辩论,从而弱化了庭审程序中的言词辩论,影响了庭审功能的发挥。[③]

对于庭审程序阶段划分不当的问题,理论界与实务界多有批评和检讨,认为在法庭调查阶段之后设置法庭辩论程序庭审构架是苏联法超职权主义与辩论原则相结合的产物,并指出在程序内部顺序的安排上,事实主张与争点整理程序才是审理的核心与必经阶段,并决定着是否需要将案件付诸证据调查阶段。换言之,当事人提出事实主张之后,仅在存有争议时方才启动证据调查,所以事实主张与争点整理阶段必须前置于证据调查程序。[④] 司法实务中对目前的庭审结构的不合理性也逐渐有所关注,《民诉法解释》已经开始进行灵活性的调整,规定法院可以根据案件的具体情况并征得当事人同意后,将法庭调查和法庭辩论合并进行,[⑤]以妥善处理法庭调查与辩论程序的关系,在追求庭审规范化的同时,克服庭审形式化倾向。[⑥] 当然,目前的规定还只是局部和个案性的调整,庭审程序的重构显然还需要进一步的理论论证和实践尝试。

尽管目前我国的证据调查制度还存在诸多的不足和局限,但也应该看到,无论是在立法层面还是在司法实践中,诉讼证明理念已开始转变,高度盖然性的证明标准已经确立,举证责任及其分配规则逐渐具体化和规范化,有关证据调查的程序渐趋完善。同时,我国的司法体制改革正在稳步推进之中,随着法官员额制、法官遴选机制以及司法责任制改革的全面展开,必将促进法官职业化和司法公信力的提高,从而为自由心证原则的确立和适用奠定基础。

---

① 张卫平:《法庭调查与辩论:分与合之探究》,载《法学》2001 年第 4 期。

② 刘玉梅:《质疑"法庭调查"与"法庭辩论"之分离》,载《中国民商法实务论坛论文集》(2002 年 4 月),第 95 页。

③ 章武生:《我国民事案件开庭审理程序与方式之检讨与重塑》,载《中国法学》2015 年第 2 期。

④ 段文波:《我国民事庭审阶段化构造再认识》,载《中国法学(文摘)》2015 年第 2 期。

⑤ 《民诉法解释》第 230 条。

⑥ 沈德咏编:《最高人民法院民事诉讼法司法解释理解与适用》,人民法院出版社 2015 年版,第 604 页,

我国商事仲裁裁决司法审查程序研究

韩红俊　杨蕾*

摘　要　2017年起我国最高人民法院陆续颁布了一系列关于仲裁司法审查的法律文件，以维护仲裁裁决的正当性、规范司法权的运行和实现仲裁与司法良性共进。本文从对仲裁裁决司法审查的立法现状和司法现状的分析为基础，认为应建立独立的非讼性质的仲裁裁决司法审查程序，缩短仲裁裁决司法审查的期限，对报核制度规定明确的期限，建立当事人意思自治为基础的有限上诉制。

关键词　仲裁裁决　司法审查　救济

作为现代社会中一种民间契约性质的诉讼外纠纷解决方式，商事仲裁以其独有的专业性、快捷性、灵活性、保密性等诸多优势获得世界各国司法权普遍认可与支持。自2013年“一带一路”倡议提出，我国积极探索推进国际商业贸易争端解决机制，仲裁作为重要纠纷解决机制也获得了长足发展。2018年全国仲裁机构共处理案件54万多件，比2017年增长127%；案件标的总额近7000亿元，比2017年增长30%，累计处理各类民商事案件260万余件，标的额4万多亿元，案件当事人涉及70多个国家和地区。同时，申请对仲裁裁决进行司法审查的案也增多，2015年至2017年三年来，全国法院受理仲裁裁决司法审查案件6万多件。为了规范仲裁裁决的司法审查，2018年初，最高人民法院相继出台了三个关于仲裁的司法解释，旨在规范商事仲裁的适用和司法监督程序。2019年《新加坡调解公约》的签署，将会对作为解决国际经贸活动重要途径的商事仲裁产生影响。对商事仲裁的司法监督如何在尊重当事人意思自治的基础上，保证仲裁的快捷高效，提升仲裁公信力，成为当前需要面对的理论和实践问题。

一、仲裁裁决司法审查概述

仲裁裁决司法审查程序，是指司法权对仲裁裁决进行审查时必须遵循的法定方式、方法、顺序及步骤的总称。也就是指法院奉行促进仲裁良性运行原则，发生仲裁权不当运行损害合法权益情形时，经当事人申请参与并听取当事人意见，对仲裁庭在仲裁过程中的合法性、合约性进行审查所必须遵循的步骤、方式。① 仲裁裁

* 韩红俊，西北政法大学教授，法学博士，研究方向：民事诉讼法、司法制度。杨蕾，法学硕士，北京大兴区法院法官助理。

① 姜霞：《仲裁司法审查程序本质论》，载《河北法学》2007年第6期，第154页。

决司法审查程序的内容是考察仲裁权运行的正当性，目的是给因仲裁权的不当行使造成损害的当事人提供救济。

(一)仲裁裁决司法审查程序的性质

准确界定仲裁裁决司法审查程序的性质，才能改进和完善审查程序。有的学者认为撤销仲裁裁决案件可运用特别程序审理，奉行一审终审原则。[①] 有的学者认为撤销仲裁裁决程序是法院运用司法权对仲裁裁决进行司法监督的形式，立足于制度及法律基础，其属于争讼程序性质，应按审判程序来对待。[②] 有的学者认为仲裁裁决司法审查程序既具有诉讼程序性质又具有非讼程序性质。[③] 最高人民法院在征集关于仲裁法若干问题解释的意见稿中试图将诉讼程序适用于司法救济途径。《民事案件案由规定》将申请撤销仲裁裁决案件归入特别程序。仲裁裁决司法审查程序究竟适用诉讼程序还是非讼程序？诉讼程序特征涉及实体争议的裁判，以实体请求权或争议的实体法律关系作为诉讼标的，遵循辩论原则、公开审理原则、直接言词原则、两审终审原则、处分原则，严格适用证据规则。非讼程序的特征是不存在利益对立的双方当事人，没有实体权利义务的争议，适用不公开原则、书面审理、一审终审等原则，只要求法院对某种事实作出确认，并不最终对当事人之间的权利义务关系作出权威性地判定。仲裁的保密性和司法审查的非诉程序具有一致性；仲裁裁决的司法审查并不解决当事人之间权利义务争议，而是对是否撤销或者不予执行仲裁裁决作出裁决；非诉程序的期限较短符合仲裁快捷高效的要求。因此，对仲裁裁决的司法审查程序原则上应界定为非诉程序。

(二)仲裁裁决司法审查程序的规定现状

仲裁相关规定进一步完善，虽然我国还未全面修订《仲裁法》，但 2017 年后相继出台的司法解释、法院新出台的系列规定和指南，如北京高院发布的《关于仲裁裁决执行与不予执行申请审查若干问题的意见》、天津高院出台审理指南对仲裁司法审查进行了细化。目前规范我国仲裁裁决司法审查程序的规定主要是仲裁法、司法解释、最高院的批复通知以及各高级人民法院的指南等法律文件。

1.仲裁裁决司法审查程序的审判组织

根据《归口办理有关通知》，我国审查审查涉外商事案件的审判庭统一审查国内撤销仲裁司法审查案件，但申请执行或不予执行仲裁裁决案件是否由其审查尚不明确。2017 年 12 月北京高院发布审查意见规定由执行裁判部门负责审查不予执行仲裁案件。仲裁裁决司法审查程序的审判组织为合议庭。原因：仲裁裁决的司法审查直接决定着仲裁裁决所确定的内容能否实现，体现出法院审慎性与严肃性，有利于维护当事人的合法权益。

---

① 李政、徐秋菊、韩红俊：《仲裁法实训教程》，法律出版社 2017 年版，第 201 页。

② 江伟、肖建国主编：《仲裁法》，中国人民大学出版社 2016 年第 3 版，第 296 页。

③ 董少谋：《“一裁终局”下仲裁裁决的司法救济途径》，载《中国仲裁法学研究会 2015 年年会暨第八届中国仲裁与司法论坛论文集》，第 4 页。

2.仲裁裁决司法审查的具体程序

除《民事案件案由规定》将申请撤销仲裁裁决案件归入特别程序之外，关于适用何种具体程序审查仲裁裁决案件尚找不出明确的法律规定。审理过程中双方当事人、仲裁庭享有什么法律权利，《仲裁法》均未明确规定。既然将撤销仲裁裁决案件归入特别程序，说明法院审查撤销仲裁裁决案件时与按照一审普通审判程序审查案件不同。撤销仲裁案件组成合议庭审查，审查期限为 2 个月，与特别程序规定独任制、立案或公告期满 30 日的审限亦不同。《仲裁裁决执行规定》第 11、12 条规定人民法院应当组成合议庭审查被执行人的申请事由、案外人的申请，审限为 2 个月，经院长批准可延长 1 个月，与特别程序有本质区别。仲裁裁决司法审查程序适用一审程序、二审程序、特别程序还是其他程序立法未明确规定。

3.仲裁裁决司法审查程序结果的救济

经过仲裁裁决司法审查，仲裁裁决被撤销或不予执行后，当事人之前的权利义务关系又再次处于未决状态，需要另行启动程序予以确定，当事人只能重新达成仲裁协议或另行向法院起诉。我国法律规定并未针对法院否定仲裁裁决情况提供当事人上诉、再审、向检察院申请抗诉、提出执行异议等权利。[①] 无论是驳回撤销或不予执行申请，还是准予撤销或不予执行均不能上诉、再审、抗诉。裁定不予执行仲裁裁决不属于执行行为异议或复议。原因是如果在执行程序中赋予当事人异议、复议权，实质上是设置了司法上的第二次审查程序，与法律规定的精神相悖。可见我国立法认为仲裁裁决作为一种快速纠纷解决机制，当事人选择仲裁，在享受优势时，相应的也应当承担仲裁制度自身缺陷可能带来的不利影响。

为了加强对法院审查仲裁裁决作出的裁定的监督，为了维持仲裁的优势，为了加强法院裁定的公正性，设置了内部报告这一替代性措施，新司法解释规定适用于国内仲裁案件，将其改称为报核制度。仲裁报核制度是我国 1987 年加入 1958 年《纽约公约》后具有中国特色的仲裁司法审查制度，该制度的核心是处理上下级法院在仲裁裁决撤销权和仲裁裁决不予执行权过程中的内部相互关系，其基本理念是监督和协助并举，统一裁判尺度，预防地方保护主义。学界对于仲裁司法审查案件报核制度曾有“预防报告制度”“层报制度”“内请制度”“报告制度”等多种称谓。建立报核制度的最初动因：落实 1958 年《纽约公约》与防止地方保护。1992 年郑

---

① 1996 年 6 月 26 日《最高人民法院关于当事人因对不予执行仲裁裁决的裁定不服而申请再审人民法院不予受理的批复》(法复[1996]8 号)。1997 年 4 月 23 日《最高人民法院关于人民法院裁定撤销仲裁裁决或驳回当事人申请后当事人能否上诉问题的批复》(法复[1997]5 号)。1999 年 1 月 29 日《最高人民法院关于当事人对人民法院撤销仲裁裁决的裁定不服申请再审人民法院是否受理问题的批复》(法复[1999]6 号)。2000 年 6 月 30 日《最高人民法院关于人民检察院对撤销仲裁裁决的民事裁定提起抗诉，人民法院应如何处理问题的批复》(法释[2000]17 号)。2000 年 12 月 13 日《最高人民法院关于人民检察院对不撤销仲裁裁决的民事裁定提出抗诉人民法院应否受理问题的批复》(法释[2000]46 号)。2004 年 7 月 26 日《最高人民法院关于当事人对驳回其申请撤销仲裁裁决的裁定不服而申请再审，人民法院不予受理问题的批复》(法释[2004]9 号)。

州市中级人民法院审理河南省开大服装公司中港合资仲裁案，在对外贸易秩序和整体经济影响不足的基础上出于公共利益的考虑否认执行仲裁裁决，与被申请执行人为当地知名企业的地方因素干扰有关。最终最高人民法院否定了这一裁决。经此一案，最高人民法院正式发布三个文件进一步明确和强调了前述制度的重要性，自此我国以"内部报告制度"为核心的救济制度正式确立。1998 年报核通知延续了 1995 年报核通知所体现的原则和宗旨。报核制度的升华，在报核制度上将国内仲裁和涉外仲裁同等对待。《仲裁报核规定》第 2 条第 1 款基本沿用 1995 年及 1998 年两个内部通知的规定，在这种集中报告核查制度下，否定性裁定的涉外涉港澳台司法审查案件最高可层报至最高人民法院审核。中级人民法院或专门法院针对非涉外涉港澳台案件拟作出否定性裁定时，只有在收到高级人民法院的答复后方可作出否定性裁定。报核制度价值取向是对司法否定仲裁的行为进行约束和控制，施行司法谦抑，以求监督和协助的适当平衡，对司法肯定仲裁的行为不加干预。尽管报请的过程对当事人与外界缺乏透明度，但报核制度的另一优势在于预先防范而非事后补救，节省了当事人另起一个上诉程序的时间和费用，且结案后司法系统内部报告和最高人民法院的答复意见能够适度公布，客观上为相同或类似案件的处理提供了司法原则和稳定预期，增加了运行的规范性。

(三)仲裁裁决司法审查程序的司法现状

研究仲裁裁决司法审查程序时，仅从立法理论分析难以反映存在的问题，必须以司法现状为基石，了解法官在司法实践中的应用和反馈。本文主要采用裁判文书中的案例进行总结分析，通过仲裁裁决案件的数量、各类案件所占的比重、案例研究，对我国法院在实际仲裁裁决司法审查程序的应用进行实证分析，从而及时发现存在的问题。本文研究的样本均来源于中国裁判文书网、北大法宝、各地法院官网等权威性网站。当然由于客观原因，也有不足之处。

1.仲裁裁决司法审查的基本情况

2013 年至 2018 年，我国法院受理仲裁裁决司法审查案件(不包括劳动仲裁相关的内容与重复仲裁)共 72531 件，其中申请撤销仲裁裁决案件收案 13971 件，占 19%；不予执行仲裁裁决案件收案 51554 件，占 71%；确认仲裁协议效力案件收案 5059 件，占 7%；仲裁保全案件收案 1947 件，占 3%。从数据可以看出，当事人以法定情形为由申请撤销或不予执行仲裁裁决案件比例最高，占 90%。具体情况见图 1。

笔者随机抽选了 2014 年至 2018 年申请撤销仲裁裁决案件 100 例，作为样本研究，其中裁定撤销案件占 5%，和解等原因撤回申请的案件占 12%，通知重新仲裁的案件占 3%，移送的案件占 1%，驳回撤销仲裁案件申请占 79%。仲裁裁决一旦被撤销意味着最初的仲裁结果被否定，胜诉一方丧失其胜诉权益。经图表分析可以看出我国法院尊重当事人意思自治与仲裁独立性以及一裁终局，呈现出国内司法支持仲裁的发展趋势。具体情况如图 2。

2013 年至 2017 年的不予执行仲裁裁决案件中，经中国裁判文书网输入"申请不予执行仲裁裁决"检索结果为：我国各省法院共受理申请不予执行仲裁裁决案件

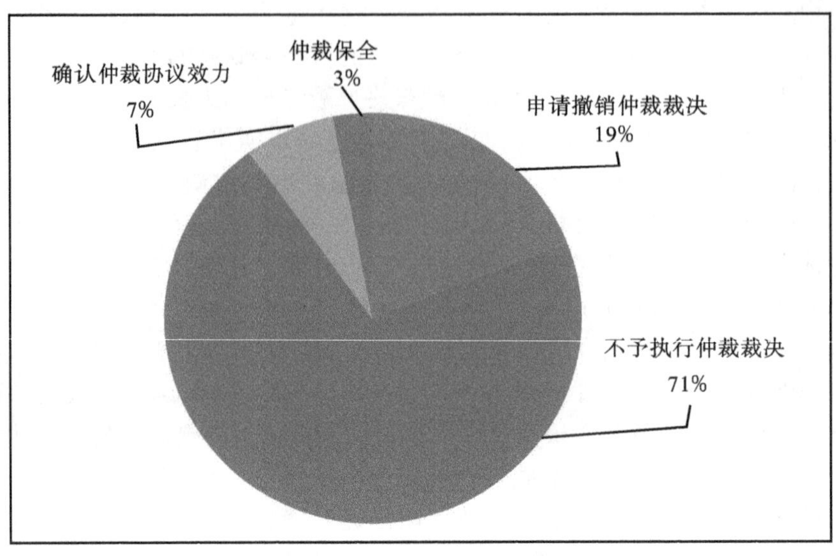

图1　2013—2018年商事仲裁案件基本类型图

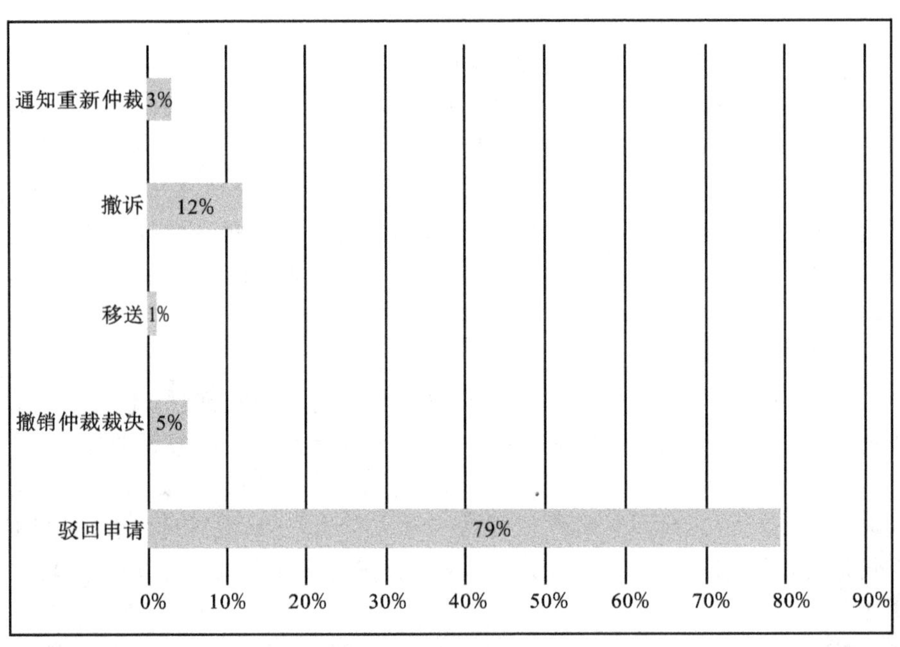

图2　撤销仲裁裁决案件裁定结果分布图

1139件，经审核只有90件案件裁定不予执行仲裁裁决，占申请不予执行仲裁裁决案件的7.9%。可见我国法院奉行支持仲裁，适度司法审查原则。具体情况见图3。

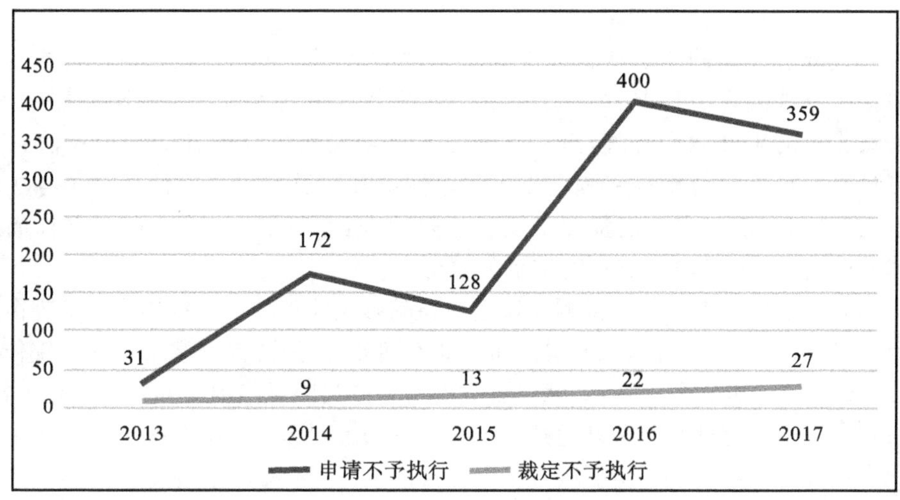

图 3　2013—2017 年不予执行仲裁裁决案件分布

从以上图表可以看出人民法院对仲裁的支持力度越来越大，中国仲裁实践的司法环境更加友好。从数据可以看出人民法院撤销和不予执行仲裁裁决的比例在逐年下降，对待撤销与不予执行仲裁裁决的态度极为谨慎，仲裁的公信力稳步提升。

2.仲裁裁决司法审查程序的具体实践情况

我国法律对仲裁裁决司法审查程序的规定较为简单粗糙，人民法院在仲裁裁决司法审查程序中出于各自对立法精神的理解和对实际需要的满足，各自具体操作有所不同。

(1)负责审查的业务庭及组成人员

中级人民法院负责审查仲裁裁决案件，实践中具体由哪些部门进行审查情况不一。申请撤销仲裁裁决案件或交由立案庭审查或交由民事审判庭审查，多数交由民事审判庭具体审查案件。不予执行仲裁裁决案件亦存在或交由审判庭审查，或交由执行庭审查的情形，主要交由执行内设机构裁决庭法官具体审理。2012 年广东法院率先实行商事仲裁司法审查机制并轨，即不区分国内与涉外商事仲裁，统一由专业知识水平高且审判经验丰富的涉外商事审判业务庭统一负责审理。重庆市第一中级人民法院则由立案庭专门人员负责审理撤销仲裁裁决案件，①原因是为分流案件及认为较之民诉案件简单，主要针对程序问题。

审判成员组成全是审判员合理，还是审判员与专业水平高的陪审员共同组成更为合理？多数法院均只有审判员审查案件。绍兴市中级人民法院、延安市中级人民法院、嘉峪关市中级人民法院等极个别法院采用“审加陪”模式，即人民陪审员可参与审查仲裁案件。② 重庆市第一中级人民法院采用快审合议庭审查案件时均选用理论功底扎实、拥有丰富审判经验的审判人员。

---

① (2017)渝 01 民特 1008 号。

② (2017)浙 06 民特 37 号、(2018)陕 06 民特 32 号、(2018)甘 02 民特 1 号。

(2)仲裁裁决司法审查范围

经分析收集的法院审查仲裁裁决案件的裁判文书,可以发现无论是当事人申请司法审查的理由还是法院文书说理部分认定的理由,大多数均为程序性理由。虽然收集的案件数量有限,但一定程度上亦可反映出我国仲裁裁决司法审查似乎自觉或不自觉地将审查范围缩小至程序性审查。虽然不足以代表全国各法院司法审查的现状,但至少一定程度上反映了目前我国法院仲裁裁决司法审查范围的大体倾向,代表了我国目前法院审查的趋势。

表1显然当事人以仲裁程序违法与隐瞒影响公正裁决证据作为申请理由的频率极高,频次分别为45次和26次。而与此不同的是,阅读裁判文书可知法院作为裁判依据的主要是仲裁程序违法、裁决事项不属于仲裁协议范围或仲裁委员会无权仲裁。法官在适用违背社会公共利益这一理由时态度极为谨慎,笔者搜集的案例中法官以此为由否定仲裁裁决的情形次数为0。实践中,当事人总是倾向于提出申请仲裁裁决司法审查的实质性理由,其次才与程序有关,而法院认定的理由以程序性为主。即便法院认为案件在仲裁裁决的实体上存在问题,也多发回重新仲裁。曾有法官指出当事人援引证据事由具有一定难度,最终认定理由为程序性事由。

表1　撤销或不予执行仲裁裁决法定理由申请频数

申请理由	申请频数(单位:次)
没有仲裁协议的	15
裁决事项不属于仲裁协议的范围	19
仲裁庭的组成或者仲裁的程序违法	45
裁决所根据的证据是伪造的	6
当事人隐瞒足以影响公正裁决的证据	26
仲裁员有索贿受贿、徇私舞弊、枉法裁判行为	9
裁决违背社会公共利益	10
认定事实错误	3
适用法律错误	2

注:大部分案件中,当事人申请的理由不止一项,所以虽随机抽选的案例样本总数为130,但频数会大于130。

(3)仲裁裁决司法审查程序的审查程序与方式

法律无统一规定,广州中院参照一审审判程序具体审查案件。深圳中院由专门审判庭调查案件采用询问方式具体审理,且与仲裁委员会构建了协调沟通机制,方便法院及时调阅仲裁案卷,了解仲裁庭案件仲裁情况;珠海市中院适用听证程序具体审理国内仲裁案件,开庭审查涉外仲裁案件。① 重庆市第一中级人民法院首

① 《关于广东全省法院实行商事仲裁司法审查案件并轨审理机制的调研报告》,广东法院网:http://www.gdcourts.gov.cn/web/search,最后访问时间:2019年4月12日。

创快审方式审理撤销仲裁案件，立案受理后15日询问或开庭；询问或开庭后15日内合议庭评议，经同意可适当延长审理期限；评议后15日内送达。① 浙江省金华市中级人民法院执行部门适用听证或庭审的方式审查仲裁裁决案件，同时参照民诉普通审判程序如展开调查、辩论、最后陈述审查案件事实及法律适用问题。②

仲裁裁决司法审查的司法实践中，法院多适用听证程序审查案件，其他法院亦采用询问方式审查案件。关于撤销仲裁裁决案件：如徐州市中级人民法院审查浙江舜士建设有限公司与顾彩莲申请撤销仲裁裁决一案，杭州市中级人民法院审查浙江汇港实业有限公司、郑平平申请撤销仲裁裁决特别程序一案，③受理后通知双方当事人适用听证程序审查案件。东莞市中级人民法院、长沙市中级人民法院则采用询问方式审查申请撤销仲裁裁决案件。④ 关于不予执行仲裁裁决案件：贵阳市中级人民法院组织召开不予执行听证会，⑤即采用听证的方式去解决实践中仲裁案件的审查问题。宝鸡市中级人民法院运用听证审查执行岐山县岐山房地产开发有限责任公司与陕西华旗房地产开发有限责任公司合作合同纠纷一案。⑥

有的法院适用一审或二审程序审理仲裁裁决司法审查案件，大多数法院适用特别程序审理案件。如上海市第一中级人民法院审查不予执行仲裁裁决案件时采用一审审判程序。⑦ 武汉市中级人民法院、沈阳市中级人民法院、上海市第一中级人民法院审查撤销仲裁裁决案件适用一审普通程序。⑧ 目前发现运用二审程序审理撤销仲裁案件有沈阳市中级人民法院。⑨ 北京市第一中级人民法院、成都市中级人民法院审查不予执行仲裁裁决运用与普通程序相对的特别程序。⑩ 重庆市第一中级人民法院在处理涉及的证据问题时会组织双方当事人证据交换质证，为了进一步查清案件向仲裁委员会协调调取证据。⑪ 北京市第二中级人民法院加强与仲裁委员会的沟通联动，必要时主动向仲裁委员会致电了解仲裁员办理案件的具体情形。⑫ 仲裁裁决司法审查的方式有开庭审理与书面审理两种。如广西壮族自治区中级人民法院立案受理后组成合议庭，通知双方当事人到场，采用公开开庭审查案件。江西省新余市中级人民法院依法组成合议庭进行书面审理。

---

① 《繁简分流，“多快好”审》，重庆市第一中级人民法院官网：http://cqyzy.chinacourt.org/article/detail/2016/08/id/2062034.shtml，最后访问时间：2019年4月8日。

② 《关于仲裁裁决司法审查的调查与司考》，浙江省金华市中级人民法院网：http://jinhua72086220.cn.zhsho.com/，最后访问时间：2019年3月9日。

③ (2018)浙01民特66号。

④ (2017)粤19民特336号、(2015)长中民五仲字第00389号。

⑤ (2017)黔01民特105号。

⑥ (2017)陕03执异35号。

⑦ (2018)沪01执异2号。

⑧ (2018)鄂01民特145号、(2018)辽01民特3号、(2017)沪01民特876号。

⑨ (2018)辽01民特3号。

⑩ (2018)京01执异207号、(2018)川01执异29号。

⑪ (2017)渝01民特1008号。

⑫ (2017)京02民特20号。

(4)仲裁裁决司法审查程序的救济

实践仲裁裁决司法审查案件中，法院裁定驳回不予执行申请后当事人申请复议的情形做法不一。大多数法院裁定一经送达就生效，少数法院允许复议。如绍兴市中级人民法院审理中国工商银行股份有限公司宁波东门支行与夏国源执行审查类执行一案中，运用特别程序，驳回被执行人不予执行申请，本裁定送达后即发生法律效力。[①] 天津市第二中级人民法院审理天津帝旺集团有限公司、保得国际贸易(上海)有限公司执行审查类执行案件，裁定驳回被执行人不予执行仲裁裁决申请，当事人不服可自收到裁定之日起十日内向天津高院申请复议。[②] 德阳市中级人民法院审理刘桂英与刘曾亮执行异议一案中，裁定驳回被执行人不予执行仲裁裁决申请。当事人不服裁定可在申请复议的有效期限内向四川高院申请复议。[③] 对于该裁定是否可以适用二审程序存在争议。实践中存在中院并未按照报核规定依法向高级人民法院报核其审查意见的情形。[④]

二、仲裁裁决司法审查程序的问题

(一)申请撤销仲裁裁决期限长

撤销仲裁裁决申请期限对当事人具有法律约束力，要求当事人在一定期限内向有管辖权的法院提起申请。《仲裁法》通过设定期限对当事人完成法律行为的期限作出明确规定，目的是促使当事人及时实施法律行为，避免恶意拖延仲裁裁决的履行，同时使司法资源可以得到有效利用，节省双方当事人的时间成本，维护仲裁作为非诉纠纷解决机制的优势。世界其他国家规定的撤销仲裁裁决的申请期限均比我国规定期限短。如英国规定“裁决作出之日起 28 天内”，法国规定为“接收裁决通知之日起 1 个月内”，德国规定为“裁决之日起 3 个月内”，瑞典规定为“收到裁决后 3 个月内”，《示范法》规定“收到裁决之日起 3 个月。”我国规定撤销仲裁案件申请期限为 6 个月。不仅与国外相比申请期限长，与民事诉讼法中规定的上诉期限 15 天相比明显较长。显然我国仲裁法规定的申请撤销仲裁裁决期限过长，不仅使仲裁裁决的效力在 6 个月的时间内始终处于不稳定的状态，而且违反仲裁经济性、高效性的特点，对仲裁裁决效力的实现造成了不必要的拖延，不利于商事争议的快速解决。

(二)仲裁裁决司法审查的程序与方式不统一

1.审查程序不统一

程序公正一定程度上可保障实体公正。明确规范而又统一的司法审查程序促使作出的裁定每一步都有据可循。但《仲裁法》仅用了第 58 条至第 61 条共四个条文便规定了撤销程序，并未详细规定撤销或不予执行仲裁裁决具体适用何种程序

---

① (2018)浙 06 执异 35 号。

② (2018)津 02 执异 2 号。

③ (2017)川 06 执异 12 号。

④ (2018)甘执监 17 号。

审查。对于撤销仲裁裁决程序应具有诉讼性的忽视，导致诉讼程序所应有的一些原则和程序缺失。2018 年 1 月法律规定仲裁司法审查案件应组成合议庭并询问当事人。各地法院根据对审查程序性质定位的理解不同，而采用不同的程序规则审查案件。[①] 广东高院要求法院参照审查撤销仲裁案件的程序审查不予执行仲裁案件。有的中级人民法院按照一审程序审查仲裁案件，即法院立案审查符合立案条件，受理后通知当事人，双方当事人出庭，庭审期间进行举证质证；有的法院还会适当分配举证责任，规定举证期限，当事人举证质证，必要时法院打电话向仲裁员询问相关情况。有的中级法院甚至按照二审程序审理仲裁案件，将仲裁机构的仲裁当作第一次审查，法院对仲裁的审查当作第二次审查。比如渭南市中级人民法院、延安市中级人民法院、葫芦岛市中级人民法院等多个法院。存在其他中级法院适用特别程序或快审程序审查案件。综上，各法院自身实际情况不同，审查程序也不相同，甚至同一个法院随着时间的推移，司法审查程序也会发生变化，导致仲裁裁决司法审查程序的运用缺乏稳定性与统一性，实践操作的随意性大。

2.审查方式不统一

法院审查仲裁裁决的方式不一。例如公开开庭听证、开庭审理、或只经书面审理便作裁定。其中法院运用听证程序审查仲裁裁决案件最多，其中采用听证方式审查撤销仲裁裁决案件最为常见。我国现行法律只在立法、行政规定了听证程序，并没有适用于司法程序，我国《民事诉讼法》和《仲裁法》均无涉及听证方式的规定。法院具体如何运用听证程序审查案件呢？即法院组织双方当事人听证，可申请回避、委托代理，双方当事人有机会举证、质证证明仲裁裁决司法审查的法定理由，当事人可充分表达自身意见与提供证据，法院得以充分了解并作出裁定。听证程序最初起源于英国，奉行公平与救济原则，而后美国将听证移植到立法与行政实践中，增强工作的透明度，提高审查效率。听证程序在行政许可、行政处罚中适用较多。行政机关在充分听取当事人陈述、申辩质证的前提下，在无利害关系人主持下作出影响相对人权利义务关系的重大决定，使得行政过程的公开性与透明度增加。我国法院采用听证程序审查撤销仲裁裁决案件，可见并未将撤销仲裁裁决当作一个撤销之诉来对待。

法院审查仲裁裁决对待仲裁庭的方式不一。法院审查仲裁裁决案件过程中对待仲裁庭的方式大体可以归纳为以下三种：第一种是完全将仲裁庭排除在外。法院依据审查当事人提供的证据材料，听取当事人意见作出有关仲裁裁决的裁定。全程未向仲裁员了解情况，未告知仲裁机关。第二种是主动致电仲裁员或上门询问。法院主动打电话向仲裁员询问案情，了解具体细节，主动前往仲裁委员会客观了解。第三种是法院与仲裁委员会构建沟通协调机制。加强法院与仲裁委员会之间的沟通，如法院立案受理案件后需要了解案情时可以调阅仲裁机构的案卷，听取仲裁员说明情况。案件审结后及时告知案件结果，发现仲裁机构存在问题时法院可提出改进建议。众所周知，仲裁裁决的双方是仲裁裁决司法审查案件中的当事

---

① 姜霞：《仲裁司法审查程序要论》，湘潭大学出版社 2010 年版，第 21 页。

人。审查案件若仲裁庭不参与法官很难完整正确了解案件仲裁庭作出此仲裁的原因。有的法官会要求仲裁员说明相关情况,或上门仲裁庭调查了解,但是否调查还是交换意见取决于法官自身意愿,法官做法不一,态度不同。

3.仲裁报核程序

最新颁布的《仲裁报核规定》以司法解释的形式提高了内部报告制度的级别,将适用范围扩大至全部仲裁司法审查案件,明确了最高院与高院审查核实仲裁案件的权限,在一定程度上可以统一地方法院裁判的尺度与适用法律的规范性,符合目前国内与涉外仲裁案件归口管理的主流趋势。相较于原来内部报告制度明确了报核的具体流程步骤如制作书面报告将案卷上交,可以询问当事人一定程度上增加了透明度,但仍存在一定问题。

(1)报核程序违反审级独立原则

《仲裁报核规定》上级法院对于上报的案件以复函形式作出答复,下级法院再根据复函作出裁定。由此引发的问题是,答复是上级法院的意见,但最终的司法文书却是以下级法院的裁定作出。互不隶属的法院依法独立审判案件不受行政机关、团体、个人干预。审级独立指各级法院审理案件过程中在诉讼程序框架内依法独立自主审理决断案件。[①] 内部报核程序作为一种行政措施,违反了审判独立原则。第一,法律程序运作应该是下级法院享有依法独立审理案件并发布裁判作出认定的权利,上级法院不得发布命令或指示干涉下级法院的具体审判活动。第二,内部报核程序作为一种行政制度,要求中级人民法院对仲裁裁决拟作出否定性裁定时,需报请高级人民法院审查。国内仲裁裁决案件最高报请至高院,有例外情形。涉外仲裁裁决,如果高级人民法院也同意作出否定性裁定则需最高人民法院审查。中级人民法院失去审查案件独立作出裁定的权利,中院组织合议庭审查案件,中院出具判决书,实质上高院或最高院享有决定权,中院据此决定作出裁定,这样的处理方式明显畸形。从形式上看是由中级人民法院作出的裁定,实则案件的一审法院变成了高级人民法院或是最高人民法院,架空了中级人民法院审查的权利,中级人民法院似乎成为"预审法院",负责执行上级法院批复的法院而已。第三,虽然报核程序旨在确保下级法院正确适用司法审查的法律,克服地方保护主义,维护司法审查仲裁公正性。但是这种使中级人民法院最后以高院或最高院意见作为管辖法院意见对外裁判的做法,体现了上下级法院之间相互关系的行政化倾向,违反审级独立原则和上下级人民法院之间的审判监督关系。内部报核程序行政性质的权力凌驾于立法权与司法权之上,缺乏坚实的法律基础,违反司法理论,它的存在与延续似乎与法治国家显得格格不入。

(2)报核程序违反亲历性原则

报核程序的本质是法院的内部程序,对当事人存在不透明性。尽管《仲裁报核规定》第5条规定上级法院可以通过退回下级法院或者询问当事人的方式进行调

---

① 熊洋:《论上下级法院关系之异化及重塑——以审级独立为视角的分析》,载《太原理工大学学报(社会科学版)》2010年12月第28卷第4期。

查，一定程度上缓解这种不透明的情况，但是未有效解决问题。从甘肃案例[1]可知当事人只能通过法院作出裁定时间较短来判断下级法院未向上级法院报核案件，事实只能通过法院内部自查方式证明对于当事人存在一定的风险，高度不透明性使当事人无法了解报核制度是否得到了遵守。有的法院并没有真正将案件上报至上级法院。而且不同法院有不同做法，执行效率以及结果的确定性方面大相径庭，这种差别也导致报核制度的高度不确定性。甘肃高院审查是否存在未报核情形并撤销原裁定。江西高院除审查报核事项外，还审查案外人异议是否成立。在高院或最高院审查案件期间，法官都实行书面审查，虽然报核规定认为案件相关事实不清的，可以退下级人民法院补充事实后再报，但法官依旧未亲身经历案件审理的全过程，未直接听取双方的主张、理由与质辩。目前法律现状涉及有限实体审查，当事人既看不见又无法亲自陈述、参与其中发表意见违反亲历性。

(3)报核程序缺乏期限约束

《仲裁报核规定》对最高院的具体审查期限仍没有明确规定，日后仍可能产生拖延案件现象。《仲裁法》第 60 条规定受理撤销裁决之日起两个月内作出裁定，《仲裁裁决执行规定》第 12 条也有类似规定。但 2018 年仲裁法解释没有对下级法院向上级法院报核时间是否应当计入上述 2 个月的时间作出规定。

新司法解释关于报核程序未涉及期限的规定。为拖延执行仲裁裁决的履行提供了可能，由此产生当事人权利保护的迟延。内部报告制度规定，法院应在接受申请之日起 2 个月内作出承认执行外国仲裁命令，并且如果没有特殊条件，法院应在下达命令之日起 6 个月内完成执行。法院决定拒绝承认执行裁决报审最高院的期限为 2 个月。值得注意的是，该法规没有规定最高人民法院作出最终决定的时限。

关于涉外及外国仲裁裁决，最高院回复最短一年，最长三年之久。2000 至 2015 年期间公布的 220 起案件中，撤销仲裁裁决案件最终复函最高院平均时限为 500 多日，承认与执行仲裁裁决案件最终复函期限为 800 多日，当然也存在时限较短的时候，比如其中一起最高院回复陕西高院撤销涉外仲裁案件的期限不到 3 个月。可见总体来说未规定运作的合理时间期限，无疑会造成仲裁程序的迟延，浪费了司法资源。对于欲快速解决纠纷的当事人，仲裁的效率性受损。如果一项裁决依据，被认定为撤销或不予执行，中级法院需上报高级法院，跨省或利益重大时，高级人民法院认为不具有不予执行情形的，还需最高人民法院报核审查。经过漫长的审查过程，仲裁当事人可能又面临重新仲裁或另行提起民事诉讼的结局，如此所耗费的时间可能比直接诉讼需要的时间还要长。

三、仲裁裁决司法审查程序的完善

仲裁裁决司法审查程序的完善应该考虑仲裁的特性如自主性、保密性、灵活性与快捷性，如何设置才能既有助于实现公平正义，实现司法审查仲裁裁决的目的，给当事人提供有效救济，又不影响仲裁功能的实际发挥与仲裁本身的效率。

---

① (2018)甘执监 14 号。

(一)缩短仲裁裁决司法审查程序的启动期限

缩短撤销仲裁裁决的申请期限为1个月。不同的学者有不同的观点,部分学者认为申请撤销仲裁裁决期限应为3个月;[①]部分学者认为申请期限设置为1个月是最为不错的选择,[②]其中有的学者曾在立法修改稿中作出过此提议。[③] 笔者认为应调整为1个月的理由如下:

一般情况下,双方当事人在仲裁过程中已较为充分地了解案件事实,掌握证据,熟知仲裁的情况,并且收到仲裁裁决书后一般都会仔细阅读,发现申请撤销的法定情形时会立即寻求救济途径。从前面司法现状的分析可以看到当事人申请撤销仲裁裁决法定理由多为程序性理由,所以当事人在为申请撤销仲裁裁决的司法审查作准备工作时,准备所需要的材料不需要太长时间,因为材料多涉及程序性事项,法官认为当事人援引证据事由很困难,当事人以实质性理由为依据也得不到法院支持,因为民商事案件中对证据和损害赔偿额的确定是有着非常广泛的自由裁量权的。当事人和代理人参与了仲裁过程,亲历了仲裁过程,了解仲裁权行使的情况,所以申请期限的设置可以在保障当事人合理的救济期限内进行有效的缩短。

适当的期限有利于保障权利的行使,以及大多数国家对申请期限的规定都比我国规定的6个月短。期限的设置要合理符合实践情形,过长过短都不利于仲裁司法审查功能的发挥。如果申请期限规定过长,一定程度上是能保护申请人申请司法审查的权利,但很大程度上会使仲裁裁决的效力处于悬而未决的状态,不利于仲裁裁决的执行,影响仲裁效率;如果申请期限规定太短,虽然可以促使当事人积极行使权利,未及时行使承担权利丧失的苦果,但是太短的期限使当事人准备申请材料时间过于仓促。参考主要国家和地区的法律规定申请期限设定为1个月是合适的选择。

(二)规定独立的仲裁裁决司法审查程序

结合案件特性与需求的考虑,仲裁裁决司法审查既不适用普通民事诉讼程序,也不能完全适用现有的特别程序,应该在特别程序中增设一个仲裁裁决司法审查程序。在特别程序中增设这一程序的原因是特别程序在设置的基本原理上采用的是综合的个别化原理,即在特别程序立法中,既适用特别程序的一般规则,又可适用针对每一具体类型案件而设计的具体规则。

仲裁裁决司法审查如果适用普通审判程序,与其他纠纷解决机制相比,周期相对较长,在目前法院案多人少的情形下,无法体现仲裁的效率;审判程序的公开性也与仲裁的不公开相冲突;普通程序审理中,法院的审理范围受到当事人诉讼请求的制约,仲裁裁决的司法审查中法院可以依职权审查当事人并未提出的理由;普通程序审理的案件,当事人仍享有法定的救济途径,仲裁裁决的司法审查并不对当事人之间的实体权利义务作出裁决,并无法定的救济途径。因此,仲裁裁决的司法审

---

① 张圣翠:《论我国仲裁裁决撤销制度的完善》,载《上海财经大学学报》2012年第1期。

② 蒋慧:《〈仲裁法〉二十周年回望:民商事仲裁危机与重塑》,载《学术交流》2016年第7期。

③ 宋连斌:《理念走向规则:仲裁法修订应注意的几个问题》,载《北京仲裁》2004年第2期。

查适用普通诉讼程序并不妥当。

仲裁裁决的司法审查应当适用独立的非诉程序。法院审查的时间不宜超过一个月；因为涉及仲裁裁决的效力，应组成合议庭进行审查；以开庭审理为原则，当事人合意书面审为例外；以不公开审理为原则，当事人合意公开为例外。

(三)规范仲裁裁决司法审查程序的救济

新颁布的仲裁报核程序相对于内部报告制度有一定进步，是对仲裁司法审查进行诉讼化改造的一次尝试，被认为具有准上诉的特征。[①] 平等对待国内案件与涉外案件，统一适用相关规定，对于减少甚至防止错误裁定的发生发挥了无可替代的重要作用，维护我国仲裁权威和仲裁公信力。报核规定与过去相比已显示出慎重的司法态度，但这只是法律没有规定救济途径下的权宜之计，并非长久之计。应继续完善仲裁报核程序，最终建立当事人协议下的有限上诉程序。

1.明确仲裁报核期限

法律对仲裁裁决司法审查的错误裁定未提供任何监督救济手段，在这一前提下仲裁报核程序具有存在的意义。但应该明确的是仲裁裁决司法审查的法院应在作出裁决后的多长时间内报核，上一级法院应在多长时间内回复，没有明确的期限规定，侵犯了当事人知情权，也不符合仲裁效率的要求。

2.允许向法院申请复议

在目前仲裁裁决报核规定到建立有限上诉程序的过程中，允许向法院申请复议是很好的过渡措施。目前相关法律均规定不允许复议。《执行案件立案结案意见》第 10 条规定，当事人不服法院最初的不予执行仲裁裁决或驳回不予执行仲裁裁决申请的裁定可以申请复议。《民诉法解释》第 478 条改变了上述规定，但对驳回不予执行仲裁裁决申请的裁定，当事人是否可以申请复议，第 478 条并未明确。笔者认为应允许申请复议，具体建议如下：撤销仲裁裁决的，双方当事人可以提起复议，驳回撤销申请的当事人不可以提起复议；不予执行仲裁裁决后，申请执行人可以向法院复议。针对驳回不予执行仲裁裁决申请，被执行人不能提起复议。允许向法院申请复议后，复议程序规则要进行“质”的细化与提高。复议是出于提高诉讼效率考虑而设置的，程序简单且周期短。过渡阶段采用复议，从鼓励和支持仲裁的理念出发，应将仲裁司法审查程序的救济途径在过渡阶段设置为复议，法院对待仲裁裁决也会更加审慎。

3.建立有限上诉程序

设立上诉程序或有限上诉程序是世界许多国家的通行做法。允许上诉的国家，例如德国规定当事人对撤销仲裁裁决或宣告裁决可执行性裁定不服时，可以就法律问题向联邦最高法院提出抗告。英国可以就法律问题提出上诉，当事人有其他约定的除外。法国当事人必须有约定才可在对国内仲裁裁决有异议时向法院提出上诉，对裁决上诉时可以请求法院推翻裁决或撤销裁决。美国法律规定当事人针对法院更正仲裁裁决以及未要求仲裁委重新仲裁便撤销仲裁的，上诉程序的审

① 宋连斌：《仲裁司法监督制度的新进展及其意义》，载《人民法治》2018 年第 3 期。

理与民事诉讼中的上诉程序一致。在日本,法院执行宣告审理的过程中当事人可以提出撤销仲裁裁决,对于执行判决不服可向上级法院上诉,对上诉判决不服可向最高院复审。在韩国,撤销仲裁裁决之诉出于维持仲裁效率优势的考虑启动时不以一般诉讼时效作为时效,但是需要当事人双方共同参与审理,案件结果在法定上诉期内可以上诉,上诉期未作特别规定以一般规定为准。①

目前,《仲裁司法审查规定》第 20 条规定不予受理、驳回申请、管辖权异议裁定三类可以上诉。法律规定可以上诉的驳回申请不包括当事人请求得不到支持被驳回的情形,是指立案后发现不符合受理条件被驳回的申请。有限上诉也是上诉程序,所以有限上诉程序在设计时要避免因司法权过大干预仲裁权从而不利于保持仲裁的效率,避免削弱仲裁的权威性与效率性。仲裁本身就是当事人高度意思自治所作出的选择,出于对仲裁员的高度信任,衡量各种价值与利弊之后所做的选择,所以要尊重当事人的意思自治,当事人双方自愿达成协议后方可上诉。

尊重和支持当事人意思自治,是仲裁程序能够进行和仲裁制度得以存在的基本要求,仲裁制度的完善应当以充分体现这一原则为价值目标。目前我国当事人对于仲裁裁决的实体内容不满的情况仍然大量存在。在国内仲裁裁决中,当事人常以"枉法裁决"为由主张裁决在法律适用、事实认定等方面有误,所以在我国现阶段,对仲裁实体内容的审查是当事人希望进行的②。所以,在解决关于仲裁实体内容的审查问题时,双方当事人可以根据意思自治,协议约定对仲裁实体内容的审查。其可行性在于,一方面对于关乎自己利益的选择时,双方当事人会权衡利弊,通过协商作出谨慎的选择;另一方面,当事人对于仲裁实体内容进行审查的需求在不断上升,但是法律并没给予当事人相应的救济渠道,那么就应当充分发挥仲裁当事人意思自治的优势,让当事人对此作出抉择。

综上,对于仲裁裁决司法审查程序救济的设置,无论设置何种救济方法,当事人初衷是期望基于对仲裁员高度信任能够获得公正一裁终局的仲裁裁决,所以即使救济也希望尽力避免烦琐复杂耗时的救济程序。因此救济途径的设计就是要在程序简单迅速以及合理救济维护公正之间寻求平衡。

仲裁发展需要司法的支持、协助和监督,对仲裁裁决的司法审查程序应当体现我国司法与仲裁合作解决纠纷、司法支持仲裁的理念,提高司法公信力与仲裁公信力。同时也应看到我国仲裁裁决司法审查程序的具体设计上还有不足的地方,需要我们结合实际情况具体完善。在程序启动期限上,可缩短申请期限确保仲裁程序的高效运行。在审查范围上,可奉行程序性事项的单轨制且审查涉及公共利益的事项,既可以维护仲裁裁决的一裁终局的特点,也一定程度上维护了当事人的合法权益。在程序上,司法审查仲裁裁决案件原则上应开庭审理,允许当事人辩论质

---

① 董少谋:《新时代仲裁司法监督四论》,北大法宝网:https://www.pkulaw.com/lawfirmarticles,最后访问时间:2019 年 4 月 11 日。

② 宋肇屹:《告别"一裁终局"?—中国大陆商事仲裁实体上诉机制研究》,载《北京仲裁》2017 年第 4 期。

证,并建立起救济程序。适度的司法审查,有赖于司法审查程序的完善。希望通过对仲裁裁决司法审查程序的完善,可以真正发挥司法审查仲裁的价值,发挥救济途径的作用,实现公正与效率之间的平衡,促进商事仲裁的发展。

许可执行之诉:诉讼机理与程序展开

程晓斌[*]　杜依霖[**]

摘　要　民事执行当中变更、追加当事人制度在我国由来已久,但作为变更、追加当事人的后发程序保障制度装置,执行异议之诉却是设立不久,故而在实践当中对诉讼主体、诉讼功能、诉讼标的、权力基础等方面的认识存在着偏差在所难免。本文通过对该类诉讼的性质、类型、功能的三个维度上的理论分析,指出变更、追加当事人异议之诉的性质是对执行当事人是否适格的判定,诉讼类型分属于形成之诉和命令诉讼,其功能是为债权人和执行依据载明的当事人以外的第三人不服执行法院的审查裁定提供后发的程序保障。在此基础上,文章在对权利请求、诉讼标的、权利基础等诉讼标识进行解构后,着重就诉讼主体、举证责任和诉讼调解等问题提出相关的实务要领或对策建议,以期对案件审理有所裨益。

诚然,我国民事执行中的变更、追加当事人制度设立由来已久,不但相关的理论研究成果颇为丰硕,而且在民事实践中也备受执行法官的青睐。然而,任何权力均有被滥用的可能,法院变更、追加当事人的权力也不例外,在制度执行者的冲动和制度供给的不足的双重作用下,实践中变更、追加乱象频频发生,为社会广泛诟病。为有效解决这一问题,最高法院于 2016 年 11 月 7 日颁布了《关于民事执行中变更、追加当事人的若干规定》(以下称追加解释),第一次系统地将变更、追加当事人的事由和程序做了详细的梳理,并首次在司法解释中规定了许可执行之诉作为后续的救济程序。① 为考察这一民事诉讼大家庭中的"新成员"的审理情况,笔者选取了中国裁判文书网公布的具有代表性的此类案件的裁判文书作为研究样本,试图通过描绘此类案件在审理当中存在的问题,解构问题背后的原因,并运用民事诉讼的基本原理和执行力扩张的基本理论展开分析,对各种程序要点加以讨论,以期对该类案件的审理有所裨益。

---

* 程晓斌,江西省上饶市中级人民法院民一庭庭长。

** 杜依霖,江西省上饶市中级人民法院民一庭法官助理。

① 需要明确的是,按照《最高人民法院关于民事执行中变更、追加当事人的若干规定》第三十二条的规定,该类诉讼因起诉的主体不同而分为申请人执行异议之诉和被申请人执行异议之诉,为使与其他执行异议之诉相区别和行文的方便,本文将前一类诉讼称之为请求许可执行之诉,而将后一类称之为许可执行异议之诉,二者统称为许可执行之诉。且将当事人在不同程序中或在不同阶段的主体称谓在文中也统一使用实体法的名称,如将申请执行人、申请人称之为债权人,而把案外人、第三人、被申请人称之为第三人,被执行人也统称为债务人。

一、问题提出：许可执行之诉的样本考察

为使问题呈现更加具体和直观，笔者将选取的裁判文书简化为以下几个案例。

案例一[①]、甲公司依据生效的仲裁裁决向法院申请执行，要求乙偿还借款本金188.3万元，丙公司承担连带责任。因乙及丙公司无财产可供执行，甲公司申请法院追加丙公司的股东丁公司为被执行人。执行法院裁定追加后，丁公司不服提起诉讼，要求判令撤销追加裁定，不得追加其为被执行人。后法院判决支持丁公司的诉讼请求。问题：变更、追加被执行人的裁定是否需要判决撤销？

案例二[②]、甲公司依据生效判决对乙公司申请执行，执行法院依据甲公司的申请以乙公司的股东丙公司抽逃注册资金为由裁定追加丙公司作为被执行人。丙公司不服，以甲、乙公司为被告，乙公司的执行董事丁、监事戊、法定代表人己为第三人提起许可执行异议之诉。受诉法院经审理依据《追加解释》和《最高人民法院关于适用〈中华人民共和国公司法〉若干问题的规定（三）》第十二条第（三）项、第十四条驳回丙公司的诉讼请求。问题：执行依据确定的被执行人是否应参加诉讼，如参加诉讼，其诉讼地位是什么？公司法及其他实体法能否作为裁判依据？

案例三[③]、甲公司依据法院生效的判决书申请对乙公司执行。执行中，甲公司以乙公司的自然人股东丙、丁虚假转让股权逃避债务为由申请法院追加丙、丁为被执行人。执行法院裁定驳回甲公司的申请。甲公司遂向法院提起诉讼，要求判令追加丙、丁为被执行人，并确认丙、丁与受让人的股权转让协议无效。问题：当事人提出的与是否许可执行无关的其他诉讼请求法院能否一并审理？

案例四[④]、甲依据法院生效的判决书向法院申请执行，要求乙偿还借款本金1650万元及相应的利息。因乙无财产可供执行，但乙是丙公司的一人股东，乙与丙公司的财产存在混同为由申请法院追加丙公司为被执行人。执行法院裁定驳回甲的申请后，甲申请复议。上级法院经复议认为，甲以丙公司系乙设立的一人公司为由，申请追加丙公司为被执行人，执行法院应适用《追加解释》第二十条、第三十二条进行判断处理为由，将案件发回执行法院重新审查处理，而《追加解释》第二十条规定的事由明显与本案不符，且后续的救济程序是诉讼。问题：债权人申请变更、追加第三人为被执行人没有法定事由时，法院裁定驳回后，债权人提起诉讼能否受理？已经受理的如何处理？

二、成因探究：许可执行之诉的认识偏差

作为司法解释创设的一种诉讼类型，许可执行之诉因其才降临尘世不久，相对于案外人异议之诉，申请执行人异议之诉，执行分配异议之诉而言，无论是其外在

---

① （2018）鄂0802民初15号民事判决书。

② （2017）浙0521民初1331号民事判决书。

③ （2018）吉02民终1305号民事判决书。

④ （2017）赣执复63号执行裁定书。

的“机体”，还是内在的“心智”都尚未发育成熟，故而存在诸多问题和困扰也不足为怪，以下笔者从剖析此类新型诉讼问题的成因入手，以其为从外而内透视这种诉讼的全貌提供立体的视角。

（一）诉讼主体的误区

谁有权向法院提起许可执行之诉？这是一个首先要面对而有极易混淆的问题。由于我国现行司法解释对变更、追加当事人采用的是“先裁后审”的程序设计，即对债权人符合《追加解释》规定六种事由的申请先按照执行审查程序予以处理，当债权人对不予许可执行裁定不服，抑或第三人对许可执行的裁定不服时，即可以原告的身份提起请求许可执行之诉或许可执行异议之诉，这样一来，无论前置的审查裁定是否正确，债权人或第三人均在形式上取得了许可执行之诉的原告资格，认识偏差由此产生。实际上，按照现行民事诉讼法的第一百一十九条的受理条件，取得民事诉讼原告的资格，除其必须具有诉讼权利能力外，还必须与本案具有利害关系，理论上称之为具有诉的利益。针对变更、追加当事人来说，现行司法解释规定了若干种变更、追加被执行人的法定事由，如债权人不具有任何一种法定事由，即应视为不具备诉的利益，对其起诉即应不予受理，当债权人具备法定事由，即应立案受理。而是否符合的法定条件，则是案件的实体审理内容。上述案例四中的复议法院即是没有区别变更、追加被执行人的法定事由与法定条件，要求执行法院适用《追加解释》第二十条审查处理甲的申请，按照目前对原告资格的认识误区和习惯做法，极易引发后续诉讼程序的发生，徒增诉讼成本和资源耗费。

（二）诉讼功能的误区

许可执行之诉是应对执行程序当中产生的实体争议的制度，其功能是为执行当事人的实体利益提供司法救济路径，通过诉讼判定第三人是否要对债权人承担执行法上的义务，从而化解执行当中的争议，为执行程序的顺利推进扫清障碍。因此，当事人诉争的是一个执行法律关系。可一联系到执行法律关系，人们自然会想到诉讼之前还有一个前置程序，这就是执行法院变更、追加被执行人的审查程序，换句话说，诉讼之前还有一个变更、追加裁定呢！举例来说，如债权人申请变更、追加第三人为被执行人获得支持，而在后续的诉讼当中，如判决否定第三人的诉讼请求，变更、追加的裁定自然生效。一旦判决支持第三人的诉讼请求，第三人手中既有一份不得变更、追加的判决，又有一份变更、追加其为被执行人的裁定，前置的变更、追加裁定不撤销恐怕是一个障碍。基于此，大多数法院将前置的变更、追加被执行人裁定一并纳入案件的审理范围，并在裁判当中予以判定撤销也在情理当中。上述案例一中，受诉法院即根据原告的诉讼请求，判决撤销执行法院作出的变更追加裁定，其根源就是在观念上把许可执行之诉的功能理解为是对执行行为的监督和纠错上。

（三）诉讼标的的误区

许可执行之诉的诉讼标的是什么，按照诉讼标的理论通说，诉讼标的是当事人之间发生争议并要求法院以裁判的形式予以解决的法律关系的判断，那么许可执行之诉的诉讼标的就是当事人围绕着是否可以对执行依据以外第三人进行执行的法律关系。那么，这种法律关系究竟是一种执行法律关系还是一种民事法律关系呢？如果说是民事法律关系，基于各种实体法上的规定，被追加、变更的当事人与被执行人存在牵连关系，如公司的股东与公司存在财产混同、人员混同、业务混同关系，依照公司法规定，这些股东即应当与公司共同承担清偿责任，故在许可执行之诉当中判令与公司存在混同的股东承担责任便是题中之义，而如果把许可执行之诉的诉讼标的理解为是一种执行法律关系，那么，当事人仅能依据目前现有的司法解释规定可以变更、追加被执行人的情形提起异议之诉，也就是说，仅能允许双方当事人就司法解释规定的事由进行争议，诉讼标的范围大大缩小。上述案例三中，甲公司对丙、丁提起诉讼，既要求对丙、丁许可执行，又要求判定丙、丁与受让人的股权转让合同无效，问题就出在对该类诉讼的诉讼标的认识出现偏差。把许可执行之诉的诉讼标的理解为当事人在实体法上的 请求权，而非执行法上的异议权。

(四)权利基础的误区

如果说许可执行之诉的诉讼标的是债权人与第三人之间的执行法律关系，那么，当事人争执的对象即是许可执行与否的异议权，即债权人请求对第三人许可执行未获准许，其有权对不予许可执行提出异议，反过来说，如债权人对第三人许可执行获准，那么，第三人同样取得异议权。因此，当事人起诉的异议权基础规范即是执行法上的关于变更、追加当事人的法律规定。而把许可执行之诉的诉讼标的看作是当事人的实体法律关系，那么，当事人的请求权范围就大大增加了。即与债务人存在各种关联关系，或对债权人有义务承担责任的各种实体法依据都将成为原告的请求权基础。上述案例二中的丙公司对甲、乙两公司提起诉讼，受诉法院以《追加解释》和公司法解释作出驳回丙公司诉讼请求的判决，即是受上述观念的影响。按照《追加解释》第一条的规定，执行程序中变更、追加当事人，必须坚持法定原则，包括事由法定，条件法定，程序法定，而且此法应当是现行的执行法，如果这一观点成立，上述案例二中的受诉法院适用法律即违反了变更、追加当事人的法定原则，究其原因，根本还在对当事人请求权基础的认识存在偏差。

三、诉讼机理：许可执行之诉的理论思辨

任何法律制度的设立必然有其背后的理论基础，许可执行之诉也概莫能外。以下笔者拟就许可执行之诉性质、定位、功能作出阐释，为后续的诉讼标识和程序要素讨论奠定基础。

(一)别除抑或准入——许可执行之诉的性质定位

许可执行之诉的性质问题是以其基本属性为研究对象，是许可执行之诉区别于其他诉讼的根本特征。首先从诉的成因来看，普通的民事诉讼是当事人之间因民事权利义务发生争议或一方认为其民事权利受到对方的侵害从而向法院提起诉讼寻求救济，纠纷先于诉讼而存在，没有冲突无所谓诉讼。而许可执行之诉的发生，其原因就在于执行法院根据债权人的申请，作出许可对本不属于执行依据载明的第三人进行执行的裁定，要求其承担执行依据确定的实体义务，或者是债权人请

求对第三人执行而被执行法院裁定驳回，从而引发争议，可见二者在纠纷的成因上是不同的。其次从起诉目的来看，普通的民事诉讼的原告起诉或被告反诉，目的就是请求法院判决确认其与对方当事人存在某种民事法律关系，或判令对方履行一定的给付义务，或判决改变或消除与对方当事人之间现存的法律关系。而许可执行之诉则不同，就请求许可执行之诉来说，其目的是请求对受执行依据的执行力约束的第三人进行执行，从而顺利实现业经法院生效判决判定的债权；对许可执行异议之诉而言，其目的在于通过诉讼实现排除法院对其强制执行，二者的目的在本质上存在不同。第三从诉讼的条件看，普通的民事诉讼的原告认为其民事权利受到侵害，在任何时候均可以自行决定是否起诉、何时起诉。而许可执行之诉则不然，按照《追加解释》规定一个审查的前置程序，即对债权人的申请，执行法院应当进行审查并作出是否许可执行的裁定，当事人不服该裁定方可起诉。无论是债权人抑或是第三人，均必须在是否许可执行的裁定送达之日起十五日内提起诉讼。可见，当事人提起许可执行之诉有着明确的期限要求，第四从权利的基础看，普通的民事诉讼的原告起诉，其权利基础往往是实体法上的请求权、形成权或者是本权利，而原告提起许可执行之诉，其权利基础则是执行法上的请求权基础规范，最为统一集中的便是《追加解释》所列举的各种许可执行的事由。第五从争议的对象看，普通的民事诉讼，诉讼对立的双方争议的是实体权利义务关系，而许可执行之诉则不同，对立的双方当事人争议的是第三人是否属于执行依据执行力所扩张的对象，而非对债权人是否应承担实体义务，争议的是一种执行的法律关系，这一点与案外人异议之诉也具有本质上的不同。案外人异议之诉的双方当事人争议的对象是案外人对执行标的物是否具有排除执行的权利。从以上分析可以看出，许可执行人之诉相对于其他民事诉讼而言，第三人是否能被执行依据所具有的执行力所扩张，进而通过诉讼对其身份进行识别是许可执行之诉的本质特征，这一点与同属于执行异议之诉家族中的案外人异议之诉，申请执行人执行异议之诉也有很大的不同，前者是对执行主体的识别，后者则是对执行标的的识别，二者不可混为一谈。

(二)命令抑或形成—许可执行之诉的类型定位

在民事诉讼法理论上，传统的诉讼类型有确认之诉，给付之诉，形成之诉三种，首先就确认之诉而言。按照确认之诉的特征，许可执行之诉似乎应纳入确认之诉的范畴，因为诉讼双方围绕着第三人是否为执行依据执行力扩张的对象发生争议，一旦判定，则宣告第三人是否受执行依据的约束，其身份即得到确认，但是采纳此观点，其最大的瓶颈在于确认判决没有执行力，在许可执行异议之诉的原告的请求成立的情况下，如没有执行力如何排除执行法院对其的强制执行。其次对于给付诉讼来说，以给付之诉的性质对许可执行之诉进行观察，其与给付诉讼诸多特征存在吻合。从请求许可执行之诉来看，债权人认为第三人属于执行依据的执行力扩张的对象范围，该第三人应替代债务人或与债务人一同对其承担实体义务，诉讼的结果只是对第三人是否可以执行进行判定；而许可执行异议之诉则是第三人认为自己非执行依据执行力所能扩张的对象，要求法院判令不得对其强制执行，与消极给付之诉并无两样，不同之处在于前者是利用执行法院的行为造成侵害，后者是由侵权人直接实施侵权行为而发生损害。但该观点同样存在漏洞,这就是难以解决在排除执行的请求成立的情况下,第三人的胜诉判决如何能对执行法院发生反射效力。第三从形成之诉来看,许可执行之诉与其更加相像,因为形成之诉是原告请求法院判令变更或撤销与对方存在的法律关系,而许可执行之诉目的就在于此。债权人提起请求许可执行之诉,前提是执行法院业已裁定驳回其请求对第三人许可执行的请求,债权人依据执行法赋予的异议权提起诉讼,要求受诉法院变更现有的法律关系,许可对该第三人强制执行,进而形成与第三人新的执行法律关系;而许可执行异议之诉,要求判令排除对其许可执行,从而消灭与债权人既存的执行法律关系。而司法解释的立场分别采用的是命令诉讼说和形成之诉说,债权人提起请求许可执行之诉,经审理,认为理由成立的,判决变更、追加第三人为被执行人。理由不成立的,判决驳回诉讼请求。可见,债权人对第三人不许可执行的异议权是否存在是该类诉讼的诉讼标的,而该第三人是否与债务人存在实体法上的权利义务关系,是否属于执行依据的执行力扩张的对象是法院判断的基础事由,在债权人的事由成立的前提下,法院的判决在债权人与第三人之间形成了执行的法律关系,属于形成诉讼。在第三人提起的许可执行异议之诉,在事由成立的前提下,应判决不得变更、追加该第三人为被执行人,诉讼标的也是该第三人的异议权是否存在。在第三人取得胜诉判决的前提下,判决除了消灭债权人与第三人既存的法律关系外,还为执行法院设定了一定的义务,宣告执行法院不得为一定的行为,故而符合诉讼法学上的命令诉讼说的特征,属于命令诉讼。

(三)许可抑或排除—许可执行之诉的功能定位

任何一种类型的诉讼均有其自身特有的价值与功能,当事人提起诉讼绝非只为享受某种程序利益。为实现一定的诉讼目的,达到诉讼的终极目标,必然是经过理性思考并选择某种类型诉讼作为诉讼策略。如为明确权利的归属问题,选择确认诉讼是必然之举,而为要求对方履行一定的给付义务,选择给付诉讼是必由之路,同样,如为改变既存的某种法律关系,选择形成之诉是终南捷径。然而,许可执行之诉作为一种特别的诉讼类型,无论是诉讼制度的设计者,还是诉讼制度的利用者,肯定有着其自身的价值考量与目的所在。作为设计者来说,设立许可执行之诉制度无非彰显执行的公正价值,这是因为,遵循“有权利必有救济”的原理,当执行法院通过一次审查程序,决定将一个没有受正当程序保障的第三人拉到执行程序之中,对债权人承担实体义务,对于该第三人而言显然不公平,程序正义价值无法彰显。反之,债权人的许可执行请求一旦遭到否定,本已燃起希望之光的执行债权又重新回到僵局当中,让其叫苦不迭。基于此,制度设计的目的在于让双方当事人充分享受正当程序的利益,通过运用诉讼的攻防武器和你来我往的诉辩,确保执行的公平公正。对于利用者而言,许可执行之诉是权利救济的最好手段,因为,相对于执行审查,执行复议程序而言,诉讼程序给予当事人的保障最为全面,过程最为公开,权利救济最为彻底。上述价值与功能,普通的民事诉讼并无本质区别,都具有权利救济、程序保障等。就其特有功能而言,许可执行之诉还发挥以下两种截然不同的功能,一是实现执行力扩张的功能,当债权人获得对第三人许可执行的胜诉判决时，判决结果实际上则是宣告执行依据所固有的执行力向第三人扩张，进而要对债权人承担判决的给付义务。二是实现排除执行的功能，即第三人如通过诉讼获得不得许可执行的胜诉判决时，即意味着判决宣告其不受执行依据的执行力的约束，从而退出执行程序，进而实现排除执行的功能。

四、正本清源：许可执行之诉的标识厘定

作为标识需要通过诉讼解决的问题，案件的实体内容或审理对象的概念，诉讼标的，权利请求以及基础规范是观察诉讼和案件审理的基础工具，作为一类新型的诉讼，更有必要对其充分的解构与厘清。

（一）权利请求

权利请求在诉讼中表现为诉讼请求，而诉讼请求又是诉讼的基本出发点和落脚点，是当事人的诉讼目的和动机，权利请求一经固定，意味着诉的性质和民事法律关系得到明确。因此，固定权利请求是诉讼的基础工作。就许可执行之诉而言，原告起诉的目的有两种，一是第三人被执行法院通过执行审查程序裁定追加为被执行人，其起诉的目的在于通过诉讼达到排除强制执行的目的；二是当债权人申请追加第三人为被执行人被裁定驳回，其起诉的目的在于通过诉讼获得对第三人许可执行的判决。故对第一种诉讼而言，其权利请求是为请求判令不得变更、追加原告为被执行人，如原告承认判决的执行力可以对其扩张，只是对实体义务承担的范围有异议，其诉讼请求可以表述为请求判令变更原告在更小范围内承担实体义务。而请求许可执行之诉的原告起诉，其诉讼请求应表述为请求判令变更、追加被告为被执行人，在一定范围内对原告承担给付义务。如原告仅对被告承担实体义务的范围有异议的，其诉讼请求也可表述为请求判令变更被告在更大范围内对其承担实体义务。除此以外，原告提出的要求撤销执行法院的确认其与第三人（被执行人）之间的合同效力等与执行无关的诉讼请求应予删除，原告坚持要作为诉讼请求的，执行法院受理后，可对不属于许可执行之诉审理范围的请求判决驳回。

（二）诉讼标的

诉讼标的是当事人之间发生争议并要求法院以裁判的方式予以解决的法律关系，①我国学者一致认为，诉讼标的是民事诉讼的核心，是法院裁判的对象，是法院用来判断是否允许当事人再行起诉的根据，同时也是法院判定诉的合并、以及追加的依据。② 诉讼标的核心问题是识别诉讼标的的根据。如何识别诉讼标的理论上有三种不同的学说，按照“旧实体法说”的观点，诉讼标的的识别根据是实体法上的请求权，而“诉讼法说”则认为诉讼标的应以诉的声明和案件事实为根据，不管实体法上有多少请求权，因为诉的声明和事实理由只有一个，诉讼标的只有一个。“新实体法说”则认为，凡基于同一事实关系发生的，以同一给付为目的的数个请求权存在时，实际上只存在一个请求权，因为发生请求权的事实关系是单一的。许可执

---

① 刘荣军：《程序保障的理论视角》，法律出版社 1999 年版，第 268 页

② 王福华：《民事诉讼的基本结构》，中国检察出版社 2011 年版，第 132 页。

行之诉宜采用“旧实体法说”即以执行法上的异议权为依据,有多少个许可执行的异议权,就有多少个诉讼标的,这是因为,按照现行《追加解释》,赋予执行当事人提起许可执行之诉的事由被限定在六种情形之内,一是当事人受知识能力的局限而错误地选择异议权,如果用新诉讼标的理论,识别诉讼标的标准是诉的声明+案件事实,只要诉的声明和案件事实相同,则不管有多少个异议权,诉讼标的只有一个,不同的异议权则成为一种诉讼的攻击防御方法,这样一来,债权人则要承担更大的执行不能风险,而运用“旧实体法说”,债权人在前诉败诉后,完全还可以其他事由和异议权重新提起诉讼。

(三)基础规范

作为民事诉讼的原告,其向对方当事人主张民事权利,应当指明其权利的来源,也即法律依据。受辩论主义的原理和处分权原则的制约,而受诉法院也应按照原告所主张的权利的性质和请求权基础出发,识别案件的诉讼标的。理清案件当事人的法律关系,分析原告请求权基础规范的构成要件,在此基础上,检索当事人的诉讼主张,归纳案件的争议焦点,引导当事人就争议事实焦点进行举证、质证,进而分配举证责任,方可作出裁判。回到许可执行之诉的审理上来,原告提起的诉讼,究竟主张权利的性质和权利的基础规范到底是什么,恐怕无法回避。对于请求许可执行之诉来说,原告提起诉讼,其目的在于通过诉讼把一个受执行依据执行力扩张的对象纳入执行程序当中来,让其对自己的债权承担给付义务。同理,许可执行异议之诉的原告,其起诉的目的在于通过诉讼否认自身并非受执行依据的执行力扩张的对象,以达到对债权人的执行请求权否定的效果。从本质上来,无论是请求许可执行之诉,还是许可执行异议之诉,其诉讼标的乃是双方形成的执行法律关系,从这个角度上说,许可执行之诉的基础规范应是执行法的规定,而非当事人基于实体法上的请求权。从目前的执行法规范来看,允许当事人提起诉讼进行救济的基础规范是《追加解释》的六个法律条文,即第十四条第二款,第十七条至第二十一条,除上述 6 种法定情形以外,原告起诉就没有权利基础规范。因此,许可执行之诉的原告起诉的请求权基础只有《追加解释》6 个司法解释的条文,其他实体上的请求权基础就可排除在许可执行之诉之外。

五、程序架构:许可执行之诉的诉讼要素

虽然《追加解释》对于许可执行之诉的程序架构有所涉及,如程序的主体资格、管辖法院、判决主文均予以了明确。但是就一类诉讼而言,仅有上述几个方面内容远远不够,尤其是对于这一特殊的类型诉讼而言,诉讼程序当中必不可少的要素应予以明确和规范,否则,实践当中就会因制度的粗疏和缺漏而导致制度初衷不能实现,甚至在当事人、管辖法院之间产生对立和冲突。

(一)诉讼主体

对于许可执行之诉的原、被告,《追加解释》已作出了较为原则的规定,即不服变更、追加被执行人的裁定的一方为原告,另一方则为被告。然而原执行程序中的债务人是否需要参加诉讼以及其诉讼地位,司法解释并没有明确。实务当中,可参

照案外人异议之诉的程序办理，即当债务人对债权人的请求不置可否，应在诉讼中列为无独立请求的第三人以便于查明案件事实，而债务人明确反对债权人的变更、追加请求的，应列为被告，便于其充分享受程序保障利益。实践中较难把握的是债权人依据《追加解释》明确可以提起诉讼的六种法定事由的提出申请，但经审查认为债权人的请求并不具有法定事由时，前置变更、追加裁定虽明确赋予当事人可以提起许可执行之诉予以救济的权利，也应裁定不予受理，已经受理的，裁定驳回起诉。其理由是尽管起诉的原告具备诉讼的权利能力，但其因不具备法定的任何一种事由，而非不符合各种事由中的法定条件时，即标志着其与诉讼标的没有法律上的利害关系，因而也不具有诉讼利益，故而不属于适格的原告，前置的执行审查裁定应通过审判监督程序予以纠正。

（二）举证责任

要顺利完成案件事实的证明问题，首先必须解决举证责任的分配问题，只有把举证责任明确以后，本能让当事人明确自己的风险所在即责任所在，激发他们举证的内在动力。① 一定程度上说，举证责任是诉讼的"引擎"。按照法律规范要件说，凡主张权利或法律关系存在的当事人，只需对产生权利或法律关系的要件事实负举证责任，阻碍权利或法律关系发生的要件事实，由否认的对方当事人负举证责任。具体到许可执行之诉当中，如是请求许可执行之诉，原告应对《追加解释》规定的 6 个情形的要件事实存在负举证责任。如是许可执行异议之诉，原告应就《追加解释》规定的 6 种情形的要件事实不存在承担举证证明责任。

（三）诉讼调解

基于许可执行之诉的性质、定位和功能。一般来说，许可执行之诉不存在调解解决的可能，从而受诉法院必然要作出非黑即白的判决。但是实践当中，债权人提起请求许可执行之诉，随着程序的展开，第三人感觉到债权人的请求权基础要件事实完全能够满足，自身败诉的风险较大，此时也不排除第三人自愿提出调解或者和解的可能，从而提出给付一定数额的金钱与债权人"握手言和"，以利于自身寻求最大限度的利益空间。在此情况下，受诉法院对双方各自的处分权应当给予充分的尊重，可以民事调解书确认双方的和解协议或作出准予债权人撤诉的裁定。同理，如第三人提起许可执行异议之诉，经过一番交锋，自认为败诉的可能性较大，从而作出与被告和解的选择，如支付一定数额的金钱，以求得与被告"冰释前嫌"，在此情形下，债权人放弃债权不能及时全部实现的风险，或鉴于对第三人的实际履行能力的考量，自发与原告达成调解协议，该协议并不违反法律禁止性规定，理应受到法律的充分保护。

（四）程序衔接

按照现行的司法解释的规定，与案外人异议之诉一样，许可执行之诉的提起，其必须具备的一个条件就是执行异议审查程序必须前置。问题是一旦当事人提起许可执行之诉，原通过执行审查程序作出是否许可执行的裁定如何处理，现行《追

---

① 邹碧华：《要件审判九步法》，法律出版社 2010 年版，第 136 页。

加解释》并没有作出明确的回答。然而,案外人异议之诉或债权人执行异议之诉,最高法院相关司法解释已作出制度安排,《最高人民法院关于适用〈中华人民共和国民事诉讼法〉的解释》第三百一十四条规定,对案外人执行异议之诉,人民法院判决不得对执行标的执行的,执行异议裁定失效。对债权人执行异议之诉,人民法院判决准许对该执行标的执行的,执行异议裁定失效,执行法院可以根据债权人的申请或依职权恢复执行。因此,参照上述司法解释的相关原理,许可执行之诉的审判程序与执行审查程序的衔接应当作出如下制度安排,一是请求许可执行之诉,人民法院判决变更、追加被执行人的,原不许可执行裁定失效。二是许可执行异议之诉,如判令不得变更、追加为被执行人的,原许可执行裁定失效。

(五)既判效力

根据既判力的一般原理,对于既判力遮断下的事项,当事人不得再行争执和再行诉讼,法院也不得再行审理或作出不同判断。对于许可执行之诉而言,生效判决的既判力又包括哪些范围呢?首先从时间范围看,由于终局判决是以口头辩论终结前所提出的资料为基础,在事实审言词辩论终结后,当事人不得再行辩论,也不能提供诉讼资料,故而既判力的时间范围应当截止一审庭审辩论终结时,如在此后新发生的争议,因未经法院审理,当然不受前诉判决的影响,当事人仍可再诉。其次从主观范围看,传统的诉讼理论认为,原则上既判力只对本案诉讼标的有关的当事人有拘束力,不得随意对未参加诉讼的第三人扩张。而许可执行之诉双方当事人争执的本身就是作为执行依据的生效判决的执行力是否应当对第三人扩张的问题,故而除当事人的继受人、诉讼担当之被担当人外,判决的既判力不得向其他人扩张,同理,判决之执行力也应如此。再次从客观范围看,学理一般认为,既判力的客观范围仅限于判决主文的判断事项。按照本文的观点,许可执行之诉的诉讼标的宜采用的是“旧实体法说”。故而生效判决的既判力只限在当事人主张异议权范围内,对未主张的权利不具有既判力,当事人仍可再诉。

家事非讼程序中的程序保障

赵景顺*

摘　要　家事非讼程序中的程序保障由多种因素致成，主要包括法院和当事人各自在家事非讼程序中的地位和作用、家事非讼程序中的口头辩论以及家事非讼程序中的救济程序。在结构上，有对方当事人参与的家事非讼程序较无对方当事人参与的家事非讼程序、有争议的家事非讼程序较无争议的家事非讼程序更能满足当事人对程序保障的需求。在不同的程序环节，当事人所能获得的权利保护有所不同，法院所能提供的保障举措也有一定的区别。对于建构我国的家事非讼程序而言，国家立法机关、司法机关应当着力做好以下4个方面的工作：第一，进一步优化和完善我国家事非讼案件的审判组织；第二，为当事人提供可供选择的审理方式；第三，建构完善的权利救济机制；第四，增设程序辅助人制度。

关键词　家事非讼程序　程序结构　程序保障

一、引言

职权探知主义、职权进行主义等非讼法理在家事非讼程序中的运用，要求国家立法机关、司法机关赋予法官较大的自由裁量权，而法官职权的扩张，就隐藏着侵犯当事人程序自主权的风险，实现家事非讼案件妥当、高效地解决与当事人的程序保障之间的平衡，是绝对不能回避的问题。① 面对此一问题，我国现行有效的民事程序法不仅没有作出应有的立法回应，而且在相当长的历史时期内保持了沉默。令人更为忧虑的是，当前，我国家事非讼审判中当事人的程序保障举措大都只是依循普通的民事诉讼规则，且家事司法改革中有针对性的改革举措非常少。这是一种极其不正常的诉讼状态，应当尽快予以修正。对此，学界同仁鲜有研究。从程序构造视角分析和论证的文献资料更是难以查找和寻觅。在最高人民法院全面推进家事司法改革的现今，家事非讼程序立法是否会进一步推进到采纳、确立理想的家事非讼程序结构的层面？这似应引起家事法学者的普遍关注，尤其是家事诉讼法学者的关注。本文拟从对家事非讼程序的结构分析入手导出答案，以求教于学界同仁。

---

* 山东财经大学法学院讲师。

① 郑振桦：《家事审判中非讼法理的适用》，载《政府法制》2015年第19期。

二、家事非讼程序中程序保障的致成因素

家事非讼程序中的程序保障问题并不是孤立存在的，而是由诸多方面的因素综合作用的结果。具体而言，这些因素主要包括以下3个：其一，法院和当事人在家事非讼程序中的地位和作用；其二，家事非讼程序中的口头辩论；其三，家事非讼程序中的救济程序。详情如下：

(一)法院和当事人在家事非讼程序中的地位和作用

家事非讼程序的运行采行职权探知主义和职权进行主义。这就从根本上决定了法院和当事人在家事非讼程序中的地位和作用，即法院在家事非讼程序中居于主导地位，发挥主导作用，当事人在家事非讼程序中居于从属地位，发挥辅助作用。这种地位和作用的差异性主要体现在以下2个方面：其一，家事非讼程序的启动。家事非讼程序的启动高度依赖于法院的职权推动，即便在由当事人申请启动的家事非讼程序中，法院对于家事非讼程序的启动也具有最终的决定权，即当事人的程序启动申请需通过法院的职权审核才能产生启动家事非讼程序的效力。其二，事实的认定和证据的调查。在职权探知主义等非讼法理的庇护下，家事非讼程序中的法院对于当事人未主张之事实、不争执之事实以及未声明之证据等均可以依据职权进行调查和认定，且无须事先征得当事人的同意。[①] 在此过程中，当事人所能做的工作主要是向法院提供相关的案件事实及协助法院调查证据。由此可见，家事非讼程序中的法院已经超越了普通民事法院的中立属性，俨然成为家事非讼程序的国家监护人，成为社会公共利益的代言人和守护者。法院的这种角色和定位可以延伸到家事非讼程序的各个环节。当然，这并不意味着当事人在家事非讼程序中没有任何的处分自由和活动空间。在家事实体法允许的范围内，当事人可以为一定的处分行为。例如，基于合意，当事人可以通过和解协议的方式终结有关的家事非讼程序。对此，法院应当给予当事人充分的尊重。值得注意的是，在根据当事人的申请而发动的家事非讼程序中，法院的职权会受到一定程度的限缩。比如，在法院根据当事人的申请而发动的家事非讼程序中，裁判的撤销或者变更原则上须由当事人向法院提出申请，法院才可以依职权续行后续事宜，否则，裁判的撤销或者变更不产生法律上的效果。

(二)家事非讼程序中的口头辩论

家事非讼程序中的口头辩论系作为法院书面审理的例外情形而存在的。通常情况下，家事非讼程序的运行可以不经过当事人的口头辩论而交由法院通过书面审理的方式直接作出相应的非讼裁决。也就是说，口头辩论在家事非讼程序中并非必经环节，可以省略掉。一般而言，只有在某一方当事人对法院所审理的非讼事项提出异议时或者当事人向法院提出口头辩论的申请时或者法院自己认为有必要时，口头辩论在家事非讼程序中才是必经环节，才有适用的空间和可能。除此之外，法院或者法官是不会轻易召集各方当事人进行口头辩论的。这样做的目的有

---

① 姜世明：《家事事件法论》，元照出版有限公司2014年版，第187页。

三:第一,提高法院的办案效率;第二,满足当事人的合理诉求;第三,保障当事人的合法诉权。据此,我们可以推知,家事非讼程序中的口头辩论在启动方式上属于被动型号。从程序保障的角度而言,这种形式的口头辩论大大减少了当事人在家事非讼程序中的攻击防御机会,不利于当事人的事实陈述和意见表达。需要指出的是,家事非讼案件的争议与否及对方当事人是否参与家事非讼程序等因素会直接影响到口头辩论在家事非讼程序中的适用。具体而言,对于无争议的家事非讼案件或者只有申请人一方参与的家事非讼案件,口头辩论环节在家事非讼程序中是可以予以省略的,且不存在任何的程序保障问题。根本原因在于,这些家事非讼案件本身即无口头辩论的必要性。对于有争议的家事非讼案件,口头辩论环节原则上是不可以省略的,除非当事人就书面审理达成有关的诉讼契约。缘由在于,此类家事非讼案件本身即存有一定的争议性,如果不给予当事人进行口头辩论的机会,势必会剥夺或者影响到当事人在家事非讼程序中的事实陈述权和意见表达权。为了有效保障当事人的事实陈述权和意见表达权,在有争议的家事非讼案件中,口头辩论的适用应当由被动型号转变为主动型号,即由法院主动召集各方当事人进行口头辩论,且应当摆脱书面审理的“枷锁”和“束缚”。唯有如此,当事人的事实陈述权和意见表达权等诉权才能够得到应有的司法保护。

(三)家事非讼程序中的救济程序

原则上,家事非讼程序采行一审终审制。这就从根本上决定了当事人在家事非讼程序中获得权利救济的途径或机会是比较少的。如果当事人在家事非讼程序终结之前不能很好地行使自己的诉讼权利,维护自身的合法权益,那么等到家事非讼程序终结之后,当事人再次获得权利救济的途径或机会通常会更少,且路途往往比较艰辛。有鉴于此,大陆法系国家的家事非讼程序中设有抗告制度和裁判变更制度。对于抗告制度,多数国家设定了不少限制性规定,比如德国《家事事件和非讼事件程序法》第 61 条规定了最低抗告额(仅限财产类案件)和抗告准许、第 63 条规定了抗告的期间、第 65 条规定了抗告的理由、第 71 条规定了法律抗告的期间和形式,等等。这说明:在家事非讼程序中,当事人并不能随时随地随意地根据自己的嗜好提出抗告,而应当遵循法定的额度、时间、形式及理由等程式要素。值得注意的是,当事人必须向其裁定被声明不服的法院提出抗告。这是由家事非讼程序的审级制度所决定的,即家事非讼程序实行一审终审制。从权力制衡的角度来讲,当事人在家事非讼程序中所享有的抗告权的制度优势要弱于或逊色于当事人在普通民事诉讼中所享有的上诉权的制度优势。根本原因在于,家事非讼程序中的抗告法院与一审法院系同一法院,不利于约束法官的职权权力,给当事人诉权的程序保障带来了一定的风险,而普通民事诉讼程序中的上诉法院与一审法院分属于两个不同的法院,且上诉法院的级别通常要比一审法院的级别至少要高出一个等级,可以实现上诉法院对一审法院及其法官权力的有效监督。关于裁判变更制度,多数国家将其视为法院的自我纠错机制之一种,留给当事人的自我处分空间非常有限,通常情况下,只有在法院根据当事人的申请而发动的家事非讼程序中,当事人的主观意志才有可能对裁判变更程序的启动产生一定的影响,其他时候,裁判变更程序的启动权均牢牢掌握在法院的手中，比如德国《家事事件和非讼事件程序法》第 48 条、日本《家事事件程序法》第 78 条。从权利救济的时间上来看，这种救济方式属于事后救济，对于当事人的程序保障作用较为有限。除此之外，裁判变更制度还存在着制度“失灵”的潜在风险，尤其是在自我纠错机制尚不健全的国家的法院。

三、家事非讼程序的基本结构类型

前已述及，家事非讼程序的参加者（包括法院和当事人）、辩论形式及救济程序深刻影响着程序保障在家事非讼程序中的实现。除此之外，家事非讼程序的基本结构类型也深刻影响并制约着程序保障在家事非讼程序中的实现。具体而言，家事非讼程序的基本结构类型主要有 2 组，每组有 2 种，共计 4 种。其中，第 1 组家事非讼程序的基本结构类型表现为无对方当事人参与的家事非讼程序与有对方当事人参与的家事非讼程序；第 2 组家事非讼程序的基本结构类型表现为无争议的家事非讼程序与有争议的家事非讼程序。详情如下：

（一）无对方当事人参与的家事非讼程序与有对方当事人参与的家事非讼程序

家事非讼案件既包括申请人与被申请人共同参与审理的家事非讼案件，也包括只有申请人一方参与审理的家事非讼案件。据此，根据对方当事人是否参与家事非讼程序的不同，家事非讼程序的基本结构类型可以被划分为无对方当事人参与的家事非讼程序和有对方当事人参与的家事非讼程序。[①] 前者的程序构造为单方参与审理结构，后者的程序构造为对审结构。

其一，无对方当事人参与的家事非讼程序。在这种结构的家事非讼程序中，原则上只有申请人一方参与家事非讼程序的审理，比如宣告失踪案件，而被申请人一方客观上难以参与到家事非讼程序中，因而，法院通常只能根据申请人一方提供的事实和证据进行书面审理，最后再以缺席裁决的方式终结有关的家事非讼程序。在此过程中，被申请人的实体利益和程序利益是如何得到保障的呢？目前，大陆法系国家的做法主要是通过立法赋予被申请人相应的撤销权来保障被申请人的合法权益。从法律保障的实际结果来看，被申请人享有的撤销权实际上并不能全面保护被申请人的实体利益和程序利益。具体表现如下：被申请人基于撤销权所获得的权利救济是“打折”的。这种权利“折扣”不仅包括人身权利方面的“打折”，而且包括财产权利方面的“打折”，并且人身权利方面的“打折”比财产权利方面的“打折”要多很多。譬如宣告死亡案件，当被法院宣告死亡的人重新出现时，如果其配偶已经再婚、未成年子女已经被他人合法收养的，被法院宣告死亡的人是无法根据撤销权恢复自身的配偶权和监护权的，与此同时，虽然被法院宣告死亡的人有权要求根据《继承法》依法继承其财产的人返还财产，但是对于无法返还的财产部分，被法院宣告死亡的人则只能请求有关人员进行“适当补偿”。对于人身权利方面的

① ［韩］郑仙珠：《韩国家事非讼程序——以 2015 年修订案为中心》，载《第六届中韩民事诉讼法学国际学术研讨会论文集》，第 17～21 页。

"打折",基于对配偶和未成年子女人身权利的尊重,被申请人可以予以容忍;对于财产权利方面的"打折",被申请人原则上是没有必要予以容忍的,事实上也无须容忍,国家法律应当为被申请人的财产权利提供更为充分的司法保护,尤其是无法返还的财产权利,应当受到立法的特别保护,应当引起理论界和实务界的密切关注,而不能仅仅停留于"适当补偿"。

其二,有对方当事人参与的家事非讼程序。在这种结构的家事非讼程序中,当事人各方(包括申请人与被申请人在内)均可以实际参与到家事非讼程序中来,并且可以依法成立和解协议或者调解协议。虽然申请人、被申请人以及利害关系人等程序主体所处的诉讼地位有所不同,但是法院给予程序主体各方的司法保护基本上是均衡的。与无对方当事人参与的家事非讼程序相比,有对方当事人参与的家事非讼程序最突出的特点有二:其一,被申请人有权也有机会实际参与与自身利益密切相关的家事非讼程序;其二,被申请人有权请求法院通知申请人进行口头辩论。显而易见,当事人在对审结构的家事非讼程序中所得到的程序保障要优于和多于当事人在单方参与审理结构的家事非讼程序中所得到的程序保障。这一变化在被申请人身上体现得更为明显一些。具体而言,当事人在对审结构的家事非讼程序中所享有的诉讼权利无论是数量还是种类都要优于和多于当事人在单方参与审理的家事非讼程序中所享有的诉讼权利,具体包括受通知权、意见陈述权、笔录阅览权、证据调查申请权等等。从当事人享有的各项诉讼权利来看,有对方当事人参与的家事非讼程序的运行离不开诉讼法理的支持和配合,通常表现为非讼法理与诉讼法理的交错运用。也就是说,在有对方当事人参与的家事非讼程序中,法院单纯地运用非讼法理进行审判,多数情况下难以满足当事人对程序保障的现实需求。因而,在有对方当事人参与的家事非讼程序中,诉讼法理与非讼法理的交错适用应当成为法院有序推进家事非讼审判的可靠保证和必然选择。

(二)无争议的家事非讼程序与有争议的家事非讼程序

根据双方当事人对家事非讼案件的标的是否存有争议,家事非讼案件的类型可以被划分为无争议的家事非讼案件与有争议的家事非讼案件。据此,家事非讼程序的基本结构类型可以被划分为无争议的家事非讼程序与有争议的家事非讼程序2种。详情如下:

首先,无争议的家事非讼程序。在这种结构的家事非讼程序中,当事人各方对于程序标的本身并不存在任何争议(包括事实层面的争议和法律层面的争议2种),大多数情况下只是当事人请求法院确认某种权利状态或者某一事实形态是否存在而已,比如认定公民为限制民事行为能力人或无民事行为能力人案件,再比如宣告失踪、宣告死亡案件,等等。有鉴于此,口头辩论、法庭调查等诸多程序环节在无争议的家事非讼程序中均可以直接予以省略。在此基础上,法院不仅可以大幅提高办案效率,而且还可以省却一笔不菲的财政支出。需要补充说明的是,无争议的家事非讼程序既可以应用于无对方当事人参与的家事非讼案件,也可以应用于有对方当事人参与的家事非讼案件。进一步观察,笔者发现,无对方当事人参与的家事非讼程序原则上均可以视为无争议的家事非讼程序,而有对方当事人参与的家事非讼程序中则只有一部分可以视为无争议的家事非讼程序。从程序保障的角度来看，无争议的家事非讼程序中的当事人对于程序保障的需求度不是很高。当然，这并不是说所有的无争议的家事非讼程序中的当事人均无须法院提供必要的程序保障。在有对方当事人参与的无争议的家事非讼程序中，法院应当给予当事人妥当的程序保障。笔者以为，在此类家事非讼程序中，法院应当重点保障当事人对案件信息的知悉权或者说受通知权以及当事人对审理方式的程序选择权。

其次，有争议的家事非讼程序。在这种结构的家事非讼程序中，对方当事人必然要参与到家事非讼程序中来，且当事人之间对于程序标的本身存有一定的争议。比如，在给付抚养费、扶养费、赡养费案件中，当事人之间对于抚养费、扶养费、赡养费的给付数额通常存有一定的争议，需要法院的职权介入和当事人的友善协商。再比如，在变更子女姓氏案件中，当事人之间对于子女随父亲姓还是随母亲姓往往存在一定的分歧，需要法院依法并结合当地风俗习俗等综合作出决断。对此，法院原则上需要组织双方当事人进行口头辩论，讨论有关的争议事项，必要时，法院还可以依据职权或者根据一方当事人的申请展开法庭调查。在此过程中，当事人各方对于程序保障的需求是比较高的。具体而言，法院不仅要保障当事人的受通知权，而且要保障当事人的意见陈述权、口头辩论权，并且还要保障当事人的笔录阅览权、证据调查申请权等一系列有关当事人实体利益和程序利益的诉讼权利。不难发现，此时，当事人在家事非讼程序中所享有的诉讼权利与当事人在家事诉讼程序中所享有的诉讼权利实际上已无本质差别。与此同时，笔者还发现，在有争议的家事非讼程序中，书面审理的方式已经不能够满足当事人对于程序保障的现实需求，而应当改行言词审理方式。随之而来的便是诉讼法理的适时引入和妥当运用。据此可知，在有争议的家事非讼程序中，法院单纯地运用非讼法理已经不能满足当事人对程序保障的现实需求，而应当交错适用非讼法理与诉讼法理。尤为重要的是，在有争议的家事非讼程序中，当事人应当享有随时向法院提出改变审理方式的诉讼权利。

四、家事非讼程序中程序保障的规则构成

家事非讼程序所涵盖的各个环节，如启动程序、审理程序、抗告程序、裁判变更程序等，无不呈现出复杂且多样的程序组合。因此，构建合理的家事非讼程序及其规则应当着眼于根据每一程序的特性确定合适的审理方式，使每一程序都具有保障当事人诉权的效用。其核心是保证法院对自由裁量权的合理使用。

(一)启动程序与审理程序

首先，家事非讼程序的启动应当通过法院的审查，审查通过后，家事非讼程序的运行才能进入到审理阶段。这种审查的对象不仅包括法院依职权启动的家事非讼程序，而且包括当事人依申请启动的家事非讼程序。前者称之为法院的自我审查，后者称之为第三方审查。虽然两者在形式上存在着很大的差异性，但是两者在规则建构的目的上却具有非常相似的一致性，即强化对当事人的程序保障，特别是强化对被申请人一方的程序保障。其次，法院根据对方当事人是否参与家事非讼

程序决定法律文书的送达方式。对于无对方当事人参与的家事非讼程序,法院应当采取公告送达的方式予以送达,如宣告失踪案件;对于有对方当事人参与的家事非讼程序,法院可以采取邮寄送达、电子邮件、传真等多种方式进行送达,从而保障当事人对案件信息的受通知权。这种规定强化了法院对被申请人诉权的程序保障,给被申请人以准备防御的机会和时间。再次,法院负有引导当事人正确参与家事非讼程序的阐明义务。在此过程中,如果法院的法律观点与当事人的私人意见存在分歧且法院将其观点作为最终裁判的依据时,法院负有提醒当事人注意的义务,并应如实记录当事人对法院观点的意见或者陈述。复次,法院应当为无程序能力或程序能力欠缺的当事人选任程序辅助人,协助其参与家事非讼审判;有程序能力的当事人原则上应当亲自出席法庭,即便当事人已经委托了诉讼代理人,也不例外。最后,在审理家事非讼案件的过程中,当事人享有意见陈述权、口头辩论权以及证据调查申请权等多项诉讼权利。这些诉讼权利是当事人有效参与家事非讼程序并切实保护自身合法权益的权利基础和重要保证。

(二)抗告程序

在家事非讼程序中,抗告程序往往是当事人本人通过自身力量维护自身合法权益的最后一道屏障,当当事人向法院提起抗告后,法院应当向当事人提供更为严格和优质的司法服务。对此,德国、日本等大陆法系国家的法律规定了若干特殊规则。比如德国,(1)当事人应当以书面形式向法院提起抗告,且不得通过在法院做成记录的方式提起抗告;(2)当事人自身放弃抗告或抗告期间已过的,可以加入到已经开始的抗告程序中;(3)审理抗告程序原则上应当由经验丰富的法官进行;(4)当抗告程序存在重大瑕疵或需要重新举证时,当事人有权申请发回重审。[①] 再比如日本,在抗告程序中,法官不听取原审当事人及其他接受裁判者(抗告人除外)的陈述,抗告法院不得取消原审判。[②] 从程序保障的角度来讲,这些规则的制定和实施极大地拓宽了当事人在抗告程序中的权利边界,尤其是当事人的程序参与权和事实陈述权。与此同时,这些规则的制定和实施还在一定程度上规范并约束了法官在抗告程序中的职权权力。

(三)裁判变更程序

在裁判变更程序中,法院直接撤销或者变更一审裁判的范围仅限于法院依据职权启动的家事非讼程序。对于法院根据当事人的申请而发动的家事非讼程序,法院并不能直接撤销或者变更有关的一审裁判,而只能根据当事人的申请撤销或者变更一审裁判,比如德国《家事事件和非讼事件程序法》第 48 条第 1 款。对于撤销或者变更暂时命令中的家事非讼裁判,上述规则同样适用。如果暂时命令中的

---

① 德国《家事事件和非讼事件程序法》第 64 条、第 66 条、第 68 条、第 69 条。《德国〈家事事件和非讼事件程序法〉》,王葆莳、张桃荣、王婉婷译注,武汉大学出版社 2017 年版,第 30～31 页。

② 日本《家事事件程序法》第 89 条第 1 款。《德日家事事件与非讼事件程序法典》,郝振江、赵秀举译,法律出版社 2017 年版,第 248 页。

家事非讼裁判未经过当事人的言词辩论，且当事人向法院提出言词辩论的申请，法院应当以言词辩论为基础重新作出裁判，比如德国《家事事件和非讼事件程序法》第 54 条第 2 款。这些程序性规定强化了法院对当事人程序主体地位的一种尊重，同时也是法院对当事人程序处分权的一种保障。

五、加强我国家事非讼程序的保障机能的理论设想

上面叙及的家事非讼程序的基本程序构成及程序保障的规则要求，对于建构我国的家事非讼程序具有非常重要的借鉴意义和参考价值。详情如下：

首先，家事非讼案件的审判组织。如果没有公正且有能力的审判机关，任何程序保障将变得毫无意义，[①]尤其是在追求迅捷、高效的家事非讼程序中，其影响和意义更为深远和重大。因此，在家事非讼程序中，对于重大的非讼事项，主导程序运行并作出非讼裁决的审判组织应当由经验丰富的家事法官或者专责非讼事务的法务官组成，尤其是在抗告程序和裁判变更程序中。在遴选家事法官或者非讼法务官的过程中，司法机关应当重点并优先选任具备家庭学、社会学、社会工作学等专业背景的后备人选。根本原因在于，具备上述专业背景的后备人选更适于处理家事纠纷。与此同时，国家立法机关、司法机关应当严格禁止尚处于试用期的家事法官或者非讼法务官担任家事非讼案件的审判组织的成员，尤其是家事非讼案件的主审家事法官或者主审非讼法务官。

其次，为当事人提供可供选择的审理方式。赋予当事人以家事非讼程序中审理方式的选择权，不仅是当事人监督、制衡法官权力的重要手段，而且也是当事人维护自身合法权益的重要举措。具体而言，在家事非讼程序中，当事人既可以选择请求法院停止书面审理而改行言词审理，也可以选择请求法院停止言词审理而改行书面审理。对于前者，只需要当事人一方向法院提出异议或者提出申请即可，而对于后者，则通常需要所有当事人的一致同意，否则，法院只能依循言词审理方式继续审理案件。如果当事人不能对家事非讼案件的审理方式作出选择，那么当事人在家事非讼程序中的攻击防御机会将会大大减少，从而迫使当事人失去保护自身合法权益的信心和手段，尤其是当事人制衡法院职权权力的诉讼权利。为了切实保障当事人在家事非讼程序中的实体利益与程序利益，国家立法机关、司法机关有必要赋予当事人以家事非讼程序中审理方式的选择权，特别是当事人选择言词审理方式参与家事非讼审判的权利。此外，需要补充说明的是，当事人可以在家事非讼程序运行的任何时点行使此项权利。

第三，构建完善的权利救济机制。根据《反家庭暴力法》第 30 条、第 31 条、《民事诉讼法》第 186 条、第 190 条等的规定，当事人在我国家事非讼程序中的权利救济途径主要有以下几种：(1)申请撤销原判决，作出新判决；(2)申请裁判变更；(3)申请复议。其中，第(1)种途径的适用范围最为广泛，可以适用于我国现行法规定的所有家事非讼案件；第(2)种途径、第(3)种途径的适用范围比较有限，仅可适用

---

① 王福华：《民事保全程序中的程序保障》，载《法律科学》2002 年第 6 期。

于人身安全保护令案件。值得注意的是,上述3种救济途径,法院均不能依据职权启动有关的家事非讼程序,而只能根据当事人或者利害关系人的申请才可以启动有关的家事非讼程序,其中,第(2)种途径的启动主体只能是人身安全保护令案件的申请人。据此可知,当前,在我国的家事非讼程序中,当事人的权利救济机制尚存在比较多的问题。比如,法院无权依据职权启动有关的救济程序。再比如,裁判变更程序的启动主体、适用范围过于狭窄。为了从根本上解决这些问题,笔者建议,国家立法机关、司法机关应当从以下2个方面做好工作。其一,全面引入裁判变更制度,将裁判变更程序的启动主体扩大到法院和所有的当事人(包括申请人、被申请人、利害关系人等在内),将裁判变更程序的适用范围扩大到所有的家事非讼案件。值得注意的是,在法院根据当事人的申请而启动的家事非讼程序中,裁判变更程序的启动主体只能是当事人,而不能是法院。其二,引入抗告制度,用以替代复议制度。在此过程中,国家立法机关应当重点引入许可抗告制度,目的在于,保障当事人权利的同时也要防范当事人权利的滥用以及司法资源的合理使用。

第四,增设程序辅助人制度。[①] 人身安全保护裁定案件、撤销监护人资格案件、给付赡养费案件等家事非讼案件通常涉及程序能力不足或者欠缺的妇女、未成年人和老年人,为了保护这些人的实体利益和程序利益,很多国家或地区规定法院可以为这些人选任程序辅助人,协助其参加程序,比如日本和德国,我国也有必要引入该项制度。程序辅助人的职责主要是协助被辅助人参加程序、表达被辅助人的意见和维护被辅助人的诉讼利益。[②] 只有这样,程序能力不足或者欠缺的当事人才能够在家事非讼程序中得到较好的程序保障。

六、结语

程序保障问题是家事非讼程序研究的重要议题之一,事关当事人的权利保护,特别是被申请人一方的权利保护,值得慎思和深究。有鉴于此,国家立法机关应当确立客观、公正的程序保障规则,妥当配置法官的职权权力,合理分配当事人间的诉讼权利,均衡保护申请人与被申请人的诉讼利益。当务之急,国家立法机关应当尽快制定具体可行的法律规范,建构符合当事人诉权保障需求的程序规则及制度。在此基础上,国家司法机关应当着力培养并提高家事法官的程序保障理念,从而使之谨慎对待家事非讼程序中的当事人的程序权利,进而有效提升我国家事非讼案件的审判质量。

---

① 刘敏、陈爱武:《〈中华人民共和国家事诉讼法〉建议稿及立法理由书》,法律出版社2018年版,第31～32页。

② 郭佳瑛:《程序监理人在家事事件中职能之研究》,载台湾地区"司法院司法行政厅"编:《司法研究年报》2013年第30缉民事类第2篇,第48～52页。

职权确认合同无效体系论

林　洋*

摘　要　民法通行学理认为无效合同采国家干预原则，裁判者若发现无效合同可职权确认合同无效。但从实体和程序勾连角度分析，绝对无效事由具有侵害公益性应采职权调查原则，其是裁判者职权确认合同无效的依据。因实体和程序的立法缺乏相关规定，职权确认合同无效实践操作混乱，包括裁判者将职权调查原则定性为法律适用权、职权确认合同无效的适用范围不明确等问题。以职权调查主义法理分析问题成因：一是实体上绝对无效的标准不明确，致职权确认合同无效的适用范围被扩大；二是程序上缺乏采职权调查原则的程序规定，致裁判者将职权确认合同无效和职权审查合同效力相混淆。以原因为基础提出对策：实体上以公益性为标准，界清绝对无效事由的范围；程序上明确绝对无效采职权调查原则，明晰程序启动、当事人适格、职权调查程度、释明、诉讼时效、判决主文表述等程序方面的规则。

关键词　职权确认合同无效　公益性　绝对无效　职权调查原则

一、问题提出

我国民法学理认为无效民事行为具有国家干预性，①其实质是"法院和仲裁机构（下文统称为裁判者）不待当事人请求确认法律行为无效，便可主动审查法律行为是否具有无效的因素，如发现法律行为属于无效民事行为，便应主动确认民事行为无效"②。台湾地区王泽鉴教授论述当然无效时指出"无效无待当事人在诉讼上主张，法院应以职权认定其为无效，是为无效的绝对性"③。然而法律行为包含内容多样性，本文无法就每一种法律行为的职权确认无效之情况进行探讨，仅选取合同这一最典型的法律行为之职权确认无效之情况进行探讨。

合同成立并生效是合同所系法律关系或所载请求权成立的前提，合同效力的审查属裁判者固有权限，其目的是审查合同是否存在无效、效力待定等瑕疵情形。该权限是裁判者享有法律适用权的重要组成，其行使受民事诉讼中处分原则的约束，体现

*　西华大学法学院讲师，法学博士。

①　王利明：《民法总则》，中国人民大学出版社 2012 年版，第 596～597 页。

②　王利明：《民法总则》，中国人民大学出版社 2012 年版，第 596 页。

③　王泽鉴：《民法总则》，北京大学出版社 2008 年版，第 380 页。

在裁判者对合同效力审查以当事人诉求为限,裁判者不能超出当事人诉求的范围对合同效力进行审查。但司法实践部门和民法主流学理皆对该问题持相反观点。其中,最高人民法院曾在相关判例中明确"关于原审判决是否超出当事人诉讼请求的问题,本院认为,对合同效力的审查,属于人民法院裁判权范围,虽然当事人未提起确认合同无效的诉讼请求,但人民法院仍应依职权进行审查。《中华人民共和国合同法》(以下简称《合同法》)第58条系合同无效法律效果的规定,人民法院在依据《合同法》第52条认定合同无效的情况下,应主动援引该法第58条的规定,对合同无效的法律后果进行处理,而不需要当事人另行提起诉讼,故原审判决并未超出当事人的诉讼请求"①。王利明教授也认为"法院和仲裁机构不待当事人请求确认法律行为无效,便可以主动审查法律行为是否具有无效的因素,如发现法律行为属于无效民事行为,便应主动确认民事行为无效"②。因此,职权确认合同无效是否违背处分原则、其应如何定性等问题皆需从民事诉讼法理角度深入探讨。

从立法层面看,《中华人民共和国民事诉讼法》(以下简称《民诉法》)等程序性法律和《中华人民共和国民法总则》(以下简称《民法总则》)等实体法律皆没有规定职权确认合同无效之问题。以"依法"和"无效"两个关键词检索北大法宝法规库,共检索到两个规范性文件:第一个是《最高人民法院关于当前民事审判工作中的若干具体问题》,③其规定"…在非试点地区,对于农民将其宅基地上的房屋出售给非本集体经济组织成员的,应该依法认定合同无效…"。第二个是《最高人民法院关于审理矿业权纠纷案件适用法律若干问题的解释》中的第5条和第12条。④ 虽然最高法采"…依法认定合同无效…"之类的表述,但如何"依法"并无立法层面规定。虽有民诉学者指出"有损公益的合同无效案件和人事诉讼案件,应采取职权干预原则和职权探知原则处理"⑤。遗憾的是,该学者也并未就其观点展开分析。在仅民法学者探讨的基础上,因缺乏立法规定及程序法学者的回应,实践中职权确认合同无效的操作混乱。本文以实体和程序勾连的理论视角分析职权确认合同无效之应然状态,以应然去检视实践中职权确认合同无效之实践操作,指出其问题并提出解决方案。

二、应然:绝对无效事由应采职权调查原则

(一)无效合同采国家干预原则

"由于无效合同具有违法性,因而对此类合同实行国家干预"⑥。无效合同实

① 最高人民法院(2014)民一终字第277号民事判决书。

② 王利明:《民法总则》,中国人民大学出版社2012年版,第596页。

③ 报告人:时任最高人民法院民事审判第一庭庭长程新文,2015年12月24日。

④ 第5条:未取得矿产资源勘查许可证、采矿许可证,签订合同将矿产资源交由他人勘查开采的,人民法院应依法认定合同无效。第12条:矿业权租赁、承包合同约定矿业权人仅收取租金、承包费,放弃矿山管理,不履行安全生产、生态环境修复等法定义务,不承担相应法律责任的,人民法院应依法认定合同无效。

⑤ 邵明:《析法院职权探知主义》,载《政法论坛》2009年第6期。

⑥ 王利明:《合同法研究》(第1卷),中国人民大学出版社2015年版,第610页。

行国家干预的实质是在存在无效事由时，裁判者可不顾当事人诉求而径直认定合同无效。这是民法学界的主流观点，被大陆地区主流合同法教材和相关专著广泛采纳。除了极个别学者认为“法律关于合同无效的规定，在性质上属于一种对抗合同有效的反对性规范，否定合同有效的一方必须提供合同无效的事实依据”①，以王利明教授为代表的许多学者持有该种观点，下面简要列举。

李开国教授曾指出“无效合同具有国家干预性。由于无效合同具有违法性，因此对此类合同应该实行国家干预，这种干预主要体现在法院或仲裁机构不待当事人请求合同无效，便可主动审查合同是否具有无效的因素。如果发现合同属于无效合同，便应主动地确认合同无效。”②崔建远教授曾指出“对于那些严重背离合同制度的目的，必须予以取缔的合同，法院或仲裁机构一经发现就应当确认其无效，不论当事人是否请求。”③王轶教授曾指出“绝对无效的合同，裁判者是可以主动依职权认定合同无效的。即便当事人诉争的是合同是否违约，裁判者审查发现合同是无效的，可以依职权认定合同无效。”④杨立新教授也曾指出“在合同不成立的情况下，如果当事人未就合同是否成立的问题在法院或仲裁机构提出主张，而自愿接受合同的拘束，则法院或仲裁机构不必主动审查合同是否已经成立。而无效合同具有违法性，实行国家干预原则，即使当事人不主张合同无效，法院或仲裁机构也可主动审查合同的效力，如果有合同无效的事由，可以主动宣告合同无效。”⑤韩世远教授认为“无效无待当事人在诉讼上主张，法院应依职权认定其为无效。”⑥沈达明教授曾指出“德国学理强调无效是当然的，既不需要经过诉讼，也不经当事人的意思表示，法律行为一律当然无效，裁判者一经发现，就应该职权予以宣告。”⑦李永军教授指出“在我国长期以来占统治地位的理论主张，绝对无效的民事行为，不以当事人为限，任何人均可主张其无效”，⑧这种观点与德国学者的观点一致。苏号朋教授指出“即使当事人在诉讼中没有主张合同无效，法院也应依职权确认此类合同无效。”⑨余延满教授曾指出“无效合同，其无效属于当然无效，不问当事人意思如何，既不需要当事人主张其无效，也不须经过任何程序，法院、仲裁机关可以主动确认其为无效。”⑩王德山博士曾指出“任何自由都不是绝对的，出于对国家利益和社会公共利益的保护，法律有必要对当事人订立合同给予适度的干预，而法律规

① 朱广新：《合同法总则》，中国人民大学出版社 2012 年第 2 版，第 259 页。

② 李开国主编：《合同法》，法律出版社 2002 年版，第 92 页。

③ 崔建远：《合同法总论（上卷）》，中国人民大学出版社 2011 年第 2 版，第 307 页。

④ 王轶：《合同效力认定的若干问题》，载《国家检察官学院学报》2010 年第 5 期。

⑤ 杨立新：《合同法》，北京大学出版社 2013 年版，第 121 页。

⑥ 韩世远：《合同法学》，高等教育出版社 2010 年版，第 89 页。

⑦ 沈达明：《德意志法上的法律行为》，对外贸易教育出版社 1992 年版，第 184 页，转引自李永军：《合同法》，法律出版社 2004 年版，第 391 页。

⑧ 李永军：《合同法》，法律出版社 2004 年版，第 392～393 页。

⑨ 苏号朋：《合同法教程》，中国人民大学出版社 2015 年第 3 版，第 119 页。

⑩ 余延满：《合同法原论》，武汉大学出版社 2006 年版，第 209 页。

定某些合同无效是国家对合同干预最突出的表现。因此法院和仲裁机构在审理合同案件时,无须当事人请求也不考虑当事人的意志,主动依职权审查是否具有无效的情形。"[①]还有少数学者以此为基础,指出司法机关对职权确认合同无效的法律后果的处理存在乱象。[②] 此外,民诉法学界的邵明教授曾指出裁判者应对损害公益的合同进行主动的职权干预。[③]

(二)干预实质是无效合同事由采职权调查原则

1.无效合同事由牵涉公益

合同是最典型的民事法律行为,是双方当事人以追求民法上效果为目的的合意。[④] 当事人之间的这种合意,经法律评价方可确定是否发生民法上的效果。根据《合同法》等实体法的评价,合同会呈现出有效和无效两种状态。[⑤] 因合同效力评判时间点不同,合同效力又可分为有效、无效和效力待定。[⑥] 有效和无效属于价值评判,评判基础即是否符合法律规定。若侵害特定法律保护的利益,则该合同无效,这是对当事人意思自治的限制。此种被侵害的法益,则成为解释合同效力评价后果和审判模式选择的基础。合同基于直接事由导致的无效与效力待定情况下导致的无效,除合同效力评价时间点不同外,无效差异就体现在其所保护的法益类型不同。

《合同法》第52条规定的5种无效合同事由,其中第四项无效合同事由直接侵害社会公共利益。牵涉公益性是法律对当事人之间合意进行否定性评价基础,因为公共利益不属于当事人意思自治的范围。推而广之,实际上第52条所有的直接无效合同事由皆涉及公益性,因此民法通说观点认为无效合同事由具有违法性,进而产生"由于无效合同具有违法性,因而对此类合同实行国家干预"[⑦]之类的观点。效力待定和可撤销情况中形成的无效合同,并不牵涉公益性,亦不具有违法性问题。效力待定或可撤销情况的效力瑕疵合同,通过当事人的撤销行为或一定事实发生产生的无效,属于当事人的选择,[⑧]无国家针对效力待定合同进行国家干预的空间。

2.牵涉公益性应采职权调查原则

大陆法系民诉通说理论认为处分原则基础是当事人对诉讼标的的实体请求权享有处分权,与私法自治原则相呼应。[⑨] 处分原则的限制仅发生在当事人不能对

---

① 王德山:《合同效力研究》,中国政法大学出版社2015年版,第222页。

② 李祖坤:《合同无效的司法处理》,吉林大学2011年博士学位论文。

③ 邵明:《析法院职权探知主义》,载《政法论坛》2009年第6期。

④ 韩世远:《合同法总论》,法律出版社2011年版,第2页。

⑤ 参见韩世远:《合同法总论》,法律出版社2011年版,第152页。

⑥ 王泽鉴:《民法总则》,北京大学出版社2008年版,第378页。

⑦ 王利明:《合同法研究》(第1卷),中国人民大学出版社2015年版,第610页。

⑧ 王利明:《合同法研究》(第1卷),中国人民大学出版社2015年版,第566~569页。

⑨ [德]罗森贝克、施瓦布、戈特瓦尔德:《德国民事诉讼法》,李大雪译,中国法制出版社2007年版,第522页。

诉讼标的的请求权进行实体处分时，如婚姻案件等情况。[①] 因此，我国传统观点将限制处分原则的基础抽象为“损害国家、社会、集体或他人利益”。[②] 现在的主流观点认为在当事人主张的请求权并非纯粹的私权时，处分原则的适用应受限。[③]是故，若牵涉公益的法律效果主张，则无须受限于处分原则，应有法院或仲裁机构职权主张。大陆法系国家中家事案件审判程序中的法院多对处分原则适用施加职权限制，[④]这种职权限制又称为职权调查原则，[⑤]这种称呼最早源自日本学者。[⑥] 因此，对无效合同采国家干预实质就是对无效合同事由采职权调查原则。

当事人主义诉讼模式下，诉求层面采处分原则，事实层面采辩论原则。无效合同属法律评价，应由当事人在诉讼请求中主张，无效合同事由存否之调查属于事实问题，应由当事人主张和举证。因无效合同采国家干预原则，体现为无效合同事由牵涉公益性。因此，无效合同这一法效果可因采用国家干预而由裁判者职权主张，无效合同事由这一法要件因采国家干预而由裁判者职权探知。该种职权主张和职权探知与当事人主张和举证相对，国家干预限制处分原则适用也就从主张和举证方面限制。因职权调查原则一般蕴含职权探知原则，无效合同的国家干预又可称为无效合同事由采职权调查原则，对无效合同事由存否的职权探知亦可包括在内。其既包括对无效合同这一法效果的职权调查，也包括对无效合同事由存否的职权探知。

(三)职权调查原则适用限于绝对无效事由

无效合同事由采职权调查原则，其具体范围还有待进一步明确。因主流民法理论未完全区分无效合同、合同无效、合同未生效等概念，[⑦]效力待定和可撤销之情形亦可能产生无效合同，其广义上也属无效合同事由。虽然曾有学者明确指出合同无效和无效合同是两个概念，[⑧]甚至有学者指出合同无效和合同未生效不可

---

① [德]罗森贝克、施瓦布、戈特瓦尔德：《德国民事诉讼法》，李大雪译，中国法制出版社2007年版，第523页。

② 张卫平：《转换的逻辑——民事诉讼体制转型分析》，法律出版社2007年版，第299页。

③ 张卫平：《转换的逻辑——民事诉讼体制转型分析》，法律出版社2007年版，第306～307页。

④ [德]罗森贝克、施瓦布、戈特瓦尔德：《德国民事诉讼法》，李大雪译，中国法制出版社2007年版，第523页。

⑤ 肖建国：《民事诉讼程序价值论》，中国人民大学出版社2000年版，第114页。

⑥ [日]谷口安平：《程序的正义与诉讼》，王亚新、刘荣军译，中国政法大学出版社2002年版，第142～145页。本文为行文方便，将无效合同事由的主张及调查方式非别用处分主义和职权调查主义概括，而非采处分主义和处分主义的限制概括，特此说明。

⑦ 以前述崔建远教授观点为例，崔建远：《合同法总论(上卷)》，中国人民大学出版社2011年第2版，第307页。这种观点的混用也是下文指出实践中裁判者职权确认合同无效制度泛滥的原因之一，这里不再赘述。

⑧ 余延满：《合同法原论》，武汉大学出版社2006年版，第209～210页。

同日而语,[①]但这两种论述并未深入分析其实质差异。根据《合同法》第 56 条第 1 句,法律是将效力待定和可撤销导致的无效也作为自始、当然和彻底无效,与《合同法》第 52 条规定的无效情况并无实质区分。那么,针对《合同法》第 54 条和 55 条规定的效力待定和可撤销的情况,是否采取职权调查原则有待借助民法学理中绝对无效和相对无效之分类进一步分析。

主流观点将绝对无效和相对无效作为法律行为效力[②]或无效合同的一个分类进行论述,[③]也有学者认为"所谓绝对无效是合同自始、绝对、当然地无效,任何人均可主张"[④],其实质与有学者将无效合同等同绝对无效之实质相同。[⑤] 那么,民法学主流学理中无效合同等于绝对无效的观点是否成立,还需考察绝对无效和相对无效这一学理分类的实质内涵。绝对无效和相对无效的分类缘起于法国违法合同无效制度,[⑥]随国内民法学理的适用,其与国内合同无效制度逐渐融合。民法主流学理将相对无效等于可撤销之情形,绝对无效等同我国《合同法》第 52 条之情形。[⑦] 少数观点认为相对无效不等于效力待定和可撤销之情形,相对无效是善意第三人在特定情况下主张合同无效的情形。[⑧]

近年来,随着研究的不断深入,特别是对法国违法合同无效制度介绍的加深,[⑨]国内学理对该分类争执观点的基础在于观点所认定的分类模式不一样,即德国模式和法国模式的选择之争。[⑩] 其中,法国法将分类标准定位在无效产生原因,绝对无效因侵害社会公共利益,相对无效因侵害私人利益,[⑪]也有学者称之为无效范围方面的差异。[⑫] 德国法吸收该种分类后,将该分类标准逐渐从无效原因转为无效约束主体范围。德国法认为一般无效事由皆属于绝对无效,任何利害关系人

---

① 杨立新:《合同法》,北京大学出版社 2013 年版,第 121 页。其他类似观点可参见吴斌:《对无效合同宣告制度之相关问题的探讨》,载《四川理工学院学报(社会科学版)》2004 年第 3 期。

② 梁慧星:《民法总论》,法律出版社 2012 年第 4 版,第 198 页。

③ 韩世远:《合同法学》,高等教育出版社 2010 年版,第 89 页。

④ 崔建远:《合同法总论(上卷)》,中国人民大学出版社 2011 年第 2 版,第 302 页。

⑤ 杨立新:《合同法》,北京大学出版社 2013 年版,第 121 页。

⑥ 尹田:《法国现代合同法》,法律出版社 1995 年版,第 198 页。

⑦ 寇志新:《民法总论》,中国政法大学出版社 2000 年版,第 232～233 页;王家福主编:《中国民法学:民法债权》,法律出版社 1991 年版,第 330 页、杨立新:《合同法总则》,法律出版社 1999 年版,第 168 页;李永军:《合同法》,法律出版社 2004 年版,第 385 页,转引自黄忠:《法律行为的相对无效:反思与重释》,载《私法研究》2012 年第 13 卷。

⑧ 李文涛:《合同的绝对无效和相对无效》,载《法学家》2011 年第 3 期;崔建远:《合同法总论(上卷)》,中国人民大学出版社 2011 年第 2 版,第 302～304 页。

⑨ 叶名怡:《法国违法合同无效制度探析》,载《环球法律评论》2013 年第 1 期。

⑩ 黄忠:《法律行为的相对无效:反思与重释》,载《私法研究》2012 年第 13 卷;高桂林、郭晓明:《我国相对无效合同的重新定位于类型化区分》,载《广西社会科学》2012 年第 3 期。

⑪ 叶名怡:《法国违法合同无效制度探析》,载《环球法律评论》2013 年第 1 期。

⑫ 黄忠:《法律行为的相对无效:反思与重释》,载《私法研究》2012 年第 13 卷。

皆可主张法律行为无效,[①]相对无效则是为保护特定主体利益而设置,法律行为对该主体有效。[②] 我国台湾地区"民法典"第 87 条沿用此意,属相对无效的条文。然而,在德国模式对绝对无效和相对无效的界分标准中,就其主张无效的主体来讲,效力待定和可撤销行为亦可纳入相对无效之中,只有该特定主体可主张合同有效或无效。[③] 因此,国内学者介绍德国模式时并未严格区分可撤销的无效和相对无效,且国内多采德国模式的绝对无效和相对无效的区分标准。[④] 从无效原因和主张范围来看,少数观点主张区分相对无效和可撤销而归于无效的情形意义不大,因两者皆为保护私人利益而由特定主体主张合同无效。即便对比研究绝对和相对无效分类的学者并没有得出两种模式的本质差别,[⑤]其也不得不承认可撤销的情况也可解释为相对无效的类型。[⑥]

总体来看,绝对和相对无效两种模式的存在仅是观察角度不同而已,其中法国模式侧重于无效的基础原因,德国模式则侧重于享有主张无效权利的主体。法国模式更多从无效的实体角度界定绝对无效和相对无效,而德国多从程序角度界定绝对无效和相对无效。就分析而言,两者并不矛盾,若从享有主张无效权利的主体这一角度看法国模式,其与德国模式并无实质差异。若从侵害法益角度看德国模式,其与法国模式亦未严格区分。换言之,从保护法益的角度出发,绝对无效侵害公益性,可由任何人主张无效;相对无效侵害私人利益,特定主体可主张无效。以此为依据推断,绝对无效实质上就是我国《合同法》第 52 条规定的情况,效力待定和可撤销的情形均可作为相对无效的基础。是故,法国模式中的分类标准对无效事由的调查方式具有直接意义,即绝对无效因侵害社会公共利益应采职权调查原则,而相对无效则因侵害私人利益应采当事人主义。因此,《合同法》第 54 条和 55 条规定的效力待定和可撤销的情况导致的无效合同属于相对无效,并不涉及公共利益,无须采取职权调查原则,其应采处分原则进行主张和证明。总言之,只有牵涉公益的绝对无效事由采职权调查原则。

三、实然:职权确认合同无效的现状及问题

绝对无效事由采职权调查原则,若经过职权调查确实存在绝对无效合同事由,则应职权确认合同无效。以此原理检视职权确认合同无效的实践现状,便可发现职权确认合同无效实践混乱。

---

① 黄忠:《法律行为的相对无效:反思与重释》,载《私法研究》2012 年第 13 卷。

② [德]迪特尔·梅迪库斯:《德国民法总论》,邵建东译,法律出版社 2013 年版,第 375~376 页。

③ [德]迪特尔·梅迪库斯:《德国民法总论》,邵建东译,法律出版社 2013 年版,第 373 页。

④ 黄忠:《法律行为的相对无效:反思与重释》,载《私法研究》2012 年第 13 卷。

⑤ 代表性观点参见黄忠:《法律行为的相对无效:反思与重释》,载《私法研究》2012 年第 13 卷;高桂林、郭晓明:《我国相对无效合同的重新定位于类型化区分》,载《广西社会科学》2012 年第 3 期。

⑥ 黄忠:《法律行为的相对无效:反思与重释》,载《私法研究》2012 年第 13 卷。

(一)实践现状:裁判者可职权确认合同无效

以“职权”和“合同无效”两个关键词搜索中国裁判文书网,搜索到近三年的40多个案例。其中,曾有当事人在上诉状中援引最高法的相关批复,明确最高法认同裁判者享有职权审查和确认合同效力的权力,①且最高法曾在2014年审理过一个类似案件。② 除最高法外,江苏高院曾出台《江苏省高级人民法院买卖合同纠纷案件审理指南》(以下简称《审理指南》),第二章就明确了合同效力审查问题。《审理指南》要求裁判者对当事人间买卖合同效力争议问题作出认定时,应注意以下原则:(1)主动审查原则。合同效力问题是法律对合同有效与否的评判,属于法院依职权审查的范围,就合同效力问题,即便当事人无争议,法院也应当主动予以审查。(2)注意适时释明,保障当事人的程序性权利。基于合同效力属于法院主动审查的范围,在法院审查的结果与当事人主张不一致的情况下,法院应适时释明,以便当事人有机会变更诉讼请求,避免讼累。(3)正确适用强制性规定,审慎稳妥认定买卖合同效力,避免不当否认合同效力。从最高法相关批复和江苏高院的《审理指南》内容来看,司法实务部门认可合同效力审查中采取裁判者职权干预原则,且从程序保障角度设置释明制度。但因相关观点不成体系而过于简单,导致下级法院在职权确认合同无效的实务操作较为混乱。因此,以40多个案例做成统计表来明晰法院职权审查合同的实践状况。(见表1)

表1

法院及案号	当事人对合同效力的诉答意见	一、二审法院对合同效力的意见	无效的类型及依据
1.吉林省高级人民法院(2014)吉民申字第809号民事裁定书;吉林省长春市中级人民法院(2016)吉01民再字19-1号民事裁定书;吉林省长春市中级人民法院(2016)吉01民再字19号民事判决书	一审中,原告诉称解除合同,被告辩称原告违约。上诉及再审申请中,被告称一审判决超出原告诉求而违法,且确认合同已经超过诉讼时效。	一审法院认定的《林地、荒地租赁合同》因违反1998年《中华人民共和国土地管理法》第十五条第二款而无效。二审法院维持一审判决,人民法院依职权确认合同无效,不存在诉讼时效的问题。两次申请再审均被驳回,经检察院抗诉,吉林中院决定再审之后,吉林中院通过再审认定合同有效,因为事后追认方式导致该合同符合生效要件。	类型:违反法律强制性规定的合同无效。 依据:《合同法》第52条第5项;1998年《中华人民共和国土地管理法》第15条第2款

① 广西壮族自治区河池市中级人民法院(2013)河市民一终字第254号民事判决书。

② 中华人民共和国最高人民法院(2014)民一终字第277号民事判决书。

续表

法院及案号	当事人对合同效力的诉答意见	一、二审法院对合同效力的意见	无效的类型及依据
2.湖北省高级人民法院(2014)鄂民二终字第00104号民事判决书	原告一审请求解除合同，被告辩称没有违约,且合同未实际履行。一审后，原告上诉称原被告皆未主张合同无效,一审法院依据《合同法》第51条中无权处分职权认定合同无效不恰当,物权处分不属于裁判者职权确认合同无效的事由。	一审法院依据《合同法》第51条中无权处分合同未经追认而无效这一事由认定合同无效。二审法院认为合同系使用权移转合同,一审法律适用法律不正确,合同未违反法律强制性规定,应作有效处理。	类型:无权处分合同未经追认,合同无效。 依据:《合同法》第51条
3.山东省淄博市中级人民法院(2015)淄民一终字第648号民事判决书	一审中原告基于买卖合同请求确认其享有房屋所有权,被告否认原告主张。一审后,原告上诉称该合同不具有无效情形并且在合同当事人未对合同效力提出异议的情况下,一审法院依据《合同法》第51条职权认定合同无效不恰当。	一审法院依据多个合同签订时间判断房屋所有权归属,进而依据《合同法》第51条中的无权处分认定合同无效。二审法院认为一审判决适用法律错误,在当事人并未实际证明存在合同无效事由时,该合同有效。	类型:无权处分合同中未经追认的合同无效。 依据:《合同法》第51条
4.新疆生产建设兵团第八师中级人民法院(2016)兵08民终42号民事判决书;新疆维吾尔自治区高级人民法院生产建设兵团分院(2016)兵民申370号民事裁定书。[类似案件号:新疆生产建设兵团第八师中级人民法院(2016)兵08民终413号民事判决书;新疆维吾尔自治区高级人民法院生产建设兵团分院(2017)兵民申43号民事裁定书]	一审中原告依据欠条请求被告给付欠款,被告答辩中认可欠款存在。一审后,原告上诉认为原审适用《合同法》第52条第5项认定欠条无效属适用法律错误,欠条并未处分国有资产。同时,原告认为一审法院职权确定合同无效,超过当事人的诉讼主张,违反了不告不理原则,属于超越职权审理案件。二审维持原审结果后,原告申请再审时认为一、二审均有超出诉求裁判的滥用职权嫌疑。	一审法院认为欠条处分的财产涉及国有资产,未经国资委同意,依据《合同法》第52条第5项认定合同无效。二审法院指出欠条因无权处分国有资产而无效,一审实体处理正确。二审法院认为一审法院审理欠条效力并未违反不告不理原则。再审法院认为合同效力属裁判者职权范畴,一、二审法院并没有超出诉讼请求进行审理。同时,再审法院认为欠条因无权处分国有资产,未经追认而无效。	类型:无权处分的合同,未经追认,合同无效,并且所涉资产为国有资产。 依据:一审为《合同法》第52条第5项;二审和再审未明确,但实质为《合同法》第51条和第52条第2项

续表

法院及案号	当事人对合同效力的诉答意见	一、二审法院对合同效力的意见	无效的类型及依据
5.山东省临沂市中级人民法院(2016)鲁13民终3136号民事判决书	一审原告主张解除的两个《合作经营协议书》,被告主张的两个《合作经营协议书》违反强制规定而无效,另外一个《股份制合作协议》实际履行而应作有效处理。一审后,两被告上诉认为《股份制合作协议》未违反强制性规定,一审法院超出原被告诉讼请求确认其无效系错误裁判,违反不告不理原则。同时,两被告主张一审法院无效的依据不属于法律范畴,且职权确认合同无效时未依法释明,违反法定程序。 原告二审答辩援引最高法【案号:(2014)民一终字第277号】判决书观点,法院有权审查合同效力,并不违反不告不理原则。	一审法院依据两份《合作经营协议书》违反强制性规定认定其无效。一审法院依据《事业单位国有资产管理暂行办法》和《山东省行政事业单位固有资产管理办法》等规定职权认定《股份制合作协议》不生效。二审维持一审判决。其中,法院审查三个协议效力问题并未超出当事人的诉讼请求,且无需释明。	两份《合作经营协议书》无效类型:违反法律强制性规定的合同无效。依据:《合同法》第52条第5项;《医疗机构管理条例》第1、2、3条 《股份制合作协议》不生效,未经过行政审批。 依据:《事业单位国有资产管理暂行办法》和《山东省行政事业单位固有资产管理办法》
6.湖北省孝感市中级人民法院(2017)鄂09民终1577号民事判决书	一审中原告起诉请求解除合同,两被告答辩和上诉称起诉已过诉讼时效。	一审法院判决解除合同,二审法院认为合同因违背《中华人民共和国土地管理法》第43条禁止性规定而无效,且职权认定合同无效不受当事人诉求的限制。	类型:违反法律强制性规定的合同无效。 依据:《合同法》第52条第5项;《中华人民共和国土地管理法》第43条

续表

法院及案号	当事人对合同效力的诉答意见	一、二审法院对合同效力的意见	无效的类型及依据
7.浙江省绍兴市中级人民法院(2017)浙06民终67号民事判决书	一审中两原告请求解除合同。一审后,原被告皆提起上诉。原被告认为一审依据《关于审理涉及国有土地使用权合同纠纷司法解释》第9条认定合同无效不正确,属于法律适用错误。被告认为一审不顾当事人意见职权认定超过诉讼时效的合同无效,违反法律规定。	一审法院依据《关于审理涉及国有土地使用权合同纠纷司法解释》第9条认定原告属于无权处分国有土地使用权,合同无效。二审认为协议并不属于无权处分,不违反强制性规定,应该有效。	(一审无效)类型:无权处分的合同,未经追认,合同无效。 依据:《合同法》第51条,《关于审理涉及国有土地使用权合同纠纷司法解释》第9条
8.山东省日照市中级人民法院(2014)日民一终字第120号民事判决书	一审中原告请求继续履行合同,一审后原告上诉称一审法院超越职权认定合同无效,系滥用职权,合同并不违反强制性管理规定。被告对一审判决无异议。	一审法院认定协议实质上是矿山土石开采权转让协议,因违反土地管理法和矿产管理方面的强制性规定而无效。二审维持一审无效认定,并且指出原告上诉理由不成立。	类型:违反法律强制性规定的合同无效。 依据:《合同法》第52条第5项;《中华人民共和国土地管理法》第44条
9.湖南省郴州市中级人民法院(2013)郴民一终字第377号民事判决书	一审中两原告诉请被告承担违约责任,一审后,两原告上诉称一审法院职权认定合同无效超出原被告诉求而违法。	一审法院认为合同违反法律强制性规定而无效,二审维持一审认定且认为无效合同违反法律规定、损害社会公共利益,国家对无效合同应予以主动干预。这种干预主要体现在法院不待当事人请求确认合同无效,便可以主动审查合同是否具有无效的因素,如果发现合同属于无效范畴,便应主动确认合同无效。	类型:违反法律强制性规定的合同无效。 依据:《合同法》第52条第5项;《最高人民法院关于审理建设工程施工合同纠纷案件适用法律问题的解释》第1条

续表

法院及案号	当事人对合同效力的诉答意见	一、二审法院对合同效力的意见	无效的类型及依据
10.辽宁省丹东市中级人民法院(2017)辽06民终1418号民事判决书	一审中原告请求撤销合同。一审后,被告上诉认为一审法院超出诉讼请求范围依职权确认合同无效,违反不告不理的原则。	一审法院认为合同存在恶意串通损害第三人利益的情况,法院有权不待当事人请求而主动依职权宣告其无效。二审维持一审认定。	类型:恶意串通损害第三人利益的合同无效。依据:《合同法》第52条第2项。
11.安徽省池州市中级人民法院(2016)皖17民终302号民事判决书	一审中,原告起诉请求被告履行合同。一审后,被告上诉称一审法院脱离当事人的诉求主动审查合同无效,违反不告不理原则。	一审法院基于王大学并不具有矿山建设施工资质,认定合同系无效合同,二审法院维持一审判决。	类型:违反法律强制性规定的合同无效。 依据:《合同法》第52条第5项;《最高人民法院关于审理建设工程施工合同纠纷案件适用法律问题的解释》第1条、第2条、第4条、第16条第一款、第17条、第18条、第26条
12.辽宁省丹东市中级人民法院(2017)辽6民终646号民事判决书	一审中原告请求被告履行合同,一审后,原告上诉称合同违反法律强制性规定,并不必然导致合同无效,一审法院适用法律错误,被告认为一审判决正确。	一审法院认为合同违反法律的强制性规定,经过释明后原告坚持其诉讼主张,一审法院职权认定合同无效。二审维持一审判决。	类型:违反法律强制性规定的合同无效。 依据:《合同法》第52条第5项;《中华人民共和国计量法》第13条;《最高人民法院关于适用若干问题的解释(一)》第10条

续表

法院及案号	当事人对合同效力的诉答意见	一、二审法院对合同效力的意见	无效的类型及依据
13.江西省上饶市中级人民法院(2015)饶中民一终字第844号民事判决书	一审中原告请求解除合同,一审后被告上诉称本案原告诉请为解除合同,而一审法院主动依职权宣告合同无效是错误的。	一审法院认为合同存在无权代理导致合同效力待定的情况,也存在违反强制性规定而无效的情况,故法院职权宣告合同无效。二审法院查明房屋系多人所有,一审职权确认租赁合同无效违反不告不理原则,予以纠正,认定合同部分无效予以维持。	类型:违反法律强制性规定的合同无效。 依据:《合同法》第52条第5项;《最高人民法院关于审理城镇房屋租赁合同纠纷案件具体应用法律若干问题的解释》
14.甘肃省兰州市中级人民法院(2015)兰民二终字第13号民事判决书	一审中原告以合同为由确认股东资格。一审后被告上诉称一审法院超出原告的诉讼请求作出判决,违反不告不理原则,且一审法院在庭审中没有释明,违反程序。	一审法院认定合同存在恶意串通损害第三人利益情况,从而直接职权认定合同无效。二审法院维持一审判决并认为法院有权依职权审查合同效力,合同若存在损害国家利益、社会利益及第三人利益的情形或违反法律法规禁止性规定,则合同绝对无效,应由法院依职权主动干预;合同若存在效力待定或可撤销等相对无效的情形,可经人民法院释明后由当事人变更诉讼请求。	类型:恶意串通损害第三人利益的合同无效。依据:《合同法》第52条第2项

续表

法院及案号	当事人对合同效力的诉答意见	一、二审法院对合同效力的意见	无效的类型及依据
15.青海省乌兰县人民法院(2016)青2821民初98号民事判决书	一审中原告诉请解除合同。	一审法院认为合同违反国家法律法规的强制性规定,属于无效合同。	类型:违反法律强制性规定的合同无效。 依据:《合同法》第52条第5项;《最高人民法院关于审理建设工程施工合同纠纷案件适用法律问题的解释》第1条、第4条
16.福建省莆田市中级人民法院(2014)莆民终字第726号民事判决书	一审中原告请求履行合同,一审后原告上诉称一审法院对合同性质认定错误,且认定无效未告知原告变更诉求,违反了法定程序。被告辩称一审完全正确,且职权认定合同无效属于自始无效而无需向当事人释明。	一审法院认定合同违反法律强制性规定而无效,二审法院维持一审法院认定。	类型:违反法律强制性规定的合同无效。 依据:《合同法》第52条第5项;《最高人民法院关于审理建设工程施工合同纠纷案件适用法律问题的解释》第1条、第4条
17.河南省济源中级人民法院(2017)豫96民终689号民事判决书	一审中原告请求解除合同,一审后被告上诉称合同违反强制性规定并不影响合同效力。	一审法院认定合同违反"禁止宅基地转让"的相关强制性规定而无效,二审法院维持一审判决,认为合同中房屋缺乏合法转让的要件,应当认定为无效。	类型:违反法律强制性规定的合同无效。 依据:《合同法》第52条第5项;《中华人民共和国土地管理法》第63条

续表

法院及案号	当事人对合同效力的诉答意见	一、二审法院对合同效力的意见	无效的类型及依据
18.宁夏回族自治区吴忠市中级人民法院(2016)宁03民终621号民事判决书	一审中原告诉请履行合同,被告反诉解除合同。一审后,原告上诉称合同意思表示真实,不存在无效情况,一审判决违反不告不理原则,法院职权确认合同效力超出当事人诉求属于错误判决。被告上诉中辩称合同意思表示不真实,属可撤销合同。	一审法院认为当事人间并无真实的购买房屋的意思表示,而是民间借贷关系,按照法律规定民事法律行为的意思表示必须真实,不符合法律规定民事法律行为成立的要件,故协议为无效协议。二审维持一审判决,且认为合同效力问题属法律问题,裁判者在对合同效力存疑时可依职权认定合同无效,并不违反法定程序。	类型:意思表示虚假的合同无效。 依据:《民法总则》第146条(类似《合同法》第52条第3项)
19.内蒙古自治区赤峰市中级人民法院(2015)赤民一终字第2284号民事判决书	一审中原告请求被告承担违约责任,一审后被告上诉称一审法院违反不告不理原则。	一审法院认定合同违反强制性规定而无效,二审维持一审判决。	类型:违反法律强制性规定的合同无效。 依据:《合同法》第52条第5项;《中华人民共和国土地管理法》第63条
20.江苏省南京市中级人民法院(2017)苏01民终6691号民事判决书	一审中原告请求解除合同,一审后被告上诉称一审判决适用法律错误,合同不存在恶意串通损害国家利益的行为,且认为法院职权审查合同效力以违反强制性规定和公序良俗为限,其他以当事人证明为前提。同时,被告认为一审判决未释明,违反程序规定。原告辩称合同侵害国家利益而职权认定无效并无不当,未超出当事人的诉讼请求。	一审法院认为合同存在恶意串通损害国家利益的情况,因而职权认定无效。二审法院维持一审判决,且认为确认合同效力不属当事人处分权的范畴而是法院的职权,职权确认合同效力不存在超出诉讼请求的情况。	类型:恶意串通损害第三人利益的合同无效。 依据:《合同法》第52条第2项

续表

法院及案号	当事人对合同效力的诉答意见	一、二审法院对合同效力的意见	无效的类型及依据
21 河南省郑州市中级人民法院(2015)郑民四终字第1120号民事判决书	一审中原告请求解除合同,一审后被告上诉称一审职权认定合同无效且未释明属程序违法,原告辩称一审判决正确。	一审法院认定合同中的标的系违规不动产,因而合同违反强制性规定而无效,二审法院维持一审判决。	类型:违反法律强制性规定的合同无效。 依据:《合同法》第52条第5项;《最高人民法院关于审理建设工程施工合同纠纷案件适用法律问题的解释》第9条
22.湖南省湘潭市中级人民法院(2013)潭中民一终字第406号民事判决书	一审中原告请求确认合同条件未成就而不成立,一审后被告上诉称合同有效。	一审法院认为合同的生效要件未成就,合同未生效,二审法院认为合同违反强制性规定,进而职权认定其无效。	类型:违反法律强制性规定的合同无效。 依据:《合同法》第52条第5项;《最高人民法院关于审理建设工程施工合同纠纷案件适用法律问题的解释》第1条、第4条
23.湖南省张家界市中级人民法院(2016)湘08民终326号民事判决书	一审中原告请求被告承担违约责任,一审后被告上诉称一审法院职权确认合同无效违反了审查原则。	一审法院认为合同因违反分包方面的强制性规定而无效,二审法院维持一审判决且认为职权认定合同无效不受当事人诉求的限制。	类型:违反法律强制性规定的合同无效。 依据:《合同法》第52条第5项;《中华人民共和国建筑法》第28及29条;《最高人民法院关于审理建设工程施工合同纠纷案件适用法律问题的解释》第1条、第4条

续表

法院及案号	当事人对合同效力的诉答意见	一、二审法院对合同效力的意见	无效的类型及依据
24.辽宁省葫芦岛市中级人民法院(2014)葫民终字第00903号民事判决书	一审中两原告请求解除合同,一审后被告上诉称一审超出诉讼请求判决,违反法律程序。	一审法院认为标的物未取得使用权,属无效合同。二审法院认为合同损害国家利益而职权认定合同无效,不受当事人诉讼请求限制。	一审无效的类型:无权处分,未经追认合同无效。 依据:《合同法》第51条 二审无效的类型:损害国家利益的合同无效。 依据:《民法通则》第7条
25.浙江省衢州市中级人民法院(2015)浙衢民终字第204号民事判决书	一审中原告请求履行合同,一审后原告上诉称一审判非所请,适用法律错误,合同有效。	一审法院认定合同存在串标行为,违反强制性规定而无效,二审法院维持一审判决。	类型:违反法律强制性规定的合同无效。 依据:《合同法》第52条第5项;《中华人民共和国招标投标法》第53条
26.新疆维吾尔自治区高级人民法院伊犁哈萨克自治州分院(2015)伊州民一终字第504号民事判决书	一审中原告请求被告履行合同,一审后被告上诉称一审法院职权确认合同无效超出原告诉求,原告辩称一审判决正确。	一审法院基于被告缺乏必要资质,认为合同违反强制性规定而职权认定合同无效。二审维持一审判决,且认为无效合同违反了法律规定、损害社会公共利益,法院应采取主动干预原则,确认合同效力且不受当事人诉讼请求的约束。	类型:违反法律强制性规定的合同无效。 依据:《合同法》第52条第5项;《中华人民共和国建筑法》第26条,《最高人民法院关于审理建设工程施工合同纠纷案件适用法律问题的解释》第1条

续表

法院及案号	当事人对合同效力的诉答意见	一、二审法院对合同效力的意见	无效的类型及依据
27.河北省张家口市中级人民法院(2016)冀07民终1522号民事判决书	一审中原告请求履行合同,被告辩称合同违反《担保法》的强制性规定而无效。一审后原告上诉称合同有效,一审法院职权认定合同无效未在庭审时释明,违反法定程序。	一审法院认为施工合同系政府出资合同,因未进行强制性招投标而无效,补充协议违反担保方面的强制性规定而无效。二审法院依据部门规章认定施工合同未达到强制招投标的标准而认定其有效,补充协议无效。	类型:违反法律强制性规定的合同无效。 依据:《合同法》第52条第5项;(补充协议无效:《中华人民共和国担保法》第5条)一审施工合同无效依据:《中华人民共和国招标投标法》第3条
28.吉林省长春市中级人民法院(2014)长民一终字第74号民事判决书	一审中两原告依据合同请求被告承担违约责任,一审后两被告上诉称一审判决依据《中华人民共和国河道管理条例》认定合同无效的理由不成立,其属管理型规定,合同应该有效。同时被告上诉称一审法院职权认定合同无效未进行释明,违反法定程序。	一审基于合同违反了河道管理的行政法规的强制性规定而无效,二审维持一审效力认定,且二审认为因管委会系被告而无诉讼请求,无法使用《民事证据规定》第35条的内容进行释明,一审法院并不存在程序方面的瑕疵。	类型:违反法律强制性规定的合同无效。 依据:《合同法》第52条第5项;《中华人民共和国河道管理条例》的相关规定

续表

法院及案号	当事人对合同效力的诉答意见	一、二审法院对合同效力的意见	无效的类型及依据
29.辽宁省普兰店市人民法院(2014)普民初字第4770号民事判决书;辽宁省大连市中级人民法院(2015)大民三终字第358号民事判决书[类似案件:辽宁省普兰店市人民法院(2014)普民初字第4771号民事判决书;辽宁省大连市中级人民法院(2015)大民三终字第357号民事判决书]	一审中原告请求被告赔偿违约金,被告辩称未违约,且被告认为合同违反了《辽宁省海域使用管理办法》《大连市海域使用管理条例》《海域使用权管理规定》的强制性规定,因而合同整体无效。一审后,原告上诉称一审法院职权认定部分合同无效违背当事人意思自治原则。	一审法院认为法院职权审查合同效力,以确保合同不违反国家强制性规范。损害国家利益、社会公共利益的不受当事人主张的限制。一审法院认为被告所称的三个规定只属于地方性法律、法规或部门规章,并不是全国人大及其常委会颁布的法律或国务院颁布的行政法规,不足以认定合同整体无效。合同标的涉及海域登记制度,违背物权法定原则,一审法院因而职权认定合同超期的部分无效。二审法院对一审部分无效的认定进行改判,其认为《合同法》第52条第5项规定的强制性规定是指效力性强制性规定。一审法院认定无效的,根据《中华人民共和国海域使用管理法》第26条,可通过申请等多种方式予以消除,而非效力性强制性规定,因而合同有效。	一审无效的类型:违反强制性规定的合同无效。 依据:《合同法》第52条第5项;《中华人民共和国物权法》第5、6、9条;《中华人民共和国海域使用管理法》第26条

续表

法院及案号	当事人对合同效力的诉答意见	一、二审法院对合同效力的意见	无效的类型及依据
30.浙江省金华市中级人民法院(2015)浙金商终字第3024号民事判决书;浙江省金华市中级人民法院(2016)浙07民申84号民事裁定书	一审中原告以合同为借贷合同请求被告返还借款,被告辩称合同为投资合同。一审后,被告上诉称一审判决违反先刑后民的原则,二审后被告申请再审称一、二审判决中职权认定合同无效违反了不告不理原则。	一审法院认定合同实质上是投资合同,合同约定原告不承担任何投资风险,违反了金融方面的强制性规定。一审法院职权认定合同整体无效,二审维持了一审判决。再审维持一、二审判决,且认为职权审查合同效力并不存在超出诉讼请求的情况。	类型:违反强制性规定的合同无效。依据:《合同法》第52条第5项;金融方面的强制性法规(可参考《合同法》第40条)
31.北京市第三中级人民法院(2014)三中民终字第10339号民事判决书	一审中原告请求解除三个合同,被告同意该请求。一审后,三被告上诉称合同有效。	一审法院认定合同存在划分不动产物权的行为,规避了土地管理方面的强制规定而职权认定其无效,二审法院维持一审判决。	类型:违反强制性规定的合同无效。依据:《合同法》第52条第5项;《物权法》第9条
32.江苏省淮安市中级人民法院(2016)苏08民终767号民事判决书[类似案件:江苏省淮安市中级人民法院(2016)苏08民终768号民事判决书、江苏省淮安市中级人民法院(2016)苏08民终743号民事判决书]	一审中原告请求解除合同,被告辩称合同标的未取得预售资格,属无效合同。一审后,被告认为一审法院判非所请,超出原告诉求。	一审法院认为合同既存在违反强制性规定而属无效的情形,也存在隐瞒重大事实而可撤销的情况,故一审法院职权认定合同无效。二审法院基于合同存在违反查封不动产方面的强制性规定而维持一审判决,同时认为法院职权审查合同效力并不受当事人诉讼请求的影响。	类型:违反强制性规定的合同无效。依据:《合同法》第52条第5项;《中华人民共和国城市房地产管理法》第38条

续表

法院及案号	当事人对合同效力的诉答意见	一、二审法院对合同效力的意见	无效的类型及依据
33.湖北省襄阳市中级人民法院(2016)鄂06民终2792号民事判决书	一审中两原告请求行使合同撤销权,一审后两被告上诉称一审判决超出诉求范围,属程序违法。	一审法院认为合同中的标的属于违法建筑物,未取得预售资格签订预售合同违反法律强制性规定而无效,二审维持一审判决。	类型:违反强制性规定的合同无效。依据:《合同法》第52条第5项;《最高人民法院关于审理商品房买卖合同纠纷案件适用法律若干问题的解释》第2条
34.广东省阳江市中级人民法院(2017)粤17民终1066号民事判决书	一审中原告请求解除合同,一审后被告上诉称一审判决违反法定程序,超出当事人诉讼请求裁判,职权认定无效的依据:《土地管理法》第63条和相关司法解释皆不恰当,两者皆不属效力性强制规则。	一审法院认定合同存在违法建筑及改变农村土地用途等情况而职权认定合同无效。二审法院维持一审判决并指出无效合同违反法律、损害社会公共利益,法院可依职权主动干预,不受当事人请求的限制。	类型:违反强制性规定的合同无效。依据:《合同法》第52条第5项;《中华人民共和国土地管理法》第63条;《最高人民法院关于审理城镇房屋租赁合同纠纷案件具体应用法律若干问题的解释》第2、3条
35.江西省赣州市中级人民法院(2015)赣中民一终字第201号民事判决书	一审中两原告以被告违约为由请求解除合同,一审后被告上诉称一审法院职权认定合同无效违反不告不理原则。	一审法院认为合同存改变土地用途未经批准,违反土地管理方面的行政法规,职权认定其无效。二审法院维持一审判决,且认为合同效力是合同案件审理的基础,法院采主动审查原则,未违反不告不理的原则。	类型:违反强制性规定的合同无效。依据:《合同法》第52条第5项;《中华人民共和国农村土地承包法》第36条;《中华人民共和国土地管理法》第63条

续表

法院及案号	当事人对合同效力的诉答意见	一、二审法院对合同效力的意见	无效的类型及依据
36.广西壮族自治区河池市中级人民法院(2013)河市民一终字第254号民事判决书	一审中原告请求解除合同,一审后原告上诉称合同违反《城市房地产管理法》等方面的强制性规定,法院应该职权认定合同无效。	一审法院认定合同不存在无效的情形,系双方当事人真实意思表示而认定该合同有效,二审维持一审判决,认为合同不存在职权认定无效的情况,合同有效。	(当事人认为无效观点) 类型:违反强制性规定的合同无效。 依据:《合同法》第52条第5项;《城市房地产管理法》等规定
37.重庆市高级人民法院(2013)渝高法民终字第00219号民事判决书	一审中,原告请求确认与被告签订的合同无效,同时申请确认三被告之间所签的合同无效。一审中,三被告共同辩称原告不是合同的当事人,当事人不适格,且合同不存在无效的情况。	一审法院以存在合法形式掩盖非法目为由认定《合作协议书》无效,以违反招投标强制性规定为由认定《中梁水电合作协议书》合同无效,其他合同与本案无关不宜评价。二审维持一审判决。	类型:合法形式掩盖非法目的的合同无效。违反强制性规定的合同无效。 依据:《合同法》第52条第3、5项;《中华人民共和国招投标法》第48条
38.贵州省高级人民法院(2017)黔民终257号民事判决书	一审原告请求履行合同,一审后原告上诉请求增加相关数额。	一审法院未对合同效力进行审查,二审法院认为合同因属招投标项目,未采取相应的形式,违反强制性规定而无效。	(二审无效)类型:违反强制性规定的合同无效。 依据:《合同法》第52条第5项;《中华人民共和国招投标法》第3条
39.贵州省高级人民法院(2017)黔民终788号民事判决书	一审原告请求履行合同,一审后被告起诉称原告违约,请求原告承担违约责任。	一审法院认为合同未违反禁止性规定,依法成立并生效。二审法院认为合同存在违反强制性规定的情况,职权认定其无效。	(二审无效)类型:违反强制性规定的合同无效。 依据:《合同法》第52条第5项;《最高人民法院关于审理建设工程施工合同纠纷案件适用法律问题的解释》第1条

续表

法院及案号	当事人对合同效力的诉答意见	一、二审法院对合同效力的意见	无效的类型及依据
40.福建省南平市中级人民法院(2017)闽07民终562号民事判决书	一审中原告请求被告承担违约责任,一审后被告上诉称一审法院未依职权认定合同无效,违反法定程序,且合同存在违反招投标方面的强制性规定的情况。上诉中,原告辩称被告上诉理由不成立。	一审法院认为合同系当事人真实的意思表示,内容未违反法律及行政法规的强制性规定。二审维持一审判决,且认为当事人未举证证明该合同属于国有资金投资,不支持被告的上诉理由。	(当事人主张无效) 类型:违反强制性规定的合同无效。 依据:《合同法》第52条第5项;《中华人民共和国招投标法》第3条

(二)问题:职权确认合同无效的实践混乱

民法上学理虽达成了无效合同应职权确认合同无效,但因立法欠缺绝对无效合同事由采职权调查原则的规定,实践中,职权调查之实体适用范围和程序规则出现一定程度上的不明确,职权确认合同无效的实践较为混乱。

1.职权调查原则误作法律适用权对待

职权调查原则与处分原则相对,①实质是超出当出事人的诉讼请求和事实主张进行裁判,不受处分原则和辩论原则限制。当事人对职权调查原则的适用缺乏认知,其在实践多认为职权确认合同无效违反处分原则而提出上诉,但称呼各异。有当事人称为"程序违法",②有称为"超过诉讼请求",③有称为"判非所请"和"违反不告不理的民事诉讼基本原则",④有称为"法院超越职权",⑤有称为"违反不告不理原则",⑥有称为"干涉当事人的合同自由",⑦有称为"违反了法律审查原则",⑧有称为"判非所诉",⑨有称为"判非所请",⑩有称为"违反法律规定围绕诉讼请求进行审理的法定程序"。⑪

① 肖建国:《民事诉讼程序价值论》,中国人民大学出版社2000年版,第114页。

② 吉林省长春市中级人民法院(2016)吉01民再字19号民事判决书。

③ 参见新疆维吾尔自治区高级人民法院生产建设兵团分院(2017)兵民申43号民事裁定书及中华人民共和国最高人民法院(2014)民一终字第277号民事判决书。

④ 山东省临沂市中级人民法院(2016)鲁13民终3136号民事判决书。

⑤ 山东省日照市中级人民法院(2014)日民一终字第120号民事判决书。

⑥ 内蒙古自治区赤峰市中级人民法院(2015)赤民一终字第2284号民事判决书。

⑦ 江苏省南京市中级人民法院(2017)苏01民终6691号民事判决书。

⑧ 湖南省张家界市中级人民法院(2016)湘08民终326号民事判决书。

⑨ 浙江省衢州市中级人民法院(2015)浙衢民终字第204号民事判决书。

⑩ 江苏省淮安市中级人民法院(2016)苏08民终767号民事判决书。

⑪ 广东省阳江市中级人民法院(2017)粤17民终1066号民事判决书。

最高法曾在判例中明示“对合同效力的审查，属于人民法院裁判权的范围，虽然当事人未提起确认合同无效的诉讼请求，但人民法院仍应依职权进行审查。”①观点实质是裁判者将职权调查做裁判权组成，不受当事人诉求限制。从审判权构成角度，当事人诉求只对法律适用权不产生拘束效果，但法律适用权之后果表达仍然受处分主义拘束。因此，前述观点将职权调查绝对无效事由作职权审查合同效力的构成，其实质将职权调查等同法律适用权。该观点在实践中比较普遍，如有法院认为“主动审查合同效力并依法处理是法律赋予人民法院的权限，属于裁判权范畴，并不存在超过诉讼请求的情况”②；有认为“对合同效力的审查，属于人民法院裁判权范围，虽然当事人未提起确认合同无效的诉讼请求，但人民法院仍应依职权审查…”③；有认为“对于无效合同，人民法院应当职权认定合同无效，不受当事人诉讼请求的限制，当事人因无效合同取得的财产应予以返还…”④；有认为“无效合同违反了法律和社会公共利益，由此决定国家对无效合同应予以主动干预，这种干预主要体现在合同纠纷诉至法院后，法院不待当事人请求确认合同无效，便可以主动审查合同是否具有无效的因素，如果发现合同属于无效范畴，便应主动确认合同无效”⑤；有认为“合同若存在损害国家利益、社会公共利益及第三人利益的情形或违反法律法规禁止性规定，则合同绝对无效，应由法院依职权主动干预；合同若存在效力待定或可撤销等相对无效的情形，可经人民法院释明后由当事人变更诉讼请求”⑥；有认为“关于人民法院审查合同效力问题，因合同效力是法律问题而非事实问题，虽然双方当事人均未就合同效力提出异议，也未请求人民法院对合同效力进行确认，但案件事实和相关证据能够引起人民法院对合同效力产生合理怀疑的，人民法院可依职权认定合同无效，并不违反法定程序和‘不告不理’原则…”⑦；有认为“对合同效力的确认，不属于当事人处分民事权利的范畴，而是法律赋予人民法院的职权”⑧；有认为“无效合同违反法律规定、损害社会公共利益，国家应对无效合同予以主动干预。因此合同纠纷诉至法院后，法院不待当事人请求确认合同无效，便可以主动审查合同是否具有无效的因素，如果发现合同属于无效范畴，便应直接依据法律的规定行使该项职权，确认合同无效而不受当事人诉求的限制”⑨。

处分原则要求诉讼开始和结束应围绕当事人诉讼请求，判决主文应对诉讼请

---

① 中华人民共和国最高人民法院(2014)民一终字第277号民事判决书。

② 新疆维吾尔自治区高级人民法院生产建设兵团分院(2017)兵民申43号民事裁定书。

③ 山东省临沂市中级人民法院(2016)鲁13民终3136号民事判决书。

④ 湖北省孝感市中级人民法院(2017)鄂09民终1577号民事判决书。

⑤ 湖南省郴州市中级人民法院(2013)郴民一终字第377号民事判决书。

⑥ 甘肃省兰州市中级人民法院(2015)兰民二终字第13号民事判决书。

⑦ 宁夏回族自治区吴忠市中级人民法院(2016)宁03民终621号民事判决书。

⑧ 江苏省南京市中级人民法院(2017)苏01民终6691号民事判决书。

⑨ 参见新疆维吾尔自治区高级人民法院伊犁哈萨克自治州分院(2015)伊州民一终字第504号民事判决书及广东省阳江市中级人民法院(2017)粤17民终1066号民事判决书。

求直接回复,进而受处分原则的限制。但是,职权调查主义模式下,判决主文的表述则不限于诉讼请求的直接回复之约束。绝对无效合同事由采职权调查主义,判决主文应直接明确涉案合同无效,而不受处分原则的约束。实践中,当事人普遍认为法院职权确认合同无效违反处分原则因而不成立,法院亦将绝对无效事由的职权调查原则作法律适用权构成而认为其不受处分原则限制。当事人和裁判者对绝对无效事由采职权调查原则的认知,明显不符合职权调查原则的本质内涵。且因职权调查原则性质的认知错误,进一步引发职权确认合同无效时间中的程序规则混乱,如当事人适格范围、释明适用、诉讼时效适用等方面的问题。

2.职权调查绝对无效事由后果的表现形式不统一

若经过职权调查后确认存在绝对无效合同事由,需判决主文中明确表述涉案合同无效,合同无效的法律后果亦因职权调查原则而应由法院直接在判决主文中判定。最高法曾有判例明示"《合同法》第 58 条系合同无效法律效果的规定,人民法院在依据《合同法》第 52 条认定合同无效的情况下,应主动援引该法第 58 条的规定,对合同无效的法律后果进行处理,而不需要当事人另行提起诉讼。"[①]因此,实践中有裁判者认为"主动援引《合同法》第 58 条的规定,对合同无效的法律后果进行处理而不需要当事人另行提出诉讼"[②],符合职权调查原则的要求。职权调查确实存在绝对无效事由后会产生两个直接后果:一是判决主文明示涉案合同无效;二是判决主文明示涉案合同无效的法律后果处理方式。

观察前述 40 多个判决主文可发现,有裁判者在判决主文中明示合同无效,[③]有判决主文未明示合同无效。统计来看,判决主文明示合同无效的数量约占 30%,未明示的数量约占 70%。前述 30%判决主文明示合同无效亦不能说明裁判者认知到职权调查原则的实质内涵,原因有二:一是相关判决理由中仍将绝对无效事由采职权调查原则作法律适用权对待;二是判决主文仅明示合同无效却未就无效法律后果的处理进行明示。[④] 同样,很多判决书未在主文明示合同无效但却就

---

① 中华人民共和国最高人民法院(2014)民一终字第 277 号民事判决书。

② 山东省临沂市中级人民法院 (2016)鲁 13 民终 3136 号民事判决书。

③ 临沂市兰山区人民法院(2014)临兰商初字第 4248 号民事判决等类似判决书。

④ 此类判决书共有 6 个,分别是吉林省长春市中级人民法院(2016)吉 01 民再字 19 号民事判决书、江西省上饶市中级人民法院(2015)饶中民一终字第 844 号民事判决书、宁夏回族自治区吴忠市中级人民法院(2016)宁 03 民终 621 号民事判决书、湖南省湘潭市中级人民法院(2013)潭中民一终字第 406 号民事判决书、辽宁省丹东市中级人民法院(2017)辽 06 民终 1418 号民事判决书及甘肃省兰州市中级人民法院(2015)兰民二终字第 13 号民事判决书。

合同无效的法律后果处理进行明示。①观察前述 40 多个判决主文可发现，有判决主文中明示处理无效合同的法律后果，②有判决主文中未明示无效合同法律后果的处理方式。③ 统计来看，判决主文中明示处理无效合同的法律后果判决书仅有 25 个，在这个 25 个判决书中，10 个判决属在主文明示合同无效的判决书。④ 判决主文中主动处理无效合同法律后果的判决书有 15 个。是故，有学者指出合同无效后果的司法处理确实五花八门。⑤ 即便最高法曾就此事项明确过相关观点，实践仍然具有非常大的差异。

3.职权调查原则适用实体范围不明确

民法主流学理认为《合同法》第 52 条属于绝对无效应采职权调查原则，但《合同法》第 52 条中是否存在相对无效？如有裁判者依据《合同法》第 52 条第 2 项职权认定合同无效，当事人以其并不属于法院职权认定合同无效的范畴提出上诉，即认为“人民法院主动审查合同无效…以合同违反了强制性法律规定或者合同违反了公序良俗为前提”。⑥ 同时，民法学理认为效力待定和可撤销情形属相对无效而

---

① 此类判决书共计 15 个，分别是湖南省郴州市中级人民法院(2013)郴民一终字第 377 号民事判决书、河北省张家口市中级人民法院(2016)冀 07 民终 1522 号民事判决书、安徽省池州市中级人民法院(2016)皖 17 民终 302 号民事判决书、青海省乌兰县人民法院 (2016)青 2821 民初 98 号民事判决书、河南省济源中级人民法院(2017)豫 96 民终 689 号民事判决书、内蒙古自治区赤峰市中级人民法院(2015)赤民一终字第 2284 号民事判决书、江苏省南京市中级人民法院(2017)苏 01 民终 6691 号民事判决书、河南省郑州市中级人民法院(2015)郑民四终字第 1120 号民事判决书、新疆维吾尔自治区高级人民法院伊犁哈萨克自治州分院(2015)伊州民一终字第 504 号民事判决书、湖南省张家界市中级人民法院(2016)湘 08 民终 326 号民事判决书、浙江省金华市中级人民法院(2015)浙金商终字第 3024 号民事判决书、吉林省长春市中级人民法院(2014)长民一终字第 74 号民事判决书、贵州省高级人民法院(2017)黔民终 257 号民事判决书、贵州省高级人民法院 2017)黔民终 788 号民事判决书及福建省南平市中级人民法院 (2017)闽 07 民终 562 号民事判决书。

② 临沂市兰山区人民法院(2014)临兰商初字第 4248 号民事判决等类似判决书。

③ 武汉市中级人民法院(2013)鄂武汉中民商初字第 00341 号民事判决等类似判决书。

④ 10 个判决书分别是辽宁省葫芦岛市中级人民法院(2014)葫民终字第 00903 号民事判决书、山东省临沂市中级人民法院 (2016)鲁 13 民终 3136 号民事判决书、湖北省孝感市中级人民法院(2017)鄂 09 民终 1577 号民事判决书、浙江省绍兴市中级人民法院(2017)浙 06 民终 67 号民事判决书、广东省阳江市中级人民法院(2017)粤 17 民终 1066 号民事判决书、重庆市高级人民法院(2013)渝高法民终字第 00219 号民事判决书、北京市第三中级人民法院(2014)三中民终字第 10339 号民事判决书、江苏省淮安市中级人民法院(2016)苏 08 民终 767 号民事判决书、江苏省淮安市中级人民法院(2016)苏 08 民终 768 号民事判决书及江苏省淮安市中级人民法院(2016)苏 08 民终 743 号民事判决书。

⑤ 李祖坤:《合同无效的司法处理》，吉林大学 2011 年博士学位论文。

⑥ 江苏省南京市中级人民法院(2017)苏 01 民终 6691 号民事判决书。

不采职权调查原则，但实践中有裁判者以效力待定之规定职权认定合同无效。[①]因绝对和相对无效的区分并未被立法承认，加之实践中裁判者对无效合同事由采职权调查原则缺乏整体性认知，导致本属于相对无效的情况亦由裁判者职权认定合同无效的情况时有发生。

从前述 40 多个案例来看，多数职权认定合同无效的依据是《合同法》第 52 条。诚然，实践中有裁判者指出"合同若存在损害国家利益、社会公共利益及第三人利益的情形或违反法律法规禁止性规定，则该合同绝对无效，应由法院依职权主动干预；合同若存在效力待定或可撤销等相对无效的情形，可经人民法院释明后由当事人变更诉讼请求"[②]，但其未成为实践者共识。另外有裁判者认为"原、被告双方的意思表示不真实，不符合法律规定的民事法律行为成立的要件，故双方签订的房屋转让协议为无效协议"[③]，实质上混淆了合同无效事由与不成立的事由，因为合同不成立与合同无效属不同概念。[④] 此判决援引《民法总则》第 146 条。作为裁判者职权认定合同无效的依据，其合理性有待论证。即是说，依据《合同法》第 51 条、第 52 条，《民法总则》第 146 条等无效事由，职权认定合同无效的实体范围有待进一步澄清。

实践中，违反强制规定应采职权调查原则的争议体现范围方面。民法学理将适用范围限制在效力性强制规定中，[⑤]《最高人民法院关于适用〈中华人民共和国合同法〉若干问题的解释(二)》(以下简称《合同法解释二》)第 14 条即如此规定。但实践中，裁判者仍依据行政管理方面的强制规则职权认定合同无效，[⑥]当事人对此种操作多有异议。[⑦] 实践中，有个别裁判者认为《合同法》第 52 条第 5 项中的强

---

① 以本文统计案例来看，共有四个案例，详见辽宁省葫芦岛市中级人民法院(2014)葫民终字第 00903 号民事判决书、浙江省绍兴市中级人民法院(2017)浙 06 民终 67 号民事判决书、湖北省高级人民法院(2014)鄂民二终字第 00104 号民事判决书、山东省淄博市中级人民法院(2015)淄民一终字第 648 号民事判决书。其中，除了第一个案例无权处分之标的为国有资产而被职权认定相关合同无效外，后三个案例只是在一审中职权认定合同无效，二审皆职权认定合同有效。

② 甘肃省兰州市中级人民法院(2015)兰民二终字第 13 号民事判决书。

③ 宁夏回族自治区吴忠市中级人民法院(2016)宁 03 民终 621 号民事判决书。

④ 杨立新：《合同法》，北京大学出版社 2013 年版，第 121 页；王利明：《合同法研究(第一卷)》，中国人民大学出版社 2015 年第 3 版，第 614～617 页。

⑤ 王利明：《合同法研究(第一卷)》，中国人民大学出版社 2015 年第 3 版，第 656 页。

⑥ 参见湖北省孝感市中级人民法院(2017)鄂 09 民终 1577 号民事判决书等类似判决书，该类判决书中的强制性规定皆是管理性强制规定，而非效力性强制规定。

⑦ 参见辽宁省丹东市中级人民法院(2017)辽 06 民终 646 号民事判决书和吉林省长春市中级人民法院(2014)长民一终字第 74 号民事判决书、

制性规定应该限于效力性强制规定，[①]但多数裁判者并未认知到强制性规定的范围。有的案件在一审中依职权认定合同无效，而二审却因办理了相关行政手续后改判认定相关合同有效。[②] 该改判足以说明实践中管理性强制规定可作为职权认定合同无效的依据。因民法学界对效力性和管理性强制规定的区分标准问题的争议纷繁复杂，[③]学理判断方法各式各样。[④]《合同法解释二》第 14 条的限定也非常模糊，导致职权调查的强制规定的范围难以把握。

四、成因：职权确认合同无效之实体和程序规则缺失

无效合同事由因涉公益性应采职权调查原则，检视裁判者职权确认合同无效的实践，可发现问题原因主要有二：第一，因实体方面未区分无效合同与相近概念，致实践者将所有无效均作绝对无效处理，不当扩大职权确认合同无效的适用范围。第二，因程序方面未区分职权确认合同无效和职权审查合同效力，致实践者将两者混淆使用。民诉学理对无效合同事由之职权调查原则探讨缺失，民法学理对职权确认合同无效中程序法理一笔带过，仅从规范层面区分无效合同、效力待定合同和可撤销合同。实践者能正确适用无效合同等相关概念，却混淆职权确认合同无效和职权审查合同效力。因此，程序原因是主因，实体原因是诱因。

（一）程序原因：职权确认合同无效与职权审查合同效力混淆

实践中，裁判者常以合同效力审查权驳回超过诉讼请求的上诉理由，其逻辑有二：第一，合同效力审查权属法律适用权，本质是法律评价权，即民事审判权的重要组成。第二，合同效力审查权作审判权，当事人不能参与。前述江苏高院观点中，合同效力主动审查原则是实践界的共识，在双方当事人未争议合同效力时，只要存在无效合同事由即应职权确认合同无效。但该种观点缺陷有二：第一，实践者对处分原则的认知和适用的缺失。第二，实践者对职权调查合同无效和职权审查合同效力的本质差异缺乏必要认知。

1. 缺乏处分原则的认知和适用

“处分原则又称处分权原则，是大陆法系国家民事诉讼中的一项基本原则，其

---

① 参见林省长春市中级人民法院(2016)吉 01 民再字 19 号民事判决书、辽宁省普兰店市人民法院(2014)普民初字第 4770 号民事判决书、辽宁省大连市中级人民法院(2015)大民三终字第 358 号民事判决书、辽宁省普兰店市人民法院(2014)普民初字第 4771 号民事判决书和辽宁省大连市中级人民法院(2015)大民三终字第 358 号民事判决书。

② 参见辽宁省大连市中级人民法院(2015)大民三终字第 357 号民事判决书和辽宁省大连市中级人民法院(2015)大民三终字第 358 号民事判决书。

③ 王利明：《论无效合同的判断标准》，载《法律适用》2012 年第 7 期。民法学界关于强制规定的类型区分研究成果非常丰硕，也足以说明该问题在学理上的争议非常之大，其不仅牵涉到法律解释方法，更是牵涉到利益衡量等基础性法理。

④ 比较典型的观点可参见王利明：《合同法研究(第一卷)》，中国人民大学出版社 2015 年第 3 版，第 620～635 页，朱广新：《合同法总则》，中国人民大学出版社 2012 年第 2 版，第 267～278 页、崔建远：《合同法总论(上卷)》，中国人民大学出版社 2011 年第 2 版，第 329～340 页等论著。

基本含义是：当事人是否起诉或终结诉讼，何时就何种内容、范围（法院对当事人没有提出的请求事项不能裁判）对何人起诉，原则上由当事人自由决定，国家不能干预。"[①]其要求是法院裁判必须围绕当事人诉求，德国和日本皆在民事诉讼中明确规定裁判者的判决不能超出原告的诉讼请求裁判。[②] 大陆法系既判力的客观范围限于判决主文这一规则属于对处分原则进行直接阐释，[③]即明确一个恒等式："诉讼标的的界限＝判决主文中判断的范围＝既判力的客观范围"。判决主文是判决的核心，其是对当事人诉求的直接回复，符合诉求中救济形式和内容。[④] 处分原则对判决主文有明确要求，即其内容应是诉求的直接回复，回复内容对后诉有既判力。判决依据应写在判决理由，其不是判决核心事项，对后诉不具有既判力。从判决理由中抵销抗辩具有既判力的规则来看，[⑤]抵销抗辩因不属诉求内容，只能表述在判决理由中，即反推处分原则对判决主文之要求，否则，抵销抗辩完全可表述于判决主文中，不用在判决理由中表述而破坏前述恒等式。[⑥] 总之，因我国缺乏既判力客观范围和处分原则等规则的相关立法，实践者对处分原则的理解仅停留在表层，未认识到处分原则对判决主文的要求，导致有些实践者将合同效力状况表述在判决主文中。同理，因相对无效的无效合同采处分原则，当事人未争议合同效力时，判决主文不能出现合同效力判断的内容，否则，突破了处分原则对判决主文之要求。

另外，实践者常以合同效力审查权属法律适用权，驳回当事人提出违反处分原则的上诉理由。该操作背后隐藏着一种观念，即法律适用权属于裁判者审判权范畴，不受当事人处分权的拘束，其意见对裁判者的法律适用权没有拘束力。但是，法律适用权真的不受处分原则限制吗？答案当然是否定的，当事人虽不可实质决定裁判者的法律适用权，但法律适用权却受处分原则拘束。这种拘束体现在裁判者的法律评价仅需对当事人的诉讼请求进行直接回复，而不是将法律评价的直接结果反馈到判决主文中。以给付之诉为例，根据处分原则对判决主文的要求，判决主文仅具有三种表述情况：一是认可原告全部诉求；二是部分认可原告诉求；三是

---

① 张卫平：《民事诉讼法》，中国人民大学出版社 2015 年第 3 版，第 28 页。

② 《德国民事诉讼法》第 308 条第 1 款："法院无权将当事人未申请的事项判给当事人，特别是果实、利息和其他附属请求，亦应如此。"（来源于《德国民事诉讼法》，丁启明译，厦门大学出版社 2016 年版，第 74 页。）《日本民事诉讼法》第 246 条："裁判所对于当事人未申请的事项不能作出判决。"（来源于《日本民事诉讼法》，曹云吉译，厦门大学出版社 2017 年版，第 77 页。）

③ 国内学者对该问题的阐释可参见林剑锋：《民事判决既判力客观范围研究》，厦门大学出版社 2006 年版，第 55 到 66 页。

④ 新堂幸司：《新民事诉讼法》，林剑锋译，法律出版社 2008 年版，第 231 页。

⑤ 林剑锋：《民事判决既判力客观范围研究》，厦门大学出版社 2006 年版，第 55 页。

⑥ 其实，从处分原则的学理研究来看，皆未明确处分原则对判决主文的要求。根据处分原则要求，法院的审判客体并非仅限于原告诉讼请求，亦包括被告抗辩的事项，但无论任何抗辩事项皆无法表述在判决主文之中，仅在判决理由中表述。换言之，处分原则除其固有决定审判范围这一功能外，还决定判决主文表述范围的问题，笔者将决定审判范围的处分原则称为实质处分原则，决定判决主文表述范围的情况称为形式处分原则，并准备另文探讨。

驳回原告诉求。其中，在辩论原则拘束下，合同的效力状况的判断只能在判决理由中表述。即是说，当事人主义诉讼模式下法律适用权会受到处分原则限制，合同效力审查权亦受处分原则的限制。因此，裁判者利用其享有合同效力审查权，驳回当事人提出违反处分原则的上诉理由在法理上并不正确。

2.职权审查合同效力和职权确认合同无效不能混淆

职权调查原则与处分原则相对，其是职权主义在诉求层面分支，实质是裁判者自行决定审判对象，不受当事人诉求限制的一种审理模式。① 职权调查原则除了在诉讼程序启动方面需遵循“无诉则无裁判”，②其他方面皆不受当事人诉求限制，裁判者自由决定审判对象，当事人不能就审判对象认诺或放弃诉求，亦不能随意终结诉讼。现行民事诉讼审判对象提出采处分原则，裁判者职权调查原则为例外。判断一个事项提出采处分原则抑或职权调查原则，依据的是该事项关涉的利益，若属私益则应依处分原则而由当事人提出，若涉及公益则不待当事人提出，法院应职权调查。以无效合同事为例，因其涉及公益采职权调查原则，相关无效合同事由是否存在应由裁判者职权调查，即职权探知是否存在绝对无效的事实和相关证据，以明确合同是否存在绝对无效的情况。若不存在绝对无效的情况，便根据原被告攻击防御的情况对原告诉求给予回应即可。若职权调查到存在绝对无效的事由，则法院需要在判决主文中职权确认合同无效，并驳回当事人的相关诉求。因此，职权确认合同无效不再受处分原则限制，无需遵循处分原则对判决主文要求，职权确认合同无表述在判决主文中并未违反处分原则。

职权审查合同效力并非审判对象，而是裁判者对审判对象的最终评价，即裁判者利用实体法对审判对象中实体权利义务进行的价值评判。该权力属于法律适用权，是民事审判权的组成部分。作为一种较为特殊的法律适用权，合同效力审查权在合同纠纷中发挥着重要作用。特别是在判断以合同关系为基础法律关系的给付之诉或形成诉讼中，裁判者职权审查合同成立并生效是判断相关请求权或形成权成立的前提条件。若先决合同关系没有成立或生效，以合同关系为基础的请求权或形成权亦无法成立。因此，裁判者职权审查合同效力即是确认合同成立并生效，排除一切合同不成立或不生效的情况。因我国学理上和实践中并未严格区分无效合同、合同无效、合同未成立、合同未生效等相近概念，因此裁判者职权审查合同效力要排除一切合同效力瑕疵，并不限于绝对无效，亦包括相对无效和合同未生效等情况。职权审查合同效力是对审判对象的评价，其在不同诉讼模式中受到不同诉讼模式的制约。在当事人主义诉讼模式下，职权审查合同效力受当事人诉讼请求和抗辩情况的制约。如原告依据合同提出履约的给付诉讼，原告需主张合同成立并生效，裁判者仅需对原告的主张和证明合同成立和生效要件是否符合民事实体法的规定予以调查。若被告未主张效力待定或可撤销等合同存在效力瑕疵的情形，则裁判者即使发现合同存在效力瑕疵也不能职权调查是否存在该种情况。即

① 李木贵：《民事诉讼法（上）》，元照出版有限公司 2007 年版，第 1～82 页。

② [德]奥特马·尧厄尼希：《民事诉讼法》，周翠译，法律出版社 2003 年第 27 版，第 120 页。

是说，当事人主义诉讼模式制约着裁判者审判范围，直接决定裁判者享有的合同效力审查权的权限，当事人主义诉讼模式下处分原则亦在判决主文中间接制约裁判者的合同效力审查权。

总言之，职权确认合同无效和职权审查合同效力具有实质差异，体现在三个方面：一是性质不同。职权确认合同无效实质是职权调查绝对无效合同事由是否存在，其是职权主义模式下的一种诉讼标的调查方式。职权审查合同效力实质是法律适用权，即裁判者依职权查明效力瑕疵合同，为进一步判断诉讼标的是否成立做准备。当然，这种效力瑕疵以当事人主张为前提。职权确认合同无效存在于整个诉讼阶段，而职权审查合同效力通常作用于诉讼结束阶段。职权确认合同无效适用职权主义诉讼模式，不受处分原则的制约。职权审查合同效力虽然不区分诉讼模式，但在多个方面受诉讼模式的制约，包括权限范围和权力行使后果的表述方式等方面。二是实体范围不同。职权确认合同无效仅适用于涉及公益的绝对无效情况，职权审查合同效力并没有范围限制。三是程序规则不同，体现在诉讼时效、释明、职权调取证据等方面。就诉讼时效而言，职权确认合同无效因涉及公益而不应适用普通诉讼时效，而职权审查合同效力则仅涉及私益，应适用普通诉讼时效。就可否释明而言，职权确认合同无效属职权主义而无裁判者释明权行使的空间，但为防止事实认定的突袭，需要裁判者进行必要的心证开示，以求程序保障。职权审查合同效力因属裁判者法律适用权而无释明权适用空间，但为程序保障之需应由裁判者履行法律观点开示义务以防止法律适用突袭。就职权调查证据而言，职权确认合同无效需要裁判者发挥主动性，主动职权探知相关无效合同事由的事实和证据，而职权审查合同效力则不能职权探知证据或事实。总之，两者针对对象不同引发适用范围、程序规则等方面的差异，因而具有本质差异不能混同。

（二）实体原因：绝对无效的范围不当扩大

绝对无效和相对无效有法国和德国两种区分模式，虽然两种模式的界定角度不同，但两种模式不存在本质差异。德国模式以无效的主体范围为区分标准：绝对无效对任何人皆无效，任何人皆可主张；相对无效对特定人无效，仅可为特定人主张。[①] 虽然德国主流学理对可撤销和效力待定的情况与相对无效仍然采取区分立法的模式，[②]但三者皆是特定主体享有合同无效的主张权，从主张无效角度上具有等同性。德国民法中各式无效规定并非当然的、绝对的无效，亦有为保护善意相对人利益而将其解释为相对无效的空间。如德国民法中无行为能力主体所实施的行为无效和虚假意思表示行为无效，皆有为善意第三人利益而解释成相对无效的

① [德]迪特尔·梅迪库斯：《德国民法总论》，邵建东译，法律出版社 2013 年版，第 375～376 页。

② [德]迪特尔·梅迪库斯：《德国民法总论》，邵建东译，法律出版社 2013 年版，第 372～373 页。

空间。[①]

我国台湾地区在借鉴德国模式的立法和学理的过程中，一定程度的不当扩大了民法规则中绝对无效的范围，如台湾地区“民法典”第75条当然解释成绝对无效。[②] 我国大陆地区更甚，民法学理主流观点直接将无效合同等同绝对无效。其中，有学者直接将无效合同表述成绝对无效。[③] 据上文可知，大多数学者表述无效合同应由裁判者职权确认无效，实质上将我国民法规定中的无效事由皆作绝对无效处理。是故，有学者明确指出我国立法并未如德国或台湾地区一样，从立法上承认相对无效之立法例。[④] 因此，实践中裁判者也不承认相对无效的存在。此种结论实质源自我国民法学理认为德国和法国模式具有本质区分，[⑤]即在划分无效、效力待定和可撤销情况下，法国模式中公私益划分标准并无太多实益。[⑥] 该观点亦认为德国模式会混淆效力待定和可撤销之情形，进而混乱合同效力瑕疵的体系，[⑦]进而主张以享有无效合同主张权为标准区分绝对无效和相对无效。[⑧] 本文无意评论该观点，只不过要追问法国模式中的区分标准和德国模式中的区分标准是否存在本质差异，以此反思民法学理研究的不足。

处分原则的法理基础是当事人对诉讼标的享有实体处分权，与私法自治原则相呼应。[⑨] 相反，职权调查原则适用于当事人不能对诉讼标的进行实体处分的情形，如人身关系等情况。[⑩] 我国传统观点认为职权调查原则的法理基础是“损害国家、社会、集体或他人利益”，[⑪]大陆法系流行观点认为当事人主张的请求权并非完全纯粹私权时，则其应采职权调查原则。[⑫] 因此，我国传统观点中以权益属性界定职权调查原则的基础，与大陆法系通说中“当事人不享有实体处分权而采职权调查原则”本质相同。社会公共利益的权益属性非私人所有，其具有不特定性不能由私

---

① 无行为能力实施行为无效的相对无效解释请参见[德]迪特尔·梅迪库斯:《德国民法总论》,邵建东译,法律出版社2013年版,第417页。虚假意思表示行为无效的相对无效解释请参见[德]迪特尔·梅迪库斯:《德国民法总论》,邵建东译,法律出版社2013年版,第449～450页。

② 王泽鉴:《民法总则》,北京大学出版社2008年版,第378页。

③ 杨立新:《合同法》,北京大学出版社2013年版,第121页。

④ 崔建远:《合同法总论(上卷)》,中国人民大学出版社2011年第2版,第302～304页。

⑤ 最典型观点可参见黄忠:《法律行为的相对无效:反思与重释》,载《私法研究》2012年第13卷。

⑥ 黄忠:《法律行为的相对无效:反思与重释》,载《私法研究》2012年第13卷。

⑦ 黄忠:《法律行为的相对无效:反思与重释》,载《私法研究》2012年第13卷。

⑧ 黄忠:《法律行为的相对无效:反思与重释》,载《私法研究》2012年第13卷。

⑨ [德]罗森贝克、施瓦布、戈特瓦尔德:《德国民事诉讼法》,李大雪译,中国法制出版社2007年版,第522页。

⑩ [德]罗森贝克、施瓦布、戈特瓦尔德:《德国民事诉讼法》,李大雪译,中国法制出版社2007年版,第523页。

⑪ 张卫平:《转换的逻辑——民事诉讼体制转型分析》,法律出版社,2007年版,第299页。

⑫ 张卫平:《转换的逻辑——民事诉讼体制转型分析》,法律出版社2007年版,第306～307页。

人处分。因而在民事诉讼法理中，公益性是解释采职权调查主义正当性基础。在法国模式中，绝对无效应采职权调查原则，相对无效应采处分原则。德国模式根据主张无效的主体区分为绝对和相对无效，隐藏的含义亦是绝对无效可由任何人主张，应采职权调查原则；相对无效仅可由特定人主张，应采处分原则。从无效合同主张角度观察，法国模式和德国模式中的区分标准并无实质区分。只不过，法国模式下相对无效范围广于德国模式下的相对无效，又包括德国民法上的效力待定和可撤销的情况。法国模式中的绝对无效和德国模式中的绝对无效可等同，都具有侵害公益性。德国法上的效力待定和可撤销的情况属侵害私益，在调查方式上应采处分原则，德国民法中无效并非都是绝对无效，应根据其侵害的法益范围为标准判断，即侵害社会公益则应采职权调查。

我国民法学理介绍绝对无效和相对无效时，主流观点仅将效力待定和可撤销情况等同于相对无效，将民事实体规范中所有无效规范皆作绝对无效处理，忽略我国无效事由中侵害私益本身属相对无效的情形。学理主流观点被实践者所采纳和适用，导致实践者亦忽略无效事由中对绝对无效和相对无效的区分，不恰当地扩大职权确认合同无效的范围。更有甚者，因学理上未严格区分无效合同和合同无效等相近概念，实践中，效力待定和可撤销情况导致的合同无效亦可作职权确认合同无效的依据。如德国无行为能力主体所实施的行为无效、虚假意思表示行为无效本属相对无效，但我国《民法总则》第144条和第146条却将其作绝对无效处理。实践中，裁判者亦会以意思表示不真实职权确认合同无效。[①] 且不论《民法总则》第144条和第146条与第143条中法律行为生效要件作绝对无效采职权调查原则，会导致证明责任分配的混乱，[②]若将第144条和第146条作为裁判者职权确认合同无效的依据会有如下后果：[③]第一，无故加大裁判者对法律行为纠纷的审查内容。其中，裁判者需依据143条职权调查每个法律行为是否成立并生效，当事人无需对法律行为的成立和生效进行主张和举证。第二，实体法分配要件事实证明责任的功能被架空。民法分配法律行为成立和生效要件事实的证明责任目的就是由当事人主张和证明，否则将承担不利后果。若法律行为成立和生效的相关要件全采职权调查原则，则不仅将当事人主义在法律行为的纠纷中虚置化，更会架空证明责任规范的裁判功能。

五、对策：职权确认合同无效规则的完善

实践中，职权确认合同无效的各式问题既有实体原因，又有程序原因。按照提出问题、分析问题、解决问题的逻辑，本部分就职权确认合同效力的适用范围和程

---

① 宁夏回族自治区吴忠市中级人民法院(2016)宁03民终621号民事判决书。

② 大陆法系一般仅规定无效情况而不规定生效要件，即罗森贝克所述证明责任分配的“规范说”的本质所在，由主张法律行为效力瑕疵的主体承担相关要件事实的证明责任，而非主张法律行为生效的当事人承担证明责任。具体论述可参见：《民事审判方法—要件事实引论》，法律出版社2009年版，第181～187页。

③ 具体分析后果请参见第四章第一部分，这里直接引用结论而不展开分析。

序规则探讨。

(一)适用范围:绝对无效范围的再界定

1.界定标准:公共利益

绝对无效涉公益应采职权调查原则,进而可职权确认合同无效,公益性是链接绝对无效和职权调查原则的基础。其中,相对无效未涉及公益性,效力待定和可撤销的情况亦是如此。因我国民事实体规范未区分绝对无效和相对无效,主流观点认为《合同法》第52条属于绝对无效,①实践者也采此观点。但是,我国民事实体法上所有的无效合同事由是否都涉及公益性?以公益性检视我国无效合同事由,可发现答案是否定的。民法学界通行观点认为我国并未从立法上承认相对无效,②但有学者指出从《合同法》等规则中可发现相对无效的影子。③ 这说明我国无效合同事由并不是都涉及公益性,具体何种无效合同事由涉及公益性还有待进一步探讨。其中,《合同法》中效力待定和可撤销的情况也属于合同效力瑕疵,在调查方式采处分原则。合同未成立或未生效在法律效果上与合同无效等同,其亦采处分原则进行调查。因此,职权确认合同无效的范围主要从无效合同事由中进一步界定,标准是公益性。虽然实体和程序法学者诟病公共利益的不确定性,④但公共利益却能较好链接实体和程序理论的桥梁。因此,本文利用公共利益这一绝对无效界定标准,去检视现行法中无效事由中绝对无效的范围。

2.包含公益或相近概念的无效事由是绝对无效

因民法法源的广泛性和篇幅的有限性,无法面面俱到。鉴于《民法总则》和《合同法》总则规定中无效事由适用的总括性,就这两个法律文本中出现的无效事由从公益性角度进行分析。《民法总则》中涉及无效的条款共12条,涉及概括性的法律行为效力判断的有第144条、第146条、第153条及第154条,而《合同法》总则类似条款仅有第52条。从时间先后角度观察,《民法总则》中的无效事由与《合同法》第52条中的无效事由具有一定的延续性。其中,《民法总则》第153条第1款与《合同法》第52条第5项皆系对违反强制性规定的法律行为无效的规定,只不过第153条将管理性强制规定纳入其中。《民法总则》第153条第2款与《合同法》第52条4项可大致等同,只不过社会公共利益涵盖的范围要广于公序良俗的范围。⑤《民法总则》第154条与《合同法》第52条第2项实质等同,但第154条中"他人合法权益"明显要广于第52条第2项列举的"国家、集体或者第三人利益"。《合同

① 代表性观点参见杨立新:《合同法》,北京大学出版社2013年版,第119~130页等论著。

② 李文涛:《合同的绝对无效和相对无效》,载《法学家》2011年第3期;崔建远:《合同法总论(上卷)》,中国人民大学出版社2011年第2版,第302~304页。

③ 崔建远:《合同法总论(上卷)》,中国人民大学出版社2011年第2版,第303~304页。

④ 如实体法学者认为无效事由规定并不都侵害公益,参见黄忠:《法律行为的相对无效:反思与重释》,载《私法研究》2012年第13卷。如程序法学者多在公益诉讼概念界定中诟病该概念的不确定性,参见张卫平:《民事公益诉讼原则的制度化及实施研究》,载《清华法学》2013年第4期。

⑤ 崔建远:《合同法总论(上卷)》,中国人民大学出版社2011年第2版,第310~329页。

法》第 52 条第 1 和 3 项并未得到《民法总则》的承认，《民法总则》亦比《合同法》第 52 条多出第 144 条和第 146 条两种无效事由。

以公共利益这一界定标准检视上述无效事由规定可得到如下结论：第一，从具体无效事由的内容来看，利用公共利益概念或等同概念的无效事由包括《民法总则》第 153 条第 2 项与《合同法》第 52 条第 4 项，其当然属于绝对无效的无效规定。第二，从诉讼模式界定角度来看，公共利益和国家利益基本可等同，皆是职权调查原则的基础。① 因此，《合同法》第 52 条第 1 项和第 2 项中损害国家和集体利益的情况因涉及国家利益这一泛化概念，其本身也属于绝对无效的规定。第三，从民法强制性和任意性规定划分标准来看，强制性规定设置亦有公共利益保护非可当事人自由处分的法理蕴含其中。② 因此，从保护公益角度分析《民法总则》第 153 条第 1 款和《合同法》第 52 条第 5 项，其本质应属于绝对无效的情况。

3.与成立和生效一般要件混淆的无效事由属相对无效

以公益标准检视现行法无效规定可发现如下问题：第一，《合同法》第 52 条第 2 项以及《民法总则》第 154 条中损害第三人利益的情况若非国家利益或公共利益，则其是否可定性为绝对无效而采职权调查原则还有待进一步考量。第二，民法学理和实践一直存在强制性规定中管理性和效力性强制规定区分标准不明确的问题，且《民法总则》第 153 条第 1 款从立法上明确了管理性强制规定的合法地位。因此，效力性强制规定的范围界定标准仍有待进一步明确。第三，《民法总则》第 144 条和第 146 条本与该法第 143 条的法律行为生效要件相混淆，并且无效事由中并未明确其与公共利益的关系，其本身是否属绝对无效还有待进一步分析。第四，《合同法》第 52 条第 3 项亦未明确其与公共利益的关系，“非法目的”之立法术语可否等同于公共利益则有待分析。

《民法总则》第 146 条和《合同法》第 52 条第 2 项中的“他人利益”的情况及《民法总则》第 154 条中的无效具有一定的共性，两者皆源于意思表示方面的瑕疵。因为意思表示真实属法律行为的生效要件之一，无论属于“恶意串通”还是“虚假的意思表示”皆是意思表示的一种相反状态，不能共存。在普通合同纠纷采当事人主义模式下，主张合同成立和生效的当事人需要对合意的存在和生效承担证明责任。若基于意思表示瑕疵导致法律行为无效属绝对无效而采职权调查原则，会导致当事人在合同纠纷中不需要提供任何证据证明意思表示，而全部由裁判者职权调查意思表示不存在瑕疵。因此，意思表示瑕疵类的无效事由属绝对无效的不合理性。同理分析《民法总则》第 144 条，其亦不宜作为绝对无效。总言之，属法律行为成立和生效要件的瑕疵导致的无效事由，若作绝对无效处理存在很多问题，特别是会架空当事人主义下实体法对要件事实证明责任分配的功能，从而架空整个证明责任分配的法理。

---

① 张卫平：《转换的逻辑——民事诉讼体制转型分析》，法律出版社 2007 年版，第 131～144 页。

② 崔建远：《合同法总论(上卷)》，中国人民大学出版社 2011 年第 2 版，第 329～331 页。

按照罗森贝克规范说的基本法理,[①]民法规范作为裁判规范实质可分为四类:权利生成规范、权利妨碍规范、权利变更规范和权利消灭规范。其中,权利生成规范和权利妨碍规范相伴而生,较难区分,[②]共同构成理论上的民法权利(请求权)的构成要件。规范说支配大陆法系各个国家和地区民事裁判几十年,特别是我国《最高人民法院关于适用〈中华人民共和国民事诉讼法〉的解释》(以下简称《民诉解释》)第91条颁布后,我国也从立法承认了该种学说的正统地位。按照规范说的分析,民法上对各种法律行为效力瑕疵的规定皆属权利妨碍规范,而法律行为的成立和生效的特别要件则属权利生成规范。[③] 特别是将欠缺行为能力这一要件定位于权利妨碍规范,由主张适用"无民事行为能力者的法律行为无效"这一规范的当事人承担证明责任。[④] 规范说根据民事实体法的裁判特性,将每一个民法规范具体化为权利规范,进而分配证明责任。

其中,法律行为成立和生效的要件通过民法规范不同的规制方式,实现对立当事人之间的证明责任分配,在当事人主义诉讼模式下发挥裁判的功能。在合同纠纷中,主张合同生效的当事人需要对合同成立和生效的特殊要件承担证明责任,否定的当事人则需对合同成立和生效的一般要件承担证明责任。此种证明责任的分配规则也是规范说之全称"特殊要件分类说"的实质内涵,而莱昂哈特的"全备说"因不认同权利妨碍规范而加重当事人的证明负担被逐渐抛弃。[⑤] 在这种逻辑下,规范说下权利规范分类实质将合同成立和生效要件的证明责任分配给各个当事人,促使当事人在当事人主义诉讼模式下对相关要件事实进行主张和举证,进而追求相应的法律效果。如果意思表示和行为能力的成立以及生效要件瑕疵导致的绝对无效,可作为裁判者职权确认合同无效的依据而采职权调查原则,由裁判者依据职权调查该种成立和生效要件的瑕疵是否真实存在。同一个要件应该采职权调查原则进行职权探知,又是当事人为达到诉求而证明的要件。同一要件在同一诉讼中既有职权探知,又有当事人承担证明责任,实质上在两种诉讼模式下发挥作用,不符合基本的诉讼法理。

另外,裁判者职权调查合同成立和生效要件更是架空证明责任规则的作用空间。虽然在职权主义诉讼模式下基于职权能力的有限性,证明责任之裁判功能仍有发挥作用的空间,但作用空间非常有限。换言之,证明责任裁判功能主要在当事人主义诉讼模式下发挥作用,证明责任分配功能更是与当事人主义诉讼模式直接关联。从反面论证角度来看,合同成立和生效要件之瑕疵情况下的无效事由均不

---

① 关于规范说和相关的权利规范介绍请参见[德]罗森贝克:《证明责任论—以德国民法典和民事诉讼法典为基础撰写》,庄敬华译,中国法制出版社2002年版。

② [德]罗森贝克:《证明责任论——以德国民法典和民事诉讼法典为基础撰写》,庄敬华译,中国法制出版社2002年版,第127～150页。

③ 陈刚:《证明责任法研究》,中国人民大学出版社2000年版,第184～188页。

④ 罗森贝克:《证明责任论—以德国民法典和民事诉讼法典为基础撰写》,庄敬华译,中国法制出版社2002年版,第348～352页。

⑤ 陈刚:《证明责任法研究》,中国人民大学出版社2000年版,第183～184页。

宜作绝对无效处理,更适宜作相对无效处理,由当事人自行主张。即是说,《民法总则》第144条、第146条、第154条、《合同法》第52条第2项中"他人利益"的情况、第3项等同成立和生效要件之瑕疵情况导致的无效事由,更适宜采处分原则由当事人主张,即作权利妨碍规范。当然,民法学界有观点认为"欠缺行为能力者行为无效"属强制性规定而应作无效处理,[①]是故其将台湾"民法典"第75条作绝对无效理解。[②] 亦有学者指出该种理解应该限于对行为能力有特殊要件的特别法律行为,而非一般性法律行为。[③] 本文认为《民法总则》第144条不宜解释成强制性规定而作绝对无效理解,其应该解释成相对无效,且有观点已经明确从实体法角度论证过其作绝对无效的不足。[④] 从该条文所涉法益来讲,无民事行为能力人事实行为原则上无效特殊情况下有效,本就代表当事人可根据自己的利益诉求自行主张。若将其作为绝对无效而采职权调查原则,裁判者则需在每一个合同纠纷案件中依职权调查合同当事人是否具有民事行为能力,这不仅会让裁判者背上沉重的负担,而且不具有理论可行性。因此,本文主张将《民法总则》第144条、第146条、第154条,《合同法》第52条第2项中"他人利益"的情况,第3项等条文皆作相对无效处理,并在将来完善立法时加上相对无效特有的立法标志,即"特定主体可主张合同有效或无效"。当然,在《合同法》第52条第3项中的"非法目的"的表述若违反强制性规定,即应将其视为侵害公共利益而与该条第4项等同,作绝对无效处理。

4.限缩效力性强制规定的范围

民法理论和相关司法解释皆认可了管理性强制规定,特别是2017年的《民法总则》第153条第1款,肯定了违反强制规定不一定导致法律行为无效。但理论和立法对效力性和管理性强制规定没有规定明确的区分标准,实践中裁判者并不进行严格区分,遇到强制性规定多依职权确认合同无效,且范围还包括司法解释。相关问题源于强制规定本身的复杂性,因而寻求一个非常明确的判断标准以判断强制性规定,进一步区分效力性和管理性强制规定似乎并不现实。正如最高人民法院2009年印发《关于当前形势下审理民商事合同纠纷案件若干问题的指导意见》第16条规定的那样,"人民法院应当综合法律法规的意旨,权衡相互冲突的权益,诸如权益的种类、交易安全以及其所规制的对象等,综合认定强制性规定的类型。如果强制性规范规制的是合同行为本身,只要该合同行为发生即绝对地损害国家利益或者社会公共利益的,人民法院应当认定合同无效"。

从民法理论上看,有些学者仍然坚持此种分类并致力于明确效力性和管理性强制规定的区分标准,如王利明教授认为"法律法规明确规定违反强制性规定将导致合同无效或不成立,该规定属于效力规范。法律法规虽然采取了'应当'、'必须'

---

① 王泽鉴:《民法总则》,北京大学出版社2008年版,第96页。

② 王泽鉴:《民法总则》,北京大学出版社2008年版,第378页。

③ 崔建远:《合同法总论(上卷)》,中国人民大学出版社2011年第2版,第329到330页。

④ 郑倩:《行为能力制度中绝对无效主义的价值反思与修正》,载《求是学刊》2018年第2期。

等表示，但法律法规明确规定违反该规定不导致合同无效的，则该规定属于一般的强制性规范而非效力性规范”①。持相同观点的学者，如王轶教授指出实践应该依靠裁判者自由裁量，综合考量强制规范的性质进行区分，②崔建远教授指出应该根据具体强制规定的立法意图综合判断。③ 此外，还有少部分学者认为应该抛弃效力性和管理性强制规定的区分，由裁判者综合案情利用比例原则认定合同效力。④从学理探讨角度来看，前述观点并无对错之分，甚至在个案中必然得到相同结果。笔者无意评价观点的对错，仅从观点实用性角度来看，坚持该种分类要比裁判者综合判断更为合理，因坚持分类能够最大限度地帮助裁判者定性强制规定，进而决定是否应该职权确认合同无效。当然，区分标准界定的困难也非一篇文章可解决，但通过总结分析实践案例可发现，管理性规定可通过行政机关的行政处分行为而变相避免，效力性强制规定无法通过任何处分行为变相避免合同无效。从尽量保持合同有效原则出发，若能够通过行政审批等行政处分行为消除一些强制性规定的适用，避免裁判者职权确认合同无效，则该类强制规定就是管理性强制规定，反之即是效力性强制规定。⑤

总言之，绝对无效事由采职权调查原则，可作裁判者职权确认合同无效的依据。以公共利益标准界定绝对无效的范围，能够较好连接实体和程序法。以公共利益为视角检视现行法可发现，直接采用公共利益或相近概念的无效条文应作绝对无效处理，而基于法律行为成立和生效的一般要件瑕疵导致的无效条文则因违背证明责任分配法理而应作相对无效处理。另外，职权确认合同无效适用范围仍然有很多问题，基于篇幅仅选取两个探讨：⑥第一，绝对无效和相对无效事由竞合时的处理，本文认为应该采公益保护有限原则，即裁判者职权确认合同无效应该优先于当事人行使撤销权或追认权等权利。第二，涉案合同中部分条款绝对无效与整个合同效力的关系，因部分无效本就是在法律行为可分性标准界定标准模糊不清，⑦导致部分条款绝对无效一般会影响整个合同效力。因此，本文认为应该从合同内容出发，判断具体条款与整个合同是否具有可分性：若具有可分性，则单个条款的绝对无效不影响整个合同效力，裁判者仅需就具体条款职权确认合同无效，否则职权确认整个涉案合同无效。

---

① 王利明：《论无效合同的判断标准》，载《法律适用》2012 年第 7 期。

② 王轶：《合同效力认定的若干问题》，载《国家检察官学院学报》2010 年第 5 期。

③ 崔建远：《合同法总论（上卷）》，北京：中国人民大学出版社 2011 年第 2 版，第 331～340 页。

④ 梁慧星：《民法总论》，北京：法律出版社 2012 年第 4 版，第 204～205 页；黄忠：《比例原则下的无效合同判定之展开》，载《法制与社会发展》2012 年第 4 期。

⑤ 典型例子参见辽宁省大连市中级人民法院（2015）大民三终字第 357 号民事判决书和辽宁省大连市中级人民法院（2015）大民三终字第 358 号民事判决书。

⑥ 当然，绝对无效本身问题复杂，本文基于篇幅原因仅作简单探讨，并不在就其他相关问题进行展开。

⑦ 黄忠：《法律行为部分无效的处理规则研究》，载《当代法学》2010 年第 3 期。

(二)程序规则的建构

基于绝对无效的公益性保护需求,裁判者需依职权确认合同无效,目的是排除涉案合同存在绝对无效的情况。相对而言,效力待定、可撤销等其他效力瑕疵情况虽然可导致涉案合同无效,但其调查方式应采处分原则。其中,涉案合同存在绝对无效情况时,裁判者需职权调查无效情况并依职权审查合同无效的情况是否成立。若属相对无效的情况,当事人未主张存在相对无效,裁判者即便发现存在也不能通过职权审查合同效力而认定合同无效。本文就从程序开启、进行和结束的视角,分别就职权确认合同无效的程序定位、程序开启方式、适格当事人、抗辩(答辩)、职权调查程度、释明、判决主文表述、合同无效后的处理方式等各个具体问题进行探讨,以明晰职权确认合同无效中的具体程序规则。

1.程序开启规则

(1)裁判者不宜职权启动诉讼程序

职权调查原则是裁判者依职权调查绝对无效是否存在,以明晰可否职权确认合同无效。其是职权主义模式在诉求层面的分支,即由裁判者依职权确定审判范围,而非根据当事人诉答决定。职权调查主义模式以苏联民事诉讼为典型,即程序启动和审理范围完全由法院依职权决定,决定依据是案件的客观真实性。① 我国整体诉讼模式属当事人主义,合同纠纷亦采当事人主义,但绝对无效事由采职权调查原则属例外。即是说,只有涉案合同进入诉讼系属之后,裁判者方可依职权调查是否存在绝对无效事由,进而决定是否职权确认合同无效。总言之,裁判者不能依据合同存在绝对无效事由而职权决定启动诉讼程序,只能以当事人起诉的方式启动诉讼程序。

(2)仅合同利害关系人可申请裁判者确认合同无效

民法学理主流观点认为相对无效仅为特定主体可主张无效,绝对无效可为任何人主张。② 任何人皆可主张合同无效是当然无效的本质含义,③且为大陆法系区分绝对无效和相对无效的基础。④ 但王利明教授认为任何人皆可主张无效合同的效力状态容易导致滥诉,绝对无效的主张者应限制在合同利害关系人的范围内。⑤此外,还有观点认为涉及公共利益和国家利益的无效合同主张主体应该不受限制,

---

① [苏]阿·多勃罗沃里斯基等:《苏维埃民事诉讼》,李衍译,法律出版社1985年版,第70~82页、第208~212页。

② 梁慧星:《民法总论》,法律出版社2012年第4版,第198页;崔建远:《合同法总论(上卷)》,中国人民大学出版社2011年第2版,第302页;韩世远:《合同法学》,高等教育出版社2010年版,第90页及王利明:《合同法研究(第一卷)》,中国人民大学出版社2015年版,第620页。

③ 王泽鉴:《民法总则》,北京大学出版社2008年版,第380页。

④ 王泽鉴:《民法总则》,北京大学出版社2008年版,第380页;王利明:《合同法研究(第一卷)》,中国人民大学出版社2015年第3版,第620页及黄忠:《法律行为的相对无效:反思与重释》,载《私法研究》2012年第13卷。

⑤ 王泽鉴:《民法总则》,北京大学出版社2008年版,第384页;王利明:《合同法研究(第一卷)》,中国人民大学出版社2015年第3版,第620~622页。

而只涉及特定当事人利益的无效合同则应由特定主体主张。[①] 实践中，裁判者也是从合同利害关系人角度来界定主张无效合同的适格主体。[②] 实践中，也有非合同利害关系人提出确认无效合同之诉求，裁判以不具有利害关系驳回相关诉求。[③]

从民诉理论角度来看，正当当事人理论并不区分何种诉讼模式，职权主义中亦有正当当事人。以苏联理论为例，正当当事人的界定标准是利害关系人。[④] 即是说，若任何牵涉公益性的事项皆可由任何无关系的当事人参与诉讼的话，不仅国家司法体制不能承受，民事诉讼的规则设置亦不能达到保障每一个当事人之诉讼权益的目的。我国现采当事人主义诉讼模式，非当事人不能启动诉讼程序，非适格当事人不能进行诉讼。以我国现行法中正当当事人界定标准之"利害关系人"为逻辑来看，能够申请确认涉案合同存在绝对无效的情况当事人范围应该仅限于合同纠纷的利害关系人。即是说，无需对绝对无效合同确认权申请当事人的范围进行特殊界定，仅需以合同纠纷之适格当事人范围明晰合同效力确认申请权的主体范围即可。总言之，王利明教授的观点较为可行，即以我国现有当事人适格理论界定确认合同无效之申请权的享有主体。

(3)绝对无效不因恶意抗辩而有效

就被告答辩中主张无效合同而提出的抗辩，学理亦存在一定争议，有学者称之为恶意抗辩而予以驳回。[⑤] 实践中，亦有当事人以合同无效进行抗辩，裁判者皆进行了审查。[⑥] 但绝对无效合同因采职权调查原则并不属于当事人主张的范畴，即便当事人未予以主张，裁判者亦应该主动依职权调查。且不论学者观点是否正当，实践中，裁判者应该明确认识无效合同事由之职权调查主义的本质，而不受当事人是否提出无效合同抗辩的束缚。合同效力瑕疵导致的合同无效主要包括两类：一是相对无效采处分原则进行调查。其以当事人起诉、抗辩等方式主张并证明合同效力瑕疵，裁判者方可依据合同效力审查权认定相关合同效力。二是绝对无效采

---

① 隋彭生：《合同法要义》，中国政法大学出版社 2005 年第 2 版，第 142～143 页。

② 重庆市高级人民法院(2013)渝高法民终字第 00219 号民事判决书。详细内容摘录如下"贵州公路公司作为工程实际施工人，总承包合同的效力直接关系其所涉建设工程施工合同效力认定，关系其在该合同关系中权利义务的认定，故其与《重庆市水利水电土建工程施工合同范文本》的效力认定具有法律上的直接利害关系。同时，贵州公路公司与恒隆公司签订的《中梁水电枢纽部分工程合作协议》中明确约定以恒隆公司与葛洲坝一公司签订的《合作协议书》为基础，故《合作协议书》的效力认定也与贵州公路公司具有法律上的直接利害关系，该协议书中约定的'合作方式'和'合作内容'均与《中梁水电枢纽部分工程合作协议》具有实质联系。因此，贵州公路公司与上述三份协议的效力认定均具有法律上的直接利害关系，符合民事诉讼法第一百一十九条的规定。"

③ 江西省上饶市中级人民法院(2015)饶中民一终字第 844 号民事判决书。

④ [苏]阿·多勃罗沃里斯基等：《苏维埃民事诉讼》，李衍译，法律出版社 1985 年版，第 70～82 页、第 124 页。

⑤ 王利明：《合同法研究(第一卷)》，中国人民大学出版社 2015 年第 3 版，第 635～637 页及崔建远：《合同法总论(上卷)》，中国人民大学出版社 2011 年第 2 版，第 307 页。

⑥ 最高人民法院(2014)民一终字第 277 号民事判决书等裁判文书。

职权调查原则进行调查，其并不排除当事人以起诉或抗辩等方式主张合同无效。相对无效因合同效力审查权受处分原则的约束，当事人对合同效力的抗辩自然拘束裁判者对合同效力审查的内容和范围。绝对无效因职权调查原则本就与处分原则相对，当事人对合同效力的抗辩自然无法拘束裁判者对合同效力的认定。如若说上述学者的观点可在相对无效中发挥作用，但在绝对无效的情况下却无作用的空间。

2.程序进行规则

(1)职权调查的程度

现行立法并未明确规定职权调查无效合同事由的程度。实践中很多一审法院并未意识到合同存在无效事由，二审法院却依职权确认合同无效。[①] 以《合同法》第52条为例，职权调查原则如何实施可探究各种无效合同事由是否存在，相关调查方式和程度还有待进明确。家事诉讼中职权调查程度存在无法明确的缺陷，[②]在无效合同事由之职权调查原则亦存在。当事人主义下事实和证据的调查程度，依据当事人的辩论能力[③]而定。职权主义下的事实和证据的调查，则完全依靠裁判者审判权主动行使。相关调查权行使的限度既不能超过必要限度，也不能过于消极而达不到职权探知的目的。诉讼法学理论中针对职权探知主义也仅是相对辩论主义的三命题总结出三个职权探知的基本命题，[④]至于裁判者如何利用审判权进行职权探知则未明示。

众所周知，大陆法系家事诉讼和非讼程序皆采取职权探知，但德国和日本的相关规定亦无法看出裁判者如何进行职权探知。《德国家事事件和非讼事件程序法》第26条、《日本非讼事件程序法》第49条及《日本家事事件程序法》第56条规定了职权探知主义应调取证据，[⑤]但都统一用“必要的”这类概念表述职权调查的范围。曾有学者从事实调查和证据调查两个角度，专门就非讼程序职权探知审理的内部构造进行探讨。该学者指出职权探知调查证据，非讼程序和家事程序一般都没有限度，包括事实主张不受当事人主张的限制，证据调查属于自由证明，同样在职权探知主义下不影响当事人协助义务的设立。[⑥] 受此启发后，本文认为合同绝对无

---

① 参见贵州省高级人民法院(2017)黔民终257号民事判决书、贵州省高级人民法院(2017)黔民终788号民事判决书等裁判文书。

② 郝振江:《非讼程序研究》，法律出版社2017年版，第106～116页。

③ 关于辩论能力参见[日]新堂幸司:《新民事诉讼法》，法律出版社2008年版，第113～114页。

④ 邵明:《析法院职权探知主义》，载《政法论坛》2009年第6期。

⑤ 《德国家事事件和非讼事件程序法》第26条为“为确认对裁判具有重要意义的事实，法院可以依职权进行必要的调查”，详见《德日家事事件和非讼事件程序法典》，郝振江、赵秀举译，法律出版社2017年版，第30页。《日本非讼事件程序法》第49条和《日本家事事件程序法》第56条内容一样，大体与《德国家事事件和非讼事件程序法》第26条一致，详见《德日家事事件和非讼事件程序法典》，郝振江、赵秀举译，法律出版社2017年版，第199、239页。

⑥ 郝振江:《非讼程序研究》，法律出版社2017年版，第106～116页。

效直接事由的职权探知的程序构造,应从事实和证据两方面展开探讨。

从事实调查角度来讲,当事人主义基于辩论主义第一命题下的主张责任,事实调查受到当事人主张事实的限制。这里主要包括直接事实和一些重要的间接事实,那么事实调查的范围受到规范出发型诉讼构造要件事实的限制。那么,职权探知主义下的事实调查虽不受当事人事实主张的限制,但其也应该受规范出发型诉讼构造下要件事实范围的限制。因此,依据实体法上合同绝对无效的直接事由中的实体要件具体化而来的要件事实,直接决定了法院职权调查无效合同事由的事实调查范围。总而言之,采用职权探知的事实调查限度要依赖相关实体法上的实体要件来确定。从证据调查角度来看,一般大陆法系的职权探知属于自由证明,不受特定证据规则的限制,因此无效合同事由职权探知中的证据调查同样不受特定证据规则的限制,其属于自由证明。第二个问题是职权探知中的证据调查一般不受事实调查范围的限制,那么,在无效合同事由职权探知中证据调查亦有可能超过事实调查的范围,甚至引发新的事实调查范围。但是,前述职权探知总体受到合同绝对无效的直接事由中的实体要件的限制。

(2)诉讼时效适用规则

就职权确认合同无效是否受诉讼时效限制这一问题,学理上存在很多观点。[①]实践中亦有较多争议,当事人均以超过诉讼时效作为反驳裁判者职权确认合同无效的理由,裁判者均认为职权确认合同无效并不存在诉讼时效问题。[②] 民法学理有观点认为当事人申请确认合同无效需遵循普通诉讼时效;亦有观点认为无需遵循诉讼时效;还有观点认为申请确认合同无效需遵循特殊诉讼时效。从观点论证来看,不同的观点有不同的考量因素和价值追求。从相对无效来看,效力待定的主张需要遵循普通诉讼时效,但可撤销的情况需遵循除斥期间的规定。虽然相对无效皆是保护私益,但相对无效的原因众多,因此其根据不同情况具体无效的原因设置了不同的权利行使期限。绝对无效为保护公益而设置,其也有众多类型,以违反效力性强制规定和直接侵害社会公共利益为主。其中,从公益保护角度来看,民事实体法需要设置一定的保护期限,因为刑法等公法对侵害公益的行为亦有一定的期限限制。同时,基于公益保护不同于私益,所以本文认为民法可为绝对无效设置特殊的诉讼时效期间。

(3)裁判者可依职权释明

根据前述判决文书整理可发现程序方面的一个问题:即职权调查无效事由中的释明。实践中,当事人经常将裁判者在职权确认合同无效中没有释明作为上诉

① 王利明:《合同法研究(第一卷)》,中国人民大学出版社 2015 年第 3 版,第 663 页。

② 参见吉林省高级人民法院(2014)吉民申字第 809 号民事裁定书、吉林省长春市中级人民法院(2016)吉 01 民再字 19-1 号民事裁定书及吉林省长春市中级人民法院(2016)吉 01 民再字 19 号民事判决书。

的理由，[①]也有当事人认为程序法定，无需释明。[②] 同样，实践中有的裁判者认为职权审查合同效力属裁判者裁判权的范畴，无需释明，[③]但也有裁判者基于《最高人民法院关于民事诉讼证据的若干规定》第 35 条中的立法精神进行了释明。[④] 虽然在当事人的上诉理由中，裁判者负担的释明义务来源的理论基础不一，但裁判者驳回的理由均为职权审查合同效力属其固有的权力，无需向当事人释明。

从民诉法理来看，释明实质上为了弥补辩论原则的不足。从我国立法和学理对释明的运用来看，其早已经超脱原有内涵。现在的释明概念多作为当事人程序权益保障或当事人与裁判者沟通的工具。《民事证据规定》第 35 条中的释明规则，亦是当事人和裁判者沟通的一种制度。从溯源来看，职权调查原则隶属于职权主义，并无裁判者释明的必要。但从当事人程序权益保障角度分析，裁判者在职权确认合同无效过程中需要释明。特别是在职权调查绝对无效的事实和证据过程中，需要对当事人进行必要释明，以防止裁判者事实认定的突袭，释明内容便是对合同效力认定的调查方式和后果处理方式等。

3.程序结束规则

实践中，有裁判者将职权确认合同无效的后果写在判决主文中，也有裁判者将其写在判决理由中。对无效合同，实践裁判者的处理不一，有的裁判者在判决主文中处理，有的裁判者并未处理。虽然有研究者曾指出该问题，但并未给出合理的解决方案。[⑤] 通过原因分析可知，在相对无效的情况下，裁判者职权审查合同效力受处分原则的限制：一种限制体现在判决主文中，只有原告起诉合同效力，裁判者才能在判决主文中对合同效力进行认定，否则其只能出现在判决理由中。一种限制体现在审判范围中，只有当事人对合同效力存有实质争议，裁判者才能对合同效力进行审查和认定。但在绝对无效情况下，因职权调查原则隶属职权主义，不受处分原则的任何限制。在审判范围方面，裁判者可依职权调查绝对无效是否存在。在判决主文表述方面，裁判者不仅可以直接在判决主文中写明确认合同无效的后果，并且可在判决主文中针对合同无效的法律后果进行职权处理。即是说，若裁判者发现存在绝对无效的情况，不仅需要在判决主文中明确合同无效，并且需要依据《合同法》第 58 条等规则对合同无效的后果进行职权处理。

---

① 参见山东省临沂市中级人民法院（2016）鲁 13 民终 3136 号民事判决书、辽宁省丹东市中级人民法院（2017）辽 06 民终 1418 号民事判决书、甘肃省兰州市中级人民法院（2015）兰民二终字第 13 号民事判决书、福建省莆田市中级人民法院（2014）莆民终字第 726 号民事判决书、江苏省南京市中级人民法院（2017）苏 01 民终 6691 号民事判决书、河南省郑州市中级人民法院（2015）郑民四终字第 1120 号民事判决书、吉林省长春市中级人民法院（2014）长民一终字第 74 号民事判决书等裁判文书。

② 福建省莆田市中级人民法院（2014）莆民终字第 726 号民事判决书。

③ 山东省临沂市中级人民法院（2016）鲁 13 民终 3136 号民事判决书及吉林省长春市中级人民法院（2014）长民一终字第 74 号民事判决书等裁判文书。

④ 辽宁省丹东市中级人民法院（2017）辽 06 民终 646 号民事判决书。

⑤ 李祖坤：《合同无效的司法处理》，吉林大学 2011 年博士学位论文。

六、结语

实践中，裁判者职权审查合同效力已然成为通行惯例，其却将职权审查合同效力与职权认定合同无效等同，造成裁判者职权干预当事人处分权的实践乱象。程序原因是裁判者混淆了职权审查合同效力和职权确认合同无效，实体根源在于裁判者并未区分实体法上无效合同和合同无效等相近概念。其中，职权确认合同无效系裁判者职权调查无效事由，不受处分原则的限制，体现在裁判者的审判范围和判决主文表达上。职权审查合同效力系裁判者的法律适用权，受到诉讼模式的限制。在当事人主义下处分原则对裁判者合同效力审查的限制体现在两个方面：一是审判范围仅限于当事人抗辩的内容，二是判决主文不能超过原告诉讼请求。绝对无效实质侵害社会公共利益，不同于相对无效侵害私人利益。其中，绝对无效因涉及公益性而采职权调查原则，可作为裁判者职权确认合同无效的依据。我国主流理论和实践将所有无效规定皆作为绝对无效，否定相对无效的存在，实质不当扩大了绝对无效的范围，进而不当扩大了裁判者职权确认合同无效的适用范围。解决思路是利用公益性检视我国现行法框架下的无效事由，明晰公益性的绝对无效范围，未来通过民事实体法将绝对无效和相对无效的分类在立法中明确。另外，本文对职权确认合同无效的相关程序规则进行了探讨，特别是对诉讼程序的开启、当事人适格、释明规则、职权调查方式、判决主文表述内容等方面进行了详细探讨。同样，在未来完善民事诉讼法规则时，需将职权确认合同无效的相关规则上升为程序立法，以指导实践中裁判者职权确认合同无效的操作。

中国知识产权审判领域技术调查官制度的建立与制度前景

——兼论"四位一体"技术事实调查认定体系的构建*

拉提帕·巴提力**

摘　要　随着中国经济的快速发展和科技创新的不断进步,带来的是社会分工的日益精细,在法律领域催生出诸多专业化诉讼形态,知识产权诉讼中的技术事实查明问题就是这一类的代表。知识产权案件中的技术问题是长期知识产权审判领域的难题,帮助法官解决技术事实认定问题从而提升诉讼效率是完善知识产权诉讼制度的途径之一。目前我国引进的技术调查官制度在知识产权司法领域还处在探索与完善阶段,其相应法律法规、配套诉讼设施、制度本身内涵和法官审判权之间的关系问题还需细化,在以技术调查官为基础进一步丰富技术事实查明机制为知识产权审判提供有效的制度支持。

关键词　知识产权审判　技术事实查明机制　技术调查官　法律适用　知识产权法院

2014 年召开的中央深化改革领导小组通过的《关于司法体制改革试点若干问题的框架意见》就提出要建立帮助审理知识产权案件的技术调查官制度。技术调查官制度于我国是"舶来品",我国是在边摸索边总结知识产权司法保护的过程中予以引进的技术调查官制度,针对知识产权审判问题的特殊性,域外经验有设立技术法官、技术调查官、专家委员会、普通法官与技术审查官、专业法官与技术助理协同机制和技术陪审员模式。① 而我国的经验是形成了更为多元的服务于知识产权审判的技术查明机制,主要是专家辅助人、技术陪审员、技术鉴定人、技术咨询专家和技术调查官,它们各自的法律定位、职责参与以及对法官的约束都是各自不同的。在立法层面上我国最高人民法院于 2014 年 12 月 30 日发布了《关于知识产权法院技术调查官参与诉讼活动若干问题的暂行规定》(以下简称《暂行规定》);2014 年底作为中国新一轮知识产权司法保护的成果三家知识产权法院应运而生,知识产权法院的成立为更加专业化知识产权审判以及诉讼配套设施的建立提供了可能

---

* 本文系河南省社会科学规划项目"裁判文书公开中的利益平衡机制研究"(项目编号 2015BFX027)最终成果之一。

** 清华大学法学院 2016 级民事诉讼法专业博士研究生。

① 宋汉林:《知识产权诉讼中的技术事实认定—兼论我国知识产权诉讼技术调查官制度》,载《西部法学评论》2015 年第 5 期。

性，在十二届全国人民代表大会常务委员会在《关于在北京、上海、广州设立知识产权法院的决定》明确提出"要探索建立技术事实调查制度"。目前三家知识产权法院均设立有技术调查室来保证技术调查官制度在实际的知识产权审判工作中发挥作用，根据数据得知北京知识产权法院有技术调查官124名，但只有5名属于正式编制，其余的为兼职技术调查官；[①]上海知识产权法院技术调查室首批有11名技术调查官，广州知识产权法院有7名技术调查官，可以说具体审判的技术难题催生了技术调查官，但是我们需要冷静分析技术调查官的作用和存在的价值，在此笔者认为技术调查官制度作为一种诉讼制度其法律定位、技术调查结论的法律性质、法律责任的规制、现行制度设计以及司法运行中存在的问题、域外专利审判中与此类似的司法举措对我们改革技术调查官制度有什么启示？在知识产权案件不断得到细化的现今，与其他技术事实查明机制进行协调来最大限度地发挥技术调查官制度的作用，用全新的视角构建知识产权纠纷中的技术问题保障审判工作的更加专业化与精细化，对新的司法制度不断赋予生命力，在司法实践中发现问题、解决问题来充实和固化技术调查官制度从而更好地实现该制度设立的初衷与目的。

一、为何知识产权审判领域需要引入技术调查官制度？

1.知识产权诉讼本身的属性决定和完善诉讼程序的需要

知识产权（Intellectual property）其法律概念来源于西方国家，原意是来自知识创造活动领域的权利，因此决定了它的专业性、流动性和财产性等特征，传统的知识产权包括商标权、专利权和著作权，而现代社会已经大大衍生了知识产权权利范围，诸多技术前沿问题夹杂在诉讼中加大了案件审理的难度。知识产权案件的专业性如何体现？都会面对什么样的问题？第一，知识产权案件的特殊性就体现在权利争议的专业性、复杂性、前沿性和权利类型不断更新和变多、难点也跟着增多，加之目前的法律实践中很多问题并不单单是某一部门法领域的问题，会有学科交叉带来的融合增加知识产权纠纷解决的难度，例如除了专利、商标、著作权、植物新品种保护、集成电路布图设计、不正当竞争产生的纠纷以外，还有和民法部门结合带来的发现权、发明权、科技成果权的纠纷都属于知识产权纠纷范畴，[②]私法体系本就内容体系庞杂，这就造成知识产权诉讼是一个高度综合、细致、现代化的诉讼类型。第二，知识产权权利体系也是经过时代技术、经济社会的进步而不断拓宽，因此它本身的法律法规多、处理难度大，这就要求对于纠纷的解决要保持高度的敏感性和快速的学习能力。第三，知识产权的知识性、技术性、国际性特征催生出现代型诉讼模式，这种诉讼模式要细化纠纷解决的方式、提升纠纷解决的能力，技术调查官可以从完善知识产权诉讼制度的方面细化制度，技术调查官就像法官

① 数据来源：北京知识产权法院官网，《我国知识产权领域技术调查官管理和使用模式探究》，http://bjzcfy.chinacourt.gov.cn/article/detail/2018/04/id/3278653.shtml，最后访问时间：2019年10月14日。

② 彭霞：《构建有中国特色的技术事实查明机制》，载《重庆理工大学学报》2018年第9期。

的技术翻译和技术助理，从诉讼参与的层面为法官的知识产权司法裁判提供技术判断的帮助。

2.我国法官自身能力的限制

由于我国的国情决定，我国的法治发展道路还显得任重而道远，司法改革的部署和落实还需深入进行，我国法官的培养模式是基于文科式模式的选拔与培养，司法考试的内容是纯法律内容，后续的法官培养没有实现完全的持续性地培养，大多数法官在司法实践中得到历练，我国的法官在面对法律知识以外的技术难题时需要借助外在的力量，自己判决技术事实从而判案的在少数。还有一方面是时代的快速进步导致技术飞速引领社会并带来信息时代的诉讼难题，这样知识产权法官也会面临其他领域专家同样会遇到的问题。由于自身知识储备的限制与技术快速更新往往造成审理专利、植物新品种、集成电路布图设计等案件时造成卡壳和中断的情况，等有关人员辅助后厘清事实问题最终作出裁判，这一过程需要严谨准确，否则很容易破坏公平正义。

3.原先的“三位一体”的技术事实查明模式的缺陷

在以往的案件审理中面对涉及技术理解层面的问题会通过外援的方式得到一种司法过渡，这种方式有陪审员制度、司法鉴定、专家辅助人制度。通过引进技术调查官制度是因为在真实的知识产权案件中，司法鉴定制度、专家证人制度和专家陪审制度均有其缺陷和不足之处，比如存在着沟通机制不够完善、程序烦琐、诉讼成本高昂、缺乏有效的监督和管理机制等问题，造成法官并没有得到及时和有效的辅助。通过观察专家陪审员、司法鉴定人和专家辅助人我们可以发现这些都属于从“外面请来”或属于当事人一方，因此法院这边会呈现出比较被动的局面，如果要在审理案件过程中充分发挥法官的能动性和自由心证将大大提升知识产权案件的专业化水平。纵观以上这些因素，技术调查官可以发挥“一条心”的专业优势，保证了知识产权审判工作的公正性和规范性。然而在技术事实查明机制方面仍需探索更为细致和到位的机制，这种也许是一些制度共同发挥作用，也许是发展更为权威和专业的模式。

4.民事诉讼模式转型和维护程序正义的需要

我国的民事诉讼长期以来呈现的是职权主义模式大过当事人主义模式，在知识产权案件中这种职权主义诉讼模式因为种种原因的限制得到了无限放大影响了知识产权诉讼过程中当事人的正当权利。①

5.技术调查官本身的优势和作用

(1)专业性。法律本身够专业，但是知识产权案件本身带来的其他专业问题有时超出法律问题范畴另需其他知识辅助，这种专业体现在技术调查官普遍掌握一般技术领域的问题，可以保持前沿的技术资讯、理解专利等案件中有关案情的重要事实问题，在法官的授权与许可下参与案件的保全、勘验、调查取证、庭前准备、开

① 李昌超:《我国技术调查官制度的逻辑生成及制度前景》，载《河南大学学报》2017 年第 4 期。

庭审理、案件评议等诉讼环节。①

(2)高效性。在技术类案件审理中引入技术调查官制度从时间成本、财力成本等均会有所提高,技术调查官制度的灵活和高效体现在没有过多的无关事务牵绊,例如司法鉴定人员一般聘请的程序烦琐、人民陪审员也得从陪审库里选择,但往往有些陪审员并不能迅速到位,到位了也只是起不到实质作用。通过运行的技术调查官制度我们可以发现,技术调查室的成立为专业化运作提供了统一指导管理作用,法官通过与技术调查室的沟通可以迅速找到解开技术难题的人员,这样就大大提升了法官审判效率。

(3)中立性。何为中立?中立在现代汉语中的含义大体是"脱然于两股力量之外,在态度上是不偏袒任何一方的做法。"比起其他技术事实查明机制,技术调查官的中立性较强,因为它并不属于任何一方诉讼主体,例如专家辅助人制度是由一方当事人聘请来帮助打官司,因此在具体阐述案件事实时代表的是聘请当事人一方的利益,公正性难免打折扣。

(4)客观性。任何人都不能为自己的裁判,技术调查官虽然属于司法辅助人员,但是与案件涉及的利益相对远离,在对案件的态度上不会急功近利而是尽可能遵循客观事实和法律作出公平的判断。我们强调客观是尽可能掌握反应情况的事实资料,技术调查官对案情和技术的理解和把握通过全程案件参与,实现了一种较为充分的了解案情和接触各类证据资料的机会,由此保证了科学的查明技术事实。

二、我国技术调查官的制度运用的大框架问题

关于技术调查官制度的框架性问题主要是围绕其基本问题展开的,比如选任、回避、管理、工作职责、参与诉讼活动规则等。技术调查官制度是在新的知识产权司法保护层面引进和学习的新制度,现在还处于摸索与试验阶段,因此对于这种通过自上而下进行顶层设计的司法制度不仅需要做好理论准备,还需要面对实际司法实践,让其通过法律适用发现真正的问题。作为知识产权司法保护前沿阵地的三家知识产权法院相对较早地进行了调查研究,并根据实际司法实践提出了些许存在的问题。目前较为系统和全面地规定了技术调查官制度的框架性问题是2014年最高人民法院发布的《暂行规定》,例如技术调查官应该适用什么样的案件?类型如何?人员选拔如何安排?司法审判权与技术事实查明之间的关系问题、制度本身的定位、具体工作职责、技术审查意见书的撰写等问题均予以考虑到框架内来,否则会造成"雾里看花"的不明确感。

(一)案件适用范围

众所周知,知识产权诉讼容纳的案件种类之复杂、学科之间交叉性质明显,尤其在一些较为疑难、新颖的技术类案件让知识产权诉讼呈现出难以把握的特点,因此技术调查官制度首先应当明确在哪些案件抑或情形下适用,目前来看技术调查

① 北京知识产权法院编:《技术调查官制度创新与实践》,知识产权出版社2019年第1版,第7页。

官制度的适用范围并没有明确细化的法律规范，我们可以通过国家对知识产权案件管辖规定以及知识产权案件办理过程中涉及的“法律知识”以外的卡壳从而向一些专业人士寻求帮助。目前根据《全国人民代表大会常务委员会关于在北京、上海、广州知识产权法院案件管辖的决定》和《最高人民法院关于北京、上海、广州知识产权法院案件管辖的规定》以及司法实践中对于知识产权案件审理思路来看主要集中于一些专利、集成电路布图设计、计算机软件著作权纠纷、互联网＋背景下带来的诸多普通文科法官难以理解的技术问题案件。

(二)选任方式

知识产权审判面临的困惑我们应该选出什么样的技术调查官可以在一定程度上才能解决问题，在根据现有的规范性文件出台中有国家同一层面的内容也有部分专业知识产权法院根据本院改革需要制定的规定，例如北京知识产权法院在技术调查官制度的施行方面较为彻底和全面，制定出《北京知识产权法院技术调查官工作规则》《北京知识产权法院技术调查官管理办法》有所探索，技术调查官机制应该有多种来源渠道，从大局出发，只要是可以解决技术判断等问题，应该拓宽来源和方式。现有的有法院在编、法院聘用、交流形式以及兼职形式存在的技术调查官人员。通过比较国外或者其他地区的技术调查官、专家可以发现，选拔来源不能过于单一，应该从从事技术类学科教学研究、生产领域的专家、专利审查等单位部门考虑。

(三)制度定位

技术调查官是服务于知识产权司法审判实务，但不等于拥有审判权，在知识产权案件的审理中，审判权依旧属于法官群体，换句话说技术调查官是法官的技术助理，帮助法官厘清和理解对于案件审判有用的技术事实，但是对案件的裁判结果不具有表决权。[①] 技术调查官是司法辅助人员，司法辅助即非司法主导，因此案件到最后的判决环节的真正裁决者是法官，故技术调查官就成为了法庭中有着特殊作用的参与者，与审判员和人民陪审员相区别开。对于技术调查官的法律定位就在于保持一种中立的判断技术难点的独立作用，不可要求过严也不可过松，在实践中得到积淀和成熟起来。

(四)技术审查意见的撰写

技术审查意见是一名合格的技术调查官在经过诉讼过程中当事人之间的对抗、质证并经过自己的知识加以加工从而对案件中的有关技术事实的说明和分析，借此不仅仅是技术调查官工作的一部分见证，更是法官审理案件的重要参考、当事人有疑问时的资料文件。在制度初探的今天，如何对技术审查意见进行定性？其作用上又该如何把握？既要明确又不可过于突出重要性，需要掌握好司法审判与专业知识补给之间的利益平衡。

根据 2014 年 12 月 31 日发布的《暂行规定》来看，该规定第 9 条规定：“技术调

---

① 马治菲、韩元牧：《简述技术事实之审查—从我国知识产权法院设立技术调查官制度谈起》，载《中国发明与专利》2015 年第 5 期。

查官提出的技术审查意见可以作为法官认定技术事实的参考。"技术审查意见的撰写应当突出为法官答疑解惑的作用、明确技术事实的争议焦点、对技术事实的方法提出建议、对涉案证据内容的认定、解释说明技术术语。技术审查意见的撰写应该突出重要部分,省略不必要的内容,主要应当写明:1、案号、案由、合议庭组成、当事人基本情况;2、案件技术问题的归纳;3、出具的技术审查意见及其理由;4、其他必要内容。技术调查官在诉讼过程中不仅仅是一种"局外人"角度观察分析,更应该发挥应该有的能动作用,在自己的知识储备下,对复杂的技术事实作出清晰的判断与取舍,在不涉及法律问题的基础上作出有理有据的分析和结论。

技术审查意见是按照法官的指示,根据现有的当事人提供的证据及其自身专业知识作出的主观性意见。① 技术审查意见是一种独立存在于案件审理过程中,可以认为是技术调查官的业务成果,既不是证据资料也不是鉴定意见,法官可以借助参考也可以通过其他途径解决技术事实问题。技术调查官应当在案件评议前完成并提交技术审查意见,技术审查意见类似于法官在案件评议时发表的评议意见,因此技术审查意见归入案卷副卷备查。② 在技术调查官制度引进我国专业知识产权法院 4 年之际,通过北京知识产权法院的整理,目前技术调查官已经在 1144 件案件中为法官提供了技术咨询。③ 法官团体对技术调查官的作用也给出了高度的认可。④

(五)技术调查官制度目前存在的问题

1.需要进一步完善与细化技术调查官制度的选任方式

选任方式的确定统一科学合理与否关系到该项制度的生命力,在选任上应该调动职业参与者的积极性,从薪酬到职业尊严感来提升。发现问题之前需要明白现有制度的规定,在《暂行规定》第 1 条规定中指出技术调查官应该设置在知识产权法院,这就决定了技术调查官应该成为法院中的正式职位,在法院内占有一定的编制,即行政在编人员。这种囊括进法院编制的做法可以在一定程度上保证所需的技术调查官,在需要和法官进行配合的时候一起合作,但是不可否认的是在编行政编制式的技术调查官依旧存在弊端和不足,体现在 1、人数不稳定和少数;2、技术知识和经验覆盖不到位,这就是目前比较突出的技术调查官选任来源比较狭窄和单一。随着法院立案内容的丰富和复杂,对于技术难题提出了更为宽广的要求,这就决定了辅助法官的司法辅助人员需要保证一定的技术知识的更新和交叉学科的适当掌握,并且在充分实现职业尊严感的同时服务于知识产权审判多元化的要求,这些压力和困难对于一名有着技术基础的人来说是较难转换角色的。因此在

---

① 强刚华:《试论中国知识产权法院技术调查官制度的建构》,载《电子知识产权》2014 年第 10 期。

② 宋晓明、王闯、吴蓉:《〈关于知识产权法院技术调查官参与诉讼活动若干问题的暂行规定〉的理解与适用》,载《人民司法》2015 年第 7 期。

③ 数据来源:"知识产权库"微信公众号。

④ 根据针对法官团队发放的 2017 年问卷调查显示,83.3%的法官认为技术调查官在案件审判工作中发挥了重要作用。

选任问题上先建立一批固定的技术调查官队伍，在这基础上进行制度创新，与其他选任方式结合和平衡，以求制度运用的最大化合理。

2.科学合理、因地制宜地确定技术调查官的人员数量与质量

技术调查官的人数过少和不足是一大问题，由于可以满足合格的技术调查官制度的各项条件较难，所以技术调查官的数量不是很可观。例如一名高质量的技术调查官若要作出有理有据的审查意见，不仅需要精通专利法还需在对专利审查的实务工作中对损害判断问题要明白，目前在做成熟的知识产权法院成立的技术调查室中设立 10—40 名人员，涵盖范围较为普遍，这就造成较为粗糙的局面，技术细化和分工负责没有形成，只能是在较广的层面上调查，因此并不足以胜任专利诉讼中的技术争议，法官还需借助传统的方式。因此需要扩大数量，并严格选择技术过硬的专家，提供好的福利吸引工作。

3.技术审查意见是否应当向当事人进行公开

对于技术审查意见是否予以公开在理论界和实务界有着较多的争议。在 2014 年发布的《暂行规定》中并没有正式规定是否公开，这就在实践中存在着一些混乱，这样带来的后果是容易导致审判突袭问题的出现。[①] 技术审查意见凝结了案件关键事实问题，如果在一定程度上被法官参考并采纳将会对当事人的正当权利产生影响，即辅助法官自由心证的形成，所以在这里需要明确技术审查意见的性质，即为法官判案提供参考的依据，乃构成诉讼材料的一种文书。在讨论技术审查意见是否应当向当事人公开时，我们先弄明白技术审查意见包含哪些内容？这些内容对当事人权利产生什么影响？公开还是不公开都会从哪些角度对相关利益主体产生影响？一个严谨科学的权利事实认定审查意见书应该包括：(1)对于纠纷案件中的技术方案的图表分析和自己的推理；(2)争议专利之间是否构成相同的问题以及证明方案；(3)对法官审理案件的事实建议。技术审查意见关键就在于合格的技术调查官通过严密的逻辑和储备的技术知识推理和判断出被侵权专利或方法是否构成与涉案专利的相同问题，需要逻辑严密、陈述准确地向法官或当事人说明，其中准确是第一要素，需要开放才可以保证后续过程中不至于损害当事人的正当权利，笔者认为技术审查意见书不应该成为法官与技术调查官沟通交流的媒介，更应该在某个程序阶段让双方当事人知晓并有足够的司法通道和时间保证自己不被“突袭裁判”，如果不是这样很显然是违背了法律的公平原则和价值追求，从诉讼法的角度是损害了当事人的诉权和辩论权。

4.如何保证技术调查官自身知识储备与能力的更新

时代变化瞬息万变，尤其现在进入人工智能时代，中国技术的创新和进步势必也会带动法律领域的变革，法律界需要学习和回应大数据、人工智能给社会带来的变化并进行制度修正。技术调查官承担着技术事实判断的司法辅助工作，因此在法律与技术之间进行自由切换，这里的法律并不是需要精通而是需要和法官进行

---

① 杨严炎：《论民事诉讼突袭性裁判的防止：以现代庭审理论的应用为中心》，载《中国法学》2016 年第 4 期。

密切沟通合作，用技术的语言服务法律的裁决。根据多年的司法实践，技术调查官这一工作也是需要不断学习，而且需要学习法律和技术的行业。因此从法院一方加强技术调查官的培训与考核显得尤为重要，技术和法律双肩挑，这个比例可以三七分，应该定期考核技术调查官的技术知识储备以及运用专业知识水平的能力，加强撰写技术审查意见书的培训和技术调查官参与诉讼活动规范的培训。

5.法律事实与技术事实的边界确定模糊问题

技术调查官属于司法辅助人员，虽然名称中含有“官”字，但是对于法律事实的判断和最终的裁判权属于法官是众所周知的。一般来说事情的过程往往会比结果复杂，在知识产权诉讼中会出现司法案件的技术性与法律性交融的情况，技术调查官很难做到泾渭分明地不“越俎代庖”的完成司法辅助任务，例如在专利侵权的诉讼进程中往往会进行对专利说明书和权利要求书的判断，这种判断当然会涉及中国《专利法》的立法目的和精神，所以并不仅仅是技术问题。① 根据笔者的推断，现在情形下法官一般不会太在乎严格的程序正义，面对审判案件效率的需要，若能及时提供解决难题的钥匙，可能实质正义与程序正义之间的博弈并不那么重要。换句话说在知识产权诉讼这一逐渐兴起和突出的现代化诉讼模式下，针对局部的改革可能会有漏洞，谁来监督具体的事实问题与法律问题的严格区分并不容易，应然状态下是技术调查官用普通易懂的语言解释清楚的权利的归属而不涉及过深的法律问题，将司法权回归法官。

6.技术调查官的公正性受到质疑

虽然技术调查官比起其他群体更具备专业性和科学性，但是其作出的知识产权案件中的技术事实的判断的合理性和准确性如何还是存在着一些问号和疑虑的。对于公正性的怀疑主要来自两个方面，一是职业历史；二是技术能力，由于现有的选任模式一般都会从处理知识产权争议的行政机关来，那么很难保证由于长期的工作“关系”而不会出现一些有违公正的判断和结论。技术调查官在出具事实认定书时是否应该首先认识到身份回避的问题，之后应当有事后救济措施防止技术调查官的错误，在对技术调查官进行监督的过程中法官和当事人双方应该发挥作用。

三、域外技术事实查明机制的制度构成及其对我国的借鉴意义

(一)英美法系下的技术事实查明机制

1.英国模式

英国是知识产权制度发展的鼻祖，在知识产权诉讼方面有着自己的特色，在知识产权司法系统构造方面较为复杂。在专利、半导体电路布局、注册外观设计、植物新品种等技术类案件方面交给伦敦的高等法院大法官庭下的专利法庭和知识产

① 李响：《知识产权审判中的技术调查官制度刍议》，载《知识产权法研究》2017 年第 6 期。

权企业法庭，[①]配备技术陪审员解决知识产权案件，技术陪审员协助法院处理其掌握技术和经验之事项。[②] 技术陪审员做的事情是在法官的指令下参与诉讼程序，递交技术报告，技术陪审员不出庭，以言辞方式作证，或者接受当事人询问。英国的技术陪审员和大陆法系的技术调查官类似，不同的是技术报告需及时送达双方当事人，也许这就是诉讼模式不同导致的差距。

2.美国模式

美国的主要特色就是法律较为综合、立体和多元，法律专业的学习是需要先经过其他学科的学习才能进入。美国是没有专门的知识产权法院，在美国的法律体系下存在着联邦与州体系因此美国的诉讼程序与环节较复杂，在复杂的知识产权案件中解答技术难题主要由专业法官和技术助理协同专家证人或者技术专家提供咨询办案。[③] 在美国模式下是原被告双方的专家之间实现充分辩论，法官属于中立地"旁听"来厘定争议事实，这就是美国民事诉讼中会充分体现出"当事人主义"色彩，程序正义的高度重视，所以面对技术事实认定时需要多方资料，例如(1)专家证词(Testimony by Experts)；(2)专家证人(Court-Appointed Experts)；(3)特别专家[④]，通过以上几种方式我们可以总结技术问题通过专业人士的筛选得到了保障，同时在诉讼程序方面给与当事人合理有效的救济和异议权利，很好地保证了当事人的权益。

(二)大陆法系下的技术事实查明机制

大陆法系国家对于探究技术事实主要邀请专家或者本身就可以解决技术争议的法官解决，例如德国的技术法官、日本的技术调查官和瑞士的借助技术专家的做法。[⑤]

1.德国技术法官模式

德国对于知识产权技术类案件的审理是有着专门的专利法院，即德国联邦专利法院其成立于 1961 年，专利法院中有专门的技术法官和法律法官，技术类知识产权案件就是由技术法官和法律法官共同审理，技术法官需具有一定的技术资质和知识并要有相应的法律知识。[⑥] 技术法官和法律法官可以享有同样的权力并可

---

① 黄晓酥、陈静怡：《英国知识产权审判体系》，载《科技与法律》2015 年第 7 期。

② 《英国民事诉讼规则》，徐昕译，中国法制出版社 2001 年版。

③ 徐雁：《论我国知识产权专家参审制度之完善》，载《东南司法评论》(2012 年卷)，厦门大学出版社 2012 年版。

④ 易玲、熊英灼：《认同中的抵抗：当技术与专利审判相遇时—对美、德、台应对举措的反思》，载《科技与法律》2015 年第 5 期。

⑤ 《瑞士法院启示：需建立知产审判技术专家队伍》，信息来源：http://www.gipb.com.cn/ZSZX/GC/201312/4197.html，最后访问时间：2019 年 7 月 28 日。

⑥ 陈存敬、仪军：《知识产权审判中的技术事实查明机制研究》，载《知识产权》2018 年第 1 期。

以终身任职。在《德国法官法》第120条和《德国专利法》第65条对此有专门的规定。[①] 让专业的人去做专业的事，在针对知识产权审判面临的高技术难题面前，全球知识产权司法保护先进国家进行过探索，1911年一名美国法官比林斯·勒尼德·汉德在针对技术事实及争议判断的问题时指出："在没有权威科学的懂行人士辅助下作出只是基于法律判断的主观评价是错误的。"[②]德国的技术法官通常是具备法律知识和技术知识双重背景，德国的联邦专利法院在审理专利确权的行政纠纷案件中有着专属管辖权，在法官组合上是三名具备技术背景和法律背景的法官构成。[③] 这些在德国的技术法官通常是从专利商标局中的资深技术审查员中挑选。[④]

笔者认为对于技术类知识产权案件宜细不宜粗，从细处入手可以提升案件审判效率和准确率，省去了大量的中间环节，因此在具备一些客观环境后我国以后可以考虑这种模式。

2.日本技术调查官与技术咨询专家制度

日本和德国一样在技术事实的认定问题上实行严格的选拔和可靠的合作关系，在日本有技术调查官、技术咨询专家，这些人均为技术领域的专家，与德国不同的是日本的这一制度是较为灵活和机动的，这些从特许厅审查员或者专利律师中选出来的人被任命后正式成为法院的工作人员，通常需要有15—30年的审判实务经验，在任期结束时其权利义务关系终止。日本的技术调查官对技术事实进行审查和认定并制作报告给法官看，但是审查意见的内容对于法官定案只是一种参考作用。[⑤] 可以说日本是最早建立技术调查官制度的国家，整个日本法院目前共有21名技术调查官在职。[⑥]

日本的做法对我国的启示就是务实，要起到提升审判效率的真正作用。在循序渐进的磨合中扩大了技术调查官的诉讼参与权，在《日本民事诉讼法》第92条之8规定，技术调查官有向当事人发问的权利、设立了技术调查官的回避制度。[⑦] 我国应该加强相关法律的制定，明确通过法律的形式确定这项制度的实施，否则会造成可有可无的制度反而不利于审判工作。

---

① 仪军、李青:《我国知识产权审判领域技术调查官选任问题探析》，载《专利代理》2017年第1期。

② Parke-Davis&Co.v.H.K Mulford Co.,189F.95,103(C.C.S.D.N.Y.1911).

③ 游倬锐:《比较法视野下我国知识产权案件技术事实认定之检视—兼论我国知识产权案件技术调查官制度》，载《法制与社会》2018年第2期。

④ 马治菲、韩元牧:《简述技术事实之审查—从我国知识产权法院设立技术调查官制度谈起》，载《中国发明与专利》2015年第5期。

⑤ 廖真:《我国知识产权技术调查官制度设置相关研究》，暨南大学2014年硕士论文。

⑥ 强刚华:《试论中国知识产权法院技术调查官制度的建构》，载《电子知识产权》2014年第10期。

⑦ 沈露:《知识产权法院体系框架研究》，湘潭大学2016年硕士学位论文。

四、"四位一体"技术事实查明机制之运行模式及协同互补机制

技术事实查明机制是通过专业配套机构以及手段解决知识产权法官急需的判案信息，不仅仅是在知识产权案件中得到运用，只不过当下知识产权案件审理专业化的客观趋势所致，技术事实查明机制的不断探索和完善是随着我国知识产权司法保护体系的发展和推动决定的。我国实务界存在着4种技术事实查明的专业化方法，包括技术调查官制度、司法鉴定制度、专家陪审员制度和专家辅助人制度。① 技术调查官制度出现的最晚，最终构建起较为专业的规范体系，但这并不意味着独一无二的地位，即使是走过很长发展阶段的知识产权司法保护强国也同样会发挥不同技术事实查明机制的优势与效率。在这四位一体的格局中我们如何提升判案效率？这四个方法之间如何协调和配合来保证其客观性、中立性和科学性是一个司法改革课题。

专业化人民陪审员是相较于其他为我们所熟知的，2010年最高人民法院发布《关于人民陪审员参见审判活动若干问题的规定》，强调发挥特定专业人士对于特殊案件的作用。在实践中会有高校或者行政机关的一些专家会出席庭审，从专业知识出发解答法官的困惑，这样一来就会和2014年引进的技术调查官制度产生冲突，如何将各自的特点把握好之后发挥各自的独特作用才是合理之举。专业化人民陪审员可以发挥专业优势、选拔便捷、节省法院开销并且可以保持技术知识的前沿性更新，但是不利之处就在于缺乏效率、不能保证出席率、没有实质性作用、参与案件的深度性不够，因此需要长期稳定和高效的技术查明机制。

司法鉴定制度也是运用得较为广泛，有着启动方便、结果准确等特点，它是鉴定人在诉讼过程中运用科学技术或专门知识对专门性问题进行鉴别和判断并最终出具鉴定意见的过程。② 司法鉴定可以保证专业性、中立性和科学性，但是无法保证诉讼参与的全程性，还是显得比较被动，这对于知识产权案件的审理还是不太适合。司法鉴定的主要对象是证据资料之后形成专业报告，技术类案件的审理除了面对大量证据资料，还会出现大量的权利说明书、专利说明书和技术方案，这些的判断就需要形成密集、配合的氛围。

专家辅助人是依靠当事人一方申请的具备专门知识的人，专家辅助人是其他诉讼参与人，其立场始终站在当事人一方，其中立性会大打折扣；现在为了解决办案需要，没有当事人申请就无法启动专家辅助人，所以在效率上也是不高的；由于专家辅助人的当事人色彩较为明显，对于其出具的意见是否采用的判断需要法官谨慎判断，所以针对案情需要当下拓宽信息获取的渠道，综合运用技术事实查明

---

① 王海莹、马波：《论地方法院知识产权司法审判中技术事实认定专业化的路径选择》，载《内蒙古科技与经济》2016年第20期。

② 《全国人民代表大会常务委员会关于司法鉴定管理问题的决定》。

方式。

技术与法律交融带来的问题是给法官提出了诸多要求，因此对于复杂案件可以考虑灵活运用 2 种或 3 种以上的技术事实查明方式，发挥制度的最大效应，形成以法官为主导、技术调查官为核心的诉讼引导，共同快速和便捷地审理案件。

五、我国技术调查官制度的优化建议

1.进一步探索细化技术调查官制度，发挥技术调查官的最大作用

我们需要明确的是制度存在的根本意义，如果起不到实质作用宁可不要。技术调查官制度在法律规定层面是较为原则性的，精致操作还需实践提供课题研究，现在来看技术调查官在司法实践中已经在成百上千的案件中积累了很多的经验和教训。无论从理论层面还是实务层面，技术调查官应当是处于从属性、被动性、保障性和佐理性的，不能在没有法官的指示下率先启动技术事实调查工作；在法院内部应该和法官助理一样和法官团队构成紧密的组合，目标是解决案件，对外和当事人、证人、相关第三方鉴定机构保持沟通和交流，最后应该严格界定其法庭中的作用和职务权限的边界，在我国民事诉讼模式当事人主义并不是十分明显的情况下发挥技术判断司法“智囊团”的作用。总之应然状态下的技术调查官的作用应该是在原有的解决知识产权案件技术问题的方法上更加强力拓宽与有效弥补，做到“及时雨”的作用。①

2.改革审判方式，加强法官队伍的法律和技术知识的学习

我国的法官队伍自改革开放以来得到了长足的进步，但是面对中国经济的快速发展和全球保护知识产权的浪潮下，我国有诸多的案件呈现出类型新、难度大的情况，面对棘手的难题法官自身的业务能力还存在着较大的提升空间。法律的学习并非一日之功，面对爆炸式增长的案件，法官本身也压力大，但是也要有所针对性，对于知识产权法官来说还是得加强其专业化程度，法律和技术都要过硬。知识产权这个学科本身带有理工科性质，对于司法审判来说适当合理地培养懂技术的法官可以更好地促进案件审理，笔者认为这会是未来的一个趋势。

3.注意保护当事人在知识产权诉讼进程中正当权利的保护

强调保护当事人正当程序权利是因为制度运行这几年来为了追求效率和结果公正难免会损害当事人程序性权利，例如当事人如何提出异议和保护自己的权利？庭审前和庭审中都有哪些权利和技术调查官“过招”？一般来说在涉及技术事实的判断问题上终归要解决的是被控侵权“专利”与涉案专利以及公共所知技术之间是否构成相同的问题？在进行判断的过程中若没有相关的程序救济措施很容易导致技术事实判断问题被某一群体所垄断，在中国社会转型进入攻坚期的今天，我们的诉讼模式也是在逐步转型中，即追求当事人诉讼的对抗性、平等性，程序正义的价

---

① 王勉青:《知产审判中的技术调查官制度》，载《上海法治报》2016 年第 B06 版。

值会放在较高的位置，程序正义即保证整个诉讼过程中的公正。① 程序正义在诉讼中的体现应该是保障有及时救济以及对抗的途径和方法，节省不必要的诉讼成本。所以笔者认为在面对技术类案件审理时需要保证当事人的陈述意见和争辩的权利与途径，而且技术调查官也应该和当事人进行必要的沟通，让当事人对其技术事实问题认定所依据的关键点有所预期，否则会容易造成“突袭裁判”。

4.各级法院之间合作探索研究技术调查官工作模式，加强制度建设来助力司法审判

现在中国建立了“3＋20”的知识产权司法保护模式，即 3 个专业知识产权法院，20 个知识产权法庭。在知识产权司法领域的先进制度改革目前集中在这些地方，鉴于知识产权纠纷在未来的中国会越来越普遍，因此先进地区带动其他地区必定会起到交流和发现问题的作用，当下上至最高人民法院(“礼来公司诉常州华生制药有限公司”案)到基层人民法院都有了运用技术调查官制度的影子，在这些积累的司法实践中可以发现一些问题并根据这些问题进行规则制度的完善，2016 年北京知识产权法院指定实施了《北京知识产权法院技术调查官回避实施细则》，较为细致和实用地规定了回避制度。

5.建立充实多元的技术调查官人才库

“等到用时方恨少”是目前技术调查官工作的一个尴尬局面，知识产权现实的诉讼案件是复杂的，我们目前缺乏胜任复杂高难度案件、专长技术领域和熟练交叉学科的人员，这不仅是当下的客观司法环境决定的，更是对未来中国知识产权司法保护的思考。我国在 2008 年提出“国家知识产权保护战略”，2018 年印发了《关于加强知识产权审判领域改革创新若干问题的意见》(以下简称《意见》)，其主要强调人民法院知识产权审判工作对于我国创新驱动发展战略和知识产权战略的独特作用，技术调查官作为服务审判工作的关键环节，其选任方式、任职类型、职责范围、培养机制同样被《意见》提及，技术调查官认定技术事实的有力和高效对于提高知识产权审判效率的重要作用不言而喻，而提高认定技术事实的有力措施就是培养稳定的高素质技术调查官队伍，从激励手段、经验交流、改革部署等方向出发，保证技术调查官可以持续稳定地保持在一定的数量，拓宽技术调查官人员的知识覆盖面，如知识产权案件广泛集中的化学、医药、材料、计算机、机械、通信等技术领域，形成企业—高校—法院的高度交融合作模式，培养技术知识过硬、语言表达与沟通交流能力强、熟悉法庭工作流程的技术调查官队伍。

6.从“三性出发”，完善技术调查官“回避”和信息公开制度

为了保证案件得到公正、科学和中立的处理，技术调查官制度需要从自身的回避问题和信息适当公开方面作出努力。回避制度是为了尊重司法的公正性而设置的来保护当事人的合法权益，技术调查官中的一定数量往往会来源于一些行政机关，这就难免导致在诉讼中会涉及利益冲突，如何从理性手段避免“感情纠葛”是考

---

① 李昌超:《我国技术调查官制度的逻辑生成及制度前景》，载《河南大学学报》2017 年第 4 期。

验司法公正性的关键,回避问题的合理设置应该是由法律规范和法官来把握,根据《暂行规定》第5条提到的当事人有权申请技术调查官回避这一问题目前来说还是过于原则和抽象,应该细化案件审理过程中的规则,覆盖到方方面面的情况,例如不同诉讼程序面临的回避、不同案件性质的法律适用问题。

关于信息公开的问题是涉及技术调查官本人和其出具的技术审查意见书的公开问题,由谁担任技术调查官,当事人在什么时候得知相关信息以及相应的权利怎么安排?有些案件还会引起较大的关注,向新闻媒体、社会公众和当事人也要进行公开。① 技术审查意见应该保证其准确和公平,由于技术事实认定会在一定程度对技术秘密保护工作不力,因此应当适当的公开,例如可以从认定结论作出的依据、有些证明资料等方面,并不是将技术信息和相关考虑因素、技术调查官的具体技术事实认定和推论的过程不宜公开。

六、结语

技术调查官制度目前来看依旧属于新制度,是伴随着中国对知识产权事业的关注和司法保护力度的加强而予以深化改革来适应不断增长的司法实践的需求。在知识产权审判当中引入技术调查官制度无疑是促进我国知识产权诉讼制度的进步和现代化,提升了技类案件的专业化审理水平。技术调查官制度的关键在于提升诉讼效率,节约不必要的成本,这在当下与传统积累下的查明机制必定造成混乱,这种分工合作的做法无疑是尊重法律科学规律、保障当事人正当权利的好的改革。在展望未来的同时我们也必须认识到目前技术调查官制度的存在的诸多问题,是否实现了改革的初衷?在充实和变革知识产权诉讼制度的过程中如何将技术调查官制度与其他诉讼制度进行衔接是考验着改革的成败与否。

从一些国家或地区的成熟做法来看,技术调查官制度得到良好的实际运行是因为有了正式的立法规范,②除此之外仍需多观察、多总结,不断发现实践中反应的问题,希望法学专家学者、司法审判人员可以将理论与实践相结合为技术调查官制度的运用和成熟献言计策。

---

① 北京知识产权法院已于2018年4月通过官网向社会公开45名技术调查官人员的信息。

② 马浛菲、韩元牧:《简述技术事实之审查—从我国知识产权法院设立技术调查官制度谈起》,载《发明与专利》2015年第5期。

实务探微

诉讼时效制度程序实现机制

——以诉讼时效超过为背景*

赵信会　葛春燕**

摘　要　诉讼时效制度是民事诉讼中的一项重要制度，但是我国目前没有关于诉讼时效制度的具体规定，特别是缺乏诉讼时效实现的诉讼制度，使得诉讼时效制度在司法实践中适用存在分歧。本文以诉讼时效超过为核心，通过探究诉讼时效超过的性质以及法官能否对诉讼时效进行释明，诉讼时效的举证证明责任应如何分配等问题来实现诉讼时效制度的程序实现机制。

关键字　诉讼时效超过　性质　举证责任

诉讼时效制度是各国民商法制度的重要方面，是为促进民商事法律关系的快速流转而设置的制度，其在较大程度上平衡了债权人利益保护与债务人利益保护之间的关系。应该说2017年的《民法总则》对诉讼时效的类型、诉讼时效中止、中断、延长等均做了比较详细地规定，这对诉讼时效制度的制度目标之实现有极大的助推功能。不过，诉讼时效制度的具体适用仍然存在较大混乱，最高人民法院的司法解释规定对于诉讼时效超过人民法院不能释明，但规定人民法院应当对买卖合同中的违约金予以释明，这其中到底存在什么样的逻辑原理或者法理？诉讼时效超过的举证证明责任到底由何方当事人承担？对于前者学者分别从不同的视角进

---

*　本文是山东省社会科学规划研究项目重点课题“法律审式的民事上诉制度研究”(18BFXJ03)的中间成果。

**　赵信会，山东财经大学三级教授、法学院院长、校法律事务室主任；葛春燕，山东财经大学民事诉讼法学研究生。

行研究,并给出了自己的解释。① 而举证证明责任分配问题也与诉讼时效的性质有一定联系,为此笔者拟对诉讼时效的性质以及与此相关的诉讼时效的举证证明责任分配、释明的依据等进行研究,以求对民事诉讼时效制度的适用有所裨益。

一、诉讼时效超过的性质

诉讼时效的运用对于诉讼活动至关重要,可以决定案件的最终结果。因此对于诉讼时效超过如何定性就变得格外重要。学界一直以来对于诉讼时效超过如何定性存在很大争议,有学者认为诉讼时效超过就意味着实体权利的实际消灭,也有学者认为诉讼时效超过并不意味着实体权利消灭,实体权利仍然存在,消灭的仅仅当事人的诉权。有一部分学者认为诉讼时效超过意味丧失胜诉权,目前这是我国的主流观点或者主导观点。还有学者认为诉讼时效超过之后抗辩权就发生了。因此现行通说主要存在这四种观点。

(一)诉讼时效设立的目的

要想研究诉讼时效超过的性质首先我们要了解诉讼时效设立的目的。关于诉讼时效制度的目的英美法系国家和大陆法系国家存在不同的观点。在大陆法系国家和地区关于诉讼时效设立的目的存在以下几种观点:有学者认为诉讼时效设立的目的是给权利人压力,督促其行使权利。消灭时效制度可促使当事人基于实体权利及经济利益的考虑及时行使权利。② 亦有学者认为诉讼时效设立的目的是简化法律关系,减轻法院负担,降低交易成本。③更有学者认为诉讼时效设立的目的是权利上之睡眠者不值保护。通过时效制度,使权利人丧失其权利,实系对于权利不行使者一种消极的限制。④ 日本学者认为诉讼时效设立的目的是保全新的事实状态,平稳久占他人之物者,可取得其所有权,而怠于行使权利者不得主张其权利,这正是为了顾全已形成的秩序之安定。⑤ 英美法系国家和顶起的学者认为设立诉讼时效是为了公共利益。英美学者普遍认为时效制度的主要目的之一是为了社会公共利益,而社会公益要求讼争尽快得到解决。另一种观点就是为了免除被告的不确定性。如果没有诉讼时效的限制那么被告就会处在一种随时被诉的状态中。

---

① 清华大学任重博士从是否存在当事人最低限度的暗示之角度予以划分,认为对事实问题、证据问题以及法律问题的释明只有在当事人有最低限度的暗示时方可进行,否则的话,释明的边界必须结合处分原则、辩论原则以及法官中立的要求加以斟定。任重:《我国民事诉讼释明边界问题研究》,载《中国法学》2018 年第 6 期;张海燕教授则从当事人实体抗辩的分类之角度予以研究,认为实体抗辩包括事实抗辩和权利抗辩,对于属于权利抗辩的诉讼时效法院不能释明,而对于属于事实抗辩的违约金问题法院可以释明。张海燕:《论法官对民事实体抗辩的释明》,载《法律科学》2017 年第 3 期。

② 黄立:《民法总则》中国政法大学出版社 2002 年版,第 451 页。

③ 王泽鉴:《民法总则》,中国政法大学出版社 2001 年版,第 517 页。

④ 郑玉波:《民法总则》,中国政法大学出版社,2003 年版,第 491 页。

⑤ [日]副井政章:《民法原论》(第 1 卷),陈海瀛、陈海超译,中国政法大学出版社 2003 版,第 367 页。

我国设立诉讼时效的目的与大陆法系的观点近似，主要是为了尽快定纷止争减轻法院的负担，稳定社会秩序。基于不同的立法目的所以对于诉讼时效超过的性质存在不同的观点。

（二）实体权利消灭主义

实体权利消灭主义这一观点是由德国学者温特夏德提出，其内涵为当诉讼时效超过之后权利人的实体权利归于消灭。权利人和义务人没有了法律上的权利义务关系。比如甲欠了乙 100 万，诉讼时效期间内乙没有要求甲还钱，那么甲乙之间就不再存在借款法律关系。也就是说甲不再欠乙的钱。若此时甲再将之欠乙的 100 万还给乙，那么乙就属于不当得利。日本是典型的采用该观点的国家。《日本民法典》中规定了如果债权在十年间不行使，那么债权就归于消灭；若二十年不行使其财产权则财产权归于消灭。

实体权消灭主义虽然成为一些国家的主流观点，但是这一理论仍存在着一些问题。首先，这一学说的着重点在于维护社会秩序，并格外强调维护社会秩序的稳定，相应地在一定程度上忽略了对善良风俗的尊重。毕竟在我们正常的价值观里借了东西是要还的，损坏东西是要赔的。然而实体权利消灭主义主张诉讼时效期间过后借的东西不用换，损坏了的东西不需要赔。这是与我们的道德观价值观相悖的。此种制度设计，没有充分地尊重当事人的意思自治，没有给予道德合适的调整空间，容易造成法律与道德的对立，不利于有效避免消灭时效制度的反射效果的发生。科学的诉讼时效制度要在稳定社会秩序和尊重善良习俗两者间寻找一个平衡点。很显然实体权利消灭主义的学说没有达到这样的平衡。其次，该学说在设计上明显的偏向义务人，太过于保护义务人。对于义务人而言因为法律对他的保护他就会故意拖延履行义务并希望最终因为诉讼时效的超过而逃避履行义务。若是将该学说应用于实践中则存在鼓励义务人该种行为的嫌疑。再次，会出现权利归属处于真空状态的情形，即一方面权利人的权利因消灭时效届满而消灭，另一方面相对义务人又不能因此取得权利。于是，原来的权利便没有归属。最后，民事诉讼的目的是为了保护当事人的权利。但是这样的诉讼时效规定并没有真正保证当事人的权利。当诉讼时效期间届满之后当事人之间就自然而然地丧失法律上的权利义务关系，权利人也就丧失了提起诉讼的法律依据，当事人之间的纠纷不能通过法律得到公正的解决。

（三）诉权消灭主义

诉权消灭主义是由德国学者萨维尼提出的。该主张的内涵是当诉讼时效期间超过之后，权利人的实体权利不消灭转换为自然权利，诉权消灭。权利人要想实现权利不能再依靠法律的强制力而依靠义务人的道德良知。若诉讼时效过后义务人基于良心发现、舆论压力等原因，又主动履行义务，权利人接受履行后义务人又反悔的，该项给付合法有效受法律保护，义务人不得以不当得利为由请求权利人返还其给的给付。因为权利人的实体权利并未丧失，故其接受义务人的义务履行有法律上依据，不构成不当得利。基于诉权二元论，诉权应该包括程序上的诉权和实体上的诉权。程序上的诉权指的是起诉权，而实体上的诉权为胜诉权。正如上文提到过的关于诉讼时效超过的性质有实体权利消灭主义、诉权消灭主义、胜诉权消灭主义和抗辩权发生主义这四种观点。因此这里的诉权指的应是起诉权。

诉权消灭主义这一学说虽然在一定程度上比实体权消灭主义更好地保护了权利人的权利但是仍然存在一些问题。第一,从理论上讲,作为权利,其本质特征就是受到国家的保护,如果没有对权利的保护措施,权利就变成一种道德上的请求。按照诉权消灭主义,已过诉讼时效的民事权利仍存在但不受司法保护,这样的一种解读或者理解违背法律权利的基本性质,并因之使法律权利不能成为审判规范。若根据诉权消灭主义的理论民事权利虽然存在但是却不受法律的保护,那么这是与权利的概念是相悖的。第二,从司法实践的角度讲,按照该理论诉讼时效期间届满之后权利人丧失诉权所以权利人在诉讼时效届满后,无权向法院起诉,权利人提起诉讼的,法院应不予受理。然而,法院在受理案件之前只是对案件进行形式审查而不进行实质审查那么怎么能知道权利人是否丧失诉权呢?因此法院不受理权利人的起诉又没有依据,实质处于一种尴尬的境地。第三,“诉权消灭主义”使债权人在诉讼时效届满之后失去了起诉的权利,这对债权人的利益保护而言是极其不利的,使法律的天平太过倾向于债务人一方。权利的消灭与否最终还应通过法庭审理以判决的方式予以认定。第四,消灭时效期间届满,权利人的实体权利沦为自然债权,失去法律强制执行力,这就意味着权利人要想实现权利就要在诉讼之外向义务人请求履行义务。一方面,义务人既然能在有公权力介入的法庭之上援用时效,使权利人诉权消灭,以达到拒绝履行义务的目的,我们很难寄希望于他会在权利人失去公权力保护的情况下,而向权利人履行义务。另一方面,权利人虽然丧失诉权,但是其权利没有得到实现。既然可以通过诉讼以外的方式要求义务人履行义务,其必然会采用各种手段、通过各种方式多次向义务人提出请求而义务人肯定会拒绝履行。权利人一旦心理失衡,或许会采取过激手段。这样看来,义务人必倍受侵扰,却无有效手段对抗权利人的侵扰。此种制度设计非但不能稳定现有法律秩序,反而可能产生新的法律纠纷,致使消灭时效制度的价值大大减损。第五,采用诉权消灭主义这一观点也会造成程序法上的一个矛盾。一方面,消灭时效期间届满,权利人之诉权即行消灭。既然权利人诉权已然消灭,则在程序法上,法院应当依职权驳回权利人之起诉,法院不应当让一个没有诉权的诉讼程序展开、延续。另一方面,法律又规定,只要义务人不主张时效利益,则法院无职权主动援引时效。法院仍应按照法律和事实进行裁判,判决对于当事人有拘束力这样就会出现一个结果在义务人未主张时效利益的情况下,一个诉权已消灭之诉讼仍然会走完全部诉讼过程。这在诉讼法上是一个逻辑矛盾。

(四)胜诉权消灭主义

胜诉权消灭主义是相对于诉权消灭主义而言的。胜诉权消灭主义的内涵是当诉讼时效超过之后权利人既不丧失实体权利也不丧失起诉权,超过诉讼时效未行使权利的权利人仅仅丧失胜诉权。当诉讼时效超过之后权利人仍然可以通过诉讼的方式来维护自己的权利,只是当义务人提出诉讼时效已过的抗辩时,权利人便失去了胜诉的可能。

胜诉权消灭主义是基于二元诉权论产生的。二元诉权说认为诉权具有双重含义,即程序意义上的诉权和实体意义上的诉权。程序意义上的诉权对提起诉讼的原告一方来讲,是请求人民法院行使审判权,对自己的合法民事权益给予保护的权利,即起诉权程序意义上的诉权对被告来说,是应诉答辩的权利。实体意义上的诉权,是指当事人根据实体法的规定请求法院通过审判强制实现其民事实体权利的权利,表现为当事人的胜诉权。二元诉权说在理论上和实务上有很多不能自圆其说的地方。其一,所谓程序意义上的诉权指的是起诉权,实际上否定的是被告的诉权,把被告的应诉理解为起诉权的另一层含义,是对起诉权的曲解。① 其实,诉权应为双方当事人所享有。其二,当事人是否胜诉取决于法院对于庭审过程中当事人双方的辩论、举证、质证的实体内容与当事人的诉讼请求是否相契合所作出的判断,是否胜诉与当事人是否享有诉权并不必然一致。其三,诉权理论旨在揭示诉讼法和实体法的关系,二元诉权说回避了诉讼法与实体法关系的讨论,于是也就很难回答诉讼行为在本质上是诉讼法性质的法律行为,还是实体法派生的法律行为。② 因此这种二元诉权说本身就是存在缺陷的,那么以此为基础产生的胜诉权消灭主义也是存在缺陷的。

胜诉权消灭的说法很容易让人产生误解,联想到胜诉权利的消灭,容易使人认为权利人只要在诉讼时效期间届满前为诉讼上的请求就会胜诉。事实上,虽然当事人有胜诉权作为胜诉的依据之一,无胜诉权是其败诉的原因之一,但当事人起诉后是否胜诉并不肯定,其结果依然取决于法院的审定。而产生这样的误解后,很少有人会在明知不可能胜诉的情况下去花费大量的诉讼费用去主张自己的权利。这样一来,极大地削弱了债权人的积极性,不利于对债权人利益的保护。

既然诉讼时效超过的效力在于消灭胜诉权,即导致权利主体不能胜诉的后果,而能确保这一后果最为可靠的方法,必然是法院主动援引诉讼时效。因此,为保证胜诉权的消灭,法院将在无形中承担起诉讼时效超过的证明责任,其结果是对当事人自由处置其利益的剥夺,这与当事人意思自治原则与尊重善良习俗相违背,也与各国对诉讼时效引用的规定相悖。

(五)抗辩权发生主义

抗辩权发生主义这一观点是由德国学者欧特曼所主张,其内涵是当诉讼时效期间届满之后权利人的实体权利和诉权都不消灭,义务人只是取得了拒绝履行义务的抗辩权。若甲欠乙 100 万,诉讼时效期间内乙没有要求甲还钱。按照抗辩主义发生的观点就是甲乙之间的借贷法律关系仍然存在,乙仍然有要求甲还钱的法律基础。乙可以对甲提起诉讼,只是在诉讼过程中甲可以提出诉讼时效已过来进行抗辩。

通过上述对四种学说观点的阐述笔者更倾向于抗辩权发生主义这一观点。这一观点在逻辑上更严密,也适应法律注重保护个人权利的趋势,充分尊重当事人的

---

① 李龙:《民事诉权论纲》,载《现代法学》2003 年第 2 期。

② 江伟、邵明、陈刚:《民事诉权研究》,法律出版社 2002 年版,第 42 页.

意思自治。当诉讼时效超过之后，如果义务人不知道诉讼时效已经超过的事实就不会提起诉讼时效超过的抗辩。这时诉讼时效期间届满对权利人和义务人之间的权利义务关系不发生任何影响。法院依法作出判决之后，义务人履行判决那么权利人当然有权接受义务人的履行。此时法律和道德也不会发生冲突，法律秩序也不会混乱。

第一，当诉讼时效已经超过且义务人明知诉讼时效超过这一事实，但是基于良心或者是社会舆论的压力抑或是基于商业诚信的压力在诉讼中没有援引诉讼时效已过的抗辩。此时诉讼时效超过这一事实对权利人和义务人的权利义务关系没有任何影响。充分尊重当事人的意思自治，缓和了法律与道德之间的紧张关系，有效避免若不能依照法律途径解决纠纷私下以更过激行为解决纠纷的情况。

第二，抗辩权发生主义符合诉讼规则，不违背程序正义。债务人只有权拒绝偿还债务，但对权利人包括诉讼在内的各种方式寻求救济的努力不持反对态度，也就是说，法律对这些在事实上或道德上完全有力的请求提供了程序上的正义。

第三，如果义务人援引诉讼时效已过的抗辩，意味着其主张自己的利益；如果义务人不行使该项权利，有可能是基于内心的道德良知来履行义务。因此，若债务人不主张抗辩权，那么债权人存在胜诉的可能性，从而使债权人的起诉具有实际意义。

第四，时效抗辩权作为债务人的一项权利，债务人可以选择主张或放弃，体现了司法上的意思自治原则和处分原则，在义务人不提出诉讼时效抗辩的情形下，人民法院不应主动援引诉讼时效的规定进行裁判，该规定也与法院居中裁判的地位相适应。如果人民法院主动对诉讼时效问题进行释明，则无异于提醒和帮助义务人逃债，同时有违诚实信用的基本原则。

任何一项制度的规定都不可能是十全十美的，尽管笔者倾向于抗辩权发生主义，但不可否认的是该观点也存在一些不足。抗辩权发生主义在一定程度上不利于债权的信用保障。如果义务人出于某种原因而不行使抗辩权，法院仍然判决义务人履行超过诉讼时效的义务，该判决书具有当然的履行效力，并可以对义务人强制执行。这种年代久远的债权债务关系会对现行债务人履行债务的能力产生影响，第三人还应对债权人长期不行使债权付出基于判断不准确的代价。诉讼时效超过之后义务人就获得了时效抗辩权。那么对于时效抗辩权是由谁来援引？法官能否进行释明？如果义务人在一审过程中没有援引诉讼时效的抗辩那么在二审中还能否提出诉讼时效抗辩？这些都是在采用时效抗辩权发生主义时所出现的问题。下面我们针对抗辩权发生主义中存在的问题继续探讨。

二、诉讼时效的释明

2017 年 10 月 1 日起施行的《民法总则》第 193 条规定：“人民法院不得主动适用诉讼时效的规定。”该规定仅仅明确了人民法院对诉讼时效问题不得主动适用，而忽略了法官对诉讼时效是否应当释明。关于法官能否对诉讼时效进行释明现行立法没有明确的规定，仅有的规定体现在最高人民法院关于审理诉讼时效案件若干问题的解释中。该解释明确禁止法官就诉讼时效超过问题向义务人释明，也不得主动适用诉讼时效超过作出有利于义务人的裁判。可以在一定意义上说，最高人民法院的该项司法解释成为《民法总则》关于诉讼时效超过规定的基础。不过该项司法解释以及《民法总则》对何以法院不能就诉讼时效超过予以释明没有解释，这也成为学者依此攻击该制度以及与其相似制度的重要原因。我们认为，研究法官何以不能对诉讼时效超过予以释明，必须探究诉讼时效释明的制度目的，并在这样的探究的基础上又有针对性的作出解释。

(一)诉讼时效释明的目的

所谓释明是指在当事人提出的主张不明确或不充分时，或者当事人不能充分提供证据时，法官通过向当事人发问等方式，引导当事人说明问题，让其提出新的诉讼资料，排除与案件争议无关的证据，促使当事人作出适当的声明和陈述，以查明案件真实情况。为什么法官要进行释明？有学者认为是为了保护弱势群体，帮助处于弱势的人准确的提出主张和证据，防止由于当事人双方实力悬殊而导致不公平。也有学者认为法官进行释明的目的是为了追求实质上的正义。笔者认为将法官进行释明的目的归结为追求实质上的正义太抽象不够具体，不能准确的指导法官在司法实践中的工作。可以将其目的简单概括为追求真实，这样的表达使实体正义的表述更通俗易懂。“审判长应致力于让当事人就所有重要的事实未完整的说明，提出有益的申请，尤其是补充对所提出的事实的不充分的说明，并且标明证据手段。”[①]既是追求当事人内心真实的意思表示也是追求案件的真实。通过释明促使当事人对不明确、不充分、不适当、矛盾的事实主张进行补正，实现对内心所想内容的完整陈述应是释明最基本的内容。[②] 以“追求真实”为释明目的，可以弥补立法上对意思表示瑕疵的诉讼行为缺乏救济的不足。因为在民事诉讼中，如果诉讼行为的意思表示不真实，即内心意思与外部表示不一致时，我国立法和司法实践对这种意思表示瑕疵诉讼行为的救济是保守的，一般不允许意思表示瑕疵诉讼行为的撤回或撤销，以免危及诉讼程序的安定。[③] 忽视当事人的意思，只追求外在表示，对意思表示瑕疵的诉讼行为缺乏救济，有时难免会损害实质的正义和公平，而以追求真实为目的的释明弥补了这种不足，一开始就努力使当事人的意思表示真实，使内心意思与外部表示相一致，避免出现意思表示瑕疵。另外，追求真实有利于法官充分收集证据，查明案件事实真相，保护当事人合法权益，也避免了法官在一审程序中未能形成确定的心证而径直裁判，致使案件因二审新证据而被发回或者改判。

---

① [德]鲁道夫·瓦塞尔曼:《从辩论主义到合作主义》，周翠译，载《德国民事诉讼法文萃》，中国政法大学出版社 2002 年版，第 361 页。

② 熊跃敏:《民事诉讼中法院释明的实证分析——以释明范围为中心的考察》，载《中国法学》2010 年第 5 期。

③ 杨会新:《当事人诉讼行为的意思表示瑕疵——基于程序安定与意思自治双重维度的考查》，载《法律科学》2017 年第 4 期。

（二）诉讼时效抗辩释明的不同观点

法官能否对诉讼时效抗辩进行释明，不同学者有不同的观点。总体来说大概有三种观点：其一，肯定说。持肯定说的学者认为法官能够对诉讼时效抗辩进行主动释明。按照抗辩权发生主义当诉讼时效超过之后义务人就可以提出诉讼时效已过的抗辩，该抗辩权是由义务人自己援引的。但是按照肯定说的意思就是无论义务人是否知道时效已过，是否提出诉讼时效的抗辩，法官在审理过程中若发现诉讼时效已过的事实就应当主动向当事人释明；其二，否定说。持否定说的学者认为诉讼是依当事人意思自治提起的，法官要充分尊重当事人的意思自治，不能对诉讼时效问题进行主动释明。若在诉讼中义务人没有提起诉讼时效已过的抗辩，那么该诉讼权利人就有胜诉的可能性。如果此时法官主动向当事人释明诉讼时效已过的事实那么义务人援引该抗辩就会导致权利人败诉。这样就直接改变了诉讼的结果。法官介入释明诉讼时效已过的事实与法官居中裁判的定位不符；其三，折中说。持折中说的学者认为，应否对诉讼时效进行释明不能一概而论，要根据具体情况和当事人的意思表示有条件的释明。法官可以在当事人已经有提出诉讼时效抗辩的意思表示的情况下（即使当事人的意思表示还不够充分）进行消极释明，而不能在当事人尚未提出诉讼时效抗辩且无该意思表示的情况下进行积极释明。

通过对以上三种观点的阐释笔者更倾向于折中说的观点。我国之前采用的是职权主义的诉讼模式如今结合了许多当事人主义诉讼模式的特点，在诉讼中法官居于中立的位置不能过多地干预诉讼，但是也应该发挥法官的能动性便于更快的解决纠纷，实现实质正义。笔者认为我们可以适当放宽法官对诉讼时效的释明。对诉讼时效进行释明不能一概而论，要根据具体情况和当事人的意思表示有条件的释明。

一方面，诉讼时效制度的主要作用是稳定社会秩序和经济秩序，诉讼时效制度存在的目的就是敦促权利人积极行使权利从而保护不特定多数人的利益；释明制度存在的目的则是实事求是，追求和还原客观真实。从某种程度说，诉讼时效制度和释明制度的主旨是相悖的。因此不能简单地在两者之中选一个而是要在这两者之间寻求一种平衡。另一方面，诉讼时效抗辩属于民事诉讼中的实体抗辩，根据立法者制定该抗辩的宗旨，法官在审理案件时应当根据处分原则充分尊重当事人处分自己实体权利的自由，不能在当事人尚未有主张抗辩权的意思时对诉讼时效抗辩作出释明。法官虽然不能对诉讼时效抗辩作出积极释明，但可以作出消极释明。因为在消极释明情形下，当事人已经有提出诉讼时效抗辩的意思表示，只是不够充分明确，此时法官进行消极释明不属于法官直接介入当事人的法律关系之中，并不违反当事人意思自治原则和处分原则，也不违反法官居中裁判的中立地位。但在当事人没有提出诉讼时效抗辩的情形下，法官进行积极释明则属于法官直接介入当事人的法律关系之中，这就意味着法官偏向了被告方，这与程序保障价值相悖，违反了民事诉讼程序规则。

（三）诉讼时效释明的范围

目前立法上对释明范围的界定主要采取列举式的方式作出司法解释，但这些规定过于简单,零星地散见于司法解释之中,未统一规范法官释明义务的范围和界限。而且,如果仅仅采取列举式的方式在立法上明确释明范围,那么立法者也不可能穷尽列举出所有应当释明的情形,在遇到没有明确法律规定的个案时容易损害实质的公平和正义,这种方式不能适应环境的变化和社会的发展。故笔者认为可以对诉讼时效的释明作出一般的原则性规定,同时采用列举式的方式将已明确的释明事项列出。当出现所列情形之外的情况时法官根据原则性的规定进行裁量。根据诉讼时效释明的目的我们可以将一般的原则性规定确定为界定民事诉讼的释明范围应严格基于“追求真实”的释明目的,“追求真实”的释明目的包含两个层面的目的,一是为了实现释明对象内心意思的真实表示;二是为了查明案件事实真相。一般情况下,符合该释明目的的释明应归入民事诉讼释明范围,不符合该释明目的的释明不应归入民事诉讼释明范围,即释明的目的如果不是为了“追求真实”,则该释明不属于民事诉讼的释明范围。法官可以进行消极释明,比如当事人不懂法律知识,用词不专业不准确但是已经提供了基础事实并且已经对该事实进行了证明,足以使法官从该事实中抽象出抗辩权的法定构成要件那么此时法官为了实现当事人的内心真意就可以对诉讼时效抗辩权进行释明。

三、举证证明责任的分配

举证责任分配在民事诉讼中占据重要地位,其与最终诉讼结果有直接关系。若负有举证责任的当事人不能提供证据加以证明则要承担败诉的不利后果所以在规定举证责任制度时要非常谨慎,综合各种考量。大陆法系和英美法系因为诉讼模式不同所采取举证证明责任分配理论也不同。

(一)大陆法系举证证明责任分配

大陆法系国家和地区所采用的诉讼模式是职权主义模式,而且大陆法系国家是成文法国家,所以大陆法系国家的举证证明责任分配理论都比较贴合实体法规。大陆法系国家和地区追求公平正义,设计举证证明责任制度是为了实现法的可预测性与稳定性,试图建立一个统一化的能够解决所有纠纷的举证证明责任分配标准,以供法院在审理案件的过程中加以重复遵循。大陆法系的民事举证证明责任分配规则以德国学者罗森贝克等学者共同创立的法律要件分类说为通说。罗森贝克的证明责任分配原则是,“如果没有一定的法规可以适用,则无法获得诉讼上请求效果的当事人,应就该法规要件在实际上已经存在的事实予以主张和举证。”罗森贝克将其理论分为两大部分。一部分是举证证明责任的分配依据。如何对举证证明责任进行规定要综合考量原被告的举证能力。在这一理论中我们应当注意到虽然举证证明责任规定双方当事人要为自己主张的事实承担证明责任但是并不意味着他们可以不对对方的主张提供反证。双方当事人为了不承担败诉的后果,都会积极举证证明对方所提出的事实主张不成立。罗森贝克认为举证责任要遵循如果一方当事人提出某个事实主张,并且有证据加以证明从法律规范上讲该主张成立,那就说明他的举证是成功的这样一个原则,从而为他获得诉讼的胜利奠定了基础,此时法律依据与当事人主张的事实之间就有了必然联系。另一部分是法官在审理案件过程中如果面对案件事实真伪不明这种情况时规范无法适用，因为规范的适用是以事实的存在为基础。当案件事实处于真伪不明的情况时就要根据双方当事人的举证责任来进行举证，对法律规范所适用的事实进行举证。若举证不能则要承担败诉的不利后果。

(二)英美法系国家的举证证明责任分配

英美法系国家和地区则与大陆法系国家和地区截然不同，由于司法体制上存在不小的差异，在举证证明责任分配的问题上两者也大不相同。英美法系国家和地区是判例法国家因此在举证证明责任分配问题上没有依赖于成文法典。一方面，在英美法系国家法官在案件审判中的地位是极高的，他们本身具有“临场应变”“临时造法”的能力和权力。在英美法系国家的法律学者认为，法律本身包含着哲学和人伦道德的基本观念，司法审判人员本身是具有健全人格，能够在中立的立场上作出正确判决的人，因此他们给予法官足够的信任。另一方面，陪审团制度在英美法系国家也占有很重要的地位，这也直接导致了在举证责任分配的问题上，英美法系国家通常要考虑陪审团的意见，并且在诉讼过程中只有当事人提出的证据能够通过陪审团这一道门槛才能进一步令法官形成内心确信。目前的英美法系国家比较倾向的理论是举证责任分层学说，与大陆法系国家学说体系依附于实体法不同，举证证明责任分层理论似乎更像是服务于程序法的理论体系。

举证证明责任分层理论的基本内容有两个方面，一方面是这一理论认为举证证明责任是指提起诉讼的一方当事人，应当依法提供证据证明其主张，并同时使法院认同其提供的证据是具备足够证明力的。若提起诉讼的一方当事人没能满足提供证据的责任和说服法官的责任，则要承担败诉的不利后果；其二是对举证责任性质的理解。举证证明责任分层理论认为，举证证明责任从本质上讲具有败诉风险性，即如果承担举证证明责任的一方当事人没能完成其应尽的责任，那么他就要承担相应的败诉风险。在举证责任证明分层理论中，举证证明责任包括提供证据的责任和说服责任。提供证据的责任是指在诉讼活动的进程中，当事人有义务将其掌握的与案件案情有关联的证据提供出来，此时对证据的要求比较小，并不要求当事人在履行提供证据的责任时一定要能达到说服法官的程度，只需要具备证据能力即可。说服责任是指当事人为了使法官确信其所提出的主张，而对自己提出的证据加以证明，从而使法官能够对其主张的事实形成内心确信的责任。

通过上述对英美法系国家和大陆法系国家举证责任的研究我们可以看到因为社会背景、诉讼模式等原因两者在举证责任分配的规定上也是不同的。我国目前采用的是大陆法系的法律要件分类说。在2015年《最高人民法院关于适用〈中华人民共和国民事诉讼法〉的解释》的第91条规定了举证证明责任的承担：主张法律关系存在的当事人应当对产生该法律关系的基本事实承担举证证明责任，主张法律关系变更、消灭或者权利受到妨害的当事人应当对该法律关系变更、消灭或者权利受到妨害的基本事实承担举证证明责任。不可否认的是这样的一种理论在实践中存在着一些问题。法律要件分类说把法官举证责任分配的标准交由实体法的有关条文，而各条文规定不一，内容各异，这势必导致每一个实体法条的应用范围都比较狭窄,且存在滞后性的问题,可以看出,法律要件分类说有些机械和相对的教条主义,具有一定的局限性。法官在拿到一个案件后,首先要对案件的性质进行初步的分析判断,然后再通过民事实体法找到相关的举证责任分配依据。随着社会的不断发展,国际间的交流与融合我们可以借鉴英美法系举证责任制度的设计,不再一味地追求传统的公正而是要注重举证责任分配的灵活性最大限度的实现实质公正。摈弃以法律条文的形式分类确定举证责任的方法,不再坚持抽象的分配标准,而是考虑利益衡量、公平、权利救济等因素,建立多元的分配标准或体系,灵活地分配举证责任。没有一个举证责任分配的规定可以适用于一切案件,在进行举证责任分配时要综合考量多种因素,具体案件具体对待。因此我们可以采用概括和列举相结合的方式,在规定具体的举证证明责任之外要明确举证责任分配的一般原则。正如在 2001 年《最高人民法院关于民事诉讼证据的若干规定》中所规定的在法律没有具体规定,依照证据规定和其他司法解释无法确定举证责任承担时,人民法院可以依据公平原则和诚实信用原则,综合当事人举证能力等因素确定举证责任的承担。

根据以上理论我们研究诉讼时效的举证责任分配。在司法实践中存在着大量涉及诉讼时效的案例,但是我国法律只对诉讼时效的时间长短、如何计算以及中止中段的情形作了规定,并没有明确规定在何种情形下由哪一方负举证责任。在实践中处理时许多法院将诉讼时效的举证责任全部给了原告,也有一些法院将诉讼时效的举证责任全部给了被告。笔者认为这样一刀切的规定是不合理的,没有结合原被告的实际情况合理的分配,不利于诉讼公正的实现。关于诉讼时效的举证责任可细分为诉讼时效届满的举证责任、中断的举证责任以及中断事由结束的举证责任。

首先是诉讼时效届满的举证责任。根据法律要件分类说主张法律关系存在的一方当事人对法律关系存在的事实承担举证责任。那么在诉讼中若债务人主张诉讼时效已届满来进行抗辩则其需要对诉讼时效已届满的事实来承担举证证明责任。诉讼时效届满是民法上为义务人提供的一种抗辩理由,若义务人提出该主张就必须要对该主张所主张的事实进行证明即必须证明诉讼时效开始的时间以及诉讼时效届满的时间。

其次是诉讼时效中断的举证责任。诉讼时效的中断是权利人对于义务人所提出的诉讼时效届满抗辩的再抗辩。若权利人提出诉讼时效中断的抗辩则应该对诉讼时效的中断事实承担举证责任。例如甲公司欠乙公司 10 万元货款约定 2012 年 5 月 31 日之前还清,但甲公司一直没有还款。乙公司于 2015 年 6 月 20 日向法院起诉甲公司。甲提出诉讼时效已过的抗辩,乙公司则认为存在诉讼时效中断的事由(曾经用邮政快递给甲公司寄过催款函),但是遭到甲公司的否认。那么在这个案例中"曾经用邮政快递给甲公司寄过催款函"就是权利人提出的诉讼时效中断的抗辩,那么对于这一事实应当由权利人(一般为原告)承担证明责任。

最后是诉讼时效中断事由结束的举证责任。在权利人证明了诉讼时效中断的前提事实之后,若义务人认为即使存在诉讼时效中断的事由但是从中断事由结束后重新计算的诉讼时效期间也是届满的,义务人由此提出再提出抗辩。那么义务人必须对诉讼时效中断的结束负证明责任。因为诉讼时效中断结束的事实是对诉讼时效中断事实的再抗辩,因此应当由主张诉讼时效中断结束的义务人来承担证明责任。这样根据诉讼时效的不同情况并结合当事人的举证能力合理分配举证责任才能最大限度地实现司法公正。

论生态环境损害赔偿制度与环境公益诉讼制度的衔接

戴支蓉　王钢　戚吉琼*

摘　要　在生态环境损害救济行政与司法"双轮"驱动保护模式的制度背景下，行政机关以生态损害赔偿制度通过与赔偿义务人先协商后诉讼机制，填补传统行政法律责任及行政处罚手段的不足；环境公益诉讼制度则以环境民事公益诉讼和环境行政公益诉讼两途径保护生态环境公共利益。为有效发挥这两项制度的功能，司法实践中应构建行政磋商优先、行政公益诉讼督促行政机关依法履职、妥善协调生态环境损害赔偿诉讼与环境民事公益诉讼关系的衔接机制。

关键词　行政磋商　行政公益诉讼　生态环境损害赔偿诉讼　环境民事公益诉讼

生态环境损害赔偿制度和环境公益诉讼制度同为党中央为加强生态环境保护，对生态环境损害进行救济推出的具体改革措施，两者以"双轮"驱动模式合力救济生态环境损害赔偿事宜。其目的具有一致性，适用范围具有高度竞合性，在司法实践中亦存在许多棘手的难题。本文从阐述这两项制度的价值、司法实践存在的难题出发，为今后有效地衔接该两项制度提出建议，望推动我国生态环境损害救济的进一步发展。

一、"双轮"驱动下的生态环境损害救济制度

(一)行政权占主导地位的生态环境损害赔偿制度

"松花江污染事件"中，原环保部对涉事企业处以100万罚款，相较于巨额生态环境损害救济资金显得极为尴尬，因为罚款金额太少无法发挥应有的救济作用，最终生态环境损害成本仍由政府来买单。为此，党的十八届三中全会明确提出，对造成生态环境损害的责任者严格实行赔偿制度。2015年中共中央、国务院先后通过《关于加快推进生态文明建设的意见》《生态文明体制改革总体方案》，明确提出要严格实行生态环境损害赔偿制度。同年12月，中共中央办公厅、国务院办公厅（以下简称"两办"）发布《生态环境损害赔偿制度改革试点方案》，在吉林等7个省市部署开展生态环境损害赔偿制度改革试点，并取得了明显成效。2017年12月，两办

* 戴支蓉，余姚市人民检察院第七检察部检察官助理；王钢，余姚市人民检察院党组成员、副检察长；戚吉琼，余姚市人民检察院第七检察部主任。

印发《生态环境损害赔偿制度改革方案》(以下简称《改革方案》),明确自 2018 年 1 月 1 日起,在全国试行生态环境损害赔偿制度。该方案规定省级、市地级政府作为本行政区域内生态环境损害赔偿权利人并设置了"磋商前置"原则,磋商未达成一致的,赔偿权利人及其指定的部门或机构应当及时提起生态环境损害赔偿诉讼。截至 2019 年 5 月,各级人民法院共受理省级、市地级人民政府提起的生态环境损害赔偿案件 30 件,其中受理生态环境损害赔偿诉讼案件 14 件,审结 9 件;受理生态环境损害赔偿协议司法确认案件 16 件,审结 16 件,①为生态环境损害赔偿制度的全面试行提供了有力司法保障和实践支持。

该方案在适用范围上排除了"涉及人身伤害、个人和集体财产损失要求赔偿"的情形。不少学者依据《物权法》第五章的规定,将生态环境损害赔偿权利人的索赔权源定性为自然资源国家所有权,得出生态环境损害磋商为民事磋商、生态环境损害诉讼为普通民事诉讼的结论。对此,笔者并不认同。该方案明确指出:"本方案所称生态环境损害,是指因污染环境、破坏生态造成大气、地表水、地下水、土壤、森林等环境要素和植物、动物、微生物等生物要素的不利改变,以及上述要素构成的生态系统功能退化。"早在古罗马时代,《查士丁尼法学总论》就明确规定,海洋、海岸、河流和空气是自然法下的公用物,而私人不能独占。从物的范畴来看,大气等无形环境要素并不属于民事法律调整的"物",该理论将民事法律规范中关于所有权的一般理论和规则作为生态环境损害赔偿的依据缺乏合理性。

笔者认为,良好的环境是典型的社会公共利益,宪法对履行环境保护义务和实现共同利益的规定,是政府作为赔偿权利人的生态环境保护职责和管理权力的来源,②行政机关基于国家环境保护义务,依据公共信托原则,通过法律赋予的行政职权来实现生态环境损害的防治,维护具有社会公共利益属性的环境利益。欧洲侵权法专家冯·巴尔教授认为,生态环境损害就其性质而言既不是一个纯粹公法的问题,也不是一个纯粹的私法问题,其处于公法和私法的边界之上,针对生态环境损害的救济,应赋予国家一个公法性质上、私法操作上的请求权。③ 生态环境损害赔偿制度应为宪法框架统领之下的独立制度,无需被纳入民法或行政法某一体系之下,但在实现损害救济的规则、程序上可以适用其中相关的规定。生态环境损害赔偿磋商是一种"带有合作和协商性质的行政磋商",该行为是一种与强制性行政措施不同的体现合作性、协商性、弱权性的行政管制措施。④ 行政机关提起生态环境损害赔偿诉讼是一项不能放弃的诉讼权利和必须履行的义务,即行政机关不具有一般民事主体在起诉权上的自由处分权,生态环境损害赔偿诉讼应区别于普

① 江必新:《依法开展生态环境损害赔偿审判工作 以最严密法治保护生态环境》,载《人民法院报》2019 年 6 月 27 日第 5 版。

② 《宪法》第 26 条规定:"国家保护和改善生活环境和生态环境,防治污染和其他公害。"

③ 张梓太、李晨光:《关于我国生态环境损害赔偿立法的几个问题》,载《南京社会科学》2018 年第 3 期。

④ 王金南:《实施生态环境损害赔偿制度 落实生态环境损害修复责任》,载《中国环境报》2015 年 12 月 4 日第 2 版。

通的民事诉讼。

（二）司法机关主导的环境公益诉讼制度

我国的环境公益诉讼制度由环境民事公益诉讼和环境行政公益诉讼组成。新环境保护法对可以提起民事公益诉讼的社会组织主体资格正式作出规定后，民事环境公益诉讼在我国开始发展。2017 年 6 月，全国人大常委会修改民事诉讼法和行政诉讼法，正式确立了检察公益诉讼制度，赋予了检察机关提起环境公益诉讼的主体资格。2015 年 1 月至 2018 年 9 月底，全国法院共受理各类环境公益诉讼案件 2041 件，审结 1335 件。其中，社会组织提起的民事公益诉讼案件 205 件，审结 98 件；检察机关提起的公益诉讼 1836 件，审结 1237 件。[①] 相较于法律规定的机关和社会组织，检察机关在环境公益诉讼领域发挥着主导性的作用。根据最高人民检察院 2018 年工作报告，2013 年至 2017 年各级检察院共办理生态环境领域公益诉讼 1.3 万件，督促 5972 家企业整改，督促恢复被污染、破坏的耕地、林地、湿地、草原总面积 14.3 万公顷，索赔治理环境、修复生态等费用 4.7 亿元。

根据《民事诉讼法》和《最高人民法院关于审理环境民事公益诉讼案件适用法律若干问题的解释》（以下简称《环境民事公益诉讼解释》）的规定，环境民事公益诉讼的受案范围为“对已经损害社会公共利益或者具有损害社会公共利益重大风险的污染环境、破坏生态的行为”；有权提起诉讼的主体为“法律规定的机关”（《海洋环境保护法》第 89 条规定行使海洋环境监督管理职责的部门，司法实践中从宽解释原告资格，包括设区的市级民政部门）、“法律规定的社会组织”（《环境保护法》第 58 条规定依法在设区的市级以上人民政府民政部门登记，专门从事环境保护公益活动连续五年以上且无违法记录社会组织）和“检察机关”；检察机关除了可以提起环境民事公益诉讼外，还可以通过支持起诉的方式参与到环境民事公益诉讼过程中。整个环境民事公益诉讼过程中，司法机关主导诉讼程序，享有实质性的决定权。

《行政诉讼法》第 25 条规定：“人民检察院在履行职责中发现生态环境和资源保护……等领域负有监督管理职责的行政机关违法行使职权或者不作为，致使国家利益或者社会公共利益受到侵害的，应当向行政机关提出检察建议，督促其依法履行职责。行政机关不依法履行职责的，人民检察院依法向人民法院提起诉讼。”由此可见，环境行政公益诉讼中，检察机关是唯一的提起诉讼主体。检察机关作为法律监督机关，在司法权主导的环境行政公益诉讼中，对行政权的监督和制约尤为凸出。行政机关基于法律赋予的一系列行政管制措施，具有履行维护环境职责的天然优势，环境行政公益诉讼通过赋予检察机关诉讼主体资格及诉前检察建议的监督手段，对行政机关起到一定的威慑作用，督促其依法履行职责，为生态环境损害提供有效救济。

---

① 江必新：《中国环境公益诉讼的实践发展及制度完善》，载《中国人大》2019 年第 11 期。

二、生态环境损害赔偿制度和环境公益诉讼制度的竞合和难题

(一)适用范围的竞合

如上文所述,生态环境损害赔偿制度将"生态环境损害"界定为"因污染环境、破坏生态造成大气、地表水、地下水、土壤、森林等环境要素和植物、动物、微生物等生物要素的不利改变,以及上述要素构成的生态系统功能退化。"据此,该制度中生态系统功能退化包含环境要素和生物要素两方面的不利改变,这与环境公益诉讼制度的受案范围"对已经损害社会公共利益或者具有损害社会公共利益重大风险的污染环境、破坏生态的行为"高度契合。"大气、地表水、地下水、土壤"与"植物、动物、微生物"以及环保部有关负责人在解读《改革方案》中提到的"矿藏、水流、城市土地,国家所有的森林、山岭、草原、荒地、滩涂"等均能被《环境保护法》第 2 条定义的"环境"所涵盖。同时,生态环境损害赔偿制度将赔偿范围明确为"清除污染费用、生态环境修复费用、生态环境修复期间服务功能的损失、生态环境功能永久性损害造成的损失以及生态环境损害赔偿调查、鉴定评估等合理费用",也充分体现出修复和补偿环境公益损害的核心理念,与环境公益诉讼制度旨在救济涉及环境的社会公共利益损害的理念不谋而合。

生态环境损害赔偿制度和环境公益诉讼制度在保护和修复生态环境目的上一致性为其适用范围的高度竞合提供了基础,而两者适用范围的高度契合性也成为衔接这两项制度的重要前提。将这两项制度有效地衔接起来,以"双驱动"模式形成环境保护的合力,实现生态环境损害救济的最佳效果。

(二)司法实践的难题

生态环境损害赔偿制度将省级、市地级政府作为本行政区域内生态环境损害赔偿权利人,此时行政机关"代表"公益而非一己之私。但当赔偿权利人和环境公益诉讼的原告存在交叉起诉或诉求不一致时,该如何处理?作为公益代表的检察机关能否参与到生态环境损害赔偿救济中?

第一,救济顺位的适用难题。

"山东省生态环境厅诉山东金诚重油化工有限公司、山东弘聚新能源有限公司生态环境损害赔偿诉讼案"和"重庆市人民政府、重庆两江志愿服务发展中心诉重庆藏金阁物业管理有限公司、重庆首旭环保科技有限公司生态环境损害赔偿诉讼案"案情相似,均为同时符合环境公益诉讼和生态环境损害赔偿的条件,环保组织和行政机关分别提起环境民事公益诉讼和生态环境损害赔偿诉讼,但法院的处理方式却截然不同。重庆市中院采取并案审理的方式,把环保组织与政府列为共同原告,与《环境民事公益诉讼解释》第 10 条的规定相符,意味着将生态环境损害赔偿诉讼视为环境民事公益诉讼,以解决这两种救济途径先后顺位的难题。反之,济南中院中止先受理的环保组织提起的环境民事公益诉讼的审理,优先审判政府在后提起的诉讼,似有意区分生态环境损害赔偿诉讼和环境民事公益诉讼,明确救济顺位上生态环境损害赔偿诉讼的优先于环境民事公益诉讼。

笔者认为,当出现生态损害情形时,生态环境损害赔偿制度和环境公益诉讼制

度的顺位问题包括但不限于:生态环境损害赔偿磋商与环境公益诉讼之间的顺位、生态环境损害赔偿诉讼与环境民事公益诉讼之间的顺位、生态环境损害赔偿诉讼与环境行政公益诉讼之间的顺位等。

第二,生态环境损害赔偿制度中检察机关的地位难题。

衢州市检察院在"福建某环保产业开发公司违法处置危险废物"一案中,创新式地通过"检察建议"的方式督促市政府开展生态环境损害赔偿磋商,并通过提供法律咨询、协助调查取证等方式参与到生态环境损害赔偿救济中。该"检察建议"与行政公益诉讼的诉前检察建议有何关联?换言之,在生态环境损害赔偿制度中,检察机关处于什么样的地位?

笔者认为,检察机关的宪法定位是法律监督机关,虽然民事诉讼法、行政诉讼法等基本法赋予了检察机关公益保护"代为诉讼"的主体资格,但是基于检察机关的监督本质属性,其参与环境公益诉讼的角色仍重在程序性地督促行政机关依法履行环境保护职责。生态环境损害赔偿制度和环境公益诉讼制度目的具有一致性,行政机关始终是生态环境保护的第一责任人,其在这两项制度中扮演的角色顺位也应该一致。在现有法律未规定生态环境损害赔偿制度中检察机关地位的情形下,推定适用环境公益诉讼的相关规定,积极发挥检察机关的监督和法律支持作用,与生态环境损害赔偿制度的宗旨并不冲突。

三、生态环境损害赔偿制度和环境公益诉讼制度衔接机制的构建

(一)明确行政磋商优先

相较于社会组织、检察机关,行政机关作为赔偿权利人以平等协商的方式给生态环境损害行为人承担损害赔偿责任的机会,可以避免司法资源、社会资源的浪费,比诉讼(生态环境损害赔偿诉讼和环境公益诉讼)更有利于实现环境利益、经济利益的最大化。同时,政府在日常管理职务活动中已掌握了大量的生态环境信息,最熟悉当地的环境状况,拥有其他部门所不具备的鉴定机构、检测技术和设备,能够切实掌握污染的证据,即使协议不成,这些证据也可以运用到诉讼程序中。①

2019 年 7 月 26 日,生态环境部公布:《改革方案》试行一年多以来,各地共办理生态环境损害赔偿案件 424 件,涉案金额近 10 亿元;目前已经办结 206 件,其中以磋商结案 186 件,占结案总数的 90%以上。生态环境损害赔偿磋商以其自身特有的优势,在生态环境保护中发挥着越来越重要的作用。在生态环境损害赔偿制度和环境公益诉讼制度衔接构建中,应明确行政磋商优先的原则,并注意以下三点:

第一,强化行政磋商的信息公开。将信息公开贯穿行政磋商全过程,能有效避免行政机关磋商和环境公益诉讼主体提起诉讼并行的情形。各级政府应搭建信息公开平台,实时公布磋商的进程,将磋商时间、地点等公布在政府或部门的网站上,可以借鉴中国裁判文书网的方式公开磋商成功的案件,方便社会组织等社会公众

① 韩翠平、李红梅:《论生态环境损害赔偿中政府的角色定位》,载《西安建筑科技大学学报(社会科学版)》2019 年第 3 期。

实时查询;针对磋商不成的情况,也应以通告形式向公众说明基本情况。同时,基于检察机关在环境公益诉讼中的主体资格和法律监督属性,负责磋商的行政机关应该将磋商案件信息抄送给当地检察机关,以便接受检察机关的监督和协助。

第二,建立检察机关支持磋商制度。检察机关是国家法律监督机关,对相关实体、程序性法律法规较为熟悉,具有提起环境公益诉讼的主体资格,由其支持磋商,不仅有利于提高效率和效益,还能以公益诉讼作为后盾,督促赔偿权利人和赔偿义务人合法合理完成磋商。司法实践中,已不乏检察机关以提供法律咨询、协助调查取证等方式支持生态损害赔偿磋商的案例。如,上海首例检察机关民事公益诉讼与生态环境损害赔偿制度衔接案中,一方面,检察机关和生态环境部门共同做好相关法律政策的解释说明工作,以公益诉讼和生态损害赔偿诉讼为后盾,共同引导当事人通过诉前磋商解决公益修复问题;另一方面,检察机关作为公益诉讼起诉人在磋商中发挥主导作用,生态环境局作为生态环境损害赔偿的权利人在磋商中积极主张权利,共同做好鉴定评估工作,共同确定赔偿义务人,共同确定赔偿范围,共同核定修复方案。

第三,建立简易鉴定评估程序。《改革方案》虽将"生态环境损害鉴定评估报告"作为行政磋商的根据,但并未明确该报告必须出自司法鉴定机构。笔者认为,为提高工作效率、提升综合效果,应正确看待"鉴定评估报告"的合理性,避免出现鉴定评估与损害赔偿费用本末倒置的情形。南通市依托该市环境应急专家库专家开展小额案件的生态环境损害评估工作,解决部分案件鉴定评估与损害赔偿费用倒挂、鉴定机构少、案件办理周期长等难题。在沈忠金属公司倾倒废酸、诚道机械公司排放废水、政仁公司偷排电镀废水等污染环境案件中,该市环保部门聘请专家出具损害评估意见,推进案件快速进入司法程序。① 在行政磋商阶段,引入专家辅助人制度,对事实清楚、案情简单、损害明显的小额案件,赔偿权利人可邀请专家按照相关技术规范提出评估报告及修复方案,减轻双方在鉴定方面的压力。

(二)以行政公益诉讼督促行政机关依法履职

当行政机关出于地方保护主义怠于履行生态环境损害赔偿磋商职责时,应由检察机关以行政公益诉讼督促其履行索赔职责,不宜通过民事公益诉讼直接介入索赔事宜。行政机关的配置是公共利益保护的第一道屏障,在环境保护领域亦是如此。检察环境公益诉讼的目的在于"督促执法而非执意与主管机关竞赛或令污染者难堪"。② 行政公益诉讼对行政机关积极履职的"督促",具有民事公益诉讼所不具备的政治"问责"效果,引发"杀一儆百"效应,对督促行政机关依法履职具有良好效果。检察机关在以行政公益诉讼督促行政机关依法履职的过程中,需重视以下两点:

第一,以行政公益诉讼起诉为后盾,注重诉前检察建议督促行政机关依法履行环境保护职责的作用。当行政机关怠于履行索赔职责导致国家利益及环境公共利

① 刘华军:《南通市七大举措推进生态环境损害赔偿》,载《时政》2019 年第 246 期。

② 叶俊荣:《环境政策与法律》,中国政法大学出版社 2001 年版,第 25 页。

益受损时，检察机关应向行政机关提出诉前检察建议督促其履行索赔职责。检察机关对以下行为应重点予以监督：对磋商协议中的赔偿金额明显低于评估报告修复金额的情形要谨慎审查；存在多方赔偿义务人的情况下，要重点关注磋商协议中的赔偿义务人是否存在遗漏，以便于对后期行政机关是否及时提出生态环境损害赔偿诉讼予以追踪监督；达成磋商协议后，对磋商协议的实际履行情况尤其是受损生态环境的修复情况要予以跟进监督。

第二，合理把握行政公益诉讼监督手段"度"的界线。将行政公益诉讼运用至行政权主导的生态环境损害赔偿制度中时，检察机关的最终目的在于以行政公益诉讼督促行政机关依法履职，使受损环境及时被修复，而非干预、代替行政机关依法履职。检察机关以行政公益诉讼手段督促行政机关依法履行保护生态环境职责，需检察机关从保护生态环境大局出发，把好案件数量和质量的关卡。

（三）环境民事公益诉讼与生态环境损害赔偿诉讼的协调

2019年6月5日施行的《最高人民法院关于审理生态环境损害赔偿案件的若干规定（试行）》（以下简称《若干规定》）就生态环境损害赔偿诉讼和民事公益诉讼的衔接作出了四个"明确"：一明确受理阶段两类案件分别立案后由同一审判组织审理；二明确审理阶段两类案件的审理顺序——"人民法院受理因同一损害生态环境行为提起的生态环境损害赔偿诉讼案件和民事公益诉讼案件，应先中止民事公益诉讼案件的审理，待生态环境损害赔偿诉讼案件审理完毕后，就民事公益诉讼案件未被涵盖的诉讼请求依法作出裁判"；三明确裁判生效后两类案件的衔接规则——对于同一损害生态环境行为，除非证据证明存在前案审理时未发现的损害，原则上只能提起一次生态环境损害赔偿诉讼或者环境民事公益诉讼；四明确实际支出应急处置费用的机关提起的追偿诉讼和生态环境损害赔偿诉讼的关系——"在生态环境损害赔偿诉讼案件原告未主张应急处置费用时，实际支出该费用的行政机关提起诉讼予以主张的，人民法院应予受理并由同一审判组织审理"。据此，最高人民法院在环境民事公益诉讼和生态环境损害赔偿诉讼的衔接上，重在突出修复受损的生态环境乃省级、市地级人民政府及其指定的相关部门、机构等责任者承担的首要责任，且为确保生态环境的有效修复，明确生态环境损害赔偿诉讼优先审理的工作原则。

两项制度的衔接构建除此以外，在证据上亦尤为重要。比如，行政磋商阶段形成的证据与诉讼阶段证据衔接转化问题。笔者认为，现有法律将生态环境损害赔偿诉讼和环境民事公益诉讼纳入民事诉讼的大范畴之中[至于环境行政公益诉讼，《检察机关行政公益诉讼案件办案指南（试行）》明确检察机关调查的方式包含查阅、摘抄、复制有关行政执法卷宗材料，证据收集上可以向行政机关调取相关物证、书证等证据材料①]，行政磋商阶段形成的证据可以直接应用于后续的诉讼阶段。

① 此外，2000年施行的最高人民法院《关于执行〈中华人民共和国行政法〉若干问题的解释》第97条明确规定："人民法院审理行政案件，除依照行政诉讼法和本解释外，可以参照民事诉讼的有关规定。"从这一意义上看，行政诉讼对于民事诉讼有一定的依附性。

行政磋商与生态环境损害赔偿诉讼前后主体一致，在证据沿用上操作较为简单；对于磋商阶段的证据转化为环境公益诉讼阶段的证据，需提起环境公益诉讼的主体以证据调取的方式向代表磋商的行政机关收集磋商阶段的证据材料。当磋商阶段的证据不足以证明诉讼阶段诉讼请求所指向的事实时，提起诉讼的主体应通过询问、咨询、鉴定等方式收集其他相关证据材料，与磋商阶段的证据形成完整的证据链。同时，应丰富环境损害专业事实查明方法，正确适用司法鉴定，拓宽证据形式。在委托鉴定前，要充分考虑委托鉴定的事项是否属于事实查明问题，是否能够、有必要鉴定。对于环境资源行政主管部门出具的相关行政文书，国务院环境资源行政主管部门推荐的机构出具的检验报告、检测报告、评估报告、监测数据，经当事人质证，可以认定环境侵权案件事实的根据。①

四、结语

生态环境损害赔偿制度和环境公益诉讼制度的衔接构建应确立行政磋商优先，若在环境民事公益诉讼案件审理过程中行政机关进行行政磋商，行政磋商优先，环境公益诉讼中止；若行政机关在生态环境损害赔偿索赔中违法行使职权或者不作为，致使国家利益或者社会公共利益受到侵害，检察机关应先以行政公益诉讼及时督促行政机关依法履职；若行政磋商未达成一致，行政机关提起生态环境损害赔偿诉讼，适用《若干规定》关于两种诉讼的具体衔接规定；此外，检察机关除了依法提出环境公益诉讼之外，还可以支持磋商、支持起诉等方式参与到生态环境损害赔偿制度和环境公益诉讼制度中。

① 2019年2月20日，最高人民法院、最高人民检察院、公安部、司法部、生态环境部在《关于办理环境污染刑事案件有关问题座谈会议纪要》里对鉴定的问题认为，“对涉及案件定罪量刑的核心或者关键性专门性问题难以确定的，由司法鉴定机构出具鉴定意见……对案件的其他非核心或者关键专门性问题，或者可鉴定也可不鉴定的专门性问题，一般不委托鉴定……涉及案件定罪量刑的核心或者关键专门性问题难以鉴定或者鉴定费用明显过高的，司法机关可以结合案件其他证据，并参考生态环境部门意见、专家意见等作出认定。”该会议纪要充分肯定了生态环境部门意见、专家意见等其他证据形式的作用，强调应该理性看待司法鉴定意见的地位，在办理环境损害赔偿案件时，值得我们学习。

民事执行与刑事追赃之实证辨析

李立惠*

摘　要　当前,因人民法院民事强制执行与公安、检察机关在刑事诉讼活动中进行追赃而产生的重复查封、扣押、冻结问题,已越来越成为司法实践中的突出问题。由于这种司法冲突和矛盾尚无规范解决机制,造成人民法院在民事强制执行中根据调查或当事人举证,经审查认为属于被执行财产的,即采取查封、扣押或者冻结措施,进行强制变价或将财产给付申请执行人。但与此同时,公安或检察机关在刑事诉讼过程中,认为同一财产非为被执行人所有而是属于刑事案件被害人财产,依法应当追缴,从而也实施了查封、扣押或者冻结措施进而追缴该财产退还给刑事案件被害人。这就引发了对同一项财产不同执法机关作出不同认定的问题,从而产生了民事强制执行与刑事诉讼追赃的司法冲突和矛盾。

关键词　民事执行　刑事追赃　法律关系　辨析

一、案情回放

2004年,铁路法院接受指定,执行长安公司申请执行汤某、曹某及鸿达公司借款合同纠纷案。经查,汤某、曹某均查无下落,3月3日法院裁定查封了预售登记在汤某、曹某名下的位于北京市朝阳区的两套房产,同时依法向北京市国土资源和房屋管理局送达了查封裁定和协助执行通知书。3月9日向管理该两套房产的物业公司送达了查封裁定。

经调查,南省检察院曾于1998年1月21日扣押该两套房产,当时在该两套房产上加贴过封条,但未向房产管理机关备案登记,亦未送达扣押决定和协助执行通知。南省北市财政局国库券交易部作为刑事案件被害人于同年6月2日按照南省检察院指令,将该两套房产购房尾款642万元支付给鸿达公司。2001年10月31日,两套房产已由南省北市检察院(系南省检察院的下级检察院)发还交易部,南省检察院并代交易部委托鸿达公司将两套房产出租,每月租金3450美元,鸿达公司依约每季扣除管理费后全额返还南省财政。

该两套房产曾于1996年6月13日在北京市房屋土地管理局(北京市国土资源和房屋管理局前身)办理预售商品房抵押登记,抵押人系本案被执行人汤某、曹某,抵押权人为某银行北京市分行国际业务部。抵押合同合法有效。根据北京市

* 石家庄铁路运输法院法官。

某法院生效民事判决,1996 年 5 月 23 日,由鸿达公司作担保人,汤某、曹某与某银行北京市分行国际业务部签订的两份《楼宇按揭贷款合同》合法有效。长安公司合法继受抵押权人国际业务部的权利。

二、分歧意见

(一)检察机关意见和理由

南省检察院认为,追查刑事犯罪,扣押涉案犯罪嫌疑人的违法所得财物,符合法律规定;其扣押两套房产时间为 1998 年 1 月 21 日,早于法院 2004 年 3 月 3 日的查封时间;检察机关基于刑事诉讼的扣押效力高于法院基于民事执行查封效力;法院明知两套房产已被刑事扣押,仍然予以查封,属于重复查封;法院违法查封行为,直接导致交易部的合法权益失去法律保障。

法院应当立即撤销违法查封行为,解除错误查封,保障刑事案件被害人——交易部的合法权益不因国家公权力违法干预而受到侵害。

(二)法院的意见和理由

法院认为,法院在民事执行过程中对两套房产的查封合法有效。理由:1、《担保法》第 33 条、第 34 条及最高法院担保法司法解释第 55 条规定,抵押权人国际业务部的优先受偿权应当受到保护;2、对房产查封、扣押,应当到房产所在地管理机关办理查封、扣押备案登记,但检察机关未履行这一必要手续。法院办理了必要的查封备案手续后对两套房产的查封,不属于重复查封;3、依照《担保法》、最高法院担保法司法解释及最高法院执行工作规定,未履行法定手续的查封、扣押不得对抗履行了法定手续的查封、扣押。故检察机关对两套房产的扣押不得对抗法院对房产实施的有效查封;4、刑事案件尚未结案,检察机关将房产发还交易部,对涉案财产实体处理,属违法办案;5、房产合法设定抵押权于 1996 年,检察机关扣押时间为 1998 年,在明知房产已合法设定抵押权的情况下,仍继续办理房产发还手续,导致抵押权人优先受偿权不能得到有效保护;6、南省检察院指令交易部将两套房产购房尾款付给鸿达公司错误。该笔款项应向抵押权人国际业务部或长安公司支付。

综上,法院对两套房产查封合法有效,符合法律规定,应当依法对两套房产进行评估、拍卖变价,以拍卖所得款项清偿被执行人的债务。同时,应保护两套房产实际承租人权利,允许其继续租用房产至合同期满,但租金应由法院管控。

三、法理评析

当前,因人民法院民事强制执行与公安、检察机关在刑事诉讼活动中进行追赃而产生的重复查封、扣押、冻结问题,已越来越成为司法实践中的突出问题。由于这种司法冲突和矛盾尚无规范解决机制,造成人民法院在民事强制执行中根据调查或当事人举证,经审查认为属于被执行财产的,即采取查封、扣押或者冻结措施,进行强制变价或将财产给付申请执行人。但与此同时,公安或检察机关在刑事诉讼过程中,认为同一财产非为被执行人所有而是属于刑事案件被害人财产,依法应当追缴,从而也实施了查封、扣押或者冻结措施进而追缴该财产退还给刑事案件被害人。这就引发了对同一项财产不同执法机关作出不同认定的问题，从而产生了民事强制执行与刑事诉讼追赃的司法冲突和矛盾。

(一)刑事优先原则的历史地位

所谓刑事优先原则，是指遇有同一犯罪嫌疑人既涉及刑事案件又涉及民事案件时，民事案件不得先于刑事案件审理和裁判，须让位于刑事案件，以保障刑事案件的优先审判。

1. 1987 年 3 月，最高人民法院、最高人民检察院、公安部《关于审理经济纠纷案件中发现经济犯罪必须及时移送的通知》(法研发[1987]7 号)中，规定“各级人民法院在审理经济纠纷案件中如果发现有经济犯罪事实的，即应及时移送”，“人民法院在审理经济纠纷案件中如果发现有经济犯罪时，一般应将经济犯罪与经济纠纷全案移送”。

2. 1987 年 10 月，《最高人民法院关于财产犯罪的受害者能否向已经司法机关处理的人提起损害赔偿的民事诉讼的复函》([1989]民他字第 29 号)称，“关于财产犯罪的受害人可否提起损害赔偿的民事诉讼问题比较复杂，应当设法继续追赃，不宜采取提起民事诉讼的办法”。

3. 1990 年 10 月，《最高人民法院关于诈骗犯罪的被害人起诉要求诈骗过程中的保证人代偿“借款”应如何处理的函》([1990]民他字第 38 号)称，“经研究认为，冯树源从胡强处‘借款’的行为已被认定为诈骗罪行，胡强追索冯树源所‘借’4 万元则属刑事案件中的追赃问题。因此，冯要求保证人代偿‘借款’的纠纷，人民法院不宜作为民事案件受理。”

由刑事优先原则衍生出“刑事追赃优先原则”，即刑事诉讼强制力远高于民事诉讼，对被害人民事权利侵害一旦涉及刑事诉讼，国家即动用刑事强制措施对其保护，刑事追赃手段是维护被害人民事权益的最后方式；追赃情况被视为犯罪后果考虑，是量刑的重要情节。

(二)民事优先原则的逐步确立

所谓民事优先原则，是指遇有同一犯罪嫌疑人既涉及刑事案件又涉及民事案件时，民事案件的审判无须等待刑事案件的审判，可先于刑事案件进行审判，且刑事案件的审判涉及财产刑时须保障相关债权人的权益。

1. 1997 年 1 月 1 日起施行的《中华人民共和国刑事诉讼法》第 198 条规定：“公安机关、人民检察院和人民法院对于扣押、冻结犯罪嫌疑人、被告人的财物及其孳息，应当妥善保管，以供核查。…对被害人的合法财产，应当及时返还。…对扣押、冻结的赃款赃物及其孳息，除依法返还被害人的以外，一律没收，上缴国库。”

2. 1997 年 10 月 1 日起施行的《中华人民共和国刑法》第 36 条第 2 款规定：“承担民事赔偿责任的犯罪分子，同时被判处罚金，其财产不足以全部支付的，或者被判处没收财产，应当先承担对被害人的民事赔偿责任”。

由此不难看出，随着经济社会飞速发展，人民生活水平稳步提高，社会文明程度和群众法治意识持续攀升，我国的人权保障意识不断增强，特别是“国家尊重和保障人权”历史性地载入国家根本大法—《中华人民共和国宪法》，随之发生可喜变化的是，我国的基本刑事法律亦逐步放弃刑事优先原则，进而循序渐进地确立了民事权益保护优先原则。

3. 1998 年 4 月 21 日，最高人民法院发布《关于在审理经济纠纷案件中涉及经济犯罪嫌疑若干问题的规定》，该规定在保障民事实体权利优先的同时，进一步明确了民事程序可以优先。相关内容有："第二条 单位负责人和主管人员以该单位名义对外订立合同，将取得的财产占为己有构成犯罪的，除依法追究行为人的刑事责任外，该单位对行为人因签订履行合同造成的后果，应依法承担民事责任。第十条 人民法院在审理经济纠纷中，发现与本案有牵联，但与本案不是同一法律关系的经济犯罪嫌疑线索、材料，应将犯罪嫌疑线索、材料移送有关公安机关或检察机关，经济纠纷案件继续审理。"

可以认为，最高人民法院已经通过规范文件的形式废止了刑事优先原则，并确立了民事优先原则。

(三)关于刑事追赃的执行主体

刑事追赃是国家授权的特定机关在人民法院对行为人作出有罪判决后，依据生效判决中对罪犯通过犯罪行为所获取财物的确认，运用国家强制力，采取强制手段，对涉案的赃款赃物予以追缴并依法处理的诉讼行为。其作用在于惩罚犯罪，并在最大程度上挽回因犯罪行为而给社会所造成的物质上的损失。

《刑法》第 64 条规定，"犯罪分子违法所得的一切财物，应当予以追缴或者责令退赔。"但是，《刑事诉讼法》并未明确规定赃款赃物处理的执行主体。

依照最高人民法院、最高人民检察院、公安部和财政部 1965 年 12 月 1 日颁布的《关于没收和处理赃款赃物若干问题的暂行规定》，没收赃款赃物的权力属于县以上人民法院、人民检察院和公安机关。可以认为，当时公安、检察和审判机关均可对赃款赃物进行执行和处理。

2013 年 1 月 1 日起施行的最高人民法院《关于适用〈中华人民共和国刑事诉讼法〉的解释》第 438 条规定，财产刑和附带民事裁判由第一审人民法院负责裁判执行的机构执行。2014 年 11 月 6 日起施行的最高人民法院《关于刑事裁判涉财产部分执行的若干规定》第 2 条规定，刑事裁判涉财产部分，由第一审人民法院执行。

司法解释明确了赃款赃物的执行权属于第一审人民法院。刑事追赃本质上是刑事诉讼法中的执行行为，刑事案件裁判中关于财产部分(包括财产刑和涉案财物)的执行事项理应由行使国家执行权的机构负责执行，当前国家执行机构归属人民法院，刑事追赃的执行主体应当是人民法院。

(四)检察机关可否直接处理其查封、扣押在案的赃款赃物

根据最高人民法院、最高人民检察院、公安部、国家安全部、司法部和全国人民代表大会常务委员会法制工作委员会等六部委联合发布的《关于刑事诉讼法实施中若干问题的规定》第 48 条的有关规定，对依法不移送的查封、扣押的赃款赃物，应待人民法院作出生效判决后，由人民法院通知查封、扣押机关上缴国库。据此，检察机关若为赃款赃物的查封、扣押机关，可以依据人民法院已经生效的刑事判决处理其查封、扣押在案的财物。这里需要明确，查封、扣押机关对查封、扣押在案财

物的处理，依法应当由人民法院通知方可进行。

最高人民法院《关于适用〈中华人民共和国刑事诉讼法〉的解释》第 367 条第 2 款的规定，涉案财物未随案移送的，人民法院应当在判决生效后十日内，将判决书、裁定书送达查封、扣押机关，并告知其在一个月内将执行回单送回。

据此，检察机关没有人民法院生效裁判，不能直接处理其查封、扣押在案的赃款赃物。另外，在刑事裁判生效后，人民法院在执行依法不移送的被查封、扣押财物时，应当及时通知查封、扣押机关上缴国库。

四、结论

综上所述，笔者认为，本案中法院对涉案的两套房产采取查封措施符合法律规定，并无不当，且程序合法，法律手续完备。因此，应当依法对被查封的两套房产继续予以执行。

会议综述

"公益诉讼理论与实务高端论坛"综述

2019 年 1 月 18 日,由华侨大学主办、漳州市长泰县人民法院承办的"公益诉讼理论与实务高端论坛"在长泰举行。来自全国各地的三十余位专家学者和实务界人士出席了本次论坛。会议围绕"公益诉讼理论与实务"这一主题,就公益诉讼的诸多前沿理论和实践问题进行了深度研讨。中国法学会民事诉讼法学研究会常务理事、华侨大学法学院院长许少波教授在开幕式上致欢迎词,并就举办本次论坛的主题、背景和主旨向各位与会嘉宾作了简要说明。

论坛分为两个单元,有多位专家学者就相关问题进行了精彩发言和点评,与会嘉宾讨论热烈。第一单元主要由中国法学会民事诉讼法学研究会常务副会长、南京师范大学李浩教授在论坛上作题为"民事公益诉讼原告资格的变迁——以环境公益诉讼为对象的分析"的主旨演讲,主持人是中国法学会民事诉讼法学研究会副会长、厦门大学齐树洁教授。

李浩教授主要围绕以下三个问题展开讨论:一是 2012 年民事诉讼法修改之前,我国到底存不存在公益诉讼?李浩教授认为,对于这一问题的回答,取决于我们对公益诉讼所作的界定,即对公益诉讼界定不同,答案也截然不同。就民事公益诉讼而言,如果以原告起诉的动机是为了公益抑或为了私益为准来区分公私益诉讼,那么在民诉法修改之前,就已经存在公益诉讼,包括公民个人提起的公益诉讼。界定公益诉讼的另一种路径是提起诉讼的原告与本案是否具有利害关系,若以此为准,2012 年民事诉讼法修改之前显然不存在公益诉讼。二是民事诉讼法增设第 55 条后,行政机关是否可以作为原告提起诉讼。《民事诉讼法》第 55 条虽然规定了"法律规定的机关"可以作为原告提起诉讼,不过随后《消费者权益保护法》《环境保护法》都作了修改,修改时也都针对公益诉讼作出了规定,但这两部法律修改时都没有规定行政机关可以作为原告提起公益诉讼。三是生态损害赔偿制度改革后,行政机关提起的生态损害赔偿诉讼与社会公益组织、人民检察院提起环境公益诉讼之间的关系。这个问题与如何界定生态损害赔偿诉讼有很大关系。

齐树洁教授在自由讨论环节提到,2012 年民事诉讼法修改之前存在许多公民个人提起公益诉讼的情形,如“邱建东电话服务欺诈双倍索赔案”就是以个人作为公益诉讼的原告,但民诉法修改以后就排除了个人作为原告,所以李老师讨论的是现行法,现行法是把个人排除在原告资格范围之外。从诉讼理论和制度发展来看,将来还是应当考虑将个人纳入公益诉讼的原告资格范围。

李浩教授回应道,民事诉讼法修法之后,确实有不少学者主张应当扩大原告资格的范围,即允许个人作为民事公益诉讼的主体。但是,不仅仅是个人,非公益组织是否也可以,因为社会组织可以作为民事诉讼的主体,法人和非法人也可以,这也是值得思考的问题。

南京师范大学陈爱武教授基于泰州案件和江苏省政府案件,认为检察院作为原告提起的环境公益诉讼中,法律赋予检察院作为当事人的抗诉权和作为国家法律监督机关的法律监督权之间存在天然的紧张关系,而且在中国现有法律制度框架下可能是一个无解的问题。

南京大学吴英姿教授认为,公益诉讼原告问题是涉及公益诉讼基本原理的问题,即公益诉讼的原告究竟是基于什么样的权利?实际上指向诉权的社会化。对此,目前最尖锐的问题就是政府能不能作为原告提起公益诉讼?而相关争论涉及的最直观的一个问题也是浅层次的问题,即身份。就公益诉讼最初的讨论来看,有一个共识,即只要是为了维护公共利益,任何人都可以作为原告提起公益诉讼。这个任何人当然包括公民、法人、社会组织,检察机关、政府也应该都可以,只要诉讼请求指向的是公益诉讼的标的、诉讼目的是指向维护公共利益。这种认识也符合我们诉讼法上原告资格即当事人的概念。在这个基础上,检察机关、政府作为公益诉讼原告的讨论,可能需要有一个理论的提炼和梳理,然后进行正当化论证。如政府作为原告来提起公益诉讼,有没有可能导致行政权扩张?行政权的扩张是否会模糊司法与行政的界限。对当前我国而言,政府作为原告可能还有现实的必要性和正当性,但是还是那个问题,是不是符合司法规律,它是不是不可替代,都还值得进一步探讨。

华侨大学陈慰星教授认为,公益诉讼的当事人主体资格识别,特别是在解决原告资格扩张的问题上,还是需要从“法定实定权利”(即所谓的授诉权来源的角度)逐渐转向美国采用的“法定利益”的范式,也就是说只要存在这样一个具备公共利益的法定意义,那么主体资格就可以予以开放,包括之前司法实践中出现的公民个人、环境保护组织,甚至延伸到像检察机关这样一个特别的资格,乃至于开放给特定的政府部门。同时,如果允许公益诉讼共同原告的这种形态,那么它们之间到底是普通共同之诉的关系,还是必要共同之诉的关系?如果是普通共同之诉,那是不是意味着公益诉讼具备了多个诉讼标的?如果这样的话,我们公益诉讼的理论基础是不是在底层逻辑上,在诉讼标的的理论上需要更新。此外,按照现行公益诉讼制度,私人被排除在公益诉讼之外,但仍可以提起私益诉讼。那么,在实践中面临私益诉讼的时候,公益诉讼又应该摆放在什么位置,到底是将这些普通的私益诉讼方式吸收到已经进行或者说将要进行的公益诉讼来进行合并审理,还是让公益诉讼和私益诉讼各自平衡,尤其是涉及私益损害赔偿和公益损害赔偿问题。

李浩教授回应,首先实践上公益诉讼原告资格扩大到公民个人,我们国家是有限制的。当然这里面肯定有文化的影响,我们在研究美国法律时一定要记住,不信任政府,美国人是根深蒂固的,而我们国家恰恰相反。

紧接着是生态损害赔偿制度问题,陈爱武教授提出,政府提起生态损害赔偿诉讼的要件是损害行为发生之后现实的损害已经发生,但是环境公益诉讼里有两种情形:一是已经发生了;二是可能发生重大损害。环境公益组织提起环境公益诉讼之后,当损害实际发生,政府可以提起损害赔偿诉讼,政府以共同原告的身份加入。如江苏的案例,社会组织花费了很多的精力进行社会调查、收集证据,政府加入诉讼之后,到底是环境公益诉讼还是生态损害赔偿诉讼,因为环境公益诉讼的诉讼请求和生态损害赔偿诉讼的诉讼请求不一样,政府加进来之后就喧宾夺主了,环保组织就退到一边,被边缘化了。生态环境费用包含生态修复费、生态功能损失费用,修复期间的损失费用竞合时如何解决没有明确的规定,赔偿金优先保障什么?值得思考。

李浩教授提出,能不能有共同的原告?比如发生在江苏常州的案件,只有江苏的环保组织才能做原告吗?显然不是,北京的、上海的都可以。这就决定了如果其中有一个先起诉后,后面符合起诉资格的人也想提起诉讼怎么办?其实最高法院的司法解释也允许加入新的原告。第二个问题就是诉讼请求会有变化。假如第一个是A请求,第二个是B请求咋办?如果有三个公益组织和一个政府机关提出不同的诉讼请求,应该进行共同诉讼还是分别进行诉讼?

吴英姿教授认为,涉及环境损害赔偿、生态修复,需要进一步深究的问题是,对于诉讼请求的变化和赔偿金的执行,能不能制定这样一个政策,例如对于修复效果比较好的,给予诸如减免等鼓励政策。这已经涉及公共政策制定问题,一旦涉及公共政策问题,就会带来一个问题,这是否符合司法运作的规律?司法运行的边界是什么?一般来说,涉及非法律事项即公共政策制定问题,司法是不可以讨论的,不可以决策的。因为司法过程不像一个民主决策的过程,没有办法保证其科学性、民主性和可操作性,如果司法权替代政府做公共决策,必然带来正当性问题,也就是司法权与行政权的混淆。

李浩教授回应,讨论越来越深入了!环境损害赔偿和环境生态损害赔偿到底有区别?比如泉州碳九泄漏事件的赔偿金,赔偿金是涉及环境损害还是修复生态,抑或两者都有?

上海市嘉定区人民检察院检察官梁春程认为,生态损害赔偿和生态修复应该是两个不同概念,最主要体现在两者目的不一样。政府作为环境资源的所有者或者直接管理者,在民事上来说应该是具有实体权,而其他的公民个人、检察机关都没有直接诉的利益。那么,当环境资源遭受损害时,政府作为原告来进行起诉,实际上是基于其实体权利,目的不在于权利赔偿,实际上是要求实现生态的修复,为此，生态修复基金赔偿首先是用于生态修复。关于涉及公共政策问题，司法所具有的能动性就是指向司法要不要去参与公共政策。司法可能还是要具有适当的能动性和公共政策参与性。至于参与方式，如减免、提前修复等，给予缓刑或者减轻应该是可行的。尽管我们需要警惕司法权混同为行政权，但是司法的能动能实现这样一个目的，倒也是可行的。此外，环境公益诉讼需要赔偿，这一赔偿假如不是用来修复环境，那又是用来做什么呢？如果用来修复，这跟生态损害赔偿恐怕很难区别。

第二单元主要由南京师范大学陈爱武教授、福州大学张旭东教授、南京市中级人民法院法官柯胥宁分别作主题发言，主持人是华侨大学许少波教授，与谈人是南京师范大学刘敏教授、南京大学吴英姿教授和厦门大学张榕教授。

陈爱武教授在“生态环境损害赔偿制度改革若干问题”发言中结合《生态环境损害赔偿制度改革试点方案》《生态损害赔偿制度改革方案》和各地探索的实践，对生态环境损害赔偿诉讼与社会组织、检察院提起的公益诉讼和环境侵权诉讼之间的关系问题、提起诉讼前的前置磋商问题及判决后执行、监督中赔偿费用的定性与管理等问题进行了重点考察和细致分析，认为现阶段应当更加有效地衔接生态环境损害赔偿诉讼与关联诉讼，明确磋商程序的强制性，加强赔偿权利人的事前预防机制以及创新赔偿金管理方式，建构起行之有效的生态环境损害赔偿制度。

张旭东教授在“环境民事公益诉讼并行审理的困境与出路”发言中提出，我国现行环境民事公益诉讼基于侵害对象的差异性及私公益诉讼分野原理，在立法上分类为环境（私益）侵权诉讼与环境民事公益诉讼，采取环境公私益诉讼分离式救济，在造成环境纠纷整体性肢解的同时，往往会诱发同一问题多次审理、诉讼效率低下、共同争点裁判歧异、公私益相互遮蔽等司法困境。对此，张旭东认为有必要通过诉的合并实现公私益诉讼融合，审理程序采用“前阶共同（基础）事实＋后阶各损害事实”二阶事实法律关系构造模型，打破公私益诉讼保护泾渭分明的迷思，实现相关多数纠纷一次性解决。

柯胥宁在“公私博弈语境下知识产权公益诉讼之构建”发言中提出，知识产权领域存在永恒的公私益博弈，知识产权公益诉讼是公益诉讼机理在知识产权领域的具体运用，近年为社会公共利益损害寻求救济的案件日益增多，但因相关制度缺个案探索举步维艰。而传统诉权理论的扩张、公共信托理论的应用、既判力相对性原则的突破以及现行民诉法关于公益诉讼的制度安排，知识产权公益诉讼的开展提供了理论和制度发展空间，具体应当从知识产权公益诉讼的受案范围、原告主体资格、证明责任、激励机制、滥诉防范、惩罚性赔偿、既判力扩张等方面进行制度建构。

在与谈环节，南京师范大学刘敏教授提出，环境民事案件要遵循程序相称原理、程序相适应原理，即诉讼程序要与案例类型、案件性质相适应。我国除了民事诉讼法典，普通的财产性诉讼之外，应当规定有关的诉讼程序，如环境诉讼特别程序、知识产权诉讼特别程序、公益诉讼特别程序。环境诉讼、知识产权诉讼、公益诉讼这三个特别诉讼程序应当专门规定在民事诉讼法典当中。未来的民事诉讼法典也有可能像今天的民法典一样,由几编构成。我们要为未来的民事诉讼法典做准备。就本节主题报告而言,刘敏教授指出三个报告选题都很好,观点都非常新,需要进一步厘清的问题是:第一,著作权保护协会为保护著作权人的利益提起的诉讼,能不能算团体诉讼?第二,如何理解生态损害赔偿诉讼中的"生态损害",是否等同于"环境损害"?(长泰县法院院长姚毅奇回应:"生态"是一个专门学科,是一个系统,生态损害可能会影响这个地下水、臭氧层,影响生态服务功能。"环境"和"资源"是一个独立的学科)第三,环境公益诉讼也有修复赔偿问题,与生态损害赔偿诉讼中的"修复赔偿"有何不同?从更为宽泛的意义讲,环境民事公益诉讼与生态损害赔偿诉讼之间有何区别?

朱晋峰教授回应,中国律法会的副秘书长马勇教授认为,关于环境民事公益诉讼跟生态损害赔偿诉讼问题,生态损害赔偿诉讼目前没有法律依据,只有一个政策性文件;生态损害赔偿诉讼与环境侵权诉讼其实是等同的,即生态环境损害赔偿也是以个人权益受到损害为前提。中国政法大学的王灿发教授则认为,环境民事公益诉讼跟生态损害赔偿诉讼的区别主要在于:一是提起主体不一,生态损害赔偿诉讼提起的主体是政府和政府相关部门;二是生态损害赔偿诉讼可能更多的是涉及国家利益,即将公共利益与国家利益分开来,生态损害赔偿诉讼的前提不等同于民事公益诉讼,但并不代表他们不重合,例如一个公害行为发生后既有可能会侵害他人的公共利益,也有可能会侵害国家利益,这就可以由政府来代表国家提起生态损害赔偿诉讼。这个生态损害赔偿诉讼有可能也会保护社会公共利益,但这并不是提起生态损害赔偿诉讼的前提。

吴英姿教授认为,三篇论文都提出了新问题,而且是现实性很强的问题,可能构成我国民事诉讼法理论新的增长点:一是诉权的社会化问题。这个问题缘起于谁能提起公益诉讼,三位报告人也都谈到谁有资格提起诉讼的问题。而社会组织在公益诉讼中担当的作用是我们希望看到的,因为公益诉讼有一个特别的社会功能,就是国家治理的社会参与,这是公益社会未来发展的一个方向。二是诉讼标的的公益化问题。诉讼标的、诉讼标的理论的发展,公益化也带来了很多问题。第一个问题是从公益诉讼出现的第一天就带来的公益与私益的识别,那么公益诉讼怎么界定、公益怎么界定。宪法只是宣誓保护公益,但到底什么是公益还没有清晰的界定。具体一个利益到底是不是公益,不能抽象地去界定它,而应该放到具体问题当中去讨论,而且这个讨论过程应当有程序保障,应当经过正当程序,而不是简单地政府认为是公共利益就是公共利益。这点要加强研究,不能将它与国有资产、国家利益混同。第二个问题是在识别环境损害赔偿与生态修复责任时,最终可能就涉及公共利益还是国家利益?涉及公益与私益识别时,要用一个科学的视角来判断。怎样使司法对科学问题的判断符合规律,这提出了一个新的程序问题。第三个问题是诉讼目的理论的变化。在公益诉讼提出来以后,明显有一个诉讼目的的公共性,或公共性成分越来越明显。应当说诉讼目的的历史演变从最初的纯粹保护私权到后来的国家目的即维护社会秩序,到目前我们强调私人利益和国家利益的最大公约数。诚然,社会目的和私人目的的最大公约数是公正解决纠纷,那么除了这个以外,公益诉讼制度还带来了什么呢?公益诉讼确实有其复杂性,除了公正解纷,可能还有治理社会这一多元目的,这在理论上还是一个空白点。三是既判力主观范围扩张问题。基于公益诉讼标的的公益性,以及公共利益一般界定为不特定多数人共同享有的利益,针对公共利益这种诉讼标的,公益诉讼既判力范围扩张及于不特定多数人,其中涉及公益诉讼既判力对私益诉讼单向扩张的正当性,以及预决效力理论问题,从而给既判力理论提供了一个新的增长点。

厦门大学张榕教授认为,今天讨论的所有问题与公益诉讼制度立法之时价值取向偏差存在非常直接的关系。在2012年修改民事诉讼法确立公益诉讼制度之前,司法实践中早就存在公益诉讼,且更多是私人提起的公益诉讼,如山东学生诉教育部、川大法学院诉人社部、邱建东诉最高法院,因为私人/个人更有提起公益诉讼的动力。此类案件频繁出现,逐渐引发最高法院和全国人大的注意,以至2012年公益诉讼立法从诉讼主体、受案范围进行严格限制。可以说,今天谈论的很多情形根本就不是公益诉讼,包括知识产权诉讼、生态损害赔损诉讼等,要么是诉讼主体受限,要么案件范围受限,都不属于公益诉讼范畴。相比之下,美国为什么鼓励个人提起公益诉讼?因为美国崇尚个人主义,对于公益损害,民间和社会能够自行解决的,国家政府就不干涉;实在无法解决,国家和政府再行介入。我们中国则截然不同,政府强个人弱,普通群众也寄希望于政府能够出面解决问题。从公益诉讼的立法理由来看,全国人大说是为了更好地维护公共利益,所以由法定的机关、组织代表公民个人提起诉讼。其实这完全是一厢情愿,因为这些机关和组织根本没有动力来提起诉讼,很多地方所谓的公益诉讼纯粹是为了做成"全国/全省/全市第一件",功利性非常强。当然,不是说今天的讨论没有意义,如果能够引起各界注意并重新做一些思考,或倒逼国家和有关部门意识到这些问题,然后再去优化,那么也是非常有价值的。

华东政法大学史长青教授认为,关于生态损害赔偿到底是公益的还是私益的问题,实际上生态损害一定是公益的,只是谁来主张。如果是一个环境公益组织或者是一个检察机关来起诉,可以界定为公益诉讼;如果是有政府来提起诉讼,就属于私益诉讼。那么,这是不是因为主体的主张不同、主体发生变化而导致诉讼性质发生变化?实际上,损害定义了公益还是私益,而不是因为主体主张的问题。因为损害的是生态,那就是公益损害而非个人人身损害或财产损害。所以,政府提起的生态损害赔偿这种诉讼本就不应当存在,生态损害赔偿通过公益诉讼就能解决的问题还允许政府提起,这不仅造成制度的重叠,也引发学理争议。关于知识产权的公益诉讼,应当严格加以限制,防止过多的增加诉讼或为了诉讼而诉讼。关于环境民事公益诉讼并行审理,为了避免案件事实重复认定,实现纠纷一次性解决,应当采取合并审理模式,这是现代程序发展的一个趋势。

论坛由华侨大学法学院院长许少波教授作最后总结,许少波院长表示,本次论坛虽然参与的人数不多,但对中国公益诉讼理论的发展可能是具有里程碑意义的。一方面,公益诉讼和以私权纠纷为对象的传统民事诉讼是有区别的,对于这一区别,我们平时理解得并没有那么深,通过今天的讨论,我们深切感受到公益诉讼对传统诉讼理论所提出的严峻的挑战,甚至可以说是一种颠覆。例如:公益诉讼对传统诉权理论、诉讼标的理论、诉讼目的理论、既判力理论、当事人理论等的创新和发展。另一方面,本次论坛最初是关于原告资格的讨论,但随着研讨的不断深入,实际上已经延伸至关于诉讼类型的思考。会议研讨的逻辑大致经历了这样一个线路:原告资格——何种主体具有原告资格——具有公益诉讼原告资格的依据是什么——主体本身(包括政府)还是诉的利益(已发生或可能)——究竟什么是公益和私益——公益诉讼的类型(生态损害赔偿是否有别于公益诉讼)。讨论的焦点由原告资格逐渐转换为,公益诉讼范畴内的环境公益诉讼与生态损害赔偿诉讼有何区分?政府作为原告旨在保护国家利益的环境损害赔偿诉讼能否成为公益诉讼?公益诉讼的类型有哪些,区别的标准及其边界是何在,诉讼类型之间的关联性是什么?此外,这次讨论还涉及我们先前较少关注的知识产权公益诉讼。通常而言,知识产权诉讼首先有一个前提,那就是有一个权利人。该权利人在权利受损时,直接起诉侵权人就可以了,怎么会有公益诉讼呢?但是报告中所举案例关于专利无效的问题似乎又与公益诉讼搭上了关系。总之,今天提出来一系列新的问题,理论和制度层面都非常多,对民事诉讼法传统的理念和现有的制度都是一个冲击,是具有重大理论和实践意义的。

紫荆沙龙

为案外人异议制度辩护
——以金钱债权执行为中心*

黄忠顺**

摘　要　在《民事强制执行法》的起草过程中，学者普遍以域外立法通例为由，主张废除案外人异议制度。但是，实际情况是各个法域均存在案外人异议制度或与之相似的制度安排，既有比较法研究武断得出的结论具有误导性。“债权人中心主义”的执行程序观的作用范围是执行机构、债权人、债务人三方主体之间的关系，不负有承受强制执行义务的案外人应当享有与债权人平等的对抗武器。执行机构的初步实质审查结论与形式审查结论相悖的，除非案外人异议毫无争议地不成立，执行机构应当遵循形式审查结果优先主义，初步实质审查结果仅对执行机构作出何种指示及如何分配风险产生影响。案外人持另案生效法律文书提出排除执行异议的，执行机构应当根据另案生效法律文书的性质及其确定时间作出不同的处理。

关键词　案外人异议　案外人异议之诉　债权人中心主义　许可执行之诉　另案确权之诉

尽管全国人大常委会于2018年9月7日公布的《十三届全国人大常委会立法规划》明确仅将《民事强制执行法》列入“需要抓紧工作、条件成熟时提请审议的法

---

*　本文系河南省社会科学规划项目“裁判文书公开中的利益平衡机制研究”(项目编号2015BFX027)最终成果之一。

**　华南理工大学法学院教授。本文系作者初步思考及仓促撰写的草稿，很多观点及论述尚不成熟。在论坛结束后，作者对文章进行了大幅度的修改，形成了全新的论文。为确保读者了解论坛真实情况，本文保留原貌发表。但因作者对本文的部分观点已有实质性变化，请勿引用本文。

律草案"的第二类项目,但栗战书委员长在2018年10月25日十三届全国人大常委会第六次会议在北京人民大会堂举行联组会议的讲话中明确要求认真总结"基本解决执行难"工作经验及加强民事执行制度建设。作为全国人大常委会指定的"提请审议机关或牵头起草单位",最高人民法院全面加紧《民事强制执行法》的起草及论证工作,不仅对其历时近二十年完成的《强制执行法草案》(以下简称为"法院稿")进行第七次大幅度修改和论证,而且通过执行研究课题的形式委托中国行为法学会执行专业委员会和中国民事诉讼法学会执行理论专业委员会的负责人起草专家建议稿(以下简称为"学者稿")。尽管近期学者掀起了强制执行法研究的热潮,但由于我国民事诉讼法学界长期存在"重审判、轻执行"的研究偏好,我国的民事强制执行理论体系尚未建立,诸多民事强制执行具体疑难问题也尚未达成最低限度基本共识,当前的民事强制执行理论研究储备不足以支撑制定一部具有显著中国特色的民事强制执行法。① 因而,除了将"基本解决执行难"过程中积累的经验予以长效机制化以外,"法院稿"与"学者稿"不约而同地选择遵循传统大陆法系的强制执行理论,其内容在很大程度上参考了《日本民事执行法》和我国台湾地区"强制执行法"的具体规定。毫无疑问,在民事强制执行规则需求强大,但民事执行理论储备不足的情形下,直接参考乃至照搬域外先进民事强制执行制度成为立法机关解决"燃眉之急"的合理方案。但是,一方面,由于民事强制执行法学研究起步较晚,对域外执行理论及制度的考察尚未深入,对域外立法例的简单化介绍与归纳未必与其实际情况相符。另一方面,与传统大陆法系民事诉讼法学理论体系已经极为稳定与成熟不同,民事强制执行法学在国内外均属于新兴学科,对域外执行理论及制度的正当性与科学性进行反思的必要性更为彰显。因而,《民事强制执行法》的制定过程中,切忌简单援引域外立法例代替实质性论证。民事执行理论研究者应当深入考察域外执行理论及制度的真实面貌,对真实存在的域外执行理论及制度的正当性及科学性进行理性思考,结合我国的实际情况分析其在本土适用中可能发生的问题及需要进行的修正。作为示范性研究,本文以我国独有但被学者普遍批判的案外人异议之诉为对象,对传统大陆法系民事强制执行理论中的若干"基本共识"进行反思,论证在《民事强制执行法》中保留案外人异议制度的合理性。

一、我国案外人异议制度的形成及其前景

新中国成立后在全国范围停止适用民国政府公布施行的《强制执行法》,但没有出台相应的法律调整民事强制执行法律关系。为解决无法可依问题,部分地方的人民政府或人民法院出台了在本辖区内施行的民事强制执行规范性文件。其

① 黄忠顺:《中国民事执行制度变迁四十年》,载《河北法学》2019年第1期。

中,《哈尔滨市人民法院民事强制执行》(1949 年)第 11 条①以及《东北人民政府司法部关于加强民事强制执行的指示》(1951 年 6 月 5 日,行字第 109 号)第 10 条②规定了执行异议制度:强制执行之当事人或与强制执行有利害关系的第三人(关系人)均有权对法院的强制执行提出异议,至于当事人或第三人提起执行异议的理由不作限制。在该时期,债务人异议与第三人异议、程序性异议事由与实体性异议事由尚未分离,对于程序瑕疵或实体瑕疵的执行行为,第三人只能通过异议的方式请求停止或撤销。诚然,在民事强制执行程序尚未有详细规定的情形下,当事人或第三人主要是基于实体瑕疵向执行法院提出异议。

尽管 1982 年《民事诉讼法》第四编对执行程序进行专门规定,但受"重实体、轻程序"观念的影响,该法不仅没有确认实践中存在的债务人异议制度,而且将案外人(第三人、关系人,下同)提出异议的事由限定为实体性事由。根据该法第 162、182 条的规定,执行过程中,案外人对执行标的提出异议的,应当由执行员进行审查。执行员认为异议无理由的,直接予以驳回。执行员认为异议有理由的,报院长批准中止执行,由合议庭审查或者审判委员会讨论决定,最终认定案外人对执行提出的异议确有理由的,裁定中止对该财产的执行。至于案外人不服执行员的驳回异议通知以及债权人不服中止执行裁定,立法机关均没有赋予其以进一步谋求救济的途径。但是,案外人对执行提出确有理由的异议的,人民法院不是裁定终结执行,而只是裁定中止执行。这意味着债权人与案外人之间仍可能围绕着执行标的的可执行性再事争议。

除了强调执行员应当按照法定程序进行审查以外,③1991 年《民事诉讼法》第 208 条增加了"如果发现判决、裁定确有错误,按照审判监督程序处理"的规定。案外人对执行标的提出的异议,有些与原生效法律文书存在着关系(主要是确定特定物给付请求权的生效法律文书),有些与原生效法律文书不存在着关系(确定给钱给付请求权、种类物给付请求权、可替代行为给付请求权的生效法律文书)。1991 年《民事诉讼法》仅完善与原判决、裁定有关的案外人异议的后续救济途径,即通过审判监督程序谋求实体救济,至于与原判决、裁定无关的案外人异议的后续救济途

---

① 《哈尔滨市人民法院民事强制执行》(1949 年)第 11 条,当事人或关系人对强制执行,或执行人员之处分有异议时,得于知晓日起五日内,向法院提出之。审判员对执行异议之声请,得审核以裁定停止或取消已为之强制执行处分,且于必要时得令请求权提供担保金。中国社会科学院法学研究所民法研究室民诉组、北京政法学院民事诉讼法教研室合编:《民事诉讼法参考资料(第一辑)》,法律出版社 1981 年版,第 436 页。

② 《东北人民政府司法部关于加强民事强制执行的指示》(1951 年 6 月 5 日,行字第 109 号)第 10 条规定,强制执行之当事人或有利害关系之第三人,对法院执行提出异议时,法院应予以裁判。在裁判确定以前,斟酌具体情况,认为有必要时,得暂停止执行。中国社会科学院法学研究所民法研究室民诉组、北京政法学院民事诉讼法教研室合编:《民事诉讼法参考资料(第二辑·第二分册)》,法律出版社 1981 年版,第 715~716 页。

③ 根据《最高人民法院关于适用〈中华人民共和国民事诉讼法〉若干问题的意见》(法发〔1992〕)第 257 条的规定,执行员审查案外人异议进行审查时应当遵循法定程序,异议理由成立的,裁定中止对异议部分财产的执行,异议理由不成立的,通知驳回。

径，仍然没有作出规定。

2007年《民事诉讼法》第204条对1991年《民事诉讼法》第208条进行大幅度修改，包括要求案外人以书面形式提出异议、要求执行法院在15日内审查完毕、取消裁定中止执行需要经过院长批准的规定、驳回异议的文书形式由通知改为裁定、增设许可执行之诉与案外人异议之诉。与此同时，2007年《民事诉讼法》第202条增设执行行为异议制度，认为执行行为违法法律规定的当事人、利害关系人，可以向执行法院提出书面异议，请求撤销或改正违法执行行为，不服执行法院裁定的当事人、利害关系人还可以向上一级法院申请复议。根据前述两个条文的规定，以执行行为违法为由提出异议的第三人，被称之为“利害关系人”，其谋求执行救济的途径是提出异议与申请复议；以执行行为不当为由提出异议的第三人，被称之为“案外人”，其谋求执行救济的途径是提出异议与提起异议之诉或再审之诉。2012年《民事诉讼法》第225条、第227条以及2017年《民事诉讼法》第225条、第227条维持了2007年《民事诉讼法》第202条、第204条的原貌。

纵观案外人异议制度的形成历程，新中国成立初期，执行异议制度包罗万象，无论是违法执行行为还是不当执行行为，案外人都只能通过执行异议制度谋求救济。1982年《民事诉讼法》将执行异议局限于案外人对执行标的提出异议，并拒绝向案外人提供案外人异议之诉救济途径。1991年《民事诉讼法》第208条增加“如果发现判决、裁定确有错误，按照审判监督程序处理”的训示规定，提醒不服案外人异议裁定且认为原判决、裁定错误的案外人、当事人依照审判监督程序谋求救济。2007年《民事诉讼法》第204条进一步增设案外人异议之诉和许可执行之诉，形成案外人异议前置于债权人许可执行之诉与案外人异议之诉的基本格局。①

由此可见，在2007年《民事诉讼法》施行之前，案外人以其对执行标的享有民事权益为由请求排除强制执行的，只能通过异议的方式请求执行法院予以审查，而不能申请复议或提起异议之诉。为了贯彻“审执分立”原则，案外人异议之诉势在必行，但基于制度惯性及执行工作效率的考量，立法机关又缺乏废止案外人异议的魄力。因而，2007年《民事诉讼法》采取折中方案，在保留案外人异议制度的基础上，增设案外人异议之诉与许可执行之诉两个新制度，而案外人异议前置于案外人异议之诉格局的出现也就具有历史必然性，而并非立法机关有意为之。尽管立法机关增设后置型案外人异议之诉的做法获得学者暂时性的肯定，②但学者的努力并不停滞于折中方案，而是继续呼吁从根本上废止案外人异议制度。③ 受此种压

① 江必新主编：《新民事诉讼法执行程序讲座》，法律出版社2012年版，第96页。

② 我国现行《民事诉讼法》基于效率方面的考量而将执行异议作为执行异议之诉的前置性程序，尽管将执行异议作为不当执行行为的救济方式有违审执分离原理，但是，基于其仍然保留了通过争讼程序的路径，并且确实能够通过执行异议迅速解决大量实体性争议，因而，这些安排还是具有相当妥当性的。江必新主编：《强制执行法理论与实务》，中国法制出版社2014年版，第33页。

③ 需要说明的是，也有少数学者为案外人异议前置于案外人异议之诉的规定进行了辩护。百晓锋：《论案外人异议之诉的程序构造》，载《清华法学》2010年第3期。

倒性主流观点的影响,"法院稿"与"专家稿"不约而同地不再规定案外人异议制度。

二、域外案外人异议制度的现状及其模式

我国民事诉讼法学界向来认为,"违法执行行为通过异议制度救济""不当执行行为通过异议之诉救济"是传统大陆法系国家和地区的执行救济制度的共通性规定,①并重点援引《德国民事诉讼法》第771条②、《日本民事执行法》第38条③以及我国台湾地区"强制执行法"第15条④作为主张废止案外人异议制度的论据。在字面解释上,前述条文均仅授权案外人可以提起异议之诉,但并没有明确禁止案外人通过异议制度谋求救济。⑤ 因而,不能通过简单罗列前述条文得出相应国家和地区不存在案外人异议制度的结论。根据笔者的不完全考察,尽管所有法域都保留不当执行行为通向争讼程序的路径,但同时都允许案外人通过异议制度请求纠正显而易见的不当执行行为,有些法域要求案外人通过执行机构提起相应的争讼程序(异议之诉、互争权利之诉等),甚至授权执行机构对异议请求(权利主张)进行实质审查,只有无法在执行程序澄清的权利主张,才能启动执行异议之诉。

(一)借鸡生蛋:借违法执行行为救济之名,行不当执行行为救济之实

在德国、日本以及我国台湾地区,尽管违法执行行为与不当执行行为的救济途径各自不同,但执行法院及时防范及纠正不当执行行为的必要性客观存在,而案外人对执行标的的权利主张是执行法院发现不当执行行为的重要途径。因而,在不当执行行为不能光明正大地通过执行异议制度进行救济的情形下,人们不得不将不当执行行为"解释"为违法执行行为,进而借用违法执行行为救济途径对显而易见的不当执行行为进行救济。

《德国民事诉讼法》第766条第1款规定,"对于强制执行的种类和方式,或对于执行员在执行时应遵守的程序提出申请、异议与抗诉时,由执行法院裁判。执行

---

① 翁晓斌:《民事执行救济制度》,浙江大学出版社2005年版,第109页。

② 根据《德国民事诉讼法》第771条的规定,第三人主张就强制执行的标的物享有足以阻止转让的权利的,可以以诉讼的方式向管辖强制执行实施地的法院主张对该强制执行的异议。第三人同时对债权人和债务人提起异议之诉时,应当以其为共同被告。

③ 根据《日本强制执行法》第38条的规定,对强制执行标的物享有所有权或其他妨碍标的物让与或交付之权利的第三人,对债权人可以提起旨在阻却强制执行的第三人异议之诉。第三人提起异议之诉时,若执行债务人对第三人主张的异议理由予以争执,第三人可以将执行债务人作为被告,提起关于执行标的物的权利确认或标的物返还的诉讼。

④ 我国台湾地区"强制执行法"第15条规定,"第三人就执行标的物有足以排除强制执行之权利者,得于强制执行程序终结前,向执行法院对债权人提起异议之诉。如果债务人亦否认其权利时,并得以债务人为被告。"

⑤ 2002年台抗279裁定指出,"信托法第十二条第二项规定,有违反同条第一项对信托财产不得强制执行规定者,委托人得于强制执行程序终结前,向执行法院对债权人提起异议之诉,其立法意旨,系以委托人将信托财产移转与受托人后,该财产名义上即属于受托人所有,委托人虽已非权利人,惟其系信托设定者,就信托财产具有利害关系,为赋予其保护信托财产及受益人之权能,爰特别规定其得提起异议之诉,非谓其不得依强制执行法第十二条第一项规定声明异议。

法院有权发出第七百三十二条第二款规定的命令。"德国立法机关既没有将案外人排除在提出异议的主体范围之外，也没有将案外人异议事由局限于程序违法事由。根据体系解释，"强制执行的种类和方式"与"执行员在执行时应遵循的程序"属于并列关系，"强制执行的种类和方式"不属于"执行员在执行时应遵循的程序"问题，而不属于程序违法的执行行为，只能解释为不当执行行为。实际上，对于显而易见的实体瑕疵，不论案外人是否提出异议，德国的执行机构均不得容忍不当执行行为之发生或其状态之续存。根据《德国强制拍卖与强制管理法》第 28 条的规定，通过土地登记簿或者其他方式明显知晓对抗强制拍卖或程序进行的权利的，执行法院应当立即终止拍卖程序，或者在债权人举证证明其抗辩的一定期间内暂时中止程序。在后一种情况下，债权人在规定的期间内无法举证证明的，该期间届满后程序终止。结合该法第 32 条关于"终止或中止程序是由第三人申请的，还应当送达该第三人"的规定，德国实际上是允许案外人以对抗强制拍卖或程序进行的权利提出终止或中止执行程序的申请(异议)。

根据《日本强制执行法》第 10—12 条的规定，违法裁判或执行处分的救济的途径包括执行抗告和执行异议。执行抗告案件由上一级裁判所审查，仅适用于撤销民事执行程序的决定、驳回对前述决定提出执行异议申请的裁判、执行法院作出的撤销执行官的执行处分的决定等法律明确规定的裁判。执行异议案件则由执行法院处理，适用于执行法院作出的不能提起执行抗告的执行处分、执行官作出的执行处分、执行官无正当理由不作出或迟延作出执行处分的行为。因而，日本学者普遍将执行抗诉和执行异议界定为针对程序违法行为的救济方式，区别于作为实体违法救济手段的请求异议之诉及第三人异议之诉。① 但是，一方面，《日本强制执行法》第 10 条第 2 款明确授权执行机关"对于是否存在违反法律及事实认定错误等影响原裁判的情形"依职权予以调查。另一方面，《日本强制执行法》允许案外人通过执行抗告制度请求执行机构纠正实体错误的执行行为：(1)根据《日本强制执行法》第 83 条第 1、4 款的规定，执行法院命令不动产的占有人向作为申请执行人的买受人交付不动产的，占有人可以以其依法享有可以对抗交付的权源为由提出执行抗告；(2)根据《日本强制执行法》第 127 条第 1、3 款的规定，执行法院命令占有扣押(查封)物的第三人将该物交付于执行官的，该第三人也可以提起执行抗告。因而，执行抗告的理由，原则上为程序瑕疵，但在执行机关可调查事项的范围内，也认可以实体瑕疵为由的执行抗告。② 日本的执行抗告，类似于《最高人民法院关于人民法院办理执行异议和复议案件若干问题的规定》(法释〔2015〕10 号，以下简称

① [日]山本和彦、小林昭彦、浜秀树、白石哲编：《新基本法コンメンタール·民事执行法》，日本评论社 2014 年版，第 27～28 页。转引自曹云吉：《日本民事诉讼法典》，厦门大学出版社 2017 年版，第 310 页。

② [日] 福永有利：《民事执行法·民事保全法》，雷彤译，有斐阁 2011 年第 2 版，第 83 页。[研讨会版译文内容：执行抗告的理由，原则上为程序瑕疵，但在执行机关可调查事项的范围内，也认可以实体瑕疵为由的执行抗告(《民事执行法》第 83 条第 4 款〔对交付命令的执行抗告〕、第 182 条〔对担保执行开始决定的执行抗告〕等)]

《异议复议司法解释》)第 30 条等规定的情形相似,属于执行复议程序的范畴。在案外人提起的执行抗告中,上级法院审查的对象是案外人是否对执行标的享有足以排除强制执行的实体权利,但采取的是形式性审查判断标准,其程序原理与我国的案外人异议制度相同。

我国台湾地区沿用了国民政府 1940 年 1 月 19 日公布施行的"强制执行法"。虽历经十次修改,除了将抗告的不变期间从 5 日调整为 10 日以外,分别对当事人或利害关系人申请及声明异议、第三人异议之诉作出规定的第 12、15 条的内容没有发生变化。根据第 12 条的规定,当事人或利害关系人,对于执行法院强制执行之命令,或对于执行法官、书记官、执达员实施强制执行之方法,强制执行时应遵守之程序,或其他侵害利益之情事,得于强制执行程序终结前,为声请或声明异议,执行法院通过裁定的方式予以处理,不服前述裁定者,可以向上一级法院提起抗告。至于第三人异议之诉,该法第 15 条规定,"第三人就执行标的物有足以排除强制执行之权利者,得以强制执行程序终结前,向执行法院对债权人提起异议之诉。如债务人亦否认其权利时,并得以债权人为被告。"学者将第 12 条规定的瑕疵执行行为概括为"违背执行程序之规定"的"违法执行行为",而将第 15 条规定的瑕疵执行行为概括为缺乏实体法上权利根据的"不当执行行为",并认为前者的救济方法系向执行法院声请或声明异议,而后者的救济方法是异议之诉。[①] 但是,早在"强制执行法"出台之初,可以按照第 12 条规定声明异议的"利害关系人"就包括对执行标的物的主张所有权者。[②] 前述观点沿用至今,在我国台湾地区的执行实践中,执行机关将第三人之财产误为债务人之财产予以查封的,该第三人可以以"利害关系人"的身份声明异议。[③] 鉴于执行法院查封第三人所有之财产的行为"均属于不当之行为",[④]第三人也可以根据第 15 条的规定提起异议之诉。对此,学者的解释是,"对于第三人占有中之债务人所有之财产未经该第三人同意而为执行"等行为,"既属违法执行又为不当执行,此时被害人得任择违法执行或不当执行之救济方式为之"。[⑤]

(二)先期处理:案外人排除强制执行请求必须先经执行机构形式性处理

对于案外人对执行标的提出的权利主张,债务人及债权人未必进行辩驳。为了避免案外人提起不必要的争讼程序,有些法域将执行机构的形式性处理作为案外人提起争讼程序的前置性程序。在采取这种立法模式的法域,案外人请求排除

---

① 张登科:《强制执行法》,三民书局有限公司 2012 年版,第 144 页。

② "本条利害关系人,乃指除执行当事人以外凡对于该执行事件上有利害关系之第三人而言:例如甲乙二人为执行当事人,其执行目的物为土地所有权,第三人丙对该项土地所有权有所主张时,则丙即为利害关系人。"郑竸毅:《强制执行法释义》,商务印书馆出版社 2014 年版,第 59 页。本书原著由上海商务印书馆于 1940 年出版。

③ 陈计男:《强制执行法释论》,元照出版有限公司 2012 年版,第 177 页。

④ 张登科:《强制执行法》,三民书局有限公司 2012 年版,第 143 页。

⑤ 骆永家:《违法执行与不当执行之损害赔偿》,载《台大法学论丛》1978 年第 2 期。

强制执行特定财产的，应当向执行机构提出排除请求，而不是直接向审判机关提起诉讼。根据债权人与债务人的反馈、宣誓、担保等情况，执行机构依照法律的规定分别采取不同的形式性处理措施。

《西澳大利亚 2004 年民事判决执行法》第 83 条、第 84 条共同确立了执行机构对案外人排除执行请求进行形式性处理的基本规则：[①]（1）对已经被执行官查封、扣押、冻结的财产，案外人主张对其享有受成文法或衡平法保护的财产性权益，或者对出卖前述财产性权益主张权利的，有权以书面形式向执行官提出权利主张；（2）收到书面权利主张后，执行官应当在切实可行范围内尽快向债权人发出权利主张申请书副本，以及限期债权人通知执行官债权人是认诺还是辩驳案外人的权利主张；（3）债务人将债权人认可或反驳案外人权利主张的结果告知法院执行官的通知书，债权人对案外人的权利主张进行辩驳的，执行官可以向有管辖权的法院申请通过互争权利诉讼加以救济（apply for relief by way of interpleader）。[②] 债权人认诺案外人权利主张的，承担执行官在收到认诺通知之前发生的执行官费用及其他开支，执行官可以申请法院对前述给付义务作出支付命令。[③] 债权人辩驳案外人权利主张，执行官向法院申请启动互争权利诉讼程序的，法院应当通过普通送达的方式将听审的地点及时间通知执行官、债权人、案外人。案外人在庭审之前向法院提交撤回权利主张申请书或者书面通知执行官撤回权利主张的，视同案外人没有提出权利主张，对执行官查控的财产及其拍卖价金进行处理。[④] 在表面上，执行官是原告，案外人与债权人是共同被告。但实际上，根据《西澳大利亚 2005 民事判决执行规则》第 5.1 条第 3、4 款的规定，在互争权利诉讼中，案外人充当实质意义上的原告，债权人则仍然扮演被告角色，除非法院特别作出命令，执行官无须参加互争权利诉讼程序。[⑤] 尽管执行官不能对案外人的主张进行实质性审查，但执行官可以自行裁量是否推迟拍卖案外人主张权利的财产。[⑥] 因而，尽管互争权利诉讼由执行官申请启动，但真正进行“两造对抗”的主体是债权人与案外人，通过执行官

① 在澳大利亚，联邦法供给的民事强制执行规范较为有限，只有《1976 年澳大利亚联邦法院法》第 32W 条至第 53A 条、《2011 年联邦法院规则》第 41.01 条至第 41.69 条、《2011 年联邦法院规则解释》第五章等少量分散性条文对民事强制执行作出原则性规定，没有对案外人排除强制执行请求的提出及其处理作出规定。

② “互争权利诉讼”，又被称为“互争之诉”“相互诉讼”“确认竞合权利诉讼”，是指对特定的款项或者财产，有复数主体主张统一权利，该款项或财产的占有人或管理人可以将所有主张该权利的人作为共同被告提起诉讼，要求确定在被告之中谁是真正的权利人，从而使占有人或管理人摆脱多重诉讼的烦扰，并避免承担重复责任的危险。汤维建主编：《外国民事诉讼法学研究》，中国人民大学出版社 2007 年版，第 377 页。

③ 《西澳大利亚 2005 民事判决执行规则》第 48 条。

④ 《西澳大利亚 2005 民事判决执行规则》第 49 条。

⑤ （4）A hearing in relation to a claim is to proceed as if the claimant were the plaintiff, and the judgment creditor the defendant. The Sheriff need not attend the hearing unless required to do so by order of the court.

⑥ 《西澳大利亚 2005 民事判决执行规则》第 52 条第 1 款。

的形式化处理，不仅减少了进入互争权利诉讼程序的案件数量，而且执行官能够根据案外人主张权力的具体状况决定是否暂缓拍卖程序，实质上暗藏了执行官的临时性实质审查的原理。

在美国加州，第三人对已被法院采取强制执行措施的财产主张所有权或占有权，[①]而且其主张的权益优于债权人的查封优先权的，可以书面形式向执行官提出第三人权利主张(a third-party claim)。[②] 执行官收到申请书后五日内向债权人及债务人送达以下材料：(1)申请书副本；(2)第三人是否已经根据第六章规定提供解除财产查封保证金的说明；[③](3)第三人已提供解除查封财产保证金的，除非债权人在受送达本通知书之日起10日内对该保证提出异议，否则执行官将解除查封财产的通知书；(4)第三人尚未提供解除查封财产保证金的，除非债权人在受送达本通知书之日起10日内向执行官提供符合第720.160条规定条件的保证，[④]否则执行官将解除查封财产的通知书。[⑤] 除非法律另有规定，第三人及时提出权利主张的，执行官不得对第三人主张权利的财产采取处分性执行措施。[⑥] 债权人在受送达之日起10日内向执行官提供保证的，除非第三人根据第6章规定提交解除查封财产的反担保，执行官应当继续执行，在相关财产据此被拍卖、支付或移转占有后，该财产不受任何权利主张的影响。[⑦] 第三人与债权人都没有提交保证金的，执行官应当解除对涉案财产采取的执行措施，但存在可以作为查封财产依据的其他执行令状除外。执行官应当解除对涉案财产扣押措施，但债务人没有在受送达通知之日起10日内对该财产主张权利的，执行官应当直接将该财产交给主张权利的第三人。[⑧] 在第三人向执行官提交权利主张申请书或者提供保证金后15日内，债权人或者第三人均可以向法院提出庭审申请，以确定第三人权利主张的效力及妥善

---

① 《加利福尼亚州民事程序法典》第720.110条至720.170条对第三人对被执行财产主张所有权及占有权的处理作出了规定，该法第720.210条至720.290条对第三人对被执行财产主张担保物权及优先权(Security Interest or Lien)作出了规定，两者内容大体相同。限于篇幅，本文仅介绍第一种情形。

② 《加利福尼亚州民事程序法典》第720.110条。

③ 根据《加利福尼亚州民事程序法典》第720.610条的规定，在以下情形下，第三人可以根据本章规定通过提供保证金的方式请求解除对涉案财产采取的执行措施：(a)根据查封令状或执行令状采取查封措施的不动产，第三人对其主张所有权或占有权的；(b)根据扣押令状、执行令状或者拍卖令状采取扣押措施的动产，第三人对其主张所有权或占有权的；(c)根据扣押令状、执行令状或者拍卖令状采取扣押措施的动产，第三人对其主张担保物权及优先权的。

④ 除非债权人自愿选择提供更多的保证金，债权人提供的保证金为查控财产价值的两倍，但最多不超过10000美金。债权人提供的保证仅应当以第三人为被保证人，用于赔偿第三人可能因执行程序遭受的所有损失。《加利福尼亚州民事程序法典》第720.160条。

⑤ 《加利福尼亚州民事程序法典》第720.140条。

⑥ 《加利福尼亚州民事程序法典》第720.150条。

⑦ 《加利福尼亚州民事程序法典》第720.150条。

⑧ 《加利福尼亚州民事程序法典》第720.170条。

处置争议财产。[①] 听审申请人应当将听审的时间及地点通知债务人、债权人(或第三人)及执行官。[②] 收到听审通知后,执行官应当立即向法院提交第三人的权利主张申请书、债权人反对被担保人提出的第三人权利主张的陈述书以及债权人或第三人提交的保证金等。[③] 对第三人的权利主张进行听审的,第三人负有证明责任。[④]

比较西澳大利亚与美国加州的规定,我们可以得出以下结论:两者均将案外人排除强制执行请求交由审判人员进行实质性处理,但案外人均应当首先向执行官提出排除强制执行请求,由执行官进行形式性处理。西澳大利亚与美国加州的不同之处在于:(1)当事人不完全相同。在西澳大利亚,执行官是争讼程序的名义原告,但实质原告是案外人。在美国加州,争讼程序的原告既可能是案外人(类似于大陆法系的第三人异议之诉),也可能是债权人(类似于大陆法系的债权人许可执行之诉)。(2)执行官权限不同。在西澳大利亚,执行官有权根据案外人提供的证据状况裁量是否暂缓处分性执行措施,但在美国加州,除非法律另有规定,只要案外人及时提出排除强制执行请求,执行官应当停止拍卖、转移占有、分配款项等处分性执行措施。(3)形式性处理方法不同。在西澳大利亚,执行官仅按照债权人认可抑或辩驳案外人的排除强制执行请求进行不同的处理,但在美国加州,执行官主要根据第三人与债权人提供保证金决定是否解除查封控制性措施。显而易见,在西澳大利亚及美国加州,通过执行官的前置性形式化处理,减少了与执行相关的争讼案件的提起,强化了债权人与第三人后续诉讼中的实质对抗关系。

(三)任意选择:案外人排除强制执行请求可以先经执行机构的实质审查

案外人对执行标的提出的权利主张,债权人(以及债务人)进行抗辩的,双方围绕案外人是否享有足以排除强制执行的民事权益形成实体性争议。但是,实体性争议也可以通过非讼程序解决,[⑤]作为非讼事件的强制执行也可以在一定范围内发挥实体性争议解决功能。[⑥] 因而,即使是明确采取违法执行行为与不当执行行为二元说的大陆法系国家和地区,也通过混淆违法执行行为与不当执行行为的方式间接且含蓄地允许案外人通过异议程序谋求迅速排除强制执行。与此不同的是,《芬兰强制执行法典》明确授权认为强制执行将侵犯其实体权益的第三人向执行官提起纠正实体性错误的书面异议。但《芬兰强制执行法典》并没有采取我国的案外人异议前置主义,即没有强制案外人先行通过异议/复议程序救济,而是最大

---

① 《加利福尼亚州民事程序法典》第720.310条。

② 《加利福尼亚州民事程序法典》第720.320条。

③ 《加利福尼亚州民事程序法典》第720.330条。

④ 《加利福尼亚州民事程序法典》第720.360条。

⑤ 为了弥补民事诉讼程序的不足以及实体法的要求,非讼程序逐渐形成运用职权主义和非对抗方式解决纠纷的扩展功能。郝振江:《论非讼程序的功能》,载《中外法学》2011年第4期。

⑥ "强制执行者,谓基于债权人之声请,以国家之强制力,实现债权人对于债务人私法上给付请求权之非讼程序也。"陈计男:《强制执行法论》,元照出版公司2012年版,第1页。

限度地保障第三人对救济途径的选择权。《芬兰强制执行法典》第10、11章对(执行官)自我纠正错误、执行异议之诉、执行中止、执行复议(或称为执行抗告,enforcement appeal)作出了规定。笔者将与本文相关的条文进行梳理发现,现将芬兰执行官自我纠正实体性错误、执行异议、执行复议以及执行异议之诉之间的关系作以下介绍:①执行官可以依职权纠正其因错误调查、不充分调查或错误适用法律而采取的措施或作出的决定,②但也可以根据当事人或案外人的申请纠正实体性错误。第三人认为强制执行侵犯其权利的,可以根据第10章第4条的规定向执行官提出书面的纠正实体性错误申请书(类似于我国的案外人异议),也可以根据第10章第6、13条的规定直接提起执行异议之诉。第三人选择向执行官提出书面纠正申请的,执行官应当对第三人以及因纠正而可能遭受不利益影响的其他主体进行听证,但存在特别事由而没有必要进行听证的除外。③ 对于第三人的纠正申请,执行官的处理方式可以分为以下三种:(1)认为申请理由成立的,书面决定纠正实体性错误,不服该纠正决定的债权人,可以在三周内向法院申请复议;④(2)认为申请理由不成立的,书面通知驳回纠正申请,不服驳回通知的第三人,可以向法院提起执行异议之诉;⑤(3)认为争议事项真伪不明且无法在执行程序中予以澄清的,签发"提起执行异议之诉指示"(issue instructions for the lodging of an action for contested enforcement),⑥该指示的接收人可以按照指示在四周内⑦提起执行异议之诉,也可以针对其异议或请求在三周内⑧向法院申请复议,以代替提起执行异议之诉,⑨但不能就执行官是否应当签发该指示申请法院复议,⑩而且执行异议之诉与申请复议只能"二选一"。⑪ 法院在审查执行复议案件时也可以签发提起执行异议之诉的指示,但案件因其争议范围或者其他特别原因而适合将其作为执行复议案件处理的除外。⑫ 执行官或法院签发提起执行异议之诉指示的,该指示的接收

① 基于中西方法律思维的差异性,对于笔者而言,《芬兰强制执行法典》第10章的规定及其结构略显凌乱。为了便于中国读者理解以及避免介绍无关的内容,笔者在该部分采取"法条综述"的写作方法,而没有按照条文顺序进行逐一介绍。

② 《芬兰强制执行法典》第10章第1条第1款。

③ 《芬兰强制执行法典》第10章第1条第2款。

④ 《芬兰强制执行法典》第10章第4条。

⑤ 《芬兰强制执行法典》第10章第4条。

⑥ 《芬兰强制执行法典》第10章第7条第1款。

⑦ 《芬兰强制执行法典》第10章第12条第1款。

⑧ 《芬兰强制执行法典》第11章第5条第1款。

⑨ 《芬兰强制执行法典》第10章第10条第1款。

⑩ 《芬兰强制执行法典》第10章第10条第2款。

⑪ 第三人已经向法院申请复议的,不得再针对同一执行措施或执行决定提起执行异议之诉,第三人已经提起执行异议之诉的,不得再针对同一执行措施或执行决定申请法院复议。参见《芬兰强制执行法典》第10章第17条。相关主体已经针对同一争议事项向法院申请复议的,执行官不得签发提起执行异议之诉指示。《芬兰强制执行法典》第10章第9条第2款。

⑫ 《芬兰强制执行法典》第10章第7条第2款。

人因正当理由未能在规定期限内起诉的，可以在该期间届满前以书面形式向签发该指示的执行官或法院申请延长期限，[①]接收人没有在前述期间内根据指示提起执行异议之诉的，不得再针对该执行争议提起相关申请或异议。[②] 对执行复议案件，在向法院提交复议案件报告（deliver his or her statement regarding the appeal）的期限内，[③]执行官可以自行纠正复议所指向的措施或决定，执行官在该期限内作出纠错决定的，应当毫不迟延地向法院提交纠错决定，以代替复议案件报告，并说明有关该纠错决定是否已经发生最后法律效力。[④] 由此可见，在芬兰，执行官可以依职权或依申请对第三人是否享有足以排除强制执行的实体权益进行实质性审查，第三人也可以在执行异议、执行复议、执行异议之诉等救济途径之间进行选择。

三、案外人不属于债权人中心主义的适用对象

（一）"债权人中心主义"的执行程序观的形成

民事强制执行法律关系主体包括执行机构、执行当事人、因强制执行遭受损害的第三人以及其他执行参与人。其中，执行机构属于程序运营者，执行当事人及第三人属于程序利用者。作为程序运营者的执行机构在民事强制执行程序中具有主导权，而且在执行程序内外存在着与程序利用者构成冲突的自身利益诉求，[⑤]为防止执行机构为追逐自身利益而损害当事人及第三人合法权益，民事强制执行立法及执法应当贯彻"程序利用者中心主义"。[⑥]

"程序利用者中心主义"主要解决的是程序运营者与程序利用者之间的关系，但民事强制执行还需要进一步解决债权人与债务人之间的关系。案件进入强制执行程序通常意味着债务人已经严重迟延履行给付义务，[⑦]故强制执行法无论在立法或执法上均以迅速实现债权人的实体权利为价值取向。[⑧] 鉴于执行债权已经确定，执行债权人有权申请法院强制实现其权利，而执行债务人则只有履行生效法律文书的义务，强制执行旨在"依法保障胜诉当事人及时实现权益"。因而，尽管债务

---

① 《芬兰强制执行法典》第 10 章第 12 条第 1 款。

② 《芬兰强制执行法典》第 10 章第 12 条第 2 款。

③ 《芬兰强制执行法典》第 11 章第 10 条规定，上诉信申请执行中止的，相关执行官应当立即向地区法院寄送其有关中止的陈述。在其他方面，执行官应当在收到上诉信之日起 2 周内向地区法院寄送其有关上诉的陈述。地区法院可以基于正当事由而延长该期限。

④ 参见《芬兰强制执行法典》第 11 章第 12 条。

⑤ 黄忠顺：《民事执行机构改革实践之反思》，载《现代法学》2017 年第 2 期。

⑥ 鉴于程序利用者中心主义是民事审判程序与民事执行程序的共通性原理，笔者不再赘述在执行程序中确立程序利用者中心主义的理由。

⑦ 以继续履行合同判决的强制执行为例，通常情况下，只有债务人延迟履行，债权人才具备提起给付之诉的利益。经过漫长的审理环节，确定判决通常还会给债务人一定的履行期限，只有该履行期限届满，债权人才可以向法院申请强制执行。法院受理强制执行程序之后，通常还会通过执行通知书的方式，再次给债务人确定履行债务的期限。

⑧ 吴光陆：《强制执行法》（修订二版二刷），三民书局 2013 年版，第 17 页。

人与债权人在人格上具有平等性并且应当兼顾保护债务人的基本人权,[①]但执行程序中债权人和债务人的地位应该是不平等的,法院应当最大限度地维护债权人的合法权益。[②] 因而,我国目前已经达成共识的强制执行法基本原则就包括了执行当事人不平等原则。[③]

在"程序利用者中心主义"与"执行当事人不平等原则"的共同作用下,执行机构的利益通常要让步于执行当事人,而执行债务人的利益通常让步于执行债权人。民事强制执行法学理论逐渐形成"债权人中心主义"的执行程序观,倡导以债权人为中心构建及实施民事强制执行规范。

(二)"债权人中心主义"的执行程序观的嬗变

债务人忍受强制执行的理论依据在于,执行名义系证明实体权利存在具有高度盖然性的文书,而且在其形成过程中,债务人已经参与或受主体地位参与机会之保障,如实体权利不成立或失效,债务人理应阻止执行名义的形成。[④] 没有参加执行名义形成程序的案外人,除非依法承担执行债务或者被裁定变更、追加为被执行人,自然不负有忍受强制执行之义务,故案外人不属于"债权人中心主义"执行程序观的适用对象。

但是,在"基本解决执行难""切实解决执行难"被上升为政治任务的背景下,不仅"老赖"成为人人喊打的"过街老鼠",部分无辜的第三人也沦为未经正当程序保障即遭受强制执行的受害人。债权人中心主义的程序观,本来只是在程序观念上强调民事强制执行法应当作为程序利用者的执行当事人为中心,并奉行"债权人与债务人不平等原则"。[⑤] 但是,在我国当前的民事强制执行实务中,债权人的地位不仅优先于债务人,而且优先于第三人,以满足提高执结率及执行到位率的需要。"债权人中心主义"的执行程序观的适用范围被人为地扩大,以满足执行机构及债权人的利益诉求。

(三)"债权人中心主义"与案外人异议的取消

根据嬗变后的"债权人中心主义"的执行程序观,为了保障执行债权的及时实现,执行机构可以根据较为宽松的形式性实体权益判断标准认定或推定特定财产

---

① 有的学者认为执行程序与审判程序都遵循当事人平等原则,原因在于"任何人都不能因为欠债而受歧视",主张债权人与债务人不平等有违"法律公平原则",等等。杨荣新、谭秋桂:《执行改革与强制执行立法》,载《执行改革理论与实证》,人民法院出版社 2002 年版,第 205~206 页。对此,有学者回应,执行当事人不平等,是对债权人、债务人在执行程序中的地位的判断,是对"民事执行制度基于什么目的而设"的回答,与并不违反宪法上的人人平等原则,也不意味着在执行程序中歧视债务人。肖建国:《执行程序修订的价值共识与展望——兼评〈民事诉讼法修正案〉的相关条款》,载《法律科学》2012 年第 6 期。

② 童兆洪、林翔荣、方永新:《改革:执行发展与创新的时代呼唤——执行改革实证分析与理论建构研讨会综述》,载《法律适用》2002 年第 7 期。

③ 江必新主编:《强制执行法理论与实务》,中国法制出版社 2014 年版,第 69 页。

④ 赖来焜:《强制执行法总论》,元照出版有限公司 2007 年版,第 187 页。

⑤ 齐树洁:《民事司法改革研究(修订版)》,厦门大学出版社 2004 年版,第 392 页。

属于可供执行财产，而案外人想要将特定财产排除在强制执行之外，则必须提起案外人异议之诉。债权人可以申请执行机构对可能属于案外人所有或者案外人对其享有其他足以排除强制执行权益的财产采取执行措施，而案外人则不能通过与申请程序相似的异议程序，请求执行机构及时解除可能对其实体权益造成损害的强制执行措施。显而易见，彻底废除案外人异议制度的结果是，债权人的执行债权优先于案外人的实体权益获得保护。嬗变后的“债权人中心主义”的执行程序观成为废除案外人异议制度的主要理论依据。

在表面上，相对于案外人异议而言，案外人异议之诉更有利于确保案外人受到足够充分且正当的程序保障。但是，实则不然。在民事强制执行理论上，案外人异议之诉不能自动产生中止或阻断强制执行的程序法效果。[①] 案外人通过漫长的诉讼程序获得胜诉判决，争议财产可能早已被执行机构处分。为此，我国《民诉法解释》第 315 条突破传统民事强制执行理论，直接宣告执行机构在案外人异议之诉期间不得采取处分性执行措施。但是，基于以下原因，笔者认为，即使禁止执行机构在案外人异议之诉期间对争议财产采取处分性执行措施，也不能论证废除案外人异议制度具备正当性：(1)该规定为债务人与案外人恶意串通提起异议之诉以拖延执行提供了温床。立法机关对此有清晰的认识，“考虑到审判程序比较复杂，如果对所有的案外人提出的异议不经经常便直接进入审判程序，不仅影响执行效率，还可能给一部分债务人拖延履行留下空间，不利于债权的及时实现。”[②](2)控制性执行措施本身已经足以对案外人的财产自由自由造成限制。作为最低限度基本共识，公权力限制公民的财产自由的，必须具备足够充分且正当的理由。案外人不是执行名义载明的债务人，除非依法承担执行债务或者因其他法定原因被变更、追加为被执行人，执行机构缺乏对其采取执行措施的正当性基础。(3)对案外人实体权益及程序利益保护不力，意味着任何不特定第三人的财产均有可能被作为可供执行财产予以执行，这不仅代表着降低了对宪法意义上的财产权的保护程度，而且从整体上破坏了交易安全原则。因而，尽管生效法律文书确定债权的实现具有维护法律权威的公益价值，但保护案外人合法权益亦具有维护社会公共利益的属性，不能将案外人的合法权益后置于债权人的确定债权。

综上所述，“债权人中心主义”的执行程序观的适用范围不能涵盖案外人，在处理当事人(包括债权人与债务人)与案外人之间的关系时，而应当强调两者之间是完全平等的主体，在救济程序上不偏不倚。在废除案外人异议制度的语境下，当事人可以通过表面证据请求法院对权属关系不甚明确的财产采取强制执行措施，案外人则只能通过争讼程序防御其财产被采取强制执行措施，而案外人异议之诉提

---

① 比如，张卫平教授认为，案外人异议之诉的审理不应当停止执行，但案外人提供确实有效的担保，请求停止对异议标的物进行处分的，则应当允许。张卫平：《民事诉讼法》，中国人民大学出版社 2015 年第 3 版，第 418～419 页。

② 全国人大常委会法工委民法室编：《〈中华人民共和国民事诉讼法〉条文说明、立法理由及相关规定》，北京大学出版社 2007 年版，第 407～408 页。

供的救济通常具有滞后性，债权人显然获得了优先于案外人的法律地位。对此，笔者认为，既然债权人可以通过"申请"(声明)的方式要求执行机构对争议财产采取执行措施(债务人可以通过财产申报的方式要求执行机构通过争议财产履行执行债务)，就应当允许案外人通过"异议"(抗告)的方式要求执行机构排除对争议财产进行强制执行。既然执行机构可以根据债权人的申请或者债务人的申报及提供的证据推定争议财产属于债务人所有或债务人对其享有处分权，就应当允许案外人提出异议及提供证据的方式请求执行机构及时解除侵害其民事权益的强制执行措施。案外人异议具有及时排除强制执行的效率优势，而案外人异议之诉的优势在于能够提供足够充分的程序保障，两种救济方式孰优孰劣，需要结合具体案件及案外人掌握的证据状况进行判断。想当然地认为案外人异议之诉更有利于保护案外人的实体权益，并据此废除案外人异议之诉的做法，显然缺乏正当性基础。

四、执行标的实体权属的判断结果具有可变性

在禁止执行机构对执行标的实体权属进行实质判断的语境下，如果执行标的实体权属的形式性判断标准及其判断结果具有不可变性，而且假定实践中不存在执行机构违反执行标的权属形式性判断标准的任何情形，那么保留案外人异议制度确实没有必要。但是，前述废除案外人异议之诉的理由及条件均不成立。

(一)执行机构违反形式性判断标准的可能性客观存在

执行机构调查责任财产与审查案外人排除执行异议采取完全相同的形式性判断标准，而且根据该形式性判断标准能够得出唯一的结论的，在表面上似乎可以得出没有必要保留案外人异议制度的结论。但是，即使执行标的实体权属的形式性判断标准及其判断结论具有唯一性，也无法杜绝执行机构违反形式性判断标准执行案外人财产的情形发生。在责任财产调查环节，执行机构有意或无意错误适用形式性判断标准的，虽然执行标的实体权属的形式判断标准完全相同，案外人仍可以指望通过异议程序纠正错误的权属认定结果。因而，即使责任财产调查与排除执行异议审查采取完全相同的形式性判断标准，并且适用该标准能够对执行标的的实体权属得出唯一的结论，也不能据此得出应当废止案外人异议制度的结论。

(二)执行标的实体权属的形式判断标准不具有唯一性

审执分立并没有隔断执行程序中的权利判断，只是执行机构根据形式物权(或权利表象，下同)推定执行标的实体权属，而审判机构根据实质物权认定执行标的实体权属。[①] 鉴于权利存在或变动的公示方法不具有唯一性，实质物权呈现出来的形式物权也不具有唯一性。为了尽可能确保形式物权与实质物权保持一致，执行机构应当根据法定公示方法呈现出来的形式物权来推定执行标的实体归属，故物权公示原则及权利外观主义分别成为有体物及有体物以外其他权益的形式性实体权益判断标准。

---

① 肖建国:《执行标的实体权属的判断标准——以案外人异议的审查为中心的研究》，载《政法论坛》2010 年第 3 期。

但是,根据法定公示方法呈现出来的形式物权与实质物权之间发生分离的情形也时有发生。为此,最高人民法院通过司法解释增设一些不适用权利推定规则或者例外允许执行机构根据法定公示方法以外的非典型公示方法呈现的形式物权推定执行标的实体归属等特殊规则。[①] 这些例外情形大致可以分为以下几类:

(1)尚未完成法定公示方法。有些财产尚未按照法律规定进行公示,司法解释允许执行机构通过其他证据确定财产权属,执行机构根据非典型公示方法呈现出来的形式物权推定财产属于债务人所有或者债务人对其享有处分权,授权执行机构对其采取强制执行措施。比如,根据《最高人民法院关于人民法院民事执行中查封、扣押、冻结财产的规定》(法释〔2004〕15 号,以下简称为"《查封规定》")第 2 条第 2 款的规定,未登记的建筑物和土地使用权,依据土地使用权的审批文件和其他相关证据确定权属,并可以对据此推定属于债务人所有或债务人对其享有处分权的未登记的建筑物或土地使用权采取强制执行措施。

(2)法定公示方法不具有唯一性。有些财产的法定公示方法不具有唯一性,而且根据不同法定公示方法呈现出来的形式物权相互冲突,司法解释实际上承认执行机构可能前后认定存在两种相互矛盾的形式物权。比如,执行机构可以根据《查封规定》第 2 条第 1 款的规定扣押债务人占有的机动车,也可以根据《查封规定》第 11 条的规定查封登记在债务人名下但不为债务人占有的机动车,前者根据占有公示方法呈现的形式物权推定执行标的归属,而后者根据登记公示方法呈现的形式物权推定执行标的归属。

(3)法定公示方法以外的其他公示方法呈现的形式物权更接近实质物权。比如,根据《物权法》第 28 条以及《最高人民法院关于适用〈中华人民共和国物权法〉若干问题的解释(一)》[法释〔2016〕5 号,以下简称为"《物权法司法解释(一)》"]第 7 条的规定,人民法院、仲裁委员会在分割共有不动产或动产案件中作出并依法生效的改变原有物权关系的判决书、裁决书、调解书以及人民法院在执行程序中作出的拍卖成交裁定书、以物抵债裁定书可以直接引起物权变动,[②]执行机构据此认定

---

① 肖建国:《执行标的的实体权属的判断标准——以案外人异议的审查为中心的研究》,载《政法论坛》2010 年第 3 期。

② 最高人民法院认为,形成性调解书应当定位于以当事人合意为基础的审判或仲裁行为,与形成判决书或裁决书一样已经具备导致物权变动的基础,与判决、裁决具有同等法律效力,同样具备导致物权变动的法律赋予的强制力。最高人民法院民事审判第一庭:《最高人民法院物权法司法解释(一)理解适用于案例指导》,法律出版社 2016 年版,第 16 页。对此,包括笔者在内的多数民事诉讼法学者持有异议,因与文章主题不相关,不予展开分析。

争议财产属于债务人所有的,可以对其采取强制执行措施。①

由此可见,执行标的实体权属的形式性判断标准不具有唯一性,根据形式性判断标准对执行标的实体权属作出的判断结果也不具有唯一性。相应地,在责任财产调查环节与案外人异议审查环节,执行机构完全可以合法地对执行标的实体权属作出不同的形式性判断结论。以不动产强制执行为例,通过债权人提供线索、债务人报告财产、网络执行查控系统查询等方式,执行机构发现债务人名下登记有不动产的,执行机构应当根据物权登记公示方法呈现的形式物权推定该不动产归债务人所有或者债务人对其享有处分权,并据此裁定查封该不动产。在该不动产被查封后,案外人持《物权法》第 28 条及《物权法司法解释(一)》第 7 条规定的判决书、裁定书、裁决书、调解书提出排除执行异议的,执行机构应当根据前述文书呈现的形式物权推定涉案不动产归案外人所有,并据此解除对该不动产采取的强制执行措施。相反,如果执行机构只能根据登记簿的记载情况认定执行标的实体权属,那么执行机构无论在什么时候都只能得出唯一的形式性权属判断标准,维持案外人异议制度的必要性就会受到削弱。

(三)执行机构不可能无视实质物权或真实权利的存在

在明知形式物权与实质物权(或者权利表象与真实权利)发生分离的情形下,难以合理指望,也不应当允许,执行机构对实质属于案外人所有的财产(继续)予以强制执行。否则,无异于强迫执行机构明知故犯地进行严重损害案外人合法权益的不当执行行为。即使明确禁止执行机构在责任财产调查及案外人异议审查时采取实质性判断标准,也无法排除执行机构通过其所在法院启动执行监督程序以主动撤销违反实质性权属判断标准的执行措施。在理论上,与其要求执行机构根据形式性判断标准裁定执行该财产或者驳回案外人排除执行异议,倒不如参照《芬兰强制执行法典》的做法,允许案外人将证明其系实质物权人或真实权利人的证据提交给执行机构,执行机构进行初步审查,认为实质物权与形式物权存在分离可能性较大的,签发要求债权人或案外人提起异议之诉的指示。②

鉴于我国没有建立执行机构启动或指示案外人(债权人)提起异议之诉(许可

---

① 《北京市法院执行局局长座谈会(第九次会议)纪要——关于执行查控时财产权属判断规则及案外人异议审查中权利(利益)冲突规则若干问题的意见》(2018 年 12 月 25 日)第 7 条规定,根据《物权法》第 28 条、第 29 条、第 30 条的规定属于被执行人的财产,人民法院可以查封、扣押、冻结。不仅如此,该会议纪要还进一步拓展了突破法定公示方法呈现形式物权的依据,根据第 3 条的规定,司法机关、行政机关等公权力机关作出的生效法律文书,仲裁机构作出的仲裁裁决、仲裁调解书,或者在公权力机关备案或公示的文书确认属于被执行人的财产,人民法院例外地执行根据法定物权公示方法属于他人所有的财产。

② 在我国台湾地区,执行人员如认定确非债务人所有之动产,纵债权人指认,仍可不予查封,否则,仍可斟酌予以查封,并于查封后,依据"强制执行法"第 16 条规定,指示第三人依本法第 15 条提出异议之诉。吴光陆:《强制执行法》(修订二版二刷),三民书局 2013 年版,第 287 页。

执行之诉)的制度,[①]为了避免执行机构被迫采取明知不当的强制执行行为,除了原则上禁止执行机构在案外人异议审查期间及执行异议之诉审理期间处分执行标的以外,[②]司法解释还例外地规定若干执行机构可以对案外人排除执行进行实质审查的特殊情形。[③] 这意味着执行机构不再简单地根据物权公示原则及权利外观主义判断执行标的实体权属。如果说根据法定公示方法以外的其他公示方式呈现的形式物权或权利表象推定执行标的权属尚属于形式性判断,执行机构根据不具有对外公示效力的合同等证据材料对执行标的实体权属进行判断则无论如何都只能解释为实质性审查。

实际上,我国现行司法解释允许执行机构在责任财产调查环节例外地采取实质性判断标准,[④]根据物权公示原则及权利外观主义标准得出争议财产不属于债务人所有的,执行机构仍可以根据司法解释的规定例外地予以查封、扣押、冻结。为了在债权人与案外人之间贯彻武器平等原则,司法解释确立了"以形式审查为原则、实质审查为例外"的案外人异议审查规则,授权执行机构在案外人审查程序中相应地进行实质审查。对此,应当不难理解。

但是,纵观我国现行司法解释的规定,执行机构在案外人异议审查环节采取实质审查的范围明显大于责任财产调查环节,在程序保障方面造成了债权人与案外人之间的失衡。比如,根据《异议复议司法解释》第25条、第28条、第5629条的规定,在责任财产调查环节,对于已登记的不动产,执行机构应当按照不动产登记簿判断,但案外人可以根据买卖合同及其履行情况请求排除执行仍然登记在债务人名下的不动产。据此,即使债权人提供证据证明登记在案外人名下的不动产的实

① 尽管执行裁定书应当释明当事人不服时可以根据《民事诉讼法》第227条规定提起异议之诉,但执行裁定书只能在直接回应(支持或驳回)案外人异议申请的基础上。

② 《最高人民法院关于适用〈中华人民共和国民事诉讼法〉执行程序若干问题的解释》(法释〔2008〕13号)第16条第1款规定,案外人异议审查期间,人民法院不得对执行标的进行处分。《最高人民法院关于人民法院网络司法拍卖若干问题的规定》(法释〔2016〕18号)第36条第2款规定,案外人对网络司法拍卖的标的提出异议的,人民法院应当依据《中华人民共和国民事诉讼法》第二百二十七条及相关司法解释的规定处理,并决定暂缓或者裁定中止拍卖。《民诉法解释》第315条第1款规定,案外人执行异议之诉审理期间,人民法院不得对执行标的进行处分。

③ 在确立形式审查原则的同时,考虑到物权公示原则和权利外观主义的缺陷和不足,《异议复议司法解释》作出了在债务人对执行标的无登记或占有的情况下,根据合同等证明财产权属的相关证据进行实质审查的例外规定。江必新、刘贵祥主编:《最高人民法院关于人民法院办理执行异议和复议案件若干问题规定理解与适用》,人民法院出版社2015年版,第351页。

④ 比如,尽管《合同法》第134条允许动产出卖人在买受人支付全部价款或履行其他义务前保留所有权,但因《物权法》第23条将普通动产的法定公示方法规定为是占有(交付),买受人因占有该动产而具备被推定为所有权人的权利外观。但是,根据《查封规定》第16条的规定,债务人将其普通动产出卖第三人,第三人已经支付部分价款并实际占有该动产,但根据合同约定债务人保留所有的,执行机构可以查封、扣押、冻结该动产。在此种情形下,执行机构本来应当根据法定公示方法呈现的形式物权,推定作为买卖标的物的动产属于作为实际占有的买受人所有,但《查封规定》第16条却例外地允许执行机构根据买卖合同关于保留标的物所有权的约定认定争议财产权属。

质物权人是债务人，执行机构也不能对该不动产采取强制执行措施。与此同时，未经案外人异议程序，债权人也不能提起许可执行之诉。债权人只能考虑提起代位权诉讼或撤销权诉讼，但因不符合《合同法》第 73 条、第 74 条规定条件，而不能提起代位权诉讼或撤销权诉讼的，债权人提起确认特定财产归债务人所有或者债务人对其享有处分权的确认之诉，通常被认为缺乏诉的利益。即使在立法论上解决确认利益问题，债权人提起旨在确认不动产属于债务人所有的诉讼的，由不动产所在地法院专属管辖，不利于贯彻审执协作原理。再者，与许可执行之诉直接判决争议财产是否属于责任财产不同，另案确权判决只能针对争议财产是否属于债务人所有或者债务人是否对其享有处分权作出判决。取得胜诉确权判决的债权人持生效法律文书申请执行机构查封及拍卖该不动产的，执行机构仍应当进行审查。因而，相对于允许债权人另案提起代位权诉讼、撤销权诉讼、确认之诉而言，允许债权人逾越案外人异议程序直接进入许可执行之诉更为妥当。

综上所述，尽管立法机关可以禁止执行机构对执行标的实体权属进行实质审查，但不能在客观上避免执行机构对执行标的实体权属进行初步的形式审查，更不能要求执行机构明知故犯地实施不当执行行为。为此，我国现行司法解释允许执行机构在责任财产调查环节例外地进行实质审查，在相应的适用范围内，案外人要求执行机构在审查排除执行异议请求时采取实质性判断标准具备正当性。但是，案外人异议审查环节采取实质审查的范围超过责任财产调查环节，导致了债权人与案外人程序利益的失衡。对此，笔者认为，债权人指认争议财产属于债务人所有(包括债务人将争议财产申报为可供执行财产，下同)但又缺乏形式物权或者权利表象作为支撑的，执行机构应当对债权人提供的证据材料进行初步的实质审查，债权人提供的证据显然不能证明债务人是实质物权人或真实权利人的，驳回债权人的申请，否则，执行机构应当指示债权人提供执行异议之诉。相应地，案外人主张对争议财产享有足以排除强制执行实体权益的，案外人可以一并向执行机构提供形式性审查及实质性审查所需要的证据材料，形式审查及初步实质审查结果明显不一致的，执行机构可以指示案外人(或债权人)提起案外人异议之诉(或许可执行之诉)。

五、责任财产的实质审查判断程序具有选择性

无论在责任财产调查环节，还是在案外人异议审查环节，不管法律及司法解释是否禁止执行机构对执行标的实体权属进行实质审查，执行机构根据当事人及案外人提供的证据材料，对执行标的物的实体权属进行初步实质判断是客观存在的现象。所谓的“初步实质审查”，是指执行机构根据当事人和/或案外人提供的证据材料进行书面审查，而不能通过听证、调查等方式核实争议财产的实质物权人或真正权利人。债权人指认可供执行财产或者案外人请求排除强制执行的，执行机构原则上只能根据物权公示原则及权利外观主义对执行标的实体权属进行形式审查。但是，债权人指认缺乏形式物权或权利表象支撑的财产为债务人所有，或者案外人对登记在债务人名下或债务人占有的财产主张其为实质物权人或真实权利人

的，执行机构将不可避免地接触实质审查所需要的证据材料。经过初步实质审查，债权人的指认或案外人的主张显而易见不可能成立的，执行机构应当按照形式审查结果作出裁定。但是，经过初步实质审查，执行机构认为债务人的指认可或案外人的主张可能成立的，执行机构应当如何处理？这实际上涉及对债权人与案外人进行利益衡量的两难问题：要求债权人承担责任财产被转移风险，并指示债权人提起许可执行之诉？要求案外人承担其财产被错误执行的风险，并指示案外人提起异议之诉？还是存在着第三种兼顾债权人与案外人利益的解决方案？

（一）责任财产调查环节

根据物权公示原则及权利外观主义的形式性实体权益判断标准，争议财产不属于债务人所有或者债务人不对其享有处分权，但债权人主张该财产的实质物权人或真实权利人是债务人的，即使经初步实质审查认为债权人的主张成立的可能性较大，执行机构也不得对该财产采取强制执行措施。这是因为，根据法定公示方法呈现出来的形式物权或权利表象，争议标的属于案外人所有，与案外人可能进行交易的不特定第三人对该财产属于案外人所有享有信赖利益。执行机构经过初步实质审查就对案外人财产采取强制执行措施，违反交易安全原则，而且可能沦为“老懒”通过“虚假执行”方式转移责任财产的有效手段。

尽管执行机构不能仅仅根据初步实质审查结果认定责任财产，但立法机关仍应当要求债权人将此类申请向执行机构提出。一方面，初步实质审查结果显示债权人的主张显而易见不可能成立的，执行机构可以阻止债权人以该理由提起许可执行之诉。另一方面，初步实质审查结果显示债权人的主张有可能成立的，执行机构虽不能据此执行争议财产，但可以指示债权人提起许可执行之诉。作为债权人的公民没有聘请律师或基层法律工作者代理的，执行机构还可以向该债权人释明民事诉讼保全制度。必要时，债权人可以通过诉前保全或诉讼保全措施实现类似控制性执行措施的功能。

综上所述，鉴于争议财产具有属于他人所有的权利外观，为了贯彻交易安全原则，执行机构认为争议财产在实质上属于债务人所有或者债务人对其享有处分权可能性较大的，应当指示债权人提起许可之诉，并在必要时释明债权人及时申请保全措施。

（二）案外人异议审查环节

根据物权公示原则及权利外观主义的形式性实体权益判断标准，执行机构认定争议财产属于责任财产并对其采取强制执行措施，只要针对该财产的执行程序尚未结束，案外人以实质物权人或真实权利人身份提出排除执行异议的，执行机构就应当受理。执行机构应当对案外人提供的证据材料进行初步实质审查，根据案外人异议是否显而易见不应当获得支持进行不同的处理。

1.案外人根据实质标准请求排除强制执行异议显而易见不能获得支持的情形。

案外人根据实质标准请求排除强制执行的异议显而易见地不应当获得支持的，执行机构应当以书面裁定的形式予以驳回。案外人不服的，可以向上一级执行机构申请执行复议。执行复议机构认为复议请求成立的，裁定撤销原裁定，指示案外人向执行法院提起案外人异议之诉，并指令执行法院受理案外人可能提起的异议之诉。根据初步梳理，笔者认为，至少以下五种情形可以适用前述规则：(1)在权利的法律性质方面，案外人对争议财产主张的民事权益，在性质上不能对抗强制执行的，执行机构应当驳回案外人异议。比如，案外人以其对执行标的享有抵押权为由提出排除执行异议的，因抵押权在性质上不能对抗强制执行，执行机构应当予以驳回。① (2)在权利的保护顺序方面，案外人对争议财产主张的民事权益，虽在性质上可以对抗强制执行，但在本案中显然不足以排除强制执行的，执行机构应当驳回案外人异议。比如，甲将其汽车租赁给乙，因使用过程中发生故障，乙将车辆送到丙处维修，丙以乙没有支付维修费为由将该车辆予以留置。后丙申请执行机构拍卖该车辆以清偿其维修费，甲以所有权人身份提出排除执行异议的，执行机构仍应当予以驳回。② (3)在权利的真实性方面，案外人对争议财产主张的民事实体权益，没有提供证据证明或者提供的证据显然不足以证明的，执行机构应当驳回案外人异议。比如，案外人以所有权保留买卖为由，对争议财产主张所有权，但其提供的书面买卖合同没有所有权保留约定，又没有补充协议等其他证据证明所有权保留条款的，执行机构应当驳回案外人的排除执行异议。③ (4)在权利的合法性方面，案外人对争议财产主张的民事权益，但该民事权益不受法律保护的，执行机构应当驳回案外人据此提出的排除执行异议。比如，案外人以所有权保留买卖为由，对争议不动产主张所有权，并据此请求排除强制执行的，无论案外人是否能够提供证据证明所有权保留合意的真实性，因不动产不适用《合同法》第 134 条的规定，执行机构应当驳回案外人异议。④ (5)在防范异议权滥用方面，提出排除执行异议的案外人应当一次性主张其认为足以排除强制执行的民事权益，以避免债务人和/或案外人滥用异议权以拖延执行。对此，《异议复议司法解释》第 15 条第 2 款规定，案外人撤回异议或者被裁定驳回异议后，再次就同一执行标的提出异议的，人民法院不予受理。

---

① 诚然，执行标的所担保的债权金额明显超过执行标的市场价格的，案外人可以按照《民事诉讼法》第 225 条的规定以“利害关系人”的身份对无益查封(拍卖)行为提出执行异议。

② 诚然，甲可以代替乙履行金钱给付义务，以促使丙的留置权归于消灭，并以所有权人的身份要求其返还原物。

③ 在此类案件中，债务人认可案外人主张的权利的，仍不能豁免案外人(及债务人)向法院证明签订书面或口头所有权保留条款的证明责任。首先，强制执行程序毕竟不是诉讼程序，债务人的承认不构成诉讼上的认诺；其次，在案外人排除执行异议审查案件中，债权人对执行标的实体权属判断结果具有直接利害关系，具有抗辩案外人权利主张的必要性及积极性。最后，在当前的司法语境下，债务人与案外人恶意串通的情形时有发生，案外人异议案件的审查机构及案外人异议之诉案件的审理机构应当对认诺的真实性予以重点审查。

④ 《合同法》第 134 条规定，当事人可以在买卖合同中约定买受人未履行支付价款或者其他义务的，标的物的所有权属于出卖人。《最高人民法院关于审理买卖合同纠纷案件适用法律问题的解释》(法释〔2012〕7 号)第 34 条规定，买卖合同当事人主张《合同法》第 134 条关于标的物所有权保留的规定适用于不动产的，人民法院不予支持。

2.案外人根据实质标准请求排除强制执行异议并非显然不能获得支持的情形。

根据形式性实体权属判断标准，争议财产应当推定为债务人所有或者债务人对其享有处分权的，通常意味着债权人具有信赖该财产属于债务人所有或债务人对其享有处分权的利益，通常也意味着案外人对实质物权（真实权利）与形式物权（权利表象）的分离有清晰的认识并基于其他方面的考量而自愿承担财产被认定为他人所有的风险。因而，在争议财产在形式上可以推定属于债务人所有或者债务人对其享有处分权的情形下，案外人以实质物权人（真实权利人）的身份请求排除强制执行，而且案外人的权利主张并非显而易见不足以成立的，相关规则的设计应当偏向维持形式性判断结论。具体而言，执行机构应当贯彻审执分立原则，不得对案外人异议是否成立作出实体认定，但仍应当根据初步实质审查结果，指示案外人提起异议之诉或债权人提起许可执行之诉，并对强制执行的程序性事项作出不同处理。

（1）经初步实质审查，执行机构认为案外人异议成立的可能性达到高度盖然性标准的，应当立即停止处分性执行行为，指示债权人在指定期限内提起许可执行之诉。在该指定期限内，执行机构维持财产控制现状，但不得采取处分性执行措施。债权人没有在指定期限内提起许可执行之诉的，执行机构应当依职权裁定解除对争议财产采取的控制性执行措施。债权人在指定期限内依据执行机构的指示提起许可执行之诉，案外人在提供足额担保的基础上请求解除控制性执行措施的，执行机构应当予以准许，但债权人有正当理由且提供足额反担保的除外。债权人反对执行机构解除控制性执行措施的，不仅应当按照执行机构的指示提起许可执行之诉，而且应当提供足额的担保（担保数额与争议财产价值相当），还应当具备反对解除控制性执行措施的正当理由，比如，案外人提供的担保不足额；该财产属于特定物且对债权人具有特殊意义；担保物或保证人的执行难度明显大于执行争议财产的执行难度；等等。

（2）经初步实质审查，执行机构认为案外人异议成立的可能性虽客观存在，但案外人主张的事实仍真伪不明或者尚未达到高度盖然性标准的，应当指示案外人在指定期限内提起案外人异议之诉。在该指定期限内，执行机构应当正常推进执行程序，案外人可以在提供足额担保的方式请求停止处分性执行行为，但债权人可以通过反担保的方式反对停止处分性执行措施。案外人没有在指定期间内提起异议之诉的，视同案外人没有提出过异议，执行机构应当依法推进执行程序。案外人在指定期间内依据执行机构的指示提起异议之诉的，案外人仍可以通过提供足额担保的方式请求在异议之诉案件审理期间停止处分性执行措施，债权人也仍可以通过提供反担保的形式请求继续执行。需要说明的是，除非执行法院另有裁定，执行机构不得解除对争议财产采取的控制性执行措施，争议财产对执行债权实现的"担保功能"依然存在，案外人提供足额担保请求停止处分性执行措施的，其所提供的财产或者保证人所担保的债权是，债权人因案外人错误申请停止处分性执行措施导致延误实现执行债权所应当承担的损害赔偿责任，其金额与争议财产的市场价值之间不必然存在直接关系。与此不同，债权人提供反担保要求继续采取处分性执行措施，其所提供的“反担保”指向的是争议财产被错误处置可能给案外人造成的损害，通常以争议财产的市场价值为准。因而，在通常情况下，案外人申请在异议之诉审理期间停止处分性执行措施所需要提供的担保数额而言，债权人请求继续采取处分性执行措施所需要提供的反担保数额明显要大得多。这在客观上也有望促使多数实质权利状态存在争议的财产在案外人异议之诉判决确定之前不被处分掉，同时债权人因逾期实现执行债权遭受损失的填补也能够获得充分的保障，[①]较好地平衡了债权人与案外人之间的利益。

综上所述，执行机构对执行标的实体权属可以进行形式审查及初步实质审查，初步实质审查结果与形式审查结果相吻合的，执行机构自然可以按照形式审查结果对案件进行处理。初步实质审查结果与形式审查结果相悖的，除非案外人异议毫无争议地不成立，执行机构仍然应当遵循审执分立原理，应当坚持形式审查结果优先主义，初步实质审查结果只能被用来决定谁来启动争讼程序以及是否可以提供担保请求解除强制执行措施等问题。考虑到执行机构允许案外人或债权人通过提供担保的方式请求解除控制性执行措施、停止处分性执行措施、继续采取处分性执行措施，为了避免债务人与案外人恶意串通拖延执行以及债权人与债务人恶意串通执行他人财产，执行机构应当严格审查案外人或债权人所提供担保的可靠性及充分性。[②] 案外人或债权人确实缺乏提供担保能力的，可以向受理相关案件的执行法院申请解除控制性执行措施或停止处分性执行行为，根据案件审理查明的事实，执行法院可以作出相应的执行裁定，并豁免案外人或债权人的担保义务。[③]

六、强制案外人参加执行程序必须具备正当性

案外人不是生效法律文书确定的债务人，不负有承受强制执行的义务。除非

① 比如，确定判决认定案外人不享有足以排除强制执行的实体权益的，案外人异议之诉审理期间的“迟延履行期间的债务利息”，可以直接通过债务人提供的担保财产中予以实现。

② 在当前的司法实践中，越来越多的法院接受甚至引导相关主体通过购买商事保险的方式提供司法担保。司法保全保险业务的兴起，虽解决了部分当事人无能力提供担保问题，但也导致了向法院提供担保的主体能够精准地计算及有效地控制恶意保全或执行他人财产的成本，在很大程度上带来了权利滥用问题。因而，笔者认为有必要强调，执行机构不能因为案外人提供了财产担保（特别是通过购买商业报销的方式提供了担保）就放松初步实质审查标准。

③ 除了严格落实担保制度，还应当加强对滥用强制执行程序者的惩戒。鉴于该观点已是基本共识，笔者不再赘述，仅重申以下观点：执行信用惩戒机制的适用对象不应当局限于债务人，债权人故意指认执行他人财产以及案外人配合债务人拖延执行等情形，都应当纳入执行信用惩戒机制的适用范围。只要强化对案外人的惩戒，债权人通过“案外人”拖延执行或转移财产的难度及其成本都将大幅提高。债务人越来越难以找到配合其唱戏者，案外人对执行标的提出虚假异议的比重会越来越低，债权人认可案外人排除执行异议的概率也会逐渐提高，可以期待减少案外人异议之诉的提起比例，最终实现案外人异议制度过滤功能。

具备足够充分且正当的理由，法律及司法解释不得强行将案外人卷入诉讼程序。[①] 如前所述，无论在责任财产调查环节，还是案外人异议审查环节，执行机构都应当遵循形式物权及权利表象。除非执行机构错误适用执行标的权属形式性判断标准，只有争议财产在外观上属于债务人所有或者债务人对其享有处分权，执行机构才可以采取或维持强制执行措施，案外人在客观上也才具备提出排除强制执行异议和/或提起案外人异议之诉的必要性。[②] 但是，即使案外人在客观上存在利用异议和/或异议之诉排除强制执行的必要性，也不能禁止案外人另案提起诉讼或申请仲裁的权利。即使法律及司法解释禁止案外人另案提起诉讼或申请仲裁，也不能杜绝案外人持另案生效法律文书请求排除争议财产的情形发生。因而，另案生效法律文书对执行机构审查案外人异议案件及执行法院审理案外人异议之诉案件是否产生影响以及产生何种影响，成为评估案外人是否被强行卷入执行程序的重要指标。

(一)确权性生效法律文书

根据最高人民法院关于适用《中华人民共和国民事诉讼法》的解释(以下简称《民诉法解释》)第312条第2款的规定，案外人提起的执行异议之诉，同时提出确认其权利的诉讼请求的，人民法院可以在判决中一并作出裁判。因而，“案外人同时提出确认标的权利和排除对标的的强制执行的诉讼请求的，如果人民法院认定案外人请求成立的，人民法院应当判决该权利属于案外人和判决不得执行该执行标的。”[③]但是，该司法解释条文并没有采取强制合并的立场。一方面，“同时提出确认其权利的诉讼请求”的表述意味着，案外人可以自主决定是否申请法院合并审理确权诉讼与异议之诉。另一方面，“可以在判决中一并作出裁判”的表述赋予了法院裁量权，法院可以根据确权事项与排除执行请求之间的关系决定是否合并审判。因而，立法机关及最高人民法院均允许案外人另行通过诉讼程序或仲裁程序谋求确权，但案外人持另案确权裁判提出排除执行异议的，执行机构是否应当根据《民诉法解释》第93条第1款第5、6项的规定推定案外人异议成立?

如前所述，根据《物权法》第28条及《物权法司法解释(一)》第7条的规定，只有形成性生效法律文书，才能直接引起物权变动。案外人另案提起起诉或申请仲裁获得的确权性生效法律文书，不具有代替法定公示方法的法律效力。根据执行标的实体权属的形式性判断标准，执行机构不能根据确权性生效法律文书推定案外人为争议标的的所有权人或者对其享有处分权。诚然，案外人对执行标的享有

① 审判机构以被告或第三人身份将案外人卷入诉讼程序的，案外人尚未可以在该程序中获得相应的正当程序保障。与此不同，鉴于民事执行法贯彻当事人平等原则，无论被变更或追加为被执行人，还是强制要求其利用执行救济排除强制执行，被卷入执行程序的案外人通常将面临更为不利的境遇。因而，相对于审判机构追加诉讼第三人而言，执行机构强行将案外人卷入执行程序应当更为慎重。

② 至于执行机构没有对争议财产采取强制执行措施，但债权人根据执行机构的指示提起许可执行之诉的，案外人被卷入是诉讼程序，不在本文的讨论范围。

③ 江必新主编:《新民诉法解释法义精要与实务指引》，法律出版社2015年版，第743页。

实体权益的事实已经生效法律文书确认，除非存在案外人与债务人虚假诉讼的合理嫌疑，在初步实质审查中，执行机构应当能够形成案外人对执行标的主张的实体权益存在的心证，进而按照前述“经初步实质审查，执行机构认为案外人异议成立的可能性达到高度盖然性标准”规则进行处理。对于债权人提起的许可执行之诉，执行法院原则上应当认可确权性生效法律文书确认的事实，但根据《民诉法解释》第 93 条第 2 款的规定，应当允许债权人通过相反证据予以推翻。①

(二)形成性生效法律文书

案外人另案取得《物权法》第 28 条及《物权法司法解释(一)》第 7 条规定的形成性生效法律文书并据以请求排除强制执行的，执行机构应当认定争议财产的形式物权人或表象权利人已经变更为案外人，但应当根据物权变动时间与财产查控时间的先后作不同的处理：(1)形成性生效法律文书引起物权变动的事实发生在法院查控相关财产之后的，该物权变动事实不能对抗强制执行，执行机构应当驳回案外人排除执行异议，但案外人同时主张其他排除执行事由的，执行机构仍应当予以审查。② (2)案外人在执行机构查控财产之前获得形成性生效法律文书，并以该形成性法律文书为依据提出排除执行异议的，执行机构原则上应当裁定支持案外人的排除执行异议。但是，执行机构经过形式审查及初步实质审查，合理怀疑案外人与债务人存在虚假诉讼/仲裁/调解情形的，执行机构可以向作出形成性生效法律文书的法院或仲裁委发出(司法)建议，法院或仲裁委分别启动相应的程序进行纠正。同时，执行机构还应当指示债权人提起许可执行之诉，但债权人也可以选择通过第三人撤销之诉、申请撤销仲裁裁决、申请不予执行仲裁裁决等其他方式谋求救济。

六、结语

案外人异议前置于异议之诉与许可执行之诉不具备正当性，但这与是否应当废止案外人异议制度之间不存在因果关系。在笔者有限的考察范围内，执行机构对执行标的实体权属进行初步实质审查的情形在各个法域均客观存在，国内既有的比较法研究具有误导性。案外人不是生效法律文书确定的债务人，不具有忍受强制执行的义务，“债权人中心主义”无法充当废止案外人异议制度的理论基础。考虑到执行机构违法形式性判断标准的可能性客观存在、执行标的实体权属的形式判断标准不具有唯一性、执行机构在事实上也做不到无视实质物权或真实权利

① 需要说明的是，该观点建立在承认确定判决效力存在绝对化趋势的基础上。如果坚持判决相对性原则，鉴于债权人没有参加案外人与债务人进行的诉讼或仲裁程序，债权人不受确权性生效法律文书对相关事实认定结论的拘束。

② 我国现行司法解释原则上采取了该观点。《民诉法解释》第 479 条第 1 款规定，“在执行中，被执行人通过仲裁程序将人民法院查封、扣押、冻结的财产确权或者分割给案外人的，不影响人民法院执行程序的进行。”《异议复议司法解释》第 26 条第 2 款规定，“金钱债权执行中，案外人依据执行标的被查封、扣押、冻结后作出的另案生效法律文书提出排除执行异议的，人民法院不予支持。”

的存在，为了确保案外人与债务人享有平等的对抗武器，应当保留案外人异议制度。执行机构得出的初步实质审查结论与形式审查结论相悖的，除非案外人异议毫无争议地不成立，执行机构仍然应当遵循审执分立原理，应当坚持形式审查结果优先主义，初步实质审查结果只能被用来决定谁来启动争讼程序以及是否可以提供担保请求解除强制执行措施等问题。考虑到强行将案外人卷入执行程序必须具备足够充分且正当的理由，法律及司法解释不应当禁止案外人另案提起诉讼或申请仲裁，但另案获得的生效法律文书能否作为支持案外人排除执行异议的依据，则需要结合另案生效法律文书的性质及其确定时间进行类型化分析。

第十一届紫荆民事诉讼青年沙龙实录

记录人:
顾龙涛　扬州大学法学院研究生秘书
汪　静　江西科技师范大学法学院副教授
詹乔乔　扬州大学法学院研究生
会议主题:民事诉讼执行救济研究
时间:2019 年 4 月 27 日
地点:扬州大学法学院
报告人:(以会议报告顺序为序)
黄忠顺博士　中国社会科学院法学研究所①
刘颖副教授　北京航空航天大学法学院
特邀嘉宾:
房绍坤　吉林大学"长江学者"特聘教授、博士生导师
张卫平　中国法学会民事诉讼法学研究会会长、清华大学法学院教授、博士生导师
李　浩　中国法学会民事诉讼法学研究会常务副会长、南京师范大学法学院教授、博士生导师
肖建国　中国法学会民事诉讼法学研究会常务副会长、中国人民大学法学院教授、博士生导师
扬州法院系统:任国凡　扬州市中级人民法院党组副书记、副院长
韩雪峰　扬州市邗江区人民法院党组书记、院长
参会人员:
(以提交评议和确认参会时间为序)
蒲一苇　　宁波大学法学院
任　重　　清华大学法学院
刘哲玮　　北京大学法学院
林剑锋　　中央财经大学
郭小冬　　天津师范大学法学院
潘　溪　　南京师范大学法学院

① 现为华南理工大学法学院教授。

谷佳杰　　西南政法大学
袁中华　　中南财经政法大学法学院
刘生亮　　北京市天同(沈阳)律师事务所
周建华　　北京理工大学法学院
包建华　　大连理工大学法学院
任　凡　　南京审计大学法学院
马　丁　　南京师范大学法学院
赵　龙　　东南大学法学院
吴如巧　　重庆大学法学院
曹志勋　　北京大学法学院
廖　浩　　重庆大学法学院
冯　珂　　北京化工大学法学院
王　慧　　江苏师范大学法学院
张　润　　中国人民公安大学法学院
欧元捷　　中国政法大学
汪　静　　江西科技师范大学法学院
李广宇　　南京师范大学法学院
蔡颖慧　　北京理工大学法学院
曹云吉　　天津大学法学院
袁　琳　　华东师范大学法学院
刘　东　　华东政法大学
陈宏洁　　重庆大学法学院
陈晓彤　　对外经济贸易大学法学院
冯元新　　华东政法大学
陈衍桥　　吉林大学法学院
王庆宇　　南京师范大学法学院
李静玥　　重庆大学法学院
曲昇霞　　扬州大学法学院
罗飞云　　扬州大学法学院
张志凯　　扬州大学法学院
李安然　　扬州大学法学院
詹乔乔　　扬州大学法学院

法院执行局负责人与执行法官
姜　驷　　扬州市中级人民法院
戴　涛　　扬州市中级人民法院
宋晓波　　扬州市中级人民法院
黄　祥　　扬州市中级人民法院

陆开存　扬州市中级人民法院
陈金桥　扬州市邗江区人民法院
张克侃　扬州市邗江区人民法院
刁安心　扬州市邗江区人民法院
钱仁伟　扬州市邗江区人民法院
叶城斌　扬州市邗江区人民法院
谢国儿　扬州市邗江区人民法院
李　涛　扬州市邗江区人民法院
薛　景　扬州市邗江区人民法院
张　建　扬州市邗江区人民法院
李　璨　扬州市邗江区人民法院

记录人：

顾龙涛　扬州大学法学院研究生秘书
汪静副教授　江西科技师范大学法学院
詹乔乔　扬州大学法学院研究生

开幕式主持人

曲昇霞　扬州大学法学院副院长

曲昇霞：介绍与会嘉宾，说明会议主题和议程安排。（略）勤奋乃修行之道，研习为生活之常，感谢大家在难得的周末共商学术，本次沙龙根据会议主题，凸显了两大创新：一是邀请民法学著名学者参与会议，从民法与民事诉讼法相结合的角度对民事执行救济中的难点问题进行研讨；二是将执行救济中的理论研究与我国司法实践相结合，邀请法官对学术研究成果共同研讨，汲取实践智慧，提高理论研究对实践需求的供给能力。下面进入会议的第一个议程，请扬州大学法学院院长王承堂教授致辞！大家欢迎！

王承堂：尊敬的各位领导、专家、同志们、朋友们：大家上午好！

正值第二届一带一路国际高峰论坛在北京召开之际，由中国法学会主办的第十一届紫荆民事诉讼青年沙龙，今天在大运河文化带的起点扬州隆重举行。在此，我代表扬州大学法学院向本届沙龙的举办表示热烈的祝贺。向各位领导、专家学者的到来表示诚挚的欢迎。并借此机会，向长期关心和支持我院发展的同志们，表示衷心的感谢。扬州古称广陵、江都、维扬，建城史可追溯至公元前 486 年，至今已有 2500 多年。扬州地处江苏省中部，长江与京杭大运河交汇处，现辖三个区、两个县、一个县级市，总面积 6591 平方公里，总人口 459 万，是南京都市圈紧密圈城市和长三角城市群城市，国家重点工程南水北调工程东线水源地，有着中国运河第一城的美誉。是中国首批历史文化名城，首批中国优秀旅游城市，联合国人居奖城市。当前，扬州正致力于打造第四次辉煌，迎来了新一轮发展的大好时期。扬州大学办学历史悠久，最早可追溯到 1902 年，由近代著名实业家、教育家张謇先生创建的通州师范学校和通海农学堂，至今已走过 117 年的办学历程。作为江苏省人民政府和教育部共建高校，扬州大学发展近年来取得了显著的成效。办学规模较大，现有全日制本科生两万六千多人,各类博硕士研究生一万两千多人,一百二十三个本科专业,师资力量雄厚。现有教职工六千多人,其中专任教师2400多人,医护人员1900多人,包括中国工程院院士两人,外籍院士1人。学校综合实力突出,现有一级学科博士学位授权点22个,一级学科硕士学位授权点48个,7个学科的ESI排名进入全球大学和科研机构前1%。国家杰青5人,长江学者4人。作为一所综合性大学,拥有法学是其重要标志之一,我校法学专业创办于1993年,法学院的成立也历经15个年头,起步较早势头强劲,办院成果较为丰硕。一是队伍建设成效显著。现有专任教师44人,其中教授13人,副教授18人,博士35人,博士生导师6人,硕士生导师32人。二是学科科研彰显优势。拥有中国法律文化和法治发展二级学科博士点,一级学科硕士点和法律硕士专业学位点。法学学科参与申报的文化传承与区域法治发展被遴选为省优势学科,学院参与建设的区域法治发展协同创新中心获批省高校协同创新中心。在法学界公认中国法学创新网、科研评价中,法学院CSLCI论文数连续多年排名居前,2018年排名37名。三是人才培养特色鲜明。学院不断创造探索法学人才培养规律,学院的婚姻家庭诊所实践教育模式深受好评。近年来毕业生就业率稳定在98%以上,且层次较高。国家法律资格通过率较高,基本保持在50%左右,在省内高校名列前茅。

紫荆沙龙是中国法学会民事诉讼法学研究会主办,以平等的实质讨论为特色,以规范研究为导向的青年学术交流平台,至今已成功举办十届主题研讨,在国内产生较为深远的影响。本届沙龙以“民事执行救济”为主题,切中全面依法治国建设的时代脉搏,体现学术沙龙的探索精神。为我们了解法学研究最新成果,指导新时代法治建设提供了难得的机遇。今天莅临本次学术沙龙的有民法学和民事诉讼法学学科的著名专家学者、司法实务界的领导专家,具有深厚的学术功底和丰富的实践经验。前来参会的各位也都是各高校、行业的精英和骨干力量。我们相信这次沙龙一定会给我们带来国内外最前沿的学术成果,深入推进民事诉讼执行制度的研究发展。同时也希望各位专家、教授倾囊相授,为我院的各项工作给予指导和帮助,我们深表感谢。最后预祝本次紫荆沙龙取得圆满成功,祝各位领导、专家学者身体健康、工作顺利,万事如意!谢谢大家!

曲昇霞:感谢王院长热情洋溢的讲话,王院长介绍了地理中、文化中的扬州,介绍了传承久远、底蕴丰富的扬州大学,也为我们不断成长特色鲜明的法学院做了很好的广告。一段时间以来,学院对紫荆民事诉讼青年沙龙的顺利举行给予了充分的关注和极大的支持。接下来进入第二个议程,请扬州市中级人民法院党组副书记、常务副院长任国凡院长致辞,大家欢迎!

任国凡:各位专家、学者、同志们:烟花三月,春风十里。我们很高兴也很荣幸,在这扬州最美好的时景,迎来了第十一届紫荆沙龙学术论坛隆重召开。长江学者房绍坤教授、中国法学会民事诉讼法学研究会会长张卫平教授、常务副会长李浩教授、副会长肖建国教授,国内各高校及研究院所优秀中青年学者,不远万里齐聚扬州。在此,我谨代表扬州法院及其干警,对专家学者的到来表示热烈的欢迎。对一直以来对于扬州法院工作给予关心支持帮助的各位朋友,表示衷心的感谢。

扬州开城于公元前486年，吴王筑邗沟之时，也就是世界历史的第一条运河。兴盛于汉、鼎盛于唐、繁盛于清康乾时期，素来是人文荟萃之地，风物繁华之城，人文、精致、秀美、宜居是我们扬州的特色。雅致园林，更是我们扬州的城市名片，所以诚挚地欢迎并邀请大家在会议之余在扬州走走看看，体验扬州，品味扬州。扬州地区生产总值2018年为5466亿元，一般公共预算收入340亿元，目前扬州正在按照江苏省委"把人们心目中的扬州建设好，满足世界人民对扬州向往的新要求"，努力打造国际文化旅游名城，新兴科创名城，公园宜居城市。扬州中院下辖七个基层法院和18个人民法庭，全市法院现有在编干警1015人。2018年全市法院受理案件首次超过10万件，审执结96319件，同比上涨14.17%，其中执结案件3万4000余件，增长35.62%。去年扬州法院基本解决执行难工作，作为全国首批受检法院，顺利通过第三方评估，并获专家组高度肯定，但我们扬州执行工作与人民群众的期待相比仍有差距，执行难问题在有些方面仍然存在，需要我们继续破解难题，坚持不懈，久久为功，努力实现切实解决执行难的目标。

紫荆沙龙是中国法学会民诉法学研究会着力打造的高端学术活动，旨在引导中青年学者坚持用中国特色社会主义理论体系指导民事诉讼法学研究。至今已举办十届，产生了良好的反响和学术影响力。本次沙龙以"民事执行救济"作为重点问题，邀请学术权威和中青年学者与会，扬州法院的执行法官也有幸参与讨论。我相信通过会议的深入研讨和专家的智力点拨，一定能为进一步完善民事执行救济制度，推进扬州法院执行工作提供有益帮助。最后预祝本次会议取得圆满成功，结得丰硕成果，谢谢大家！

曲昇霞：感谢任院长。任院长和大家分享了人文荟萃，风物繁华的扬州，同时介绍了扬州法院在执行工作及审判工作等方面取得的优异成绩。作为全国首批顺利通过"基本解决执行难"评估的法院，扬州中院与所辖基层法院在执行工作上付出了巨大的努力，执行法官对执行工作也有着深入的思考，同时，我们也对法院为基本解决执行难所付出的心力表示敬意。接下来，我们进行会议的第三项议程，请中国法学会民事诉讼法学研究会常务副会长李浩教授致辞，大家欢迎！

李浩：尊敬的与会代表：大家上午好！2019年上半年的紫荆论坛在扬州召开。我受卫平会长的指派，代表中国民事诉讼法学会，对本次会议的召开表示热烈的祝贺。今年的紫荆论坛已经是第十一届了，今天吃早饭的时候有位年轻学者就问我为什么叫作紫荆论坛？对这个问题我专门请教了论坛的创办人之一任重教授。他作出的权威解释是说当时之所以取名叫紫荆论坛是出于两个方面的考虑，关于紫荆花有两个传说，一个是说两兄弟闹矛盾闹得比较厉害准备分家，当分到紫荆树时醒悟决定重新合好，因为紫荆本身就有团结和睦的意思在里面，取他的第一层意思就是这个论坛要团结我们民事诉讼法学界的年轻学者。当然这个团结和谐的意思不是说做学术要一团和气，恰恰相反，我们是通过这样的论坛，来进行深入的学术研讨。另一层含义是指紫荆花是朝气蓬勃的，正好与参会者的主体都是中青年非常契合，从这几个方面考虑决定了紫荆论坛这个名称。任重教授提出后，卫平会长很快就表示赞同，这就是紫荆论坛的来历。

紫荆论坛从2014年开始办,到今天已是十一届了。正如刚才有的同志所说的,紫荆论坛已成为了民事诉讼法学会的一个品牌,的确如此。紫荆论坛首先是一个学术论坛,其运作模式是每年的论坛选取一个立法司法实务的理论热点问题来集中进行研讨,通过与会者的讨论、分论、交流,最大限度地取得共识。当然论坛虽然强调学者间的团结和谐,但并不是说各种观点间要和平共处,而是要通过各种观点间争鸣与碰撞来加深研究。争鸣是我们论坛最鲜明的特点,这个论坛一定会有拍砖,无拍砖不是紫荆论坛,这也是我参加这个论坛多年的体委。这个论坛是火药味相当浓的论坛,如果不做充分准备,没有相当的勇气,是不敢在这个论坛作为主报告人的。

这个论坛同时也是一个培养年轻学者的阵地,从2014年到现在,在我的印象中,参加论坛的不少学者,通过论坛已经很快地成长起来,这个论坛的主报告很多文章都已在我国高规格的法学期刊上发表,像《法学研究》《中国法学》,论坛的举办也为年轻学者成长提供了很好的阵地。今年论坛的主题是执行救济,大家知道这也是当前学术研究和司法实务中所面临的非常重要的问题,尤其是在基本解决执行难的大背景和形势下,容易出现一种矛盾掩盖另一种矛盾的倾向或者说现象。在加大执行力度的同时,也要注意问题的另外一面,有可能伤及无辜的案外人,执行救济也的确非常非常重要。

今年的论坛是扬州大学主办、扬州邗江区法院协办,大家已经看到他们的辛勤努力,我们之所以能在这么好的环境下开这个会,和他们的努力是分不开的。所以我也代表学会向他们的辛勤劳动表示衷心的感谢。最后,预祝论坛取得圆满成功!谢谢大家!

曲昇霞:感谢李浩教授!李老师为我们大家解释了紫荆论坛的由来和举办沙龙的深远意义。紫荆沙龙形式上是青年学者间的和谐共处,内容上是观点间的碰撞交流,通过观点交锋加深研究,简单说就是"无拍砖不紫荆"。同时,李老师也对研讨主题的选定和大家做了说明。让我们再次以热烈的掌声感谢李老师,也特别感谢张卫平会长和民诉法学研究会对紫荆沙龙承办工作的指点和支持!

开幕式到此结束,合影后我们进入第一单元的讨论,由房绍坤教授主持,黄忠顺博士作主报告。谢谢大家。

第一单元:《为案外人异议制度辩护》

主持人:吉林大学"长江学者"特聘教授　房绍坤教授

主报告人:黄忠顺博士

房绍坤:各位领导、老师,第一单元由我来主持,我是民法学者,很高兴来参与民事诉讼法学术研讨。这是第二次参加了,第一次也是紫荆沙龙,我是主报告人之一,这次来参加这次会议呢,也是学习吧。执行救济形式上属于诉讼问题,但实际上是实体法问题。我看了两篇论文,也很有启发。上午这个单元,主要是黄忠顺博士做主题报告,有四位同志作与谈,还有报告人回应和讨论。时间有限,主报告人

20分钟，与谈环节10分钟，还有自由讨论环节。希望大家严格把握时间。下面就请黄忠顺博士来做主题报告。

黄忠顺：各位老师早上好！我的论文写的是案外人异议制度，是从根本上讨论这个制度的存废问题。当然，如果是“存”的话，还需要在这一基础上考虑它的修正问题。我想从三个方面对论文做一个补充，一个是写作背景，一个是基本思路，最后是做一点补充性的说明。在选题背景方面，最高法院执行局上世纪一直在撰写草案，现在是第七次的修改。前六稿都有在公开出版物上出版，我也就案外人异议的相关内容做了基本的梳理。第一稿与第二稿是维持现行法的规定，也就是异议前置，异议如果被驳回，案外人可以提起异议之诉。第三稿是遵循了违法执行行为和不当执行行为救济的二分模式，如果针对的是一个程序违法事项，案外人是以利害关系人的身份来提起执行行为异议。如果是一个不当执行行为事项，主要是涉及实体违法事项，直接采取第三人异议之诉，就是现行法的案外人异议之诉这种救济模式。第四稿时采取平行模式，允许案外人对不当执行行为，也就是实体违法事项既可以采取异议的救济模式，也可以采取直接提起异议之诉的模式，在它的99条采取的模式。到第五稿，又恢复到了前置模式，而且有所强化，不仅复议前置，还要求抗告前置，复议与异议都被驳回，案外人才能提起异议之诉。第六稿，有两个版本，正式对外出版的版本恢复到了第三稿的二分模式。从演变过程看，我们国家对案外人异议和异议之诉之间的关系一直摇摆不定，从学界普遍的观点或主流观点看，主要采取的是二元模式。需说明的是，本文涉及的案外人异议主要是实体事项而不是程序性事项，利害关系人对程序事项提出异议的制度的《民事诉讼法》第225条，没有提出反对意见。也就是说，主要讨论围绕的是不当执行行为的救济，而不是违法执行行为的救济。另外，还需要澄清的是，文章为什么没有对主流观点作出归纳总结，因为作为主流观点应该是一种常见的观点，大家都认为的东西，再行赘述没有必要。我只是想把自己的理由阐述清楚，而不是攻击别人的观点。

第二点是文章的基本思路，在做汇报之前需要作一说明：该文章并不是对通说的根本性抵触，我这篇文章并不认为执行机关可以对不当执行行为的实体事项作出最终的认定，我只是强调执行机构对实体违法事项可以进行初步的实质审查，如果与形式审查的结论不一致，在执行程序中坚持形式审查的结论优先主义。只不过初步的形式审查结论用于指导执行机构去作出一种风险的分配。也就是说，究竟是指示案外人提起执行异议之诉，还是指示债权人提起执行许可之诉，作出这样的指示对债权人与案外人的利益有一定的影响。此外，还涉及允许不允许债权人通过提供担保的方式要求继续行使？或者案外人可否以提供担保的方式解除控制性执行措施或者停止处分性执行措施？这一过程我只是强调初步审查结论引导执行法院对案外人与债权人利益之间进行平衡，不赞同这是对最终实体事项的认定。文章整理了大陆法系的立法例，也整理过一些其他国家的执行法典，想找出一些相反例证，印证这不是国际通例，或者虽然是国际通例，但存在不同的模式。从比较法上讲，不同的模式之间也是平行竞争关系，不能通过直接援引比较法上的立法例来代替实质论证，虽然在比较法的篇幅较多，但这并非文章的主要内容，通过这部分强调的是所谓的通说是否存在例外的情况。本文旨在通过相反的立法例说明该种做法并不是通用观点，利用比较法主要是为了说明通说是否存在例外情形。

另外，作为对文章的补充说明，对债权人中心主义进行一定的反思。债权人中心主义是一种执行当事人不平等的执行观念，包括我个人在内的不少老师，对这个观念是赞成的。债权人中心主义得出的一个基本结论是说，执行程序的构造及其运行中，要优先考量债权人的利益。当事人的利益要优先于执行机构固有的利益，而债权人的利益要优先于债务人。毕竟这是强制执行程序，债权债务关系已经确定了。但是，案外人因没有参加到诉讼等执行名义形成的程序中去，没有阻却执行名义形成的机会，对案外人不应当适用债权人中心主义。如果强制执行法过于强调债权人中心主义的话，那么不特定第三人的利益随时有可能被公权力所侵蚀。通过对债权人中心主义适用范围的限定，应当给予案外人与债权人平等的保护。在这一结论下，对于有争议的财产，债权人或者执行机构可以采取控制性执行措施，如果把案外人异议制度废除，案外人只能通过案外人异议之诉的方式对抗。按照大陆法系的通例，异议、抗告或者异议之诉是不会当然导致中止执行的，在这种背景下极有可能，案外人获得胜诉判决，财产却已经被处分了，对案外人是否公平呢？我的观点并不是坚持把案外人异议制度作为前置程序，而是作为案外人可以选择的程序，案外人可以直接提起异议之诉。案外人即使选择直接提起异议之诉，也可以要求他通过执行机构提起异议之诉，这样，执行机构可以接触到相关证据，避免不当执行行为的产生或者扩大。至于体现前述设想的规则，在文章中写得较为具体，就不再一一介绍。谢谢大家。

与谈环节（每人 10 分钟）

林剑锋：论文三万八千字看起来非常费时间。论文好的方面就不再提了，说些问题。论文也直接提到对大陆法资料及信息的把握不是特别全面，我倒也赞同。看到论文里对日本资料的理解的把握也未必正确，对案外人异议辩护的立场设定在资料梳理和整理时有较强的主观因素。在这个辩护立场前要考虑一些前提，第一，现行的救济是否真正和日本法所谓的实体问题或者说不当执行或违法执行能对接？日本强调债务本身所涉及的请求权存在与否或变动这一狭义范围内，许多实体问题也纳入违法执行中，日本的执行抗告（异议）很多针对的是执行的处分而不仅仅是行为的问题，可能是不同语境间的打通，在这种处分也涉及很多概念性的问题，借鸡生蛋这个说法可能不太公平。日本是执行机关的执行处分，尤其是在拍卖相关的处分时，在我们看来都是实体问题。在我们的语境中，是否有把此作为执行程序对待。

第二点提到债权人中心主义，我也非常赞同。老赖现象在执行中的的确确存在，如果在执行过程中不优先考虑债权人的话，对权利救济是不公平的。忠顺教授强调应当维持案外人异议前置，是认为案外人异议之诉没有起到停止执行的效果，这点我不认可。我国 36、38 条对于案外人异议之诉都是可以停止执行的。

对于怎么在制度设定上进行合理的分配，制定什么样的程序，忠顺教授的思路是合理的，但是如何设计？我个人观点把实体程序界定清楚后，把第225条的执行异议作扩张解释，之后再来分析忠顺教授关注的问题。然后案外人异议之诉仍然保留狭义的债务名义的请求权变动的争议解决的作用是否更为合理？

刘东：文章对我国案外人异议制度的形成及现状有一个介绍，对现状也进行了比较深入的探究，对国外的相关立法进行了梳理，也提升了我对这样一个问题的认识。在阅读之余注意到了一点问题，提出一点自己的疑问。

在比较法部分中，文章强调案外人异议前置异议之诉和许可异议之诉不具备正当性，但这与是否废除案外人异议制度之间没有关系，这是文章的核心观点。为了论证该观点的正当性，作者援引了其他国家的立法例。借鸡生蛋这一说法的做法中，按照我对德国和日本相关条款的理解，它是把部分不当行为都是推定成不法执行行为，然后用异议之诉来解决这个不当执行行为。对不当执行行为都是通过实体救济的方式处理，违法行为都是通过执行异议这一方式处理，如果借鸡生蛋的话只能通过异议之诉的方式解决，并且不能再通过实体救济方式得到救济，最终目的在于提升执行效力，以案外人异议实现案件分流。以芬兰为代表的执行异议解决模式与我国的有点相似，兼具解决实质争议，保护案外人利益，我认为应当将国外立法的理由进行一定的介绍，但师兄将探讨重心放在了债权人和案外人权利的保护上，而没有顾及其他两种立法例可能带来的启示，不仅给人一种论证方向略显单一的感觉，还割裂了前后文在逻辑上的内在联系。比较法的材料应当只是论证我国为何不废止，但没有更深的部分。

文章19页中作为维护观点的论据，“纵观我国现行司法解释的规定，执行机构在案外人异议审查环节采取实质审查的范围明显大于责任财产调查环节，在程序保障方面造成了债权人与案外人之间的失衡。”此时，如果没有案外人异议制度，债权人就只能考虑提起代位权诉讼或撤销权诉讼进行救济。文中还提到，“即使在立法论上解决确认利益问题，债权人提起旨在确认不动产属于债务人所有的诉讼的，由不动产所在地法院专属管辖，不利于贯彻审执协作原理。”只不过，结合《强制执行法(草案)》前几稿内容，在执行地域管辖方面，考虑到现行立法可能造成执行法院与执行财产分离的弊端，导致更多委托执行或异地执行的出现，“草案”都无一例外选择将财产执行案件交由财产所在地人民法院管辖，而不再交由第一审法院管辖。如此一来，执行法院与不动产所在地法院实际上就构成了重合，也不存在对“审执协作原理”违背的情形，结论可能就不成立了，没有结合到相关执行管辖的问题。

倒数第二段的最后一句，对于案外人持生效形成性法律文书提出异议的，文章还认为债权人可以选择“通过第三人撤销之诉、申请撤销仲裁裁决、申请不予执行仲裁裁决等其他方式谋求救济。”由债权人申请撤销裁决的救济程序，该处所指的撤销仲裁裁决，其仲裁当事人应当是执行程序中的案外人与被执行人，债权人在此类仲裁裁决所对应的仲裁程序中扮演的是仲裁案外人的角色。根据既有立法和司法解释的规定，案外人还无权申请撤销仲裁裁决，所以本处表述可能存在问题。

谷佳杰:忠顺老师的文论点新颖,思路清晰,理论探究较为深入,是一篇值得学习的论文,忠顺老师在论文中的旁征博引可见其功底,但我仍要提出几个问题。

第一,国内所谓“应当废除案外人异议制度”的观点,是否真的是主流观点?这是全文驳论的立足点。首先,国内所谓的“应当废除案外人异议制度”到底是全盘否定案外人异议,还是对现行制度中“案外人异议前置型的案外人异议之诉”的否定?这里涉及论文对于应当“废除”的“案外人异议制度”,与论文“辩护”的“案外人异议制度”到底是否是同一个概念的困惑?

文章似乎认为国内学界实务届和学术界都对案外人异议之诉持废除态度,但正如刚刚黄老师提到的从公开的草稿来看对案外人异议之诉都是持改良完善的态度,也就是区分执行异议的程序和实体分别建构执行异议制度,能否理清争论核心的观念,应当是文章初期就要解决的问题。

黄老师论文中提到“既有比较法研究武断得出的结论具有误导性”,让人眼前一亮,颇有比较法知识增量的解读意味。但是从比较法的介评来看,有两个方面似乎值得商榷。一方面,比较法三个部分的介绍似乎观点也并非一致。与我国现行案外人异议制度相似的“先期处理”部分,囿于法系意识的限制,能否证成我国现行制度的逻辑?“任意选择”部分的芬兰法律制度又是否具有普遍的代表意义?最为关键的是借鉴德日的“借鸡生蛋”部分,但就我读过的德国法以及之前评议老师提过的,德国法似乎不是那样的。是否应该是先有一篇论文的观点再依自己的逻辑寻找依据?这种本末倒置的做法是否妥当?在实质脉络方面,中外案外人异议制度史经历了完全不同的发展路径,它们之间是否存在舶来品的继承关系?还是完全内发自生的本土建构?

论文的权属判断、财产审查与强制参加三个驳论部分,从不同方向“为案外人异议制度辩护”。我赞同忠顺老师的观点,执行行为异议与执行异议之诉之间确实存在一定的模糊空间与交叉地带,这是程序问题与实体问题交叉难以界分所导致。实务并不如利落一般清晰,文中大篇幅的论证案外人异议前置于案外人异议之诉不具有正当性,但这与案外人异议制度是否应该保留没有因果关系。如果结论是持案外人异议前置型的案外人异议之诉的保留,那么早已被学界诟病的执行行为异议的执行行为异议之诉进行杂糅处理的保留,是否是一种法制的倒退呢?是否是中国强制执行法未来方向的选择?

曹志勋:黄教授长期耕耘于强制执行法领域,在制度建构方面硕果累累。本文一反学界一般理解,转而支持被广泛批评的案外人就不当执行的异议制度,在选题上有其新意。文章从我国案外人异议制度的历史出发,点明该制度在本次立法过程中可能面临的被废止的命运。随后,对各国允许案外人通过异议制度纠正不当执行行为进行类型化分析,在考察常见的德日和我国台湾地区的法制的同时,也关注到澳大利亚、美国加利福尼亚州和芬兰的相关制度。接着,文章浅尝辄止地分析了所谓“债权人中心主义”及其与本文主题的可能关联。最后,文章分别论证了“执行标的实体权属的判断结果具有可变性”“责任财产的实质审查判断程序具有选择性”和“强制案外人参加执行程序必须具备正当性”三个方面的论点。

忠顺文中有比较出彩的部分，形式与实质如何衔接的讨论。在前半部分提出的是更远处的问题，在立法是否需要讨论前置的程序。忠顺要讨论的是不是前置？忠顺已说明不是强调非要前置。看了德国执行法的英译本，用的是 shall 应当的表述。可能是“应当”可能是“必须”，在这个意义上，译者从“应当”有强制性，但不是表示除此之外不能做的含义。我又看了日译本，既表示必须也表示可以。赵老师的内部稿，发现赵老师也是翻译成可以。到底应当如何翻译呢？这里讲的是第三人权利的说明，如果翻成必须的话，显得特别强硬，不符合赋权的考量。“必须”，“应当”，还有“可以”，或者台湾“民事诉讼法”第 288 条的“可得”，讲的都是民事诉讼规范强制程度不同的回应。

实质内容，忠顺老师提到为何为对文献做了梳理。不是对前辈学者的批评，而是明确自己讨论的对象。多数人主张废除案外人异议前置的问题上，对于第 225 条是否能够包含案外人异议的存在不同的见识，这些观点的梳理可能也就是需要进行的工作。第 225 条和第 227 条的意义在现行法上我们要区分他们，我认为主要分为三个方面：法院要不要认定执行行为违法？是撤销还是阻止，不对违法性作判断？对于判断违法执行的标准是什么？显然看起来，忠顺老师提出的问题可以归入违反查控规则的问题，即可以归入第 225 条的情境下。比如，对于未成年子女的财产不是属于夫妻共同财产，但实际上不得不先争取控制措施，再给予异议途径。在财产调查时，可能会存在违反执行规范的做法。若以形式审查加实质审查的标准，恐怕直接就可以认定是违法执行的内容。最后，在本文中隐含了我国债权人中心主义的提法，这样贴标签的论文是很有价值的。我自己的看法是债权人中心主义肯定是执行法的中心原则，是否还有更好的标签，值得更多的讨论。借佳杰的话，在批评过程中形成民诉中最低限度的共识。也许我们主张保留案外人异议制度，但是是否仍前置？

报告人回应：针对林剑锋的“砖”。林老师是日本法的权威，对于日本法的解读一定是对的，也许我在文中对于日本法上的介绍有所偏差。首先，诚如林老师所指出的，日本明确将部分实体瑕疵作为案外人提出执行异议或执行抗告的理由。① 日本法中的“违法执行行为”显然不再局限于程序性违法事由，而包括部分实体性违法事由。这似乎恰恰能印证日本存在第三人实体异议的制度设计，采取“借鸡生蛋”的表述确实对日本法不公平。第二，我国司法解释虽然规定案外人异议之诉期间不能采取处分性执行措施，但包括日本在内的传统大陆法系均认为第三人异议原则上不影响执行程序的进行。第三，林老师的方案会将程序瑕疵与实体瑕疵的救济混同，而且不利于实现异议与异议之诉的衔接。当然，比较法的介绍不能代替实质性的论证，把重点放在实体性论证，对实体性论证不是从比较法角度来写的，两部分联系不是特别密切，从比较法上进行压缩，对我的指正十分认可。

针对刘东的“砖”。比较法的资料只是印证案外人实体异议制度缺失存在，但不能代替我国是否应当废止案外人异议制度的实质论证。关于管辖的问题。肖老

① ［日］福永有利：《民事执行法 · 民事保全法》，有斐阁 2011 年第 2 版，第 31 页。

师牵头的专家建议稿中的管辖这部分内容是刘东老师在做,我关注得不是特别多。但就目前,按照我的理解,我国还没有采取分散执行的模式,有诸多不同的不动产位于不同的地方,不动产所在地的财产都有法院管辖,执行法院与不动产所在地法院未必总是重合,我的观点还是可以成立的。

针对谷佳杰的"砖"。我没有反对第三人以利害关系人的身份对程序瑕疵提出异议,只是主张案外人对执行标的主张实体权益的,可以选择通过更加便捷的方式救济其实体权益。本文在比较法上受到的冲击,主要来是自日本与德国留学的老师。本文介绍域外立法例只是想揭示存在相反立法例,如果说日本、德国资料我可能把我不太准确,但我国台湾地区采取的繁体字,我还是能看明白的,它确实将"违法执行行为"界定为程序瑕疵执行行为,但同时又例外地允许第三人选择异议或异议之诉。实际上,冯珂老师和任重老师给我提供了一些德文资料。我写作的时候,是直接从翻译的条文进行推断,确实可能是有所失当的。但从两位老师提供的资料和信息来看,第三人既可以提出异议,也可以提起异议之诉。也就是说,异议和异议之诉是并存关系,而不是纯粹的吸收关系。在并存的情况下,异议获得支持还有必要提起异议之诉吗?把查封行为撤销还有必要提起异议之诉吗?

针对曹志勋的"砖"。文章写得仓促,当时想着留有些余地,没有怎么涉及前置问题。对于自己的立场来说,我并不是主张将案外人异议作为前置,最多也只能是要求案外人通过执行机构提起排除执行请求,类似于上诉的时候可以向一审法院提起。试图通过这样的设想,来对执行机构能够利用这些证据,进行实质意义是的初步的审查,作出初筛,来引导执行机构作出相应的指示,这与现行法上的告知可以提起案外人异议之诉是不同的。因为按照《民事诉讼法》第 227 条的规定,案外人只有在其异议被驳回的情况下才可以提起异议之诉。对执行标的实体权属的初步实质审查结果,除了一些显而易见的特殊情形以外,执行法院只能用来权衡作出何种指示,而不能直接根据初步实质判断标准对排除强制执行请求在异议审查程序中作出认定。这是我基本上的想法。

自由讨论(50 分钟)

张卫平:贯彻研讨的宗旨,提出问题,也希望忠顺能够解答:执行机关或者说执行法院能不能够对实体问题进行审查,如果可以,其依据是什么?这涉及执行机关本身的权能、职权范围的问题。

黄忠顺:在审执分离的情况下,执行机关似乎不应该对实体问题进行审查,但对于实体问题的审查恐怕难以避免,因为查扣冻财产时,不可能不对相关财产的实体权属进行判断。

张卫平:如果在形式审查中已经明确就是实体问题,还可以进一步审查吗?

黄忠顺:如果说的实体问题是财产权属问题的话,那么采取控制性执行措施时,是可以通过对其外观进行判断。

张卫平:我们现在假定就是实体问题,那他还可以审查吗?

黄忠顺:财产权属问题,法院可以初步实质审查,但他不能根据审查结果直接在执行程序中作出认定。

张卫平:不能作出结论,还有什么必要进行审查呢?

黄忠顺:我的意思是,初步实质审查结论对于分配债权人和案外人的风险作出指引。比如,执行法院是指示第三人提起异议之诉,还是指示债权人提起许可执行之诉。

张卫平:许可之诉是学习台湾的,因为没有执行文制度才有许可之诉。但这里的问题是在于对于实质性问题能不能继续审查,它的依据是什么?此处谈论的是法理依据而不是法律依据,是法解释学的问题。一个考虑是基于效率,第 227 条就是基于这样的考虑,但这种考虑是基于理论原理的考虑吗,如果一切只考虑到效率会伤及整个诉讼程序的基本骨架。实体问题之所以要让位于诉讼是因为诉权,诉权是基本权利,其设立为了保障实体问题的救济能够得到真实的实现。整个执行救济制度的核心还是实体和救济方面的关系。

整个执行制度问题的核心就是实体与程序之争,实体和程序也存在着某些领域不清楚的地方,就像公权和私权的交叉这是不可避免的。每一个不同事物之间可能都存在,但以此可以否定我们可以对这些基本事物之间的界定吗?男与女的在某些方面也很难区分,但是如果从很难区分,得出男厕与女厕之分没有必要,这合理吗?对一般的问题仍有一定的价值判断。

肖建国:忠顺的文章我也看过,提几个问题,关于怎么实现执行效率与公正的协调,首先我们这个第 227 条意味就是希望在执行程序中实现效率,因为执行效率是我们执行程序追求的最高价值目标,为了这样一个目标,如何通过对异议的审查,才能最终实现在实体争议中公正的解决。忠顺的文章中案外人异议的适用似乎限制在一个比较小的范围。第一个对于案外人提出主张,可能申请人没有争议,毕竟申请人能力有限,有些往往是法院在执行中发现财产存在争议问题,此时由法院通过效率审查,似乎有一定道理。另外,似乎是想把案外人异议的范围违反查控规则的形式化权利判断标准,这样一种违法是第 227 条案外人异议,还是第 225 条的执行行为异议。个人认为你把它归于第 225 条的执行行为异议。

第二关于并行安排的主张,案外人异议与案外人异议之诉平行,由债权人作出选择的安排。那么如果债权人选择案外人异议,可能会涉及法院的审查是由谁来审查,执行机构还是审判机构?如果是执行机构的话,查控就是由执行机构进行的,同样由他来审查,标准是一样的,是否会存在重复的问题?文章中提到这样审查的范围可能会超过查控时所遵循的范围,这样的做法,你认为是对的。但重复的审查有何意义呢?如果由审判机构审查,审判机构的形式标准与实质标准不同,形式标准采用权利推定原则,审判法院一方面要遵守形式标准,同时另一方面又要允许对方运用实质标准,有没有必要由审判机构先进行形式审查,又进行实质审查,在程序是上否出现浪费与重复现象。

如果审查?审查效率如何进行?论文中提到采用非讼程序来审查,但是如果用非讼程序审查,程序保障显然非常低,甚至完全没有程序保障。那这样的结论就没有既判力，如果没有既判力，那么案外人是否可以对此实体争议问题另行诉讼？不能阻断另行起诉的可能性，仍然没有从根本上解决问题。这些问题可能涉及案外人异议制度的本质上的问题，需要再思考。

刁安心：对于各位老师提到执行机构和执行法院两个概念，作为我既做过一线实施法官也做过裁决法官，从执行的现状来看，包括从司法解释上来看，实践操作主要谈第227条的规定。对财产的查封包括后来处置中的异议问题，基本遵循允许案外人先向执行法院提出异议，然后由执行机构（裁决法官）裁执分离，原来裁决实施控制性措施的法官不对异议进行审查，在黄教授的论文中提及此问题。

个人认为，这个异议制度在执行机构审查有其存在的必要性。执行工作首先考虑的是效率优先问题，执行一线的法官根据物权的形式，特殊情况在外县操作可能不能及时准确地判断所有权的归属，根据物权的表象，及时在现场采取措施，这种措施最终是否是完全正确的？是否需要解除？前线执行法官有没有错？这是正常需要考虑的问题？从（采取执行措施的）执行人员的角度出发，根据外在表现进行措施，在现场可能也会意识到有权属登记与实际情况不同的情况，执行人员也不愿意发生这样的情况，但是基于债权人提出的线索与证明，执行法官必须采取相应的措施。执行法官只能在实践当中，通知相应的、可能存在的权利人通过异议程序解决相应的问题。正如黄教授所说，在异议程序中仅是要初步实质审查，而并不是最终的结论。举个案件：被执行人名下有套财产，被执行人已经死亡，被执行人亲戚说明房屋是自己的（以被执行人的名义买的）并提供材料，我们予以了驳回。被执行人亲戚又提出了案外人异议之诉，案外人异议之诉支持了亲戚的做法。初步审查和异议之诉的结论不一致，考察审查效率问题，执行机构审查有审限，审理时间更长。最终还是效率与公正之间的，效率与权利之间平衡的问题。黄教授认为把异议放在执行机构进行初步审查，是具有现实意义的。

刘生亮：忠顺，你为谁辩护？文中批判我国许多学者通过引域外立法否认案外人异议，但这种批判的不成立，是否就能够成为我们保有案外人异议制度的基础，也没有给我们作出说明。文中提到纠错纠偏债权人中心主义，赋予案外人平等的武器，带来了另外一个问题，他们是否是对立关系？是否忽略了执行本身的存在？是否选错了对象，我认为这里可能存在裁判的既判力问题，以及我们对执行机构本身的考虑在内。这里既有实质审查又有形式审查，那么在制度构造上，形式审查和实质审查应该放在哪里，文里也没有交代？我是学民法出身的，本文对实体法的关注不够，没有真正考虑到一些实际情况。如登记制度问题，过多的《物权法》存在的问题，如股权代持问题，这些也经济实践中的正常现象，那这些实质审查该怎么进行？如何与实体问题进行关联？在结论中，类型化的分析应当先有标准，文中的类型化没有给予标准，只是列举。说了这么多问题，说个感受，这么一个宏大的命题，如何解决实践中的问题？实践当中这个异议制度的存在是不是百分之九十的案件都转化成了异议之诉？bane 案外人异议制度的价值在哪里？虽然我不能从量上去说它没有意义，但是你保有的价值仅仅是在错误适用形式审查的标准下下，才有存在的基础。

我试着回答张教授提出的问题。案外人异议仅仅谈价值可能没有太大的意义，执行异议之诉我们仅仅通过权利的衡量，来确定能否执行与否，是改变既有的财产秩序，如果错误的话，则可能造成结尾存在不当得利，改变了权益归属的秩序。如果错了，如何救济？我认为我们应当把不当得利纳入于227条的范围。这种才是真正的权衡，而不仅仅是权利大小的比较，不当利益应当纳入，并且还应当存在衔接。对于刚刚张老师说的效率的根据是什么，我个人认为裁判的既判力和行政信赖，基于对公权力的信赖而执行，最后真的执行错了，错了用公法上的不当得利来衔接，是否可以作出一个合法的说明。

张卫平：但是我们的执行法叫《民事执行法》，不当得利利益归属是实体问题还是程序问题？这是进一步要讨论的问题。核心还是在于执行机构或者执行法院能否进行审查？如果否定，当然怎么做都可以，但是审判权与执行权、实体与程序划分的界限不能否定。整个大陆法系是理性主义的法律体系，与英美法系的经验体系不同。我们的程序法不能脱离实体法，需要统一的体系化的考虑。民事救济要与执行法协调，执行法要和实体法结合，通盘考虑。如果只是考虑执行救济的便利，其他都不考虑的话，整个体系则是混乱的，无诉权也就没有实体权利，凭什么剥夺他的诉权呢？如果没有诉权，实体法所规定的实体权利，通过什么进行保障？基本保障首先要界定实体权利，界定实体权利必须要有解决实体权利义务的程序进行保障，如诉讼调解仲裁而不是在执行中加以解决。我们可以打乱它，但是打乱后，不考虑实体和程序也不审执分离，这可能吗？

刘生亮：我是持异议这块，要放在诉讼中来解决，如何保护的观点。除了实体法外，忠顺还造出了一些民事概念，如形式物权、实质物权我没有见过，是否有进一步的商讨空间？

郭小冬：问题拉回文章本身，文章确实长。谈的是案外人异议的必要性，与谁来审查的问题。首先是对于案外人异议废除保留是否确实存在争议？如果没有争议的话文章的方向就偏了。整个文章过分强调案外人利益的保护而忽略了我们是在执行程序中，执行程序本身是要尽快实现债权人的利益，这个前提应是在如何保护债权人权利的前提下去保护案外人的权利。除非案外人的利益是大概率的被法院执行错的才需要过分保护案外人利益，但这个概率究竟有多大？如果不大的概率下倾向案外人，可能只会产生债务人与案外人的恶意勾结而阻碍债权人权利的实现。为何有这样的担忧，因接受过债权人的咨询，现行法未对执行异议提出限制，只要法院作出执行行为，就可以提出。执行行为走完之后，再提出执行异议之诉，法院只能配合。无论是对执行行为提出，还是执行异议之诉，无论是形式还是实质审查，都会造成债权人债权实现的困难。不管是对执行行为提出异议还是提出执行异议之诉最终都需要一个程序，这些程序叠加起来就会产生太多成本，中间的变动也太大，会影响实现债权。可能这是现在，案外人异议保留的必要性问题，对佳杰的观点表示赞同。大家的主流观点是保留，主要是在限缩方面的讨论。

黄祥：2007年民事诉讼法将执行救济作为一项重要制度，2012年进一步进行了完善。江苏法院从2017年元旦开始13个中级法院成立了执行裁判庭，各个基层法院成立了专门的执行裁判合议庭，把审判权与执行权相分离，将执行异议和执行异议之诉全部交由执行庭审理，执行裁判庭的法官属于审判系列，和执行没有关系。扬州中院在2016年12月成立执行裁判庭，2017—2018年两年，扬州中院包括所辖基层院一共受理案外人异议案件1248件，执行复议案件316件，216件执行异议之诉。从占比来看，实施案件3万多件，异议及异议之诉案件仅占3%，比例很小，不会影响执行进程。从民诉法，以及《江苏高院执行异议之诉审理指南（一）（二）（三）》，审限、书面审查一系列规定，对执行程序有减缓作用。另一方面也有制裁措施，可以对滥用执行异议或执行异议之诉的当事人进行处罚，实践中也有相关运用。黄教授的论文主要肯定了案外人异议及案外人异议之诉的必要性，同时也指出了一些问题，对滥用异议之诉的制约及制约措施，可以在文章中增加。异议权与异议之诉权是权利法定的，异议救济权是法定的而不是当事人认为可以提出才提的，文章中也可以增加。

主持人总结

房绍坤：讨论主要是围绕案外人异议展开，文章事先我也看了，就文章中的一些内容进行探讨。总体上，我感觉实体法研究和程序法研究沟通不够，包括在立法中很多在实体法看来很简单的问题诉讼法没有得到解决，在程序法中很简单的问题实体法也没有解决。比如，起诉导致时效中断的重新起算，如何起算？怎么运作，难以理解。按德国、欧洲，新的诉讼时效，如何协调存在很大问题？民诉法解释493条将法律文书送达作为变动时间，太过具有随意性，没有完全结合实体法。物权法以法律文书生效时间确定，诉讼法以送达时间为确定，诉讼法与实体法有个冲突。

肖建国：拍卖、股权处置要以买受人支付拍卖款作为前提，与标的物能够成功交易为准，裁定书的送达与拍卖款是否成交为前提，应该与《物权法》第28条应该是相符的。

房绍坤：文章可以有三个主线，其一，强调平等保障，案外人与债权人都要平等保护。其二，只有债务人的财产才能得到执行。其三，文章实际上涉及物权变动问题，物权变动和法院判决怎么协调，很遗憾，没有按这个思路来写，只能执行债务人财产，但是如何判断是否是债务人财产？例外情况怎么处理？这篇文章不算完全辩护，只是论证了自己的观点，辩护应该是驳论。文章对制度的历史篇幅太长，意义不太大。从实体法的角度谈几个问题，有硬伤。比如形式物权与实质物权，这个概念本身值得进行讨论。第四个大问题，第15页，“执行标的实体判断的结果具有可变性”，这是不对的，实体判断的结果不可变，谁的就是谁的。只是如果判断标准不同，可能会产生结果不同的变化，但结果生成就是不可变的。文中，2004年司法解释中的内容2007年《物权法》已改了，没登记物权就是没有变动，交钱没办手续只是买受人，并不是债务人。还有文中“法定公示方式以外的其他公示方法，”这个实体问题：公示标准只有“不动产登记，动产交付”，没有其他方式存在。此外《物权法》第28条不是物权公示问题，是法定物权变动外的补充。言文中认为《物权法》第28条，第29条，第30条都是公示方法，这是不合适的论断，法定的以外公示方法以外的其他是不存在的。第五大标题，“责任财产的实质审查判断程序具有选择性”，标题没有完全涵盖内容。反担保也错了，案外人提供担保，债权人也可以提反担保，这是不存在的。实体上的反担保是有特定含义的，反担保可以加上引号。不是说你提，我也提担保。但是可以加引号，就不是民法上的“反担保”，你提的担保，我也提担保，但这不是反担保。《物权法》上的反担保不是这个意思。第六部分，确权性生效法律文书与形成性法律文书没有说清楚，提观点没有论证，论述不够，论证不够。文章可以只有观点但不论证，论文必须要提出观点且进行论证。比如说确权性法律文书不可以导致物权变动，案外人不可以此提起异议，但形成性法律文书却可以，为何不可以确权性法律文书为依据？我感觉形成与确定有时差别并不大，这里论证不够，依据未说清。再如，掌控时间的问题，查封法律文书能否对抗生效判决？裁定与判决的效力如何发生？你的观点是前后，在程序法上应当如何解释？

文中思想与观点都贯穿了，你提到形式物权与实质物权，在民法上来讲，就是物权变动能否对抗善意第三人的问题，如果仅仅是履行合同没有办公示，那在物权法上是不可以对抗的。特别是对抗第三人，物权人扩展一下，不得对抗第三人，能否包括法院？一般的权利人不能对抗的话，还能对抗法院的公权力吗？按照这样的思路演绎，可能文章更出彩，也更有说服力。

张卫平：房老师的点评非常精彩，但程序上是违法的。总结只能是把上述发言人的观点总结出来，房教授拿出来的都是私货。诉讼法的文章拿给实体法的人看，基本上是千疮百孔；反之，实体法的文章拿给程序法的人看，是百孔千疮。

肖建国：房老师请教一下，您提到“形式物权”和“实质物权”这个概念是不使用的，但北大法学院的一位老师，关于物权变动与构造一本书中，全文大概使用“形式物权”与“实质物权”的表述。张老师也表示建伟老师特别赞成这一观点。

房绍坤：有这么提的老师，但是没有成为通说。虽然来自德国法，但德国是物权行为主义，与我国物权立法的结构不同。

张卫平：我有个疑问，我们为什么不能坚持德国的这个呢？

房绍坤：这个不是理论争议问题，而是实践选择问题，就是一个选择，未必是不好。

肖建国：房老师再请教一下，您说法定公示方法以外的其他公示方法您认为是不对的，但农村房屋根本没有按《物权法》进行登记，如果严格按《物权法》的公示方法，农村房屋物权都没有办法适用？是否需要存在法定强公示方法外的弱公示来表现他的物权？城市的房产完全没有问题，其他的一些情况可能无法适用。承认一些弱的公示方法是否是必要的？

房绍坤：那不是公示方法，登记、交付是“唯二”的公示方法是没有问题的。农村房屋盖完就取得所有权，第29条有规定，违法建筑就不能取得所有权，征收补偿只会按照合法部分。

第二单元:执行文制度与强制执行的正当性

主持人:肖建国教授

主报告人:刘颖副教授

肖建国:大家下午好!今天下午的沙龙由我来主持,安排是首先由北京航空航天大学法学院刘颖副教授作报告,题目是“执行文制度与强制执行的正当性”,然后是四位嘉宾对论文提出意见和建议,再由报告人进行回应和自由讨论。首先就有请北京航空航天大学法学院刘颖教授来发表他的主题报告,20 分钟。大家欢迎!

报告人:各位老师、各位领导、各位同仁下午好!我是北航法学院刘颖,非常感谢民诉法学会、扬州大学和扬州法院给予我们这次学习交流的机会。我理解青年沙龙就是民诉青年学者的成年仪式。任老师上午建议是不是做一个 PPT,毕竟是介绍一个外国的制度,我就在听黄老师精彩演讲的同时做了一个简单的 PPT。今天我报告的题目是执行文制度与强制执行的正当性,主要是就四个方面谈自己的感想:1.保障强制执行正当性的应然与实然。2、执行文的历史源流 3、执行文的制度模式 4、执行文的中国图景。

首先,什么是保障强制执行之正当性的应然与实然?强制执行正是国家对私人权利的强制性实现,对于义务人而言,意味着财产权、甚至人身权的限制和侵害,在理论层面就有必要探究国家公权力干预私人权利的正当性根据。总体来说包括三点:①请求权的存在:存在适于强制性实现的请求权;②适时请求的可能性:该请求权处于立即可以请求给付的状态;③执行当事人适格:执行债权人可以行使该执行请求权,执行债务人应当就该请求权履行义务。这是大致上学理上的三个条件。我国法的现实情况是怎么样呢?第一,关于执行名义中给付内容是否明确的审查程序并不平衡。肖老师在文章中写道,在进入执行程序之前由立案庭进行形式审查,依照《执行规定》第 18 条裁定是否受理;进入执行程序后,执行部门实质审查,经审查不符合要件的,应驳回执行申请。由此带来问题便是,对于立案庭不予受理的裁定是申请复议,但对于执行局驳回执行申请的裁定究竟是复议,还是上诉?实践中存在较大争议。第二,关于执行名义所附条件是否成就的审查程序不明。可参考论文中最高院的案件,四级法院审了五次,到底由谁对执行名义进行审查?第三,关于执行名义上当事人范围的审查程序有缺陷,就是执行程序开始前执行力主观范围发生变更如何解决?因为变更追加的当事人主要是指执行裁定作出之后,但是从执行名义的作出到执行程序开始可能当事人已经发生变化,这时候就需要变更执行名义上的当事人。也就是说我国可能存在执行名义正当性没有保障的情况下就已经进入了强制执行程序。

第二节来看一下关于执行文的历史源流,其产生于法国法上的制度。在法国大革命之前,虽然有国王,但某一裁判权管辖区域内的判决等法律文书并不能当然地在其他区域得到承认与执行。若要在其他区域得到执行,极端的情形是必须把实体案件再审理一遍,然后才会允许其执行。为了解决这一问题,法国 1791 年宪法第 3 编第 5 章第 24 条就规定,在判决的末尾需附上一段话:“某某(国王的姓名),受上帝的恩惠,依据国家宪法,法兰西人的国王,向所有生者和来者祝福。(XX)法院作出如下判决:(判决抄录于此,载明法官的姓名)兹通告所有执行员执行该判决,派驻本法院的专员监督判决的执行,可依法请求武装力量协助执行。法院院长和书记官签署本判决,特此证明。'"这样判决的执行力就从特定的区域扩大到法国的全境。它解决的是强制执行法内部,或者说是把司法权从局部区域扩大到法国全境,在法国大革命之后,司法权已经在全国实现了统一,现在面临的问题是执行权是一种行政权,而判决等执行名义是司法权作用的结果,司法权这一作用的结果,并不必然能引起行政权的作用,这样就需要执行文授予机关授予执行文,来启动执行权。在现在,执行文已经不是解决司法权层面的问题,而是解决整个法律体系或三权分立层面的问题。

再来看看德国法上执行文制度的状况。在 19 世纪中期以前,德国的各个城邦,是由第一审的受诉法院来负责法院判决的执行,当然也包括启动要件的审查。而 1850 年普通法地区莱茵河以西发生了一些变化,其中最重要的当属 1850 年颁布的《汉诺威民事诉讼法》。此法以法国法为借鉴,在德国首次引入了执行员制度。据此,执行员取代第一审受诉法院,成为独立的执行机关。但执行员不具有审查执行名义是否具有执行力的资质,因为当时执行员的法律素养并不是很高,于是,《汉诺威民事诉讼法》办法就是配套执行员制度引入了执行文制度。1871 年德国统一后,随即于 1877 年制定了《德国民事诉讼法》。该法沿袭《汉诺威民事诉讼法》引入了执行文制度,自此执行文制度在德国全境得以建立。对比法国德国的情况,我们发现执行文功能已经发生了变化。在法国,执行文是赋予判决等法律文书以执行名义的资格,即没有执行文意味着没有得到执行机关的认可,在德国,判决等法律文书一旦作出就天生带有既判力、执行力、确定力等,执行文只不过是采取公示的作用,告诉执行部门这份执行名义是有执行力的,公示执行名义上的执行力存在及其范围,自此程序上就有了正当性。日本法完全是沿袭德国法的制度,在此不做过多的介绍。

我们来看一下,采取这一模式大概是怎样的步骤:第一步是权利判判定机关(受诉法院等)作出判决,对实体权利义务关系作出判断,也就是执行名义的制作,然后经过上诉、三审等程序进行确定。第二步是执行文授予机关(受诉法院的书记官或公证人等)对强制执行的启动要件进行审查,授予执行文,从而公示这份执行名义上执行力的存在及其范围。第三步是权利实现机关(执行法院)实施强制执行,它是根据被授予执行文的执行名义着手强制执行,从而实现其执行力。最后是如果在执行程序中出现了执行不当,因为一旦授予了执行文的执行名义,都是依法执行,不存在违法执行的可能性,只存在不当执行,即执行名义上的权利义务状况与真正的实体权利义务状况不相一致,比如判决作出后,债务人进行了任意履行,显然就没有必要强制执行了,这时候就出现了不当执行,依照当事人的处分权启动执行救济程序,例如异议或异议之诉,对执行力是否依然存在作出最终处理。

第四,执行文的制度模式,先来看执行文的种类及其授予要件。一般来说,分为单纯执行文和特殊执行文,特殊执行文又分为补充执行文和承继执行文。单纯执行文，是指直接按照执行名义的内容，公示其执行力的存在和范围的执行文。授予的条件：①存在性质上可构成执行名义的法律文书。②该法律文书上载明了适于强制执行的请求权，具体而言，给付判项或条款，给付的内容必须明确，给付请求权必须具有通过强制执行来实现的可能性，不能是人身专属性的。③该法律文书的执行力已经发生且尚未消灭。补充执行文，是指在按照执行名义的记载，诉讼请求涉及应由债权人证明的事实之发生的情形，公示该事实已发生的执行文。比如说：停止条件的成就、不确定期限的届至、债权人承担先履行义务时其对先给付的提供、债权解除权及选择权等形成权的行使。但以下四类是直接被作为执行程序的启动要件，是由执行机关来审查的。其中包括的确定期限的届至、债权人设立担保方可强制执行时其对担保的设立、代偿请求的执行名义中本位请求的执行不能等情况。立法将这些情况交由执行机关来审查是因为执行机关可以迅速完成对这些情况的审查，不会影响执行效率。但有一种情况执行机关虽然不能迅速完成审查，就是同时履行抗辩中的对待给付的提供，为什么要交给执行机关审查？因为此时如果要给执行文授予机关来判定，那么债权人必须进行先履行才能拿到执行文，这与实体上的同时履行抗辩权的法律规定不相符合，所以在程序法上作出了一个妥协，由执行法院来审查。基本上的审查模式就是一般要件加上应由债权人证明的事实已发生的证明文书，强调一下，此处不是指发生的事实本身作为要件，而是以证明文书为要件。承继执行文，简单来说就是执行力的主观范围发生变化，是指以执行名义所记载的当事人以外的主体为债权人或债务人的执行文。审查模式是一般要件加上执行力主观范围发生变化的证明文书，才能授予承继执行文。加上执行力主观范围发生变化的证明，涉及判决既判力的主观范围与执行力的主观范围关系的一个深层次问题，在此就不展开了。

再说执行文的授予程序（简易授予）：简单说，就是执行文授予机关，也就是法院书记官或公证人，根据授予的形式审查之后，决定是否授予执行文。单纯执行文全部是按照书面审查，对于特殊执行文的特别要件，按照书证就可以审查出来，也是形式审查。这时候只需申请人提交公文书或私文书予以证明皆可。

然后是有关执行文授予的救济方式，有以下几种：对是否授予执行文的异议，适用于单纯执行文、补充执行文及承继执行文等各种情形，债务人、还是债权人皆可提出异议，对于法院就异议所作出的裁定，异议人不得申请不服，债务人提出的异议不具有停止执行的效力。还有执行文授予之诉，适用于补充执行文及承继执行文的情形，债权人提不出执行力主观范围发生变化的书证，但可以采取其他证据方法证明相关的事实已经发生，这时就可以采取审判程序，由法院进行实体审理来授予执行文，这是执行文授予之诉，与它相对的是授予执行文的异议之诉，就是债务人提供了相关事实存在的书证，然而债权人以其他证据方法提出反证，证明该事实不存在，此时也需要实体审查，这时也采取诉讼的方式，法院以普通程序审理，应当召开口头辩论，原告即债权人对特别要件所涉事由的存在承担证明责任。

最后再来看执行文的中国图景。我的初步的判断是通过引入执行文制度来解决立法的不完善以及实务操作比较混乱的状况，规范强制执行的启动，确保强制执行的正当性。执行文的功能首先是公示，公示执行名义上执行力的存在和主、客观范围；其次还有补充功能，在执行名义的内容上可以进行补充，例如，对附条件执行名义条件是否成就的补充。文章对于建构执行文制度的细节探讨写得比较开放，主要包含以下几点：哪些机构能够成为执行文授予机构，原则是正当优先（审查的资质）、兼顾效率（审查的便捷），首先要把控执行文授予机关的资质，如由法院书记员、公证人、仲裁秘书来审查等等。其次执行文的授予要件和程序的设定：(1)由统一的机关采用统一的程序来审查强制执行的启动要件；(2)对于补充执行文和承继执行文的情形，要设置特别要件，便于执行文授予机关形式审查，提高执行效率。(3)将小额诉讼等情形作为执行文的例外，无需授予执行文。(4)正确处理对授予执行文的异议之诉和债务人异议之诉的关系。

这就是一个简单的介绍，谢谢大家。

与谈环节（每人 10 分钟）

肖建国：谢谢刘颖教授的报告，准备得非常充分，用 PPT 来进行展示，时间把控的也非常好。刘颖老师在日本取得博士学位，在日本中央大学曾担任教职，对日本法有非常深入的研究。他的报告对在座的各位会有很多的启发，接下来我们进行与谈环节，由四位与谈嘉宾，每人十分钟，就刘教授的报告进行与谈。首先有请重庆大学的吴如巧教授。

吴如巧：谢谢主持人。首先感谢刘老师精彩的报告，感谢会议的承办方。刘老师的文章从执行文制度的历史源流，域外经验都进行了详细梳理，并对我国今后建立相关制度的建构提出构想，文章没有定稿，洋洋洒洒两万字，下了很大的功夫也有一定的深度。鉴于会议的宗旨，多抛砖少吹捧，我就一些疑问向刘老师和在座的各位老师、同仁请教：

1.执行文制度产生的前提是司法权和执行权（文中定位为行政权）的分立，德国法国日本均是如此，在我们国家目前执行权未从司法权中独立出来，仍属于法院，司法权和执行权均由法院享有的情况下，确立执行文制度的必要性何在？

2.若按照作者的构想，执行机构不再对执行依据加以审查，而由执行文授予机构加以审查，则在出现执行错误的情况下，该由哪一个主体承担责任？换言之，此时被执行人或者案外人要寻求救济，该向谁什么机构寻求何种救济呢？

3.作者在“四、一（一）”中指出，在权利判定机关作出法律文书到债权人据此申请执行期间，若发生法律文书所记载的内容发生实质变化的情况，执行文可根据新情况重新划定执行名义上执行力的主客观范围。如此允许这样操作，当事人的程序参与权如何保障？

周建华：刘颖老师在文中提出：“以德国法及日本法为借鉴，在我国法下引入执行文制度，重塑执行程序的启动环节，从而实现其规范化。具体而言，原则上由执行文授予机关在强制执行开始前对①请求权的存在、②即时请求的可能性、③执行当事人适格等执行程序的启动要件进行充分审查并授予执行文后，执行机关根据被授予执行文的执行名义着手执行,以此来确保强制执行的正当性,避免'事后审查'造成的执行拖延。"可以把对这段话一分为二,我对"以此来确保正当性"之前的部分有异议,对后半部分表示赞同。

我对"执行文制度"推行的实施目标之一即确保强制执行的正当性,即把执行程序中有关执行依据包含的执行内容可能不明确等实体问题提前至执行措施实施前的环节来解决,持赞同意见。因为其在文中提到"由于立案庭并非处理执行相关事务的专业部门,因而其往往只是对受理条件进行形式审查后,就将案件转交执行机关。此后(我认为是立案之后)执行机关发现不符合受理条件的,裁定驳回执行申请。"执行机关有可能会是在立案后过了很长一段时间才能发现。如此如果立案之后很长时间才发现,裁定驳回,当前的执行程序设计存在三个弊端:一是实务上产生混乱,二是拖延执行程序,三是有可能造成不公平。这些观点我同意。

然而,我对于是否要通过增设单独的执行文制度来解决上述问题有异议。我认为执行文制度实施起来可能会引发一些问题:(1)容易对申请执行人造成困扰,造成启动执行程序的烦琐和复杂。依现在持生效裁判就可以,现在还需要再增加执行文。(2)也会增加执行依据出具机构的负担。可以想象,为减轻自己的负担,执行法院为节省时间精力,执行依据出具机构可能在出具执行依据时,顺便一并出具执行文便可,如此,就起不到加强审查的效果。(3)执行文授予机构并不等于执行依据的出具机构,那么执行文授予机构包括哪些?刘颖老师也未给出清楚答复:"将民事和行政的判决、裁定及调解书和刑事附带民事判决及裁定交给法院的书记员审查,将公证债权文书交给公证人审查,应无太大争议。与此相对,仲裁裁决及调解书、劳动人事争议仲裁裁决书及调解书应当交给哪个机关审查,则是比较棘手的问题。"我觉得这也是一个问题。(4)这些执行文授予机构有时可能无法胜任这种审查,如果不能,留存的问题依然需在执行程序中去解决,起不到制度解决的效果。

因此,我认为,面对本文中刘颖老师提出的通过执行文制度解决的这些问题,似乎无需增设一个烦琐的单独执行文制度,而是在现有执行程序中有关执行裁判权和执行实施权的职能划分和执行程序环节的设置上,通过增加执行庭的职能,让其在执行案件立案后提前介入执行程序,强化对执行依据的实体性审查,这样可能可以解决刘老师所提出的一些问题。可能这样的构思更符合我国国情情况和有助于对执行程序进行优化,以提高执行效率和促进执行程序中的各种利益的保护。

谢国儿:

各位专家老师好,各位同仁好!我来自扬州市邗江区人民法院,目前主要从事执行裁决与破产清算以及商事审判等工作。之前在执行一线工作过五年,刚刚四月上旬也参加了最高院委托江苏省高院组织的民事强制执行法起草工作,应该说对当前我国执行实践和域外执行理论都有一定的感触和认知。尽管如此,在接到对刘颖老师的《执行文制度与强制执行的正当性》一文进行点评的任务,还是有点诚惶诚恐:其一,刘老师在强制执行法理论研究方面特别是域外法研究造诣很深,与其说点评,不如说是以点评的名义作一拜读后作一读后感;其二,本人对域外的执行文制度还比较陌生,也希望借助这个难得的交流平台进一步深入了解该制度的运行机理和价值功能;其三,我国当前虽无明确的执行文制度,但存在"准执行文"制度,如将执行依据的生效文书转换为"执行裁定书",公证类债权文书需要同时出具"执行证书",但全面引入执行文制度是否会一定程度上会对执行效率造成程序性影响和实体性损害尚存疑惑,还需进一步进行实证分析。现主要结合当前民事执行工作实践,从三个方面谈谈我对执行文制度提出一些思考。

第一板块,论文逻辑框架与解构。刚才刘老师已通过 PPT 的方式详细阐述了论文,我再简单地提要一二,本文首先对保障强制执行之正当性的应然视角和我国强制执行启动的实然困境进行了分析,作为第一部分;第二部分是对执行文的历史源流进行了梳理,从法国法上执行文制度的生成,到德国法上执行文制度的演进,及到日本法上执行文制度的沿袭,都做了详细的引介;第三部分主要是对执行文制度的运行模式,包括执行文的种类和授予要件、授予程序以及授予的救济方式进行了要素式分析;第四部分主要是对执行文的中国图景进行了展望,最后得出结论,当前我国应借民事强制执行法重新列入立法规划之契机,通过引入执行文制度以保障强制执行的正当性,既是当务之急,也是未来所趋。

第二板块,对论文的初步点评与建议。对于执行文制度引入的必要性探讨,笔者在司法实践中确实接触到不少执行依据的生效文书不具有可强制执行性问题,如判决在可继承的遗产范围内承担清偿责任,可继承的遗产范围不具有明确性;判决抚养费给付至独立生活为止,独立生活是年满十八周岁,还是大学毕业后就业时,还是其他期间在判决主文的层面上不具有明确性;判决给付孩子的教育费也不甚明确,教育费是否包含民办教育费,是否只是义务教育阶段的教育费,教育费是否仅包含学费,还是可以包含书本费、学杂费、课外辅导费、兴趣班费等相关费用也不明确等等,导致"同案不同执"。因此,执行文制度作为立案执行启动的前置程序具有引入的必要性,也有利于提高执行工作质效与充分保障执行救济能力,让审判真正回归"审判",让执行真正回归"执行"。

本文选题具有前瞻性和实用性,下面主要就文中若干修改建议提几点不成熟的意见仅供参考:1、建议本文增加一段引言,对执行文制度的概念界定、价值功能等进行简要概述,以便读者能对该制度进行初步的认知与思辨;2、建议本文在引言部分对执行文制度进行引介的基础上,接着就执行文制度的历史源流与运行机理分别展开论述,从而就执行文制度与强制执行的正当性价值进行解构便显得水到渠成,不显突兀。笔者认为,执行文制度最大的正当性来源于其有助于审执分离的彻底性、强制执行的高效性与执行救济的保障性,建议结合当前执行工作实践案例,就上述三个方面价值理念作为本文的核心主体来充实论证执行文制度对于保障强制执行的正当性。那么,结合我国立案执行审查与程序启动的相关立法与实践,从宏观上论证建构执行文制度的必要性与从微观上细化探讨执行文制度的可行性,本身就具有十分的"正当性",最后再就民事强制执行立法契机下,就执行文制度的引入径路与未来图景提供一个中国方案,真正践行"用世界的眼光,来解决中国的实践问题"之比较法理念。其三,论文微观层面提一点建议吧。第 11 页第 5

行“主观范围”还是“主体范围”？第16页第1项最后一句说“将仲裁裁决比较棘手的问题”，不太理解怎么棘手；第2项11行应为“不但适用于民事审判程序，而且也适用于民事执行程序”；第17页第10行法院执行机构“拒绝出具生效证明”一说，有点费解。一点浅见，仅供交流。

潘溪：

首先，非常赞同刘老师把紫荆沙龙作为青年民诉学者成人礼的提法。刘老师在国外多年学习研究的财富能够在今天这样一个场合通过文章和PPT展示给大家，并且能够对我国的执行文制度绘制一个美丽的图景，本身就是一个成就，从这个角度说，刘老师我是懂你的，但是并不全部赞同你。对论文确实做得很好的方面我就不一一介绍了，前面的老师和法官都已提到过，我直接说问题，也是本文不得不面对的问题，三个方面：首先是文章主题，主题是“执行文制度”与“强制执行的正当性”，这是双主题的论文，其中诠释强制执行的正当性没有太大意义，或者不是特别明显的需要谈到的问题，从域外研究到当前实践看都是共识的问题，是不是有可能就不把这部分作为文章的主题，将笔墨集中到“执行文制度”，而将强制执行的正当性及其要件问题简单交代作为讨论背景即可。

其次，刘老师认为执行文制度为执行法官提供一个非常明确的执行依据。文章在“建构执行文制度的细节探讨”部分多次提到了执行文制度有利于提高执行的效率。个人认为设立一个新的制度，不仅仅是一个文书制度的问题，更需要设计一整套的配套流程，而且这个需要在审执分离的情况下才能较为完整的实现。认为从追求执行效率的考虑出发，在划分执行文的授予机关时，应注重其具有审查的便利。在针对执行文制度的讨论中，如果有可能有质疑意见，恰恰可能较为集中在对执行效率的影响上，毕竟我国目前的执行制度已经属于行动式的执行风暴，从刘老师对我国执行制度的质疑中也主要谈的是“充分审查”的问题。刘老师文中所述“对于小额诉讼等情形，还可以考虑省略执行文的授予这一环节”，应该也是出于效率角度的考量，对这个方面需要进行类型划分和讨论。考察一制度的司法效率，要综合考虑其司法成本，不应只谈执行人员工作更加明确，对执行的审查和裁判部分的负担增加避而不谈。本着“如非必要，勿增实体”的奥卡姆剃刀原则，如果效率问题确实存在实质性争议，在裁判和执行中间增加执行文环节及其相关的授权和救济程序的必要性值得商榷。

再次，根据刘老师的定义，“执行名义”是法律文书，但在文中又多次称之为一种法律技术，这两者应该有所区分。作者在认定执行名义作为执行依据的情况下，对执行名义和执行文的两个层次的划分，或者说两个立法技术的交叉重合部分，以及对执行文制度的实然和应然也可以再加以阐释。执行文最初是在执行员层次、能力不足驾驭对执行工作认定和裁判的背景下，如果真的把它纳入我国当前的执行制度的话，我们现在的执行法官要求一定要有员额，素质都比较高，工作能力和裁判法官也差不多，那么文里提到的背景是否符合。

报告人回应：

感谢肖老师的主持，感谢几位老师的评议和书面评议的老师，首先回应几位老师评议提出的问题。

(1)回应吴老师的问题

吴老师说的执行文制度产生于司法权和执行权的分离这样一个背景,不是的,其实德国和日本司法权和执行权全部统一于法院。其次,在执行错误的前提下,由哪个主体来承担责任,实际上执行法上不存在执行错误这个概念,只有执行违法与执行不当。吴老师说的应该是执行不当的问题,那么该按执行异议之诉就按执行异议之诉走,这是执行救济的问题,与执行文没有必然的联系。对当事人程序参与权如何保障的问题。执行文授予分为简易授予和诉讼授予。简易授予,是对形式要件进行审查后授予。既然是诉讼,双方当事人都参与其中,有充分的程序保障。

(2)对周老师的问题提到申请执行人容易造成困境。如果 7 日内执行文下发,多一个程序花 7 天能搞定,还是没有这个程序,需要 2 个多月的时间能解决,哪个烦琐是仁者见仁智者见智。第二个是说执行名义作出机关可以顺带授予执行文,这是误读。执行力不同于既判力,既判力是在口头辩论终结时已划定,执行力是在执行程序开始时才能划定,所以不存在说顺带作出,这是执行力与既判力有最基本的区别。第三个关于不同执行依据由哪些机关授予执行文我也在 ppt 中做了解读,比较棘手的是劳动人事争议,劳动仲裁委会不知道当事人有无起诉,执行机关也会不知道当事人有无起诉。第四个是这些执行文授予机构无法胜任审查,因为问题提的不是很明确,我也无法作出详细解答。执行正当性的保障一定要在执行程序开始前,对其正当性进行审查,一旦执行程序开始无论有无执行措施对被执行人都已经产生了负面影响。

(3)对谢法官提到的问题,提到对执行文概念的界定、价值和功能,我都在 ppt 里说过了,文章里也有介绍。谢法官提到先对执行文展开,再说执行名义的正当性,本文先写强制执行正当性,再通过统一机构、统一程序来解决正当性的问题,这是逻辑不同的问题。谢法官在提到瑕疵问题,既判力的主观范围非主体范围,这是学界统一用法。谢法官提到的棘手问题我也解释了。第二项的第 11 行,调解只适用于民事审判,不适用于民事执行。最后一个问题,我国执行实务不一样,有些法院是拒绝出具生效证明的。

(4)对潘老师的问题,潘老师的第一点是说第 51 页倒数第二段,民事强制执行作为各国普遍做法并无太大争议,本文篇幅过多讨论,我不是讨论强制执行是否有必要,我是讨论强制执行的启动必须具有正当性。潘老师第二页提到执行的审查而裁判文书的负担增加避而不谈,这是仁者见仁智者见智的问题,进入后对异议的问题审查可能是更多的负担。对潘老师说的法制度和法技术用法,执行名义确实是法文书,但是执行名义制度确实是法技术。

(5)对更多的问题做一点回应,第一个是廖浩老师的问题,廖浩老师提到"执行要件审查权限不宜纳入(不包括执行法官在内的)执行机构(即执行员)",这是包括执行法官的执行机构,他说个人认为"文章第四、(一)部分似可深入引入执行文制度是否存在障碍以及如果存在障碍又如何排除这一问题",我认为最大的障碍是观念障碍。针对吴老师的问题,吴老师提到"又类似于审执的内部划分,然后到底是为促进审执分离还是审执内部衔接?”都不是的,是为了保障强制执行的正当性,正当优先,效率是其次的。吴老师又提到增加一个制度是否是对现行制度的针对,这里不是去判断审判依据是否发生了执行力,而是公示他的执行依据的执行力及其范围。“执行依据不明确,应当以程序代价更小的补充判决来解决,不必叠床架屋另设一套制度”,这里不是判决,而是审查是否具备执行力,而不是在认为不具备执行力之后应当采用哪种技术来弥补其执行力,二者不冲突。对于说到我国当事人偏好穷尽程序是否增设会产生问题,会,但这取决于怎么样来规范执行异议之诉其效果。

自由讨论环节:

周建华:

法国的执行制度是审执的外部分离,执行是由单独的人员(执行员)执行。成为执行员的条件相对比较简单,也可以说,执行员的素质比较低,主要是负责执行实施。对于执行程序,法国有民事执行法典。在人员设置上,除了执行员外,还有执行法官。执行法官原则上是由法国大审法院院长承担,院长承担了许多职能,此项职能通常委托给其他法官。法国普通法院分为三级,一级是大审法院、小审法院,还有劳动法院等专门法院;二级是上诉法院;三级是最高法院。大审、小审法院均审理一审案件,比较复杂的案件由大审法院审理。执行法官原则上由大审法院院长担任,凸显了法国对执行程序的重视。执行程序中执行法官会负责解决执行程序中很多的问题。

国内学者的关注点,大多集中于事后救济的讨论上,是否应当在执行程序启动开始环节进行更多的规范。法国很重视执行程序开始前的规范,如执行动产,如果是动产债务人或债务人本身之外的人持有时,程序是不一样的。债务人持有时,可以直接拿执行依据去执行;如果是在债务人本人之外持有时,需要由执行法官许可之后,才可以执行。执行法官在许可时则应当进行审查。在执行时,还可以邀请第三人来谈一谈,第三人有陈述机会,之后再启动执行。

肖建国:

中国是集中式执行,法德是分散式执行。法国执行法官有管辖权,审判法官有管辖权,执行官也有管辖权,在此不同背景下可能相关不同制度有不同的安排。刘老师报告中提到法国执行文涉及执行权属于行政权这一背景。我却认为,法国的执行有权执行的法官是大省法院的法官,这相当于有15年以上审判经验的法官才可以当审判法官的规定相类似。三名法官组成合议庭开庭拍卖。不认为执行权是行政权。法国的执行文背景是执行权属于行政权,这样一个背景与我了解的有所不同,为什么会定位成行政权?例如基于司法拍卖产生的物权变动,如果是行政权的话如何引起物权变动?如果定位为行政权来解释执行文,还涉及执行文应当由谁签署?是否只能是由最高行政长官签署,法官有权命令行政官员签署吗?相对应的话,是不是由法国的部长或行政官员来签发执行文。如果理解为行政权的话谁有权命令执行官员来执行也是一个问题。不理解为什么把这个作为执行文产生的背景。

李浩：

刘老师的报告相当精彩，PPT也精美。有些疑问与问题：第一点，把执行文和执行制度正当性作为题目是不是合适？大家都知道必须要有强制执行制度，其正当性的存在是毫无疑问的，如果加上执行程序启动的正当性是不是更好一点？即有了执行文制度，执行制度启动就更具有正当性，欠缺了此项制度，执行制度启动的正当性就会受到削弱或者严重的削弱。从整个文章来看，借强制执行立法之际去引入该项制度，是很好的契机，不如直接论证这一制度，比如为执行文制度鼓与呼，可能更切题。第二个想法，该文虽然内容多，研究得也深，但对主题贴切性也有问题。这次论坛的主题是执行救济研究，文中真正涉及执行救济的只是在第三个大问题里探讨，论证的是如果有了执行文制度，如何对执行文的发放予以救济，与整个讨论的主题有些偏离，文章应当是从执行文制度下对现行执行救济的完善。如果题目改为执行文视域下执行救济的研究可能与我们论坛更为契合。第三点是，引入这项制度确实有很好的制度契机，刘老师还需要考虑引入这项制度将付出的制度成本和它带来的效益，因为我们国家长期以来没有这项制度，引入后运作到底能带来多大问题，引入后又能解决多少问题，是否效率会高得多，改变已经形成的惯例或路径，其实成本是很高的。最好在论证时还要有实证方面的调研，就是论证当前欠缺这项制度带来了哪些问题，所以需要引入这项制度，这样可以对加入这项制度提供更充分的论证。

叶城斌：大家好，我在执行局工作，我接着李教授讲的现实需求和制度成本问题再说一下。我从事审判工作10年了，处理了两千多个案件，需要执行文制度解决的问题只有两个。从现实情况看这个制度的适用范围非常小，如果就这两个案件，需要协调或通过其他途径，比如说判决确实不清楚，如离婚案件抚养费，哪些属于教育费，向我询问怎么解决，我通过解答的方式告诉他们，按法律的规定解决；还有一个当事人合同买卖纠纷，执行发现原地址有问题，我是向他出具了一个情况说明。执行判决不明确的问题只有两个，如果引入执行文制度，就是说每个案件都需要过一下执行文程序，这个制度的适用范围和价值是相当小的，引入作为一个专门环节，制度成本是相当高的，完全没有必要。就目前来说，这个执行文能起到多大的作用呢？现有的制度框架下，可以解决执行判决不明确等存在的实际问题，如公证债权文书需要提供执行证书，以及在执行时自动生成执行裁定书，能够明确哪些内容需要执行。虽然执行文解决的判决不明的问题确实存在，但我觉得为解决小问题，在制度上加一个环节，对法院的工作量增加极大。不赞成引入执行文制度。

欧元捷：这篇文章通篇看下来觉得价值在于一目了然的"审执分离"，但是对于效率与保障强制执行的正当性问题，个人并不认同。保障强制执行的正当性这里有点自说自话的嫌疑，因为他是预设了我们把程序单独拎出来，经过审查后强制执行具有正当性，然后反过来论述说这个程序保障了强制执行的正当性。对其能够保障强制执行实质的正当性流于表面，没有太深的讨论。执行文制度有利于提高执行效率从而促进执行难问题的解决,但是审查程序本来是在执行的门里面,现在把其拎到执行门口是否是真的提高了效率?而且让一部分案件不进入程序,从数量上降低执行难案件,但是不是真的从实质上有助于解决执行难?这是我的怀疑

肖建国:欧老师的点评有一定特别让人印象深刻。她说执行文制度通过提高执行案件立案门槛的方式来拦截给付内容不明或当事人范围不明的一些案件,用这种方式将案件排除在法院大门之外,以这种方式来解决执行难或提高执行效率,是不是一种根本的执行正当化途径,这个疑问还是非常深刻的。

林剑锋:刘颖老师的文章不是解决执行内容不明的问题,反复强调的是执行程序启动的格式化、规范化、要件化的问题,理解不正确进行批判是没有意义的。

陆开纯:我是执行裁判庭的主审法官,从我的角色来说,与刘老师是同一战线的。对合法正当的程序我是持欢迎态度的。但是就本文还是持一些怀疑态度。第一,对执行文制度的意义,现在大数据很全面,全市三万案件中,执行裁判占案件3%,而执行文所涉及的问题可能只有万分之三。对法律制度要进行经济分析,制度重构除了执行文制度,还要考虑到救济,就变成两个制度,搞得很复杂,那么程序价值究竟在哪里?第二,文中最高院的例子,从个案而言即使引入执行文制度,也无法解决。第三,可操作性的问题。法律文书是主审法官作出来的,谁敢给我的文书作出可以执行可以不执行?执行人员是无法改变审理法官文书内容的,书记员可否做得到?显然是不可能的。法律的生命在于实践,从司法实践来看,包括执行启动,执行裁判,执行查控,执行实施,执行裁判四个主要阶段,我都是经历了的,我认为文章谈到的几个问题,在实践中,都有现成的制度可以解决。

袁中华:法学论文标题应尽量避免A+B的表达模式,不然会不知道是要强调A还是B,可以是以A为主把B以副标题放进去,或者相反,现在这样估计很多编辑不喜欢这样的表达形式,而且你里面讲的其实不是执行的正当性,可能是启动的正当性。论文主要围绕执行文制度的构建,但是制度的引进是牵一发而动全身,引入这样制度的过程中又放入了大量的救济制度。那如果放进去后很可能产生一个问题,中国人是很聪明的,如果给被执行人一些救济措施,被执行人权利一定会用尽的,会想方设法地拖延时间。这里的异议与后面的异议的重叠问题,可能是需要考虑的问题,否则当事人一定会用这样的方式去拖延执行。

李广宇:想请教刘老师,执行文制度中由书记员来审查处理,但我个人认为,书记员不是可以进行这种审查的人员。特别是考虑到我国法院书记员的构成相当复杂,有公务员编制的、有事业编的、有合同制有聘任制,书记员的准入各自不同的,是否可以由法官助理来做此审查更为合适?

李静玥:2017年参加世界诉讼法大会时,有老师提到日本书记员和国内书记员是两个概念,日本书记员更相当于我国的法官助理。执行文制度是不是还可以从可行性方面论证?谢国儿法官说我国是有准执行文行为,是不是有?如果有,是否可以成为我国执行文制度本土化的起点?

冯珂:文章建立在比较法基础上,对执行文制度结合立法契机进行合法适调性探讨。有几个问题,首先,对于德国法724条的规定,如果从文义本身理解来看,强

制执行的依据是授予债权人附有执行文的判决正本，为什么需要这个正本？这与审执分离有关，为实现执行机关启动的正当性，需要有经过司法机关认证效果的判决正本书。所以基于这点，刘老师把执行文作为强制执行的正当性，或者表达为启动强制执行的正当性，我有一点不同意见，启动强制执行正当性的到底是执行文还是附有执行文的执行名义？可能两者有关系，但是直接把执行文作为执行的正当性依据，是不是忽略了执行名义本身作为执行依据正当性的价值？

其二，执行文制度在比较法上背景是司法权和执行权的两分，司法权和执行权的两分在我国背景下并不存在。在刘老师的文章中多少提到了我国因判决主文不明确而导致的不好执行问题，诸如这样的问题可能也是要论证执行文在我国引入的意义。判决问题不明确如果往前延伸可能是诉讼请求不明确的问题，如果我国未来把诉讼请求、判决主文不明确的问题解决后，引入执行文制度提供执行正当性依据的问题就需要重新考虑。另外一个问题，德国法授予附有执行文的正本是由书记官做的，但需注意的是这是审判程序的书记官，而不是执行程序的书记官，所以只是关注书记官形式上的这一点，把审判程序的书记官直接简单类推为执行机构的书记官来认可，是不是能这样简单化的推理呢？

报告人回应：

肖老师举了广义的民事执行概念来反驳狭义的民事程序，对于李老师说的题目问题表示接受，关于欧老师的问题，我认为写文章都是科学性地自说自话。对强制执行的正当性只是本文的问题的提出，因此看上去比较流于表面，但这是讨论的基础。是否要提高执行效率？把门外只有 7 天，在门内却有 20 天的话是否提高效率，这是个见仁见智的问题。

关于救济用尽，异议制度和异议之诉确实会拖延执行，因为异议制度和异议之诉使执行停下来所以拖延，如果不停下来不会造成拖延，这是程序设置的问题。

书记员不适合审查，书记员不同于日本书记官，但也不能使用法官助理，因为法官助理不是一个法律概念。法官助理有不入额和入额两种，法官助理概念过分缥缈，法官助理一类是从助理审判员作为法官助理，几年后可以入额，也有些法官助理是书记员升上来的，永远不可能成为法官。

对于到底开始执行程序的是执行文还是执行名义，这涉及强制执行程序启动的程序要件和实体要件。全部具备这些启动要件后，才能开始启动执行程序。从程序、实体的角度理解会有不同的结论，这些就是我简短的回应。

主持人总结：

肖建国：

今天下午我们作了非常有意义的讨论。报告人与点评人，老师、法官都发表了自己的真知灼见。这个问题可能是没有结论的问题，需要进一步的讨论。学术上正反两方面的论辩是非常有价值的，需要实践来验证。刘颖教授探讨的题目，我个人表示非常欣赏。执行文看上去是很小的问题，但一个小的程序、制度它背后却可以像一滴水一样,透视强制执行法中非常宏大的理论命题,反映出执行程序中宏观的构造,特别是在外部对我们审判和执行的分立产生非常深刻的影响,在内部,对我们执行机构的权限形式划分厘定边界,我认为执行文讨论的价值特别是小中见大的讨论方式是值得称道的。

结合诸位发表的意见和报告,有关问题可大致归纳为几个方面:

1.关于执行正当化的途径

执行正当化是否只能通过执行文来实现?执行依据本身难道就不能实现正当化吗?这个问题提得非常好。我认为执行正当化理论上至少有两种途径,这其中真正要回答的问题是,当事人强制执行请求权,这一公法上的请求权与被执行的民法请求权之间是什么关系?执行请求权这一实质上的公法请求权,可以作为宪法上的与裁判请求权相似的一个基本人权,它与我们要通过强制执行实现的民法请求权之间究竟是什么关系,在强制执行法中有抽象的执行请求权和具体执行请求权的划分,抽象的执行请求权是指只要有执行依据,就可以行使宪法意义的执行请求权,向法院申请执行。但具体的执行请求权,不仅要有执行依据,还要求被强制执行的民法请求权是客观存在的。被强制执行的民法请求权的范围用什么方式来表征,我们发现,德日是用执行文来表征的。所以,本质上德日的执行文制度反映了公法上强制执行请求权与民法上的请求权的关系。在理论上,它们更倾向于具体执行请求权,也就是说没有具体的民法请求权及执行范围的存在,光有执行依据不能启动强制执行程序。这里面就提出了一个问题,在我国能够正当化的强制执行究竟是采取抽象还是具体的执行请求权?

2.通过执行文能够实现执行正当化的本质。刘教授的文章可能在理论层面要遵循具体的执行请求权理论,不同于赫尔维格的理论。任老师翻译的赫尔维格的著作在100多年前所主张的是抽象执行请求权,但德国立法却是以具体的执行请求权为理论依据。我们现在的做法,在赋予强制执行效力的公证文书执行中,还必须另行取得执行证书,采用了具体化的执行请求理论;但是在生效裁判文书、仲裁裁决书执行方面,我们采取的是相反的做法,不需另行取得执行证书。我们的立法者对外发出的信号是紊乱的。所以刘颖教授的观点是无论是赞同还是反对都应当作出说明,在赋强执公证书执行之前要取得执行证书是否还需要保留?

3.如果采取具体的执行请求权理论,不仅要有执行依据,还要求被强制执行的民法请求权是客观存在的。那谁来证明?如何证明?是当事人主义还是职权主义?刘教授用执行文制度就是把证明民法请求权的存在明确为当事人的证明责任,由当事人提供文书证明,至少是由申请人来承担这个责任。但在我国,是作为执行程序和申请执行的实体要件,实际上是执行法院登记立案,执行庭进行审查,采用的是职权审查的方式,一般不会听取当事人意见,不会给当事人质证辩论的机会,这样的模式究竟要不要彻底改造,还是要把这个问题回归于当事人解决?

4.应采取的是事后审查还是前置性审查?刘老师强调前置性审查,在进入法院大门前就进行审查,前置性审查的优势在于避免登记立案后还要进行有关是否具备执行正当化的民法请求权及执行范围的审查,这样的审查可能会耗费六个月期限，导致执行实施部门变得非常仓促。这种优势是执行文带来的，前置性审查能够有效过滤和拦截一部分不具备执行条件的案件，在当事人有证据证明具备条件的时候才能够执行立案。大陆法系国家的立法例在执行案件中的立案和诉讼中的立案与我国的做法不同。执行案件绝对不是一个立案登记，需要进行前置审查，符合条件证明了具备民法请求权存在的，才有可能进入执行程序，一旦进入执行程序，我们所要求的执行不间断原则、执行效率原则就可以实现，而不会因为立案之后中间再介入一个审查程序导致执行程序的中断，这些都是执行文制度带来的可见的优势。但我们目前采取的是事后审查方式，就是在立案后将材料转给执行局，执行局对申请执行的条件进行审查，如不符合申请，裁决驳回。这样的审查方式的确会带来一些问题，可能会引发不应该进入程序的案件进入后裁定驳回，发生一些争议。还有这个制度的有效射程有多远，如果通过变更、增加当事人的方式可以解决，却又造成了执行实施的中断，比如变更追加一般会有听证、复议、债务人不适格异议之诉等。如果提到执行登记立案之前，在门外审查，对执行实施的中断问题都有可能提前消解，这些是可以看到的优势。但是这里面也会产生很多问题。比如，用执行文来解决这些问题究竟是否在效果上一定好于当前中国的事后审查，这个需要刘颖老师进行实证审查，包括对日本这样对事后审查的做法进行跟踪了解。

其实对于执行文在日本并不像我们认为的那么好。我曾经在最高法组织的课题里写过执行当事人变更追加的论文，其中有对执行文在日本的评价是比较客观的。在日本执行文我理解只是审执分离的一个符号功能，实体作用不能过分夸大。在大陆法系，法官、司法辅助官、书记官包括公证处的公证人，对生效法律文书及执行范围进行判断的时候，他们的判断同样存在信息不对称的问题。再加上德国日本法律明确规定，执行文的赋予机关不得行使执行机关的调查权，这就使得基层法院的书记官在签署执行文时颇为踌躇。在日本，法院书记官在签署执行文时面临着两难选择，第一，在法定职责和有限的信息获取能力之间的矛盾，第二是债权人债务人之间发放异议的困难，执行文制度大大提高了进入执行程序的门槛，书记官在拿不准的时候倾向于拒绝签署执行文。而获得执行文正本又是获得执行的法律条件，没有正本执行程序无法启动。所以为了获得进入执行程序的门票，对于拒绝签署执行文的行为当然会采取提出异议的手段。所以执行文制度一定程度上解放执行机关，但将权利能否实现的风险最终转移给了债权人，让债权人证明它享有民法请求权，在我国是不是一项选择值得深思。

5.关于引入执行文制度本身的一些问题，比如我国对执行的一些解释，包括执行和解、包括出具生效法律文书，这样一些手段对于是不是能够解决执行文所解决的问题，存在哪些不足，我觉得需要实证分析。包括中国引入执行文面临的一些障碍，李浩老师提到了制度成本、收益问题，各位专家也都注意到了，那我们要改变这一传统的执行路径可能会有比较大的改革成本，这个改革成本是不是我们能承受的，这也需要实践调查。还有引入执行文还需要哪些制度设计，比如谁来签署执行文，这一职责是交给书记员还是法官助理？目前我国似乎只能交给作出生效文书的审判机构的法官来提出书面意见，如果执行文也交给原审判机构的法官来审查是否可行。另外审查标准是什么？我们是要采用德日提交书证这一证据方法，还是提交书证之外的其他证据方法审查。另外审查的手段要不要听证、要不要质证辩论。还有对私文书的审查又与对公文书的审查有什么不同的程序，要采取什么样的规则。此外，像签署执行证书这样的做法目前是否可行，存在哪些问题，在我们实施执行文之后是不是要进行相应改进也要探讨。

还有论文中也存在一些技术性问题，比如论文标题是不是准确，各位老师对刘老师的报告都做了全面系统的讨论，对刘老师的论文完善将大有帮助。我的总结就到此。

第三单元：争点整理、学术总结与展望

蒲一苇：第三单元是本次研讨整体的一个总结，这一部分按议程安排，主要是两大块内容，第一环节是涉及前面讨论的回顾和整理，即争点整理。另外还有其他老师特别是实务界的专家还想针对问题发表一点看法的，我们还留有一点时间，可以进行自由讨论和实践对话。第二环节是张卫平老师做最后的学术总结和展望的内容。首先是第一阶段，争点整理和对话过程。

争点整理很有难度，大家讨论的观点也很多，涉及的内容也很广，我试着稍微归纳一下，回应一下讨论的主要问题。第一篇是黄忠顺老师的论文。黄老师的论文是立场鲜明的制度证成的文章，涉及案外人异议制度是否有必要。争点问题也主要围绕这一问题展开，第一点，论文主旨中提到案外人执行异议制度的主流观点是不是主流观点，案外人异议之诉的保留是对案外人异议之诉的保留还是对案外人异议前置的案外人异议之诉的保留。后一问题涉及案外人异议和案外人异议之诉定位的关系问题，侧重点似乎更多涉及后一部分的探讨。第二点，如何看待案外人异议的定位以及与案外人异议之诉关系的问题，在效率公正上的衡平问题，在债权人中心主义之下案外人权益保护的问题。第三，对案外人异议的审查问题，涉及的问题较多，包括谁来负责审查；执行机关审查的话执行机关能否就实体问题进行审查的问题，以及审查方式问题，是形式审查还是实质审查，抑或是初步实质审查，初步到什么程度，如何界定，与之后的审查是什么关系？是前置审查吗？除此之外，就本文还有一些需要进一步研究的问题，有多位有海外留学经历的老师分别提出了德国法、日本法以及其他法文本文义与制度的探讨，也就是域外法制度的考证和如何借鉴的问题。另外还有来自实体法的专家房老师谈到的执行制度中涉及到的物权变动原理，与实体法之间的相互照应与协调的问题，这也是将来值得进一步细化做研究和澄清的。

刘颖老师的报告是一篇立法论的文章，作为立法论，涉及制度本身设置的必要性、可行性以及如何构建的问题。第一，文章更多侧重于对执行文制度本身的源流和构造的考查，老师们觉得对于这一制度如何在我国引入、确立论证还不够充分，所以主要围绕这一部分，包括这一制度的价值功能、构建基础、构建障碍以及相应制度的具体设计等展开讨论。包括执行文制度的价值功能到底是什么，对于保障强制执行正当性的意义有多大，决定强制执行正当性的是执行文制度还是执行名义，保障正当性是正当优先还是效率优先等等问题都有涉及。第二，关于执行文制

度解决我国现行执行中存在问题的必要性如何？这一程序的设置会不会导致执行程序启动更加复杂。是否真的能提升执行效率，在我国的国情下，专门设置这一制度的必要性有多大，制度成本是否需要考量和明确。第三，在我国执行体制下，主要是指审执没有做到体制性分离，只是相对分离的情况下，引入执行文制度的必要性与障碍如何？包括制度与我国相关制度之间有无矛盾，如何衔接问题。最后还包括执行文制度的具体设计问题，包括怎样设计授予机构、授予程序以及其中的救济程序。尽管德日已经有了相应的程序，也比较完善，但是否都能搬到我们国家来适用呢？这些内容肖老师在总结中都有所涉及。这是对两篇文章争点的总结，如果老师们还有意见或回应，可以发表。

刘颖：在此有许多实务界的同仁，我想重申，引入执行文是强制执行启动环节体系化、规范化的政策选择之一，并不是一定要采取这个政策。肖老师提到了公证债权文书的问题，其中的执行证书起到了执行文的作用，诚如肖老师所言。实践中执行证书比执行文走得更远，因为执行证书还要求公证机关出具债权债务履行的情况，它实际上摄入了既判力的部分，而不仅仅是执行力的部分。现在实务中面临的突出困难是很多公证处拒绝出具执行证书，导致债权人无法凭债权文书去执行，这一问题如何解决？司法实务中的处理比较混乱，有的地方是让债权人重新就公证的债权文书中的债权债务关系另行审判，显然混淆了执行力和既判力。这一例证可以说明，如果引入执行文制度，通过执行文形式审查后简易授予，可以对它有异议提出执行文的授予之诉或者授予执行文的异议之诉，由统一的机关采取统一的程序把所有这些混乱的问题全部解决，这就是我不停地提倡执行文制度最根本的初衷。

蒲一苇：如果大家没有异议，我们就把时间留给后面的总结，下面有请我们民诉法学研究会会长张卫平教授做学术总结和展望。大家欢迎！

张卫平：不知大家有没有看过最近的电影《波斯米亚狂想曲》，《波斯米亚狂想曲》是英国一个重金属乐队演唱的一首歌，我的发言从来都是属于重金属性的，大家听了会感觉有时候会有一些震动，如果没有防范的话，可能稍稍会有受伤。我先来评价一下论文，两篇论文都下了相当功夫，比较而言，忠顺下的功夫更多更细。它的突破点在认为227条案外人异议之诉中，对异议的前置是可以选择的，这与一般的方案不同，这是其亮点。比较遗憾的是刘颖的这篇论文，我个人认为作为刘老师的素质和功底而言，对于执行文制度有更深的理解。但鉴于时间和其他方面因素的干扰，他没有把足够的注意力放在这篇论文上，导致这篇论文有很多问题没有说清楚。另外作为海归，尽管已经回来了一段时间，但是对中国语境不太熟悉，同时他尽管研究破产法和日本诉讼法，对日本民诉有一定的了解，但是对日本的司法体制缺乏比较全面的了解，所以就给人留下了很多质疑。

为什么是书记员可以授予执行文呢？书记员授予执行文的正当性在哪？为什么不能通过提高门槛来实现正当性，而一定要交给执行文赋予机构、书记官、公证人来赋予呢？不是太好理解。我这里要做一些解释，日本的书记官包括大陆法系的书记官，和我们的书记员完全是两个概念，我们的书记员只有辅助和服从功能，日、德书记官是独立的公证机关。论文没有突出执行文的赋予机关是公证机关，而公证机关指的是书记官和公证人，这个没有交代。那么我们就要理解，为什么它是个公证呢？这个调查审查的活动为什么是公证呢？与书记官的性质是有关的。在大陆法系中书记官不仅是辅助法官的，这只是一个属性，另一个很重要的属性是我国书记员没有的就是监督法官。所有的诉讼记录，尤其是关于重大程序事项的记录不是由法官决定的，而是由书记官记载。书记官记载的笔录成为二审和再审的证据，注意，证据。谁能够提供有没有经过这个诉讼程序，谁来证明呢？书记官。法官、执行官、书记官是现代司法制度的三大制度，是司法人事体制的安排，我们没有。如果没有独立于法官、监督法官、证明公正程序证明事项的书记官的话，我们要引入执行文制度基本上是不可能的。

执行文制度的理念前提是审判权和执行权是分离的，再怎么提高执行机关对执行根据、债务名义、执行名义的审查，全是属于执行机关的审查。然而执行文制度建立的基础是，执行文赋予这个程序本身，申请和调查审查的程序不是执行程序，而是审判权的一个程序，是审判权中的非讼程序。由于它是审判权行使程序，当然你执行机关是不能参与的。但另一方面，为何要给执行官和公证人这样的调查权限呢？如果按照竹下守夫的说法，我们也可以把调查审查权限给予执行机关，这是竹下的做法，已经超越了审判权和执行权的分立。但我们从实务角度来看，假设一审程序后，判决已经送达，大陆法系判决从宣判时成立，成立后即使进入二审程序，但当事人拿已经成立的判决申请执行，问应当怎么办。我们的想法是，等待进入执行程序后由执行债务人对这个执行根据直接提出异议，提出什么样的异议呢？你根本都没有生效，你只是一个一审判决。但请注意，这个时候执行根据已经进入执行，一旦进入执行，假设开始查封、扣押、冻结等程序，已经给债务人造成损害。而执行文制度是说必须由债权人申请执行文。执行文调查时交给谁呢？交给书记官，原因是因为所有的诉讼记录都是由书记官保管，这与我国法院内部由档案部门保管是两个概念。我们问如果进入执行阶段，执行机关要调查找谁调查？当然是找法院内部的档案管理部门。我们要知道档案管理部门是内部设立的机构，不是像书记官这样的是对外的、有法律定位的机构。如果是在大陆法系呢，谁最清楚这个判决呢？谁最清楚宣告时的判决内容和实际判决内容是否一致呢？这个判决书是不是伪造的假的呢？就是书记官。书记官来判断，因为所有诉讼记录都是由书记官掌握的。如果书记官说：这个判决是真的，没有问题，已经生效。假设这是一个执行根据，执行根据下有三分之一粘上执行文，你就可以拿到执行机关去执行了。而执行机关审查的时候，审查的是执行开始的要件，这完全是不同的程序。所以我们要探讨该制度能否引进，一个很重要的，就在于我们有无相应的机构。我们现在是怎么做的呢？如果是当事人想找法院申请执行，他往往会找比如说海淀区法院，说你给我出具一个已生效的证明。谁来出具呢？书记员。而书记员出具这个证明，我们一上法院的网站就能找到，的确有证明的格式，和法院关于档案管理的若干规定。

刘颖的文章比较遗憾，如果稍微你有更多的时间，摆脱开更多的束缚，我相信你一查就知道了。但是我国现在的书记员只能证明有没有生效,其他都不能证明,而且这种证明也没有制度化,北京法院可以开证明,但是其他法院我不知道。刘颖在论文当中回答问题时提到,判决书裁定书我们可以赋予执行,公证债权文书可以由公证人赋予执行,那么仲裁裁决怎么办呢?这还是对日本的制度不了解。其实日本规定的很清楚,仲裁裁决是没有执行力的,只有既判力没有执行力。其实大陆法系包括德国,根本没有执行力。没有执行力怎么办呢?必须要申请让法院确认,法院作出确认判决或决定,然后和执行裁决本身合一,共同构成执行根据,此时才有执行力。这个是不是作出裁定后再申请赋予,这个时候就有点问题,给人感觉有点烦琐。但需要知道,法院的确认和书记官的赋予,分工职能不一样。也就是说裁判机关、公证机关、执行机关在大陆法系是三元成立的,那么我国有必要吗?这就涉及一个问题了,台湾勇敢地抛弃了执行文赋予制度,认为这个没有必要也的确如此。正如建国老师说的,在日本来看也未必是很有效的。的确,我手上拿的这本书实际上就指出来,说执行文赋予往往是形式主义的,只要申请,交上申请,书记官都是马上当场出具,基本上看都不看,这个对于提高正当性还有意义吗?我们还要注意,他有一个执行文赋予异议之诉,这个诉是解决执行文赋予中的实体问题,而这是正当性问题。我们在看待大陆法系的执行正当性和执行违法性的时候,其实正像忠顺上午的报告说的那样,指的是执行程序问题和执行行为问题,而执行的正当性是实体性问题。为什么正当性问题是实体问题呢?因为正当性问题和执行机关没有任何关系,正因没有关系,所以你要就正当性问题找执行机构,根本找错了人。所以我们才要通过程序,因为这是实体问题,我们往往把正当性的问题看作是大的、抽象的合理不合理的正当性问题。而在大陆法系中对违法性和正当性有相当清楚的内涵和界定的,如果我们不清楚这一点,我们往往在概念上说执行救济就是对执行机关正当或违法然后等等等,但是并不清楚为什么是不正当,为什么是违法,这两个区分的原因是什么?区分的原因就是实体和程序。两个很重要的问题,在执行救济和执行制度当中的基本构建中,两个因素必须考虑,就是实体与程序,审判权与执行权。大陆法系就是确定了这在性质上划分审判权与执行权而不能越权,这就涉及我们如果要讨论执行权可不可以在一定程度上超越这种界定呢?可不可以在局部的地方可以作出实体审查呢?这是一个政策性问题,也和执行效率有一定的关系。但是总体上,大陆法系审判权与执行权、实体问题和程序问题、诉权、诉讼与执行是不能从根本上超越的,这也使得我们强制执行法上的制定遇到了很多问题。从方便来讲,建国的有一个观点讲我们要看效果,从实用主义的观点我觉得也有一定道理。其实我们任何行为都是从实用主义的角度考虑,但是这个考虑又不能完全和我们的逻辑、和我们整个法律的逻辑相冲突,允许在一定程度上冲突。比如执行异议,执行异议当中未必全是程序问题,按照日本民事执行法第184条,在个别情况下涉及担保物权的时候,是可以涉及实体问题,这很明确说是例外问题,例外问题是属于没有办法的。债权人中心主义是整个执行法在价值维度上的首要价值,此外与平衡保护合法权益相互制约。总体上讲执行的效率是首要价值,加上执行难问题,尤其是从法院来说,基本不讲执行乱,因为执行乱一定是自己乱，法院不会承认执行乱，基本上只会承认执行难。为什么要承认执行难，权利与政治的分析，执行难的解决在于强化法院的权力。但一旦强调执行难，执行救济必然被压抑，执行救济在某种程度上客观讲就是增加执行难的难度。但在认识上也还有片面的地方，假设我们把这些各种各样的几大执行异议之诉，包括债务人异议之诉、案外人异议之诉、第三人异议之议，我们在设定要件时已经把它锁定，你作为异议人，只能对异议的事项加以辩论或提出，或者对此提供证据，那其实这个诉讼是变得简单了。如果我们把这些诉讼看作是对所有权利义务再来一次进行广泛的审理，各种焦点问题都可以提出，那么这个诉讼当然就变得非常复杂了。所以诉讼是否一定会添加烦恼？是不是一定在某种程度上会相当的阻碍呢？恐怕对于我们各种制度设计都有关。只要我们在具体制度上设计得很好，其实不必过度烦恼。当然因为我是没有参与执行，长期也不关心执行，因为执行里面有建国老师在，我也不便越权，我是研究审判权的，可能发言中有不妥当的地方。

忠顺的研究有个特别值得推崇的地方，就是会从中国的实践出发，会根据中国的习惯、路径依赖出发。因为如果真要改革，应当关注改革的成本问题，学者通常对整个法院系统的适应和调整是否能够马上转变考虑得不多。但是我想，从学者的角度来看，我们还是期望不要再摸着石头过河，不要完全靠经验。因为其他国家已经有比较完整的制度，在他们这些国家一百多年的实践检验中没有被推翻，是否可以问问拿到我国会遇到什么障碍？就比如执行官制度，我是呼吁过要建立执行官，但是短时间在我国不可能建立。我们现在的审判团队完全是把书记员完全变成了一个组织当中的亲兄弟姐妹，那怎么行呢，没有制约功能。如果有书记官，我们叫作内部制约，其他外部制约有当事人有各种诉讼制度，其实很重要的是书记官制度，是内部制约。现在审判全讲效率，审判的价值不再是效率优先，而是公正公平优先，和执行是很大的不同。但我们总体上都在讲效率，只要这样讲效率，书记官的意义根本不大。书记员对于案件审理的记载，现在取代的是全程录像，那书记官还有什么意义呢？当然在国外也有同样的问题，现代的技术进一步架空书记官的作用，这是书记官制度面临的问题。究竟我们的执行机关有无对实体问题的审查权，如果是有审查权当然问题解决，问题是我们要审查权仅仅是基于效率、方便和效果吗？这个恐怕是我们要考虑的问题。我们对于227条回答为何要这样前置，就是效率。但是效率如果在线，我们有没有考虑，过于考虑效率却没有考虑分权制约的话，会不会导致当事人合法权益的受损。我们现在整个法律体系不太考虑像义务人本身的权利，整个社会的价值取向是权利，除了公权力就是私权利，对于义务人合法权益的维护我觉得还是欠缺的。这些观点也掺杂了一些个人观点，仅供参考。我说了我这属于重金属发言，重金属音乐的特点是没有脚本，自由发挥。

最后对与会同仁及扬州法院的执行法官表示衷心的感谢！本次会议圆满结束！

附:书面评议意见

一、对《为案外人异议制度辩护》一文的评议/任重

黄忠顺老师的书面报告是一篇异常具有冲击力的学术论文。这种冲击力主要体现在以下矛盾关系的处理:为饱受争议和批评的案外人异议制度辩护并建议保留;严重不足的执行理论储备与具有紧迫性的中国立法;国外立法例的真实内涵与我国的形式化理解;被保留的案外人异议制度与案外人异议之诉的相互关系等。不仅如此,上述问题还层层递进并互为前提:要制定出完善的立法,就必须以充分的理论储备为支持,因为本土理论储备的不足,就必须要参考国外和其他地区的立法例及其理论,要获得对国外立法及其理论的正确认识,仅仅参考其法律条文规定还远远不够。其实,上述逻辑线不仅仅适用于强制执行法律问题,而是可以推广到几乎所有法律问题的分析与解决。这也是黄忠顺老师将《为案外人异议制度辩护》一文称为"示范性研究"的原因,作者意图通过案外人异议制度的去留,找到上述逻辑线的中国模式。

上述逻辑线不仅仅是理解作者写作思路的一条主线,而且也是评判论文成功与否的刻度。首先应当承认,由于本文的目标不仅局限在案外人异议在新立法中的去留,而且还将其作为了示范性研究,因此,其难度相当大,可能会遭受的批评也会相当广泛,读者可能从微观的案外人异议,到中观的案外人执行救济,再到宏观的执行法律体系,从制度比较意义上相关制度的理解与适用,甚至是比较法在总体上可能对我国立法产生的影响等方方面面加以评议甚至于批判。而本评议则试图按照作者的思路梳理本文的逻辑,并在作者的语境下检视若干讨论的得失。而对于债权人中心主义和实质审查标准等同样重要的问题,囿于笔者的知识局限,并未进入评议的范围。

1.当中国经验遭遇外国通说

由于我国民事诉讼法学界长期存在"重审判、轻执行"的研究偏好,我国的民事强制执行理论体系尚未建立,诸多民事强制执行具体疑难问题也尚未达成最低限度基本共识,当前的民事强制执行理论研究储备不足以支撑制定一部具有显著中国特色的民事强制执行法。上述认识构成了作者的逻辑前提。正是因为民事诉讼执行理论的薄弱,因此对司法实践的指引作用并不充分,这使我国摸着石头过河地提出了案外人异议制度,但却在立法讨论中遭遇了国外通说的阻击,从而使"法院稿"和"学者稿"均选择遵循大陆法系传统,建议在执行立法中不再保留案外人异议制度。黄忠顺老师于是提出设问,不保留案外人异议真的是大陆法系的传统吗?作为我国本土经验的案外人异议制度真的没有正当性吗?以此为起点,黄老师展开了宏大叙事:一方面,作者认为有必要重新挖掘案外人异议的正当性和当代价值,不应轻易否定;另一方面,作者认为对上述大陆法系传统应做更细致的检验,避免以讹传讹。

随后,作者在第一部分开始梳理我国案外人执行异议的传统,详细挖掘出案外

人异议在我国的产生和发展史。从初建到1982年《民诉法(试行)》的相应处理再到1991年《民诉法》和随后历次修法对案外人异议制度的不同解决方案,案外人异议也从最初的包罗万象,逐渐树立有所为有所不为的有限适用模式,现行法中则采取了折中方案。尽管如此,立法者和法律适用者也同时认识到这种做法有违审执分离原则,只是为了迅速解决大量实体性争议,基于诉讼经济,才将执行异议作为了执行异议之诉的前置程序。而在强制执行单行立法准备中,立法者则展示出极大的改革魄力,决定不再保留案外人异议制度,坚决贯彻审执分离原则。

2.案外人异议的不同适用范畴

行文至此,读者大都为我国立法者的改革魄力所感动,并期待着审执分离能够彻底被贯彻在强制执行单行立法中。不过,仅从作者的叙述来看,读者可能产生的疑问是,立法者希望废除案外人执行异议制度,究竟是彻底不保留,还是不再将执行异议作为案外人执行异议之诉的前置条件?如若是彻底除去案外人执行异议制度,确实可能带来疑问,难道案外人不能对执行行为违法提出异议么(现行民诉法第225条中涉及案外人异议的部分被删除)?如若只是不再将案外人异议作为异议之诉的前置措施,则可能进一步将黄老师的疑问集中在以下问题的处理,即案外人是否可以选择不用执行异议之诉,而用更为便捷的执行异议制度。从作者在后续部分的讨论来看,论文的重点集中在第二方面,即案外人是否可以就实体争议适用执行异议。

3.外国通说究竟是什么?

在既有民事诉讼研究中,研究者习惯在比较法讨论中归纳通说,并以通说作为主要参照,为我国相关法律问题的解决出谋划策。应当说,国外的实际状况和我们以通说作为滤镜看到的情形可能存在若干差别。例如,我们认为诉讼法二分肢说是德国民事诉讼标的识别标准的通说,但德国人对此或许未必完全认同,例如德国晚近出现的诉讼标的专著认为,尽管诉讼法二分肢说理论获得了成功,但从未实现过彻底的统一。虽然二分肢说已经在司法实践中圆满解决了很多问题,但难以把握的案件生活事实范围引起人们的不适和对其的批评。[①]于是,我们有充分的理由去质疑,二分肢说在德国究竟是不是通说。当然,这引起的进一步问题是,究竟什么是通说,通说的标准是什么?究竟有无可能提出标准明确的通说概念?笔者认为,通说思维对于法制后发国家而言具有特别重要的意义,尽管其在概念的精准性上是存在问题的。通说思维本质上是一种简化认识的途径,通过将某种具有特别重要影响和作用的理论,或者司法实践中具有代表性的做法界标定为通说,一定程度上起到了重点突出和减少比较法争论的效果。这种做法在法学理论发展的初期起到积极作用:借此能够减少学说讨论成本,快速锁定某种学说和理论,并坚定不移的引入我国的诉讼法学理论讨论。借助理论与立法、司法实践的互动,给予立法和司法实践较为明确和统一的理论指引,从而更有可能达成广泛共识。这些共识

① Vgl. Althammer, Streitgegenstand und Interesse: Eine zivilprozessuale Studie zum deutschen und europäischen Streitgegenstandsbegriff, 2012, S.1-2.

通过立法和司法实践，完成了从比较法通说到我国明确法律规定和司法实践一般做法的本土化过程。应当说，如果没有通说思维，我国法制建设的步伐可能会缓慢得多。当然，通说思维也存在认识简单化的固有弊病，这在法制发展逐渐完善，理论研究逐渐深入的背景下更会凸显出来。黄忠顺老师的选题恰恰是突出例证。但与其他存在通说思维的具体论题一样，我认为不应该因此而否定通说思维的历史贡献，而对通说认识的修正，也并非从根本上否定既有的通说理解，而是在肯定其贡献的基础上进行局部修缮。

4.德国民诉法第766条和第771条的关系？

囿于笔者知识局限，对黄忠顺老师比较法部分的评议将主要局限在德国法部分，且因为笔者的主要研究极少涉及强制执行，这使下述德国法方面的评述也只是表面文章，有待其他老师的进一步批评与指正。

黄忠顺老师对"违法执行行为通过异议制度救济""不当执行行为通过异议之诉救济"的共通性规定提出了自己的质疑和进一步思考。质疑的起点是文义理解。文义解释作为法律解释的重要类型，是一切法律解释的起点，并为目的解释框定了界限。但对外国法的文义解释却可能存在较大的风险，即我国对外国法的翻译是否能承受文义解释之重。必须首先说明的是，这并非黄忠顺老师论文存在的问题，而是我国对德国法及其理论的翻译可能存在的问题。德国民事诉讼法第771条第1款的原文是："Behauptet ein Dritter, dass ihm an dem Gegenstand der Zwangsvollstreckung ein die Veräußerung hinderndes Recht zustehe, so ist der Widerspruch gegen die Zwangsvollstreckung im Wege der Klage bei dem Gericht geltend zu machen, in dessen Bezirk die Zwangsvollstreckung erfolgt."谢怀栻老师对第771条第1款的翻译为："第三人主张在强制执行的标的物上有阻止让与的权利时，可以向实施强制执行的地区的法院提起异议之诉。"①丁启明老师的翻译趋同："第三人主张在强制执行的标的物上有阻止让与的权利时，可以向实施强制执行的地区的法院提起异议之诉。"②然而，值得进一步讨论的是"sein＋zu＋不定式"究竟表达的是"必须"，还是"可以"。显然，无论是谢怀栻老师译本，抑或是丁启明老师译本，都将"sein＋zu＋不定式"翻译为"可以"，而与这一句式一般的翻译方法存在区别。③ 为了对此获得进一步认识，有必要查阅法律评注的相应条文。根据慕尼黑民事诉讼法评注，第766条和第767条以及第771条的关系如下：根据第767条和第771条只能主张实体法上的异议，相反，根据第766条只能提出程序法上的异议。④ 尽管如此，程序法上的异议和实体法上的异议不仅可能并存，还可能

---

① 《德意志联邦共和国民事诉讼法》，谢怀栻译，中国法制出版社2001年版，第199页。

② 《德国民事诉讼法》，丁启明译，厦门大学出版社2016年版，第162页。

③ Sein＋zu结构，表示必须、必要的被动句。它们表示命令并且在语气上不那么客气。［德］Dreyer、Schmitt编著：《标准德语语法——精解与练习》，王芳译，外语教学与研究出版社2001年版，第248页。

④ Vgl. MüKoZPO/Schmidt/Brinkmann, 5. Aufl. 2016, ZPO § 766 Rn. 5; Saenger, Zivilprozessordnung8. Auflage 2019 Rn. 2.

例外发生交叉，即民事诉讼法第809条和第865条以及执行机关必须对特定财产的实体归属进行验证的例外情形(例如显而易见属于第三人的财产)。此时，第三人享有选择权，可以并行或者先后提出两种异议。① 仅以德文一般语法和法律评注的相关表述为根据，德国民事诉讼法第766条第1款翻译为“应当”更为恰当，更容易避免中译文的误解。由于笔者并不长期关注德国强制执行法及其理论，因此上述内容的理解非常可能是片面和错误的。上述讨论只想表明，根据德国法条的中译文进行文义解释，可能蕴含着较大的风险。

以上是笔者对《为案外人异议制度辩护》一文若干内容的阅读理解与评议意见。请黄忠顺老师和各位参会专家批评指正。

二、对《执行文制度与强制执行的正当性》一文的评议/潘溪

刘颖老师这篇论文主题为“执行文制度与强制执行的正当性”，由保障强制执行之正当性，即公权力干涉私人权利的正当性，引出执行文制度的必要性。执行名义中给付内容是否明确，所附条件是否成就，都是强制执行的启动要件。要启动强制执行必须经由审查主体采用严格审查程序进行审查，才能保证强制执行之正当性。第二部分通过介绍执行文的历史来源和发展让读者更直观和宏观地认识执行文制度。在第三部分执行文的制度模式中，作者介绍了执行文的种类和授予要件，分别包括：单纯执行文和一般要件、补充执行文及其特别要件、承继执行文及其特别要件。又介绍了执行文的授予程序，而有程序必有救济，有关执行文授予的救济方式也在文章中详细论证。最后一部分论证了执行文在中国是否适用、如何设计等问题。具体涉及执行文机构如何划分，要件如何设定，程序如何设计等基础而又重要的问题。

文章逻辑清晰，结构严谨，内容全面，涵盖了执行文制度的产生、基本内容和制度规定以及具体适用和救济方面的内容，在介绍执行名义内容是否明确和条件是否成就时引用了案例，内容充实且便于理解。文中结合我国执行工作背景，论证了如何设计和制定执行文制度才最能大限度地为强制执行服务，为强制执行领域的改革与发展提供了重要思路。

就本文可以进一步厘清的问题，笔者觉得存在以下三个方面：

首先，文章主题涉及两块内容，一个是“执行文制度”，另一个是“强制执行的正当性”问题。其中，“执行文制度”的谈论意义较后者更加明显，而民事强制执行作为各国司法实践的普遍做法，学理上也无太大争议，在本文中大篇幅讨论是否有此必要，可否将文章笔墨集中到“执行文制度”，而将强制执行的正当性及其要件问题简单交代作为讨论背景即可。

其次，文章在“建构执行文制度的细节探讨”部分多次提到了执行文制度有利于提高执行的效率。认为从追求执行效率的考虑出发，在划分执行文的授予机关时，应注重其具有审查的便利。在针对执行文制度的讨论中，如果有可能有质疑意

---

① Vgl. Musielak/Voit/Lackmann, 16. Aufl. 2019, ZPO § 771 Rn. 3.

见，恰恰可能较为集中在对执行效率的影响上，毕竟我国目前的执行制度已经属于行动式的执行风暴，从刘老师对我国执行制度的质疑中也主要谈的是“充分审查”的问题。刘老师文中所述“对于小额诉讼等情形，还可以考虑省略执行文的授予这一环节”，应该也是出于效率角度的考量。考察一制度的司法效率，要综合考虑其司法成本，不应只谈执行人员工作更加明确，对执行的审查和裁判部分的负担增加避而不谈。本着“如非必要，勿增实体”的奥卡姆剃刀原则，如果效率问题确实存在实质性争议，在裁判和执行中间增加执行文环节及其相关的授权和救济程序的必要性值得商榷。

再次，根据刘老师的定义，“执行名义”是法律文书，但在文中又多次称之为一种法律技术，这两者应该有所区分。作者在认定执行名义作为执行依据的情况下，对执行名义和执行文的两个层次的划分，或者说两个立法技术的交叉重合部分，也可以再加以阐释。

文中为我们描绘了执行文美丽的中国图景，并主要参考德国法中相关的制度进行了设计构思，对民事强制执行的立法确有重要价值。这里提出的疑问可能是由于对文章理解的不够透彻，恳盼回应解惑。

三、对《为案外人异议制度辩护》一文的评议/刘东

黄忠顺师兄的《为案外人异议制度辩护》一文，对我国案外人异议制度的形成过程及原因进行了综述，同时对国外的立法例作了细致的梳理，在案外人异议制度方面作了增量研究，刷新了我对该制度的认识，受益良多！在此基础上，作者分别以案外人权利保护、债权人权利保护为中心，就案外人异议制度应予保留的观点作了更为充分的论证。最后，文章分别以责任财产调查环节和案外人异议审查环节为中心，分析了案外人异议制度在我国的具体适用情形，以及案外人持生效法律文书提出异议时执行机构的应对方案。总之，整篇文章内容丰富，信息量大，论证充分，张弛有度，延续了作者一贯的行文风格，可读性相当强。不过，在阅读过程中，就以下几点仍然存有疑惑，望师兄解答：

第一，文章强调，案外人异议前置于异议之诉与许可执行之诉不具备正当性，但这与是否应当废止案外人异议制度之间不存在因果关系。为了论证该观点的正当性，作者首先分析了其他国家的立法例，指出这些国家也允许通过案外人异议的途径处理一些不当执行行为。在对文章给出的比较法资料加以研读后，也能够找到这些国家承认案外人异议的理由：“借鸡生蛋”式做法将案外人异议作为处理相关不当执行的唯一救济手段，重在提高执行效率；“先期处理”式做法只是借助案外人异议之名，行执行分流之实，并没有指望通过案外人异议解决实体性争议；“任意选择”式做法则兼具解决实体争议、保护案外人权益以及案件过滤的功能。经过横向对比后，可以看出“任意选择”式立法应当是一种比较小众的做法，并没有充足法理依据予以支撑。但是从后文内容看，师兄在论证我国应当保留案外人异议制度的理由时，应当受到了“任意选择”式做法的启发，将重心放在了债权人和案外人权利的保护上，而没有顾及其他两种立法例可能带来的启示，不仅给人一种论证方向

略显单一的感觉,还割裂了前后文在逻辑上的内在联系。

第二,文章在第18页指出,"纵观我国现行司法解释的规定,执行机构在案外人异议审查环节采取实质审查的范围明显大于责任财产调查环节,在程序保障方面造成了债权人与案外人之间的失衡。"此时,如果没有案外人异议制度,债权人就只能考虑提起代位权诉讼或撤销权诉讼。当然,即使在立法论上解决确认利益问题,债权人提起旨在确认不动产属于债务人所有的诉讼的,由不动产所在地法院专属管辖,不利于贯彻审执协作原理。只不过,结合《强制执行法(草案)》前几稿内容,在执行地域管辖方面,考虑到现行立法可能造成执行法院与执行财产分离的弊端,"草案"都无一例外选择将财产执行案件交由财产所在地人民法院管辖,而不再交由第一审法院管辖。如此一来,执行法院与不动产所在地法院实际上就构成了重合,也不存在对"审执协作原理"违背的情形。当然,由于时间匆促,我也不太确定师兄是否有其他方面的考虑,还请指教。

第三,在阅读过程中,还注意到一个细节,就是倒数第二段的最后一句,对于案外人持生效形成性法律文书提出异议的,文章还认为债权人可以选择"通过第三人撤销之诉、申请撤销仲裁裁决、申请不予执行仲裁裁决等其他方式谋求救济。"私以为,该处所指的撤销仲裁裁决,其仲裁当事人应当是执行程序中的案外人与被执行人,债权人在此类仲裁裁决所对应的仲裁程序中扮演的是仲裁案外人的角色。根据既有立法和司法解释的规定,案外人还无权申请撤销仲裁裁决,所以本处表述是否应当略作修改呢?比如强调债权人提示法院生效仲裁裁决有违反公共利益的可能性,进而由法院依职权启动撤销仲裁裁决的程序?

四、对《为案外人异议制度辩护》一文的评议/周建华

黄忠顺老师在文中提出:"'债权人中心主义'的执行程序观的适用范围不能涵盖案外人,在处理当事人(包括债权人与债务人)与案外人之间的关系时,而应当强调两者之间是完全平等的主体,在救济程序上不偏不倚。……既然债权人可以通过'申请'(声明)的方式要求执行机构对争议财产采取执行措施(债务人可以通过财产申报的方式要求执行机构通过争议财产履行执行债务),就应当允许案外人通过'异议'(抗告)的方式要求执行机构排除对争议财产进行强制执行。"

我赞同黄老师的上述观点。在民事诉讼程序的任何环节(审判也好,执行也好),其实施和运行都不仅仅是当事人的问题,要时刻关注是否会侵犯到当事人以外的第三人利益。特别是我国民事程序实践中的一些特殊现象,导致此类侵犯情形时有发生,于是乎便有了赋予第三人一系列救济措施的改革,例如第三人撤销之诉、案外人申请再审、案外人异议和异议之诉的设立。这一系列改革措施在实践中的运用因为概念辨析的模糊,在实践中非常容易产生混乱。

当前多重补救措施的存在都只是在弥补诉讼程序和执行程序运行早期阶段中存在的纰漏。诉讼程序中我们讲究各种利益的平衡。如果我们能在早期阶段能对第三人利益保护给予适当合理的规范和防范,事后救济手段自然应当进行限缩。例如,《法国民事执行程序法典》规定对债务人本人持有的动产和在第三人持有下

的动产实施扣押和变卖以便执行时，就有着不同规定。对于前者，司法执行员可以直接以执行依据为基础进行执行。而对于后者，因为涉及第三人利益，所以必须谨慎，需认真核实要进行扣押和变卖的财产是否确实为债务人财产，为此法典设置了必须环节，第 L221-1 条第三款规定："当对第三人持有的财产或在第三人居住的场所内的财产实施扣押时，必须先获得执行法官的许可。"第 R221-21 条和第 R221-22 条规定，执行员在获得执行法官许可后，也应贯彻对审原则，给予第三人陈述说明的机会，即邀请第三人说明其持有的财产是否属于债务人。如果第三人如果拒绝说明或说明不准确，或撒谎，将可能被排除赔偿支付扣押的相关费用以及相关利息。如果第三人声明该财产不属于债务人或拒绝回复，将制作文件，记载上述声明，交付给第三人，并告知可能存在的上述惩罚措施。我国如能在执行程序的实施中贯彻对审原则，仔细核实财产等归属问题，在执行措施开始实施前给予第三人合理异议的机会，也就能够避免执行后的一大堆接踵而来的"事后"救济手段。

五、对《执行文制度与强制执行的正当性》一文的评议/周建华

刘颖老师在文中提出："以德国法及日本法为借鉴，在我国法下引入执行文制度，重塑执行程序的启动环节，从而实现其规范化。具体而言，原则上由执行文授予机关在强制执行开始前对①请求权的存在、②即时请求的可能性、③执行当事人适格等执行程序的启动要件进行充分审查并授予执行文后，执行机关根据被授予执行文的执行名义着手执行，以此来确保强制执行的正当性，避免'事后审查'造成的执行拖延。"

我对"执行文制度"推行的实施目标之一，即把执行程序中有关执行依据包含的执行内容可能不明确等实体问题提前至执行措施实施前的环节来解决，持赞同意见。"由于立案庭并非处理执行相关事务的专业部门，因而其往往只是对受理条件进行形式审查后，就将案件转交执行机关。此后执行机关发现不符合受理条件的，裁定驳回执行申请。"当前的执行程序设计存在三个弊端：一是实务上产生混乱，二是拖延执行程序，三是有可能造成不公平。

然而，我对于是否要通过增设单独的执行文制度来解决上述问题有异议。我认为执行文制度实施起来可能会引发一些问题：(1)容易对申请执行人造成困扰，造成启动执行程序的烦琐和复杂。(2)也会增加执行依据出具机构的负担。可以想象，为减轻自己的负担，节省时间精力，执行依据出具机构可以在出具执行依据时，顺便一带出具执行文便可，如此，就起不到加强审查的效果。(3)执行文授予机构并不等于执行依据出具机构，那么执行文授予机构包括哪些？刘颖老师也未给出清楚答复："将民事和行政的判决、裁定及调解书和刑事附带民事判决及裁定交给法院的书记员审查，将公证债权文书交给公证人审查，应无太大争议。与此相对，仲裁裁决及调解书、劳动人事争议仲裁裁决书及调解书应当交给哪个机关审查，则是比较棘手的问题。"(4)这些执行文授予机构有时可能无法胜任这种审查，留存的问题依然需在执行程序中去解决。

因此，我认为，面对本文中刘颖老师提出的通过执行文制度解决的那些问题，

似乎无需增设一个烦琐的单独执行文制度，而是在现有执行程序中有关执行裁判权和执行实施权的职能划分和执行程序实行环节的设计上，通过增加执行庭的职能，让其在执行案件立案后提前介入执行程序，强化对执行依据的实体性审查。同时，可以比对刘颖老师提出的“对是否授予执行文的异议，执行文授予之诉，对授予执行文的异议之诉”构建类似的救济途径。可能这样的构思更符合我国情况和有助于对执行程序进行优化，以提高执行效率和促进执行程序中的各种利益的保护。

六、对《执行文制度与强制执行的正当性》一文的评议/吴如巧

执行文制度产生的前提，是司法权与执行权（行政权）的分立，法国、德国、日本均是如此。但在我国执行权未从司法权中独立出来，司法权和执行权均由法院享有的情况下，确立执行文制度的必要性何在？

1.若按照作者的构想，执行机构不再对执行依据加以审查，而由执行文授予机构加以审查，则在出现执行错误的情况下，该由哪一个主体承担责任？换言之，此时被执行人或者案外人要寻求救济，该向谁寻求何种救济呢？

2.作者在“四、一（一）”中指出，在权利判定机关作出法律文书到债权人据此申请执行期间，若发生法律文书所记载的内容发生实质变化的情况，执行文可根据新情况重新划定执行名义上执行力的主客观范围。若如此，当事人的程序参与权如何保障？

七、对《为案外人异议制度辩护》一文的评议/廖浩

文章选题极富价值，系针对我国执行规范中饱受争议的“案外人异议制度”的实益所展开的反思性探讨之作，其中有颇有发前人所未发之论。尤其是文章指出不能单纯根据权利外观初步审查判断结果分别要求债权人或案外人提起许可执行或异议之诉，说服力比较充分。倘若真的存在权利外观不明的情形，单纯根据执行债务人“报告”财产确定某种标的权属确实欠缺合理性；此时要求案外人直接提起案外人异议之诉，明显对案外人更为苛刻。

文章论证精致，由我国案外人异议制度的形成及其前景转进域外案外人异议制度的现状及其模式的考察，再从上述制度分析导入“案外人不属于债权人中心主义的适用对象”这一价值衡量部分，说理充分坚实。从分析立场上看，文章紧密结合我国现有法规范、实务状况及学界相关探讨，比较法研究的部分则提倡“理性思考”“真实存在”的“域外执行理论及制度的正当性及科学性”；文章并未直截否定比较法研究的必要性和价值，也不满足“对域外立法例的简单化介绍与归纳”，可谓取法乎上。

个人认为，文章精华在于第四、五部分，两部分贯如连珠，加以第六部分的衔接，较为完整地提出了案外人异议制度获保留的程序技术性论据。案外人异议由异议及复议程序构成，性质上看属于程序性瑕疵的救济手续，其审查对象、内容需适当，亦即，不能将一切实体争议均经由案外人异议程序审查。文章第四部分指

出，尽管执行法院在启动执行之时即有可能根据权利表象等依据实施判断，但执行机构违反形式性判断标准的可能性客观存在，且现行执行的规范中也规定了不按照通常的权利表象推定执行标的实体归属的特殊情形（这种情形实际上也涵盖了房屋买受人在尚未经登记取得房屋所有权、但已付对价款时，依据《异议复议司法解释》第25、28、29条规定主张所谓“期待权”，以排除对该房屋的执行之情形）；再者，权利表象也可能显然地与当事人提出的证据所揭示的权利义务关系发生冲突。在上述情形下，倘若执行机构违反形式性判断标准，抑或未依据正确、妥当的权利表象判断执行标的物权属，又或者当事人提出了可以推翻权利表象正确性的证据的，就可以通过案外人异议程序加以解决。文章第五部分则依照程序推进的顺序，重点阐述了案外人根据实质标准请求排除强制执行异议显而易见不能获得支持的情形和案外人根据实质标准请求排除强制执行异议并非显然不能获得支持的情形。案外人根据实质标准请求排除强制执行异议显而易见不能获得支持的情形主要涉及案外人提出异议违反强制执行的程序规定（异议不具备合法性）或者异议不具备有理性（显然欠缺实体法上的理由）等情形。至于案外人根据实质标准请求排除强制执行异议并非显然不能获得支持的这一情形，个人揣度作者用意认为，这一情形和“责任财产调查环节”部分的论述似乎是与第四部分所述的几种情形相衔接的。第四部分所述的几种情形大体上主要涉及适用程序法或实体法方面的争议，这几种情形下并非单纯根据权利表象判断标的物权属，因而可以说并非形式审查；同时这几种情形下也并未正式地通过诉讼证据调查等程序实质地判断标的物权属，所以并非彻底的实质审查。在这几种情形下需要判断适用何种实体法或执行规范，因而可以说是“初步实质审查”。这几种情况下，执行机构经过初步实质审查作出判断结论时，可根据结论转换执行债权人或案外人的起诉责任。当然，在“责任财产调查环节”，执行机构违反形式性判断标准时，案外人也可以提出异议。以上仅为个人的推测。这其中就包含着个人的困惑，也就是初步实质审查到底要做到何种程度才算妥当。文章中提到，“执行机构根据不具有对外公示效力的合同等证据材料对执行标的实体权属进行判断”，这种审查是否属于轻量级的“初步实质审查”还很有疑问。假设执行债务人与案外人恶意串通假造合同，对该合同文本真伪、形成时间可能就需要鉴定，还可能要对合同“磋商”“订立”（亦即真实意思表示的作出及合致）的经过、是否有实际履行等具体事实进行证据调查；那么这种调查是否都适合由执行机构去实施呢？这里就需要给定一个相对较为明确的范围，或者运用类型化方法提出适合初步实质审查的案外人异议案件事实群，如此可以为实务部门提供易于操作的指引。

另外，反过来再看比较简单的情况。例如，在案外人根据实质标准请求排除强制执行异议显而易见不能获得支持的情形，这里的案外人异议能否成立较为容易判断；那么，是否一定要经过异议和向上级法院复议的程序呢？此外，在不按照通常的权利表象推定执行标的实体归属的特殊情形，案外人提出异议时，执行机构也主要是对法律适用问题（例如选择适用正确的权利判断准据规定）进行审查。既然是法律适用问题，那么多半无需采用证据调查，执行机构可采用书面形式审查并得出结论。此外,还存在着兜底的许可执行和案外人异议之诉这些最终救济途径,这些诉讼程序的审理内容与案外人异议相互重叠,所以针对简单的案外人异议设置案外人异议及诉讼途径,如此一来程序架构上是否有所重复,也有再度推敲的空间。在此也许可以考虑针对简单的案外人异议,比如"案外人根据实质标准请求排除强制执行异议显而易见不能获得支持"情形,在执行机构驳回复议时,封堵嗣后可能的许可执行和案外人异议之诉。当然,这里也只是举例为完善大作提供合理化建议,是否适切容有探讨余地。

八、对《执行文制度与强制执行的正当性》一文的评议/廖浩

文章选题价值丰富,执行文系我国法上较为罕见的制度,但该制度同时具有确保强制执行正当性、统一执行程序启动要件审查程序的重要机能;依作者所言,如引入执行文制度,能够规范强制执行启动程序,确保强制执行正当性,并避免执行拖延现象。

文章论述全面、条理明晰,涵盖执行文制度相关领域的诸多方面,囊括执行文制度的历史源流、执行文的类别、要件、授予程序、授予的救济方式以及对于执行文制度引入我国执行程序的展望。与黄忠顺大作《为案外人异议制度辩护——以金钱债权执行为中心》一样,文章结合我国现有法规范、实务状况并能回应学界相关探讨,比较法研究的部分也注重于探究真实存在的域外执行理论及制度。更为重要的是,文章对执行文制度的历史源流作了深度挖掘,个人深感认同。某一制度尤其是域外制度的生成及流变自有其脉络,在考虑导入该制度时不穷究该脉络的话,可能会导致引入的挫折和适用上的困惑。从文章的历史梳理中,吾人还可以得出"执行要件审查权限不宜纳入(不包括执行法官在内的)执行机构(即执行员)"的结论。在审执分立改革中,倘将执行机构移出法院独立或纳入司法行政机关,或者按照执行警务化的要求整备执行机构,执行机构本身就具备了行政权主体的性质;由于其行使"行政权",那么依照法国法,执行文应由法院而非执行机构发出,至少应有执行法官的介入。从德国民诉法的相关立法理由也可得出类似结论:基于"执行员队伍的资质",其不适合判断执行要件。当然,反过来讲,只允许由法官行使执行权(这里主要涉及执行实施权)、而不设置专门的执行员,也不符合司法资源经济性的要求。

个人认为,文章第四、(一)部分似可深入引入执行文制度是否存在障碍以及如果存在障碍又如何排除这一问题。执行文属于我国法中较为陌生的制度,其能否在我国生根发芽而不会产生南橘北枳的问题,可能也需要审慎探讨。[①] 当然,文章提出的执行文制度具有很高的实践价值,对此个人深信不疑。

---

① 对于执行要件审查的研究,也可参考马家曦:《立案登记制下执行要件之分担审查论》,《中南大学学报(社会科学版)》2019 年第 3 期。

九、对《为案外人异议制度辩护》一文的评议/谷佳杰

黄忠顺老师的"为案外人异议制度辩护"立意明确，观点新颖，冲击力极强，是一篇理论深度较深的驳论佳作。论文在提出案外人异议制度的本土问题后，通过域外介绍、适用对象、权属判断、财产审查与强制参加五个方面，驳斥了"应当废除案外人异议制度"的观点。论文旁征博引，充分展示了黄老师深厚的比较法功底、实体法知识及对司法实践的熟知。

但粗略读完黄老师大作后，有以下问题颇感困惑，还望指教。

第一，国内所谓"应当废除案外人异议制度"的观点，是否真的是主流观点？这是全文驳论的立足点。首先，国内所谓的"应当废除案外人异议制度"到底是全盘否定案外人异议，还是对现行制度中"案外人异议前置型的案外人异议之诉"的否定？这里涉及论文对于应当"废除"的"案外人异议制度"，与论文"辩护"的"案外人异议制度"到底是否是同一个概念的困惑？其次，论文对于"为案外人异议制度辩护"的呐喊，似乎潜在认为国内理论界与实务界对于案外人异议制度都持完全否定的态度，甚至借以认为"受此种压倒性主流观点的影响，'法院稿'与'专家稿'不约而同地不再规定案外人异议制度"，但从笔者掌握的，无论是文献资料，还是强制执行法草案的内容，都持一种对现在案外人异议制度改良完善论的立场，亦即区分对执行行为的程序异议与对执行标的的实体异议，分别建构执行行为异议与执行异议之诉。因此，如若不能厘清争论核心概念的问题，这篇驳论似乎有标题党之嫌。

第二，黄老师论文中提到"既有比较法研究武断得出的结论具有误导性"，让人眼前一亮，颇有比较法知识增量的解读意味。但是从比较法的介评来看，有两个方面似乎值得商榷。一方面，比较法三个部分的介绍似乎观点也并非一致。与我国现行案外人异议制度相似的"先期处理"部分，囿于法系意识的限制，能否证成我国现行制度的逻辑？"任意选择"部分的芬兰法律制度又是否具有普遍的代表意义？最为关键的"借鸡生蛋"部分，单纯的条文推演解读是否会陷入逻辑难以自洽的循环论证怪圈？另一方面，更为关键的是，该部分的大体意图似乎是，案外人异议制度的比较法谱系与我国的案外人异议制度"殊途同归"。然而，如果比较中外案外人异议学说史，在外观形式上，它们是否呈现出类同的发展轨迹？在实质脉络方面，中外案外人异议制度史经历了完全不同的发展路径，它们之间是否存在舶来品的继承关系？还是完全内发自生的本土建构？

第三，论文的权属判断、财产审查与强制参加三个驳论部分，从不同方向"为案外人异议制度辩护"。诚然，执行行为异议与执行异议之诉之间确实存在一定的模糊空间与交叉地带，这是程序问题与实体问题交叉难以界分所肇致。但论文结语部分也提到了，"案外人异议前置于异议之诉与许可执行之诉不具备正当性，但这与是否应当废止案外人异议制度之间不存在因果关系"，结论更是"应当保留案外人异议制度"，此处的"保留论"是否意味着"案外人异议前置型的案外人异议之诉"保留？如果持此种立场，将早已被学界诟病许久的执行行为异议与执行异议之诉的杂糅继续保留，是否是对执行法治贯彻"审执分离原则"的倒退？

十、对《执行文制度与强制执行的正当性》一文的评议/谷佳杰

刘颖老师的“执行文制度与强制执行的正当性”具有强烈的中国问题意识，是一篇本土问题与域外制度结合较佳的立论佳作。论文在规范分析强制执行的正当性与以案例形式提出中国问题后，通过执行文的历史源流与域外比较，勾勒了一幅中国执行文制度建构的规范图景。论文行文流畅，对比较法资料与实践文献信手拈来，充分展示了刘老师极其深厚的比较法功底与对中国司法实践体验深刻的经历。

从论文内容进行概括，执行文制度是德国、日本、韩国等奉行审执分立的大陆法系国家制定的一种由专门机关审查执行依据有效性和执行力的制度。在审执分离的模式下，审判机关负责对债权人与债务人之间发生争议的权利义务关系进行确认，执行机关则负责运用国家强制力保障已确认的权利能快速、及时、不间断的实现。但执行机关仅依执行依据进行强制执行，可能会因为某些情况下对执行依据难以判断而导致执行的迟延甚至造成不当执行。因此，便设置由专门机关来审查执行依据是否具有执行力，并根据法律的规定决定是否付与执行文，债权人取得执行文之后才能向执行机关申请强制执行。

但学习完刘老师大作后，有两点困惑与担忧。

第一，从历史起源来看，执行文在法国的诞生，有统一司法权的意味。即使日后的发展演变，也囿于法国审判权与执行权相分离的困境，意图通过执行文实现审判权与执行权的对接。而德国与日本的执行文尽管滥觞于法国法，但实质上已经出现了极大的改观，毋宁是实现法院的审判权与执行权相分离的一种手段，甚至是“将受诉法院从实施强制执行的权责中解放出来”。因此，法国法与德日法的演进路径实质上呈现出相反的路径发展过程，尽管在外观形式上都是实现审判权与执行权分离的保障，但在实质脉络上经历了完全不同的发展规律。因此，我国法在借鉴之际，不同于法国法的审执外部分离，又不类似于德日的审执内部划分，到底是为了实现审判权与执行权的内部分离，还是为了促进审判权与执行权的内部对接？两者的平衡点，也许是我国法在引进与建构时必须予以重视的。

第二，论文的我国法建构部分提到，执行文制度的建构是为了解决“在很多情形，权利判定机关作出的法律文书只不过因立法规定其属于执行名义的范围而具有执行名义的形式，却因不符合有给付内容、给付内容明确、给付内容适于强制性实现等要素而不具有执行名义的实质”，那么增加执行文制度以后，是否意味着在我国法现有的审判程序之上又建构了一个针对已经发生法律效力的“审判程序”？是否会造成“审上加审”的现象？执行依据的不明确，应当以程序代价较小的判决制度的完善予以破解，还是叠床架屋般的另设一套制度？到底是突出执行文体现的执行程序启动的正当性，还是促进执行效率以切实解决执行难？我国当下的执行难，到底是由于执行效率不足，还是由于执行杂乱？尤其在我国当事人偏好穷尽一切救济程序的现实下，执行文制度的诞生到底多大程度可以解决论文中提到的问题，值得进一步思考。

十一、对《为案外人异议制度辩护》一文的评议/冯珂

黄忠顺老师提交本期沙龙的《为案外人异议制度辩护》一文，针对我国当前强制执行立法背景下关于废除作为“执行异议之诉”先行阶段的案外人异议制度之观点，从比较法基础、制度机理、现行规范等多个层面论证了保留案外人异议制度的必要性与程序建构。应当说，论文主题涉及执行救济体系结构，论文资料翔实、论述细致入微。于此，笔者谨就文章论证中的某些局部观点提出一些浅薄意见，并向作者及各位同仁求教。

一、德国民诉法第766条(执行异议)与第771条(第三人异议之诉)的理解

论文第二部分对保留案外人异议制度的比较法基础进行了充分详尽的考察，并且在域外法考察的结果上认为，“尽管所有法域都保留不当执行行为通向争讼程序的路径，但同时都允许案外人通过异议制度请求纠正显而易见的不当执行行为”。对于论文中所涉及的比较法分析，笔者于此仅讨论其中的德国法问题。

论文中认为，尽管德国民诉法就第三人异议之诉的第771条并未规定提起该诉之前需案外人先行提出异议，但是从德国法第766条第一款[①]的文义解释来看，第766条的适用对象，不仅包括“违法执行行为”，也可包括“不当执行行为”。笔者认为，此种看法值得进一步商榷，理由在于：

1.德国法上的多数观点均认为，第766条的执行异议是针对执行措施来适用的，于此审查的对象仅仅是“程序瑕疵(Verfahrensfehler)”。[②] 就论文中提出的，第766条适用要件中的“强制执行的种类和方式”与“执行员在执行时应遵循的程序”，之关系，并不应视为并列关系，最多也仅构成一种特殊列举和一般规定的关系。

2.德国法上的执行救济体系中，贯彻审执二分而对执行异议和执行程序中的争讼纠纷做了严格区分。如前所述，第766条适用于债务人或第三人就执行措施中的程序瑕疵而获得救济，而对于执行中涉及的债务人或第三人实体权利异议，则应当通过执行异议之诉(即债务人异议之诉，第767条)、第三人异议之诉(第771条)以及优先受偿之诉(第805条)来寻求救济。[③]

就此需要说明的是，德国法的第三人异议之诉(第771条)与执行异议(第766条)确实并非互斥关系，而是可能存在一定的交叉。在例外性可由执行机构审查作

---

① 《德国民事诉讼法》第766条第1款规定，“对于强制执行的种类和方式，或对于执行员在执行时应遵守的程序提出申请、异议与抗诉时，由执行法院裁判。执行法院有权发出第七百三十二条第二款规定的命令”。

② Schmidt/Brinkmann, Münchener Kommentar zur Zivilprozessordnung, Band. 3, 4. Aufl., § 766, Rn. 1; Musielak/Lackmann, Kommentar zur Zivilprozessordnung, 4. Aufl., § 766, Rn.1.

③ Schmidt/Brinkmann, Münchener Kommentar zur Zivilprozessordnung, Band. 3, 4. Aufl., § 766, Rn. 1; Saenger/Kindl, Hk-ZPO, 5. Aufl., § 766, Rn. 2; Prütting/Gehrlein/Scheuch, ZPO Kommentar, 5.Aufl., § 766, Rn.7.

为被扣押标的物之特定财产权利归属的情形下，第三人可以选择是并行还是相继提出两种救济。① 但就此还应注意的是，尽管此时例外性允许执行机构来审查实体问题，但也仍要在“违法执行行为”和“不当执行行为”的二分路径上，由当事人选择来并行/相继实施两种救济方式，而并非可以在第766条的执行异议途径上提出关于实体权利之异议。

总之，仅从德国法的情况看，并不能认为，第三人可以在第766条的执行异议途径上提出关于实体权利之异议。而且退一步讲，即便在论文的观点上，对第766条的扩张性解释中包括了“不当执行行为”的审查，但这也无法回答，为何对救济违法执行行为的执行异议做扩张理解适用，就能够据此说明在案外人异议之诉中保留先行异议阶段的必要性，于此也似乎存在逻辑上的跳跃。

二、关于保留案外人异议制度构建的其他疑问

基于保留案外人异议制度必要性的分析，论文还进一步提出关于案外人异议的审查纲领与程序展开方式。于此仍有若干问题需进一步考虑。如论文中提出，由执行机构对案外人提出的异议事由进行初步实质性审查，并根据审查结果（异议有理由或异议无理由），分别向当事人“指示”提出案外人异议之诉或许可执行之诉（论文第22页）。就此，尽管最高法《办理执行异议和执行复议规定》第16条第二款已规定，人民法院依照民事诉讼法第二百二十七条规定作出裁定时，应当“告知”相关权利人提起执行异议之诉的权利和期限。但论文中就此提出的“指示”之含义并不十分清晰，异议审查法官于此似乎比单纯权利告知具有更加“能动”角色功能。如是，则是否存在超出处分原则、突破中立地位之嫌？例如，在案外人异议事由很有可能成立时，审查法官指示执行申请人提起许可执行之诉，这就与《执行程序若干问题的解释》第23条之规定似乎有一定冲突；因为后者带有更为明显的消极中立倾向，即法院对案外人异议申请裁定中止执行后，申请执行人自裁定送达之日起十五日内未提起诉讼的，人民法院就应当裁定解除已经采取的执行措施。

十二、执行文制度与执行内容的特定——《执行文制度与强制执行的正当性》的学习体会/王慧

执行文制度是德、日等大陆法系国家实现审执分离的重要基础。通过赋予执行文，确定生效法律文书的执行力，并对执行力的主观范围和客观范围进行审查，从而实现执行程序的“形式化”。刘颖老师的《执行文制度与强制执行的正当性》一文，从强制执行正当性角度，论证了我国引入执行文制度必要性，并对我国构建执行文制度、规范执行程序启动提出了诸多建设性意见。在我国起草民事强制执行法的背景下，该文具有重要的理论价值和实践价值。执行文制度的重要功能之一是从本源上解决审执分离问题，本人拟从执行内容的特定这一视角，对刘老师的论文谈几点学习感悟，恳望各位老师批评指正。

我国《民事诉讼法司法解释》第463条延续《执行规定》第18条的规定，从立案

① Musielak/Lackmann, Kommentar zur Zivilprozessordnung, 4.Aufl., § 771, Rn.3.

标准的角度，将生效法律文书“给付内容明确”作为申请执行的实质要件，在立案环节由执行机关审查。“由于立法上对启动要件的审查程序缺乏明确的规定，造成实务中出现了一系列的问题，这突出反映在对执行名义中给付内容不明确的处理上”。（文章第3页）

一、实践中的困境

由于存在执行内容不明应对方法的理论和立法争议，在司法实践中，执行机关的具体做法亦存在较大的差异，“同案不同执行效果”的情形较为突出。

（一）法律文书作出机构补正

对于给付内容不明确的情形，部分执行机关采用由法律文书作出机构进行补正的方式。例如，在王翔与金河借款纠纷案[①]中，最高人民法院在执行裁定书中明确，双方当事人对执行依据指向的给付内容存在严重分歧，显属执行依据给付内容不明确，法院应提请生效法律文书的作出机构结合案件审理期间查明的情况，对不明确的执行内容予以补正或者进行解释说明。

（二）执行解释

部分执行机关通过对债务人履行义务能力的调查，以及调阅卷宗、查看裁判理由以及必要时询问当事人等方式，对给付内容作出解释，从而在执行裁定中确定债务人具体的履行方式。

（三）执行和解

我国《民事诉讼法》第230条所规定的执行和解是我国特有的执行制度，指在执行程序中，双方当事人就执行事项自愿达成合意。

（四）裁定驳回申请

司法实践中，部分执行机关根据相关规定对于执行内容不明确的执行申请，裁定予以驳回。例如，《最高人民法院关于人民法院办理仲裁裁决执行案件若干问题的规定》第3条规定：“仲裁裁决或者仲裁调解书执行内容具有下列情形之一导致无法执行的，人民法院可以裁定驳回执行申请；导致部分无法执行的，可以裁定驳回该部分的执行申请；导致部分无法执行且该部分与其他部分不可分的，可以裁定驳回执行申请。（一）权利义务主体不明确；（二）金钱给付具体数额不明确或者计算方法不明确导致无法计算出具体数额；（三）交付的特定物不明确或者无法确定；（四）行为履行的标准、对象、范围不明确。”

二、立法上的探索

我国《强制执行法草案（第六稿）》第21条对“执行依据的解释”作出立法设计，包括解释的主体、程序和救济。执行解释的主体为法律文书制作机构或执行机关。草案设计的执行解释程序包括两种方式：第一，经当事人申请或执行法院决定，首先由执行依据制作机构进行解释，如果其无法进行解释的，再由执行法官解释。当事人如对执行法官的解释裁定不服，可提出执行异议。第二，由执行机关裁定解释执行内容，当事人如果不服，可提出异议。

① （2014）执申字第33号执行裁定书。

最高人民法院在起草《民诉法司法解释》时，对于执行内容不明问题的处理，并未采纳《强制执行法草案(第六稿)》关于执行解释制度的立法建议，亦未绝对要求执行机关不予受理给付内容不明确的执行申请，而是通过第463条的规定，“提醒”执行依据作出的法院或机构应作出“执行力明确”的法律文书。①

江苏省高级人民法院在《民诉法司法解释》第463条基础上，结合审判和执行实践，印发了《关于执行内容不明确如何执行有关问题的通知》，确定了对于执行内容不明问题的折中性处理意见。该通知一定程度上承认执行解释方法，确定法官补正执行内容的具体程序，同时可采用促成当事人形成合意的方式解决。

《最高人民法院关于人民法院立案、审判与执行工作协调运行的意见》则进一步明确审判权与执行权的分离，要求法院判决必须具体、明确。该文件列举了几种情形：确定继承的，应当明确遗产的名称、数量、数额等；离婚案件分割财产的，应当明确财产名称、数量、数额等；继续履行合同的，应当明确当事人继续履行合同的内容、方式等；排除妨碍、恢复原状的，应当明确排除妨碍、恢复原状的标准、时间等；停止侵害的，应当明确停止侵害行为的具体方式，以及被侵害权利的具体内容或者范围等。

三、系统化解决：执行文制度与补充判决制度

为彻底解决执行内容不明确问题，本人赞同刘老师的观点，在我国引入执行文制度(文章第14页)，将执行内容明确性的审查前置，即由执行文授予机在强制执行开始前完成，以此来确保强制执行的正当性。但是，文章关于执行文“授予程序”的设计似乎有待进一步深化。

除此之外，根据对于执行内容不明确问题的实证考察，实践中，此类案件多数由于审判法院未“用尽”审判权造成。传统大陆法系国家设立了变更判决、补充判决、更正判决等制度，应对上述剩余裁判权问题。本人赞同黄忠顺老师在《中国民事执行制度变迁四十年》一文中提出的观点，即参考《关于贯彻执行〈民事诉讼法(试行)〉若干问题的意见》第49条规定，②通过补正裁定和补充判决，解决了执行内容不明确问题。

---

① 《民诉法司法解释》第463条原稿内容包括第3款内容，即“人民法院对权利义务主体、给付内容不明确的法律文书，应当裁定不予受理，已经受理的裁定驳回申请”。最高人民法院审委会在讨论该条款时，认为抽象性生效法律文书作出后，“法院再裁定不予受理或驳回申请，这种不良结果对当事人是不负责任的”，因此，将上述第3款予以删除，“留待以后条件成熟时再行解决”。沈德咏主编：《最高人民法院民诉法司法解释理解与适用(下册)》，人民法院出版社2015年版，第1238页。

② 1984年8月30日最高人民法院审判委员会第203次会议通过的《关于贯彻执行〈民事诉讼法(试行)〉若干问题的意见》第49条：发现发生法律效力的法律文书有错写、误算、诉讼费用的负担漏判和其他失误，可由制作该法律文书的人民法院裁定补正。对经过庭审的诉讼请求漏判，或判决主文不明确无法执行的，可由制作该判决的人民法院作出补充判决。一审人民法院的补充判决，当事人不服，可以上诉；二审人民法院的补充判决，是终审判决。

十三、对《执行文制度与强制执行的正当性》一文的评议/欧元捷

执行名义是强制执行程序的正当性来源，亦是执行程序的启动基础。通常而言，执行名义本身就具有执行力，因而，对于执行名义的积极执行力，执行程序基本以默认的方式处理，即在执行名义之外，一般不再另行确定执行名义的执行力，而是直接立案执行。从此意义上讲，执行立案就是执行程序对于执行名义之执行力的确认与接纳。但对于执行名义的消极执行力，即否定执行名义的执行力，法院则是以不予受理、不予执行的裁定方式处理。这两种处理方式虽在法律文书的表现形式上有所差别，但对于执行名义的执行力的态度，则是共同的，即必须经过执行程序的审查。也就是说，执行名义理论上的执行力，实际上并不能为执行程序所自然接纳，必须经由执行程序重新审查后以受理通知书或不予受理、不予执行裁定的方式重新认定。如此一来，就产生了一个较为严肃的诉讼理论问题——执行名义的执行力，究竟该由审判程序确定，还是由执行程序确定。特别是在审执分离的时代语境中，对此问题的回答，不仅关系到审执二程序的关系，而且也直接影响着审判程序独立性问题。试想一下，如果裁判文书的执行力最终由执行程序通过审查方能确定，那么在逻辑上，就意味着审判程序无法独立赋予裁判文书以执行力，而失去执行力加持的审判程序及相应的裁判，其实践价值必定大打折扣。

长期以来，我国民事理论研究对于执行立案的相关问题关注不够，根本原因在于将其视为简单的程序操作，忽视了其背后所关涉的重大理论问题。刘颖教授的论文，将执行力的确定与强制执行的正当性结合起来进行讨论，可以说是对执行程序立案这一具体问题，进行了全方位的理论深化与提升。特别是创新地提出了执行文制度，不仅清晰地理顺了审执关系，而且还特别强调了审判程序作为执行力独立来源的意义。这种观点，应当说是既顺应了中国实际，亦契合了执行力的传统理论。论文从强制执行的正当化入手，通过对我国法的现实困境的分析，如给付内容是否明确、条件是否成就，引入外国法中的执行文制度的比较法考察，并对执行文制度的模式及在中国的具体建构，进行了详细的论述及论证。由此，使得此篇论文兼具世界眼光与中国情怀。

十四、强制执行立法应拒绝“债权人中心主义”——对黄忠顺老师《为案外人异议制度辩护》一文的评议/王庆宇

一、关于论文整体

对黄忠顺老师的论文认真拜读后，深感其文章内容之丰富性与理论分析的深刻性都是我望尘莫及的，既有对我国制度发展历程的梳理，也有丰富的比较法研究的资料，并对各国有关案外人异议制度进行了深入而清晰的解读，堪称是我学习的典范。

当然，对于学术论文的评论并不是仅限于奉上那些本就应该存在的赞美，故而，作为后学晚生，仍然要针对论文中的观点和论证方面的问题提出些许不同的见解，但囿于知识广度和深度的限制，若是提出了些许谬论还期待各位师友多多

批评。

二、拒绝还是妥协——对“债权人中心主义”的两种态度

从作者在文中的论述来看，虽然不认可“债权人中心主义”的立法模式，但涉及案外人的救济问题，作者却又提出“没有参加执行名义形成程序的案外人，除非或者被裁定变更、追加为被执行人，自然不负有忍受强制执行之义务，故案外人不属于‘债权人中心主义’执行程序观的适用对象”。这实际上是在“债权人中心主义”的基础上作出的妥协解释方法。但在作者 2017 年发表的论文中则是倡导“程序利用者中心主义”的观点，①以作者在文中的论证来看，作者并未改变“程序利用者中心主义”的观点，但在对案外人异议的理论解释上却用了作为“债权人中心主义”的例外的解释方式，这不禁让人有所困惑，在我看来，“程序利用者中心主义”在理论解释力上应当具有更强的说服力，但作者却并未以此为基础展开解释。

没有参加执行名义形成程序的案外人自然不应该当然受到该执行名义的拘束，我国目前有关执行力主观范围扩张的规则也仅仅允许少数情形下以裁定的方式追加或变更被执行人，②但其理论基础不仅应追溯为“债权人中心主义”的例外，而是更加倾向于赋予案外人充分的程序保障以使其获得公正审判的权利。③ 将案外人作为“债权人中心主义”的例外则至少在一定程度上承认了“债权人中心主义”的地位，但“债权人中心主义”的倾向是建立在高效实现债权人权利这一价值目标的基础之上的，由于法律价值的多元性特点，建立在保障执行效率基础上的“债权人中心主义”无疑能够快速达到实现债权人权利的效果，但这并不能消弭价值冲突，以债权人权利实现为中心的制度设计难免在客观上忽视其他主体的程序保障，这其中的其他主体案外人是首当其冲的，建立在“债权人中心主义”基础之上的执行规则的设计虽然也会对债权人产影响，然而对于债权人而言，往往已经在审判程序中得到较为充分的程序保障，对于案外人而言，既没有参加审判程序，也往往没有向法庭陈述意见的机会故而，只要“债权人中心主义”在强制执行立法中占据统治地位，则意味着出于执行效率的考量，以牺牲案外人的程序权利为代价实现强制执行的结果。

在执行程序的设计上，依然应当以公正审判权作为重要的理论基础，应当将公正审判权扩展到执行程序的领域，虽然我们更多地在审判程序中关注公正审判权的问题，保障纠纷各方有获得独立的、不偏不倚的法院在合理期限内依照正当程序进行审判的权利。④ 毫无疑问的是，将对公正审判权的关注集中在审判程序中能够在很大程度上保障参加审判的主体的基本程序权利获得保障，但如果不予许其发展到执行程序之中，那么对执行程序中案外人的保障的理论基础则会呈现出比

---

① 黄忠顺：《民事执行机构改革实践之反思》，载《现代法学》2017 年第 2 期。

② 刘书星：《我国执行力扩张制度研究》，载《法学杂志》2015 年第 7 期；肖建国、刘文勇：《论执行力主观范围的扩张及其正当性基础》，载《法学论坛》2016 年第 7 期。

③ See T. A. Tsuvina, Execution of Court Decisions in Ukraine: Reforming the System in Terms of the Right to a Fair Trial, Legality 55 (2018), Issue 142.

④ See Richard Clayton, Hugh Tomlinson, Fair Trial Rights, Oxford Press, 2001, pp.58-89.

较薄弱的状态。黄老师关于案外人不应受"债权人中心主义"的拘束这一基本结论我是非认同的,但不应满足于仅仅停留在作为"债权人中心主义"模式的例外,而应当在强制执行立法中杜绝"债权人中心主义"。

关于"债权人中心主义"的观念之形成一个直接的原因在于近年来"执行难"的问题越来越凸显出来,着力解决执行难不仅是一个部门法的问题,更成为社会治理的一个重要方面,而"执行难"的一个重要体现是债权人已经为有执行力的法律文书所确定的权利难以实现,为了应对这一十分突出的问题,对债权人权利的保障自然会提到十分重要的位置上,但并非仅仅以债权人为中心进行制度设计执行理论与实践中的问题的解决便如汤沃雪。在执行程序中注重对债权人权利实现效率的保障其重要性自然是毋庸置疑的,但在涉及案外人的案件中,案外人的救济的重要程度至少是不应置于对执行效率的保障的位阶之下的,此时我们就不得不反思以"债权人中心主义"为基础进行强制执行制度的设计之基础的合理性。如果过于强调"债权人中心主义"则会产生过于关注执行效率问题而忽视了对案外人的程序保障,这也同样可能成为滋生社会问题的土壤,解决"执行难"固然是我们所共同努力追求的方向,但作为社会治理的一个重要目标,不应当单纯考虑到目前突出的债权人权利难以实现的"执行难"困境,更应当同时关注到执行程序救济的充分性问题,解决"执行难"作为社会治理的目标与她在部门法中的体现是有所差异的,在强制执行立法中应当建立的是一种在充分程序救济保障基础上的执行制度,[①]才能为实现社会治理的解决"执行难"的目标提供制度基础,若过度关注"债权人中心主义"则可能会产生"执行乱"的隐患,反而使解决"执行难"在作为社会治理目标上的效果有所折扣。

三、关于论文的其他方面

(一)关于德国法中"强制执行的种类和方式"之解释

作者在论文中提及《德国民事诉讼法》第776条第一款中所规定的"强制执行的种类和方式时"认为"根据体系解释,'强制执行的种类和方式'与'执行员在执行时应遵循的程序'属于并列关系,'强制执行的种类和方式'不属于'执行员在执行时应遵循的程序'问题,而不属于程序违法的执行行为,只能解释为不当执行行为。"此处作者对于如此解释的依据仅以"体系解释"这一表述概括,论证上具有一定的模糊性。此外逻辑关系上不能仅以两者属于并列关系而说明两者之间是非此即彼的,只有在说明两者属于互斥关系的基础之上这样的结论才更具有逻辑上的自洽性。

(二)关于案外人异议之诉与许可执行之诉的关系

作者在论文的结语部分首句即提到"案外人异议前置于异议之诉与许可执行之诉不具备正当性",但在整个行文过程中,作者所集中讨论的问题是案外人异议制度的正当性,而对于案外人异议是否应前置的问题并未展开讨论,得出"案外人异议前置于异议之诉与许可执行之诉不具备正当性"的结论并没有前文理论分析

① 董少谋:《民事强制执行法学》,法律出版社2016年第2版,前言。

的铺垫,在此处有此论述与前文的内容难以相呼应,因此私以为在结语部分的这一表述是存在值得商榷的空间的。

十五、对《为案外人异议制度辩护》一文的评议/曹建军

本文在《民事强制执行法》立法规划的宏观背景下,超越"法院稿"与"学者稿"对案外人异议制度的消极态度,新颖地提出了对案外人异议制度的"辩护"呐喊,在学术影响、理论视角、研究思维等方面具有振聋发聩的效果。即使笔者对民事执行法理论与实践了解较少,也能通过本文对案外人异议制度的形成历史、制度现状、观念基础、制度依据、改善方案等的综合阐述与详细论证,认识与理解到案外人异议制度在我国存在的必要性与正当性。

本文扎实的比较法研究与中国语境下的充分论证足以说服笔者倾向于赞成在新法草案中继续保留案外人异议制度,不过在阅读中笔者还是产生若干疑问,想请教作者黄忠顺老师指点与解惑。

1. 在第5页脚注12的我国台湾地区司法案例,信托的委托人与受托人之间的关系在诉讼中可能呈现出复杂的形态,而引用的这段话可能需要结合该案案情来看。受托人不享有信托财产的物权,本是只能提出异议,但若申请执行人是以明显违法或违背公序良俗的方式侵害委托人对信托财产的债权时,也可能允许提起异议之诉。因此"非谓其不得依强制执行法第十二条第一项规定声明异议"是指抽象地允许在不同情形下选择相应救济程序,还是在本案特定情形下可同时选择异议救济与异议之诉救济呢?该页正文上,"强制执行的种类和方式"也可能是对"遵循的执行程序"的另一种表达,前者具体而后者抽象,可否理解为都属于程序违法事由呢?

2. 民事诉讼理论上为精炼内容、方便应用,概括出一些制度或理论的固定表达,如"违法执行行为通过异议制度救济、不当执行行为通过异议之诉救济","以形式审查为原则,实质审查为例外",表达出理论上对实体与程序的二元区分、形式与实质的二元理解。笔者一直疑惑,这样的表达究竟是不可触碰的制度红线,还是可容许例外情形及其研究的基本原则的强调性表达呢?如果实体与程序领域、形式与实质问题存在交叉领域或模糊之处,如执行机关基于错误的实体理解而采取了错误的执行措施,可否综合使用实体救济与程序救济、形式审查与实质审查进行更充分的救济?不过,一旦救济程序过剩,是否会矫枉过正而影响程序的稳定性与可预期性呢?

3. 本文提出不可废除案外人异议制度的理由有,一是案外人的实体权益无法获得与债权人相同等的保护;二是执行标的实体权属的判断结果会因执行机构违反判断标准、形式判断标准不唯一、判断结果不唯一等,客观上需要救济制度;三是责任财产调查与异议审查均需要形式审查与初步实质审查,故与初步实质审查相配套的案外人异议制度必须作为案外人异议之诉的过滤机制或前置程序。故本文的思路可能是,因为需要实质审查,也就需要案外人异议作为案外人异议之诉的前置程序。那么,这也相当于在案外人异议诉讼之前设立了一项由执行机关控制的

立案受理程序，目的是防止案外人恶意或不当提起诉讼程序以阻碍执行。既然我国诉讼领域已经(或基本)实行立案登记制，那么对因执行程序引发的诉讼程序为什么要特别地设置立案审查制呢？案外人异议经形式审查无法应对的，是否在司法实践中是一个不可忍受的普遍现象呢？

4. 本文提出的案外人异议制度完善方案，一是责任财产调查环节与异议审查环节均存在实质审查，异议审查环节的实质审查范围应当限缩到与责任财产调查环节相一致的程度；二是加强执行程序与诉讼程序的衔接及时性，债权人申请执行其他责任财产时获得支持的，法院可依职权指示债权人直接提起许可执行之诉，案外人提起的异议得到法院支持的，法院可依职权指示案外人直接提起案外人异议之诉。如此，执行机关的形式审查与初步实质审查就成为过滤不必要滥诉的重要机制。那么，类似于上一点所述，直接允许案外人就实体内容提起异议之诉，是否真的破坏了债权人与案外人之间的平等关系或阻碍了执行程序的进行呢？正如本文所言，若异议、异议之诉不影响执行程序继续进行，实际上相当于可以允许案外人对执行标的财产归属另行诉讼，既然债权人申请执行其他责任财产被驳回时，还可能另行起诉，为什么要禁止案外人另行起诉呢？案外人作为意图变动财产法律秩序的一方，若既不会影响已有的执行程序，也会承担诉讼与证明的较大负担，为什么不允许呢？

当然，笔者的疑问并不代表着已经想清楚上述问题，意在求教专家。同时，本文还提出了其他重要的创新性观点，给予了笔者众多启示。诸如：(1)中止执行与异议、异议之诉既是相互影响的关系，也具有自身的独立性，两者不一定形成固定的关联，在诉讼中也可由法院行使裁量权决定是否中止执行。因此，案外人异议之诉的提起不宜引起中止执行的效果，而应视异议诉讼的理由可信度、当事人是否提供担保等因素，由法院个案裁定是否中止执行。(2)程序申请权与程序异议权是一对相伴相生的概念，剥夺程序异议权的做法可能损害利害关系人参与程序的机会与利益。程序异议权的赋予相当于意见表达机会的赋予，至少有助于防止执行机关偏听偏信和错误执行。(3)案外人主张利益遭受执行程序的损害时，可能涉及执行机关代表的公共利益、债权人利益与债务人利益三者之间的权衡，因此本文在立法草案的讨论之际实际上也是在进行学者视野下的利益衡量，即纠正“债权人中心主义”执行程序观在案外人利益救济领域的错误影响。本文为抽象的利益衡量提供了合理的标准与充分的说理，实为利益衡量方法的有益践行。

十六、对《为案外人异议制度辩护》一文的评议/曹志勋

黄教授长期耕耘于强制执行法领域，在制度建构方面硕果累累。本文一反学界一般理解，转而支持被广泛批评的案外人就不当执行的异议制度，在选题上有其新意。文章从我国案外人异议制度的历史出发，点明该制度在本次立法过程中可能面临的被废止的命运。随后，对各国允许案外人通过异议制度纠正不当执行行为进行类型化分析，在考察常见的德日和我国台湾地区的法制的同时，也关注到澳大利亚、美国加利福尼亚州和芬兰的相关制度。接着，文章浅尝辄止地分析了所谓

"债权人中心主义"及其与本文主题的可能关联。最后,文章分别论证了"执行标的实体权属的判断结果具有可变性""责任财产的实质审查判断程序具有选择性"和"强制案外人参加执行程序必须具备正当性"三个方面的论点。

本文在观点上较为成熟,以下仅有非核心建议,供作者参考。第一,我国学界目前似乎占多数的批判说究竟为何,依据和理由为何,改革主张为何,是否有司法现实的支持,应当是本文首先应当介绍和回应的。尤其是,本文题目带有较强的辩论意味,应当提前明确自己的靶子。第二,本文关于澳大利亚、美国加利福尼亚州和芬兰的制度介绍具有代表意义,但是似乎仅仅关注法条本身,鉴于比较法上常见的条文和实践错位的现象,令读者较为不放心。第三,"债权人中心主义"的讨论似乎有将本文主题带偏的风险,需要论证的篇幅也比较多,是否考虑另以宏文论证。第四,我国的制度选择与存废,似乎应当同样关注已经进入立法的制度的实际运行状况,并将其与比较法上的两种模式作比较。本文最后三部分的立论直击我国执行实务的一些现实情况,但是似乎应当更集中地回到本文标题。

十七、对《执行文制度与强制执行的正当性》一文的评议/曹志勋

执行文制度在德日强制执行法中具有较为重要的地位,甚至德国将其视为介于民事诉讼和强制执行之间的中间地带,需要特别考量和设计。一般而言,我国多数研究强制执行法的学者均倾向于引入附加执行条款或者付与执行文的制度,其间好处多多,不必赘言。刘教授亦在这一思路下锐意探索,从执行依据的内容是否明确的实务中重要问题出发,概要梳理法国法、德国法和日本法上的执行文制度的历史发展,并且对执行文制度的具体内容和救济方式作出比较法和中国法下的讨论。

由于本文仍未达到作者满意的程度、未来有进一步大幅修改和增补的空间,仅提供以下补充思路,供作者考虑。第一,德日传统似乎提供了相对统一的答案,应继续补充探讨与此不同的台湾法上、发挥相似功能的制度。第二,我国强制执行法虽然相对粗疏,但毕竟已经有多年实践,是否已经形成了能够发挥类似功能的制度系统,还是说已经到了非改不可的地步?我国实践与德日传统的核心差异为何?执行文制度有无可能产生的缺陷?我国学者对此是否有了比较全面的分析、值得进一步引用和回应?第三,文中对于法国和德国的历史部分的介绍,似乎参考了日本相关学者的著述,从通行理解来看,似乎应该注明其直接出处。第四,第 8 页所谓"拜仁慕尼黑法"具体所指为何。

十八、对《执行文制度与强制执行的正当性》一文的评议/张润

一、对论文学术价值的理解

刘颖教授《执行文制度与强制执行的正当性》一文以民事强制执行法的立法为契机,从民事强制执行启动要件的视角去阐释论证执行程序的正当化,即建议引入德日等大陆法系国家的执行文制度去解决我国现行法下执行程序启动要件的审查

程序缺位或不统一的难题,从而实现执行程序启动环节的优化和确保执行程序的正当性。可见,论文具有很高的学术价值和实践价值:一方面,本文系统、深入引介了德国、日本等大陆法系国家的执行文制度,对我国民事强制执行理论尤其是执行程序启动理论具有重要的参考和借鉴价值;另一方面,论文充分关注我国民事执行实践,尤其是执行程序启动环节存在的审查程序缺位或不统一的问题,正如作者所言,引入执行文制度能够较好解决执行程序启动的审查难题,这对于解决“执行难”无疑是有价值的。

二、对论文思路和内容的理解

论文分为四个部分,分别是保障强制执行之正当性的应然与实然、执行文的历史源流、执行文的制度模式以及执行文的中国图景。论文在第一部分首先从理论上分析了民事强制执行正当化的根据要件,接着从中国问题意识的立场考察了我国法的现实困境,论证了我国民事强制执行立法引入执行文制度的背景;在第二部分,作者发挥在日本留学和语言方面的优势,对执行文制度在法国法上的生成、德国法上的演进和日本法上的沿袭进行了比较法考察和分析,为我国引入执行文制度提供了比较法素材和论据;在第三部分,作者详细引介了执行文的种类、授予要件、授予程序以及有关执行文授予的救济方式,对执行文的制度构造进行了体系性剖析,这为执行文制度在我国民事强制执行法上的塑造提供了制度参照;最后一部分,论文落脚到执行文在中国的本土化建构,论文先是从宏观上论证了我国引入执行文制度的必要性和基础,接着对执行文制度在我国法上建构的具体细节进行了论述,对执行文的授予机构的划分、授予要件的设定以及授予程序的设计提出了较为切实可行的设想方案。论文问题意识明确,文章主题鲜明,论证逻辑自恰,分析细致深入,学习完本文,收获满满,受益良多。

三、对论文学习后的疑惑和建议

在本文的学习过程中,有以下几点疑惑和建议,提出来向刘颖老师请教:

第一,文章第一部分的目的在于提出问题,论文从我国民事强制执行启动审查存在的两个困境(给付内容是否明确的审查困境和执行名义所附条件是否成就的审查困境)去论述我国保障民事强制执行的实际现状,从而论证我国引入执行文制度的必要性。然而,晚辈斗胆认为此部分似乎没有充分论述引入执行文制度的必要性,建议在该部分的最后增加一段,更加明确清晰地阐释这一问题,从而更加突出本文的主题。

第二,文章的第二部分,虽详细分析了执行文制度在法国法上的生成、德国法上的演进和日本法上的沿袭,但并未进一步论述执行文制度的发展趋势,要是能够在论文中进一步比较考察其发展趋势以及执行文制度的功能就更完美了。

第三,在第四部分,论文探讨了执行文制度的中国图景,虽提出了较为完善的建构方案和设想,但并未分析执行文制度在我国具体化建构可能面临的问题,毕竟一项法律制度的移植需要充分考虑其生存的土壤,建议对此进行分析。

第四,在论文设想的具体方案中,作者建议将民事和行政判决、裁定和调解书以及刑事附带民事判决裁定交由法院的书记员审查,对此,晚辈建议可以结合当下法院改革的情况，考虑到法官助理相较于书记员，其法律素养更高，是否可以考虑交由法官助理审查。此外，对于仲裁裁决书和调解书的执行文授予机构可否考虑仲裁委员会的仲裁秘书审查。

第五，论文最后提到在设计执行救济程序时，应当重视异议制度与异议之诉制度的协调以及执行文在整个民事执行救济体系中定位问题，对此，可否就如何协调以及执行文在执行救济体系中的定位问题展开进一步论述。

以上是晚辈的学习心得，由于晚辈对执行制度相关知识缺乏足够的积累，如有错误，敬请谅解。

十九、"民事执行救济"主题报告学习感悟/李广宇

本人对紫荆沙龙这一中国民事诉讼法学界的学术盛宴慕名已久，一直期盼着能够有机会参与其中，亲身感受学界先进们的风采。这次能够得偿所愿地参与到沙龙之中，我感到十分的荣幸。在此，我要感谢诸位老师给予我的宝贵的学习机会。通过这次对主题报告的学习，我意识到自身作为一个民事诉讼法学专业的学生，在学习的过程之中存在对于执行程序的关注程度不够，思考、研究较少的缺陷。在今后的学习过程之中，我会加强对于执行程序的知识储备，向学界各位前辈学习，多思考、研究民事执行程序的问题。本次的报告人刘颖老师、黄忠顺老师是我个人学习生涯之中十分崇拜的两位学者，能第一时间学习到两位老师的报告，我激动万分。在激动之余，碍于我个人研究水平的限制，对于这次的主题报告我未能进行评议。对此，我深感抱歉。现将我个人对于这次主题报告的学习感悟以及一些仍有疑惑的问题以书面形式汇报如下。

首先，谈谈我在选题、研究方法上的学习的感悟。两篇报告分别从执行文制度、案外人异议制度两个中观层面的执行制度展开论述，所切入的角度与关注的焦点有所不同。对于一名还在博士阶段学习、研究写作能力尚有不足的学生来说，两位老师的报告给予了我很大的启发。首先，问题的归纳上，就我个人理解，执行程序所涉及的问题不仅仅是民事程序法方面的问题，我国当前的执行问题之中不仅仅包含着实体法问题、程序法问题等法律问题，还与社会信用机制等社会问题交杂在一起。在我个人的研究中，时常困于执行所涉问题的复杂，无法透过纷繁复杂的执行现状看清其本质，将其提炼成为适合写作和研究的问题。两位老师的选题无疑为我之后的观察和研究指明了一个方向，即如何透过执行现状去洞悉其中观制度层面所存在的问题，并在此基础上寻找合适的切入点。而且，两位老师的报告还引导了我如何像一个民事诉讼研究者去思考问题。在比较研究方法的使用上，两位老师的论文中对于域外制度的概况与分析上的覆盖性与论证的严密性值得我反复学习。两位老师对于域外制度的比较研究诠释了民事诉讼程序研究中对比较研究方法的具体运用。

其次，谈谈我对于报告内容的学习感悟。刘颖老师的报告从强制执行正当性的依据谈起，向我们系统论述了执行文制度以及未来我国执行文制度引入的构想。通过刘颖老师的报告，我能够较为全面的了解执行正当性的重要作用，了解域外执

行文制度的构造,厘清我国当前存在的在执行启动问题上的一些困境。黄忠顺老师的报告从废除案外人异议制度的问题谈起,认论述了案外人异议之诉存在的必要性。从黄忠顺老师的报告之中,我对于"债权人中心主义"的执行程序观以及案外人的实体、程序性权利保障有了更为深刻的认识。

再次,谈谈我仍存在的一些困惑。我主要谈谈对刘颖老师的主题报告中的一些困惑。第一,表述的内容上的困惑。对刘颖老师报告中两处内容,我个人存在一定的困惑。具体包括:(1)第 9 页中"不能是以强迫另一方同居为内容等从社会观念来看无法违背债务人自由意志的请求权。"(2)第 16 页中"但《民事诉讼法》第 13 条第 1 款明确规定自愿合法调解原则适用于民事审判程序,而且民事执行程序,因此,这种处理方式模糊了民事审判与民事执行的界限。"第二,从制度的引入的作用来看,刘颖老师的报告中所谈到执行文制度的引入有助于规范当前我国执行启动上的不足,有助于在实现正当性与维护执行的效率之间取得平衡。我个人的疑惑是,执行文制度的引入是否能够真正的取得实现正当性与维护执行的效率之间平衡的作用?报告中所提及的由授予执行文的异议、执行文授予之诉、对授予执行文的异议之诉组成的复合的救济方式的实现以及后续的执行文授予中的形式与实质并存的审查方式,在充分保障正当性的同时能否兼顾执行效率?效率这一重要的程序法价值如何通过执行文制度予以保障?第三,从执行文制度的审查内容来看,《最高人民法院关于民事诉讼证据的若干规定》第 9 条所规定的无需证明的事实中包含已为人民法院发生法律效力的裁判所确认的事实;已为仲裁机构的生效裁决所确认的事实;已为有效公证文书所证明的事实这 3 项内容,在执行文制度审查之中将民事和行政的判决、裁定及调解书和刑事附带民事判决及裁定交给法院的书记员审查,将公证债权文书交给公证人审查,是否与《规定》中的免证事实的内容存在一定的冲突?第四,从具体的操作层面来看,刘颖老师所提出的执行文授予机构的划分之中谈到"将民事和行政的判决、裁定及调解书和刑事附带民事判决及裁定交给法院的书记员审查,将公证债权文书交给公证人审查"这样的一种划分模式。就书记员进行的审查,我个人存在一定的困惑。一方面,根据《中华人民共和国人民法院组织法》中 49 条的规定,人民法院的书记员负责法庭审理记录等审判辅助事务。这里所称的审判辅助事务是否包含报告中所提的对于执行文的审查?包含形式审查与实质审查在内的执行文的审查属于《中华人民共和国法官法》所规定的法官的职责还是审判辅助事务?域外书记官的审查模式是否可以直接引入?是否可以通过法官助理来进行审查?另一方面,若依报告中的审查机关划分模式,我还有以下的困惑。当前我国法院之中存在着的书记员按编制类型可以分为委任制书记员、聘任制书记员、聘用制书记员、速录员四种类型,在具体的录用资格、职权范围、专业能力上也存在显著的区别,例如聘用制书记员、速录员这两类书记员在录用资格与专业能力上与委任制书记员、聘任制书记员存在一定的不同,对于民事和行政的判决、裁定及调解书和刑事附带民事判决及裁定,不区分的书记员来进行审查,是否具有合理性?是否应当进一步的细化分类?

最后,通过对两个主题报告的学习,对于我国当前的"基本解决执行难"背景下的执行现状以及未来的执行立法，我产生了以下一些不成熟的思考，希望能够求教于各位与会的老师。首先，在失信被执行人惩戒的问题上，正如黄忠顺老师在报告中所提到的，"'基本解决执行难''切实解决执行难'被上升为政治任务的背景下，'老赖'成为人人喊打的'过街老鼠'，对于失信被执行人的惩戒措施的设定与适应之上，现有的惩戒性措施是否过分严苛？对于失信被执行人的基本权利保障是否存在缺失？"对于犯罪分子，我们的刑事司法已经进行了其再社会化，即再次融入社会的考量。那么对于失信被执行人，我们是不是应该考虑给予他们一个再次融入社会的机会。其次，对于执行联动的问题，当然的执行联动已经暴露出一定的问题，未来对于执行联动，是否有更好的替代方案？最后，当前协助执行机制的现状下，协助执行主体在某些时候难免有逾越协助职权范围之嫌疑，在协助执行机制的构建之上，需要充分的考虑协助执行的职权范围，避免协助执行的主体成取代执行主体进行执行行为的必要性。

以上是我对于本次沙龙主题报告的一部分的学习感悟，其中可能存在由于个人知识水平、理解能力限制造成的较为幼稚的想法，还望各位老师多多包涵。

二十、关于《为案外人异议制度辩护》一文的评议/林剑锋

执行程序中案外人救济制度的体系化，一直是我国强制执行法立法及操作中的重要问题。黄忠顺教授着眼于现行法的制度设计架构及比较法的系统梳理，就保留现行的案外人异议制度，及合理界定案外人异议与案外人异议之诉的适用分野提出了较为体系化的建议。在写作方法方面，制度沿革的系统梳理、比较法规则及背景的深入探究、案外人救济适用分野的类型化分析、对于我国执行规则的了解及对执行实践状况的确切把握等各方面，忠顺教授细致、深入和严谨的研究范式令人印象深刻。

不过，就论文的基本观点与结论提出一些疑惑，供作者参考。

在我国现行法下，作为案外人救济途径的手段，案外人异议的程序化以及案外人异议之诉的普通程序化，存在着重复救济，尤其是借此拖延执行的弊病，就此意义而言，学者们主张废除案外人异议应该存有相当的法理与司法实践依据。论文就保留案外人异议制度的正当性，尤其是保障案外人正当权益的论述具有一定的合理依据，通过案外人异议前置固然也似乎可以达到一定程度"繁简分流"的效果。忠顺教授的论文通过比较法的立法例介绍来说明案外人异议存在的必要性，但这种程序的设计需要执行机关具有相当的权威性和并在操作中赋予其相当大的裁量权，在我国的当下是否具备这种条件？修法中之所以新设执行异议之诉制度，在某种意义上，也是针对执行机构专业能力与裁量的不信任而出台的，但设置之后，在两种程序的目的、启动程序条件方面未予细化，导致了对第三人重复救济和拖延执行的效果。废除案外人异议，整体而言应该是利大于弊。

当然，以不区分类型化为前提，凡是执行标的涉及实体权属一律纳入执行异议之诉，的确也面临着案外人权益保护、执行效率等各种问题，因此从宏观制度的调整视角而言，与其维持"案外人异议的前置＋执行异议之诉"，忠顺教授是否可以考

虑删除案外人异议，同时对民诉法第225条的执行异议予以扩张解释，将案外人异议需处理或适用的情形通过利害关系人的执行异议予以解决。

二十一、关于《执行文制度与强制执行的正当性》一文的评议/林剑锋

在我国当下，《强制执行法》单独立法已经提上议程，与此同时，在实现确定判决内容——强制执行——过程中存在着执行机关欠缺规范性与裁量权过大的问题，这些问题在程序启动要件审查、执行内容的明确、执行对象的确定、执行过程中变更与追加被执行人等都有所体现，就此也构成了某种意义上的“执行乱”。

刘颖教授的《执行文制度与强制执行的正当性》一文以此为背景，基于强制执行制度正当化的视角，就大陆法系国家的执行文制度展开了系统性研究，比较法的视野及思考角度包括但不限于：历史沿革、制度功能、具体程序构建等。更难能可贵的是，文章对于我国该问题领域内现行制度的严格及弊端之梳理，及由此导致的执行困境之把握是较为准确的，且分析较为“接地气”。在此基础上提出的，在我国构建执行文制度的必要性分析、相关程序设计的可行性建议具有较好的妥适性。

不过，本着“精益求精”或者说“鸡蛋挑骨头”之用意，就文章提出以下几点疑惑供刘颖教授参考。

1.关于执行文制度之于强制执行法体系而言的意义和功能问题。就大陆法系国家强制执行法理而言，作为执行文制度的根本意旨，在于保障民事权利实现中审判权与执行权的彻底分离——“审执分离”，以免在有给付内容的确定判决权利实现中造成执行权“越位”乃至“篡夺”审判权，压缩执行机关在明确应执行主客体内容方面的裁量与判断空间，以此谋求程序启动的规范性和执行对象的明确性。就以上意义而言，如果探究执行文制度之于强制执行体系的功能与作用，也首先应仅限于其对“审执分离”体制的实现与维护，该制度自身恐怕无法承受强制执行制度与程序的整体正当性之重。就立法例而言，执行文制度有无本身并不能决定该国强制执行制度的正当与否，而可以视其为审执分离程度的“试金石”。

其次，执行文制度另一功能是否应归结为强制执行中作为贯彻执行外观主义主要制度载体，以此提升强制执行的效率性？通过执行文制度，使得执行机关对于是否启动强制执行程序、执行内容为何等问题并非一种极其形式化及简单化的判断，以此可以使执行机关遵照格式化、明确化的指示实施执行措施。无论是执行机关还是双方当事人，减少了在执行过程中有关执行内容、对象等问题争执或“扯皮”的机会与空间，最终起到了提升执行效率的目的。

2.就我国的具体制度构建而言，条文制定固然合理也较为简单，但执行文制度的确立，可能还需要其他背景性或配套性的体制机制改革。例如，审执分离在机构和观念层面可以到什么程度？再例如，执行文的付与需要规范的裁判文书，尤其以判决主文规范性表述为前提，而判决主文表述的规范又进一步涉及诉讼请求表述的规范性，由此又进一步衍生出实务界对于诉讼标的的理解及要件事实审判思维的认可等问题。文章若能就这些问题展开深入分析，将使学术贡献更上一层楼。

二十二、对《执行文制度与强制执行的正当性》一文的评议/谢国儿

各位专家老师好，我来自扬州市邗江区人民法院，目前主要从事执行裁决与破产清算以及商事审判等工作。之前在执行一线工作过五年，刚刚四月上旬也参加了最高院委托江苏省高院组织的民事强制执行法起草工作，应该说对当前我国执行实践和域外执行理论都有一定的感触和认知。尽管如此，在接到对刘颖老师的《执行文制度与强制执行的正当性》一文进行点评的任务，还实在有点诚惶诚恐：其一，刘老师在强制执行法理论研究方面造诣很深，与其说点评，不如说是以点评的名义作一拜读后感；其二，本人对域外的执行文制度还比较陌生，也希望借助这个难得的交流平台进一步深入了解该制度的运行机理和价值功能；其三，我国当前虽无明确的执行文制度，但存在“准执行文”制度，如将执行依据的生效文书转换为“执行裁定书”，公证类债权文书需要同时出具“执行证书”，但全面引入执行文制度是否会一定程度上会对执行效率造成程序性影响和实体性损害尚存芥蒂，还需进一步进行实证分析。现主要结合当前民事执行工作实践，从三个方面谈谈我个人的不成熟思考，不当之处还请方家批评指正。

其一，论文框架与解构。本文首先对保障强制执行之正当性的应然与实然进行了研究分析。从强制执行的正当化根据之应然视角来说，立法应当明确规定强制执行程序启动前由哪个机关、适用何种程序来对请求权是否存在、即时请求是否可能及执行当事人是否适格三方面进行具体审查，从而有效保障强制执行启动的正当性；从我国强制执行启动之实然困境来看，本文分别以最高人民法院的两个案件为例，提出无论是对关于执行名义中给付内容是否明确的审查，还是对关于执行名义中所附条件是否成就的识别，都因为立法上对上述启动要件的审查主体和审查程序缺乏明确的规定，从而使强制执行启动之正当性受到了十分现实的挑战；接着，本文对执行文的历史源流进行了阐述，从法国法上执行文制度的生成、到德国法上执行文制度的演进及日本法上执行文制度的沿袭，本文提出嚆矢于法国的执行文制度直到德国法后才进化为保障强制执行之正当性的技术性手段；此后，本文对执行文制度的运行模式从执行文的种类和授予要件、授予程序以及有关执行文授予的救济方式进行了要素式分析，提出单纯执行文仅需审查授予执行文的一般要件即存在构成执行名义的生效文书、具有适于强制执行的明确请求权以及执行力已发生且尚未消灭。而补充执行文的授予要件则除了前述一般要件之外，还需审查证明执行名义所载事实是否已然成就这一特别要件。对于承继执行文的授予要件则除了前述一般要件外，还需具备证明执行力的主体范围及于当事人以外这一特别要件。关于执行文的授予程序，本文对执行文授予机关、授予申请和授予方式进行了概述。关于执行文授予的救济方式，本文通过对域外立法考察，从对是否授予执行文的异议、执行文授予之诉和对授予执行文的异议之诉三个方面进行了阐述；最后，本文对执行文的中国图景进行展望，首先从当前我国立案执行程序启动的事后审查模式之缺陷展开分析，提出引入执行文制度，重塑执行程序的启动规范化，既能确保强制执行的正当性，也可避免事后审查造成的执行拖延，从而最大限度地有利于执行实施机构提升执行质效。其次本文根据我国当前立案执行程序

启动中所遭遇的实践困境，从执行文授予机构的划分、执行文授予要件的设定和执行文授予程序的设计等三个方面细节探讨来分析建构执行文制度的中国方案；最后，本文得出结论，当前我国应借民事强制执行法重新列入立法规划之契机，通过引入执行文制度以保障强制执行的正当性，即是当务之急，也是未来所趋。

其二，论文点评与建议。毋庸置疑，本文的选题具有一定的前瞻性与创新性，本文通过对域外特别是德国和日本的执行文制度的立法进行翔实考察，灵活采用规范的、比较的、案例的与综合的分析方法，对执行文制度的历史源流、运行机理、价值功能及中国图景进行了全面、多维、立体的解构与分析。对于执行文制度引入的必要性探讨，笔者在司法实践中也确实接触到不少执行依据的生效文书不具有可执行性问题，如判决在可继承的遗产范围内承担清偿责任，可继承的遗产范围不具有明确性；判决抚养费给付至独立生活为止，独立生活是年满十八周岁，还是大学毕业后已就业时，还是其他期间不具有明确性；判决给付孩子的教育费也不甚明确，是否包含民办教育费，是否只是义务教育阶段的教育费，教育费是否仅包含学费，还是可以包含书本费、学杂费、课外辅导费、户外拓展费、兴趣班费等相关费用也不明确。等等。因此，执行文制度作为立案执行启动的前置程序具有引入的必要性，也有利于提高执行工作质效与充分保障执行救济能力，让审判真正回归“审判”，让执行真正回归“执行”。

下面主要就文中若干修改建议提几点不成熟的意见仅供参考：1、建议本文增加一段引言，对执行文制度的概念界定、价值功能等进行简要概述，以便读者能对该制度进行初步的认知与思辨；2、建议本文在引言部分对执行文制度进行引介的基础上，接着就执行文制度的历史源流与运行机理分别展开论述，从而就执行文制度与强制执行的正当性价值进行解构便显得水到渠成，不显突兀。笔者认为，执行文制度最大的正当性来源于其有助于审执分离的彻底性、强制执行的高效性与执行救济的保障性，建议结合当前执行工作实践案例，就上述三个方面价值理念作为本文的核心主体来充分论证执行文制度对于保障强制执行的正当性。那么，结合我国立案执行审查与程序启动的相关立法与实践，从宏观上论证建构执行文制度的必要性与从微观上细化探讨执行文制度的可行性，本身就十分具有“正当性”，最后再就民事强制执行立法契机下，就执行文制度的引入径路与未来图景提供一个中国方案，真正践行“用世界的眼光，来解决中国的现实问题”之比较法理念。

其三，论文瑕疵点滴。第11页第5行“主观范围”应改为“主体范围”，应为笔误；第16页第1项最后一句说“比较棘手的问题”，不太理解怎么棘手；第2项11行应为“不但适用于民事审判程序，而且也适用于民事执行程序”；第17页第10行“拒绝出具生效证明”一说，有点费解；结语部分略显单薄，最好稍微展开综述后再提出结论显得不至于唐突。

一点浅见，仅供交流。

法学教育

法律文化冲击:德国学生难以适应美国法学院

米夏埃尔·马丁内克(Michael Martinek)*著　任重**译

一、引言:留美热潮

接触美国法律文化已经愈发成为德国法学教育的有机组成部分。近年来,德意志学术交流中心(DAAD)的奖学金获得者逐年增加。不仅如此,通过德美高校学术交流部门之间的合作,也有越来越多的德国法学生借助交换奖学金前往美国深造。还有一些学生自费前往美国法学院进行为期一年的访问学习。他们中的不

* 法学博士和政治学博士,德国萨尔大学民法、商法、经济法和国际私法以及比较法教席教授,中南财经政法大学文澜教授,著名的《施陶丁格民法典评注》的作者和编辑之一。时任图宾根大学助教(Hochschulassistent)。原文发表于《法学教育》1984 年卷第 92 页以下(Michael Martinek, Der Rechtskulturschock: Anpassungsschwierigkeiten deutscher Studenten in amerikanischen Law Schools, JuS 1984, S. 92 ff.)。本文标题中的关键词 Rechtskulturschock 很难准确对应对到某个非常贴切的汉语词汇。苏永钦先生在他于 2016 年 12 月 21 日在浙江大学之江校区都克堂的演讲"法律作为一门学问"中将本文标题译为"法律文化的震惊"(演讲稿后刊发于《浙大法律评论》2017 年卷)。从法律继受角度观察,culture shock 主要指后进民族(蛮族)面对罗马文明时,由于巨大的文明落差所导致的敬畏之心,使得蛮族作为征服者也会匍匐于一个辉煌文明的废墟之下。经过与马丁内克教授讨论,其认为 Schock 在此处所表达的是侧重负面和消极的语义,且 cultural shock 在我国也被译为文化冲击、文化休克、文化冲突或文化震撼,故本文标题确定为"法律文化冲击",特此说明。

** 清华大学法学院副教授,博士生导师,德国萨尔大学法学博士。由衷感谢清华大学法学院在读博士研究生胡婷同学,她在慕尼黑大学访学期间,帮助译者搜集了相关德文资料,感谢蒋舸、汪洋、季红明等师友在论文翻译过程中给予的指导和帮助。

少在结束为期一年的学习之后继续在美国律所做实习生。[①] 尽管目前的经济发展形势并不十分乐观，而即便是奖学金获得者还经常需要自己贴补留学费用，或者向父母要钱，[②]但德国大学生[③]却并没有抱怨在外国筋疲力尽的生活。相反，德国法学生正在经历留美热潮。德意志学术交流中心估计，未来几年申请留美的法学生数量还会急剧增加。

几乎没有人会追问，留美经历对德国法学生个人和职业发展有何作用。[④] 美国所具有的难以言明的魅力和上述留学项目的探险性容易让我们忽视去美国法学院学习法律的目标和效果究竟是什么。新事物带来的刺激经常让我们不再去谨慎全面的思考，在专业上带来的刺激之后，我们的期待和我们的态度究竟是什么。

未来的留学生们必须清楚地知道，一个新的世界正在等着他们，他们也必须要理解这个新世界。一般而言，他们已经通过在德国的学习获得了一些比较法上的认识，甚至是了解了英美法的具体知识。不仅如此，他们或许还曾经在论文中主张"借鉴"普通法系的做法。然而，当他们发现在美国的法律学习是如此的另类，而在专业知识上的转换又是如此困难，他们就会意识到上述知识是多么的肤浅。他可能会相信，这只是他自己的问题，只要能够努力适应不同的环境，加强外语能力，就能够将新学到的知识和能力有机融入已有的，就像在德国学习新的法律部门一样。这种设想将会在大西洋彼岸的第一周就被撞得粉碎。而在随后和经常会出现的绝望和挫败之后，他们会进入启蒙和再定位的阶段。这就是法律文化冲击。

下述内容则希望能一定程度上减轻上文必然会带来的冲击。上述内容是基于德意志学术交流中心奖学金获得者在过去几年所做的中期和总结报告，还基于美国高校教师和欧洲客座教授关于彼此不同的教育内容和理念的出版物，还基于与"老兔子们(alten Hasen)"[⑤]的对话，以及我自己的经历。[⑥] 本文的主题并非普通法

① 不过，美国法学院的学费减免(tuition remission)名额开始出现回落，因为美国私立法学院目前遭遇了较为严重的财政危机。

② 这是非常遗憾的事。当德意志学术交流中心认为，奖学金获得者还是需要自己出钱补贴出国之用时，那就无形中使经济上有优势的大学生(其他人根本就不会去申请)获得了资助，这种做法涉嫌违宪。

③ Vgl. dazu allgemein den Artikel „Die Wolle die Uni vom Bett aus sehen", in: Der Spiegel Nr. 52 vom 21. 12. 1981, S. 68 ff.

④ Vgl. im einyelnen Bey, JuS 1982, 792 (Seattle); Huber, JuS 1981, 469 (allgemein); v. Gierke, JuS 1981, 780 (allgemeine Hinweise); Dammeier, JuS 1979, 915 (Columbia); Gründler, JuS 1978, 69 (Chicago); Franzki, JuS 1977, 63 (Virginia); Jayme, JuS 1966, 256 (Berkeley); Schulz, JuS 1962, 366 (Harvard); Larenz, JZ 1962, 269 (Cornell); vgl. Auch die Glosse von Clausnitzer, JA 1980, 517 und ders., Jura 1980, 16.上述文章里有很多有用的建议。

⑤ 【译者注】"老兔子"在本文中指有长时间留美经历，熟悉留美学习和生活的德国法学生。

⑥ 我特别要感谢德意志学术交流中心的豪恩(Rauen)女士，她为我提供了很多信息和材料。我还要特别感谢德意志学术交流中心部分资助我完成了 1981/1982 学年纽约大学比较法研究中心的比较法学硕士项目。我要感谢石文德教授和格林博格教授以及我在纽约大学的同学给予我的鼓励和指点。

和我们的民法法系之间的不同,而是美国的法学教育。当然,其独特性也受到了那里的法律体系的影响,而且也一定程度上反映了那里特定的法律基本制度,反映出法律人及其工作方式以及他们在社会中的功能,还有一代一代传承下来的法律文化。

本文主要关注的是美国法学院的"运转"。如果德国学生希望通过交换项目获得硕士学位的话,他就必须适应美国法学院。由于本文主要在讲述和说明印象和氛围,因此其并非严格意义上的学术性文章,而只是印象主义的,但这反而会对留美申请者特别有用。

二、在美国和德国学习法律的主要区别

1.培训而不是教育

(1)在美国的法律学习,并不是以法学为重点对一个人整体认知过程的人格教育,而是以技术精英为目标的职业培训。我们的教育制度有着崇高的理想,即教育学生获得健全的法律人格,使其学会从哲学、历史、社会和经济方面去理解法律和运用法律。但在美国却并非如此。在德国,法律人出人意料的持续垄断着很多重要岗位。虽然在美国,经济、行政和政治精英中的多数也同样是来自法律人群体,他们被视为"万能的问题解决者(omnipotent problem-solvers)",但对美国法律人的培训目标却是技术性和实务性的,其被作为"社会工程师(social engineer)",而不是受过通识教育的有着洪堡式传统的人。后者恰恰是德国教育制度的理念,并将其作为社会重要岗位的标准。让德国法学生不习惯的是,法学院的所谓"法律教育"有三个关键词:实务导向、技能传授和精英化。

(2)实务导向意味着教育的专业化和工具化。美国学生较好地完成了一般教育之后才能申请上法学院,即在高中和大学以较为优异的成绩毕业,这也就使美国学生比德国新生要大上几岁。他们期待着能够在未来三年时间获得适合今后职业发展所必需的知识、技巧和能力,并取得第一个学位。随后他们可能会接着完成为期一年的选修硕士项目。德国学生正是在这个硕士项目中遇到美国大学生。他们通常在完成硕士考试之后,不再需要其他实务培训就可以申请在律所工作。这些律所中的不少是50人到100人规模,通过在那里努力工作而成为合伙人并获得分红。与我们将法官作为模板不同,美国法律教育的模板是律师。美国法学院根据律师的职业活动和职业观点来安排法学教育。美国的律师将自己理解为企业家,毫无疑问,这会回过头来影响法学院。"法律"不再是与崇高的理想和与公正等价值相联系的"专业",而更多的是"生意(business)",并且要以商业标准为导向。法学院的学生是未来的律师,他们希望今后在职业生涯中从他们的客户那里赚到钱。更确切地说,他们处在一个业绩原则(Leistungsprinzip)主导的社会里。这是他们职业培训的最高准则,也是他们对法学院的要求。

或许在德国也有很多法学生喜欢将他们和大学学习的关系理解为工具性的和商人式的。但美国的特殊之处在于,这种观念能够影响到需要由大学生出钱的私立法学院。法学院必须要从目标和方法上满足以实用为导向的客户需求。因此,

法学院处在一个学术色彩较少,而更多是经济竞争色彩的环境中。既非公立也绝对不便宜的法学院必须遵循私立学校的政策,否则的话它们将在争取学生、教师和企业、私人的捐款以及提高声誉的竞争中败下阵来。

实务导向型也支配着课程的设置。处于课程表显著位置的是传授“有用”知识和技能的课程,例如那些可以帮助律师解决大量法律问题的必修课程。这种实务型课程抑制了那些并未普遍开设的课程,例如“法学”(美国人对法学的理解是法哲学)、比较法、法制史。强烈的实务导向外在表现为法学院的高校教师和当地的律师在人员上的融合。功成名就的实务家很受大学的青睐,他们被聘为兼职助理教授或客座教授(assistent oder adjunet professor),而很多高校教师也反过来持续为律所提供法律咨询服务。以实用为导向的另一个外在表现是朴素的和商人式的课程风格。课程的主要内容是培训学生像律师那样用简单的语言和贴近实务的方式通过口头或书面进行法律问题咨询和法律纠纷解决。在法律诊所训练中的角色扮演和对庭审辩论的完全模拟(模拟法庭诊所)将充斥着学生们未来的生活。

(3)除了实务导向以外,美国法学院法律培训的第二个特点是技能传授(Verschulung)。这对一个德国大学生而言,是他在之前全部学习生活中都从未遇到过的。他要上很多必修课和一些选修课。他在这些课程中的出勤率必须达到95%,并且他必须能够在形式上证明他的出勤率后,才能够通过相应的考试获得学分。作为主要任务,他会拿到案例书,里面有海量的判例,他还会拿到配套的材料,然后一周又一周的读下去和学下去,他会和他的美国同学一起读到深夜。每天学习12到15个小时,这需要在图书馆工作到午夜才可能完成。这对美国学生来说是家常便饭!在美国,上法学院一般而言被看作是接近军事强度的艰苦训练,是要求学生付出全部精力,根本没有时间从事别的活动的“全职工作”。浪漫主义的大学生活方式无从谈起。

一些德国大学生可能会对这种“完全沉浸”式的氛围感到陌生:一方面是学习内容的构成和工作量,另一方面主要是时间上的投入使其少有自由时间。但他可能会首先注意到的是,美国同学在学费之外,每年还会花费将近10000美元的生活费。这些费用通常是自己来负担,或者是通过家庭的支持,还有的学生是通过贷款来实现的。美国竞争者的上进心和持久力是德国一般大学生难以比肩的。

(4)人们并不能从技能传授及紧张的学习安排推导出这是法学院的一般特点。相反,这是通过精英的自律性和私人俱乐部式的氛围才得以实现的。这也是法律培训的第三个特征。这同样会使德国学生感到惊讶。法学院是精英培训中心。只有最优秀的大学毕业生,在通过附加的法学院入学(资格)考试[①]之后才能进入10到12所一流法学院学习。这些法学院并不是基于官方评价,而是被广泛接受为“顶尖法学院”。而其他大约200所法学院都在努力朝着这些法学院的标准看齐。50个州和其他自治地区的法学院无论是在学生的选拔和最终的考核方面都面临着激烈的竞争:最好的学生会去最好的法学院,得到最好的职业起点。无论是学生

① 也有少数几家美国法学院要求德国申请者也必须要提供法学院入学考试成绩(LSAT)。

的选拔还是他们的培训内容和形式,都表明这些法学院毫无疑问是解决社会生活纠纷的精英学校。即便是实力稍逊一筹的法学院也是这样定位自己。这就是法学院的自我定位,也是法学院在美国社会中扮演的角色。这也就使法学院的学生享受到比我们这里要高得多的社会地位。当然,他们精英式的狂妄自大也饱受批评。德国学生可以预见到,在这个精英圈子里自己会成为特别受欢迎的客人和同学,前提是他们能够比美国学生更勤奋和对法律付出更多热情。除此之外,他们也会受到美国同学的特别尊重,这得益于他们的德国法学知识。他们也会受到"学生组织(student body)"的追捧,但这可能只是因为德国学生学术性和追求精细化的思维方式在美国学生看来是奇特、另类和新鲜的。

私人俱乐部氛围也是美国法学院精英化定位的具体体现,这主要是通过与我们的法学院相比更小的学生规模及其在课程中的密切合作以及教授与学生之间的紧密联系得以实现的。正是得益于更小的规模,学生能更好地相互了解,并且进一步形成熟人和朋友圈子。而美国法学院的教授显然更致力于教学,而不是科研,这就使学生们更容易接近老师。在美国并没有教席,也没有经过法学训练的助理。助理群体在德国反而可能成为教授和学生之间的交流障碍。而美国的做法却能促进教授和学生之间建立起非正式和平面式的交流机制。此外,教授在美国法律文化中并不被界定为专家或权威,而是被理解为平易近人的教师。

2.常识而不是科学

(1)"法学是一门科学(拉丁文:jurisprudentia est omnium rerum scientia)"。优士丁尼《民法大全》(Corpus Juris Civilis Justinians)中的这句导言至今还能使逐渐褪色的全能的"一般法律人(Generaljuristen)"[①]*感到骄傲和自豪。德国法律人在完成学业之后,可能会经常拿这句话来为其专业的科学性辩护。无论法学的根基在于传统罗马法理论的科学化,还是古典注释神学(klassisch-hermeneutische Geisteswissenschaft)抑或是构造社会学(gestaltende Sozialwissenschaft),均是对流传下来的知识进行体系化,通过将生活事实涵摄到具体的法律中,进而获得解决社会纠纷的新认知。以此为标准,认为法学是科学的论断基本是正确的。这种理性和逻辑上的归类,至少会给人一种感觉,即从事这项工作的人是运用基本逻辑推理的"科学家"。

相反,"律师的唯一问题是,法官会怎么做?"[②]以及"法律的生命并不是逻辑,

① 【译者注】德国传统法学教育认为,大学对法律人的培养应该是全面的,而不能局限在民法、刑法或诉讼法等某一个领域,从德国大学走出去的法律人被认为应该具备承担任何工作的能力。目前,这一理念不再被德国大学的法学教育所坚持,而是逐渐退出了历史舞台。是故,马丁内克教授表述为逐渐褪色的全能的"一般法律人"。

② Holmes, American Law Review 1872, 723 f.

而是经验”。[①] 在美国广为人知的法官和法学教师霍姆斯[②]的上述警句根植于与我们极为不同的法律传统。其并不是博洛尼亚(Bologna)、帕多瓦(Padua)和帕维亚(Pavia)的传统,而是要回溯到英国律师学院(Inns of courts)。在律师学院里,法学教育是在实务家的指导下进行的,主要内容是研读判例(读法律)。这在美国革命之后被复制到了美国。法律人需要经过专门的理论培训,这一理念以及大学在法学教育中发挥的作用,不论在英国抑或在美国都是晚近才出现的。美国法律人并不认为有必要把法律规则抬升到科学的必要。在英美科学史上,法律从来都不被认为是科学、艺术或者人类学的组成部分,而是自成一体。虽然在找法和得出结论的过程中存在理性的要求,但是直到今天也不被认为必须要像科学那样在方法上和结果上是可复制的和可检验的。在英美法中并没有这样的契机。虽然法学的科学性在我们看来有极为重大的作用。但是在美国,法律的科学性却隐居于法哲学中。法学院的学生却并不关心这个问题。“不幸但也可能是幸运的是,我并不确定法律究竟是不是科学”。[③]

(2)如果德国学生试图用他已经掌握的方法和科学定位去理解美国法律体系、法典甚至是法院的判例,对文字进行萨维尼式的阐释,进行拉伦茨法学方法论式的精细化操作,那么他会开始动摇。因为他越是进行方法论上的努力,就会发现越来越多的矛盾,这让他与发现法律背后的理性这一目标渐行渐远。即便用我们最具弹性的方法论,广泛的适用类推的方法,也还是无法粉饰许多模糊之处,无法对其进行数理逻辑上的证成。对法律逻辑性和一贯性的探寻却无助于解决法学院中的法律问题。其实,当我们认为,我们的方法至少可以部分适用于这个陌生的法律体系的时候,就已经站在了错误的起点上。我们无法将我们的方法用于起草法律文书或者在课堂上回答法律问题,无法用于对法院判例的分析和法律条文的解释。美国同窗们会一头雾水地摇摇头。而对于德国式的“概念主义”及其“高度复杂性”,教授则会善意地笑着说,康德和黑格尔可是早就躺在坟墓里了。对于德国学生想要找到的法律问题的“正确”解答,美国的法学生和法学教授是无法理解的。对于“正确”答案的追求,会让美国法律人想到他们的“自由主义的不可知论(liberal agnostizism)”和影响深远的英国经验主义和怀疑论,想到通过美国的功利主义和新近的行为主义所进一步强化的朴素功能主义(nüchtern funktionale Grundeinstellung)。美国法律人认为他们与德国“形而上的”法律观截然不同。美国法律人并不认为,用来保障人们共同生活所应该享有的人格尊严的法律体系是从绝对的应然原则中导出的“真理”或者“公理”,而是将其作为在持续归纳经验的基础上所形成的和谐和稳定的法律体系。美国法律人在处理法律问题时并不追求

---

① Holmes, The Common Law, hrsg. von DeWolfe Howe, 1963, S. 5.这本书首次出版于1881年,其被重点推荐为基础参考文献。霍姆斯在另一处写道:法律其实只不过是“预测法院将如何裁判,除此之外并无他物”,Harvard Law Review 10 (1897), 460 f.

② 霍姆斯生于1841年,卒于1935年。

③ So der englische Richter Bailache, in: Belfast Ropewalk Co. v. Bushell 1 K. B. 210, 213 (1919).

一般意义上的逻辑推理。他们对法律的理解与萨维尼在那场著名的法典化论战中所坚持的立场类似,即法律是现实生活中发展而来的历史秩序,而不是预先规定出来和从理论中导出的规则秩序。

(3)在美国法学院中占主导地位的并不是体系化原则、逻辑性原则、精细化原则和概念化原则。在那里起主导作用的是经济性原则、实用性原则以及最为重要的常识,后者贯穿于美国法和对法律人的职业培训。普通法的基础是在我们看来充满神秘感的常识。借助令人扼腕的德语翻译"健康的人类理解(gesunder Menschenverstand)"并无法充分和正确的理解作为英美法系法律发现之起点的常识。在做法学院的作业时,常识主要意味着通过谨慎细致的案情分析,能够合情合理的阐释其法律状况,且从案件事实整体看来不会产生疑问,能够正确的得出结论。

这也是德国学生必须解决的问题。常识是贯穿于学习日常的。德国学生总是努力以科学演绎的方法来建立对问题的基本观点,将法律问题作为实践理性和经验共同作用的产物。在第一个学期被批评为"艾玛婶婶(Tante Emma)"的看法之后,他就再也不敢这样做,而是越来越以非德式法律人的方式来解决问题,最终克服甚至是要完全放弃德国方法。他们要做的是根据经验来讨论当事人之间的利益状况,然后评估与判例相类似的案情以及可能的案情(这种方法在德国必死无疑,但在美国的考试中被强制采用),直到自己能够得出理性的和前后一致的解决方案。德国学生虽然不情愿,但是必须接受这就是美国法学院日常学习的基础。

3.具体化而不是抽象化

(1)必须强调的是,美国法律学习更像是事实学习,因为善于寻找事实的人才是能够作出决定的人。法学生几乎不学习抽象的理论,而是主要学习如何处理大量案件事实,学会将实质性的事实从非实质性的事实中择出来,标准是其是否可以用来论证案件。美国法学院的考试从不会只是处理几段案情,然后让学生对诸如承揽人质权(Werkunternehmerpfandrecht)详细阐述自己数页长的意见。相反,学生会拿到好几页纸的考题,要求其首先仔细加工案件材料。他必须要说明自己加工案情的"技术"是什么。需要巧妙处理的并不是理论,而是案件事实和不同的解决方案。德国学生总是会讨论权利的定义,找到并给出"概念",讨论抵押以及社团的法律本质。这在德国确实是法学教授和法学生进行分析时不能逾越的必要理解步骤。最智慧的德国教义学者会从所有权人和占有人的关系出发,精细化地从《德国民法典》第988条导出问题的争议焦点在于"没有法律基础真的等于没有报酬请求权"吗?然而,当他们尝试将类似的法律知识用于美国法律问题的解决时,他们会感到无能为力以至于怀疑人生:现实中的裁判者并不是这样处理具体案件的。新理论和概念创新从不会被看作是法律的进步。"对于我们来说,进步意味着法律能够更充分的应对具体社会问题。"①精细化的构造从来不被赞赏,反而会被讥笑。留下来的只是最为简单、清晰和明确的,并且有意的用尽可能生活化的语言来表述的具体解决方案。人们并不会拘泥于意思表示的"法律本质"究竟是什么,不会拘

① Vgl. Merryman, Stanford Law Review 27 (1975), 867.

泥于具体的案件能否被归入抽象的法律规则体系中去，这对于美国法学院的教授而言是无法理解的，因为“法律源于实践，而非逻辑。”①

(2)这其实是经常被用来理解判例法(case method)的一句话，学生们对此广泛存在着误读，认为其是区分英美“判例法”和德国“法典法”的关键词。其实正确的解读是，在美国占主导地位的判例法是指，美国法学院主要是通过阅读判例和通过虚拟的案件来讨论具体的法律问题。但是经常被忽视的是，美国法学生越来越多的依靠法典来学习法律，这超出了我们的预想。这是因为，严格意义上的纯普通法一段时间以来正在受到法典化运动的强烈影响。在美国，法典早就成为重要的法律渊源，其在经济法领域甚至是最重要的法律渊源。现在已经没有法院判例不以某个规范作为基础。尽管如此，上述审判实践与法律文本之间的关系与我们的法律文化显然不同，因为裁判并不是对法律的适用，其本身就是法律。只有通过判例才能够获得法律文本在实践中的轮廓，而文本本身的语义则少被论及。

美国学生通过研读判例来导出具体的法律原则，这在德国是普遍流传的认识。但这种认识却在很大程度上是错误的。美国学生并不会通过具体的裁判抽象出法律规则，然后通过先例约束力原则将其运用于类似的具体案情中去。果真如此的话，判例法就成了有约束力和内在一贯的操作方法，据此在不同裁判主体之间形成可以验证的结论，特别是只有经过抽象化操作才能得出链接两个判例的中间步骤。同样不正确的是，人们把英美法判例法中类推和涵摄的方法与我们的概念联系在一起，进而认为英美法通过类推从判例中提炼出相应的规则，然后将正在处理的案件涵摄到这个规则中去。如果真是如此，那么“从案件到案件的说理(reasoning from case to case)”就成了以逻辑和解释学为基础的法律发现过程。法学院的判例教学法的重要任务是，让学生直面具体细节。人们之所以要学习判例，是因为以下工作是尤为重要的，即在海量判例中找出所有事实并在课堂上进行论证说理。此外，学生还要掌握法律用语，学会评价当事人的全部陈述，此外还要掌握辩论技巧。在学习判例时，意见相悖的案件通常被同时进行学习。通过区分彼此之间不同的案件事实来保持判例之间的协调统一，并使他们能够被归入到同一先例中去。这总是让德国学生很崩溃。美国学生却没有这种困扰，因为他们并不在乎关联性和一贯性，而是早就习惯了生活在矛盾当中。课堂上的具体案件是“法律程序运作的例证”，其并不因规则而不同，而是因事实而不同。由此可见，判例法与我们实习期间对案卷的学习以及对裁判技术的学习都相去甚远。在法学院和法院审判实践中的法律适用，绝不是从具体案件(先例)中抽象出法律规则，然后再反过来将抽象的法律规则运用到需要裁判的案件中去的所谓两步走。相反，从具体案件并不总是能提取出判决理由。即便认为用我们的方法是可以提取出来的，但在美国并没有人这样做。法院的判例发现和学生们的分析一样，都停留在具体层面，而从未达到德国民法典中一般法律规定的抽象程度。处于具体个案之间的桥梁像一条主线，而绝不会形成包含抽象性的三角形。所谓“从案例到案例的说理”并不是方法

---

① Holmes, (o. Fußn. 8), S. 244.

论上理性的两步走,而是从事实到事实的联系。

美国学生通过案例来养成他们的诉讼思维,而这显著不同于我们的法学思维,即请求权基础和主观权利思维。普通法是从令状(Klageformel)制度发展而来,即在数百年进程中逐渐形成的典型的争议案件类型。正是通过这一诉讼制度,借助具体的裁判逐渐形成了实体法,其至今依旧在条文结构上与古代的诉因(causes of action)制度存在着强烈的内在联系。正如梅特兰(Maitland)所言:"我们虽然已经将令状埋葬,但它们依旧在坟墓里统治着我们"。① 德国学生也因此经常能够听到下面这句话:"当你学习美国法时,不要依靠理性,而是要着眼于程序(When you think about American law, never think rationally, think procedually)"。② 法律的实现,并不是强制执行的含义,而是通过在说理上的成功来获得诉讼上的胜利,这也是美国法律人最关心的事情,即"创造法律"(making of the law)。

德国学生感到特别奇怪的是,在案例学习中经常会涉及古代判例。美国学生必须理解审判实践中法律的发展过程,例如对于种族歧视问题,学生们必须要学会从历史的视角加以分析。学生必须将社会理解成为鲜活和有机的发展过程,其中没有什么是永恒的,而是要经常根据改变了的社会关系来重新加以审视。而法律正是在这样的环境下生成的。法律的进化正在于通过一系列具体判例解决社会问题。法律是改造社会的工具,这也正是法学院的学习内容。著名的卡多佐法官,在我们的标准看来是自由法学派的代表,他说道:"先例的背后是司法的基本理念,这也是司法说理的前提。而司法理念的背后则是生活的习惯,是社会制度,这也正是司法基本理念的根基。而在诉讼的过程中,它们通过互相作用而彼此修正。"③

(3)在法学院学习的重点是案例阅读,每节课大约需要预习 50 页案例材料。德国学生会感到费时费力、筋疲力尽、单调无聊甚至是毫无意义。这种方法即便在美国也越发受到批评:一方面是因为费时,另一方面是因为这种方法使法律与其他学科严重脱节,例如社会学、政治学、心理学和经济学。尽管如此,这依旧是主流的讲授方法。德国学生必须为此拿出大量时间。由于案件材料中的具体细节几乎无法被体系化归类,因此,抽象化起不到任何作用。学生必须要注意到很多细节上的矛盾,从而准备好适用典型的争议案件作为说理的模板并能够正确的引用判例。逻辑推理和归纳法对此都是徒劳的。影响案件走向的并不是规范的具体细节。美国同学总会向德国菜鸟保证,决定案件胜败的关键就在具体案件事实的细节之中。

而类似合同法这样的课程则通常借助案例书来学习。德国学生会开始蠢蠢欲动,尝试通过体系化获得对这个法律部门的总体认识并准备制作备考笔记了。这种方法无疑又回到了我们的规则体系及其内在逻辑性上。德国学生总是罗列出相似的案情,并通过关键词来加以组合联想。他们希望能够借助于整理案例书中这

---

① Maitland, The Form of Action at Common Law, A Course of Lectures, hrsg. Von Chaztor und Whittaker, 1979, S. 1.

② Damaska, University of Pennsylvania Law Review 116 (1968), 1363 ff.

③ Cardozo, The Nature of the judicial Process, 1921, S. 19 f.

些有微弱联系的案情来节省时间,因为与大量案件事实打交道很快就会使他们失去耐心甚至偶尔会异常愤懑,因在他们看来根本没有什么决定性的事实细节。德国学生已经习惯了进行剔除,将无法被涵摄的案情排除出去,通过这个方法为案件事实的处理减负。德国学生通过将事实材料纳入已知的法律规范从而降低了其复杂性,并且随着目光往返于规范和事实之间,对生活意义上丰富多彩的案件事实进行了重塑,并最终将其塑造成为"法律问题"。但让德国学生有兴趣进行概念化的问题,却使美国学生望而却步。相反,使美国学生沉醉于案件事实说理的问题,却让德国学生不明所以。德国学生徒劳地盼望着讨论能够回到"法学"范畴。而从美国观念看来,这种讨论一直集中于法学意义,而抽象空洞的讨论才是应该避免的。

4.主题化(Topik)而不是体系化

(1)在美国法学院学习伊始,德国学生就期待着学到法律"体系",通过大约一年时间就可以领会其"基本特征"并且能够获得对法律体系概况的了解。但这是不可能的。英美法律部门的体量和数量从最开始就已经决定了,在法学院的学习只能是列举式的和初步的。对于基础法律部门,诸如合同法、侵权法、宪法、民事诉讼法、商法、公司法和反垄断法,只能在一年内进行平面化的讲授。学习的内容也只是集中在少数法律部门的主要内容及其蕴含的"英美法精神"。对某些法律部门的学习给人以假象,认为可以从法律制度中提取出"法律体系",并找出法律制度之间的相互关系。遗憾的是,美国法并不是这样。规则及其合理性只存在于常识的语境下,他们并不是像我们方法论意义上的系统观念。这可不仅仅是英美法中个别法律部门才存在的现象,而是几乎所有涉及现行部门法的法院裁判均是如此。"判例大全(Law Reporters)"几乎涵盖了接近 300 万个判例,而每年都会新增大约 5 万个判例。在德国学生看来存在的主要问题是,其缺少系统化的学习工具、教学方法和能够便捷了解案件材料的简明工具书。美国法律人却并不认为法律的体系化存在研究价值。

(2)综上所述,在美国并不存在我们意义上的法教义学,也并不存在自成体系的法律部门。正如达马斯卡所言,"美国法语义学(Grammatik des amerikanischen Rechts)"并不存在。① 而在法律制度之外,也并不存在以法院裁判为基础撰写的参考文献,进而使德国学生能够洞悉美国法律体系和判例集的构造。德国学生无论怎么努力也找不出一目了然、结构清晰和便于理解的规则体系。当德国学生在第一周尝试为课程寻找"相关的"法院裁判时,他就会体验到这种抓狂的状态。当他想处理一个案件时,例如在一场棒球比赛过程中,一位观众被棒球伤到了眼睛,他会用到搜索引擎或者"Digests",后者是按照编年顺序整理的判例集(!),然后输入"比赛""场地""棒球"或者"观众"进行检索,因为主要规则体系正是通过"关键词法(descriptive word method)"来根据"行为""地点""事件""任务"加以构建的。美国裁判需要处理的生活事实世界,也正是按照这四个要素来进行分类的,即"行为""空间上的联系""涉及的物""参与的人"。这同样也构成了日常生活语言的主要

① Damaska (o. Fußn. 14), S. 1363.

内容。

在判决和其他的参考资料中,人们根本无法找到分类和秩序,更找不出我们习以为常的用精致概念所构建起来的内部逻辑一贯的概念大厦(Begriffskathedrale)。这就不用我们一再强调了。不仅仅是判例,法律文本也同样如此,其称不上是体系化的规则,而总是出奇的冗长而且无法一目了然。规则的条款有时是不完整的,而规则与规则之间也经常前后不一致。因为没有追求完整性的意愿,法条经常只是规定某个具体法律制度中的专门问题。相比于我们的普鲁士一般邦法,英美法在这方面更加强调细节,并且保持在令人惊讶的具体层面。美国法律人根本无法处理抽象的法律规定。

所谓的先例约束力很难成为稳定的体系要素(视情况决定规则,stare decisis rule)。在实务中,先例约束力的变通性极大:因为没有任何案件和其他案件的所有细节完全一致,而对于法律人来说,需要掌握的技艺就是“找出案情的区别”,即便是细微的不同,也要通过甄选和强调,得出不同于先例的一般化结论。通过区分案件生活事实,使其跳出先例的作用范围。人们称其为“从规则中逃逸(to distinguish away the rule)”。从规则中逃逸是司法实践中联邦最高法院的裁判常用的解决问题的合法方式,并在法学院中被学习和熟练掌握。

因为教义学的目标是实现思维和工作的经济性,因此,法教义学的缺位会对法律文化造成深远的影响。这对于德国学生来说是最显而易见的,要处理一个法律问题需要海量时间。因为德国学生必须要凭经验和联想,才能找到问题的解决方法,而这个方法还只是众多法律人找到的尽可能合适的解决方案。他们只能慢慢学到,通过关键词来描述问题,从而能够在关键词的帮助下找到能够进入问题范围的判决并且能够作为说理的材料。人们应不应该将“调查(Research)”译为“研究(Forschung)”呢?抑或是简单的查找呢?当然这还表现在试错法,这与法院审判过程中对判例的寻找并没有什么不同。“试错的过程在物理学中富有成效,在司法中也是如此。”①

(3)美国法律思维中并不存在德国学生信赖的体系化和教义学,而是在很大程度上坚持主题化(Topik)。只有通过想象和联想能力,人们才能将具体细节联系在一起。只有通过想象、联想力以及自然回溯到的常识,才能够理解美国法律文化。与处理法律文献的书面作业相比,在课堂上的讨论则更为明显。与我们相比,美国法学院更强调训练学生针对案件及其问题进行法律对话的能力。这表现出美国法律文化在说理模式上的主题化和辩论化特点,尤其是课程设计遵循“苏格拉底方法”。美国法学院的教授只提出问题,但不会自己给出答案,而是环环相扣的引导学生们进行辩论。如果谁没有跟上思路,没有准确的讨论主题或者是开始长篇大论,开始出现重复或者是跑题,就会被教授毫不留情面的纠正过来。主导讨论的并不是思考过程的一贯性,这并不被作为是上位的和不可动摇的目标,相反,无可争

---

① Justice Brandeis in seiner dissenting opinion in Burnet v. Coronado Oil and Gas Co., 285 U. S. 393, 406-408 (1932).

议的目标是让听众觉得无懈可击，即让听众无法察觉问题的存在。只要在自己的发言之后让同学们无话可说，并且让教授不再追问，那么他就做到了在听众眼中的无懈可击并可以庆祝自己的胜利了。不过，上述交流方式并不能被提炼为清晰的和在任何意义上可以验证的说理逻辑。只要不逾越根植于美国人思维中人与人之间沟通交流的公平要求（不能通过人身攻击进行论证、不能用粗鲁和无理的字眼等），那么几乎所有的做法都是被准许的。由此可见，美国法学院的运作是通过个人之间的竞争来实现的。能够通过考验的是最雄辩的学生，是最能够契合美国精神的学生。当然，胜利者还应该有好听的声音，甚至要在精神高度紧张的时候表现的信心十足。就像教授们在很多课程中所说的那样，学生必须要努力做好自己的表演。“好的表演”在美国并不被认为是贬义词，在法学院这被看作是恭维的话。好的表演是为了能够最大程度上使自己陈述的意见获得共鸣。说服的艺术甚至哗众取宠和诡辩技巧都被认为是武器库中的合法组成部分，只要它们看起来是一个讲道理和有常识的人也会采取的思考方式即可。

（4）事实上，与其说是在客观意义解决法律问题，或许主观含义更为贴切。学生们被期待着对问题发表个人意见，在他的论证基础上提出解决问题的个人观点，而不是期待学生们找出隐藏在法律适用过程背后的所谓客观真理。在考试的时候，大多数考题，特别是模拟法庭训练都要求学生对不同利益主体作出识别判断并给出咨询意见，即学生经常被要求从“案件”出发，分别从原告的立场来叙述案情，然后从被告的立场发表律师陈词，随后草拟判决书中法官的意见。相互矛盾并不被认为是突兀的。考试并不要求学生进行“客观的”案例分析，相反，学生被要求借助自己的突发奇想和移情能力来进行可以接受的论证说理。在美国人看来，具体个案的解决难以实现客观性。他们更愿意用在我们看来略显神秘的方式通过利益对立的多方讨论来找出问题的解决方案。借助竞争原则可以发现和形成真理，可以发现和形成法律，这种坚定的信仰使当事人主导原则和辩论原则取代了职权主义和职权探知原则，即便在我们看来属于公法的领域，特别是刑事诉讼也是如此。对抗式的法律发现程序，是通过区分当事人之间的不同陈述来提取法律的过程，这主要被用于所谓“诊所式”教学法中。甚至可以夸张地说，诊所式教育对于德国学生而言是最具挑战性的，因为事实和法律的发现完全有赖于其对美国法律文化的理解。

法院判例读本中法官“意见”部分在德国学生看来同样是主观的。这与我们以简洁为美的观念以及理性的风格相去甚远。在德国，法官的意见应该限定在有重要法律意义的事项，且法官的意见不应该突出个人色彩，而是应该保持判决的客观性特点。相反，美国的法官意见表述是极具个人特点的。美国法官经常采取聊天式的表述，这以我们的标准看来是感情用事的和烦琐的，完全没有区分法律问题和事实问题，以至于德国学生很快就会开始批评美国法官。美国法官的地位与我们法律文化中的法官并不相同。法官的主要司法角色是在公共生活中发表自己的意见，其被看作像新闻发布会中的政治家那样，有的非常受人欢迎，有的则完全不受欢迎。简而言之：美国法官被看作是个体，他们作出的判决即便并不是理性的，也因为他们的职务和个人魅力而无论如何是正当的。法官的裁判并不是组织作出的裁判,而是被看作是法官个人作出的裁判。这对德国学生而言是十分陌生的,并且会使其产生司法实践恣意性的印象,直到在美国一年的留学生活结束时都还很难消除这种印象。

三、走出困境

1.不存偏见的学习和发自内心的理解

(1)英美法律思维在我们看来是如此的不同,以至于人们几乎不能将美国的“法(law)”翻译为德国的“法(Recht)”。美国法律学习的理念、目标和方法也在很大程度上和我们存在矛盾,这使德国学生进入美国法学院学习时就像是换了个专业。在很多方面,德国和美国的教育理念、目标和方法甚至是针锋相对的。在我们这里是优秀法律人的特质,却被美国法律文化认为是糟糕的甚至是适得其反的。

美国法学院对学生个人和专业上的灵活性和处理复杂问题的能力以及对于执行力都有很高的要求。如果学生只是基于探险精神而选择去法学院,那么将会付出沉重的代价。如果只是为了开拓视野或者为了刺激的体验而选择法学院,那么可能乘着独木舟从亚马孙河顺流而下还要更好一些,或者有同样的作用。因为到处都有德国学生低估了转换的困境而陷入绝望。

在这里首先要谈到的是德国学生来到美国法学院第一周经常会存在的沙文主义。或许是出于逃避,一些德国学生在很短时间之后,就高高在上地对外国的法律体系评头论足,认为自己的法律体系是成熟的和讲究逻辑的,而美国的法律思维是低等的和落后的,从而经常私下甚至公开的嘲笑“美国法律文盲”,轻蔑的称其为“米老鼠法律”。令人惭愧的是,很多德国学生只是刚刚开始学习美国法,甚至完全不了解美国法律文化和它的神秘性,但却如此自大和傲慢,似乎他们在参观一座“法律博物馆”,让他们惊叹不已的是前启蒙时代的缺乏科学精神的法律文化。这显然是一种保护机制,目的是为了掩盖其不断加重的不安全感。作为东道主,应该打消德国学生的这种看法。通过上述偏见并不能让法律文化冲击慢慢消失,因为德国学生会随着课程的进行越来越担心,美国法律文化如此另类,甚至无法被看作是在法学层面或者法学意义上解决问题,而只是一种接近法学的“方法”。当然,确实存在一些美国法律部门,就算是按照当地的理解还依旧处于欠发达的水平,例如行政法。相反,也有一些法律部门已经达到了令人印象深刻的水平和成熟度,比如新破产法。起到决定作用的是“法律思维”的独特性。德国学生很快就会发现外国法律体系的优势,而对德国法学教育的深信不疑也将逐渐开始被打破。这样就能够克服法律文化冲击进而迎来收获的季节。随着时间的流逝,最初让德国学生惊讶甚至害怕的美国法却越来越有吸引力。

(2)那些完全屏蔽在德国受到的法学教育的学生能更轻松的适应美国法学院的学习。为此,他必须要忘记其所学的以德国法为基础的知识、观点和方法,从而可以在最大限度上没有任何包袱和不带任何偏见的接触美国法律文化。思想开放、好奇心和热情,都是能够更好地学习美国法的前提条件。

马克思·莱因斯坦(Max Rheinstein)[①]根据他多年任教于芝加哥大学的经历，对欧洲学生如何在美国法学院开始学习生活给出了建议："努力忘记你曾经学过的法律。永远不要用你在母国的方法来尝试解决美国的法律问题。否则你会迷失你自己。"此外他还补充道："上述建议确实很难做得到"。其实还在德国时，就可以开始为践行莱因斯坦的建议做准备了。在小心翼翼和半信半疑的阅读用德文撰写的介绍美国法的入门教科书时，很多内容反而会给学生留下错误的印象，似乎可以用我们的标准去衡量美国法，甚至可以将美国法体系化。而真正来到美国法学院以后，你就会发现并非如此。相反，学生应该努力阅读英文(而不是译为德文的)入门书。或许更需要强调的是，一定不要读比较法意义上的学术专著，这对于今后在法学院的学习准备并无用处，而只是对撰写特定主题的博士论文计划有价值。如果谁想要攻读比较法硕士(M. C. L. oder M. C. J.)的话，那么就很少会在其选择的美国法学院里遇到我们所理解的比较法研究，而只是集中在美国法的范畴。比较法研究通常是基于个人兴趣的，而且要到后期才会遇得到，最早也要到留学的后半段才会进行。在此之前，其实人们并不知道究竟应该比较什么。

几乎所有德国学生都会犯下面的错误。他们会购买一本德英法律词典，却不去购买美国法律词典，这样他们就看不到原汁原味的对"法律术语"的解释了。如果有谁相信，通过把英语中的"抵押(mortgage)"翻译为德文的"抵押(Hypothek)"，把英文中的"单边合同(unilateral contract)"翻译为德文的"单务合同(einseitig verpflichtender Vertrag)"，把英文中的"地役权(servitute)"翻译为德文的"地役权(Dienstbarkeit)"，并据此作为理解两种法律文化之间的桥梁的话，那么带来的只会是伤害。把英文术语联想和转译为德国法律概念，然后再借助德国法律规则和法律制度加以理解，却忽视了这些概念能否移植到美国法律思维这个最关键的问题，而这个问题的答案本身就相当令人怀疑。这反而会使德国学生更难理解莱因斯坦所描述的基本事实："普通法思维之道不同于民法思维。"[②]

(3)理解美国法律最好的方法是从美国法自身出发，通过其结构元素和它与生活现实之间的关系来理解美国法。不仅如此，对德国学生来说还需要摒弃平行的、桥梁式的和用于类比的德国法律规定。不要以我们的法律文化作为表达美国法律思维的外在标准，否则就必然会经历失败。不要尝试从外部理解美国法律文化，而是应该尝试从美国法自身来努力导出对美国法律文化的解读，也即努力做到内在的理解。这就需要德国学生融入美国实用主义的常识精神。对此，毫无保留的文化接受就是必要的了。德国学生不能把自己封闭在美国法学院里，然后通过勤奋和德国人著称的严谨，通过美国法来学习美国法律文化，这将是一次没有任何希望的冒险。隐士式的学习不应在法学院进行，因为美国法学院的气质是开放的、有说服力的和雄辩的，是务实的而不是好高骛远的。如果谁想在美国法学院做一个学术性的理论研究人才的话，那么一定会走进死胡同。相反，美国法学院眼中的理想

---

① Rheinstein, Arkansas Law Review 22 (1968), 421 f.

② Rheinstein, Arkansas Law Review 22 (1968), 421 f.

法律人是企业家式的、商人式的和外交家式的律师。只要德国学生能够全身心投入到非理性的、主观性的和雄辩式的近身肉搏战中,他们很快就能看到希望了。当然,在对具体法律问题的讨论中他会感到动摇,法教义学式的法感觉会涌上心头,然而他却不能走向抽象,不能重提体系化的法律秩序,任何涵摄工作都是不被允许的。德国学生很快就会意识到,美国法是如此不同。

2.突破、启蒙和持续性的收获

(1)在法学院的开始两到三个月时间对德国学生来说肯定是很关键的,尤其是让他们崩溃的专业冲击,还有语言上的困难,不仅如此还需要适应新的环境。但这段时间决定了,德国学生是否在法律文化冲击之后陷入听天由命和玩世不恭的状态,进而只是和项目中的其他学生一起满足于混日子和最后能够顺利毕业。非常遗憾的是,超过四分之一的德国学生是这种情形。当然,还有一些德国学生在短暂的适应期之后能够转向另一个轨道,他们越来越喜欢美国法这个新世界。因为法律文化之间的鸿沟,他们肯定走了很多弯路:他们必须要认识到并形成另一种英美式的法律本质观,并且认真对待和信赖英美法律体系,就像对待德国法一样,还要会用德国法和英美法律分别实现具体个案中的公正。谁能成功度过文化融入的最初几个月,那么就会迎来越来越多的收获,也会因为能够理解美国法律部门而有越来越强的满足感。只要付出足够的努力,那么就完全不用担心期末考试了。而对德国学生考试成绩起到决定作用的首先是其融入美国文化的程度,即是否能够"像律师一样思考",然后才是抽象能力和建构能力。

(2)德国学生就像在混乱的判例海洋中遨游。随着知识和能力的小岛越来越多,它们中的大部分逐渐连成了一片大陆,这片大陆上尽管还有内海,但已经可以将其和陆地区分开来了,进而可以对其进行有针对性的研究。一些法律部门,如合同法中的给付障碍(frustration)和损害赔偿(restitution),侵权法中的过错(negligence)和非法侵害(battery)就存在上述边界。在说理方面的标准和理论都存在着主题式的说理策略,其可以被熟记并且在表述上加以掌握。当然,这里所谓的理论其实可以简单地被理解为对问题的看法。这些主题必须要结合其历史发展才能够被理解,但它们并没有形成完整的规则,而只是学生们在对法律问题进行定位和处理时喜欢采用的切入点。

以这样的方式,德国学生通过努力和时间就能领会到美国法律人的手艺。而对美国法学教育的需求也正是传授这种手艺。如果哪家法学院的教育是哲学化的,那么就会出局。法学教育的重心始终是直面实务中法律问题的处理和解决,通过辩论程序,借助于常识和先例以及可能在社会现实中产生的持续性效果,从而"试验式"和摸索式的找出案件的解决方案,即实践中的法律(law in action)。

在很多法学院里,德国学生可以向分配给他的导师或者他选择的指导教授寻求帮助,而他们总是会提供很多有益的建议。这种"外国学生顾问"在现实生活中不仅仅是提供专业上的咨询,而且发挥着心理医生的作用。他们总是这样鼓励来自民法法系的外国留学生:英美法就像是一座极为复杂的建筑,人们可以把它想象成一座虚构的宫殿,它是由很多不规则的部分组成的,而这些建筑材料源于上千年历的历史变迁,它有罗马式的简洁,有巴洛克式的动态,有洛可可的华贵,还有达达式的虚无。就像在梦境中一样,人们会在数不清的大厅和房间中迷失方向,会一不小心就撞到墙上,跑向想象中的门,跑向没有任何功能的柱子,然后在秘密楼梯里踉跄前行,被夹在双层墙中间,走在没有尽头的走廊和小道上,到处都是镜子,到处都是倒影。尽管如此,人们还是可以把这座宫殿摸清楚,并且在引导下了解这里的一切,一点一点发现它们的意义或者发现它们并没有什么意义。随着惊吓逐渐减少,他获得了越来越多的安全感,在一年的学习之后甚至可能在一些房间中像一位城堡主人一样住下来。

(3)随着时间的推移,同学们会越来越清楚地了解到,他们是可以走上正确的道路的。他们必须清楚的认识,虽然在"法学院"的学习体验和教育体验在很大程度上不同于我们的工作方式和培养目标,但是两种法律文化在他们的功能上是等量齐观的。当然,针对具体法律部门的认识在两个法律文化看来就更加不同了。

很多之前被我们看作是西方法律文明中不言自明之事,这被我们理解为法律的本质(例如我们关于合同成立或者土地所有权转移的规则),现在看来,这些在德国大学中习以为常的认识只是相对性的,是建基于我们特殊的社会文化和法律传统上的。德国学生最终能够发现,作为裁判说理的最后根据,我们所信赖的教义学也是脆弱的。这促使学生进一步去探索。民法教义学,例如财产法,在其统领下会使学生感觉到安全,并且被认为能够很高明的解决现实生活中的民事法律纠纷,通过民法教义学可以使学生发现权利和公正,但这其实也只是纯粹的主观判断。因为即便我们采取完全不同的方法,也能得出殊途同归的结果。德国大学中的法律人会倾向于认为法教义学能够满足康德-黑格尔意义上的绝对真理,他也逐渐习惯了将法教义学作为发现法律的眼睛,即用法学的方式来看待案件生活事实(纯粹法律上的),而且他也被要求必须这样做。但他终将发现这种方法并不能被用来理解其他法律文化,其可以通行于其他法律文化的预想是错误的。而看起来是发现法律的眼睛,但其实只是某一种眼镜而已。这时候德国学生会追问,究竟什么才是眼睛。

这背后其实涉及对社会意义的理解,涉及以法律为工具的社会制度的伦理价值。社会意义是法学教育的驱动力,而法教义学只是一种在特定条件下必须采用的方法。但还有其他完全不同的方法,通过完全不同的法律工具能够在德国和美国实现同样的结果。这就是社会意义,而且在学生对具体问题展开比较法思考的时候,它总是必不可少的步骤。令人印象深刻的是,虽然解决问题的出发点和方法不同,但会取得相同的结果。最后,我们的文明在很多方面相当类似,大西洋两岸所面临的社会问题和纠纷也因此没有那么不同。而两者的法律解决方案在结果上也都是类似的。

除此之外,法学院的教育还必须考虑到普通法的历史传统,也即在不断变迁的历史长河里,法律只是一个社会中具有灵活性的组成部分,这也促使人们形成了法律发展的观念。相反,我们的学习是以法典为导向的,这存在的风险是会形成法律静止之假象。毫无争议的是,只有来自法学外部的推动,才能促成法学的继续发展。这就一方面要求树立起个人英雄主义的法律人形象,他为了自己的正义观也为了反对强权的压迫而斗争到底。另一方面,也更为重要的是要求法律人有管理者的自我认识,他要发现法教义学看似具有客观性的目的解释背后所隐藏着的社会意义,并且随时准备为了实现公正而奋斗,并将法律坚定不移的作为自己未来的职业而殚精竭虑。

毫无疑问的是,在美国法学院的学习会给德国学生提供极具魅力的法学教育体验,但前提条件是,德国学生要理解法律文化冲击,摒弃自己的偏见,并且准备好(当然只是一段时期的)文化融入,虽然两地的工作和培训方式存在不同,但学生反而可以从中获益。

四、结论

最后还需要讨论一个重要问题,即德国学生如何安排他的学习计划才能够在最短时间最有效地实现法律文化的转换。很多同学都特别推荐将留美安排在整个法律学习的最后。因为越早去美国学习,就越会影响到在德国教育理念的实现,当然更重要的是会偏离德国考试的基本要求,毕竟德国学生还要通过一次甚至两次国家司法考试。许多留学回国的德国学生都很难重新适应德国法的精确性和教义学的逻辑一贯、客观性和简明性。在为州高等法院撰写法庭报告(Relation)①时,德国学生几乎用不到美国经验。在美国,学生在阅读了上百份美国法院判决之后开始着手撰写判决书,写下个人“意见”而不是根据法律的权威性得出判决。这种做法在德国肯定无人问津。在经历过(美国法的)相对性之后,重新适应和恪守德国的工作方法并非易事。在一本专门介绍法庭报告技术的入门书中,作者艾贡·施耐德(Egon Schneider)②也比较委婉地表达了文书结构和风格上的不同品味。对此,有过美国法学院学习经历的实习生一定会会心一笑。教育的过程是不可逆的。“老兔子们”正确的观察到,在美国的经历是一笔财富,不过其最好作为学习安排的最后一步,可以作为通过第二次国家司法考试之后给自己的奖励。拉德布鲁赫(Gustav Radbruch)曾经说道:“世界的色彩斑斓仅是由七种基色组合而成”。③借用拉德布鲁赫的话,丰富多彩的英美法却并不是由少数几种基色组成的,它是自

① 【译者注】Relation 是 Relationtechnik 的简写,是对复杂民事案件事实进行处理、归类和判断的法学技术。其又可以进一步分为法官视角和律师视角。对于法官而言,该技术致力于以最快和最经济的方式在民事诉讼中作出正确的裁判,特别是能帮助法官判断诉讼是否已经足以作出裁判或者是否还需要进行举证证明。Relation 或 Relationtechnik 在我国被译为法庭报告技术。[德]卡尔·弗里德里希·斯图肯伯格:《作为笛卡尔方法的法学鉴定式》,季红明、蒋毅译,载《北航法律评论》2017 年第 1 辑,第 173 页以下。

② Vgl. etwa Schneider, Der Zivilrechtsfall in Prüfung und Praxis, 6. Aufl. (1974); ders., Typische Fehler in Gutachten und Urt., 2. Aufl. (1972); ders., Die zivilrechtliche Assessorklausur, 1967.

③ Radbruch, Einführung in die Rechtswissenschaft, 7. und 8. Aufl. (1929), S. 214 = ders., Aphorismen zur Rechtsweisheit, hrsg. Von Arthur Kaufmann, 1963, S. 116 (Nr. 533).

由的和奔放的，通过学习英美法也能够更好的开启自己的职业生涯。

在本文的最后，笔者希望呼吁彼此之间的相互理解。我非常欢迎留美热潮，但我也希望，越来越多的法律人能够重视上述法律文化冲击，在成功克服法律文化冲击之后，通过在美国法学院一年的学习能够获得个人和专业上最理想的学习经历。当代社会和未来的世界需要的是能够从法律文化冲击中顽强地走出来的法律人。